Immanuel Nover
Die Tat als Aushandlung des Politischen

Untersuchungen
zur deutschen
Literaturgeschichte

—
Band 165

Immanuel Nover

Die Tat als Aushandlung des Politischen

—

Zur Logik des Politischen in der deutschsprachigen Literatur von 1773 bis 2014

DE GRUYTER

ISBN 978-3-11-153938-6
e-ISBN (PDF) 978-3-11-076585-4
e-ISBN (EPUB) 978-3-11-076589-2
ISSN 0083-4564

Library of Congress Control Number: 2021952463

Bibliografische Information der Deutschen Nationalbibliothek
Die Deutsche Nationalbibliothek verzeichnet diese Publikation in der Deutschen Nationalbibliografie; detaillierte bibliografische Daten sind im Internet
über http://dnb.dnb.de abrufbar.

© 2024 Walter de Gruyter GmbH, Berlin/Boston
Dieser Band ist text- und seitenidentisch mit der 2022 erschienenen gebundenen Ausgabe.

www.degruyter.com

Für Britta & Hugo

Inhalt

1	Die Tat und das Politische —— 1	
1.1	Einleitung —— 1	
1.2	Textauswahl und Ziele der Arbeit —— 8	
1.3	Politische Gründungen —— 10	
1.4	Methodisch-theoretischer Hintergrund —— 23	
1.5	Forschungskontext: Wille, Entscheidung, Tat und das Heroische —— 25	

Teil I: 1773–1810 Revision und Installation der politischen Ordnung

1	Einleitung —— 31	
2	Die Tat als Kristallisationspunkt konfligierender politischer Ordnungen: Johann Wolfgang Goethes *Götz von Berlichingen* (1773) —— 34	
2.1	Einleitung —— 34	
2.2	Das Lachen des Ritters —— 38	
2.3	Tat und Übeltat in konfligierenden Ordnungen —— 43	
2.4	Der sterbende Ritter und die neue Ordnung —— 50	
3	„Tat" und „Untat" als Verhandlung der politischen und sozialen Ordnung: Friedrich Schillers *Die Räuber* (1782) —— 55	
3.1	Einleitung —— 55	
3.2	Philosophien der Tat. Maximilian, Franz und Karl Moor —— 58	
3.2.1	Franz Moor —— 61	
3.2.2	Karl Moor —— 65	
3.3	Entgrenzung und Einhegung der Gewalt —— 71	
3.4	Wiedereingliederung in die Ordnung? —— 77	
4	Die Kosten der Tat: Friedrich Schillers *Wilhelm Tell* (1804) —— 84	
4.1	Einleitung —— 84	
4.2	Die Notwendigkeit der Tat —— 87	
4.3	„Privatsache" und/oder „öffentliche Sache" – das Politische bei Wilhelm Tell —— 92	
4.4	Die vertragstheoretische Etablierung des Widerstandsrechts —— 97	

4.5	Textstrategien zur präventiven Legitimation der Tat —— 102
4.6	Die Tat als Ausübung des Widerstandsrechts —— 105
4.7	Die Folgen der Tat und die Legitimation *ex post* —— 111

5 Die Tat, die Reflexion und das Zaudern: Heinrich von Kleists *Von der Überlegung. Eine Paradoxe* (1810) —— 118

5.1	Einleitung —— 118
5.2	Paradoxe Überlegungen —— 120
5.3	Formel und Metapher —— 122

6 Die Selbstermächtigung zur Tat: Heinrich von Kleists *Michael Kohlhaas* (1810) —— 125

6.1	Einleitung —— 125
6.2	Die Problematik des „und" —— 127
6.3	Prozesse der Radikalisierung —— 128
6.4	Rousseau vs. Luther —— 138
6.5	Tat und Recht —— 143

Teil II: 1891–1930 Der ‚neue Mensch' und die (neue) politische Ordnung

1 Einleitung —— 149

2 Die Ambivalenz der Tat: Hugo von Hofmannsthals *Gestern, Die beiden Götter* und *Elektra* (1891–1903) —— 152

2.1	Einleitung —— 152
2.2	Die Tat und das Soziale: *Ad me ipsum* —— 154
2.3	Komplexität der Tat: *Gestern* und *Die beiden Götter* —— 158
2.4	Die Tat als Schicksal: *Elektra* —— 166

3 Der Mann und die Tat: Stefan Georges *Jahrhundertspruch. Ein Dritter* und *Der Gehenkte* (1907) —— 180

3.1	Einleitung —— 180
3.2	*Jahrhundertspruch. Ein Dritter* —— 181
3.3	*Der Gehenkte* —— 183

4 Die Tat als Faustschlag: Filippo Tommaso Marinettis *Futuristische Manifeste* (1909) —— 188

| 4.1 | Einleitung —— 188 |

4.2	Die Avantgarde —— **189**	
4.3	Das Manifest: Literatur und Politik —— **193**	
4.4	Das futuristische Gründungsmanifest —— **197**	

5 **Blut, Tat und Kampf: Ernst Jüngers** *Der Kampf als inneres Erlebnis* **(1920) —— 205**
5.1   Einleitung —— **205**
5.2   Kultur, Krieg und Trieb bei Ernst Jünger und Sigmund Freud —— **209**
5.3   Kampf und Tat —— **216**

6 **Von der „Tat" zur „Untat": Hugo von Hofmannsthals** *Das Salzburger Große Welttheater* **(1922) —— 225**
6.1   Einleitung —— **225**
6.2   Kontingenz der *Agency* —— **225**
6.3   Die Aussetzung der Tat als politisches Handeln —— **229**

7 **Tat und Untat II: Ernst Tollers** *Maschinenstürmer* **(1922) —— 237**
7.1   Einleitung —— **237**
7.2   Biopolitische Gesetzentwürfe —— **240**
7.3   Politische Lesarten der Maschine —— **245**

8 **Die Tat als ‚völkische' und ‚rassische' Differenzierung: Alfred Rosenbergs** *Der Mythus des 20. Jahrhunderts. Eine Wertung der seelisch-geistigen Gestaltenkämpfe unserer Zeit* **(1930) —— 252**
8.1   Einleitung —— **252**
8.2   ‚Völkische' und ‚rassische' Differenzierungen —— **254**
8.3   Zucht und Züchtigung —— **258**

9 **Das Einverständnis zur Tat der Opferung: Bertolt Brechts** *Der Jasager* **(2. Fassung) (1930) —— 266**
9.1   Einleitung —— **266**
9.2   Die Lehre vom Einverständnis —— **269**
9.3   Das Einverständnis zu sterben —— **272**
9.4   Der Verzicht auf den Begriff der Tat —— **282**

Teil III: 1968–2014 Prekäre Taten, prekäre Täterfiguren, prekäre Ordnungen

1 Einleitung —— 287

2 Vom Wort zur (terroristischen) Tat: Die Texte der Roten Armee Fraktion (1968–1974) —— 290
2.1 Einleitung —— 290
2.2 Logik des bewaffneten Kampfes – Rezeption —— 293
2.3 Literarische Brandstiftung —— 295
2.4 Logik des bewaffneten Kampfes – Wort und Tat —— 299
2.5 Der politische Körper des Holger Meins —— 306

3 Tat, *Agency* und Subjektivierung: Elfriede Jelineks *Wolken.Heim.* (1988) —— 311
3.1 Einleitung —— 311
3.2 Das Gespenstische in *Wolken.Heim.* —— 314
3.3 Der Kuckuck —— 317
3.4 Das Wir und die Tat —— 320

4 Tat und Schuld: Monika Marons *Stille Zeile Sechs* (1991) —— 332
4.1 Einleitung —— 332
4.2 Beerenbaums Hand —— 334
4.3 Von Toller zur Tat —— 338
4.4 Imaginationen der Tat —— 341

5 Die Unmöglichkeit der Tat: Elfriede Jelineks *Die Schutzbefohlenen* (2014) —— 350
5.1 Einleitung —— 350
5.2 Der Chor – das ‚Wir' —— 353
5.3 Sprachliche und politische *Agency* —— 356

Teil IV: Politische Systematisierungen Paradigmata und Programmatiken der Tat 1773–2014

1 Einleitung —— 361

2 Logiken des Politischen —— 364

3 Von der demokratischen zur totalitären Logik —— 366

Literaturverzeichnis — 371
1 Quellen — **371**
2 Forschung — **376**

Register — 393

Dank — 396

1 Die Tat und das Politische

[U]nd ein anderes [ist] die lebendige, ursprüngliche, ewig junge, ewig von Neuheit, Erstmaligkeit und Unvergleichlichkeit glänzende Tat. [...] Überdies ist, wo immer es sich um eine Tat handelt, in erster Linie weder an dem Was noch an dem Wie gelegen (obgleich dies letztere wichtiger ist), sondern einzig und allein an dem Wer.

(Thomas Mann: *Bekenntnisse des Hochstaplers Felix Krull*)

Das wahre Sein des Menschen ist vielmehr seine Tat; in ihr ist die Individualität wirklich, und sie ist es, welche das Gemeinte in seinen beiden Seiten aufhebt [...]. Die Tat ist ein einfach Bestimmtes, Allgemeines, in einer Abstraktion zu befassendes; sie ist Mord, Diebstahl oder Wohltat, tapfere Tat und so fort, und es kann von ihr gesagt werden, was sie ist. Sie ist dies, und ihr Sein ist nicht nur ein Zeichen, sondern die Sache selbst. Sie ist dies, und der individuelle Mensch ist, was sie ist [...].

(Georg Wilhelm Friedrich Hegel: *Phänomenologie des Geistes*)

1.1 Einleitung

In den vorangestellten Zitaten aus Thomas Manns *Bekenntnisse des Hochstaplers Felix Krull*[1] und aus Georg Wilhelm Friedrich Hegels *Phänomenologie des Geistes*[2] erfährt die Tat eine emphatische Setzung. Thomas Manns Text stellt mit einer dezenten ironischen Markierung die exzeptionelle wie ereignishafte Präsenz der „lebendige[n], [...] von Neuheit, Erstmaligkeit und Unvergleichlichkeit glänzende[n] Tat"[3] deutlich heraus, verweist aber zugleich auf die Beziehung von Tat und Täter*in: Weder die Tat an sich noch ihre jeweilige Ausführung ist von Belang, vielmehr steht das die Tat ausführende spezifische Subjekt im Fokus. Die Tat scheint folglich etwas über die Identität des Subjekts zu kommunizieren; mehr noch, so ließe sich vermuten: Die Exekution der Tat bewirkt eine Subjektivierung, generiert eine Identität. Zuvor liest bereits Hegel in der Tat „[d]as wahre Sein des Menschen",[4] in der Tat erst ist „die Individualität wirklich".[5] Zudem zeigt Hegel

---

[1] Thomas Mann: Bekenntnisse des Hochstaplers Felix Krull. In: ders.: Große kommentierte Frankfurter Ausgabe. Bd. 12. 1. Hrsg. v. Thomas Sprecher und Monica Bussmann in Zusammenarbeit mit Eckhard Heftrich. Frankfurt am Main: Fischer 2012.
[2] Georg Wilhelm Friedrich Hegel: Phänomenologie des Geistes. In: ders.: Werke in zwanzig Bänden. Bd. 3. Redaktion Eva Moldenhauer und Karl Markus Michel. Frankfurt am Main: Suhrkamp 1970.
[3] Mann: Bekenntnisse des Hochstaplers Felix Krull, S. 56f.
[4] Hegel: Phänomenologie des Geistes, S. 242.
[5] Ebd.

auf, dass die Tat sich nicht ethisch-moralisch festlegen lässt – „sie ist Mord, Diebstahl oder Wohltat, tapfere Tat und so fort"[6] –; die Exekution der Tat ist folglich nicht auf ein heroisches wie altruistisches Tätersubjekt zu reduzieren, das die dem Wohl der Gemeinschaft dienende Tat vollbringt.[7]

Folgt man den skizzierten Annahmen, so erweist sich die Erzählung der Tat auch als bedeutsam für die Erzählung des Subjekts im Text und für die Möglichkeiten der jeweiligen performativen Subjektivierung; die Exekution der Tat nimmt mit der komplexen Beziehung von Tat und Täter*in die doppelte Bedeutung des Wortes Subjekt auf, die Michel Foucault herausstellt: „[E]s bezeichnet das Subjekt, das der Herrschaft eines anderen unterworfen ist und in seiner Abhängigkeit steht; und es bezeichnet das Subjekt, das durch Bewusstsein und Selbsterkenntnis an seine eigene Identität gebunden ist."[8] Die durch die Tat geformten und trainierten (literarischen) Subjekte ließen sich in einem weiteren Schritt mit Andreas Reckwitz als „*kulturelle Formen*"[9] begreifen, also als ästhetische Modulationen von möglichen Formierungen des Subjekts zu einem gegebenen Zeitpunkt. Die durch die Exekution der Tat formierten Subjekte dienen auch als „*kulturelle Form*"[10] für die zu formenden außertextlichen Subjekte; der Blick auf die literarische Tat ermöglich so auch einen Blick auf die möglichen außertextlichen Subjektformen.[11]

Zudem sticht – so Thomas Mann – die Erzählung der „lebendige[n]"[12] Tat als Ereignis aus dem Syntagma des Textes hervor: Die Beobachtung der Tat im Text ließe sich somit als Beobachtung des ereignishaften Nexus von Tat, Täter*in und Subjekt verstehen; die Tat kann zugleich als Kristallisationspunkt wie als Katalysator der Subjektivierung und des Geschehens gelesen werden. Die spezifische semantische Füllung der Tat ist somit weniger von Belang als ihre jeweilige Funktion für das Subjekt und das Textereignis. Wird die Tat mit einem politischen Vektor verknüpft – und dies ist bei einer Vielzahl von Texten, so eine erste heu-

---

6 Ebd.
7 Somit interessiert sich die vorliegende Arbeit auch für Taten in einem weiteren Sinne; das Heroische ist nur eine mögliche Form und ein möglicher Ort der Tat. Vgl. hierzu die Einordnung der Arbeit in den Forschungskontext von Wille, Entscheidung und Heroischem in der Einleitung.
8 Michel Foucault: Subjekt und Macht. In: ders.: Schriften in vier Bänden. Bd. IV. Hrsg. v. Daniel Defert und François Ewald. Frankfurt am Main: Suhrkamp 2005, S. 275.
9 Andreas Reckwitz: Das hybride Subjekt. Eine Theorie der Subjektkulturen von der bürgerlichen Moderne zur Postmoderne. Weilerswist: Velbrück 2006, S. 10. [Hervorhebung im Original]
10 Ebd. [Hervorhebung im Original]
11 Grundsätzlich vermag jeder Text als Form zu dienen; dies ist weder auf die ‚Höhenkammliteratur' noch auf Erzähltexte beschränkt, wie etwa an den in der Arbeit diskutierten Manifesten deutlich wird.
12 Mann: Bekenntnisse des Hochstaplers Felix Krull, S. 56.

ristische Annahme, der Fall –, wird das Paradigma der Tat deutlich: Die Erzählung der Tat verhandelt dann nicht nur die Subjektivierung des (in der Regel männlichen) Individuums und das Ereignis der Tat, sondern dient zugleich der textübergreifenden Diskussion, Installation oder Revision der politischen Ordnung oder des politischen Körpers.[13]

Das skizzierte Paradigma der Tat ist in der Literatur in diversen Kontexten und Texten virulent: Bereits in Sophokles' *Antigone*, in dem die paradigmatische und emphatische Tat[14] der griechischen Antike erörtert wird, legt die Exekution der Tat – Antigone vollzieht die rituelle Bestattung ihres Bruders Polyneikes gegen die Anweisungen des Herrschers Kreon – die Diskussion des Politischen nahe: Zum einen macht Antigones Tat die Differenzen zwischen der staatlichen und der religiös-familiären Ordnung deutlich; die Befolgung beider Ordnungen ist aufgrund ihrer Dichotomie nicht möglich, folglich muss die Relevanz der jeweiligen Ordnung für die Entscheidung thematisiert werden. Zum anderen werden die staatliche Ordnung und das Herrschaftsverständnis Kreons vom Text kritisch beleuchtet; der Text macht hierbei deutlich, dass die von Hegel angelegte Isonomische Deutung nicht zu halten ist; die Ordnungen sind, dies stellt der Text deutlich heraus, nicht als gleichwertig zu lesen.[15] Der Text zeichnet sich durch die

---

13 Das Politische wird im Folgenden kategorisch von der Politik unterschieden; ich folge hier der Definition von Pierre Rosanvallon: „Indem ich substantivisch von *dem* Politischen [*du* politique] spreche, qualifiziere ich damit sowohl eine Modalität der Existenz des gemeinsamen Lebens als auch eine Form kollektiven Handelns, die sich implizit von der Ausübung *der* Politik unterscheidet. Sich auf das Politische und nicht auf die Politik beziehen, d. h. von Macht und von Gesetz, vom Staat und der Nation, von der Gleichheit und der Gerechtigkeit, von der Identität und der Differenz, von der *citoyenneté* und Zivilität, kurzum: heißt von allem sprechen, was ein Gemeinwesen jenseits unmittelbarer parteilicher Konkurrenz um die Ausübung von Macht, täglichen Regierungshandelns und des gewöhnlichen Lebens der Institutionen konstituiert." Pierre Rosanvallon: Pour une histoire conceptuelle du politique. Paris: Seuil 2003, S. 14. (Übersetzung nach: Oliver Marchart: Die politische Differenz. Frankfurt am Main: Suhrkamp 2010, S. 13.)
14 Antigone stellt die Bedeutung der *großen* Tat emphatisch heraus und nimmt die mit der Exekution der Tat einhergehenden Kosten in Kauf: „Schön ist mir nach solcher Tat der Tod." Sophokles: Antigone. Aus dem Altgr. übersetzt v. Kurt Steinmann. Stuttgart: Reclam 2013, V. 72.
15 Hegel schreibt: „Auf eine plastische Weise wird die Kollision der beiden höchsten sittlichen Mächte gegeneinander dargestellt in dem absoluten Exempel der Tragödie, *Antigone*; da kommt die Familienliebe, das Heilige, Innere, der Empfindung Angehörige, weshalb es auch das Gesetz der unteren Götter heißt, mit dem Recht des Staats in Kollision. Kreon ist nicht ein Tyrann, sondern ebenso eine sittliche Macht. Kreon hat nicht Unrecht; er behauptet, daß das Gesetz des Staats, die Autorität der Regierung geachtet werde[n muß] und Strafe aus der Verletzung folgt. Jede dieser beiden Seiten verwirklicht nur die eine der sittlichen Mächte, hat nur die eine derselben zum Inhalt. Das ist die Einseitigkeit, und der Sinn der ewigen Gerechtigkeit ist, daß beide Unrecht erlangen, weil sie einseitig sind, aber damit auch beide Recht. Beide werden als geltend

Erzählung der erfolgreichen Tat einer weiblichen Akteurin aus, wobei die Folgen der Tat weder für die Subjektivierung der Täterin noch für das politische oder rechtliche System vom Text problematisiert werden. *Antigone* weist somit zwei grundsätzliche Differenzen zu den in dieser Arbeit zu diskutierenden Texten auf, die im Allgemeinen erstens eine Problematisierung der Tat vornehmen und zweitens von einem männlichen Täter erzählen.

Auch in der neueren deutschsprachigen Literatur lässt sich die Kopplung von der Tat und dem Politischem beobachten, die insbesondere in den ab ca. 1750 entstehenden Texten eine Problematisierung der Tat und des Politischen vornehmen und zudem im Gegensatz zu den um 1700 entstandenen Texten nicht dem Realen nachgängig, sondern als Imaginäres vorgängig sind.[16] Um 1700 erzählt etwa Grimmelshausens *Simplicissimus* von den Schrecken und den Gewalttaten des Krieges, Gryphius' *Papinian* diskutiert die Tat im Rahmen des Widerstandsrechts und Schnabels *Die Insel Felsenburg* definiert eine Gewalttat als ordnungsstiftenden Gründungsakt einer Gesellschaft. Faust diskutiert 1808 – die Arbeit setzt zeitlich 1773 mit Goethes *Götz von Berlichingen* ein – bei seiner logoskritischen und philologisch fragwürdigen Bibelübersetzung die semantischen

---

anerkannt im ungetrübten Gang der Sittlichkeit; hier haben beide ihr Gelten, aber ihr *ausgeglichenes Gelten*." Georg Wilhelm Friedrich Hegel: Vorlesungen über die Philosophie der Religion II. In: ders.: Werke in zwanzig Bänden. Bd. 17. Frankfurt am Main: Suhrkamp 1986, S. 132.

16 Claude Lefort diskutiert zwei Definitionen des Politischen. Zum einen fasst er das Politische in Anlehnung an Carl Schmitt wie folgt: „Das Kriterium dafür, was *politisch* ist, gibt sich als Kriterium dafür, was *nicht politisch* ist – das heißt ökonomisch, sozial, rechtlich, ästhetisch ... oder religiös. Diese Operation ist keine unschuldige; sie vollzieht sich unter dem Deckmantel einer Evidenz, die dem Bereich entliehen ist, der sich als Bereich der exakten Erkenntnis gebildet hat, nämlich, daß es Wissenschaft nur als Wissenschaft von Partikularbereichen gibt ...". Zum anderen schreibt er: „Ganz anders ist die Vorstellung, die wir uns vom *Politischen* bilden, wenn wir mit diesem Begriff – getreu der ältesten und beständigsten Inspiration der Philosophie – die Prinzipien in den Blick nehmen, die die Gesellschaft, oder besser gesagt, die verschiedenen Formen der Gesellschaft hervorbringend prägen." Claude Lefort: Fortdauer des Theologisch-Politischen? Wien: Passagen 1999, S. 36 u. S. 37. [Hervorhebungen im Original] – Vgl. auch: Carl Schmitt: „Das Politische muß deshalb in eigenen letzten Unterscheidungen liegen, auf die alles im spezifischen Sinne politische Handeln zurückgeführt werden kann. Nehmen wir an, daß auf dem Gebiet des Moralischen die letzten Unterscheidungen Gut und Böse sind; im Ästhetischen Schön und Häßlich; im Ökonomischen Nützlich und Schädlich oder beispielsweise Rentabel und Nicht-Rentabel. Die Frage ist dann, ob es auch eine besondere, jenen anderen Unterscheidungen zwar nicht gleichartige und analoge, aber von ihnen doch unabhängige, selbstständige und als solche ohne weiteres einleuchtende Unterscheidung als einfaches Kriterium des Politischen gibt und worin es besteht. Die spezifische politische Unterscheidung, auf welche sich die politischen Handlungen und Motive zurückführen lassen, ist die Unterscheidung von *Freund* und *Feind*." Carl Schmitt: Der Begriff des Politischen. Text von 1932 mit einem Vorwort und drei Corollarien. Berlin: Duncker & Humblot 1963, S. 26.

Differenzen von Wort, Sinn und Kraft und entscheidet sich schließlich für die Setzung der Tat als emphatischem Ausgangs- und Anfangspunkt: „Im Anfang war die Tat!"[17] Schiller entfaltet die politischen Implikationen der Tat explizit und zeigt etwa in *Wilhelm Tell* die notwendige Tat, die mit der Beseitigung der alten die Voraussetzung für die Einsetzung der neuen politischen Ordnung darstellt. Die Gründung des neu zu schaffenden Staatskörpers bzw. des Staates ergibt sich hierbei aus dem „naturrechtlich verbürgte[n] Recht auf Widerstand",[18] das in dem Text mit der Erzählung der Tat aufgerufen wird. Die im Text beschriebene Tat von Tell, durch die die Staatsgründung als Republik bzw. die Bildung des sozialen Körpers erst möglich wird, ist also unmittelbar politisch zu lesen; mit der Tat wird die Dimension des Politischen in den Text eingeführt und verhandelt bzw. ausgehandelt. Die Erzählung – und Evokation – der neuen Bürger*innen und der neuen Ordnung geschieht hierbei vor ihrer Realisierung in der realpolitischen Wirklichkeit im Imaginären des Textes. Das im Text verhandelte Politische rekurriert also nicht auf die textexterne (zeitgenössische deutsche und französische) Realität, sondern geht dieser voraus; der Text erzeugt und fasst das politische Imaginäre, das dann (auch) in der textexternen Realität wirksam werden kann.

Eine besondere Konjunktur der Tat lässt sich für die Literatur um 1900 feststellen, die folglich auch einen Schwerpunkt der Analyse ausmacht: In Robert Musils *Der Mann ohne Eigenschaften* wird die „Parole der Tat"[19] für die mysteriöse „Parallelaktion",[20] deren politischer Gehalt den gesamten Text über nebulös bleibt,[21] ausgegeben, in Hugo von Hofmannsthals *Elektra* kann Elektras geplante Tat nicht realisiert werden und in *Der Kaiser und die Hexe* soll die Tat wiederum performativ mittels der sprachlichen Selbsterzeugung evoziert werden und die Subjektivierung sicherstellen. Zudem lässt sich die emphatische ‚Herbeischreibung' der Tat etwa bei Ernst Jünger, Georg Heym oder Stefan George beobachten; die dort zu lesende argumentative Figur der Tat wird dann in der ‚Völkischen

---

17 Johann Wolfgang von Goethe: Faust. Der Tragödie erster Teil. In: ders.: Sämtliche Werke nach Epochen seines Schaffens. Münchener Ausgabe. Bd. 6.1. Weimarer Klassik. Hrsg. v. Victor Lange. München und Wien: Carl Hanser 1986, V. 1217–1237.
18 Albrecht Koschorke: Brüderbund und Bann. Das Drama der politischen Inklusion in Schillers Tell. In: Uwe Hebekus, Ethel Matala de Mazza und ders. (Hrsg.): Das Politische. Figurenlehren des sozialen Körpers nach der Romantik. München: Fink 2003, S. 106–122, hier: S. 107.
19 Robert Musil: Der Mann ohne Eigenschaften. Reinbek bei Hamburg: Rowohlt ^{25}2010, S. 774.
20 Ebd.
21 Auf die Frage nach der Bedeutung der „Parole der Tat" erfährt Ulrich anstatt einer Erklärung nur, dass er „nicht der richtige Tatmensch" sei. Ebd., S. 774.

Literatur' und in der ‚Konservativen Revolution'[22] aufgegriffen und fortgeschrieben.

Pierre Bourdieu arbeitet für die Avantgarde die „Logik der permanenten Revolution"[23] heraus, zeigt also die auf Permanenz gestellte Revolution im Feld der Kunst auf. Gerhard Plumpe hingegen liest die Texte der Avantgarde[24] als „Revolutions-Kunst",[25] die nicht einen „intrasystemischen Traditionsbruch"[26] intendieren, sondern politische Praxis evozieren wollen; es geht bei Plumpe also nicht um ästhetische Revolutionen, sondern um eine Wirkung der Kunst auf das Politische. Mit dieser Perspektivierung lässt sich das Paradigma der Tat in den Texten der Avantgarde in besonderer Zuspitzung beobachten: Sowohl im Futurismus als auch in den *Lehrstücken* von Bertolt Brecht steht die Tat als durch den Text zu trainierende (textexterne) soziale politische Praktik, die eben nicht mehr (nur) Literatur sein will, im Fokus der Überlegungen. So deklariert sich der Futurismus bereits in seinem Gründungsmanifest vom 20. Februar 1909 dezidiert als politische Bewegung und als „ästhetisch-politische[] Revolution".[27] Das politische Programm der Futuristen, das mit Marinettis Formulierung im *Manifest des Futurismus* seinen prägnanten Ausdruck findet – „Wir wollen den Krieg verherrli-

---

22 Zur Konservativen Revolution vgl.: Stefan Breuer: Anatomie der Konservativen Revolution. Darmstadt: Wissenschaftliche Buchgesellschaft 1993; oder, anders akzentuiert: Armin Mohler: Die Konservative Revolution in Deutschland. 1918–1932. Ein Handbuch. Darmstadt: Wissenschaftliche Buchgesellschaft ³1989.
23 Pierre Bourdieu: Die Regeln der Kunst. Genese und Struktur des literarischen Feldes. Frankfurt am Main: Suhrkamp 2001, S. 202.
24 Avantgarde bedeutet hier im Sinne Gerhard Plumpes nicht, dass die Texte sich lediglich durch ein innovatives Potential auszeichnen – also im Literatursystem eine Neuerung anbieten –, sondern dass die Texte das System der Literatur verlassen und als soziale Praktik politisch wirksam werden: „‚Avantgarde' wollen wir also eine Literaturprogrammatik nennen, die die Ausdifferenzierung der Literatur zu einem eigenständigen Kommunikationssystem frontal angreift und auf eine entdifferenzierende, Literatur in politische Funktionszusammenhänge einrückende Strategie setzt." Gerhard Plumpe: Epochen moderner Literatur. Ein systemtheoretischer Entwurf. Opladen: Westdeutscher Verlag 1995, S. 184.
25 Plumpe: Epochen moderner Literatur, S. 184.
26 Ebd.
27 Zitiert nach: Eva Hesse: Die Achse Avantgarde–Faschismus. Reflexionen über Filippo Tommaso Marinetti und Ezra Pound. Zürich: Die Arche 1991, S. 228. – „Am 11. Oktober, nachdem ich 6 Jahre lang in meiner internationalen Zeitschrift ‚Poesia' dafür gearbeitet hatte, den vom Tode bedrohten lyrischen Genius Italiens von den Fesseln der Tradition und des Krämergeistes zu befreien, fühlt ich auf einmal, daß die Artikel, die Gedichte und die Polemiken nicht mehr genügten. Wir mußten unsere Methode völlig ändern: hinaus auf die Straße mußten wir, die Theater im Sturm nehmen und den Faustschlag in den künstlerischen Kampf einführen." Filippo Tommaso Marinetti: Guerra, sola igiene del mondo. Mailand 1915, S. 5. Zitiert nach: Christa Baumgarth: Geschichte des Futurismus. Reinbek bei Hamburg: Rowohlt 1966, S. 7.

chen – diese einzige Hygiene der Welt"[28] –, versteht sich als ‚Neuschaffung' des „MECHANISCHEN MENSCHEN MIT ERSATZTEILEN"[29] im Zeichen der Technik und des Kampfes: „Der für die allgegenwärtige Geschwindigkeit geschaffene ahumane und mechanische Typus wird natürlich grausam, allgegenwärtig und kampfbereit sein."[30]

Die Systemstrukturen des Futurismus, der als innovative und programmatische Kunst unmittelbar in dem System der Politik wirksam werden will, weisen Parallelen zu den Strukturen surrealistischer Texte und zu den *Lehrstücken* von Brecht auf – obschon diese politisch konträr verankert sind: So wird etwa in Bertolt Brechts *Die Maßnahme* das Töten und das Einverständnis mit der Notwendigkeit, getötet zu werden, gefordert; das Stück handelt die Thanatopolitik[31] aus: „Furchtbar ist es zu töten. / Aber nicht andere nur, auch uns töten wir, wenn es nottut. / Da doch nur mit Gewalt diese tötende Welt zu ändern ist, wie / Jeder Lebende weiß."[32] Die Beobachtung der vergleichbaren Systemstrukturen der politisch divergenten Systeme macht deutlich, dass in der Arbeit nicht die Analyse der politischen Inhalte oder Verortungen, sondern die Diskussion der Strukturen bzw. Verhandlungsweisen des Sozialen nebst ihren Funktionen für das Politische und das politische Subjekt im Fokus stehen. Genauer: Es geht um die Beobachtung der jeweiligen *In-Form-Setzung* im Sinne Claude Leforts; notwendig für die erfolgreiche *In-Form-Setzung* ist hierbei, dass die Gesellschaft „die Bedingungen ihrer Intelligibilität instituiert, indem sie sich über zahllose Zeichen eine Quasi-Repräsentation ihrer selbst gibt."[33]

Auch in den Texten der Spät- oder Postmoderne lässt sich die Fortschreibung der Diskussion der Tat feststellen. Die Tat und die Täterfiguren werden hier jedoch prekär; die Subjektivierung des starken (männlichen Subjekts) durch die emphatisch exekutierte Tat – eine Struktur, die nicht nur im Futurismus, sondern auch etwa in den Texten von Ernst Jünger zu beobachten ist – wird zwar in den Manifesten und Briefen der RAF nochmals aufgenommen und installiert,

---

28 Filippo Tommaso Marinetti: Manifest des Futurismus. Zitiert nach: Baumgarth: Geschichte des Futurismus, S. 26.
29 Filippo Tommaso Marinetti: Technisches Manifest der futuristischen Literatur. Zitiert nach: Baumgarth: Geschichte des Futurismus, S. 171. [Hervorhebung im Original]
30 Filippo Tommaso Marinetti: Guerra, sola igiene del mondo, S. 299.
31 Vgl. hierzu: Eva Horn: „Sterbt, aber lernt". Thanatopolitik in Brechts Lehrstücken. In: Uwe Hebekus und Ingo Stöckmann (Hrsg.): Die Souveränität der Literatur. Zum Totalitären der Klassischen Moderne 1900–1933. München: Fink 2008, S. 312–336.
32 Bertolt Brecht: Die Maßnahme. In: ders.: Die Stücke von Bertolt Brecht in einem Band. Frankfurt am Main: Suhrkamp 1978, S. 267.
33 Lefort: Fortdauer des Theologisch-Politischen?, S. 39.

grundsätzlich wird diese Struktur aber im Zeitalter des „Postheroischen"[34] fragwürdig. Und so erzählen die Texte der Gegenwartsliteratur, wenn sie denn überhaupt noch von der Tat sprechen und nicht die Unmöglichkeit der Tat oder der vorgängigen Entscheidung thematisieren, von der Tat nur noch in einer gebrochenen Form, die die zu problematisierenden starken Tätersubjekte mitdenkt; zu erinnern wäre hier etwa an die Täter*innen in Monika Marons *Stille Zeile Sechs* oder an die Problematik der Tat in Elfriede Jelineks *Wolken.Heim* und *Die Schutzbefohlenen*.[35]

1.2 Textauswahl und Ziele der Arbeit

Die Konzentration der Analysen auf die drei skizzierten historischen Kulminationspunkte der Tat zeigt bereits, dass das Ziel der Arbeit nicht darin besteht, ein vollständiges diachrones Archiv der die Tat thematisierenden Literatur zu erstellen und zu bearbeiten – dies wäre aufgrund der Vielzahl der möglichen Texte ein aussichtsloses Unterfangen. Vielmehr nimmt die Arbeit Texte in den Blick, an denen exemplarisch das Verhältnis von der Tat und dem Politischen zu einer bestimmten Zeit diskutiert werden kann.

Die Textauswahl erfolgt dabei nicht nach semantischen Kriterien: Eine semantische Definition oder Festlegung der Tat durch eine Text-Außenperspektive würde, wie in Kapitel 1.4 ausführlich erörtert wird, zwangsläufig eine Unschärfe mit sich bringen; eine trennscharfe wie objektive Unterscheidung zwischen Tat und Nicht-Tat, die nicht mit den subjektiven Wertungen und Lesarten der Rezipient*innen begründet wird, scheint methodisch kaum möglich. Folglich wird die Textauswahl nicht etwa durch einen Kriterienkatalog gesteuert, sondern direkt durch den Text selbst generiert: Nur die Texte, die explizit von der Tat sprechen, werden in das Archiv aufgenommen.

Ziel der Arbeit ist es, die spezifische Form und Funktion der Tat für das Politische, ihre Eigenlogik und spezifische Programmierung in dem jeweiligen Text zu analysieren und Linien zwischen den Texten und Jahren – also zwischen den Einträgen auf der synchronen Achse – aufzuzeigen; die Etablierung *eines* stringenten wie kohärenten Narrativs der Tat von 1773 bis 2014 liegt nicht im Interesse

---

34 Vgl.: Herfried Münkler: Heroische und postheroische Gesellschaften. In: Merkur 61, Nr. 7–8 (2007), S. 742–752.
35 Zu den Aushandlungen des Politischen in der Gegenwartsliteratur vgl.: Stefan Neuhaus und Immanuel Nover: Einleitung. Aushandlungen des Politischen in der Literatur der Gegenwart. In: dies. (Hrsg.): Das Politische in der Literatur der Gegenwart. Berlin und Boston: De Gruyter 2019, S. 3–18.

der Arbeit. Dies bedeutet auch, dass die Arbeit eine Auswahl treffen und bestimmte Texte, aber auch Zeiträume zwangsläufig abblenden muss: So wird etwa die Literatur der Befreiungskriege abgeblendet, obwohl sich sicher auch hier die Dichotomie von Wort und Tat diskutieren ließ, wie ausführlich Christoph Jürgensen zeigt.[36] Eine vermeintliche zweite Leerstelle lässt sich für die Literatur zwischen 1930 und 1945 ausmachen: Teil II der Arbeit endet schließlich mit den 1930 publizierten Texten von Alfred Rosenberg und Bertolt Brecht. Ein Blick in die Literatur zwischen 1930 und 1945 erschien jedoch nach der in Kapitel 8 vorgenommenen Parallellektüre der beiden paradigmatischen politischen Texte dieser Zeit – Alfred Rosenbergs *Der Mythus des 20. Jahrhunderts* und Adolf Hitlers *Mein Kampf* –, die bis 1945 politisch wirkmächtig bleiben, redundant. Anders gesagt: Das, was Rosenberg und Hitler in aller Radikalität explizit zur Tat entfalten, kann von den literarischen Texten, die bis 1945 erscheinen, kaum eingeholt werden. Die Nachkriegsliteratur hält sich dann mit den Erzählungen der emphatischen Exekution der Tat zurück; der Begriff der Tat wird nun verständlicherweise politisch höchst fragwürdig. Radikal diskutiert und problematisiert wird die Tat wieder in den Texten ab 1968, die in Teil III verhandelt werden.

Auch wenn, wie gesagt, die Arbeit nicht *ein* stringentes Narrativ der Tat generieren will, so lassen sich dennoch zwischen den in der Arbeit diskutierten Paradigmata auch auf der syntagmatischen Achse Bezüge herstellen, durch die sich eine diachrone Lesart der Tat ergibt. Diese ermöglicht die Beobachtung von historischen Konstellationen von dem Politischem und der Tat im Paradigma und im Syntagma. Aus einer möglichen Lesart – die andere Lesarten nicht ausschließen will – ergibt sich die zu entfaltende These, dass durch die Erzählung der Tat in den untersuchten Texten von 1773 bis 1810 politische Ordnungen diskutiert, installiert und revidiert werden. Dabei wird zum einen das entgrenzte und exzentrisch positionierte Subjekt in den Blick genommen und zum anderen werden die Kosten der Tat und des Politischen diskutiert: Somit verabschieden die gewählten Texte bereits um 1800 die naive Vorstellung einer unproblematischen heroischen Tat, die ohne Risiken für das Subjekt durchzuführen wäre. In den Texten von 1891 bis 1930 wird hingegen emphatisch von ‚großen' Taten und Täter*innen erzählt, um den ‚neuen Menschen' und die neue politische Ordnung auch narrativ vorzubereiten oder – im Sinne der Avantgarde – zu generieren. Die radikale politische Tat des ‚neuen Menschen', die sich bis in die euphorischen Kriegs-Erzählungen und die Feier der soldatischen Männlichkeit verlängern lässt

---

[36] Christoph Jürgensen: Federkrieger – Autorschaft im Zeichen der Befreiungskriege. Stuttgart: Metzler 2018.

und die ihren Extrempunkt und ihre Kehrseite in den Programmatiken der Auslöschung findet, wird jedoch von der Problematisierung der Tat, der Differenzierung in ‚Tat' und ‚Untat' flankiert – und dies wird sowohl von Autor*innen geleistet, die politisch als konservativ zu verorten sind, als auch von Autor*innen, die sich als dezidiert links-progressiv begreifen.[37] In den Texten, die zwischen 1968 bis 2014 entstehen, werden die Tat und ihre Akteur*innen grundsätzlich problematisch – es sei denn, sie schließen an vormalige politische Artikulationen der Tat an, ohne die flankierende Problematisierung ebendieser in ihre Argumentation aufzunehmen. Verstehen die Texte die Tat jedoch nicht als radikale terroristische Tat, so verschiebt sich die Erzählung der Tat von der Exekution der (Gewalt-)Tat hin zur Frage nach den Möglichkeiten der Tat und damit auf die Frage nach dem Status des Subjekts und der (sprachlichen) *Agency* der Figuren.[38]

1.3 Politische Gründungen

In der Arbeit werden die Paradigmata der Tat von 1773 bis 2014 in den Blick genommen und auf ihre Diskursstrukturen und ihre politische Akzentuierung befragt. Die Tat ist, so die Ausgangsthese zu den diskutierten Texten, immer politisch: Zum einen wird die Tat als kulturreflexive literarische Inszenierung einer politischen Haltung oder Handlung verstanden und kann somit als Literarisierung und Diskursivierung des Politischen gefasst werden. Dieser Modus der Tat lässt sich insbesondere in der Literatur vor 1800 verfolgen: Die Tat ist um 1700 eingebettet in ein normatives sittliches System und resultiert aus diesem; der literarischen Inszenierung der Tat geht das System der politischen Lebensrealität

---

[37] Mit Rückgriff auf die Begriffsgeschichte wird die breit diskutierte semantische Füllung der Begriffe abgeblendet und als Kriterium der Differenzierung von links und rechts vor allem das jeweilige Verhältnis zur Gleichheit und Gleichberechtigung ins Zentrum gestellt.

[38] Mit dem komplexen Begriff *Agency* kann in den Texten analysiert werden, „wer oder was über welche Art von Handlungsmächtigkeit verfügt oder diese zugeschrieben bekommt". „[D]er Begriff „Agency" ist in sehr grundsätzlicher Weise mit den elementaren Fragen der Sozialwissenschaften verbunden, wer mit wem was in welcher Weise macht/machen kann, wessen Wirkung wem (dem Individuums, der Gesellschaft, anonymen Mächten etc.) zugerechnet werden kann und was in der Macht des Einzelnen steht (faktisch oder als Vorstellung)." Cornelia Helfferich: Einleitung: Von roten Heringen, Gräben und Brücken. Versuche einer Kartierung von Agency-Konzepten. In: dies. u. a. (Hrsg.): Agency. Die Analyse von Handlungsfähigkeit und Handlungsmacht in qualitativer Sozialforschung und Gesellschaftstheorie. Weinheim und Basel: Beltz Juventa 2012, S. 9 – 39, hier: S. 10.

voraus.[39] Die Tat lässt sich somit als Diskussion der realpolitischen Fragen – etwa der Frage nach der politischen Ordnung oder nach der Gründung und Ordnung einer Gesellschaft – verstehen.

Zum anderen stellt die Tat aber auch selbst – als Operation der Tat – politisches Handeln im Sinne eines Sprechaktes dar, der nicht mehr repräsentatorisch oder mimetisch organisiert ist, sondern selbst ‚mit Worten Dinge schafft'.[40] Die literarische Inszenierung der Tat ab 1800 geht somit der intendierten realen Tat voraus; das Imaginäre bildet nicht nachträglich das Reale ab, sondern dient diesem als Vorlage. Die so strukturierte Tat kann als Reaktion auf die ab 1800 erfahrene „notwendige[] Kontingenz"[41] verstanden werden; sie stellt den Versuch einer (ästhetisch-politischen) Gründung dar, die jedoch im Unterschied zu 1700 keine schließende metaphysische Letztbegründung mehr vornehmen kann, sondern nunmehr einen nur temporären Akt der Gründung ausführt.[42] Claude Lefort und Marcel Gauchet zeigen jedoch, dass die Verabschiedung einer metaphysischen Letztbegründung weder die Gründung an sich noch ihre Bedeutung für die Gesellschaft in Frage stellt: „Indem es in seinem Sein offen ist für seine anwesend-abwesende Gründung, ist das Gesellschaftliche *fortgesetzte Stiftung und Institution seiner selbst*".[43]

In dem Spannungsfeld von unbegrenzter Kontingenz und der Unmöglichkeit der fundamentalen Gründung kann die Tat somit als Gegenbewegung zur Kontingenz verstanden werden, da die Tat, so die Hoffnung der Täter*innen, eine nicht-fundamentale, also nicht-metaphysische und (politisch) verhandelbare

---

39 Die politische Realität wird hier ausschließlich über Texte erschlossen; die Relation zwischen Literatur und (textexterner) Politik/Geschichte besteht hier also nicht in einer Text-‚Welt'-Relation, sondern in einer Text-Text-Relation. Zum komplexen Verhältnis von Text und Kontext vgl.: Moritz Baßler: Die kulturpoetische Funktion und das Archiv. Eine literaturwissenschaftliche Text-Kontext-Theorie. Tübingen: Francke 2005.
40 Vgl.: John Langshaw Austin: How to Do Things with Words. The William James Lectures delivered at Harvard University in 1955. Hrsg. v. James O. Urmson und Marina Sbisa. Harvard University Press ²1975.
41 Zum Begriff der „notwendigen Kontingenz": „Im Unterschied zu dieser Vorstellung [der schwachen Kontingenz] impliziert der radikale Kontingenzbegriff, dass das modale Merkmal, weder unmöglich noch notwendig zu sein, selbst *notwendigerweise* auf *alle* Umstände zutrifft. Was damit ausgeschlossen wird, ist die Möglichkeit irgendeiner sozialen Entität, die nicht kontingent wäre." Marchart: Die politische Differenz, S. 78.
42 Dies stellt keine Verabschiedung von sämtlichen Gründen dar – wie es etwa Lyotard mit dem Verlust der ‚Meta-Erzählungen' angedeutet –, sondern lediglich eine „Schwächung des ontologischen Status dieser Gründe". Ebd., S. 21.
43 Claude Lefort und Marcel Gauchet: Über die Demokratie. Das Politische und die Instituierung des Gesellschaftlichen. In: Ulrich Rödel (Hrsg.): Autonome Gesellschaft und libertäre Demokratie. Frankfurt am Main: Suhrkamp 1990, S. 89–122, hier: S. 96. [Hervorhebung im Original]

Setzung ermöglichen kann. Bei diesen Setzungen, die im Bewusstsein des Verlustes der metaphysischen Letztbegründungen geschehen, versprechen, wie Richard Rorty vorschlägt, literarische Neuschreibungen, die im Gegensatz zu der vernunftgeleiteten Philosophie „Gefühl und Sympathie"[44] ansprechen, einen größeren Erfolg als der Versuch der philosophischen Setzung von Gründen.[45] Die Literatur beschränkt sich laut Rorty nicht auf die Abbildung von textexterner politischer ‚Wirklichkeit' – die erzählte Tat ist nicht mehr an das Reale rückgebunden –, sondern fungiert selbst als innovatives politisches Handeln, das der ‚Wirklichkeit' vorgelagert ist; durch die Literatur wird das Politische ausgehandelt.[46]

Die Lösung des Imaginären vom Realen findet in der Literatur um 1900, die eine besonders brisante ästhetische und politische Ausbuchstabierung und Aufladung der Tat vornimmt, und in den einschlägigen Zeitungen und Zeitschriften ihren Höhepunkt: Lässt sich bei Ernst Jünger eine Desemantisierung der Tat, ein „Voluntarismus der Tat",[47] feststellen, so zeigt sich an Carl Schmitts Forderung an die Zeitschrift *Die Tat*, „Aktion, nicht opinion",[48] die enge Verbindung des Paradigmas der Tat zur Politik bzw. zu den Protagonisten der ‚Konservativen Revolution'. Die radikalste Ausgestaltung findet das Paradigma der Tat jedoch in der Avantgarde – hier sind insbesondere der Futurismus, der Surrealismus und die *Lehrstücke* von Brecht von Interesse –, die nicht nur ein Imaginäres gestaltet, das dem Realen vorausgeht, sondern die das Imaginäre des literarischen Textes in eine (reale) politische Praxis überführt und so selbst Politik wird.

---

44 Chantal Mouffe: Dekonstruktion, Pragmatismus und die Politik der Demokratie. In: dies. (Hrsg.): Dekonstruktion und Pragmatismus. Demokratie, Wahrheit und Vernunft. Wien: Passagen 1999, S. 11–35, hier: S. 20. – Mouffe führt ihre Überlegungen zu Rorty weiter: „Deshalb billigt er Büchern wie Onkel Toms Hütte eine wichtigere Rolle zur Sicherung des moralischen Fortschritts zu als philosophischen Traktaten." Ebd.
45 Vgl.: Richard Rorty: Kontingenz, Ironie und Solidarität. Frankfurt am Main: Suhrkamp 1999, S. 91.
46 Vgl. hierzu auch den Tagungsband zu der Tagung *Das Politische in der Literatur der Gegenwart*, die vom 18.05.–20.05.2017 an der Universität Koblenz-Landau stattfand: Stefan Neuhaus und Immanuel Nover (Hrsg.): Das Politische in der Literatur der Gegenwart. Berlin und Boston: De Gruyter 2019.
47 Daniel Morat: Von der Tat zur Gelassenheit. Konservatives Denken bei Martin Heidegger, Ernst Jünger und Friedrich Georg Jünger. 1920–1960. Göttingen: Wallstein ²2007, S. 15.
48 Zitiert nach: Gangolf Hübinger: Die ‚Tat' und der ‚Tat-Kreis'. Politische Entwürfe und intellektuelle Konstellationen. In: Michel Grunewald und Uwe Puschner (Hrsg.): Das konservative Intellektuellenmilieu in Deutschland, seine Presse und seine Netzwerke (1890–1960). Bern: Peter Lang 2003, S. 407–426, hier: S. 423.

Die Ausführung der Tat kann auch als Setzung eines Anfangs – als „einen neuen Anfang [...] machen"[49] im Sinne Hannah Arendts, von der aus sich auch eine Linie zurück zu Immanuel Kant schlagen ließe – verstanden werden. Die Möglichkeit des „Neubeginn[s]"[50] wird hier als dezidiert menschliche Eigenschaft verstanden; das Handeln, die Exekution der Tat, kann folglich von Arendt als das entscheidende politische Element gelesen werden: „Was den Menschen zu einem politischen Wesen macht, ist seine Fähigkeit zu handeln".[51] Arendt zeigt hier in Absetzung von Aristoteles, der den Menschen als *zoon politikon* und damit als qua Geburt politisches Wesen qualifiziert, dass das Politische des Menschen sich erst im gemeinsamen Handeln manifestiert.[52] „Zoon politikon: als ob es *im* Menschen etwas Politisches gäbe, das zu seiner Essenz gehöre. Dies stimmt gerade nicht, *der* Mensch ist a-politisch. Politik entsteht in dem *Zwischen-den-Menschen*, also durchaus *außerhalb des* Menschen."[53] Das Politische ließe sich somit als ein „Weltbereich [verstehen], in dem Menschen primär als Handelnde auftreten".[54] Das Handeln des Individuums ist jedoch „auf die Präsenz anderer Menschen und die Verständigung mit diesen angewiesen".[55] Arendt betont in *Vita activa* durchgehend die Bedeutung der „Pluralität" – also die „Tatsache, daß nicht ein Mensch, sondern viele Menschen auf der Erde leben"[56] – für die intersubjektive politische Kommunikation bzw. das politische Handeln, das immer in (diskursiver) Auseinandersetzung mit der*dem Anderen geschieht und aufgrund der Pluralität nicht ausbleiben kann. „Kantisch formuliert ist die Pluralität die ermöglichende Bedingung von Politik, die verborgen liegt unter dem alltäglich Seienden der begegnend-verbergenden politischen Praxis."[57] Die (politische) Tat – also das Handeln im Sinne Arendts – steht in engem und notwendigem

---

49 Hannah Arendt: Vita activa oder Vom tätigen Leben. München und Berlin: Piper 2002, S. 18.
50 Ebd.
51 Hannah Arendt: Macht und Gewalt. München und Zürich: Piper ²1971, S. 81.
52 „Der Mensch des Aristoteles ist damit genau das, was er bei Arendt nicht ist: ein Mensch, der aus sich heraus politisch ist." Monika Gisler: Aristoteles Gleiche sind bei Arendt Andere. Überlegungen zur philosophischen Anthropologie Aristoteles' und Hannah Arendts. In: HannahArendt.net. Zeitschrift für politisches Denken. Bd. 1, Nr. 1, (2005), o.S. http://www.hannaharendt.net/index.php/han/article/view/70/103 (letzter Zugriff: 01.08.2020).
53 Hannah Arendt: Was ist Politik? Fragmente aus dem Nachlaß. Hrsg. v. Ursula Ludz. München und Zürich: Piper: 1993, S. 11. [Hervorhebungen im Original]
54 Ebd., S. 15.
55 Gisler: Aristoteles Gleiche sind bei Arendt Andere, o.S.
56 Arendt: Vita activa, S. 17.
57 Tobias Maier: Zur Frage ‚Was ist Politik'? – Heideggers Erbe bei Arendt und Lefort. In: Karlfriedrich Herb, Mareike Gebhardt und Kathrin Morgenstern (Hrsg.): Raum und Zeit. Denkformen des Politischen bei Hannah Arendt. Frankfurt am Main und New York: Campus 2014, S. 38–66, hier: S. 42.

Zusammenhang mit der Sprache und dem (performativ handelnden) Sprechakt, mit dem sich die Sprechenden als Handelnde erklären und zugleich ihre Taten historisch und kausal verorten:

> Erst durch das gesprochene Wort fügt sich die Tat in einen Bedeutungszusammenhang, wobei aber die Funktion des Sprechens nicht etwa die ist, zu erklären, was getan wurde, sondern das Wort vielmehr den Täter identifiziert und verkündet, daß er es ist, der handelt, nämlich jemand, der sich auf andere Taten und Entschlüsse berufen kann und sagen, was er weiterhin zu tun beabsichtigt.[58]

Der hierfür notwendige Raum der politischen Handlung und Subjektivierung, der durch das Handeln und Sprechen etablierte (virtuelle) politische „Erscheinungsraum",[59] ist nicht „immer und überall vorhanden",[60] sondern bedarf der Realisierung.[61] Der Erscheinungsraum „liegt in jeder Ansammlung von Menschen potentiell vor, aber eben nur potentiell".[62] Dieser Raum darf nicht als „substantielle Grundlage" oder als notwendiger realer topographischer Raum verstanden werden; vielmehr „verlangt [Arendts Erscheinungsraum] die Auflösung ontologischer Deutungsmuster".[63] Somit kann „Arendts Raumtheorie als eine performativ-narrative Konstruktion politischer Öffentlichkeit und menschlichen Handelns"[64] verstanden werden. Im Element der narrativen Erzeugung des Raums und des Politischen – das Erzählen wäre somit auch eine Handlung, die den politischen Raum performativ erzeugt und realisiert – eröffnet sich bereits eine Anschlussstelle für die literaturwissenschaftliche Untersuchung des politischen Raums und die Praktiken seiner Erzeugung in literarischen Texten:

> Ein Erscheinungsraum entsteht, wo immer Menschen handeln und sprechend miteinander umgehen; als solcher liegt er vor allen ausdrücklichen Staatsgründungen und Staatsformen, in die er jeweils gestaltet und organisiert wird. Ihn unterscheidet von anderen Räumen, die

---

58 Arendt: Vita activa, S. 218.
59 Ebd., S. 250–263.
60 Ebd., S. 250.
61 „Bevor das Handeln selbst überhaupt beginnen konnte, mußte ein begrenzter Raum fertig- und sichergestellt werden, innerhalb dessen die Handelnden dann in Erscheinung treten konnten, der Raum des öffentlichen Bereichs der Polis, dessen innere Struktur das Gesetz war [...]. Aber der Inhalt des Politischen, das, worum es in dem politischen Leben der Stadtstaaten selbst ging, war weder die Stadt noch das Gesetz – nicht Athen, sondern die Athener waren die Polis". Ebd., S. 244.
62 Ebd., S. 251.
63 Karlfriedrich Herb, Mareike Gebhardt und Kathrin Morgenstern: Gegenwärtig sein – Hannah Arendt neu denken. In: dies.: (Hrsg.): Raum und Zeit. Denkformen des Politischen bei Hannah Arendt. Frankfurt am Main und New York: Campus 2014, S. 9–24, hier: S. 12.
64 Ebd.

wir durch Eingrenzungen aller Art herstellen können, daß er die Aktualität der Vorgänge, in denen er entstand, nicht überdauert, sondern verschwindet, sich gleichsam in nichts auflöst, und zwar nicht erst, wenn die Menschen verschwunden sind, die sich in ihm bewegten [...], sondern bereits, wenn die Tätigkeiten, in denen er entstand, verschwunden oder zum Stillstand gekommen sind.[65]

Ausgehend von Arendts Überlegungen zum Erscheinungsraum werden die politischen Erscheinungsräume in den untersuchten Texten in den Blick genommen. Hierbei werden sowohl die Strategien zur Etablierung bzw. Eröffnung wie auch die Strategien zur Verunmöglichung des politischen Erscheinungsraums analysiert. Arendts Theorie des Erscheinungsraums kann hier mit den Theorien der postfundamentalistischen Politischen Theorie[66] engeführt werden, um so den Moment des Politischen als virtuellen temporären Raum des agonistischen[67] – oder, und dazu würde Carl Schmitt tendieren: des antagonistischen – politischen Handelns und Sprechens zu verstehen.[68]

Judith Butler leistet in *Anmerkungen zu einer performativen Theorie der Versammlung* eine für die Arbeit wichtige Erweiterung von Arendts Überlegungen zum Politischen und zum Erscheinungsraum, indem sie die Dimension des Körperlichen herausstellt. Der Körper wird hier neben dem (sprachlichen) Handeln zum Akteur – und zwar allein aufgrund seiner Präsenz als Körper im Raum, er muss nicht zwangsläufig agieren: „Verkörperte Handlungen unterschiedlicher Art tun etwas auf eine Weise kund, die genau genommen weder diskursiv noch vor-

---

65 Arendt: Vita activa, S. 251.
66 Für die postfundamentalistische politische Theorie wären Namen wie Claude Lefort, Jean-Luc Nancy, Ernesto Laclau, Chantal Mouffe, Alain Badiou, Jacques Rancière und andere zu nennen. Die jeweils entfalteten Theorien sind dabei keineswegs einheitlich, weisen aber, so Oliver Marchart, eine „Familienähnlichkeit[]" auf, die es erlaubt, die divergenten Ansätze unter einem Begriff zu subsumieren. Marchart: Die politische Differenz, S. 14.
67 Vgl.: Mouffe: Über das Politische, S. 29.
68 Je nach theoretischer Position – Arendt oder Schmitt – ergibt sich ein anderer Blick auf das Politische, wie sich hier am Beispiel des politischen Raums zeigen lässt; für die Analyse der Texte ist die in dem Text angelegte Struktur des Politischen und der mit der jeweiligen Theorie zu erzielende Output entscheidend. Um die Differenz exemplarisch deutlich zu machen: Das bei Arendt bereits angelegte konsensuale oder ‚agonistische' Prinzip, das von Mouffe stark gemacht wird, findet sich bei Schmitt nicht; vielmehr arbeitet er die antagonistischen Prinzipien des Politischen als *die* grundlegenden Prinzipien des Politischen heraus: „Die spezifische politische Unterscheidung, auf welche sich die politischen Handlungen und Motive zurückführen lassen, ist die Unterscheidung von *Freund* und *Feind*." Schmitt: Der Begriff des Politischen., S. 26. – Zur Differenzierung von Arendts assoziativen Prinzip, das wirkmächtig für die arendtianische Traditionslinie wird, und Schmitts dissoziativen Prinzip, das in der schmittianischen Traditionslinie aufgegriffen wird, vgl.: Marchart: Die politische Differenz, S. 35–42.

diskursiv ist. [...] Versammlungen haben schon vor und unabhängig von den spezifischen Forderungen, die sie stellen, eine Bedeutung."[69] Somit lässt sich mit Butler für die literarischen Texte festhalten, dass nicht nur die sprechende bzw. handelnde Figur als (politischer) Akteur zu begreifen ist, sondern auch die bloße (sprachlose) Präsenz des Körpers einer Figur eine politische Dimension inne haben und damit eine andere Form des politischen Agierens sein kann.

Aus der emphatischen Inszenierung der Tat ergibt sich zudem die Frage nach dem Status des Subjekts, das sich in der Evokation und Realisierung der Tat – die oftmals nur eine sprachlich-performative Behauptung oder Proklamation ist und deren reale Einlösung weniger relevant ist – nachdrücklich artikuliert. Wurde in der Literatur und Kunst um 1900 die bereits um 1800 problematisch werdende Vorstellung eines autonomen und souveränen Subjekts radikal und umfassend verabschiedet, so kann sich nun in der Tat das Subjekt (vermeintlich) rekonstituieren und im Text behaupten. Das Subjekt und die Beziehung von Subjekt und Tat bleiben aber prekär; durch die Tat kann keine stabile Identität und kein Subjekt erzeugt werden, das Ich kann sich über seine Tat weder erkennen noch definieren. Thomé weist in seiner Lektüre der Texte von Ernst Mach darauf hin, dass die Vorstellung, dass das „Ich mit seinem Tun identisch ist [...] [und sich so] Selbstbewußtsein durch die Reflexion der Taten [ergibt], die in ihrer Folge das Leben ausmachen",[70] für die Zeit 1900 nicht mehr zu halten ist. „Für das Drama heißt das, daß die Tat nicht das Wesen eines Menschen manifestieren, sondern lediglich einen momentanen Zustand anzeigen kann".[71] Die Einheit von Tat und Ich kann lediglich noch in einem ironischen Verhältnis – etwa bei Schnitzler, so Thomé – bestehen.[72] Das durch die Tat generierte Subjekt ist zudem auf seine Gender-Zuschreibungen zu untersuchen und in seinem Verhältnis zu der zeitgenössischen Ästhetik und Konstruktion von (männlichen) Subjekten zu beobachten. Die um 2000 erzählte prekäre Tat des prekären Tätersubjekts steht, so die These, auch im Verhältnis zu den für diese Zeit konstruierten männlichen Subjekten. Durch den syntagmatischen Blick auf die Texte und den Erzählungen ihrer Subjekte ergibt sich, dass diese Subjekte wiederum in einer Traditionslinie stehen

---

69 Judith Butler: Anmerkungen zu einer performativen Theorie der Versammlung. Frankfurt am Main: Suhrkamp 2016, S. 15.
70 Horst Thomé: Das Ich und seine Tat. Überlegungen zum Verhältnis von Psychologie, Ästhetik und Gesellschaft im Drama der Jahrhundertwende. In: Karl Richter, Jörg Schönert und Michael Titzmann (Hrsg.): Die Literatur und die Wissenschaften 1770–1930. Stuttgart: M & P 1997, S. 323–353, hier: S. 335.
71 Ebd., S. 339.
72 Vgl. hierzu: Horst Thomé: Kernlosigkeit und Pose. Zur Rekonstruktion von Schnitzlers Psychologie. In: Text und Kontext. Sonderreihe 20 (1984), S. 62–87.

und etwa bestimmte Elemente des bereits um 1800 und erst recht des um 1900 diskutierten prekären Subjekts mit all seinen Verwerfungen aufnehmen.

In der Arbeit wird jedoch nicht nur der Moment der Ausführung der Tat diskutiert, sondern auch der Moment ‚vor der Tat', in dem sich die problematische Dichotomie von Denken und Handeln bzw. die hinderliche Stockung des Syntagmas von Entscheidung zu Tat wiederfindet. Friedrich Nietzsche schreibt: „Nicht im Erkennen, im Schaffen liegt unser Heil."[73] Durch den Moment des Zauderns wird, so die Hypothese, folglich nicht nur die Beobachtung der aufgeschobenen Tat, sondern vor allem die Beobachtung des Moments der Entscheidung angelegt. Die Beobachtbarkeit hat freilich, darauf weist Nietzsche hin, ihren Preis, da durch sie die Exekution der Tat ausgesetzt wird.

Insbesondere der Moment des Übergangs vom Denken zum Handeln, der sich, wie Joseph Vogl gezeigt hat, im Zaudern manifestiert, ist von Interesse, da dieser die Tat erörtert und vorbereitet.[74] In dem der Tat vorangehenden Moment des Zögerns, das Vogl als „poetisches Verfahren" und als „Geste des Befragens"[75] – und damit auch als poetologisches Element – erkennt, das sich nicht in der Tat auflöst, sondern auf Dauer gestellt und durch keine Aktion vollendet wird, offenbart sich die Relevanz und Funktion der Tat. Die Tat löst die Hemmung der Befragung einer Vielzahl von Möglichkeiten auf und reduziert die Kontingenz der Handlungsoptionen auf eine nun emphatisch realisierte Option. Der Moment des Zögerns, der zugleich als Moment der Entscheidung zu fassen ist und sich auch im Syntagma des Satzes manifestiert, wird durch die (sprachliche) Aktion oder Behauptung der Tat abgelöst und in Handlung überführt. Die Durchführung der Tat kann dann als rauschhaftes Erlebnis erfahren werden; die Tat wird hier libidinös besetzt und aus der Sphäre des Gewöhnlichen herausgelöst. Die libidinöse Besetzung der Tat verweist hier bereits auf die Möglichkeit der affektiven Besetzung und der daraus folgenden politischen Instrumentalisierung der Tat.

Zugleich kann der Moment des Zauderns als Verhandlung des Politischen gelesen werden. Das Zaudern setzt die Handlung kurzzeitig zugunsten der Reflexion aus und spielt die diversen Optionen virtuell durch:[76]

---

[73] Friedrich Nietzsche: Nachgelassene Fragmente 1872–1873. http://www.nietzschesource.org/#eKGWB/NF-1872,19[125] (letzter Zugriff: 28.07.2020).
[74] Vgl.: Joseph Vogl: Über das Zaudern. Zürich und Berlin: Diaphanes ²2008.
[75] Ebd, S. 36.
[76] Vgl. hierzu: Immanuel Nover: ‚Ich kann jetzt noch nicht sagen, was ich thun will.' Zum Politischen des Handlungsaufschubs – mit einem Fokus auf Friedrich Schillers *Wallenstein*. In: Christine Lubkoll, Manuel Illi und Anna Hampel (Hrsg.): Politische Literatur. Begriffe – Debatten – Aktualität. Stuttgart: Metzler 2019, S. 131–147.

> Dabei wird dem Zaudern allerdings ein systematischer und prinzipieller Ort zugewiesen. Im Unterschied zu verwandten Spielarten [...] liegt es fernab stabiler oder labiler Gleichgewichtszustände, es hat vielmehr einen meta-stabilen Charakter und lässt gegenläufige Impulse immer von Neuem einander initiieren, entfesseln und hemmen zugleich.[77]

Die verzögerte Tat zeigt, dass es eben nicht nur eine Handlungsoption gibt, sondern dass sich verschiedene Optionen auftun. Hier lassen sich die Überlegungen von Joseph Vogl mit den Theorien des Politischen zusammendenken: Die fehlende metaphysische Letztbegründung begünstigt die Vielfalt der Optionen, die im Zaudern betrachtet werden und schließlich mit der Durchführung der Tat zugunsten einer Option reduziert werden.

Wenn das Zaudern als Moment des Politischen verstanden wird, kann das Politische somit nicht als Struktur verstanden werden, die auf schließenden metaphysischen und damit „revisionsresistenten"[78] Letztbegründungen beruht und die durch feste binäre Oppositionen organisiert ist. Das Politische ließe sich vielmehr als eine Struktur und Praktik fassen, die eine Aussetzung der Schließung des politischen Dialogs sicherstellt und keine metaphysisch fundierten Gründungen mehr anstrebt, sondern Akte der temporären Gründung anregt. Diese stellen jedoch, wie gezeigt, kein Defizit dar, sondern können als das eigentliche Moment des Politischen gelesen werden – das nicht demokratisch organisiert sein muss, wie etliche der untersuchten Texte zeigen –, da das Politische, das auf die Gründung und Begründung der Gesellschaft und auf die ihr zugrundeliegenden Werte, Normen und Gewissheiten verweist, stetig neu ausgehandelt werden muss.[79]

Insbesondere mit Blick auf die in Teil II der Arbeit verhandelten Texte muss in Anlehnung an Claude Lefort herausgestellt werden, dass das Politische sich nicht im Demokratischen erschöpft oder dort seine ‚Bestimmung' findet – vielmehr muss gerade das Totalitäre (als politische und/oder ästhetische Schließung[80]) – auf seine Gründung befragt werden.[81] Lefort definiert hier die Strukturen des Totalitären, die in der Setzung einer absoluten Macht bestehen, die „jedwede

---

[77] Vogl: Über das Zaudern, S. 14.
[78] Marchart: Die politische Differenz, S. 15.
[79] Vgl.: Ebd., S. 329–365.
[80] So stellt etwa Gottfried Benn in seiner *Rede auf Stefan George* die ästhetische Schließung – der die politische Schließung folgen mag – als modern heraus. Vgl.: Gottfried Benn: Rede auf Stefan George (1934). In: ders.: Essays und Reden in der Fassung der Erstdrucke. Hrsg. v. Bruno Hillebrand. Frankfurt am Main: Fischer ³2006, S. 479–490.
[81] Vgl.: Uwe Hebekus: Ästhetische Ermächtigung. Zum politischen Ort der Literatur im Zeitraum der Klassischen Moderne. München: Fink 2009.

Opposition vernichtet [und] sich jeglicher gesetzlichen Kontrolle"[82] entzieht, wie folgt: Die „Sphären der Macht, des Rechts und des Wissen [...] verquicken"[83] sich; es wird eine „Logik der Identifikation durchgesetzt"[84] und die „gesellschaftliche Teilung in allen Formen geleugnet".[85] Leforts Beobachtung, dass die „Modernität des Totalitarismus [...] ein radikal künstliches mit einem zutiefst organizistischen Ideal verbindet",[86] lässt sich zur Beschreibung der Strukturen fruchtbar machen, die sich etwa im Futurismus, aber auch in den Texten von Alfred Rosenberg oder Adolf Hitler beobachten lassen.

Ausgehend von den Überlegungen zum Totalitären arbeitet Lefort heraus, dass die Demokratie mehr mit dem Totalitarismus gemein hat als die Monarchie.[87] Denn sowohl der Totalitarismus als auch die Demokratie haben den gleichen Ursprung, die „demokratische Revolution",[88] die mit der Guillotinierung von Louis XVI und damit der Disinkorporation der ‚zwei Körper des Königs' einen „Moment des Politischen"[89] in Szene setzt, der den Ort der Macht ‚leer' lassen wird und folglich die (postfundamentalen) Neugründungen wie Besetzungen demokratischer oder totalitärer Natur notwendig und möglich macht. „Was Demokratie von Totalitarismus [...] unterscheidet, ist, dass in einer Demokratie die allgemeine Bedingung der Abwesenheit eines positiven Grundes nicht verdunkelt, sondern institutionell anerkannt und diskursiv aktualisiert wird."[90] Lefort analysiert die Strukturen der *In-Form-Setzung* im demokratischen Prozess – und genau diesen Prozess und nicht das politische Handeln versteht Lefort als Ort des Politischen – und legt das Ineinandergreifen von Form, Sinn und Inszenierung offen: „Diese Formgebung (*mise en forme*) ist eine Sinngebung (*mise en sens*) und zugleich eine Inszenierung (*mise en scene*)."[91] Der demokratische Prozess der *In-Form-Setzung* zeichnet sich hierbei durch das Moment des „Erscheinens und Verbergens"[92] aus:

---

82 Claude Lefort: Die Frage der Demokratie. In: Ulrich Rödel (Hrsg.): Autonome Gesellschaft und libertäre Demokratie, S. 281–297, hier: S. 286.
83 Ebd., S. 287.
84 Ebd.
85 Ebd.
86 Ebd., S. 288.
87 Die Monarchie zeichnet sich – hier schließt Lefort an Ernst Kantorowicz an – durch den „zugleich sterblichen wie unsterblichen Körper des Fürsten" aus. Der ‚Ort der Macht' ist also nicht leer, sondern durch den (etwa genealogisch oder gar göttlich) legitimierten politischen wie privaten Körper des Monarchen besetzt. Ebd., S. 292.
88 Marchart: Die politische Differenz, S. 143.
89 Ebd., S. 133.
90 Ebd., S. 149.
91 Lefort: Die Frage der Demokratie, S. 284.
92 Ebd.

„Ein Erscheinen in dem Sinne, daß der Prozeß, durch den sich die Gesellschaft ordnet und durch ihre Teilungen hindurch vereinigt, sichtbar wird, Verbergung aber in dem Sinne, daß das generische Prinzip der Konfiguration der Gesamtgesellschaft verschleiert wird".[93] Der Ort der Macht wird nun im Gegensatz zur Monarchie ‚leer' und „nichtdarstellbar".[94] Mehr noch: Im elementaren demokratischen Verfahren der Wahl als „periodisch wiederkehrende[m] Wettbewerb"[95] wird die „Souveränität des Volkes"[96] aufgelöst und in eine „‚Recheneinheit'"[97] überführt; „[d]ie Zahl tritt an die Stelle der Substanz."[98] Gerade durch die Auflösung der „Grundlagen aller Gewißheiten"[99] instituiert sich die Demokratie als Demokratie. Diese Auflösung stellt jedoch nicht nur einen Gegensatz zum statischen und ‚verkörperten' System der Monarchie dar, sondern eröffnet auch die Möglichkeit der vollständigen „Außerkraftsetzung der demokratischen Logik"[100] durch totalitäre Systeme, die die kontingenten wie temporären Setzungen in eine Schließung überführen und die Abwesenheit einer fundamentalen Gründung diskursiv verschleiern.

Die im Zaudern angelegte „Geste des Befragens"[101] lässt sich nicht nur auf die kontingenten Optionen der Ausführung der Tat beziehen; vielmehr wird in der Arbeit die Befragung auch auf die zugrundeliegenden Strukturen des Politischen angelegt. Chantal Mouffe zeigt, dass „ein ganz und gar einschließender ‚rationaler' Konsens unmöglich [ist]"[102] und somit das politische System durch eine politische Praxis, die auf eine konsensuale Aufhebung von politischen Differenzen und Antagonismen setzt, eine gefährliche Verschiebung erfährt: Wenn die konstitutiven politischen Differenzen in „Konsens und Versöhnung"[103] aufgelöst würden, dann würden die Oppositionen nicht mehr im Feld des Politischen ausgetragen, sondern in das *„moralische*[] *Register*"[104] verschoben. „Statt mit einem Kampf zwischen ‚rechts' und ‚links' haben wir es mit einem Kampf zwischen ‚richtig' und ‚falsch' zu tun."[105] Mouffe greift in ihrer Lektüre von Carl

---

93 Ebd.
94 Ebd., S. 293.
95 Lefort: Fortdauer des Theologisch-Politischen?, S. 50.
96 Lefort: Die Frage der Demokratie, S. 295.
97 Ebd.
98 Ebd.
99 Ebd., S. 296.
100 Ebd.
101 Vogl: Über das Zaudern, S. 36.
102 Mouffe: Über das Politische, S. 19.
103 Ebd., S. 8.
104 Ebd., S. 11. [Hervorhebung im Original]
105 Ebd., S. 12.

Schmitt nun seine Formulierung des „absoluten Feind[es]"[106] auf und zeigt, dass durch die Verschiebung der Auseinandersetzung radikale Feindschaft entstehe, da aus dem politischen Gegner nun ein moralisch abzuwertender, zu „vernichtende[r] Feind"[107] und somit die politische „Wir-Sie-Unterscheidung"[108] in eine moralische Freund-Feind-Struktur überführt werde. Diese Verschiebung hat folgenschwere Konsequenzen für das Politische:

> In einer Welt, in der sich die Partner [...] gegenseitig in den Abgrund der totalen Entwertung hineinstoßen, bevor sie sich physisch vernichten, müssen neue Arten der absoluten Feindschaft entstehen. Die Feindschaft wird so furchtbar werden, daß man vielleicht nicht einmal mehr von Feind oder Feindschaft sprechen darf und beides sogar in aller Form vorher geächtet und verdammt wird, bevor das Vernichtungswerk beginnen kann. Die Vernichtung wird dann ganz abstrakt und ganz absolut.[109]

Mouffe plädiert folglich gegen eine Aufhebung der politischen Antagonismen und für die Anerkennung der politischen Differenzen, da sich nur so eine politische Gegnerschaft sicherstellen lässt, die sich weder im konsensualen Kompromiss aufhebt, noch sich in eine radikale Freund/Feind-Opposition transferiert. Ziel der demokratischen Politik muss folglich die Installation eines politisch produktiven „Agonismus"[110] sein, der als eine „Wir-Sie-Beziehung"[111] zu verstehen ist, „bei der die konfligierenden Parteien die Legitimität ihrer Opponenten anerkennen, auch wenn sie einsehen, daß es für den Konflikt keine rationale Lösung gibt. Sie sind ‚Gegner', keine Feinde [...], sie teilen einen gemeinsamen symbolischen Raum".[112]

Die von Mouffe angeregte Differenzierung der Strukturen des Politischen in antagonistische und agonistische Systeme, die eine jeweils andere Interpretation des politischen Gegenübers vornehmen, wird in der Arbeit genutzt, um die in den literarischen Texten verhandelten und vor allem evozierten politischen Systeme zu analysieren; wird, so die Frage, durch die jeweils erzählte Tat ein politisches System im Imaginären angelegt, das sich durch antagonistische oder agonistische Strukturen auszeichnet? Da die Ausführung der Tat zumindest auf den ersten Blick oftmals in Verbindung zu einem Moment der Gewalt steht, das sich durch die moralische Abwertung der – dann antagonistischen – Feinde legitimiert,

---

106 Carl Schmitt: Theorie des Partisanen. Zwischenbemerkung zum Begriff des Politischen. Berlin: Duncker & Humblot ⁶2006, S. 91.
107 Mouffe: Über das Politische, S. 12.
108 Ebd.
109 Schmitt: Theorie des Partisanen, S. 95.
110 Mouffe: Über das Politische, S. 29.
111 Ebd., S. 30.
112 Ebd.

scheint die politische Tat gewisse Affinitäten zu einer antagonistischen Ordnung aufzuweisen.

Folgt man der bereits zitierten systemtheoretisch fundierten Definition der Avantgarde von Plumpe, der diese als entdifferenzierende Strategie fasst, so zeigt sich, dass die Texte der Avantgarde eine Wirkung außerhalb der Literatur entfachen wollen. Die Programmatik der Avantgarde unterscheidet sich zwar grundlegend von der jeweiligen Programmatik der nicht-avantgardistischen Texte – ausführlich wird dies in der Arbeit im Kapitel zum Futurismus ausgearbeitet –, dennoch scheint die Exekution der Tat nicht nur einen politischen Kontext aufzurufen, sondern auch eine generell avantgardistische oder performative, also eine auf die Veränderung von Realität abzielende Struktur im Sinne Fischer-Lichtes[113] anzudeuten: Die Erzählung der Tat verhandelt auch textexterne vergangene, gegenwärtige oder zukünftige Realität, doch ist sie immer auf die Veränderung der Realität in der Zukunft gerichtet.

Die generierten Handlungen und Ergebnisse können somit auch als Modell verstanden werden, das über den Text Beobachtungen aus der text- oder modellexternen Realität importiert und zugleich Vorgaben für die text- oder modellexterne Realität generiert.[114] Das Modell wirkt hier im Sinne Bernd Mahrs in einer zweifachen Perspektivierung; zum einen sind Modelle als „Ergebnis einer Induktion, bei der Erkenntnisse, Anschauungen, Merkmale, Regelinhalte oder anderes auf sie übertragen wurden und dadurch ihren Inhalt bilden",[115] zu verstehen, sie sind also Modell von etwas, das wahrgenommen und in das System des Modells überführt und generalisiert wird, dabei aber einer Transformation unterliegt. Zum anderen sind sie aber auch vorgängig und dienen als Basis für etwas, das dann in die modellexterne Realität überführt wird, sie sind „Bezugsgrößen einer Deduktion, bei der sich ihr Inhalt in der Anwendung wieder herauslöst oder auf einen anderen Gegenstand überträgt".[116] Insbesondere das Vorgängige des Ästhetischen oder Imaginären vor dem Realen eröffnet eine Lesart, die das Politische in den Texten als prospektiv versteht – die Texte kommentieren nicht Vergangenheit oder Gegenwart, sondern verhandeln Zukunft.

---

113 Vgl. hierzu: Erika Fischer-Lichte: Ästhetik des Performativen. Frankfurt am Main: Suhrkamp 2004.
114 Zum Begriff des Modells vgl. insb. die Arbeit des DFG Graduiertenkollegs *Literarische Form: Geschichte und Kultur ästhetischer Modellbildung* der Westfälischen Wilhelms-Universität Münster.
115 Bernd Mahr: Das Mögliche im Modell und die Vermeidung der Fiktion. In: Thomas Macho und Annette Wunschel (Hrsg.): Science & Fiction. Über Gedankenexperimente in Wissenschaft, Philosophie und Literatur. Frankfurt am Main: Fischer 2004, S. 161–182, hier: S. 162.
116 Ebd.

1.4 Methodisch-theoretischer Hintergrund

Die Vielzahl an Textstellen, die dem Begriff der Tat in der Literatur zugeordnet werden können, und die semantischen Valenzen des Begriffs zeigen, dass es in der Arbeit nicht um eine Semantik der Tat gehen kann. Eine semantische Festlegung oder eine Arretierung der Signifikate, die sich – insbesondere bei den späten Texten um 1920 – weder über die Analyse des Paradigmas der Tat noch über eine etymologische Herleitung leisten lässt, und auch eine essentialistische Sicht auf die Tat erweisen sich methodisch als wenig tragfähig. Eine Definition der Tat durch eine Text-Außenperspektive – etwa einen Merkmalkatalog, der an den Text angelegt wird – erscheint für das Projekt als wenig produktiv und methodisch unscharf. Somit soll vielmehr das Archiv der zu analysierenden Textstellen mittels einer textinternen Perspektive generiert werden: Die Texte, die sich als Text als Tat ausstellen und bezeichnen, werden in das Archiv aufgenommen; die Definition obliegt so dem Text selbst. Das Archiv wird nur um wenige Texte ergänzt, in denen nicht explizit von der Tat die Rede ist; zu verweisen wäre hier vor allem auf Bertolt Brechts *Der Jasager*, der in Teil II, Kapitel 9 der Arbeit diskutiert wird. Der Text erzählt, so die Begründung für seine Aufnahme in das Archiv, von einer Tat – der Opferung eines Jungen zum Wohl der Gemeinschaft –, benennt die Tat aber nicht als Tat; das Nicht-Benennen erfüllt hier jedoch eine konkrete Funktion, insofern es eine politische Programmierung kommuniziert, die sich in ihrer Struktur von der auf das Heroische und die Subjektivierung des Akteurs abzielenden politischen Logik der zuvor diskutierten Texte – etwa derjenigen Ernst Jüngers – grundsätzlich unterscheidet.

Das so erstellte Archiv soll *ex post* mit dem an Jurij Lotman gewonnenen Begriff des Ereignisses befragt werden, den Lotman „als Versetzung einer Figur über die Grenze eines semantischen Feldes"[117] fasst. Lotmans Definition – das Ereignis wird durch seine Stellung „in dem vom Kulturtyp bestimmten sekundären semantischen Strukturfeld"[118] definiert, ist abhängig „vom System der Begriffe"[119] bzw. von den „Maßgabe[n] des allgemeinen Weltbildes".[120] Lotman macht deutlich, dass sich das Ereignis nicht mit einer textexternen Deutungsinstanz fassen lässt, sondern durch seine Position in dem jeweiligen semantischen Feld bestimmt werden muss. Das im Text erzählte potentielle Ereignis steht nicht losgelöst von dem syntagmatischen Textzusammenhang und dem jeweiligen

---

[117] Jurij M. Lotman: Die Struktur literarischer Texte. München: Fink 1993, S. 332f.
[118] Ebd., S. 332.
[119] Ebd., S. 334.
[120] Ebd.

„Weltbild", das sich im Text niederschlägt; die gleiche Begebenheit, etwa eine Gewalttat, muss vom Text oder in einem anderen Text nicht immer als Ereignis bewertet werden: „Sogar der Tod des Helden wird sich bei weitem nicht in jedem Text als Ereignis darstellen."[121] Die von Lotman erarbeitete Struktur des Ereignisses wird in der Arbeit zur Überprüfung des Archivs der Tat genutzt, das über die textinterne Selbstdefinition generiert wird.

In Anlehnung an die Foucaultsche Diskursanalyse sollen zudem die relevanten Diskursstrukturen der Tat in den Blick genommen werden; die Arbeit verfolgt somit eine kultursemiotisch orientierte Perspektive, bei der die Einzeltexte mit ihren Äquivalenzen und Oppositionen auf einer paradigmatischen Diskursachse und im zweiten Schritt auf einer syntagmatischen Achse betrachtet werden.

Wie bereits in der Einleitung angedeutet, werden zur Diskussion der politischen Implikationen der Tat die neueren Theorien zum Politischen – hier wäre insbesondere noch auf die Texte von Claude Lefort und Ernesto Laclau zu verweisen – fruchtbar gemacht.[122] Die postfundamentalistische Politische Theorie stellt, wie bereits skizziert, die Frage nach dem Politischen, das sich auf keine fundamentale Gründung mehr berufen kann, in den Raum: Das Politische, das auf die Gründung und Begründung der Gesellschaft und auf die ihr zugrundliegenden Werte, Normen und Gewissheiten verweist, muss stetig neu ausgehandelt werden; die Gründungen sind kontingent wie temporär und verabschieden die Vorstellung einer metaphysischen Letztbegründung, die eine dauerhafte Fundierung und Totalität anbieten, zugunsten einer steten Neuaushandlung.[123] Die Notwendigkeit dieser steten Neuaushandlung, die sich erst für Gesellschaften ergibt, denen „kein archimedischer Punkt, kein substantielles Gemeingut, kein unhinterfragbarer Wert verfügbar ist",[124] wird hier jedoch nicht als Defizit verstanden, sondern als Moment des Politischen gelesen; wobei – wie bereits angedeutet – die Analyse der politische wie ästhetischen Verfahren der Setzungen

---

121 Ebd., S. 335.
122 Zum Postfundamentalismus vgl. insb.: Ernesto Laclau: Dekonstruktion, Pragmatismus, Hegemonie. In: Mouffe (Hrsg.): Dekonstruktion und Pragmatismus, S. 111–153. – Ernesto Laclau und Chantal Mouffe: Hegemonie und radikale Demokratie. Zur Dekonstruktion des Marxismus. Wien: Passagen 1991. – Lefort: Fortdauer des Theologisch-Politischen? – Lefort und Gauchet: Über die Demokratie. – Mouffe: Über das Politische. – Chantal Mouffe: Das demokratische Paradox. Wien und Berlin: Turia + Kant 2013.
123 „Unter Postfundamentalismus wollen wir einen Prozess unabschließbarer Infragestellung metaphysischer Figuren der Fundierung und Letztbegründung verstehen – Figuren wie Totalität, Universalität, Substanz, Essenz, Subjekt oder Struktur, aber auch Markt, Gene, Geschlecht, Hautfarbe, kulturelle Identität, Staat, Nation etc." Marchart: Die politische Differenz, S. 16.
124 Ebd., S. 17.

und Auflösungen für die Arbeit relevanter sind als die politischen Verortungen der Texte und ihrer demokratischen oder antidemokratischen politischen Grundierungen. Der postfundamentalistische Blick auf die Texte – und dies zeigt die Leistung der Theorie in der Arbeit auf – würde somit zum einen die Kontingenz der Gründungen und zum anderen die sich aus dem fehlenden Grund ergebenden und notwendig auf Dauer gestellten Gründungsinszenierungen des totalitären Politischen herausarbeiten. Wenn ab 1800 das Soziale von Letztbegründungen befreit wird und damit der Aushandlung wie der Notwendigkeit ebendieser anheimgegeben wird, wie etwa Lefort demonstriert, dann lässt sich die Analyse der Tat auf der paradigmatischen und syntagmatischen Achse als Analyse des Politischen zu einer gegebenen Zeit verstehen; zugleich lenkt die Beobachtung den Blick auf das Hegemoniale der Tat, die sich wiederum als Ort des Politischen erweist.

Das Archiv der zu untersuchenden Texte beschränkt sich nicht auf die kanonisierte ‚Höhenkamm'-Literatur, sondern bezieht auch Briefe, Manifeste und andere Textsorten ein, um die Diskurse der Tat in einem weiter gefassten, bislang wenig erschlossenen Feld zu verfolgen.

1.5 Forschungskontext: Wille, Entscheidung, Tat und das Heroische

Die Arbeit fokussiert die Diskussion der Tat in exemplarisch ausgewählten Texten der Literatur vom 18. bis ins 21. Jahrhundert und setzt die Exekution der Tat in Verbindung zu dem Moment des Politischen. Keineswegs soll hier apodiktisch die These formuliert werden, dass sämtliche Erzählungen der Tat grundsätzlich in Verbindung zu dem Politischen stehen – aber genau jene Taten, die das Politische verhandeln, sind für die Arbeit von Interesse. Wenngleich der Exekution der Tat ein disruptives wie ereignishaftes Moment inne ist, so lässt sich für die Tat eine syntagmatische Struktur feststellen, durch die die vorliegende Arbeit in einem weiteren Forschungskontext situiert wird: Der Tat geht die *Entscheidung* für die Tat voraus, beide wiederum bedürfen des *Willens* zur Tat. Folglich lassen sich in den Texten nicht nur der (und das) Moment der Tat an sich, sondern auch die vorhergehende komplexe Entscheidungsfindung – sowie die Entscheidung für/gegen die Entscheidung, die Joseph Vogl als „Wahl Zweiter Ordnung"[125] defi-

---

[125] Vgl.: Vogl: Über das Zaudern, S. 43.

niert – beobachten.[126] Das Problem der Entscheidung, das etwa im Münsteraner Sonderforschungsbereich *Kulturen des Entscheidens*[127] im Fokus steht, ist daher nicht nur auf die Strukturen des erzählten entscheidenden Subjekts zu beziehen, vielmehr ist es ebenfalls auf die politische Fundierung zu befragen.[128]

Sowohl die Entscheidung (für die Entscheidung) als auch die Ausführung der Tat bedürfen des Willens zur Entscheidung (für die Entscheidung) und zur Exekution der Tat. Dem Willen kommt somit eine initiale Funktion zu, er definiert als *sine qua non* den Beginn des Syntagmas. Für die vorliegende Arbeit ist insbesondere die Diskussion des Willens in der Literatur um 1900 von Interesse, die Ingo Stöckmann in einem Kapitel in *Der Wille zum Willen*[129] ausgearbeitet hat; im Anschluss an Stöckmann nimmt die Arbeit die textstrukturelle Dynamik zwischen Wille, Entscheidung und Tat in den Blick, wobei der Fokus auf der Tat liegt.

Als dritter wichtiger Forschungskontext der Arbeit ist das Feld des Heroischen zu nennen, das prominent im Freiburger Sonderforschungsbereich *Helden – Heroisierungen – Heroismen* diskutiert wird.[130] Das Heroische, so stellt der SFB heraus, und die Figur des Helden können nicht an einen essentialistischen Kern rückgebunden werden; entscheidend für das Heroische sind vielmehr die jeweiligen Zuschreibungen der Gesellschaft, wodurch sich durch das Heroische immer auch Aussagen über die Konstruktion der (heroischen oder postheroischen[131]) Gesellschaft und über das Konstrukt des heroischen und nicht-heroischen Subjekts treffen lassen. Dennoch wird generell mit der Figur der Heldin und des Helden bzw. der Antiheldin und des Antihelden eine dichotome Struktur angelegt, die den jeweiligen Akteur*innen mit ihren (Helden-)Taten moralisch, politisch und/oder juridisch verortetet und die Frage nach der Position von Akteur*in

---

126 Vgl. zur Problematik der Entscheidung in Schillers *Wallenstein:* Nover: ‚Ich kann jetzt noch nicht sagen, was ich thun will.'
127 Vgl. die Webseite des Sonderforschungsbereichs: https://www.uni-muenster.de/SFB1150/ (letzter Zugriff: 01.08.2020).
128 Vgl. hierzu insbesondere: Kerstin Wilhelms: Literarische Modellierungen des Politischen in Szenarien des Entscheidens. In: Stefan Neuhaus und Immanuel Nover (Hrsg.): Das Politische in der Literatur der Gegenwart. Berlin und Boston: De Gruyter 2019, S. 109–125.
129 Ingo Stöckmann: Der Wille zum Willen. Der Naturalismus und die Gründung der literarischen Moderne 1880–1900. Berlin und New York: De Gruyter 2009.
130 Vgl. hierzu den ausführlichen und informativen Forschungsbericht des Sonderforschungsbereichs: Ronald G. Asch u.a.: Das Heroische in der neueren kulturhistorischen Forschung: Ein kritischer Bericht. In: H-Soz-Kult, 28.07.2015, www.hsozkult.de/literaturereview/id/forschungsberichte-2216. (letzter Zugriff: 01.08.2020). – Zur Figur des Helden vgl. auch: Carolin Rocks: Heldentaten, Heldenträume. Zur Analytik des Politischen im Drama um 1800 (Goethe – Schiller – Kleist). Berlin und Boston: De Gruyter 2020.
131 Vgl.: Münkler: Heroische und postheroische Gesellschaften, S. 742–752.

und Tat in den Raum stellt. Die Figuren der Heldinnen und der Helden als extraordinären Grenzgänger*innen, die gleichwohl altruistisch für das Wohl der Gemeinschaft agieren, zeichnen sich somit auch durch die empathisch gesetzten (Helden-)Taten und die Subjektivität aus, werden aber durch die Fassung als Held*in oder Antiheld*in in einer wertenden Matrix erfasst. Die Tat wird somit nicht nur auf ihre (politische) Funktion befragt, sondern einer Wertung durch textinterne oder sogar textexterne Maßstäbe unterzogen. Zudem können durch die Figur „Sinnfragen suspendier[t] und Komplexitäten reduzier[t] [werden]",[132] da das emphatisch gesetzte und exekutierte Handeln aufgrund seiner Fundierung im Heroischen „nicht mehr reflektiert werden muss"[133] – „[d]ie Orientierung an heroischen Figuren erhält so den Status einer Letztbegründung".[134]

Insbesondere die auch im Rahmen des Politischen wirkenden Letztbegründungen durch die heroischen Taten und Figuren der Held*innen, die die im Postfundamentalismus formulierten temporären Gründungen, die eben keine Letztbegründungen sind und sein sollen, wieder in eine feste Struktur überführt, erscheinen für diese Arbeit wenig ergiebig: Die Tat soll gerade nicht als Letztbegründung und als Aufhebung von Reflexion aufgrund einer politischen, ethischen oder juridischen Eindeutigkeit verstanden, sondern in ihrer jeweiligen Spezifik und Eigenlogik in den Blick genommen werden. Mit der Fokussierung der politisch, ethisch und juridisch vorab nicht definierten Tat lassen sich somit nicht nur die ‚Heldentaten', sondern auch die Taten und Täter*innen in den Blick nehmen, die sich weder in der Matrix Held*in/Antiheld*in verorten noch als postheroische oder ironische Heldenfigur und Heldentat fassen lassen.[135] Insbesondere die Erzählung der Taten und Täter*innen, die nicht in die Matrix des Heroischen zu passen scheinen, sind für die Arbeit besonders ergiebig, verweisen sie doch auf den kontingenten Grund des Politischen, der durch die politischen Taten ausgestellt und ausgehandelt wird. Die Tat stellt heraus, dass das vermeintlich homogene wie konstante (oder gar ‚natürliche') Fundament des Politischen als Inszenierung und performative Gründung zu verstehen ist.

---

132 Ronald G. Asch u. a.: Helden – Heroisierungen – Heroismen. Transformationen und Konjunkturen von der Antike bis zur Moderne. Konzeptionelle Ausgangspunkte des Sonderforschungsbereichs 948. In: helden. heroes. héros. Nr. 1 (2013), S. 7–14, hier: S. 10.
133 Ebd.
134 Ebd.
135 Vgl. hierzu auch das der Arbeit vorangestellte Zitat von Hegel.

Teil I: **1773 – 1810**
**Revision und Installation
der politischen Ordnung**

1 Einleitung

Im ersten Teil der Arbeit steht die Erzählung der Tat in der Literatur von 1773 bis 1810 im Fokus. Die in den fünf Kapiteln vorgenommen exemplarischen Lektüren setzen mit Johann Wolfgang von Goethes *Götz von Berlichingen* ein, nehmen dann Friedrich Schillers *Die Räuber* und *Wilhelm Tell* in den Blick, um schließlich mit Heinrich von Kleists *Von der Überlegung. Eine Paradoxe* und *Michael Kohlhaas* zu enden. Die vorgelegten Lesarten zu den fünf Texten können sicherlich nicht als umfassende literaturgeschichtliche Analyse wie Darstellung der Sattelzeit, die „ungefähr zwischen 1750 und 1850"[1] zu situieren ist, verstanden werden; gleichwohl – und dies ist das verbindende Element zwischen den Texten und Lesarten – lässt sich in den Texten die Diskussion des Politischen beobachten, das durch die Erzählung der Tat aufgerufen und formiert wird. Somit werden die von Koselleck untersuchten Umbrüche der Sattelzeit vorausgesetzt und mit der Analyse der Tat in Beziehung gesetzt: Durch die Beobachtung der Tat, die als Marker (auf der historisch Ebene) und/oder als Katalysator (auf der Textebene) eines politischen Umbruchs verstanden wird, können die Aushandlungsprozesse des Politischen sowie deren kontigenten Gründungen wie Gründungsinszenierungen, die durch die mit der Sattelzeit gefassten Umbrüche in der nun dynamisch gedachten Gesellschaft notwendig und möglich werden, in den Blick genommen werden.

Die Exekution der Tat ist somit in den hier untersuchten Texten zum einen als dezidiert politische Handlung zu verstehen: Durch die Tat und die mit ihr einhergehende politische Subjektivierung des (ausschließlich männlichen) Täters wird die politische Ordnung einer kritischen Analyse unterzogen, revidiert oder zuallererst installiert. Zum anderen erweist sich die Exekution der Tat als nicht unproblematische Handlung, die Folgen für das Subjekt zeitigt: Durch die Tat wird das Subjekt in eine exzentrische gesellschaftliche Position gebracht, da die (Selbst-)Ermächtigung zur Tat – vor allem, wenn sie mit einer exzessiven oder entgrenzten Tat einhergeht – und die Exekution der Tat eine Identität generieren, die das Subjekt aus der Sphäre des ‚Gewöhnlichen' ausschließt. Die Tat und die mit ihr verbundenen politischen Aushandlungen sind um 1800 an die vom Text differenziert gezeichnete Figur des Täters gekoppelt – um 1900 werden diese eher zu ‚leeren' Platzhaltern, wie in Teil II der Arbeit gezeigt wird –, da die Täter*innen und ihre Taten politisch, rechtlich und ethisch aufgeladen wie bewertet werden und so innerhalb oder außerhalb der Ordnung verortet werden. Die zentrale

---

[1] Reinhart Koselleck und Christoph Dipper: Begriffsgeschichte, Sozialgeschichte, begriffene Geschichte. Reinhart Koselleck im Gespräch mit Christoph Dipper. In: Neue Politische Literatur 43 (1998), Heft 2, S. 187–205, hier: S. 195.

Frage, die die Texte um 1800 umtreibt, betrifft folglich die kollidierenden oder unrechten Ordnungen, die Aussetzung ebendieser und letztlich die Frage, wie eine revidierte Ordnung formuliert wie installiert und welcher Platz dem exzentrischen Subjekt zugestanden werden kann, das selbst nach seiner Transformation, die etwa in *Die Räuber* oder in *Michael Kohlhaas* zu beobachten ist, ambivalent bleibt. Somit vermag selbst die rechtmäßige Transformation der Ordnung durch die Tat einen Überschuss zu generieren, der den Täter aus der verbleibenden alten oder der revidierten neuen Ordnung exkludiert.

Die Texte problematisieren somit eine naive Vorstellung des Heroischen und der heroischen Tat, die sowohl die Kosten der Tat als auch die exzentrische Position des Täters verkennt; selbst die positiv gewertete gelingende Tat – und die gewählten Texte thematisieren eher die problematische Tat in ihrer Entgrenzung – hat ihren Preis. Wenn die Tat aber als Ort oder als Verfahren der Aushandlung des Politischen verstanden werden kann, dann hat auch das Politische seinen Preis: Die Revision der politischen Ordnung ist ebenfalls nicht ohne Kosten zu haben; dies gilt sogar für die Installation der republikanischen Ordnung, die, auf Gleichheit abzielend, positiv markiert wird.

Die Erzählung der Tat und die Aushandlung des Politischen gehen in den fünf diskutierten Texten einerseits mit Fragen der Entgrenzung des Subjekts und seiner Tat einher (*Götz von Berlichingen*, *Die Räuber* und *Michael Kohlhaas*) und diskutieren somit die Grenzziehungen in Zeiten problematischer politischer Ordnungen. Die Texte enden folglich mit der Evaluation bzw. dem ‚Richten' des Exzentrischen, das die Ordnung verletzt und in Frage gestellt hat; dies übrigens im Gegensatz zu den Texten, die um 1900 formuliert werden und die nicht an der Evaluation der Tat und den Folgen der Tat interessiert sind. Hier ließe sich nochmals im Anschluss an Koselleck die historische Situation der Umbruchszeit als Folie, vor der der Text seine politische These entfaltet, stark machen: Nicht zuletzt müssen die literarischen Visionen der Transformation oder des Umsturzes um 1800 immer mit Blick auf die realweltliche Eskalation, die auf die Französische Revolution folgt und die von den Autoren aufmerksam verfolgt wird, formuliert werden. Auf eine andere realweltliche Eskalation, in der Tat und Dichtung zusammenfallen, kann an dieser Stelle nur kurz hingewiesen werden: In der Zeit der Befreiungskriege wird die Einheit von Wort und Tat nicht nur diskursiv gefordert, sondern auch, etwa von dem im Krieg fallenden Theodor Körner, habituell und existenziell umgesetzt.[2]

Andererseits erörtern die Texte die Verfahren und Folgen der Revision der politischen Ordnung (*Wilhelm Tell*) oder leisten eine grundsätzliche – wenngleich

---

2 Vgl. hierzu etwa das 1812 publizierte Gedicht *Auf dem Schlachtfelde von Aspern*.

paradoxe – Analyse des Verhältnisses von Reflexion und Tat (*Von der Überlegung. Eine Paradoxe*). Verortet man die Texte auf dem Syntagma von Wille, Entscheidung, Tat, so lassen sie sich – dem Fokus der Arbeit entsprechend – der Tat zuordnen; gleichwohl lassen sich in den Texten auch Elemente finden, die die Bereiche von Wille und Entscheidung berühren. Mit Kleists *Von der Überlegung. Eine Paradoxe* wird der Fokus jedoch bereits andeutungsweise geweitet und die Problematik der Entscheidung in den Blick genommen; hier ließe sich dann etwa Schillers *Wallenstein* anschließen, in dem sich die Problematik der ausbleibenden Tat aus der ausbleibenden oder unmöglichen Entscheidung ergibt.[3]

---

3 Vgl. hierzu ausführlich: Nover: ‚Ich kann jetzt noch nicht sagen, was ich thun will.'

2 Die Tat als Kristallisationspunkt konfligierender politischer Ordnungen: Johann Wolfgang Goethes *Götz von Berlichingen* (1773)

2.1 Einleitung

Georg Tobias Pistorius gibt 1731 zusammen mit seinem Sohn Wilhelm Friedrich Pistorius die *Lebens-Beschreibung Herrn Goetzens von Berlichingen zugenannt mit der eisern Hand mit verschiedenen Anmerkungen erläutert*[4] heraus; 1775, also drei Jahre nach der Publikation von Goethes *Götz von Berlichingen*, erscheint eine „zweyte verbesserte Auflage".[5] Im „Vorbericht"[6] werden die Biographie von Gottfried von Berlichingen zu Hornberg, um 1480 geboren und 1562 gestorben, und das überarbeitete Buch eingebunden in eine zeitgenössische politische und soziale Konstellation und Programmatik; die Erzählung der Biographie wird funktionalisiert, um in der Gegenwart der Publikation zu wirken: „Das Buch selbst braucht keiner weitern Empfehlung zu einer Zeit da man eigenen deutschen Geist und Sitten immer mehr schaezen lernt, und die nakte Wahrheit, den rednerische Prunk aus der Geschichte zu vertreiben anfaengt."[7] Der Text soll folglich „deutschen Geist und Sitten",[8] die dem ‚undeutschen' „rednerische[n] Prunk"[9] entgegengestellt werden, verbreiten und stärken, womit er sich in Einklang mit seiner Zeit wähnt; die skizzierte Dichotomie – insbesondere mit der pointierten Diskreditierung der als ‚undeutsch' verstandenen rhetorischen Verfeinerung – lässt sich nicht nur als agonale Dominante in der Literatur der späteren (politischen) Romantik wiederfinden, sondern wird zudem bei der politischen Konstruktion der Nation und des Nationalen als Absetzbewegung gegen Frankreich und gegen Napoleon strategisch stark gemacht werden. Als Gegenbewegung gegen den „rednerische[n] Prunk"[10] und damit als Medium zur Erzeugung, Installation und Kommunikation des „deutschen Geist[es]"[11] kann nur die Tat dienen; folglich ist

---

4 Wilhelm Friedrich Pistorius: Lebens-Beschreibung Herrn Goetzens von Berlichingen zugenannt mit der eisern Hand mit verschiedenen Anmerkungen erläutert. Nürnberg: Felßecker ²1775.
5 Ebd.
6 Ebd., o.S.
7 Ebd.
8 Ebd.
9 Ebd.
10 Ebd.
11 Ebd.

der erste knapp 300 Seiten lange Teil des Buches mit „Ritterliche Thaten" überschrieben. Die Verbindung der Tat mit dem Rittertum, das einer bestimmten, historisch definierten juridischen und politischen Logik folgt – und zwangsläufig mit der diese Logik ablösenden politischen und juridischen Logik konfligiert –, ist auch für die Dramatisierung des Stoffes durch Goethe bestimmend.[12]

Goethes Stück *Götz von Berlichingen* zeichnet sich durch eine Struktur aus, die in der Hauptfigur des historisch nahezu vergessenen Götz zwei politische Momente verortet und diese mit der zeitgenössischen politischen Realität kollidieren lässt. 1771 schreibt Goethe in einem Brief an Johann Daniel Salzmann über sein Projekt: „Ich dramatisire die Geschichte eines der edelsten Deutschen, rette das Andenken eines braven Mannes."[13] Die „Betonung des Nationalen [...] [als] zunehmend sich durchsetzende Zeitströmung"[14] in der Zeit der vorerst nur im Ästhetischen oder Imaginären zu konstruierenden Nation bildet das eine politische Moment des Stückes, das die Historie kontrafaktisch zur Konstruktion der Vorstellung des zeitgenössischen Nationalen[15] funktionalisiert – und eben nicht Realgeschichte erzählen will.[16] Die in der frühen Forschung dominante Lesart, den Text als Historien-Drama, gar als „Drama totaler Geschichtsdarstellung"[17] zu lesen, muss folglich revidiert werden, wie etwa auch Marianne Willems mit einem

---

12 Volker Neuhaus weist im Goethe-Handbuch darauf hin, dass die Entstehung des Textes in Goethes *Dichtung und Wahrheit* recht zuverlässig berichtet werde; an dieser Stelle sei nur darauf verwiesen, dass in *Dichtung und Wahrheit* eine recht komplexe poetische Struktur angelegt ist, die eine einfach gedachte autobiographische Lesart – etwa im Sinne Philippe Lejeunes – konstant unterläuft und folglich als zuverlässige Quelle hinsichtlich der Fakten der Entstehung mit Vorsicht zu rezipieren ist. Vgl.: Volker Neuhaus: Götz von Berlichingen. In: Theo Buck (Hrsg.): Goethe Handbuch. Bd. 2. Dramen. Stuttgart: Metzler 1996, S. 78–99.
13 Johann Wolfgang von Goethe: Goethes Briefe. In: ders.: Goethes Werke. IV. Abteilung, 2. Bd. Hrsg. im Auftrag der Großherzogin Sophie von Sachsen. Weimar: Böhlau 1887, S. 7–9, hier: S. 7.
14 Peter Michelsen: Goethes „Götz": Geschichte dramatisiert? In: Goethe-Jahrbuch 110 (1993), S. 41–60, hier: S. 42.
15 Zu den *Imagined Communities* und dem Begriff der Nation vgl. auch: Benedikt Anderson: Imagined Communities. Reflections on the Origin and Spread of Nationalism. London und New York: Verso 1983. Zum Imaginären des Nationalen vgl.: Grabbe, Katharina, Sigrid G. Köhler und Martina Wagner-Egelhaaf: Das Imaginäre der Nation. Zur Persistenz einer politischen Kategorie in Literatur und Film. Bielefeld: Transcript 2012.
16 Das Verhältnis des politisch Imaginären zum politischen Realen sowie die Vorgängigkeit des Imaginären kann hier nur an Goethes Text beobachtet werden; eine – durchaus lohnenswerte – diachrone Beobachtung des Verhältnisses kann hier nicht geleistet werden. Vgl. grundlegend zu den Erzählungen des Politischen und Nationalen in der Literatur: Stefan Neuhaus: Literatur und nationale Einheit in Deutschland. Basel und Tübingen: Francke 2002.
17 Friedrich Sengle: Das deutsche Geschichtsdrama. Stuttgart: Metzler 1952, S. 31.

Überblick über den Gang der Forschung ausführlich darlegt.[18] Zugleich fokussiert der Text als zweites politisches Moment eine Hauptfigur, die am Ende einer Epoche steht, jedoch weiterhin deren politischer und juridischer Logik treu bleibt und mit der folgenden politischen und juridischen Logik und Ordnung in Konflikt gerät. Das Scheitern von Götz verbindet folglich die Figur „eines der edelsten Deutschen"[19] mit einer überkommenen politischen Logik, die auf der „Ritterlichen That"[20] basiert, zugleich aber aktuelle zeitkritische Überlegungen von Justus Möser zum Faustrecht des Mittelalters aufnimmt und die von Johann Gottfried Herder monierte „Intellektualisierung der Neuzeit als Weg in eine bloße Verstandeskultur"[21] als Abstieg, als Degeneration wahrnimmt.[22] Das von Möser positiv vom neuen römischen Recht seiner Zeit abgesetzte Faustrecht wird nicht als „Störung der öffentlichen Ordnung",[23] sondern als „streng geregelte Selbsthilfemaßnahme"[24] und damit letztlich als Verfahren verstanden, das „dem Recht zum Siege verhilft"[25] – die daraus folgende Kritik an dem römischen Recht, das im Gegensatz zum Faustrecht nicht für Rechtssicherheit zu sorgen vermag, wird dann in Goethes Text prominent von der Hauptfigur aufgenommen.[26] Die vom

---

[18] Marianne Willems: Das Problem der Individualität als Herausforderung an die Semantik im Sturm und Drang. Tübingen: Niemeyer 1995, S. 120–133.
[19] Goethe: Goethes Briefe, S. 7.
[20] Pistorius: Lebens-Beschreibung Herrn Goetzens von Berlichingen.
[21] Michelsen: Goethes „Götz", S. 45.
[22] Vgl. hierzu: Ebd., S. 43–45.
[23] Neuhaus: Götz von Berlichingen, S. 78.
[24] Ebd.
[25] Ebd.
[26] Offensichtlich wird der 1495 auf dem Reichstag zu Worms unter Maximilian I. verkündete *Ewige Langfrieden*, der das definitive Verbot des Fehderechts in Kraft setzte, im Text prominent ignoriert und somit stillschweigend als juridische Fehlentwicklung begriffen. In § 1 des *Ewigen Landfriedens* heißt es: „Also das von Zeit diser Verkündung niemand, von was Wirden, Stats oder Wesens der sey, den andern bevechden, bekriegen, berauben, vahen, überziehen, belegern, auch dartzu durch sich selbs oder yemand anders von seinen wegen nicht dienen, noch auch ainich Schloß, Stet, Märckt, Bevestigung, Dörffer, Höff oder Weyler absteigen oder on des andern Willen mit gewaltiger Tat frevenlich einnemen oder gevarlich mit Brand oder in ander Weg dermassen beschedigen sol, auch niemands solichen Tätern Rat, Hilf oder in kain ander Weis kain Beystand oder Fürschub thun, auch sy wissentlich oder gevarlich nit herbergen, behawsen, essen oder drencken, enthalten oder gedulden, sonder wer zu dem andern zu sprechen vermaint, der sol sölichs suchen und tun an den Enden und Gerichten, da die Sachen hievor oder yetzo in der Ordnung des Camergerichts zu Außtrag vertädingt sein oder künftigklich werden oder ordenlich hin gehörn." Maximilian I.: Der sog. ewige Landfrieden – 1495, Aug. 7. In: Karl Zeumer (Hrsg.): Quellensammlung zur Geschichte der Deutschen Reichsverfassung in Mittelalter und Neuzeit. Tübingen: J.C.B. Mohr 1913, S. 281–284, hier: S. 282.

Text erzählte Opposition zweier Ordnungen wird nicht zugunsten einer politisch, juridisch oder ethisch überlegenen Ordnung entschieden; die Kritik an der neuen Ordnung erfolgt zudem relativiert in Form der Figurenrede einer Figur, die durch die alte Ordnung zahlreiche Vorteile genießt und diese auch aus egoistischen Motiven weiterhin aufrecht erhalten will.

Möser hält in seinem Text *Patriotische Phantasien* von 1775, in den der 1770 erschienene Text *Von dem Faustrechte* aufgenommen wird, fest:

> Die Zeiten des Faustrechts in Deutschland scheinen mir allemal diejenigen gewesen zu seyn, worinn unsre Nation das groeßte Gefuehl der Ehre, die mehrste koerperliche Tugend, und eine eigne Nationalgroeße gezeiget hat. Die feigen Geschichtschreiber hinter den Klostermauren, und die bequemen Gelehrten in Schlafmuetzen moegen sie noch so sehr verachten und verschreyen: so muß doch jeder Kenner das Faustrecht des 12ten und 13ten Jahrhunderts als ein Kunstwerk des hoechsten Styls bewundern [...]. Die einzelnen Raubereyen, welche zufaelliger Weise dabey unterliefen, sind nichts in Vergleichung der Verwuestungen, so unsre heutigen Kriege anrichten. [...] [U]nd die gewoehnliche Beschuldigung, daß in den Zeiten des Faustrechts alle andre Rechte verletzt und verdunkelt worden, ist sicher falsch, wenigstens noch zur Zeit unerwiesen, und eine Ausflucht einander nachschreibender Gelehrten, welche die Privatrechte der damaligen Zeit nicht aufspueren wollen. Es werden jezt in einem Feldzuge mehrere Menschen ungluecklich gemacht, als damals in einem ganzen Jahrhundert. Die Menge der Uebel macht, daß der heutige Geschichtschreiber ihrer nicht einmal gedenkt; und das Kriegsrecht der jetzigen Zeit bestehet in dem Willen des staerksten. Unsre ganze Kriegesverfassung laeßt keiner persoenlichen Tapferkeit Raum [...].[27]

Mit der Exekution der nicht unproblematischen Tat inszeniert sich somit in Goethes Stück nochmals am Schlusspunkt einer politischen und geistesgeschichtlichen Epoche ein starkes Subjekt, das dem folgenden Verlust von Freiheit, Tatkraft und Männlichkeit[28] eine emphatische Tat entgegenhält und dies auch klar benennt: „[I]ch bin der Letzte."[29] Die Tat ließe sich somit als Spiegel des Subjekts verstehen, dessen Status – modern oder reaktionär – in der Forschung kontrovers diskutiert

---

27 Justus Möser: Patriotische Phantasien. Bd. 1. Berlin: Friedrich Nicolai 1775, S. 217–218. In: Deutsches Textarchiv http://www.deutschestextarchiv.de/moeser_phantasien01_1775/7 (letzter Zugriff: 01.08.2020).
28 Zur Konstruktion der Männlichkeit in dem Text vgl.: Martin Blawid: Von Kraftmenschen und Schwächlingen. Literarische Männlichkeitsentwürfe bei Lessing, Goethe, Schiller und Mozart. Berlin und New York: De Gruyter 2011, S. 165–218.
29 Johann Wolfgang von Goethe: Götz von Berlichingen mit der eisernen Hand. In: ders.: Goethes Werke. 8. Bd. Hrsg. im Auftrag der Großherzogin Sophie von Sachsen. Weimar: Böhlau 1889, S. 168. Der Text wird im Folgenden nach der Weimarer Ausgabe unter der Sigle WA 8 und der Seitenzahl im Haupttext zitiert. Hervorhebungen im Original werden in den zitierten Stellen durch Kursivierung nachgewiesen.

wird.[30] Die Tat vereint jedoch diese Positionen: Sie verweist als reaktionäre Tat des ritterlichen Subjekts auf die Absage an das moderne politisch-juridisch gefasste Gewaltmonopol des Staates, das Rechtsgleichheit und Rechtssicherheit durch formalisierte Verfahren sicherstellen will. Sie kann aber zugleich als Handlung und Setzung eines modernen autonomen Subjekts[31] gelesen werden, das sich durchaus in Auseinandersetzung mit den kollidierenden Ordnungen in einer Zeit des Dazwischen, in der sich die neue Ordnung im Text im Gegensatz zur historischen Realität noch als wenig präsent und tragfähig erweist, selbst denkt und setzt, dabei aber keineswegs als Idealfigur verstanden werden kann,[32] wie die frühe Forschung angenommen hat.[33]

2.2 Das Lachen des Ritters

Das Stück setzt im ersten Akt mit der Zeichnung der Figur Götz ein, die über Selbst- und Fremdzuschreibungen konturiert wird. Die Dichotomie zwischen dem freiheitliebenden und tatkräftigen Götz, der sich für die Belange der Unterdrückten einsetzt – eine Zuschreibung, die im Folgenden noch genauer und kritisch beleuchtet werden muss –, aber einer anderen Zeit entstammt, und den intriganten und machtversessenen Vertretern der neuen Ordnung verweist zu-

---

[30] Exemplarisch sei an dieser Stelle verwiesen auf: Stefan Neuhaus: Grundriss der Neueren deutschsprachigen Literaturgeschichte. Tübingen: Francke 2017.

[31] Dirk Kemper formuliert pointiert die zu diskutierende These: „Goethe unterlegt der Figur des Götz eine Individualitätsvorstellung, die der Berlichingen-Zeit noch fremd war, deren philosophische Grundlagen vielmehr erst in der zweiten Hälfte des 17. Jahrhunderts entstanden und die sich erst im letzten Drittel des 18. Jahrhunderts – nicht zuletzt durch Goethe selbst – als verbreiteter Modus der Selbstdefinition durchsetzte. Diese Rückprojektion kann Goethe vornehmen, ohne aus seiner Sicht den historischen Stoff allzu sehr zu überformen, da die Berlichingen-Zeit Ende des 18. Jahrhunderts als Beginn der eigenen Moderne aufgefaßt wurde und Goethe daher Ursprünge des eigenen, neuen Individualitätsideals dort wahrnehmen konnte." Dirk Kemper: ineffabile. Goethe und die Individualitätsproblematik der Moderne. München: Fink 2004, S. 41f.

[32] Vgl. hierzu auch: Walter Hinderer: Götz von Berlichingen. In: ders. (Hrsg.): Goethes Dramen. Stuttgart: Reclam 1992, S. 13–65, hier: S. 26.

[33] Die Positionen von Fritz Martini, Jürgen Schröder, Karl Otto Conrady oder Christa Bürger sind zwar nicht deckungsgleich – insbesondere Conrady und Bürger betrachten die ritterliche Welt von Götz, die als idealisierte Gegenwelt dem Hof entgegenstellt werde, so Martini und Schröder, differenzierter und stellen die Frage nach der Struktur der Ritterwelt in den Raum. Die Positionen der frühen Forschung sind für den Gang der Argumentation nicht von Bedeutung, werden daher hier ausgespart und finden sich detailliert dargestellt bei Marianne Willems. Vgl.: Willems: Das Problem der Individualität als Herausforderung an die Semantik im Sturm und Drang, S. 120–133.

gleich auf die Dichotomie zwischen der alten ritterlichen Ordnung und der neuen, durch das positive Recht strukturierten Ordnung.

Direkt zu Beginn des Stücks wird mit wenigen Sätzen von Götz der Kernkonflikt umrissen: „Es wird einem sauer gemacht, das bißchen Leben und Freiheit. Dafür, wenn ich dich habe, Weislingen, will ich mir's wohl sein lassen. (*Schenkt ein.*) Wieder leer. Georg! So lang's daran nicht mangelt und an frischem Muth, lach' ich der Fürsten Herrschsucht und Ränke" (WA 8, 9). Leben und Freiheit – hiermit sind die Kerngedanken gleich zu Beginn in den Text eingeführt – werden verknüpft und zugleich als gefährdet und als zu verteidigen definiert; doch solange der Mut des sich gegen die Fürsten auflehnenden Ritters anhält, können Leben und Freiheit, die dezidiert als gegensätzliche Werte zu den höfischen Intrigen aufgebaut werden, verteidigt werden und die „Herrschsucht und Ränke" (ebd.) am Hof, die Götz offenbar als typisch für die mit dem höfischen Kontext verknüpfte politische Ordnung einschätzt, mit einem Lachen quittiert werden.

Liest man das Lachen, das von Götz als adäquate wie souveräne Reaktion und Absetzbewegung installiert wird, mit den Überlegungen Michail Bachtins zum Lachen, zeigt sich, dass die im und durch das Lachen eingenommene Gegenposition eine „Gegenwelt gegen die offizielle Welt, seine Gegenkirche gegen die offizielle Kirche, seinen Gegenstaat gegen den offiziellen Staat"[34] setzt.[35] „[D]ie Überwindung der Furcht"[36] manifestiert sich im Lachen, das im „unzerreißbaren, wesentlichen Zusammenhang mit der Freiheit"[37] steht und ein subversives Potential entfachen und ein souveränes Subjekt installieren kann. Zudem geht mit der durch das Lachen gewonnenen souveränen Position die Möglichkeit der Beobachtung der eigenen Welt einher, die zum einen, mit Bachtin gedacht, aus der furchtlosen Aufdeckung der Wahrheit resultiert: „Indem das mittelalterliche Lachen die Angst vor dem Geheimnis, vor der Welt und vor der Macht besiegte, deckte es furchtlos die Wahrheit über Welt und Macht auf."[38] Zum anderen eröffnet die prominente Kopplung der Freiheit mit dem Lachen, das, so zeigt Peter

---

[34] Michail Bachtin: Literatur und Karneval. Zur Romantheorie und Lachkultur. München: Carl Hanser 1969, S. 32.
[35] Ausführlich habe ich mich mit dem Lachen als politischer Handlung im folgenden Aufsatz beschäftigt, in dem die skizzierten Positionen weiter entfaltet werden: Immanuel Nover: Lachen als politische Selbstermächtigung. Überlegungen zum Verhältnis von Komik und Politik. In: Hajo Diekmannshenke, Stefan Neuhaus und Uta Schaffers (Hrsg.): Das Komische in der Kultur. Marburg: Tectum 2015, S. 33–48.
[36] Bachtin: Literatur und Karneval, S. 32.
[37] Ebd., S. 33.
[38] Ebd., S. 37.

L. Berger, „dem souveränen Bewußtsein der eigenen Freiheit entspringen"[39] kann, dem Lachenden eine souveräne Beobachterposition, da er im Moment des Lachens eine Position der „*ek-stasis*, von einem ‚außerhalb Stehen'"[40] einnimmt.

Das Lachen von Götz, das nicht als tatsächlich im Text realisiertes Lachen in den Regieanweisungen vermerkt wird, sondern lediglich von der Figur als auf sich selbst gewendeter Sprechakt sprachlich-rhetorisch mit dem Ziel einer spezifischen Subjektkonstitution erfolgt, ist somit nicht als belanglose Geste der (politischen) Ohnmacht zu lesen. Vielmehr verweist es ganz im Gegenteil auf die Bedeutung der Freiheit, der souveränen wie exzentrischen Position von Götz und die Möglichkeit der Erkenntnis von (problematischen) Machtsystemen. Die Figur Götz wie auch die Möglichkeit, eine exzentrische Beobachterposition einnehmen zu können, werden als dezidiert modern konturiert; gleichwohl gelingt es Götz nicht, direkten politische Einfluss zu nehmen, denn dafür müsste Götz sein Lachen am Hof öffentlich verlauten lassen – und dann wäre das Lachen nicht nur als performativer Akt der Selbstbeschreibung, sondern als politische Tat zu verstehen.[41] Sprache – „lach' ich der Fürsten Herrschsucht und Ränke" (WA 8, 9) – würde zu Tat. Das politische Moment des Lachens besteht aber nicht nur in der Möglichkeit der Beobachtung der politischen Machtsysteme, sondern installiert eine grundsätzliche Beobachterposition, die die Kontingenz des politischen Systems offenlegt und die Kollision der neuen und alten Ordnung nebst ihren Gründungsinszenierungen deutlich macht.

Der Text zeigt durch eine weitere Fremdzuschreibung, dass die spezifische Position, die Götz in der Kollision der politischen Ordnungen einnimmt – seine exzentrische Position ergibt sich aus dem zeitlichen und politischen Dazwischen der Figur –, kein Selbstzweck, sondern an das Politische der Gemeinschaft rückgebunden ist. Der Mönch Martin macht dies in der Figurenrede deutlich: „So seid ihr Götz von Berlichingen! Ich danke dir, Gott, daß du mich ihn hast sehen lassen, diesen Mann den die Fürsten hassen, und zu dem die Bedrängten sich wenden. (*Er nimmt ihm die rechte Hand.*) Laßt mir diese Hand, laßt sie mich sie küssen" (WA 8, 16). Durch den Mönch Martin, der „an Luther und dessen Autorität gemahnt",[42] wird die Rede mit Bedeutung aufgeladen – ungeachtet der Tatsache,

---

[39] Peter L. Berger: Erlösendes Lachen. Das Komische in der menschlichen Erfahrung. Berlin und New York: De Gruyter 1996, S. 40.
[40] Ebd., S. 20.
[41] Vgl. zum Lachen als politische Praktik der Selbstermächtigung: Nover: Lachen als politische Selbstermächtigung.
[42] Wolfgang Wittkowski: Homo homini lupus, Homo homini Deus. *Götz von Berlichingen mit der eisernen Hand* als Tragödie und als Drama gesellschaftlicher Aufklärung und Emanzipation. In: Colloquia Germanica, Bd. 20, Nr. 4 (1987), S. 299–324, hier: S. 309.

dass der Mönch Götz preist, während dieser auf der Lauer liegt, um seinen Feind Weislingen zu fangen.[43]

Der Mönch intensiviert seine Preisung, indem er die politische Respektsgeste des Handkusses um religiöse Elemente anreichert; die durch Waffengewalt verlorene Hand, die weiterhin Waffengewalt ausübt, wird in Vergleich zu der Handreliquie eines Heiligen gesetzt und über diese erhoben: „Laßt mich. Du, mehr werth als Reliquienhand, durch die das heiligste Blut geflossen ist, todtes Werkzeug, belebt durch des edelsten Geistes Vertrauen auf Gott" (WA 8, 16f.). Mit dem abschließenden Resümee des Mönchs werden die entscheidenden Punkte nochmals herausgestellt; „[e]r redete nichts [...]. Es ist eine Wollust einen großen Mann zu sehn" (WA 8, 17). Götz wird als Mann der Tat, nicht als Mann des Wortes definiert: Der bereits in der *Lebens-Beschreibung* von Pistorius bestimmende Gegensatz zwischen der höfischen Verfeinerung, die sich auch in einer elaborierten Rhetorik und Kommunikation bemerkbar macht, und der Tatkraft von Götz wird auch in Goethes Text herausgestellt.

Die betonte Größe bedarf jedoch einer genaueren Definition; sie ist „nicht im Sinne eines ‚Titanischen' oder einer *Colossalischen Größe*"[44] zu verstehen. Die Größe von Götz ergibt sich nicht aus einem Vergleich zu einer anderen Größe, sondern aus der „Unvergleichbarkeit",[45] einem „Sich-selbst-genug-Sein".[46] Weislingen führt hierzu aus: „So gewiß ist der allein glücklich und groß, der weder zu herrschen noch zu gehorchen braucht, um Etwas zu sein" (WA 8, 47). Es geht bei der aus dieser Struktur resultierenden Freiheit jedoch nicht nur um die profane Absenz eines Abhängigkeitsverhältnisses im ökonomischen oder politischen Sinne; vielmehr geht es um die politische Identität der Figur Götz, die „weder zu herrschen noch zu gehorchen braucht, um Etwas zu sein" (ebd.), die also eine exzentrische Position in der politischen und ökonomischen Ordnung einnimmt und Freiheit aus der Loslösung gewinnt. Weislingen erkennt somit sehr hellsichtig die moderne Konstruktion und Position der Figur, die sich an die diskutierte Position der „*ek-stasis*, [...] dem ‚außerhalb Stehen'",[47] anschließen lässt.

Die Figur Götz wird folglich aus der Kombination von zwei eigentlich konträren historischen und politischen Positionen gebildet: Zum einen beruft sich Götz auf die Gefolgschaft zum Kaiser und bekennt sich zu einer der Vergangenheit

---

43 Zur komplexen Forschungslage zu der eisernen Hand von Götz vgl.: Blawid: Von Kraftmenschen und Schwächlingen, S. 169–173.
44 Michelsen: Goethes „Götz", S. 47f. [Hervorhebung im Original]
45 Ebd.
46 Ebd.
47 Berger: Erlösendes Lachen, S. 20.

angehörenden „ritterlich-ständischen Wertkategorie".[48] Die Freiheit ergibt sich hier aus der alleinigen Verpflichtung gegenüber dem Kaiser – „Verkennst den Werth eines freien Rittersmanns, der nur abhängt von Gott, seinem Kaiser und sich selbst!" (WA 8, 31) – bei gleichzeitiger Absage an die höfischen Strukturen und an die neue politische und juridische Ordnung und Verwaltung, die keine Rechtssicherheit zu leisten vermögen, sondern vielmehr als korrumpierende und unterdrückende Machtinstrumente einer illegitimen Herrschaft verstanden werden: „Nun ergehn Verordnungen über Verordnungen, und wird eine über die andere vergessen; und was den Fürsten in ihren Kram dient, da sind sie hinter her, und gloriiren von Ruh und Sicherheit des Reichs, bis sie die Kleinen unter'm Fuß haben" (WA 8, 32).

Zum anderen installiert der Text eine „modern-liberale[] Idee individueller Freiheit",[49] die maßgeblich für die Taten und Haltungen der Figur verantwortlich ist. Beiden Positionen gemein ist die Ablehnung der höfischen Welt und Logik, für die die vom Hof abhängige Figur Weislingen stellvertretend steht: Die Moderne Weislingens, die sich etwa in dem von ihm vollzogenen „Übergang von der Natural- zur Geldwirtschaft",[50] aber auch in seiner Haltung zur Restrukturierung des Reichs beobachten lässt, wird somit von der Moderne von Götz abgegrenzt, die weniger eine Adaption von gesellschaftlichen und politischen Strukturen als die Ausbildung einer individuellen Subjektivität forciert.[51]

---

48 Michelsen: Goethes „Götz", S. 49.
49 Ebd.
50 Neuhaus: Götz von Berlichingen, S. 93.
51 Im ersten Akt werden die konträren Positionen im Dialog zwischen Götz und Weislingen herausgestellt: „GÖTZ: Bist du nicht eben so frei, so edel geboren als einer in Deutschland, unabhängig, nur dem Kaiser unterthan, und du schmiegst dich unter Vasallen? Was hast du von dem Bischof? Weil er dein Nachbar ist? dich necken könnte? Hast du nicht Arme und Freunde, ihn wieder zu necken? Verkennst den Werth eines freien Rittersmanns, der nur abhängt von Gott, seinem Kaiser und sich selbst! Verkriechst dich zum ersten Hofschranzen eines eigensinnigen neidischen Pfaffen! [...]
WEISLINGEN: Du siehst die Fürsten an, wie der Wolf den Hirten. Und doch, darfst du sie schelten, daß sie ihrer Leut und Länder Bestes wahren? Sind sie denn einen Augenblick vor den ungerechten Rittern sicher, die ihre Unterthanen auf allen Straßen anfallen, ihre Dörfer und Schlösser verheeren? Wenn nun auf der andern Seite unsers theuern Kaisers Länder der Gewalt des Erbfeindes ausgesetzt sind, er von den Ständen Hülfe begehrt, und sie sich kaum ihres Lebens erwehren: ist's nicht ein guter Geist, der ihnen einräth, auf Mittel zu denken Deutschland zu beruhigen, Recht und Gerechtigkeit zu handhaben, um einen jeden, Großen und Kleinen, die Vortheile des Friedens genießen zu machen? Und uns verdenkst du's, Berlichingen, daß wir uns in ihren Schutz begeben, deren Hülfe uns nah ist, statt daß die entfernte Majestät sich selbst nicht beschützen kann.
GÖTZ: Ja! Ja! Ich versteh! Weislingen, wären die Fürsten, wie Ihr sie schildert, wir hätten alle was

2.3 Tat und Übeltat in konfligierenden Ordnungen

Der in dem Bauernkrieg resultierenden Kollision der politischen und juridischen Ordnungen geht die Betonung der Verbindung von Götz zu dem Kaiser und der ritterlich-ständischen Ordnung voraus, die sich in dieser Bindung manifestiert. Götz, so wird im dritten Akt deutlich, löst sich nicht aus jeglicher Ordnung, sondern bindet sich nachdrücklich an die überkommene Ordnung, die von der emphatisch gesetzten Figur des Kaisers repräsentiert wird. „GÖTZ: Ich lieb' ihn, denn wir haben einerlei Schicksal" (WA 8, 113). Der Kaiser wird folglich ebenfalls in der ‚alten' Ordnung verortet und von den Folgen der neuen Ordnung, die auch Götz treffen werden, entlastet – in dieser Verortung lässt sich deutlich die subjektive Wahrnehmung von Götz beobachten, die von den im Text erzählten Fakten zur politischen und juridischen Restrukturierung nicht gedeckt ist; der Kaiser hat vielmehr ein deutlich herausgestelltes Interesse an der Restrukturierung, die die Stärke des Reiches sicherstellen soll und repräsentiert letztlich beide Ordnungen.[52]

Götz verknüpft den Kaiser jedoch ausschließlich mit der Freiheit. „GÖTZ: Es lebe die Freiheit! / ALLE: Es lebe die Freiheit!" (WA 8, 114) Die Kritik an dem höfischen System gilt den korrumpierten höfischen Strukturen, nicht dem aristokratischen System oder seinen Akteuren an sich: Götz erinnert sich an „treffliche Menschen" (ebd.), die er unter den Fürsten angetroffen hat; bezeichnenderweise verweist der Einwurf auf eine positiv gesetzte Vergangenheit, nicht auf die Gegenwart der Figur. Im Folgenden werden die Überlegungen von Götz – „sollte das Geschlecht ausgestorben sein? Gute Menschen, die in sich und ihren Unterthanen glücklich waren" (ebd.) – nicht nur mit einer ungläubigen Nachfrage quittiert – „Habt ihr solche Herren gekannt?" (ebd.) –, sondern auch aus der pessimistischen Analyse der Gegenwart in eine utopische Hoffnung überführt, die die ‚guten' Fürsten mit der positiv gesetzten Figur des Kaisers vereint und die Strukturen von personal wie emotional verankerten Treueverhältnissen als Gegensatz zu der komplexen wie intriganten politischen Welt des Hofes aufruft: „Sollten wir nicht hoffen daß mehr solcher Fürsten auf einmal herrschen kön-

---

wir begehren. Ruh und Frieden! Ich glaub's wohl! Den wünscht jeder Raubvogel, die Beute nach Bequemlichkeit zu verzehren. Wohlsein eines jeden! Daß sie sich nur darum graue Haare wachsen ließen! Und mit unserm Kaiser spielen sie auf eine unanständige Art. Er meint's gut und möcht gern bessern. Da kommt denn alle Tage ein neuer Pfannenflicker und meint so und so. Und weil der Herr geschwind etwas begreift, und nur reden darf um tausend Hände in Bewegung zu setzen, so denkt er, es wär' auch alles so geschwind und leicht ausgeführt" (WA 8, 31f.).

52 Vgl. hierzu: Willems: Das Problem der Individualität als Herausforderung an die Semantik im Sturm und Drang, S. 168–176.

nen? daß Verehrung des Kaisers, Fried und Freundschaft der Nachbarn, und Lieb der Unterthanen, der kostbarste Familienschatz sein wird, der auf Enkel und Urenkel erbt?" (WA 8, 115) Die Utopie von Götz, die die Reinstallation der Treueverhältnisse zugrunde legt, hat sowohl als zu realisierende Vision einen zeitlichen Vektor, der auf die Zukunft zielt, als auch – aufgrund ihrer Struktur, die auf vormalige politische Strukturen verweist – einen zeitlichen Vektor, der in Richtung Vergangenheit zielt; einmal mehr werden in dem Stück vermeintlich dichotome und historisch differente Positionen amalgamiert. Der drohende Tod des Kaisers, mit dem sich Götz zeitlogisch in eins setzt, wird von Götz dann auch als Ende einer persönlichen und einer historischen Epoche gedeutet: „Unsere Bahn geht zu Ende" (WA 8, 138).

Dass die Götz gegebene Zusicherung von seinen Widersachern, den „Meineidigen" (WA 8, 119), gebrochen wird – womit die eben diskutierte Einschätzung der politischen Struktur vom Text nachdrücklich bestätigt wird –, wird von Götz nicht zuletzt aufgrund der Verletzung der kaiserlichen Autorität und Souveränität moniert: „Im Namen des Kaisers ihr Wort nicht zu halten!" (WA 8, 120) Die auf die Verhaftung von Götz folgende Gerichtsverhandlung stellt die das Stück bestimmenden Dichotomien Kaiser/Hof und Faustrecht/römisches Recht nochmals deutlich aus. Die Kaiserlichen Räte betonen, im Namen des Kaisers zu sprechen und nehmen die gegen Götz verhängte Acht zurück. Die Bedingung für die Freisprechung ist, dass Götz einen Brief unterzeichnet, in dem er sich bekennt, sich „gegen Kaiser und Reich rebellischerweise aufgelehnt" (WA 8, 124) zu haben. Die Antwort von Götz weist alle drei Punkte dezidiert zurück: „Ich bin kein Rebell, habe gegen Ihro Kaiserliche Majestät nichts verbrochen, und das Reich geht mich nichts an" (ebd.). Die Vorwürfe der Rebellion gegen den Kaiser und das Reich sind ausgehend von dem von Götz in Anschlag gebrachten Rechtsverständnis und Rechtssystem nicht haltbar – aus Sicht des römischen Rechts, das von den Räten als Rechtsgrundlage gesetzt wird, gestaltet sich das Urteil anders; die Verweigerung der Unterschrift würde die Haft bedeuten. Götz beharrt auf seiner Unschuld und verweist auf seine Treue zum Kaiser:

> Ich will nichts weiter hören. Tret' einer auf, und zeuge! Hab' ich wider den Kaiser, wider das Haus Österreich nur einen Schritt gethan? Hab' ich nicht von jeher durch alle Handlungen gewiesen, daß ich besser als einer fühle, was Deutschland seinen Regenten schuldig ist? und besonders was die Kleinen, die Ritter und Freien ihrem Kaiser schuldig sind? Ich müsste ein Schurke sein, wenn ich mich könnte bereden lassen das zu unterschreiben (ebd.).

Die rechtliche Fundierung der Argumentation wird von Götz *expressis verbis* herausgestellt: „Ich bin in einer ehrlichen Fehd begriffen" (WA 8, 125). Die von Götz vorgebrachte Legitimation seiner Handlungen durch die „ehrliche[] Fehd[e]" (ebd.) und das ihr zugrundliegende Recht, das etwa in dem von Möser verfassten und eingangs zitierten Text *Patriotische Phantasien* formuliert wird, stehen in Konflikt mit der neuen Rechtsordnung des römischen Rechts, das die Fehde als illegitimes Instrument definiert – an dem zitierten Satz lassen sich folglich die konfligierenden Rechtsordnungen genauestens beobachten.

Die Vorteile der neuen formal und objektiv organisierten Rechtsordnung wie die Nachteile der alten Ordnung werden durch Olearius in seiner Rede von dem Gesetzestext *Corpus Juris* als „Buch aller Bücher" (WA 8, 36) explizit herausgestellt:

> Der Schöppenstuhl, der in großem Ansehen weit umher steht, ist mit lauter Leuten besetzt, die der Römischen Rechte unkundig sind. Man glaubt es sei genug, durch Alter und Erfahrung sich eine genaue Kenntniß des innern und äußern Zustandes der Stadt zu erwerben. [...] Aber lange nicht genug. Der Menschen Leben ist kurz, und in Einer Generation kommen nicht alle Casus vor. Eine Sammlung solcher Fälle von vielen Jahrhunderten ist unser Gesetzbuch. Und dann ist der Wille und die Meinung der Menschen schwankend; dem deucht heute das recht, was der andere morgen mißbilliget; und so ist Verwirrung und Ungerechtigkeit unvermeidlich. Das alles bestimmen die Gesetze; und die Gesetze sind unveränderlich (WA 8, 37 f.).

Götz verweist jedoch nicht nur auf das Faustrecht, sondern verbindet die Exekution dieses Rechtssystems mit der Exekution der emphatisch gesetzten Tat, die im System des römischen Rechts verunmöglicht wird; Götz scheint hier die Auslassungen zu der Möglichkeit und Unmöglichkeit der großen Tat, die Karl in Friedrich Schillers *Die Räuber* entfaltet,[53] vorwegzunehmen: „Du könntest Gott danken und dich vor der Welt groß machen, wenn du in deinem Leben eine so edle That gethan hättest, wie die ist, um welcher willen ich gefangen sitze" (WA 8, 125). Die „edle That" (ebd.) dient nicht der eigenen Bereicherung – Götz setzt sich vehement gegen den nicht ganz unberechtigten Vorwurf, ein Räuber bzw. ein Raubritter zu sein, zur Wehr –, vielmehr dient die Tat der Befreiung seines Jungen und um sich „[s]einer Haut zu wehren" (ebd.).[54]

---

53 Vgl. hierzu die ausführliche Diskussion der Tat in Schillers *Die Räuber* in dem entsprechenden Kapitel dieser Arbeit.
54 Dass der Vorwurf nicht ganz unbegründet ist und Götz nicht nur als ideale Ritterfigur gesehen werden kann, macht der Text durch die Figurenrede diverser Figuren deutlich, in denen die Ritter grundsätzlich und strukturell in die Nähe von Raubrittern gerückt werden. Dass die Fehden und die vermeintlich die Gerechtigkeit wiederherstellenden Taten – wie etwa die Plünderung der Kaufleute – letztlich nur camouflierte Raubzüge sind, folgt auch einer ökonomischen Logik, die sich aus der Ausdifferenzierung der erzählten Welt und dem Beharren von Götz auf den alten ständischen Strukturen ergibt. „Das Stück läßt keinen Zweifel daran, daß Berlichingens Erträge aus seinen Gütern ihm keine standesgemäße Lebensführung als Ritter mehr ermöglichen, ja nicht einmal seinen Lebensbedarf decken, macht es doch keinen Hehl daraus, daß seine zahlreichen

Die Exekution der Tat fungiert zudem als Markierung einer zweifachen Differenz: Die Tat ist nur in einem spezifischen juridisch-politischen System möglich, das das Heroische nicht durch die Verwaltung von Paragraphen unmöglich macht und die Tat nicht in die (dem Schreiben und nicht dem Handeln verpflichtete) Reflexion der Tat überführt, sondern juridisch-politisch Freiräume definiert, die der (eingehegten) Ausführung der Tat dienen; das Faustrecht scheint als juridische Grundlage der Tat eher zuträglich als das römische Recht.[55] Der Versuch des autobiographischen Schreibens von Götz, der zwar auf die historische Person Götz verweist, zeigt aber zugleich das Scheitern des Schreibversuchs der Figur Götz im Drama.[56] Im Gegensatz zu der höfischen Verwaltungs- und Rechtskultur, die auf das Schreiben (und Lesen) geeicht ist, versteht sich Götz als Mann der Tat. Dies spiegelt sich auch in den jeweiligen Rechtsinstituten wider: Das römische Recht als schriftlich codiertes Recht, das Fehderecht als unmittelbar ‚empfundenes' Recht.

Doch nicht nur die Systeme werden differenziert, auch die Subjekte, die die Tat ausführen. Es bedarf darüber hinaus nicht nur eines spezifischen Subjektstatus, um die Tat ausüben zu können; zugleich, und das ist das entscheidende Argument von Götz, wirkt die Tat auf das Subjekt zurück und prägt die (Außen-)Wahrnehmung und die Identität des Täters.

Wenige Seiten später erfolgt eine weitere Differenzierung der Tat und des Täters: Die von Götz ins Spiel gebrachte „edle That" (WA 8, 125) wird nun von der „Übelthat[]" (WA 8, 144) abgegrenzt. Bereits die den fünften Akt einleitenden

---

Händel und Fehden auch Raubzüge darstellen, die der Bestreitung seines Unterhalts dienen." Willems: Das Problem der Individualität als Herausforderung an die Semantik im Sturm und Drang, S. 141.

55 Zu dem „über Schrift/Schreiben modulierte[n] Wendepunkt" des Textes, in dem das nicht schriftlich codierte Fehderecht den neuen schriftlich gefassten Rechtstexten des römischen Rechts entgegenstellt wird – wie es etwa Olearius im Stück tut, wenn er von dem „Buch aller Bücher [...]. Eine Sammlung aller Gesetze" (WA 8, 36) spricht und damit auf einen neuen Gesetzestext rekurriert – vgl.: Claas Morgenroth: Paradoxien des Politischen. ‚Politik' und ‚Schreiben'. In: ders., Martin Stingelin und Matthias Thiele (Hrsg.): Die Schreibszene als politische Szene. München: Fink 2012, S. 63–96, hier: S. 77.

56 Die Dichtotomie von Tat/Text oder Handeln/Schreiben wird im vierten Akt in der Schreibszene entfaltet: „ELISABETH: So schreib doch deine Geschichte aus, die du angefangen hast. Gib deinen Freunden ein Zeugniß in die Hand deine Feinde zu beschämen; verschaff' einer edlen Nachkommenschaft die Freude dich nicht zu verkennen. GÖTZ: Ach! Schreiben ist geschäftiger Müßiggang, es kommt mir sauer an. Indem ich schreibe was ich gethan, ärger' ich mich über den Verlust der Zeit, in der ich etwas thun könnte" (WA 8, 136). Zum autobiographischen Schreiben der historischen Person Götz von Berlichingen vgl.: Tilman G. Moritz: Autobiographik als ritterschaftliche Selbstverständigung. Ulrich von Hutten, Götz von Berlichingen, Sigmund von Herberstein. Göttingen: Vandenhoeck & Ruprecht 2019.

Regieanweisungen machen deutlich, dass sich das Setting des Textes radikalisiert hat; den zwei konträren juridischen Systemen wird nun ein entgrenzter wie illegitimer dritter Zustand entgegenstellt, der sich den rhetorischen und strategischen Bemühungen von Götz, diesen Zustand als legitimen Akt des Widerstands bzw. der strategisch notwendigen Einhegung der Gewalt zu definieren, widersetzt. Die Regieanweisung „*Tumult in einem Dorf und Plünderung*" (WA 8, 139) sowie die erste Figurenrede in dem Akt – „ALTER: Fort! Fort! daß wir den Mordhunden entgehen" (ebd.) – machen direkt zu Beginn des Aktes deutlich, dass Götz' Hoffnung, in dem System der entgrenzten Gewalt der Bauernkriege eine juristisch und politisch nicht zu belangende Position einzunehmen, enttäuscht werden muss. Das Resümee einer Gewaltszene, das ein Bauer mit dem sprechenden Namen Metzler zieht – „Hab mein Tag so kein Gaudium gehabt" (WA 8, 140) –, zeigt, dass ein Anführer dieses Mobs, und dieser wird Götz werden, kaum in dem Rahmen des juristisch und ethisch Legitimen zu bleiben vermag.[57]

Götz lehnt das Ansinnen der Bauern, die ihn als Anführer gewinnen wollen, um ihren „berechtigten Forderungen"[58] den Schein[59] des Legitimen zu verleihen, zuerst ab; bezeichnenderweise nicht aufgrund der illegitimen und exzessiven Gewalt, sondern aufgrund seiner persönlichen Verpflichtung gegenüber dem Kaiser, dem er – gezwungenermaßen – sein Wort geben musste: „Soll ich mein ritterlich Wort dem Kaiser brechen, und aus meinem Bann gehen?" (WA 8, 143) Die Entgegnung – „Das ist keine Entschuldigung" (ebd.) – stellt das von Götz hochgeschätzte System der wechselseitigen Treue in Frage, das er als „konstitutiven Wert seiner Identität"[60] kurz zuvor noch explizit betonte. Götz reagiert aber wider Erwarten nicht auf diese Entgegnung, sondern verweigert sich im zweiten Schritt aufgrund der Taten der Bauern: „Und wenn ich ganz frei wäre, und ihr wollt [...] so forthausen wie rings herum das Land brennt und blutet, und ich sollt' euch behülflich sein zu eurem schändlichen rasenden Wese – eher sollt ihr mich todt schlagen wie einen wüthigen Hund, als daß ich euer Haupt würde" (WA 8, 143).

---

[57] Die Schilderung der Entgrenzung der Gewalt und ihrer emphatischen Realisierung im Rahmen einer vermeintlich die Taten legitimierenden ‚alternativen' Rechtsordnung – die sich freilich alsbald als Unrechtsordnung entpuppt –, wird auch in Friedrich Schillers *Die Räuber* detailliert entfaltet, wie das entsprechende Kapitel dieser Arbeit zeigt.
[58] Wittkowski: Homo homini lupus, Homo homini Deus, S. 313.
[59] „Indem die Bauern Götz zum Rechts-Schein mißbrauchen, begehen sie das Gleiche wie die Großen: eben Mißbrauch des Rechts-Scheins. Sie verüben ihn und ihre Brutalitäten gegen Götz wie gegen ihresgleichen unter dem Druck ihrer Herren, die über ihr noch größere Brutalität auch jetzt den Schein des Rechts zu decken wissen, wenigstens in den Augen von Kaiser und ‚Reich'." Ebd.
[60] Willems: Das Problem der Individualität als Herausforderung an die Semantik im Sturm und Drang, S. 229.

Erst das fadenscheinige Argument, dass die Gewaltexzesse nur geschehen konnten, da die Bauern „keinen Führer hatten, den sie geehrt" (WA 8, 144) und Götz folglich die Einhegung der Gewalt und die Überführung des illegitimen Mobs in eine legitime politische Vereinigung sicherstellen könne – wofür ihm der Dank der Fürsten sicher sei –, vermag Götz zu ‚überzeugen':[61]

> Was braucht's das! Ich bin so gut entschlossen – jetzt als darnach. Warum seid ihr ausgezogen? Eure Rechte und Freiheiten wieder zu erlangen? Was wüthet ihr und verderbt das Land! Wollt ihr abstehen von allen Übelthaten und handeln als wackre Leute, die wissen was sie wollen; so will ich euch behülflich sein zu euern Forderungen, und auf acht Tag euer Hauptmann sein (WA 8, 144).

Die Motive für Götz' Entscheidung und für den fundamentalen Treuebruch können aber kaum in den Argumenten der Bauern zu finden sein. Vielmehr bietet der Bauernkrieg die Möglichkeit, Götz' Verbannung auf sein Schloss einseitig aufzukündigen und wieder handeln, also kämpfen, zu können:

> Er ist auf den Manifestationsraum seiner Größe, seiner Tapferkeit und Stärke angewiesen [...]. Der Vollzug seiner Bestimmung, die freie, selbstbestimmte Manifestation seines Ichs [...] macht den Treuebruch unumgänglich und führt [...] notwendig in die Schuld.[62]

Götz differenziert zwischen Tat und Übeltat; die Bewertungsgrundlage stellt hierbei weder der Grad der Ausübung von Gewalt dar – auch Götz setzt seine Forderungen mit Gewalt durch – noch die Einnahme einer oppositionellen Position zu der gültigen Rechtsnorm der höfischen Welt. Vielmehr geht es um die Rechtmäßigkeit der Forderungen. Götz billigt den Bauern zu, für ihre „Rechte und Freiheiten" (WA 8, 144) zu kämpfen, notfalls auch mit Gewalt. Indem Götz die (letztlich politischen) Kernbegriffe seines persönlichen Kampfes (und des Textes)

---

[61] Das Argument wird wenig später von Lerse nochmals entfaltet – da das Ziel der Argumentation die Beruhigung von Elisabeth ist, bleibt unklar, wie weit Lerse seinen eigenen Ausführungen Glauben schenkt: „Laßt ab Euch zu quälen und mich. Haben sie ihm nicht feierlich zugesagt, keine Thathandlung mehr zu unternehmen, wie die bei Weinsberg? Hört' ich sie nicht selbst halbreuig sagen: wenn's nicht geschehen wär, geschäh's vielleicht nie? Müßten nicht Fürsten und Herrn ihm Dank wissen, wenn er freiwillig Führer eines unbändigen Volks geworden wäre, um ihrer Raserei Einhalt zu thun und so viel Menschen und Besitzthümer zu schonen?" (WA 8, 148)

[62] Willems: Das Problem der Individualität als Herausforderung an die Semantik im Sturm und Drang, S. 230. Eine andere Lesart, die vor der hier entfalteten Lesart nicht zu überzeugen vermag, bietet Dirk Kemper an, der „edle[] Motive[]" bei Götz erkennen will und die „Neubindung" von Götz aufgrund des „offenbaren Unrechts", das ihm widerfahren ist, nachvollziehbar findet. Kemper: ineffabile, S. 71.

aufruft – Recht und Freiheit –, erfahren zum einen die Bauern eine grundlegende, aber kontrafaktische Legitimation, die ihre problematische und gewaltsame Sache für Götz anschlussfähig macht. Folglich muss nicht der Kampf der Bauern an sich auf seine Legitimation befragt, sondern nur die Form diskutiert werden: Die entgrenzte Gewalt der „Übelthaten" (ebd.), die das Land „verderbt" (ebd.), muss eingehegt werden; die Form des Kampfes muss wieder der berechtigten Sache des Kampfes für Freiheit und Recht entsprechen. Die (politische) Tat und die politische wie rechtliche Ordnung werden also wieder unmittelbar verknüpft. Genauer: Mit der Einhegung der Entgrenzung wird die „Übelthat[]" (ebd.) zur legitimen Tat und als Tat wieder an das politische System gebunden. Der Argumentation von Götz ist hierbei eine gewisse Ironie zu eigen: Götz liest die Bewegung, die in Rechtlosigkeit bzw. in Unrecht und Gewaltexzessen „wütet" (ebd.), als Bewegung, deren Hauptziel neben der (politischen) Freiheit das Recht ist.

Zum anderen leisten die Einbindung von Götz' Kampf in den Kampf der Bauern um Recht und Freiheit – wodurch das politische System auf seine Grundlagen befragt wird – und die Einnahme der Position des Anführers einer politischen Bewegung die Legitimierung seines Kampfes als politischen Kampf. Mit der Einordnung der individuellen Tat von Götz in die politische Logik der Bauernkriege wird auch folglich Götz' Tat und Figur politisch aufgeladen.

Folgt man der problematischen Logik von Götz, so ergibt sich für Götz, dass die Einnahme der Position des Anführers tatsächlich zu einer positiven Wende für das Land führen kann. Götz versucht die Einhegung der Gewalt und damit die Relegitimation der Bauern durch juristisch-verwaltungstechnisch fundierte Praktiken sicherzustellen: „Und gelobt mir den Vertrag den ich mit mir gemacht, schriftlich an alle Haufen zu senden, ihm bei Strafe streng nachzukommen" (WA 8, 145). Der Vertrag bewirkt aber das Gegenteil und motiviert die empörten Bauern – „Wir wissen so gut was wir wollen als ihr, und haben zu thun und zu lassen" (ebd.) – „zum Wortbruch und führt zu neuen Ausschreitungen",[63] so dass Götz schließlich sein Scheitern erkenn muss: „Halten sie so den Vertrag! [...] Die Mordbrenner! Ich sage mich von ihnen los" (WA 8, 149).

Der Preis für den zum Scheitern verurteilten Versuch der Einhegung ist ein zweifacher: Zum einen wird Götz schuldig, da er sein Wort, das er dem Kaiser gegeben hat, bricht. Dies wiegt aufgrund seiner Verankerung im ständisch-ritterlichen Lehnswesen und aufgrund seiner persönlichen Bindung an den Kaiser schwer. Noch schwerer – zumindest im Sinne des römischen Rechts, aber auch im Sinne einer qualifizierenden Ethik und Rechtsauffassung – mag die Schuld von Götz wiegen, die er auf sich lädt, indem er die Fortsetzung und Entgrenzung

---

63 Wittkowski: Homo homini lupus, Homo homini Deus, S. 313.

der Gewalt möglich macht bzw. befeuert. Zum anderen – und dies steht mit dem Wortbruch in Verbindung – besteht der Preis, den Götz für die Annahme der Führerposition zahlen muss, darin, dass die bislang in Anschlag gebrachte Logik und Legitimation seines Kampfes – der dem alten Faust- und Fehderecht folgende schuldlose Ritter tritt den korrumpierten Rechtsstrukturen des Hofes selbstlos entgegen – unglaubwürdig werden: Die Figur wird nun in ihrer Überzeugung brüchig und dadurch komplexer, wodurch auch die von Götz vertretende Rechtslogik einer differenzierteren Bewertung unterzogen werden muss. Die von Möser aufgebrachte Positionierung des Faustrechts als ehrenhaftes und ritterliches Verfahren des Rechts, das in einen Gegensatz zu dem als Unrecht verstandenen römischen Recht gesetzt wird, wird folglich vom Text unterlaufen – „das groeßte Gefuehl der Ehre",[64] das Möser im Faustrecht verwirklicht sah, kann man Götz kaum mehr zugestehen.

2.4 Der sterbende Ritter und die neue Ordnung

Die letzte Szene des Stückes ist dem Tod von Götz gewidmet; ausgehend von dem sich ankündigenden und schließlich auch eintretenden Tod legen die finalen Sätze von Götz zwei Linien an: Die eine zielt auf das imaginierte Jenseits, die andere etabliert ein kulturpessimistisches Resümee der erzählten Gegenwart.

Bereits der Ort der Handlung ist metaphorisch und intertextuell aufgeladen: Götz bittet den Wächter durch die Fürsprache von Elisabeth, ihn in „sein klein Gärtchen zu lassen auf eine halbe Stunde, daß ich der lieben Sonne genösse, des heitern Himmels und der reinen Luft" (WA 8, 166). Die Aufladung des Raumes erfolgt zum einen durch die Antizipation der idyllischen Naturerfahrung und zum anderen durch den mit einem Wächter versehenen Garten, in den Einlass begehrt wird und der intertextuell auf den biblischen Paradiesgarten verweist. Die Reaktion von Götz auf die Erfahrung des Gartens führt Gefühl, Natur, Transzendenz und Freiheit eng: „Allmächtiger Gott! Wie wohl ist's einem unter deinem Himmel. Wie frei! – Die Bäume treiben Knospen und alle Welt hofft" (WA 8, 168).

Im Gegensatz zur prosperierenden Natur und zur Hoffnung der Welt steht das Leben; in der Fortführung der Naturmetaphorik sieht Götz sein Ende nah: „Lebt wohl, meine Lieben; meine Wurzeln sind abgehauen, meine Kraft sinkt nach dem Grabe" (ebd.). Die im Garten empfundene Freiheit bleibt für Götz nur ein momentaner Eindruck; im Gegensatz zu der Welt, die noch hoffen kann und somit einen zeitlichen Vektor innehat, der Richtung (positive) Zukunft weist, sieht Götz

---

64 Möser: Patriotische Phantasien, S. 217.

2.4 Der sterbende Ritter und die neue Ordnung

für sich keine Hoffnung mehr, sondern nur den Tod. Die Naturmetaphorik der ‚abgehauenen Wurzeln' verweist abermals auf die textbestimmende Dichotomie der alten ritterlich-ständischen Welt und Ordnung, die auf dem Faust- und Fehderecht basiert, und der neuen höfischen Welt und Ordnung, die das römische Recht als Fundament setzt. Die alte Welt der Ritter ist Vergangenheit bzw. vergeht mit Götz' Tod und dem des Kaisers; Götz analysiert hier seine politische und juristische Position, deren Problematik sich nicht nur aus seiner Beteiligung an den Bauernkriegen ergibt, sondern die viel grundsätzlicher aus Götz' anachronistischer Situation der politischen und juridischen Fundierung resultiert: „Mein alter Vater segnete uns, und eine Nachkommenschaft von edlen tapfern Söhnen, quoll aus seinem Gebet. – Du hast ihn nicht erhört, und ich bin der Letzte" (ebd.). Das Verlöschen der patrilinearen Stammlinie – Götz' einziger Sohn Carl ist im Kloster und wird die ritterlich-männlich konnotierte Linie offensichtlich nicht fortführen – wird mit dem Verlöschen der politischen Institution der Ritter in eins gesetzt.

Mit der Erkenntnis, dass sein hochgeschätzter Bube Georg tot ist, erfährt das drohende Ende eine deutlich negativere und kulturpessimistischere Grundierung. Götz nimmt noch einmal den Gedanken auf, dass eine Epoche und eine Institution mit ihm untergehen – „Stirb, Götz. – Du hast dich selbst überlebt, die Edeln überlebt" (WA 8, 169) –, deutet aber bereits an, dass die „Edeln" (ebd.), also die Ritter und Fürsten, die dem skizzierten und vergangenen Ideal des gerechten und auf das wechselseitige Treueverhältnis geeichten Herrschers entsprechen, bereits Vergangenheit sind.

Die Welt, die eben noch Hoffnung hatte und mit den knospenden Bäumen parallel geführt wurde, wird nun als „verderbte[] Welt" (ebd.) bezeichnet, vor der man „die Herzen sorgfältiger als [...] [die] Thore" (ebd.) verschließen muss: „Es kommen die Zeiten des Betrugs, es ist ihm Freiheit gegeben. Die Nichtswürdigen werden regieren mit List, und der Edle wird in ihre Netze fallen" (ebd.). Die kulturpessimistische Haltung von Götz ergibt sich nicht aus der neuen Ordnung an sich, sondern aus der mit ihr einhergehenden Möglichkeit der Korrumpierung. Der „Betrug[]" (ebd.) ist in der neuen Ordnung im Gegensatz zur alten Ordnung möglich, da die neue Ordnung dem Betrug die „Freiheit" (ebd.) zur Entfaltung gibt und die der alten Ordnung verhafteten „Edeln" (ebd.) dem Betrug ohnmächtig gegenüber stehen. Götz betont also nochmals den Verlust an Rechtssicherheit, der mit dem Übergang vom Faust- zum römischen Recht verbunden ist und zeigt, dass die Verfahren des Rechts der alten Ordnung in der neuen Ordnung obsolet und impotent werden. Der ritterliche Habitus lässt den Edlen den „Nichtswürdigen [...] in [...] [die] Netze fallen" (ebd.).

Es fällt an dieser Stelle auf, dass Götz den textbestimmenden und bislang äußerst positiv besetzten Begriff der Freiheit für seine Argumentation stark macht, ihn nun aber differenziert: Die Freiheit im Sinne der neuen Ordnung ist nicht Ziel und Motivation des Kampfes, da diese der Korruption der Ordnung und der Akteure Vorschub leistet. Die Freiheit wird hier zum ersten Mal im Text ambig und bewirkt in ihrer Rezeption durch die Protagonisten ambivalente Gefühle. Wenn aber Freiheit im Text nun ambig und damit differenzierter gefasst wird – womit der Text in einer ab 1800 zu beobachtenden Tradition steht, wie etwa Andreas Reckwitz zeigt[65] –, so müssen die Momente, in denen Entscheidungen und Taten durch die Absolutsetzung der Freiheit motiviert und legitimiert werden – hier wäre etwa an den Kampf der Bauern zu denken, dessen Legitimation durch den Kampf für „Rechte und Freiheiten" (WA 8, 144) *a priori* gesetzt und somit der Reflexion entzogen wird –, nochmals genauer betrachtet werden. Wird die Ambiguität der Freiheit in einer Situation beobachtet, ist folglich davon auszugehen, dass Freiheit grundsätzlich ambig ist oder sein kann – *a priori*-Legitimierungen und *a priori*-Setzungen entsprechen folglich nicht dem Stand der Beobachtung.

Hier ließen sich sowohl die Eingangs skizzierten Überlegungen zu der von Koselleck analysierten Sattelzeit als auch die aus Sicht des Postfundamentalistischen Theorie formulierten Überlegungen zum ‚leeren Ort der Macht'[66] im Sinne Leforts anbinden. Die gewonnene ambige Freiheit weist in *Götz* keine metaphysische Letztbegründung im Sinne einer permanenten (positiven) *a priori*-Setzung auf, sondern koppelt die spezifische Freiheit an die spezifische Tat. Durch die skizzierte Kopplung von Freiheit und Tat wird nicht nur die Vorstellung eines heroischen Akteurs, der die Tat in einem durch (politische) Letztbegründungen strukturierten System vollbringt, unhaltbar. Die Kontingenz der Freiheit und Tat verweist grundlegend auf die Kontingenz des Politischen und zeichnet die Figur und das System als dezidiert modern. *Götz* würde – und das kann hier nur als Hypothese formuliert werden – eine deutliche Differenz zu den Texten, die etwa um 1700 die heroische Tat erzählen, markieren und sich so als Ausgangspunkt der Arbeit legitimieren.

Mit der Erkenntnis der Ambiguität und der daraus resultierenden Ambivalenz wird auch die Zeichnung der Figur Götz differenzierter: Betonte Götz bislang vor allem seinen anachronistischen Status als ‚letzter Ritter' der alten Ordnung, so scheint mit seiner Betonung der Ambiguität ein dezidiert modernes Element auf. Die Komplexität und Modernität der Figur, die sich bereits zu Beginn des Textes mit der exzentrischen Positionierung der Figur angedeutet hat, wird hier nochmals aufgenommen und radikalisiert.

---

65 Vgl.: Reckwitz: Das hybride Subjekt.
66 Vgl.: Lefort: Fortdauer des Theologisch-Politischen?, S. 50.

Das Spiel mit der Ambiguität der Freiheit wird mit der letzten Äußerung des Sterbenden fortgesetzt, indem die Ambiguität nun wieder in Eindeutigkeit überführt wird, der Begriff der Freiheit nun wieder ausschließlich positiv konnotiert und als bestimmender Begriff für den Text und für die Figur herausgestellt wird: „Freiheit! Freiheit! *(Er stirbt.)*" (WA 8, 169) Dass die Freiheit „[n]ur droben droben bei dir" (ebd.) – also in dem vorab bereits angedeuteten Paradiesgarten – zu finden ist, so Elisabeth, und „[d]ie Welt [...] ein Gefängniß [ist]" (ebd.), nimmt die kulturpessimistischen Anklänge auf. Das von Götz bereits postulierte endgültige Verschwinden der edlen Ritter wird von Marie mit der Glorifizierung der Figur Götz und der Betonung der Opposition von Götz und den höfischen Akteuren der neuen Ordnung verbunden, die mit dem „Jahrhundert" (ebd.) identifiziert werden und so die exzentrische (Beobachter-)Position von Götz nochmals betonen: „Edler Mann! Edler Mann! Wehe dem Jahrhundert das dich von sich stieß!" (ebd.) Lerse schließt den Text, indem die Preisung wie Erinnerung der Figur und der ihr inhärenten Ordnung zur Aufgabe der späteren Leser gemacht wird: „Wehe der Nachkommenschaft, die dich verkennt" (WA 8, 169).[67]

Die Szene revidiert somit die im vierten Akt thematisierte verhinderte Schreibszene, in der das Schreiben für die „Nachkommenschaft" (WA 8, 136) als „geschäftiger Müßiggang" (ebd.) verstanden wird, der der Tat im Wege steht, die Tat letztlich verunmöglicht: „Indem ich schreibe was ich gethan, ärger' ich mich über den Verlust der Zeit, in der ich etwas thun könnte" (ebd.). Tat und Text oder Handeln und Schreiben werden als sich ausschließende Dichotomien verstanden, das Primat kommt der Tat und nicht dem Schreiben zu. Mehr noch: Gerade die am Schluss postulierte Erinnerung der Taten und der Figur Götz wird im vierten Akt als nicht ritterlich angesehen. „GÖTZ: Und Gott weiß, daß ich mehr geschwitzt hab meinem Nächsten zu dienen als mir, daß ich um den Namen eines tapfern und treuen Ritters gearbeitet habe, nicht um hohe Reichtümer und Rang zu gewinnen. Und Gott sei Dank, warum ich warb ist mir worden" (WA 8, 137). Mit der Revision des ‚Primats der Tat' zugunsten der Erinnerung wird die Logik der Tat – und die Logik der ereignishaften emphatischen Gegenwart – durch die Logik der Reflexion und Archivierung abgelöst. Zugleich wird die Figur Götz nicht mehr durch die Exekution der Tat definiert, sondern definiert sich durch die *ex post* Erzählung der in der Vergangenheit exekutierten Taten. Somit wird deutlich, warum der Begriff Freiheit nun wieder aus der Ambiguität in die Eindeutigkeit überführt wird: Die Logik der Archivierung wirkt sich nicht nur auf das zu erzählende Subjekt aus, sondern auch auf die politischen Systeme, in denen das Subjekt sich durch die Tat konstituiert. Die Ambiguität, die auf die Kontingenz der politischen Gründungen

---

[67] Vgl. hierzu auch: Morgenroth: Paradoxien des Politischen, S. 91–94.

verwies, muss – der Logik der Archivierung bzw. der Logik der Preisung des „[e]dle[n] Mann[s]" (WA 8, 169) folgend – wieder in eine eindeutige Polarisierung überführt werden.

Der Text eröffnet somit eine politische Perspektive, die die Ambiguität beobachtet und als modern definiert, zugleich aber am Schluss das Krisenhafte des Subjekts Götz und damit das Krisenhafte der Ambiguität ausstellt. Die neue Ordnung der Moderne wird im Text sowohl auf der politischen als auch der juridischen Ebene verhandelt, auf beiden Ebenen kollidiert die jeweilige Ordnung mit der vormaligen. Die Tat stellt nun die Kontingenz der Ordnungen heraus, macht zugleich auch deutlich, dass die Tat und das (vormoderne) heroische Tatsubjekt nun in die den Text bestimmende (moderne) Ambiguität überführt werden müssen; die Tat ist nicht mehr als unmittelbare, emphatische politische Subjektivierung zu denken, sondern wird durch die Narrativierung und Archivierung zu einem mittelbaren und komplexen Zeichen. Der Text bleibt aber bei dieser Zeitdiagnose nicht stehen; vielmehr zeigt er mit der Aufhebung der Ambiguität das Scheitern des modernen Subjekts und das Scheitern der Anerkennung der politischen Ordnung als kontingter Ordnung im Sinne des Postfundamentalismus auf.

3 „Tat" und „Untat" als Verhandlung der politischen und sozialen Ordnung: Friedrich Schillers *Die Räuber* (1782)

3.1 Einleitung

Die Uraufführung von Friedrich Schillers *Die Räuber*[68] fand am 13. Januar 1782 am Nationaltheater Mannheim statt und erregte, so ein anonymer Berichterstatter, höchst emotionale, ja geradezu tumultartige Reaktionen des Publikums:

> Das Theater glich einem Irrenhause, rollende Augen, geballte Fäuste, stampfende Füße, heisere Aufschreie im Zuschauerraume! Fremde Menschen fielen einander schluchzend in die Arme, Frauen wankten, einer Ohnmacht nahe, zur Türe. Es war eine allgemeine Auflösung wie im Chaos, aus dessen Nebeln eine neue Schöpfung bricht.[69]

An der vielzitierten Stelle fällt jedoch nicht nur die Betonung der emotionalen Reaktion des Publikums auf, die sich auf die innovative dramaturgische Aufführungspraxis zurückführen lässt – es ist von der „angespannten Rhetorik"[70] über die Sprache bis hin zur Performance der Schauspieler*innen ein Willen zur maximalen Expressivität festzustellen –, sondern es fällt zudem die im zweiten Teil des Zitats formulierte Neuschaffung, die aus der „Auflösung [...] im Chaos" geboren wird, auf.[71] Der Satz, der sich eigentlich auf die Reaktionen der Zuschauer*innen bezieht, lässt sich auch als These an das Stück anlegen, das von Auflösung und Neuschaffung erzählt: Die Anlage des Stücks, in dem die Auflösung und Wiedereinsetzung der sozialen und politischen Ordnung beschrieben wird, erzeugt somit offensichtlich sowohl innerhalb als auch außerhalb des

---

[68] Zum Stand der Forschung zu *Die Räuber* vgl.: Nikolas Immer: Der inszenierte Held. Schillers dramenpoetische Anthropologie. Heidelberg: Winter 2008, S. 457–459.
[69] Schiller, Friedrich: Die Räuber. Zur Mannheimer Uraufführung. Augenzeugenbericht. In: ders.: Friedrich Schiller. Werke und Briefe in zwölf Bänden. Bd. 2 Dramen I. Hrsg. v. Gerhrd Kluge. Frankfurt am Main: Deutscher Klassiker Verlag 1988, S. 965–966, hier: S. 965f.
[70] Peter-André Alt: Schiller. Leben – Werk – Zeit. Erster Band. München: Beck 2000, S. 285.
[71] Zur Aufführungspraxis vgl. u.a.: Ebd., S. 281–288. – Hans Richard Brittnacher verweist darauf, dass sich das Stück durch „anarchische[] Gewaltphantasien, [...] [eine] Mischung aus aufklärerischer Fürstenkritik, dem derben Selbsthelferpathos des Sturm und Drang, der spektakulären Operngestik und dem kultischen Charakter der attischen Tragödie mit Chor, Nemesis, Blut und Opfer" auszeichnet. – Hans Richard Brittnacher: Die Räuber. In: Helmut Koopmann (Hrsg.): Schiller-Handbuch. Stuttgart: Alfred Kröner 1998, S. 326–353, hier: S. 328.

Textes Reaktionen auf die vorgestellte Diskussion der gesellschaftlichen Ordnung. Diese Reaktionen beschränken sich nicht nur auf die emotionalen Reaktionen der Zuschauer*innen auf das als anarchisch empfundene Stück[72] – was, wie im Folgenden gezeigt wird, nicht der Intention des Textes gerecht wird –, sie lassen sich auch bei der Imitation der (fiktiven) Räuberbande feststellen, die nun in Bayern, Württemberg und Sachsen von jungen Männern in Analogie zu der Bande von Karl Moor gebildet werden. Das Imaginäre wird so in das Reale überführt.[73]

Es lässt sich jedoch sowohl mit *Die Räuber* als auch an der geplanten Fortsetzung *Die Braut in Trauer* zeigen, dass der Text nicht die anarchische Auflösung der sozialen und politischen Ordnung feiert. Vielmehr lassen sich *Die Räuber* als Experiment verstehen, mit dem die Frage nach der Form und Bedeutung der sozialen und politischen Ordnung diskutiert werden kann.[74] Hierfür wird im Text ein isolierter extraterritorialer und extralegaler Raum angelegt – am deutlichsten ist etwa der Wald, in dem die Räuberbande haust, von der familiären, sozialen und politischen Topographie ab- und ausgesetzt –, in dem nun in einer Parallelführung von familiären und politischen Entwicklungen die Ordnung des Staates diskutiert werden kann.[75] Durch die mehrfache Aussetzung der Räuberbande eröffnet der Text hier die Möglichkeit, die zugleich die Ausgangsbedingung des Experiments darstellt, im Sinne Hannah Arendts „einen neuen Anfang zu ma-

---

[72] So ist sich Schiller sicher, dass seinem Stück „ein[ ] Plaz unter den moralischen Büchern" zukommt. Friedrich Schiller: Die Räuber. Vorrede zur ersten Auflage. In: ders.: Schillers Werke. Nationalausgabe. 3. Bd. Die Räuber. Hrsg. v. Herbert Stubenrauch. Weimar: Böhlau 1953. S. 5–8, hier: S. 8.

[73] Zu der Imitation der Banden vgl.: Alt: Schiller, S. 277.

[74] Der Blick des Beobachters auf das von Schiller angelegte Experiment erlaubt nun unterschiedliche Fokussierungen; Arata Takeda nimmt so etwa den Text hinsichtlich der erzählten *Ästhetik der Selbstzerstörung* in den Blick und diskutiert die Rolle des Selbstmordattentäters in *Die Räuber*; Albrecht Koschorke, Susanne Lüdemann, Thomas Frank und Ethel Matala de Mazza fokussieren hingegen die politischen Aspekte. Weitere mögliche Perspektiven wären etwa die Konzentration auf die familiäre Situation – hierbei wird das biblische Gleichnis vom verlorenen Sohn (Lk 15, 11– 32) oder die Erzählung von Kain und Abel (Gen 4, 1– 16) stark gemacht und somit eine theologisch inspirierte Lesart angelegt – oder die Perspektive auf die historische Situation Schillers, die den Text im Zusammenhang mit den politischen Entwicklungen der Französischen Revolution und Schillers Reaktion auf die der Französischen Revolution folgende Terrorherrschaft liest. – Vgl.: Arata Takeda: Ästhetik der Selbstzerstörung. Selbstmordattentäter in der abendländischen Literatur. Paderborn: Fink 2010.; Albrecht Koschorke u.a.: Der fiktive Staat. Konstruktionen des politischen Körpers in der Geschichte Europas. Frankfurt am Main: Fischer 2007.

[75] Zur Verbindung von politischen und familiären Aspekten vgl. u. a.: Koschorke u. a.: Der fiktive Staat, S. 291– 299.

chen".[76] Ausgehend von diesem kann das Handeln der Gruppe beobachtet und auf seine politischen Implikationen befragt werden.

Die im Experiment beobachtbare Reaktion des Individuums auf die staatliche Ordnung kann nun durch die aus der familiären Aussetzung resultierende politische und topographische Aussetzung radikalisiert werden; die familiäre Intrige, durch die die Bindungen an die soziale Welt gekappt werden, stellt also gleichsam die Startbedingung des Experiments dar. Mit der Aufhebung der staatlichen und sozialen Ordnung – „Du tritst hier gleichsam aus dem Kreise der Menschheit",[77] warnt Karl Moor einen Aspiranten – kann die Frage nach der Struktur des Zusammenlebens erörtert werden; diese neue Form der Sozialität muss sich nun, etwa durch eine Regulierung und Einhegung der Gewalt, eine neue Ordnung geben, um sich von dem etwa von Thomas Hobbes beschriebenen Naturzustand abzugrenzen.[78] Die hierarchische Struktur der Räuberbande installiert mit Karl einen autoritär-despotisch agierenden Souverän und bildet eben keine anarchistisch-egalitäre Vereinigung. Somit wird hier bereits aufgezeigt, dass die Räuberbande nicht die vollständige Absage und Opposition zur staatlichen Ordnung darstellt, sondern Strukturanalogien aufweist, die die Ordnung und die Taten Karls lediglich als Korrektiv der staatlichen Ordnung und Macht lesen lassen. Die Aussetzung und der rechtsfreie Raum stehen somit in engem Verhältnis zur staatlichen Ordnung; das Selbstopfer Karls nimmt letztlich eine Rückbindung in die staatliche und juridische Ordnung vor, bestätigt die Ordnung, die aber gleichzeitig auch beschädigt und aufgehoben wird.

Ausgehend von einer Analyse der familiären Situation und der Taten der Brüder Moor sowie der Tathemmung des Vaters, soll im Folgenden die Aussetzung, Reformulierung und Wiedereinsetzung der politischen Ordnung diskutiert werden. Aus der Diskussion der autoritären Struktur und Ordnung der Räuberbande, die auf absoluter gegenseitiger Verpflichtung, einer strikten Disziplin und der steten Aushandlung des Erlaubten beruht, ergibt sich zwangsläufig ihre Verbindung zu der politischen Ordnung des Staates. Anhand der für die Ordnung fundamentalen Frage nach der Einhegung und Legitimation der Gewalt werden die von den Räubern verübten Taten durch den Text einer Wertung unterzogen und erfahren entweder ihren Einschluss in die Ordnung oder ihren Ausschluss aus ebendieser.

---

76 Arendt: Vita activa, S. 18.
77 Friedrich Schiller: Die Räuber. In: ders.: Schillers Werke. Nationalausgabe. 3. Bd. Die Räuber. Hrsg. v. Herbert Stubenrauch. Weimar: Böhlau 1953, S. 84. Der Text wird im Folgenden nach der Nationalausgabe unter der Sigle NA 3 gefolgt von der Seitenzahl im Haupttext zitiert. Hervorhebungen im Original werden in den zitierten Stellen durch Kursivierung nachgewiesen.
78 Vgl.: Thomas Hobbes: Leviathan. Erster und zweiter Teil. Stuttgart: Reclam 2014.

3.2 Philosophien der Tat. Maximilian, Franz und Karl Moor

Im ersten Akt des Dramas werden in einer Parallelführung die beiden Brüder Franz (1. Szene) und Karl Moor (2. Szene) vorgestellt, ihre jeweilige familiäre Beziehung – genauer: ihr Verhältnis zu ihrem Vater Maximilian – und die sich daraus ergebene Philosophie wird dargestellt. Bereits mit den der Szene vorangestellten geografischen Verortungen und den Regieanweisungen, die Hinweise auf die beteiligten Akteure geben, werden die Brüder in eine räumliche und emotionale/familiäre Relation zum Vater gesetzt: Franz befindet sich in *„Franken. [In einem] Saal im Moorischen Schloss"* (NA 3, 11), als Personen der Szene werden Franz und sein Vater, *„DER ALTE MOOR"* (ebd.), genannt. Karls Aufenthaltsort hingegen wird räumlich nicht genau verortet, er sitzt *„in ein Buch vertieft"* (NA 3, 20) in einer *„Schenke an den Gränzen von Sachsen"* (ebd.). Der später die Gründung der Räuberbande initiierende Spiegelberg befindet sich ebenfalls in der Schenke, *„trinkend am Tisch"* (ebd). Mit der geografischen Verortung wird also nicht nur die An- bzw. Abwesenheit am väterlichen Schloss und damit an der Seite des Vaters definiert – die Anwesenheit des einen Bruders bei gleichzeitiger Abwesenheit des anderen stellt die notwendige Grundvoraussetzung für die Intrige von Franz dar, wobei die geografische Distanz der emotionalen/familiären Distanz zu entsprechen scheint –, sondern es wird auch über den unklaren geografischen Status von Karl bereits auf die spätere vagabundierende Räuberbande angespielt, die sich dem geordneten Raum, der Verortbarkeit und der sozialen Ordnung bewusst entzieht. Karls Aufenthalt *„an den Gränzen"* (ebd.) verweist auch metaphorisch auf das kommende Geschehen.

Durch die Setzung der geografischen Verortung der Brüder an die prägnante Stelle des Anfangs wird deutlich, dass die im Text vorgenommene Diskussion der politischen Ordnung ihren Ausgangspunkt in der Diskussion der familiären Ordnung, der Vaterordnung, findet. Diese Vaterordnung ist jedoch nicht nur familiär, sondern immer auch politisch konnotiert: So wird der Vater im Personeninventar als „regierender Graf von Moor" (NA 3, 1*) und damit auch als politische Figur eingeführt.[79] Bei der Intrige von Franz geht es folglich immer auch um politische Macht, um das politische Erbe des Vaters.

Im Gegensatz zu seinen Söhnen, die sich als ‚Tatmenschen' gegen die bestehende Ordnung auflehnen und über ihre Taten diese auflösen oder in Frage stellen, erscheint der Vater – bezeichnenderweise in den Regieanweisungen als *„DER ALTE MOOR"* benannt – als schwach und handlungsunfähig. Schiller be-

---

[79] Zu der politischen Stellung des Regenten vgl. u. a.: Walter Müller-Seidel: Friedrich Schiller und die Politik. München: Beck 2009, S. 72–73; Alt: Schiller, S. 291.

schreibt ihn in seiner selbstkritischen Selbstrezension dann auch als „gar zu einfältig"[80] und resümiert schließlich: „Er soll zärtlich und schwach sein, und ist klagend und kindisch."[81] Das Stück setzt dann auch bereits im ersten Satz mit der Zeichnung seiner Unpässlichkeit und Schwäche ein – „FRANZ: Aber ist Euch auch wohl, Vater? Ihr seht so blaß" (NA 3, 11) –, die den Boden für die Intrige von Franz bereiten: Dieser wird seinen Vater mittels seiner demagogischen Kompetenzen überreden können, an Stelle seines Vaters einen Brief an seinen Bruder Karl zu verfassen.

Die Schwäche des Vaters lässt sich jedoch nicht nur auf seine familiäre Rolle beziehen, die im Schwinden seiner patriarchalen Macht begriffen ist. Vielmehr verweist sie aufgrund seines Status als „regierender Graf von Moor" (NA 3, 1*) auch auf die Schwächung seiner politischen Rolle und Funktion und damit auf die Schwächung der politischen Ordnung als Vaterordnung an sich.[82] Die folgende Szene, in der die Intrige von Franz erfolgreich initiiert wird, zeigt somit die Schwächung im familiären Kontext auf, deutet aber durch die Verzahnung von familiären und politischen Aspekten die Schwächung des Politischen bereits an.[83] Die zweifache Schwäche stellt dann auch die Ausgangsbedingung[84] des Experiments dar: Die familiäre ermöglicht die Intrige von Franz und macht die Aufdeckung dieser Intrige unmöglich, die politische ermöglicht die Bildung und die Taten der Räuberbande und behindert die staatliche und polizeiliche Gegenwehr gegen sie.[85] In der strategischen Verhinderung der brieflichen Kommunikation mit Karl offenbaren sich die intriganten Kräfte von Franz und die Schwäche des Vaters:

---

[80] Friedrich Schiller: Die Räuber. Ein Schauspiel, von Friedrich Schiller 1782. In: ders.: Schillers Werke. Nationalausgabe. 22. Bd. Vermischte Schriften. Hrsg. v. Herbert Meyer. Weimar: Böhlau 1958, S. 115–131, hier: S. 129.
[81] Ebd., S. 128.
[82] Vgl. hierzu: Peter von Matt: Verkommene Söhne, mißratene Töchter. Familiendesaster in der Literatur. München und Wien: Carl Hanser 1995.
[83] Zur Schwächung der patriarchalischen Gesellschaftsordnung vgl.: Patrick Häffner: Widerstandsrecht bei Schiller. Frankfurt am Main u. a.: Peter Lang 2005, S. 85 f.
[84] Im Gegensatz zu Benno von Wiese wird hier also die Schwächung als Voraussetzung und nicht als Folge gesehen. Benno von Wiese schreibt: „Der Einbruch des Bösen als Intrige in die Familienordnung und damit in die bürgerliche Welt überhaupt bedeutet daher die Auflösung der Familie und ihrer Sittlichkeit und alle die Folgen, die sich aus eben dieser Auflösung ergeben." Benno von Wiese: Friedrich Schiller. Stuttgart: Metzlersche Verlagsbuchhandlung 1959, S. 146.
[85] Zu den tatsächlich existierenden Räuberbanden und den schwachen polizeilichen Strukturen vergl: Matthias Tresselt: Friedrich Schiller und die Demokratie. Berlin: Duncker & Humblot 2009, S. 24 f.; Brittnacher: Die Räuber, S. 344–352.

> DER ALTE MOOR: So will ich ihm das auf der Stelle schreiben.
> FRANZ: Halt! noch ein Wort, Vater! Eure Entrüstung, fürchte ich, möchte euch zu harte Worte in die Feder werfen, die ihm das Herz zerspalten würden [...][.] Darum wirds besser seyn, ihr überlaßt das Schreiben mir.
> DER ALTE MOOR: Thu das mein Sohn. – Ach! es hätte mir doch das Herz gebrochen. Schreib ihm – –
> FRANZ (*schnell*): Dabey bleibts also?
> DER ALTE MOOR: Schreib ihm daß ich tausend blutige Tränen, tausend schlaflose Nächte – Aber bring meinen Sohn nicht zur Verzweiflung!
> FRANZ: Wollt ihr euch nicht zu Bette legen, Vater? Es griff euch hart an.
> DER ALTE MOOR: Schreib ihm, dass die Väterliche Brust – ich sage dir, bring meinen Sohn nicht zur Verzweiflung. (*Geht traurig ab*) (NA 3, 17–18).

An der zitierten Stelle wird deutlich, dass der Vater seinem Sohn Karl mit diesem Brief zwar eine konfliktive Kommunikation eröffnen möchte, es ihm aber keineswegs um die endgültige und vollständige Aufkündigung der Vater-Sohn-Beziehung geht. Der Verstoß Karls ist also vom Vater nicht gewollt, er möchte seinen Sohn zur Besserung aufrufen und dann, wenn „er anders worden" (NA 3, 17), wieder an seiner Seite wissen. Franz hingegen muss den Verstoß des Bruders anstreben, um die Vorrechte, die diesem als Erstgeborenem zustehen, für sich zu gewinnen. Aufgrund der mangelnden Tatkraft des Vaters – selbst bei der einfachen Aufgabe, den Brief zu verfassen, scheitert er und überlässt Franz die Kontaktaufnahme – kann Franz seine Intrige über den radikal formulierten Brief, der die Beziehung zwischen Vater und Sohn aufkündigt, in Gang setzen. Die Schwäche und „Passivität"[86] des Vaters lassen sich hier also als Voraussetzung der Intrige fassen, bedeuten aber im Umkehrschluss nicht, dass der Vater, der im Gegensatz zu Amalia die Intrige von Franz nicht durchschaut oder durchschauen will, als unschuldig verstanden werden kann.[87]

Die skizzierte Grundkonstellation des Experiments – der schwache Vater/ Staat, der sich durch mangelnde Tatkraft auszeichnet, und die tatkräftigen Söhne, deren moralisch fragwürdige Taten das Geschehen im Stück bestimmen – bleibt für die gesamte Handlung des Dramas bestimmend. Es wird deutlich, dass es aufgrund des installierten Settings keine Positionen und Figuren geben kann, die nicht verantwortlich zu machen sind. Sowohl durch die jeweils unterschiedlich strukturierten und motivierten Taten als auch durch die unterlassene Tat werden die Protagonisten verantwortlich für das weitere Geschehen.

---

[86] Schiller: Die Räuber. Ein Schauspiel, S. 129.
[87] Vgl.: Alt: Schiller, S. 289.

3.2.1 Franz Moor

Nachdem Franz den Erfolg seiner Intrige sichergestellt hat – „Tröste dich Alter, du wirst ihn nimmer an diese Brust drücken [...]. Er war aus deinen Armen gerissen, ehe du wußtest daß du es wollen könntest" (NA 3, 18) –, erfolgt in einem längeren Monolog von Franz eine philosophische Rechtfertigung der Tat, die mit einem Postulat des radikalen Materialismus eine Absage an die soziale Ordnung und Gemeinschaft darstellt. Franz erkennt die Ungerechtigkeit der Natur, die ihm im Gegensatz zu seinem Bruder Karl nicht nur die Vorrechte des Erstgeborenen vorenthält, sondern ihn zudem mit einer „Bürde von Häßlichkeit" (ebd.) belastet: „Warum bin ich nicht der erste aus Mutterleib gekrochen? Warum nicht der Einzige?" (ebd.) Franz summiert nun die Elemente des Hässlichen in seinem Aussehen und folgt dabei den zeitgenössischen Vorstellungen eines schönen bzw. eben hässlichen Äußeren.[88] Schiller schließt hier, wie Brittnacher zeigt, an die von Johann Caspar Lavater formulierten Überlegungen zur Schönheit und zum Verhältnis von Schönheit und Moral an, kombiniert mit Franz' Charakterzeichnung jedoch nicht Hässlichkeit und Dummheit – was Lavater nahelegen würde –, sondern Hässlichkeit und Intelligenz.[89] Franz stellt nun das Recht der Natur, Vorteile zu verteilen, in Frage – was eine klare Absage an die Vorstellung einer sinnhafteten und sinnvollen Schöpfung durch einen Gott oder die Natur beinhaltet.[90] Die Struktur der Welt wird als sinnlose und ungerechte Zufälligkeit empfunden, wobei die Aussetzung jeglicher metaphysischer Sinnsetzung zugunsten des radikalen Materialismus an Überlegungen der Aufklärung anknüpft und diese zuspitzt.

Aus der Erkenntnis der eigenen Benachteiligung hinsichtlich der Geburtsrechte und der äußeren Erscheinung entwickelt Franz die Apotheose des eigenen Intellekts. „Gab sie uns doch Erfindungs-Geist mit, sezte uns nackt und armselig ans Ufer dieses grossen Ozeans Welt – Schwimme, wer schwimmen kan, und wer zu plump ist geh unter!" (NA 3, 18) Aus der Absage an die Schöpfung ergibt sich der Versuch der Entkopplung von Natur und Gesellschaft sowie die Behauptung

---

[88] Vgl.: Gert Sautermeister: Die Räuber – Generationenkonflikt und Terrorismus. In: Regine Romberg (Hrsg.): Friedrich Schiller zum 250. Geburtstag. Philosophie, Literatur, Medizin und Politik. Würzburg: Königshausen & Neumann 2014, S. 27–41, hier: S. 35.
[89] Vgl.: Brittnacher: Die Räuber, S. 34 f.
[90] Sautermeister weist darauf hin, dass Franz mit der Natur einen „Schlüsselbegriff der Aufklärung" aufruft, den in der Aufklärung mit dem Begriff verbundenen Konzepten und Idealen – wie etwa die Vorstellung „eine[r] gerechte[n] Sozialordnung der Freiheit und Gleichheit" – aber eine klare Absage erteilt. Sautermeister: Die Räuber, S. 26.

oder der Versuch der autonomen Selbstsetzung.[91] Franz versteht sich nicht als zufällige Schöpfung der Natur – seine Identität macht nicht das aus, was ihm die Natur zufällig mitgegeben oder vorenthalten hat –; er versteht sich vielmehr als Kreation durch seinen eigenen Willen und seine eigene Tatkraft; „erst in der Rolle des Schurken [nimmt er sich] als Subjekt im emphatischen Sinn"[92] wahr. Die radikale Lösung aus der Gesellschaft und die Formulierung der Selbstsetzung in der gesellschaftlichen Konkurrenzsituation verweisen hier bereits auf den Beginn der modernen, bürgerlichen Gesellschaftsstrukturen.[93]

Die Natur „gab mir nichts mit; wozu ich mich machen will, das ist nun meine Sache. Jeder hat gleiches Recht zum Grösten und Kleinsten, Anspruch wird an Anspruch, Trieb an Trieb und Kraft an Kraft zernichtet" (NA 3, 18). Aus dieser Haltung kann sich nur ein radikaler Egoismus ergeben, der durch die eigene Kraft angetrieben wird: „Das Recht wohnet beym Ueberwältiger" (NA 3, 18 f.), formuliert Franz seine machtpolitische Doktrin. Gesetzte und Rechte der Gemeinschaft werden nicht als Übereinkunft im Sinne eines Gesellschaftsvertrags verstanden, sie werden nur als machtpolitische Strategien gesehen, als „Anstalten, die Narren im Respekt und den Pöbel unter dem Pantoffel zu halten" (NA 3, 19).

Im Gegensatz zu Schillers späteren Überlegungen zu der Struktur des Staates und dem Nutzen eines Gesellschaftsvertrags in *Über die ästhetische Erziehung des Menschen* wird hier von Franz pointiert eine konträre Position vertreten. In den Briefen heißt es:

> Dieser Naturstaat (wie jeder politische Körper heissen kann, der seine Einrichtung ursprünglich von Kräften, nicht von Gesetzen ableitet) widerspricht nun zwar dem moralischen Menschen, dem die bloße Gesetztmäßigkeit zum Gesetz dienen soll, aber er ist doch

---

[91] Dass diese performative Selbstsetzung schließlich scheitern muss, macht der Text in der Diskussion von Franz mit Pastor Moser, dem Vertreter der Transzendenz, deutlich. Vgl.: NA 3, 120 – 124.
[92] Peter-André Alt: Klassische Endspiele. Das Theater Goethes und Schillers. München: C.H. Beck 2008, S. 61.
[93] „Moor erspäht die im Schoße des monarchisch-absolutistischen Staatswesens erst im Entstehen begriffene bürgerliche Gesellschaft der freien Konkurrenz und des damit verquickten Überlebenskampfes oder, darwinistisch geredet, der darin wirksamen Selektionsmechanismen [...] Merkwürdige hellsichtige Sätze, die frühzeitig den Naturbegriff Darwins vorwegnehmen und zugleich der von Zunftfesseln befreiten, modernen bürgerlichen Gesellschaft präludieren, die erst im Zuge der Französischen Revolution sich durchzusetzen begann." Sautermeister: Die Räuber, S. 27.

gerade hinreichend für den physischen Menschen, der sich nur darum Gesetze giebt, um sich mit Kräften abzufinden.[94]

Franz spricht sich nun dezidiert gegen einen Vertrag und für einen Naturstaat aus, der sich „von Kräften, nicht von Gesetzen ableitet",[95] und grenzt sich so von den vertragstheoretischen Überlegungen – etwa im Sinne von Thomas Hobbes oder, anders akzentuiert, im Sinne von Jean-Jacques Rousseau – ab, in denen aus der wechselseitigen Beschränkung die mit Sicherheit verknüpfte Freiheit gewonnen werden kann. Die Überzeugung des neueren Naturrechts, die etwa von Hugo Grotius oder Samuel von Pufendorf formuliert werden, dass das Individuum eine „angeborene Fähigkeit zur Eingliederung in eine auf juristischen Normen beruhende soziale Ordnung besitzt",[96] wird von Franz in Abrede gestellt. Die potenteste Kraftentfaltung des Individuums kann nur bei einer vollständigen Entkopplung von allen Gesetzen, Regeln und Bindungen der Gemeinschaft gelingen; die absolute Autonomie wird durch keine rechtlichen, sittlichen oder religiösen Zwänge eingeschränkt.

Doch nicht nur das moralische Empfinden, auch die familiären (Bluts-)Bande werden aus der skizzierten materialistischen Perspektive begutachtet und aufgekündigt: „Ich habe Langes und Breites von einer sogenannten *Blutliebe* schwazen gehört [...] – Das ist dein Bruder! – das ist verdollmetscht: Er ist aus eben dem Ofen geschossen worden, aus dem du geschossen bist – also sei der dir heilig!" (NA 3, 19) Franz dekonstruiert nun den semantischen Gehalt der emphatisch gesetzten „*Blutliebe*" (ebd.) und löst mit den „Familienbande[n] [...] das universale[] Bindungsprinzip der Schöpfung"[97] auf. Der „poßierliche[] Schluß von der Nachbarschaft der Leiber auf die Harmonie der Geister" (ebd.) ist nicht mehr zu ziehen, die Beziehung zum Bruder zeichnet sich trotz vormaliger Nähe der Körper durch Differenz der „Geister" (ebd.) aus. Und auch die Beziehung zum Vater wird problematisiert und erfährt zusammen mit der Vorstellung der ‚heiligen' Schöpfung durch die Geburt schließlich ihre Auflösung. Franz entkleidet den Zeugungsakt und die daraus resultierende Beziehung zu den Eltern jeglicher religiösen Konnotation und reduziert sie vollständig auf die Dimension des Sexuellen und Biologischen. Die Geburt von Franz ist laut seiner Dekonstruktion nicht in ein sinnhaftes metaphysisches Weltgefüge eingebunden, sie beruht auf keiner

---

94 Friedrich Schiller: Über die ästhetische Erziehung des Menschen. Dritter Brief.. In: ders.: Schillers Werke. Nationalausgabe. 20. Bd. Philosophische Schriften. Erster Teil. Hrsg. v. Benno von Wiese. Weimar: Böhlau 1962, S. 313–315, hier: S. 314.
95 Ebd.
96 Alt: Schiller, S. 291.
97 Brittnacher: Die Räuber, S. 333.

Intention und stellt keine familiären Relationen her; vielmehr ist sie lediglich das Resultat eines animalischen Sexualaktes, der der egoistischen Triebabfuhr dient:

> Er [der Vater; I.N.] hat dir das Leben gegeben, du bist sein Fleisch, sein Blut – also sei er dir heilig. [...] Ich möchte doch fragen, *warum* hat er mich gemacht? doch wol nicht gar aus Liebe zu mir, der erst ein *Ich* werden sollte? Hat er mich gekannt ehe er mich machte? Oder hat er mich gedacht, wie er mich machte? Oder hat er mich gewünscht, da er mich machte? Wußte er was ich werden würde? [...] Sehet also, das ist die ganze Hexerey, dir ihr in einen heiligen Nebel verschleyert, unsre Furchtsamkeit zu mißbrauchen (NA 3, 19–20).

Somit werden die rechtlichen Bindungen des Gesellschaftsvertrags, die familiären/genetischen Bindungen der Blutsverwandtschaft sowie die Bindungen an die eigene Generation, die durch den Bruder Franz repräsentiert wird, und die religiösen Bindungen der (sinnhaften) Schöpfung wie Zeugung diskursiv aufgelöst und verabschiedet.[98]

Franz nutzt nun die Loslösung aus allen Bindungen und macht sie für sein machtpolitisches Konzept fruchtbar, mit einer Radikalisierung der Theorie Machiavellis: „Wer nichts fürchtet ist nicht weniger mächtig als der, den alles fürchtet" (NA 3, 19). Machiavelli diskutiert die Frage, „ob es besser ist, geliebt oder gefürchtet zu werden oder umgekehrt",[99] wobei er herausstellt, dass der Herrscher danach trachten sollte, sowohl geliebt als auch gefürchtet zu werden und der Furcht die Priorität nur aus strategischen Gründen der Sicherheit zukommen kann. Franz hingegen versucht nun dem autonomen Fürsten gleichzukommen, „den alles fürchtet" (ebd.) und der sich im Gegensatz zu Machiavellis Empfehlung nicht darum bemüht, „dem Haß zu entgehen".[100] Die vollständige Autonomie, die nur durch die Grenzen der eigenen Kraft beschränkt wird, kann den Handelnden nun strukturell dem von allen gefürchteten Fürsten gleichstellen. Und die absolute Autonomie des Handelnden entspricht der absoluten Autonomie der radikalen Taten: „Frisch also! mutig ans Werk! – Ich will alles um mich her ausrotten, was mich einschränkt daß ich nicht *Herr* bin. *Herr* muß ich seyn, daß ich das mit Gewalt ertrotze, wozu mir die Liebenswürdigkeit gebricht" (NA 3, 20).

---

98 Peter von Matt fasst die diskursive Operation von Franz treffend zusammen und zeigt zugleich die Verbindung zu den Denkstrukturen der Aufklärung auf: „Was geschieht hier? Ein Mann wagt es, sich seines eigenen Verstandes zu bedienen, gegenüber einer Gegebenheit, die als sakrosankt gilt. Er sieht sich konfrontiert mit einem allgemeinen Consensus, die Heiligkeit des Vaters betreffend, und überprüft die geläufigen Begründungen eine nach der anderen." Von Matt: Verkommene Söhne, mißratene Töchter, S. 146.
99 Machiavelli, Niccolò: Der Fürst. Stuttgart: Alfred Kröner 1978, S. 67.
100 Ebd., S. 71.

Als Voraussetzungen der Tat – und dies wäre als Hypothese auch an die weiteren Texte anzulegen – lassen sich somit zwei Aspekte resümierend festhalten: Zum einen die aus der ‚Schwäche' der Systeme und Figuren möglich gewordene Absage an die metaphysischen, rechtlichen, religiösen und familiären Sinn- und Ordnungssysteme und die damit einhergehende absolute autonome Setzung des Individuums, zum anderen der absolute Wille zur Herrschaft – auch unter der Bedingung, alles „ausrotten" (ebd.) zu müssen.[101] Die Tat stellt diese Aspekte deutlich heraus und zeigt den ‚leeren' oder kontingenten Grund sämtlicher Systeme auf; so manifestiert sich etwa die Absage an die Metaphysik in der Exekution der radikalen Tat. Die Tat löst jedoch nicht nur Bindungen auf, sondern spiegelt zugleich das die Tat grundierende und das der Tat vorgängige System des Politischen. Die genannten Aspekte und Operationen stellen jedoch nicht nur die Voraussetzung der späteren Taten dar, indem sie einen Handlungsraum eröffnen und eine philosophische wie psychische Disposition des Handelnden anlegen, sondern lassen sich auch als Motivation zur Tat verstehen sowie als Struktur, in die die Tat philosophisch eingebunden ist.

Die spätere Artikulation der radikalen und grausamen politischen Programmatik von Franz, die nach dem scheinbaren Tod seines Vaters erfolgt, ist erst durch die skizzierten Operationen und Autonomiesetzungen möglich:

> Nun sollt ihr den nakten Franz sehen, und euch entsetzen! [...] Meine Augbraunen sollen über euch herhangen wie Gewitter-Wolken, mein herrischer Name schweben wie ein drohender Komet [...], meine Stirne soll euer Wetterglas seyn. [...] Ich will euch die zackigte Sporen ins Fleisch hauen, und die scharfe Geißel versuchen (NA 3, 52f.).

3.2.2 Karl Moor

Im Unterschied zu seinem Bruder Franz befindet sich Karl zu Beginn der zweiten Szene in einer *„Schenke an den Gränzen von Sachsen"* (NA 3, 20). Die geographische Verortung lässt sich, wie eingangs gezeigt, auf mehrere entscheidende Aspekte des Stücks beziehen: So verweist sie durch die räumliche Distanz zu seinem Vater auf Karls familiäre Position; zugleich stellt seine Abwesenheit die Grundvoraussetzung der familiären und machtpolitischen Intrige von Franz dar. Zudem ermöglicht die Positionierung von Karl in dem extraterritorialen und extralegalen Raum des Waldes zum einen die Gründung der Räuberbande – und

---

[101] Die zitierte Stelle verweist bereits auf die später folgende Diskussion der Legitimation und Einhegung der Gewalt und zeigt, dass sich die genannten Fragen nicht nur bei der zunehmend ausufernden Gewalt der Räuberbande stellen, sondern auch bei dem philosophischen Selbstbekenntnis und der radikalen machtpolitischen Überzeugung von Franz von Bedeutung sind.

stellt das erfolgreiche Treiben der Bande sicher, indem sie die polizeiliche Verfolgung nahezu unmöglich macht – und deutet zum anderen bereits auf die soziale, rechtliche und politische Position von Karl hin. Karl bewegt sich somit bereits zu Beginn des Stückes „*an den Gränzen*" (ebd.) – an den Grenzen des Rechts, der Ordnung, der Gewalt und der Gesellschaft – und überschreitet diese dann im weiteren Verlauf des Stückes.

In Analogie zu der ersten Szene, in der Franz seine Philosophie der Tat entfaltet hat, begründet Karl nun in der zweiten Szene seine Überzeugung, aus der sich schließlich die Gründung der Räuberbande ergibt. Karl, am Eingang der Szene noch „*in ein Buch vertieft*" (ebd.), so die Regieanweisung, äußert seine aus der Lektüre geborene Abscheu vor seinem Zeitalter: „Mir ekelt vor diesem tintenklecksenden Säkulum, wenn ich in meinem Plutarch lese von großen Menschen" (ebd.). Die Kritik an dem bücherverhafteten „staubtrocken-gelehrten Zeitalter",[102] in dem keine heroische Tat mehr möglich ist – „Der lohe Lichtfunke Prometheus ist ausgebrannt, dafür nimmt man itzt die Flamme von Berlappenmeel" (NA 3, 20) – und sich „ein schwindsüchtiger Professor [...] ein Fläschgen Salmiakgeist vor die Nase" (ebd.) hält und dabei über „*Kraft*" (ebd.) doziert, wird ironischerweise von einem lesenden und reflektierenden Kulturpessimisten formuliert, der die Degeneration seines Zeitalters anprangert. Spiegelberg, der Adressat von Karls Rede, kontert die Sentenzen dann auch mit der Offenlegung der deutlichen Ironie, die sich mit dem Plutarch lesenden Karl, der die mangelnde heroische Tatkraft und die Gelehrsamkeit in wohlgesetzten Bildern kritisiert, ergibt: „Das ist ja recht Alexandrinisch geflännt" (ebd.). Karl führt seine Klage über die nur noch im „Bücherriemen mühsam fortgeschleppt[e]" (NA 3, 21), also nur noch ästhetisch-literarisch archivierte heroische „Unsterblichkeit" (ebd.) fort; sein Zeitalter, das „Kastraten- Jahrhundert" (ebd.), zeichnet sich durch eine ‚Impotenz zur Tat' aus, die großen „Thaten der Vorzeit [...], die Helden des Alterthums" (ebd.) sind nur in der medialen ästhetischen Repräsentation und Wiederholung erfahrbar.[103] Karls These – die Unmittelbarkeit der heroischen Tat wurde durch die zeichenhaft vermittelte impotente Erzählung der Tat abgelöst – erinnert hier an die in Goethes *Götz* formulierte Absage an die Erzählung der eigenen Taten: „Indem ich schreibe was ich gethan, ärger' ich mich über den Verlust der Zeit, in der ich etwas thun könnte" (WA 8, 136).

Die Ordnung des Zeitalters – und hier lässt sich offensichtlich ein wirkmächtiges Modernenarrativ beobachten –, die von den entsprechenden Akteur*innen

---

[102] Brittnacher: Die Räuber, S. 334.
[103] Zur heroischen Konstruktion von Karl Moor und zu den Referenzfiguren vgl. u. a.: Immer: Der inszenierte Held, S. 191–220.

eingesetzt wurde, verhindert die große und unmittelbare Tat des heroischen Menschen: „Ich soll meinen Leib pressen in eine Schnürbrust und meinen Willen schnüren in Geseze. Das Gesez hat zum Schneckengang verdorben, was Adlerflug geworden wäre" (ebd.). Die soziale und rechtliche Ordnung, die sich die Gesellschaft gegeben hat, beschränkt also die individuellen Möglichkeiten zur großen Tat und hält die Zeitgenoss*innen im beschränkten Mittelmaß des „Schneckengang[s]" (ebd.). Die Entfaltung des Individuums zum erhabenen Helden, der an die Helden der Antike anknüpfen kann, ist nicht mehr möglich; Karl kann dem erhabenen Helden und der großen Tat nur noch in der Figur des erhabenen Verbrechers nahekommen.

Im Gegensatz zu Hobbes und Rousseau ermöglicht der Gesellschaftsvertrag für Karl eben keine freie Entfaltung, die durch die wechselseitige Sicherheit gewährleistet wird, sondern macht diese unmöglich. Karls Absage an den Gesellschaftsvertrag und an die staatliche Ordnung weist auf eine Gemeinsamkeit zwischen den Brüdern hin: Auch Franz erteilt der Vorstellung eines produktiven Gesellschaftsvertrags eine Absage, wie im vorigen Kapitel gezeigt wurde, da die „gemeinschaftliche[n] Pakta [...] sehr lobenswürdige Anstalten [seien], die Narren im Respekt und den Pöbel unter dem Pantoffel zu halten" (NA 3, 19). Beide Brüder plädieren somit – allerdings aus einer recht unterschiedlichen Motivation – gegen eine gesellschaftliche vertragliche Einschränkung und für eine radikale Entfaltung der eigenen Kraft und des eigenen Willens.

Es wird an der zitierten Stelle deutlich, dass Karl seine radikale Absage an die Ordnung der Gesellschaft und sein Plädoyer für die Freiheit[104] als Bedingung des heroischen Menschen artikuliert: „Das Gesez hat noch keinen grossen Mann gebildet, aber die Freyheit brütet Kolosse und Extremitäten aus" (NA 3, 21).[105] Diese Absage formuliert er noch vor Erhalt des väterlichen Briefes und damit vor der Gründung und Begründung der Räuberbande, nicht erst als Reaktion auf den Verstoß aus der Vaterordnung. Vielmehr geht Karl während seiner Rede noch von der glücklichen Rückkehr in die väterliche Ordnung und an das väterliche Schloss aus; wenig später entgegnet er Spiegelbergs liederlichen Plänen: „Im Schatten meiner väterlichen Hayne, in den Armen meiner Amalia lockt mich ein

---

[104] Über das Plädoyer für die radikale Freiheit des Individuums werden die Brüder Karl und Franz hier angenähert; dass die jeweilige Begründung und Philosophie der Freiheit durchaus unterschiedlich gefasst werden, wurde gezeigt.
[105] Immer weist darauf hin, dass dem Begriff „Extremitäten", der in der Trauerspielfassung durch den Begriff „Helden" ersetzt und damit eindeutig positiv konnotiert wird, „durchaus etwas Monströses" anhaftet. Immer: Der inszenierte Held, S. 208. Die „Atmosphäre der Bedrohlichkeit" (ebd.) wird dann von Karl in einer etwas verzerrten Aktualisierung des Helden, der dann tatsächlich als „Extremität[]" zu verstehen ist, wachgerufen.

edler Vergnügen. [...] Die Verzeihung meines Vaters ist schon innerhalb dieser Stadtmauren" (NA 3, 24). Die Absage an die soziale und rechtliche Ordnung entspringt also nicht der Notwendigkeit, die neue soziale Situation und die Taten der Räuberbande philosophisch zu legitimieren, sondern resultiert aus der Lektüre Karls und aus der grundsätzlichen Kritik an der Degeneration. Der Schritt in das ‚Jenseits der Grenze' – Karl wird ja während des gesamten Gesprächs vom Text geographisch *„an den Gränzen"* (NA 3, 20) verortet –, der nach dem Erhalt des Briefes sowohl im geographischen als auch im sozialen und rechtlichen Sinne erfolgt, wird diskursiv vorweggenommen; Karls Rede präfiguriert den ‚Schritt über die Grenze', das Imaginäre der Rhetorik der ‚Grenzüberschreitung' geht der realen (fiktionsinternen) Tat voraus.

Die Klage über die Degeneration seines Zeitalters und über den Verlust der Helden und „Thaten der Vorzeit" (NA 3, 21) bei der gleichzeitigen Betonung der Einschränkung der individuellen wie heroischen Entfaltungsmöglichkeiten durch die rechtliche Ordnung macht deutlich, dass die von Karl gedachte Tat sowie der gedachte heroische Mensch grundsätzlich jenseits der aktuellen Ordnung stehen. Die Ausführung der Tat eröffnet somit zwangsläufig einen Raum der rechtlichen und sozialen Exklusion, die Tat führt den Helden nicht in die Gesellschaft, sondern aus dieser heraus; mit der Tat geht die Grenzüberschreitung also notwendig einher. Die Betonung der Tatkraft und die Vorstellung der Heldentat, die auch gestisch unterstrichen wird – in der Regieanweisung heißt es: *„Er wirft den Degen auf den Tisch und steht auf"* (NA 3, 21) –, stellen einen Gegenpol zu der mangelnden Tatkraft seiner Zeit dar und knüpft an Heldenfiguren der Vergangenheit an, wobei der politische Vektor Richtung Zukunft zielt: „Ah! daß der Geist Hermanns noch in der Asche glimmte! – Stelle mich vor ein Heer Kerls wie ich, und aus Deutschland soll eine Republik werden, gegen die Rom und Sparta Nonnenklöster seyn sollen" (ebd.).[106]

Karl reagiert auf den Brief und auf das Ausbleiben der väterlichen Verzeihung äußerst emotional – „GRIMM: Der Kerl ist unsinnig. Er macht Gestus wie beym sankt Veits Tanz" (NA 3, 25) – und verlässt schließlich die Schenke. Während seiner Abwesenheit initiiert Spiegelberg die Gründung der Räuberbande, indem die vorher von Karl diskutierte Thematik des Helden und der heroischen Tat nun mit der „vermaledeyten Lage" (NA 3, 26) der künftigen Bandenmitglieder zusammengeführt wird. Die Gründung der Räuberbande geschieht also aus der Not der prekären sozialen und ökonomischen Lage heraus und soll die Selbstbestimmung der Individuen sicherstellen; die Gründung kann als Versuch der

---

[106] Karls Formulierungen lassen sich hier an Überlegungen zum „altdeutschen Heldentum[], wie es um 1780 in Mode war", anschließen. Koschorke u.a.: Der fiktive Staat, S. 295.

Selbstermächtigung der Mitglieder verstanden werden: „Seht, das habt ihr zu wählen, da ist es beysammen, was ihr wählen könnt!" (NA 3, 27) Rhetorisch eingekleidet wird die Gründung von Spiegelberg aber in das vorher aufgerufene Pathos des Heroischen: „(*Er stellt sich mitten unter sie mit beschwörendem Ton.*) Wenn noch ein Tropfen deutschen Heldenbluts in euren Adern rinnt – kommt! Wir wollen uns in den böhmischen Wäldern niederlassen, dort eine Räuberbande zusammen ziehen" (ebd.).

Die Räuberbande wird jedoch nicht als anarchistische egalitäre Vereinigung gebildet, bei der jegliche Hierarchien grundsätzlich abgelehnt werden. Vielmehr wird die Ordnung der Räuberbande in Anlehnung an die politischen Ordnungen des Staates gebildet; Roller verweist hierbei auf die Notwendigkeit der hierarchischen und autoritären Struktur: „[D]as Thier muß auch seinen Kopf haben, Kinder" (NA 3, 30).[107] Bei der Diskussion der Ordnung der Räuberbande wird deutlich, dass Spiegelberg die Rolle des Anführers, der „ein erleuchteter politischer Kopf" (ebd.) sein muss, sich zwar selbst zugedacht hat, die anderen Mitglieder diese Position aber an Karl vergeben wollen: „Ohne den Moor sind wir Leib ohne Seele" (ebd.).

Karls „Universalhaß"[108] – „Oh ich möchte den Ocean vergiften, daß sie den Tod aus allen Quellen saufen!" (NA 3, 31) –, ist aus der Enttäuschung über die Reaktion seines Vaters erst auf seine Familie beschränkt, weitet sich dann auf die gesamte Menschheit aus.[109] Es gelingt der gerade sich begründenden Räuberbande, Karls Hass zu kanalisieren und zu funktionalisieren, indem sie ihm eine neue Rolle, die seiner emotionalen Situation entspricht und die das Ausagieren der Emotionen ermöglicht und legitimiert, anbietet: „Ja, bey dem tausendarmigen Tod! das wollen wir, das müssen wir! der Gedanke verdient Vergötterung – *Räuber* und *Mörder!* – So wahr meine Seele lebt, ich bin euer Hauptmann!" (NA 3, 32) Karl artikuliert nach seiner Setzung als Anführer der Räuberbande die soziale und rechtliche Programmatik derselben, die eine vollständige Entkopplung von der sozialen, rechtlichen und familiären Ordnung und damit eine autonome Setzung

---

107 Karl wird, darauf weist bereits Peter Michelsen hin, nicht als ein demokratisch legitimierter und demokratisch handelnder Anführer beschrieben, sondern als autoritärer Souverän; Schiller spricht von Karl in der Vorrede des unterdrückten Bogens von „meines Räubers Majestät" (NA 3, 246). Vgl.: Peter Michelsen: Der Bruch mit der Vater-Welt. Studien zu Schillers ‚Räubern'. Heidelberg: Winter 1979 (Beihefte zum Euphorion, Heft 16).
108 Schiller: Die Räuber. Ein Schauspiel, S. 120.
109 „So eine rührende Bitte, so eine lebendige Schilderung des Elends und der zerfliessenden Reue – die wilde Bestie wär in Mitleid zerschmolzen. Steine hätten Thränen vergossen, und doch – man würde es für ein boshaftes Pasquill aufs Menschengeschlecht halten, wenn ichs aussagen wollte – und doch, doch – oh daß ich durch die ganze Natur das Horn des Aufruhrs blasen könnte, Luft, Erde und Meer wider das Hyänen-Gezücht ins Treffen zu führen!" (NA 3, 31)

beschwört, die wiederum an Franz' Versuch der autonomen Setzung und Entkopplung im ersten Akt erinnert. Die das Stück bestimmende Doppelstruktur der väterlichen Ordnung als familiäre, soziale und als rechtliche Ordnung wird dadurch nochmals aufgerufen:

> Siehe, da fällts wie der Staar von meinen Augen! was für ein Thor ich war, daß ich ins Keficht zurückwollte! – Mein Geist dürstet nach Thaten, mein Athem nach Freyheit, – *Mörder, Räuber!* – mit diesem Wort war das Gesez unter meine Füsse gerollt – Menschen haben Menschheit vor mir verborgen, da ich an Menschheit appellirte, weg dann von mir Sympathie und menschliche Schonung! – Ich habe keinen Vater mehr, ich habe keine Liebe mehr, und Blut und Tod soll mich vergessen lehren, daß mir jemals etwas theuer war! Kommt, kommt! – Oh ich will mir eine fürchterliche Zerstreuung machen – es bleibt dabey, ich bin euer Hauptmann! und Glück zu dem Meister unter euch, der am wildesten sengt, am gräßlichsten mordet, denn ich sage euch, er soll königlich belohnet werden – tretet her um mich ein jeder, und schwöret mir Treu und Gehorsam zu bis in den Tod! (ebd.)

Mit dem Aufruf zur Tat – „Mein Geist dürstet nach Thaten, mein Atem nach Freyheit" (ebd.) – verweist die zitierte Stelle zurück auf den Beginn der ersten Szene des ersten Akts, in dem Karl, wie gezeigt, den Verlust der Tatkraft seines Jahrhunderts und die Unmöglichkeit der heroischen Tat betrauert. Der Aufruf zeigt die Bedeutung der Tat auf, die als Gegenbewegung zu dem degenerierten Zeitalter erfahren werden kann. Allerdings erfährt die Tat in ihrer Aktualisierung durch die Räuberbande eine Veränderung; die in der Plutarch-Lektüre von Karl aufscheinenden großen Taten der heroischen Figuren werden nun durch die radikale Tat der gesetzlosen künftigen Mörder und Räuber abgelöst. Ziel der Tat ist nunmehr nicht der (politische) Gewinn für die Gemeinschaft, sondern die individuelle Gratifikation, die der erhält, der am „gräßlichsten mordet" (ebd.). Die Tat – und auch hier lässt sich eine Parallele zu *Götz* beobachten – wird nun nicht nur als radikale Tat strukturiert, sondern setzt dezidiert ein emphatisches Eskalationspotential, mehr noch: eine Maxime der Gewalteskalation in Szene.

Dennoch lassen sich auch strukturelle Gemeinsamkeiten zwischen den beiden Typen der (erhabenen) Tat erkennen, da beiden die Grenzüberschreitung des Handelnden gemein ist, der sich so außerhalb der Gesellschaft und der sozialen Ordnung positioniert. Zudem wird durch die Ausführung der Tat eine bestimmte Subjektivation vorgenommen. Der Held, der durch die heroische Tat generiert wird, unterscheidet sich zwar von dem Räuber, der am „gräßlichsten mordet" (ebd.) und somit außerordentliche – wenngleich illegale und tendenziell nicht der sozialen Gemeinschaft förderliche – Taten begeht; beide erfahren im

„Ereignis"[110] der Tat jedoch nicht nur die Transgression, sondern auch den Moment der „Plötzlichkeit",[111] der als Wiedergewinn der (in der Moderne verlorenen) Unmittelbarkeit gelesen werden kann. Durch die Ereignishaftigkeit und Plötzlichkeit wird somit der Bogen zu der ersten empathischen Setzung der Tat zu Beginn des Dramas zurückgeschlagen, die als Verlusterzählung der unmittelbaren ‚heroischen' Tat formuliert wurde.

3.3 Entgrenzung und Einhegung der Gewalt

Im Gegensatz zu Franz, der seine intrigante Programmatik der radikalen sozialen und ethisch-moralischen Entkopplung und Entgrenzung – „Nun sollt ihr den nakten Franz sehen, und euch entsetzen!" (NA 3, 52) – bis zu dem Gespräch mit Pastor Moser im fünften Akt verfolgen kann, verändert sich Karls Sichtweise auf die durch die Räuberbande ausgeübten Gewalttaten im Laufe des Stücks deutlich. Während des Gründungsakts der Räuberbande plädiert er für eine absolute Entgrenzung der Gewalt; die radikale Haltung Karls ergibt sich hier, wie gezeigt, aus dem aus der familiären Enttäuschung geborenen Wunsch nach der familiären und später dann sozialen und rechtlichen Entkopplung. Im weiteren Verlauf muss Karl jedoch nicht nur die autoritäre hierarchische Ordnung der Gruppe definieren und installieren, sondern auch die Frage nach der Funktion, Legitimation und Eingrenzung der Gewalt der Räuber diskutieren. Die eingangs formulierte Rhetorik der Entgrenzung – „[U]nd Glück zu dem Meister unter euch, der am wildesten sengt, am gräßlichsten mordet" (NA 3, 32) – muss angesichts der Taten der Räuber überprüft und reformuliert werden; der Entgrenzung wird die Einhegung und Funktionalisierung der Tat entgegengestellt.

Bereits im zweiten Akt werden Legitimation und Funktion der Gewalt diskutiert, indem die Erzählung der entgrenzten Gewalttaten Spiegelbergs in Kontrast zu den funktionalen und teilweise altruistischen Gewalttaten Karls gesetzt wird. Spiegelberg berichtet euphorisch von einem grausamen nächtlichen Überfall auf ein Nonnenkloster; als Grund für den Überfall, den er als „Spaß" (NA 3, 54) und als „Streich" (ebd.) bezeichnet, wird nur seine Untätigkeit an dem Tag des Überfalls genannt. Spiegelbergs Konzept der Tat beruht folglich nicht nur auf der rechtlichen und moralischen Entgrenzung der Tat, sondern setzt die Exekution der Tat emphatisch als Notwendigkeit eines gelingenden Tages: „[U]nd da ich

---

110 Lotman: Die Struktur literarischer Texte, S. 332f. – Vgl. aber auch: Karl Heinz Bohrer: Plötzlichkeit. Zum Augenblick des ästhetischen Scheins. Frankfurt am Main: Suhrkamp 1981.
111 Ebd.

eben den Tag noch keine Patrone verschossen hatte, du weist, ich hasse das diem perdidi auf den Tod, so mußte die Nacht noch durch einen Streich verherrlicht werden" (ebd.). Der ‚Streich' erfolgt nun in Form einer Massenvergewaltigung der Nonnen – „[U]nd meine Kerls haben ihnen ein Andenken hinterlassen, sie werden ihre neun Monate dran zu schleppen haben" (NA 3, 55) – und der anschließenden Plünderung des Klosters.

Die Gewalttat wird von dem Räuber Razmann, der Spiegelberg begeistert zugehört hat, eindeutig von den Taten Karls abgegrenzt: Im Gegensatz zu Karl, der Gewalt nur in ihrer notwendigen Funktionalisierung einsetzt (und akzeptiert), und zwar als Mittel zu einem bestimmten, oftmals ‚höheren' Zweck, geschieht die Gewalt bei Spiegelberg aus der puren Lust an der Gewaltausübung. Die Gewalt wird hier in die Nähe der „autotelischen Gewalt" gerückt, die Jan Philipp Reemtsma als Gewalt definiert, die *„auf die Zerstörung der Integrität des Körpers"*[112] zielt und die nicht mehr zu einem bestimmten Zweck funktional eingesetzt, sondern als Selbstzweck ausgeübt wird. „Autotelische Gewalt zerstört den Körper *nicht, weil es dazu kommt, sondern um ihn zu zerstören.* [...] Das Ziel autotelischer Gewalt – darum dieser spezielle Terminus – ist sie selbst, das heißt die Zerstörung eines anderen Körpers."[113]

Karl hingegen steht der autotelischen Gewaltausübung fern, er instrumentalisiert und funktionalisiert die Gewalt lediglich zu bestimmten Zwecken. Razmann erkennt diesen Unterschied zwischen Spiegelberg und Karl: „Er [d. h. Karl; I.N.] mordet nicht um des Raubes willen wie wir – nach dem Geld schien er nicht mehr zu fragen, so bald ers vollauf haben konnte, und selbst sein Drittteil an der Beute [...] verschenkt er an Waysenkinder, oder läßt arme Jungen von Hoffnung studiren" (NA 3, 58). Karl nutzt laut Razmann die Gewalt jedoch nicht nur, um altruistische Ziele zu erreichen, sondern setzt diese auch als Strafmaßnahme zur Wiederherstellung der von ihm selbst gesetzten Gerechtigkeit ein; hierbei hebt Karl als despotischer Anführer die Gewaltenteilung auf und vereint in seiner Person bzw. in seinen Taten alle drei Gewalten:

> Aber soll er dir einen Landjunker schröpfen, der seine Bauren wie das Vieh abschindet, oder einen Schurken mit goldnen Borten unter den Hammer kriegen, der die Geseze falschmünzt, und das Auge der Gerechtigkeit übersilbert, oder sonst ein Herrchen von dem Gelichter – Kerl! da ist er dir in seinem Element, und haußt teufelmäßig, als wenn jede Faser an ihm eine Furie wäre (ebd.).

---

[112] Jan Philipp Reemtsma: Vertrauen und Gewalt. Versuch über eine besondere Konstellation der Moderne. Hamburg: HIS 2008, S. 116. [Hervorhebungen im Original]
[113] Ebd., S. 117. [Hervorhebungen im Original]

Die Begründung und Legitimierung seiner Gewalttaten mit der Notwendigkeit der Wiederherstellung von Gerechtigkeit wird hier sowohl durch die Form und den Zweck der Taten als auch durch die von Karl geleistete Diskursivierung erzeugt. Karl wird damit, nicht zuletzt in explizit markierter Intertextualität, an die Figur Robin Hood angenähert.[114] So kommentiert und legitimiert Karl seine Strafaktion an einem Graf mit den Worten: „[U]nd bist du der Schelm, der die Gerechtigkeit zur feilen Hure macht? [...] [I]ch habe das meinige gethan! [...] [D]as Plündern ist eure Sache –" (NA 3, 58–59).

Ob die Gewalttaten Karls tatsächlich immer nur der anders nicht zu realisierenden Gerechtigkeit dienen oder ob die Behauptung der gerechten Gewalt und Tat nicht nur eine legitimierende Rhetorik Karls darstellt, wird noch diskutiert werden. Hier bleibt festzuhalten: Seine Taten stehen nicht in fundamentaler Opposition zur staatlichen und kirchlichen Ordnung; Karl greift mit seinen Taten vielmehr die „unmoralischen [...] [und] korrupten Vertreter des Systems"[115] an. Die politischen Implikationen der Tat, die in Karls Gespräch mit dem Pater deutlich werden, deuten sich hier bereits an: Im Gegensatz zu den übrigen Räubern und im Gegensatz zu seinem Bruder erwächst die von Karl ausgeübte Gewalt aus der Erkenntnis der ungerechten Auswüchse des politischen Systems, die zwar nicht in der staatlichen Ordnung angelegt sind, von dieser aber zugelassen werden und eine Pervertierung der Ordnung darstellen; sie erwächst auch aus dem Wunsch, eine Korrektur oder Reformation des Systems vorzunehmen und eine gerechte Ordnung zu schaffen. „Wenn es bei dem Bestehenden nicht bleiben soll, so ist Karl Moor der einzige, der Vorstellungen davon hat, wie ein neues und anderes Staatswesen aussehen könnte."[116]

---

114 Zu der Verbindung zu Robin Hood vgl. u. a.: Koschorke u. a.: Der fiktive Staat, S. 296; dass die Figur Karl auch intertextuell komplex und vielschichtig angelegt ist, zeigt Immer. Vgl.: Immer: Der inszenierte Held, S. 191–212; Brittnacher stellt heraus, dass die Verbindung zu Robin Hood nur ironisch gelesen werden kann, da das politische Modell Karls sich grundlegend von dem Modell des „Sozialbanditen[s]" (Brittnacher: Die Räuber, S. 335) Robin Hood unterscheidet und eher wieder an das Modell der patriarchalen Ordnung anknüpft. Vgl.: Brittnacher: Die Räuber, S. 335f. – Karl grenzt die Taten der Räuber im dritten Akt im Gespräch mit Kosinsky, der in die Räuberbande aufgenommen werden will, dezidiert von den Taten Robin Hoods ab: „Hat dir dein Hofmeister die Geschichte des Robins in die Hände gespielt, [...] die deine kindische Phantasie erhizte, und dich mit der tollen Sucht zum grosen Mann ansteckte? Kitzelt dich nach Namen und Ehre? willst du Unsterblichkeit mit Mordbrennereyen erkaufen? Merk dirs, ehrgeiziger Jüngling! Für Mordbrenner grünet kein Lorbeer! Auf Banditensiege ist kein Triumf gesezt – aber Fluch, Gefahr, Tod, Schande – siehst du auch das Hochgericht dort auf dem Hügel?" (NA 3, 83)
115 Häffner: Widerstandsrecht bei Schiller, S. 94.
116 Müller-Seidel: Friedrich Schiller und die Politik, S. 80.

Auch Spiegelberg realisiert, dass die jeweiligen Formen und Legitimierungen der Gewalt nicht kompatibel sind; er ahnt, dass die von ihm lustvoll ausgeübte autotelische Gewalt nicht in den von Karl streng begrenzten Bereich der erlaubten Gewalt fällt und bittet Razmann, Karl nichts von seinem „Streich" (NA 3, 54) – also der Massenvergewaltigung der Nonnen – zu berichten: „Du kennst ihn ja? Er hat so seine Grillen. Du verstehst mich" (NA 3, 59). Die ethisch-moralische Frage nach der Einhegung der Gewalt und ihrer Ausübung in einem funktionalen Rahmen, die Karls Definition der erlaubten Gewalt zugrunde liegt, wird von Razmann als Karls „Grillen" (ebd.) abgetan; die gegensätzlichen Positionen zur Ausübung der Gewalt – Einhegung und Entgrenzung –, die im Stück wenig später kontrastiv gegeneinander gestellt werden, werden hier schon angedeutet.

Bei der von Karl initiierten Befreiung des Räubers Roller aus der Hand der Justiz wird die Gewalt zwar exzessiv eingesetzt, sie ist aber, zumindest im ersten Teil der Befreiungsaktion, aufgrund ihrer Funktionalisierung im legitimierten Bereich der Ausübung anzusiedeln. Die Befreiungsaktion wird mit intertextuellen Anspielungen auf die Bibel religiös aufgeladen; die „göttlichen Strafvollstrecker [...] [wirken] unter dem Zeichen der Nemesis"[117] fort:

> Die Kerle flogen wie Pfeile, stekten die Stadt an drey und dreyßig Ecken zumal in Brand, werfen feurige Lunden in die Nähe des Pulverthurms, in Kirchen und Scheunen – [...] [dann] knallt der Pulverthurm in die Luft, als wär die Erde mitten entzwey geborsten, und der Himmel zerplazt und die Hölle zehntausend Klafter tiefer versunken. [...] [D]a lag die Stadt wie Gomorrha und Sodom, der ganze Horizont war Feuer, Schwefel und Rauch [...] (NA 3, 62).

Karl kommentiert weder die Erzählung der gewaltsamen Befreiung noch die Berichte über die anschließende Plünderung der Stadt, die auch vor den Kirchen nicht Halt machen. Erst die Nennung der genauen Zahl der Toten – „SCHUFTERLE: Drey und achtzig sagt man" (NA 3, 64) –, durch die die ausgeübte Gewalt eindeutig quantifizierbar und fassbar wird, führt zu einer Betrachtung der Situation. Nicht mehr die ‚heldenhaften' Taten der Mitstreiter, sondern das Leid der Stadtbewohner*innen, als das Leid der ‚Anderen', wird nunmehr in den Blick genommen. Die Haltung Karls, aus der seine Erwiderung auf die von Schufterle genannte Zahl der Toten erfolgt, wird über die Regieanweisung als *„sehr ernst"* (ebd.) definiert; Karl setzt Rollers gerettetes Leben nun in direkte Beziehung zu der Zahl der getöteten Stadtbewohner*innen: „RÄUBER MOOR *sehr ernst*: Roller, du bist theuer bezahlt" (ebd.).

Ihr Ausmaß delegitimiert die Gewalt in dieser Szene nicht zwangsläufig. Allerdings stellt Karls Kommentar bereits heraus, dass die durch ihn initiierte ex-

---

117 Takeda: Ästhetik der Selbstzerstörung, S. 209.

zessive Gewalt von ihm nicht nur nicht als lustvoll erfahren wird, sondern zudem trotz ihrer Funktionalisierung aufgrund des quantifizierbaren Missverhältnisses zwischen der Zahl der Menschen, die vor dem Tod gerettet wurden, und der Zahl der Menschen, die dafür sterben mussten, fragwürdig wird. Das Missverhältnis 1:83 stellt die Frage nach der Legitimation der Gewalt – auch in ihrer funktionalen Ausübung – nachdrücklich in den Raum.

Die Antwort Schufterles auf das von Karl herausgestellte Missverhältnis bewirkt dann mit der Erzählung der radikal entgrenzten autotelischen Gewalt und mit beharrlicher Verweigerung, die Stadtbewohner*innen als Opfer der Gewalt anzusehen – die ‚Entmenschlichung' wird fortgeschrieben –, schließlich die Deligitimation der Gewalt:

> SCHUFTERLE: Pah, pah! was heißt aber das? – ja, wenns Männer gewesen wären – aber das warens Wikelkinder, die ihre Lacken vergolden, eingeschnurrte Müttergen, die ihnen die Müken wehrten, ausgedörrte Ofenhoker, die keine Thüre mehr finden konnten – Patienten, die nach dem Doktor winselten, der in seinem gravitätischen Trab der Haz nachgezogen war – Was leichte Beine hatte, war ausgeflogen der Komödie nach, und nur der Bodensaz der Stadt blieb zurck, die Häusser zu hüten (ebd.).

Karl antwortet auf die von Schufterle vorgebrachte deontologische Rechtfertigung der Gewalt – die Zahl der Getöteten zähle nicht, da es sich nicht um Männer, sondern um Kinder, Frauen und Kranke gehandelt habe –, die auch den lustvollen Exzess und die absolute Ausweitung der Gewalt abdecken soll, mit Empathie und Mitleid: „MOOR: Oh der armen Gewürme! Kranke, sagst du, Greise und Kinder? –" (ebd.) Durch das Mitleid mit den wehrlosen Opfern wird die von Karl bei der Gründung der Räuberbande formulierte Entgrenzung der Gewalt – „[U]nd Glück zu dem Meister unter euch, der am wildesten sengt, am gräßlichsten mordet" (NA 3, 32) – nun in Frage gestellt; der Exzess und vor allem die Ausweitung der Gewalt werden als verwerflich empfunden; die Tat wird nun als Untat bewertet und aus dem Bereich des Legitimen ausgeschlossen. Schufterle realisiert die veränderte Bewertung der Gewalt nicht und beharrt weiterhin auf der absoluten Entgrenzung und Ausweitung:

> Ja zum Teufel! und Kindbetterinnen darzu, und hochschwangere Weiber, die befürchteten, unterm lichten Galgen zu abortiren, junge Frauen, die besorgten, sich an den Schinders Stükchen zu versehen und ihrem Kind in Mutterleib den Galgen auf den Buckel zu brennen – [...] es lohnt sich der Mühe nicht, daß man davon redt. Wie ich von ungefehr so an einer Barake vorbeygehe, hör ich drinnen ein Gezetter, ich guk hinein, und wie ichs beym Licht besehe, was wars? Ein Kind wars noch frisch und gesund, das lag auf dem Boden unterm Tisch, und der Tisch wollte eben angehen, – Armes Thiergen! sagt' ich, du verfrierst ja hier, und warfs in die Flamme – (NA 3, 64)

Die emphatisch vollzogene Narrativierung der Gewalt, die ihren Höhepunkt mit der autotelischen (Un-)Tat der qualvollen Verbrennung des Kindes findet und die nicht mehr funktional einbindbar oder erklärbar ist, verweist deutlich auf die Verbindung von Lust und Gewalt bei Schufterle. Karl reagiert darauf mit einer eindeutigen Distanzierung von dem Geschehen und mit einer Einteilung der Gewalt in ein erlaubte/funktionale und eine unerlaubte Sphäre. Er verurteilt die von Schufterle ausgeübte Gewalt nicht aus strategischen, sondern aus ethisch-moralischen Gründen; die vormals postulierte Entgrenzung der Gewalt, die einer gesellschaftlich etablierten ethisch-moralischen Perspektive zunächst enthoben wurde, wird nun ebendieser Bewertung unterzogen. Die Entgrenzung und die Aussetzung der Gewalt sowie der Räuberbande aus jeglicher sozialen, rechtlichen und ethischen Ordnung werden hier zumindest partiell für den Bereich der Gewalt zurückgenommen.

Schufterles sozialer Status erfährt nun eine Revision: Ihm wird die Menschlichkeit abgesprochen: „Fort Ungeheuer!" (ebd.); er wird mit einem religiös konnotierten Fluch belegt: „Und diese Flamme brenne in deinem Busen, bis die Ewigkeit grau wird!" (ebd.); und er erfährt durch den autoritär handelnden Anführer Karl den Ausschluss aus der Gruppe: „Laß dich nimmer unter meiner Bande sehen!" (ebd.) Es lässt sich also festhalten, dass „[s]elbst im gesetzlosen Leben der Räuberbande [...] Karl die Gesetze väterlicher Ordnung zu rekonstruieren [sucht]".[118]

Zugleich lässt sich die Diskussion der Gewalt und damit die Diskussion der ethisch-moralischen Grundlagen der Räuberbande auch als Realisierung eines politischen „Erscheinungsraum[s]"[119] im Sinne Hannah Arendts verstehen, der durch das Sprechen und Handeln eröffnet und in dem das Politische der Gruppierung verhandelt wird:

> Ein Erscheinungsraum entsteht, wo immer Menschen handeln und sprechend miteinander umgehen; als solcher liegt er vor allen ausdrücklichen Staatsgründungen und Staatsformen, in die er jeweils gestaltet und organisiert wird. Ihn unterscheidet von anderen Räumen, die wir durch Eingrenzungen aller Art herstellen können, daß er die Aktualität der Vorgänge, in denen er entstand, nicht überdauert, sondern verschwindet, sich gleichsam in nichts auflöst, und zwar nicht erst, wenn die Menschen verschwunden sind, die sich in ihm bewegten [...], sondern bereits, wenn die Tätigkeiten, in denen er entstand, verschwunden oder zum Stillstand gekommen sind.[120]

---

118 Brittnacher: Die Räuber, S. 335–336.
119 Arendt: Vita activa, S. 250–263.
120 Ebd., S. 251.

Einmal mehr wird deutlich, dass die Bande eben keine anarchistische und egalitäre Vereinigung ist, sondern mit „ihren internen Verkehrsformen und ihren terroristischen Handlungen an den herrschenden Despotismus gebunden [ist]".[121] Nach dem Ausschluss muss Karl seine autoritäre despotische Stellung festigen, indem er seine souveräne Position und seine Entscheidungsmacht, die auch die Möglichkeit der Exklusion aus der Gruppe beinhaltet, herausstellt. Die oben diskutierte Legitimation bzw. Delegitimation der Tat anhand von moralischen oder philosophischen Maximen wird nun durch die Installation einer absoluten hierarchischen Befehlsgewalt abgelöst: „Murrt ihr! – Ueberlegt ihr? – Wer überlegt, wann Ich befehle? – Fort mit ihm, sag ich, – es sind noch mehr unter euch, die meinem Grimm reif sind. [...] Aber ich will nächstens unter euch treten, und fürchterlich Musterung halten" (NA 3, 65). Die Mitglieder der Räuberbande „*gehn zitternd ab*" (ebd.) und lassen Karl – „*heftig auf und ab gehend*" (ebd.) – allein.

3.4 Wiedereingliederung in die Ordnung?

Mit der von Karl angedrohten „Musterung" (ebd.) wird die erste, diskursive Phase seiner Wiedereingliederung in die soziale, rechtliche und staatliche Ordnung fortgesetzt: Bereits die oben zitierte christlich konnotierte Verfluchung Schufterles – „Und diese Flamme brenne in deinem Busen, bis die Ewigkeit grau wird!" (NA 3, 64) – etablierte wieder eine religiöse Ordnungsinstanz, die einen ethisch-moralischen Sinnhorizont kommuniziert. Die vollständige Aussetzung der Räuberbande aus jeder rechtlichen, sozialen und religiösen Ordnung – die Räuberbande wurde ausschließlich über die autoritär-hierarchisch organisierte interne Ordnung reglementiert – wird nun wieder aufgegeben. An diesem Punkt wird die unterschiedliche Funktion der Erzählung der Tat in Goethes *Götz* und Schillers *Die Räuber* deutlich: *Götz* thematisierte zwei konfligierende Ordnungen, die durch die Tat verhandelt und auf ihre politischen Gründungen befragt werden; *Die Räuber* diskutiert hingegen *eine* autoritär-hierarchische Ordnung, die erst kritisiert und ausgesetzt, dann aber durch die Revision der internen Struktur der Räuberbande wieder eingesetzt und schließlich am Schluss des Dramas mit der hypertrophen Konstitution des Subjekts gekoppelt wird. Der Text etabliert – so lässt sich vorwegnehmen – keine tragfähige alternative politische Ordnung, zeigt aber die Struktur, Schwächen und ‚Grenzen' der Ordnung auf. Gerade die Ein- und Aussetzung der autoritär-patriarchalen Ordnung und die Möglichkeit der wechseln-

---

[121] Sautermeister: Die Räuber, S. 22.

den Besetzung des ‚Ortes der Macht' verweisen im Sinne Leforts auf die Leere dieses Ortes.

Karl adressiert nun im zweiten Schritt seine Rede an einen „Rächer im Himmel" (NA 3, 65) und nimmt damit die absolute Entkopplung und Aussetzung der Räuberbande und ihrer Taten zumindest partiell zurück, indem er die ausgesonderte Welt der Räuber wieder an ein ethisch fundiertes und normatives religiöses System anbindet, das durch die Ansprache performativ erzeugt und etabliert wird:

> Höre sie nicht, Rächer im Himmel! – Was kann ich dafür? Was kannst du dafür, wenn deine Pestilenz, deine Theurung, deine Wasserfluten, den Gerechten mit dem Bösewicht auffressen? Wer kann der Flamme befehlen, daß sie nicht auch durch die gesegneten Saaten wüte, wenn sie das Genist der Hornissel zerstören soll? – O pfui, über den Kinder-Mord! den Weiber-Mord! – den Kranken-Mord! Wie beugt mich diese That. Sie hat meine schönsten Werke vergiftet – da steht der Knabe, schaamroth und ausgehöhnt vor dem Auge des Himmels, der sich anmaßte mit Jupiters Keile zu spielen, und Pygmeen niederwarf, da er Titanen zerschmettern sollte – geh, geh! du bist der Mann nicht, das Rachschwerdt der obern Tribunale zu regieren, du erlagst bey dem ersten Griff – hier entsag ich dem frechen Plan, gehe, mich in irgend eine Kluft der Erde zu verkriechen, wo der Tag vor meiner Schande zurüktrit. *er will fliehen* (ebd.).

Karl nimmt die Argumentation und Semantik Abrahams im Alten Testament auf, der die göttliche Legitimation, Sodom und Gomorra trotz der zu erwartenden „Kollateralschäden"[122] zu zerstören, diskutiert; Karl plädiert jedoch im Gegensatz zu Abraham nicht für eine Aussetzung der Strafe, um keine Unschuldigen zu töten, sondern fordert vielmehr eine Durchführung der Strafmaßnahme ohne Rücksicht auf die „Gerechten" (ebd.). Die illegitime Ausweitung der Strafe auf Unschuldige wird bereits im Vorfeld aufgrund von Karls moralischer Bewertung der Taten der Räuber, die nicht der Haltung des Textes entspricht, gerechtfertigt und entschuldigt; nun rechtfertigt der höhere Zweck der Strafe die Kollateralschäden: „Wer kann der Flamme befehlen, daß sie nicht auch durch die gesegneten Saaten wüte, wenn sie das Genist der Hornissel zerstören soll?" (ebd.)

Die beschriebene „That" (ebd.) von Schufterle wird nun ethisch-moralisch bewertet und als Untat empfunden, die sogar auf die von Karl begangenen Taten zurückstrahlt: „Wie beugt mich diese That. Sie hat meine schönsten Werke vergiftet –" (ebd.). Karls Taten, die er bislang vollkommen anders bewertete als die Taten der Räuber, verlieren ihren heroischen und erhabenen Glanz, in die sie Karl

---

[122] Takeda: Ästhetik der Selbstzerstörung, S. 210 f. – Die Kollateralschäden im *Alten Testament* meinen hier die im Rahmen der Durchführung des göttlichen Racheaktes fälschlicherweise getöteten „Gerechten" (Genesis 18, 23–34).

diskursiv eingekleidet hatte: „[D]a steht der Knabe, schaamroth und ausgehöhnt vor dem Auge des Himmels, der sich anmaßte, mit Jupiters Keile zu spielen, und Pygmeen niederwarf, da er Titanen zerschmettern sollte –" (ebd.). Seine Taten, die semantisch an die heroischen Taten der antiken Heldendichtung angenähert werden, verlieren die Aura und Legitimation der heroischen Tat und erscheinen durch die Untaten von Schufterle lediglich als banale wie grausame illegitime Verbrechen. Die Zeichnung nimmt hier das Pathos des Heroischen auf, das bereits bei der Kultur- und Zivilisationskritik Karls und der folgenden Konstituierung der Räuberbande im ersten Akt anklang. Karl muss erkennen, dass sein im ersten Akt artikulierter Wunsch nach der Fortführung der großen „Thaten der Vorzeit" (NA 3, 21) endgültig gescheitert ist. Seine wenig später erfolgende Apotheose des Helden und des Heldentods verweist ebenfalls darauf, dass seine Vorstellungen nur noch als ein an der Realität gescheiterter Traum verstanden werden können: „So stirbt ein Held! – Anbetungswürdig. [...] Da ich noch ein Bube war – wars mein Lieblingsgedanke, wie *sie* zu leben, zu sterben wie *sie*. – *Mit verbißnem Schmerz*. Es war ein Bubengedanke!" (NA 3, 78) Gleichwohl setzt er sich und seine Taten weiterhin von den Räubern ab, die er lediglich als „heillose Diebe" (NA 3, 72) und „[e]lende Werkzeuge" (ebd.) begreift. Karl allein – „Ihr seyd nicht *Moor!*" (ebd.) – bleibt das Privileg des Heldentods, das seine erhabene Größe nochmals unterstreicht: „Diebe können nicht fallen wie Helden fallen" (ebd.).

Die sich in den Regieanweisungen andeutende Flucht von Karl – *Er will fliehen.* (NA 3, 65) – wird nun lediglich aufgrund des plötzlichen Auftretens von „[g]anze[n] Haufen böhmischer Reiter" (ebd.) verhindert. In der Diskussion mit dem Verhandlungsführer der Obrigkeit, einem Pater, führt Karl seine Legitimierungs- und Verteidigungsstrategie fort und grenzt seine Taten kategorisch und teleologisch von den Taten der Räuber und insbesondere von den Untaten Schufterles ab. Karl rechtfertigt seine Taten als Korrektur und Wiederherstellung der staatlichen Ordnung; „seine rebellische Gewalttätigkeit kompensiert er durch die Wohltätigkeit des guten Herrschers gegenüber Waisen und Benachteiligten":[123]

> Diesen Demant zog ich einem Finanzrath ab, der Ehrenstellen und Aemter an die Meistbietenden verkaufte und den traurenden Patrioten von seiner Thüre stieß. – Diesen Achat trag ich einem Pfaffen Ihres Gelichters zur Ehre, den ich mit eigener Hand erwürgte, als er auf offener Kanzel geweint hatte, dass die Inquisition so in Zerfall käme – (NA 3, 70)

Karl versteht seine Taten dann auch folgerichtig nicht als oppositionelles Aufbegehren gegen die rechtliche und staatliche Ordnung, sondern dezidiert als

---

[123] Brittnacher: Die Räuber, S. 335.

Korrektur der pervertierten Ordnung: „Sag ihnen, mein Handwerk ist Wiedervergeltung – Rache ist mein Gewerbe" (NA 3, 71). Die Räuber und ihre Taten stellen somit keinen Gegenpol zu der Ordnung dar, sie zerstören die staatliche Ordnung nicht. Vielmehr stellen sie laut Karl ein notwendiges Korrekturelement der Ordnung dar und erhalten und bestätigen damit letztlich die staatliche Ordnung. Folgt man Karls Argumentation, würde die staatliche Ordnung mit den Räubern eine extra- oder semilegale Instanz etablieren, die die im Sinne der Staatsraison notwendigen Korrekturen notfalls auch mit Gewalt durchsetzt.

Der Versuch, die Ordnung der Räuberbande und die staatliche Ordnung in eins zu führen, muss aber scheitern; die Ordnung der Räuberbande, die sich aus dem Gründungsakt mit seinem Postulat der radikalen Entgrenzung – „Und Glück zu dem Meister unter euch, der am wildesten sengt, am grässlichsten mordet" (NA 3, 32) – ergibt, lässt sich nicht in die staatliche Ordnung überführen. Die Reibungen, die sich zwischen den beiden Ordnungen ergeben, manifestieren sich im Ausschluss von Schufterle, der lediglich die ursprünglichen Prämissen der Räuberbande folgerichtig und radikal umgesetzt hat, sich nun aber einer Bewertung anhand neu installierter Normen unterziehen muss. Auch an den Reaktionen der anderen Räuber auf den Ausschluss – „Murrt ihr! – Überlegt ihr? – Wer überlegt, wann Ich befehle?" (NA 3, 65) – und an der Notwendigkeit, die souveräne Position Karls sicherzustellen, werden die Friktionen und die Unmöglichkeit der Überführung der Räuberbande in die (alternative/revidierte) staatliche Ordnung deutlich.

Folglich muss sich Karl, um sich wieder in die staatliche Ordnung einzugliedern, zuerst aus der Ordnung der Räuberbande lösen. Dies geschieht über einen eindeutigen Sprechakt, mit dem die souveräne Position des Anführers aufgegeben wird: „Ich höre von diesem Nun an auf, euer Hauptmann zu seyn. Mit Schaam und Grauen leg ich hier diesen blutigen Stab nieder, worunter zu freveln ihr euch berechtigt wähntet, und mit Werken der Finsterniß dis himmlische Licht zu besudeln –" (NA 3, 134). In der ‚Abdankung' Karls klingen nochmals sowohl die Motive der aristokratischen Herrschaft an, die nicht nur Karls familiäre Herkunft, sondern auch sein Herrschaftsverständnis offenlegen, als auch die religiöschristliche Motivik der nun wiedereingesetzten religiösen Ordnung, die die Taten der Räuber als ethisch-moralisch verwerflich bewertet.

Karl stellt das bereits skizzierte Ziel der Räuberbande – Korrektur, nicht Auflösung der Ordnung – nochmals heraus: „[I]ch wähnete [...] die Geseze durch Geszlosigkeit aufrecht zu halten. Ich nannte es Rache und Recht" (ebd.). Er erkennt das Scheitern seines Programms, das mit seiner Selbstjustiz nicht Recht, sondern Unrecht geschaffen hat: „[Ich] erfahre nun mit Zähnklappern und Heulen, daß *zwey Menschen wie ich den ganzen Bau der sittlichen Welt zu Grund richten würden*" (NA 3, 135). Mit der Formulierung seiner Schuld geht jedoch wiederum eine Zeichnung seiner Taten einher, die an den im ersten Akt emphatisch beklagten Verlust der großen Tat der Helden sowie an die Geburt von „Kolosse und Extremitäten" (NA 3, 21) aus dem Geist der Freiheit erinnert. In direkter Ansprache an eine göttliche Instanz versteht sich Karl als „Knabe[ ], der *Dir* [d. h. Gott; I.N.] vorgreifen wollte" (NA 3, 135), also als Akteur, der Gottes Rache (voreilig), aber im Sinne Gottes ausgeführt hat. Somit reiht sich Karl durch die Formulierung seiner Schuld – die nun nicht als banaler Verstoß gegen die rechtliche Ordnung, sondern als hypertrophe Exekution des göttlichen Willens zu fassen ist – diskursiv in die Reihe der erhabenen Helden ein, die große Taten vollbringen. Folglich kann die Wiedereingliederung in die staatliche Ordnung, die deren Gültigkeit bestätigt und die „mißhandelte Ordnung wiederum heilen kann" (ebd.), nicht über eine banale (Selbst-)Übergabe an die staatlichen Kräfte geschehen, sondern muss wiederum mit einer großen Tat vollbracht werden. Karl kündigt dann auch sein Opfer für die Gesellschaft an: „Sie [die Ordnung; I.N.] bedarf eines Opfers – Eines Opfers, das ihre unverlezbare Majestät vor der ganzen Menschheit entfaltet – dieses Opfer bin ich selbst. Ich muß für sie des Todes sterben." (ebd.). Karl erkennt dann auch deutlich die Gratifikation, die ihm aus dem Opfer erwächst; er will nicht von der Justiz verhaftet werden, da ihm dann „das einige Verdienst entwischt, daß [...] [er] mit Willen für sie gestorben" (ebd.) ist.

Brittnacher stellt in seiner Analyse des Opfers in der Literatur der Moderne heraus, dass dem Opfer eine „eigentümliche ethische Leistung"[124] zugestanden werden muss, die sich aus der „friedens- und sinnstiftenden Leistung des Opfers"[125] ergibt. Somit ist das Opfer also sinnvoll und konstitutiv für die Gemeinschaft: „Rituelles und Soziales sind wieder ungeschieden eins, Gläubige und Ungläubige, Herrscher und Beherrschte, Opferer und Geopferte [...] besetzen keine austauschbaren, sondern vom Schicksal unverrückbar vorgegebene Plätze."[126] Durch das Opfer können „soziale und metaphysische Gratifikationen"[127] für die Gemeinschaft wie für das Individuum geleistet werden. Karl erkennt somit zurecht die mögliche Gratifikation, die auch ihm als Geopfertem zukommt: Aufgrund seines Opfers, das als eine „Versöhnungsleistung"[128] verstanden werden kann, wird die Einschreibung seiner Person „als Heilige[er]"[129] in das Gedächtnis

---

[124] Hans Richard Brittnacher: Erschöpfung und Gewalt. Opferphantasien in der Literatur des Fin de siècle. Köln, Weimar und Wien: Böhlau 2000, S. 28.
[125] Ebd., S. 29.
[126] Ebd.
[127] Ebd., S. 30.
[128] Ebd.
[129] Ebd.

der Gemeinschaft geleistet. „Das Subjekt, das sich mit der Gesellschaft überworfen hat, findet dank der Opferung seinen Platz in der Gemeinschaft."[130] Karls emphatisch gesetzte erhabene Subjektivität wird nun im Opfer nicht beschnitten, sondern geradezu ausgestellt: „Im Opfer gewinnt das so dramatisch entmachtete Subjekt sein Souveränitätsrecht zurück, sei es in der Macht, andere zu opfern, sei es im Einverständnis mit der Macht, sich selbst dranzugeben."[131]

Die Räuber verstehen Karls Opfer nicht als altruistische Tat – Karl stellt wenig später heraus, dass er sich für „einen armen Schelm" (NA 3, 135) opfert, damit dieser die Belohnung für seine Ergreifung erhält –, sie bezeichnen Karls Opfer als „Groß-Mann-Sucht" (ebd.) und erkennen, dass Karl „sein Leben an eitle Bewunderung sezen [will]" (ebd.). Und doch steht, zumindest in der Wahrnehmung Karls, am Ende die große, heroische, diskursiv erzeugte Tat.[132] Karl hält im letzten Absatz des Dramas hinsichtlich seines Selbstopfers dann auch fest: „Man könnte mich darum bewundern" (NA 3, 135). Die von Karl vorgelegte Lesart wird jedoch vom Text und nicht zuletzt durch die Kommentare der Räuber als fragwürdig markiert. Tat und Täter werden problematisiert, wodurch sich auch ein Blick auf das politische System ergibt: Sowohl Götz, der als ‚letzter Ritter' mit seinem nahenden Tod das Ende des politischen Systems parallel führt – „Stirb, Götz. – Du hast dich selbst überlebt, die Edeln überlebt" (WA 8, 169) – als auch Karl in seiner hypertrophen Setzung als ‚heroisches' Subjekt, das die unmöglich geglaubte Tat nochmals vollziehen kann, können nicht an die vormalige Unmittelbarkeit der heroischen Tat anschließen. Die Tat und die Täter erscheinen in der politischen Ordnung der Moderne als problematisch und krisenhaft bzw. unzeitgemäß; der Versuch, durch die Tat wieder eine feste Gründung des Politischen vorzunehmen, wird als Krise des modernen Subjekts und als Scheitern erzählt. Das durch die Tat erzählte Politische um 1800 lässt sich – zumindest in Goethes *Götz* und Schillers *Die Räuber* – als ‚leerer Ort' verstehen, die für die Protagonisten problematische Kontingenz des Politischen wird deutlich herausgestellt. Der von Karl diagnostizierte Verlust der Möglichkeit der heroischen Tat, der die Ausgangsbedingung des Experiments darstellt, bestätigt sich hier; die von Karl in Anschlag gebrachte Lösung, die Tat im Kontext des politischen Systems der Moderne zu reaktivieren,

---

130 Ebd., S. 31.
131 Ebd.
132 Karl könnte man mit Jan Philipp Reemtsmas Kommentar zu John Lennons eigenmächtiger Heldenstilisierung in dem Stück *Working Class Hero*, in dem Lennon singt: „If you want to be a hero well just follow me", entgegnen: „Aber Helden reden so nicht. So reden die, die Helden sein wollen, und denen die Fantasie so weit durchgeht, dass sie meinen, sie wären wirklich welche." Jan Philipp Reemtsma: Der Held, das Ich und wir. In: Mittelweg. Zeitschrift des Hamburger Instituts für Sozialforschung 36 (2009), Heft 4, S. 41–64, hier: S. 63.

wird im Text durchgespielt und kulminiert in der ‚Selbstopferung' Karls, die mit ihrer Markierung als „Groß-Mann-Sucht" (NA 3, 135) die Unmöglichkeit der Tat performativ ausstellt.

4 Die Kosten der Tat: Friedrich Schillers *Wilhelm Tell* (1804)

4.1 Einleitung

Schillers Text *Die Räuber* wurde als Experiment gelesen, mit dem die Frage nach der Bedeutung der politischen und sozialen Ordnung diskutiert werden kann. Es konnte gezeigt werden, wie durch die Diskussion und die Durchführung der Tat – sei es die perfide Tat Franz Moors, die die familiäre Ordnung mit der Beseitigung des Patriarchen zu eigenen Gunsten ändern soll, oder seien es die verbrecherischen Gewalttaten der Räuberbande – eine diskursive und performative Loslösung aus den Ordnungssystemen erfolgen konnte. Die politische und normative Leerstelle erforderte die Einsetzung einer neuen Ordnung, die nicht nur den Rahmen der legitimen Gewaltanwendung normativ absteckte, sondern zudem Ein- und Ausschlussmechanismen eröffnete. Mit der abschließenden Frage nach dem Charakter der finalen Tat Karl Moors, deren ‚erhabene Größe' – so die Selbstwahrnehmung und diskursive Fassung – Karl aus dem System der sozialen Ordnung ausschließt, lässt sich festhalten, dass der Schluss des Textes keine vollständige Wiedereingliederung in die Ordnung erzählt. Am Ende lässt sich vielmehr eine doppelte Bewegung feststellen: Mit Karls ‚Selbstopfer' wird die juristische Ordnung bestätigt und legitimiert, zugleich aber wird Karl über die ‚Größe' der Tat (diskursiv) aus der Ordnung enthoben und nicht wieder in die soziale Ordnung eingegliedert.

In Schillers Text *Wilhelm Tell* wird nun wie auch in anderen Dramen Schillers die Frage nach dem Verhältnis zwischen der (individuellen) Tat und der neu zu definierenden politischen Ordnung wiederaufgenommen. Am Ende steht hier, soviel lässt sich vorwegnehmen, eine geglückte, wenn auch erneut nicht ganz unproblematische Verbindung von Tat und politischer Ordnung. Die Tat – in diesem Fall handelt es sich immerhin um die mit dem Widerstandsrecht begründete und legitimierte Ermordung eines Despoten – sorgt in *Wilhelm Tell* also nicht für die Auflösung, sondern für die Revision und Korrektur einer ungerechten tyrannischen Ordnung und somit für die Einsetzung einer neuen Ordnung, die im Stück als Wiederkehr zur alten Ordnung ausgegeben und im Gründungsakt diskursiv und performativ an die ‚alte' Ordnung angeschlossen wird.[133] Die sich aus

---

[133] Zu der Diskussion der Revolution und des ‚alten Rechts' vgl.: Dieter Borchmeyer: Altes Recht und Revolution. – Schillers ‚Wilhelm Tell'. In: Wolfgang Wittkowski (Hrsg.): Friedrich Schiller.

dieser Beobachtung ergebene Frage nach der Funktion, Rolle und Position der die Tat ausführenden Figur Tell offenbart eine komplexe Problemstellung, mit der sich auch gewisse Parallelen zu Karl Moor ergeben.

Die Position Tells in der Gesellschaft und seine Rolle bei der Verwirklichung des politischen Projekts sollen im Folgenden im Fokus der Überlegungen stehen. Die anhand des Textes *Die Räuber* untersuchte Experimentalsituation, die Karl Moor an den geographischen, sozialen und rechtlichen Grenzen verortet, soll für *Wilhelm Tell* nochmals aufgegriffen werden; es wird gezeigt, dass auch Tell sich ‚an den Grenzen' bewegt. So kann etwa Jan Philipp Reemtsma Tell an der „Tangentialposition"[134] der sozialen und politischen Gemeinschaft verorten.[135] Zugleich kann der Raum ‚an den Grenzen', in dem die neue politische Struktur sprachlich diskutiert, erzeugt und instituiert wird, wiederum als politischer „Erscheinungsraum"[136] im Sinne Hannah Arendts verstanden werden. Der ausgesetzte reale topographische Ort ist somit auch der Ort der Eröffnung oder Erzeugung des virtuellen politischen Erscheinungsraums. Im Gegensatz zu dem von Arendt skizzierten Erscheinungsraum in der *polis* eröffnet sich hier ein Raum der (faktisch) begrenzten und elitären Öffentlichkeit – beim Gründungsakt sind nur ausgewählte Mitglieder an dem bewusst ausgesetzten Ort zugegen –, die jedoch der Öffentlichkeit der Gesamtheit diskursiv (und politisch) verpflichtet ist und so zumindest diskursiv Öffentlichkeit und Repräsentation konstituiert.

In einem Brief an August Wilhelm Iffland hält Schiller zur Struktur von *Wilhelm Tell* fest: „So [...] steht der Tell selbst ziemlich für sich in dem Stück, seine Sache ist seine Privatsache, und bleibt es, bis sie zum Schluss mit der öffentlichen Sache zusammengreift."[137] Schillers Entscheidung, Tells Tat als „Privatsache" auszugeben, lässt sich als strategische politische Entscheidung – und das gleich in mehrfacher Hinsicht – verstehen: Zum einen muss Schiller aus realpolitischen Gründen sein 1804 vollendetes Stück deutlich von den politischen Entwicklungen in Frankreich, die auf die Französische Revolution 1789 folgen, ab-

---

Kunst Humanität und Politik in der späten Aufklärung. Ein Symposium. Tübingen: Niemeyer 1982, S. 69–113.
134 Reemtsma: Vertrauen und Gewalt, S. 524.
135 Im Gegensatz zu Reemtsma, der aus der Beobachtung eine Lesart generiert, die Tell in die Nähe des Desperados rückt – Reemtsma legt in einem Exkurs eine Parallelführung von Tell und Django aus dem gleichnamigen Italo-Western vor –, soll im Folgenden das Politische der Tat und der Figur Tell fokussiert werden.
136 Arendt: Vita activa, S. 250–263.
137 Friedrich Schiller: Brief an Iffland vom 05.12.1803. In: ders.: Schillers Werke. Nationalausgabe. 32. Bd. Briefwechsel. Schillers Briefe. 01.01.1803–09.05.1805. Hrsg. v. Axel Gellhaus. Weimar: Böhlau 1984, S. 88–91, hier: S. 89.

grenzen.[138] Der Verzicht der Verschwörer auf die Legitimierung von politischer Gewalt ist also nicht zuletzt aufgrund von realpolitischen Gegebenheiten notwendig und wird im Stück deutlich formuliert: WALTER FÜRST: „Was seyn muß, das geschehe, doch nicht drüber. / Die Vögte wollen wir mit ihren Knechten / Verjagen und die festen Schlösser brechen, / Doch wenn es seyn mag, ohne Blut" (NA 10, 1366–1369).[139]

Zum anderen kann Schiller textintern die politische Revolution in *Wilhelm Tell* so von der durch den Text eindeutig legitimierten Mordtat Tells trennen; sie ist – vermeintlich – weder mit der Tat des Tyrannenmords politisch verbunden noch stellt diese die Voraussetzung der Revolution dar. Tell nimmt somit, um Reemtsmas Begriff nochmals aufzunehmen, eine zweifache „Tangentialposition"[140] ein: Er wird zum einen aus dem Kreis der Verschwörer ausgeschlossen, wobei sich seine „Privatsache"[141] aber doch auf eine bestimmte Art mit dem politischen Projekt der Verschwörer zu decken scheint – und diese Deckung ist offensichtlich deutlich mehr als nur tangential. Zum anderen wird er aus dem von den Verschwörern diskutierten Rechtsbereich ausgesondert und einem anderen Recht, dem Naturrecht, zugeordnet. Auch hier lässt sich wieder eine tangentiale Berührung feststellen, da bestimmte Rechte und Taten aus dem Naturrecht legitimiert und in das positive Recht und die neue Ordnung überführt werden. Anders formuliert: Aus strategischen und politischen Entscheidungen wird Tell ‚an den Grenzen' der Gemeinschaft, des (positiven) Rechts und der neuen Ordnung verortet. Die Position und die Tat ‚an den Grenzen' sind aber entscheidend für das politische Geschehen; die verbreitete Lesart, die Tell als unpolitische Figur sieht, muss folglich angezweifelt und auf ihre Definition des Politischen befragt werden.[142]

---

138 „Indem Schiller die Republikgründung vom Tyrannenmord trennt, schafft er das stärkste Gegengewicht gegen einen allzu direkten Bezug auf die Französische Revolution. Das legt den Eindruck nahe, daß das Stück als erklärte Kontrafaktur eine Art poetisches Heilmittel gegen den Umschlag von Freiheitsüberschwang in *terreur* bieten soll, der die deutschen Intellektuellen so nachhaltig traumatisierte." Koschorke: Brüderbund und Bann, S. 115. [Hervorhebung im Original]
139 Friedrich Schiller: Wilhelm Tell. In: ders.: Schillers Werke. Nationalausgabe. 10. Bd. Die Braut von Messina, Wilhelm Tell und Die Huldigung der Künste. Hrsg. v. Siegfried Seidel. Weimar: Böhlau 1980, V. 1366–1369. Der Text wird im Folgenden nach der Nationalausgabe unter der Sigle NA 10 gefolgt von der Verszahl im Haupttext zitiert. Hervorhebungen im Original werden in den zitierten Stellen durch Kursivierung nachgewiesen.
140 Reemtsma: Vertrauen und Gewalt, S. 524.
141 Schiller: Brief an Iffland, S. 89.
142 Zum Stand der Forschung zu *Wilhelm Tell* vgl.: Immer: Der inszenierte Held, S. 471 f.

4.2 Die Notwendigkeit der Tat

Bereits zu Beginn des Textes wird die tangentiale Positionierung Tells deutlich: Zum einen lässt sich die in *Wilhelm Tell* zu beobachtende Text- bzw. Autorstrategie, Tell aus der „öffentlichen Sache"[143] diskursiv auszuschließen, festhalten. Zum anderen wird Tell aber mit seinen ersten Worten – „TELL: Wer ist der Mann, der hier um Hülfe fleht?" (NA 10, 127) – und durch sein altruistisches Hilfsangebot mit der Gemeinschaft verbunden und nimmt für ihre Unterstützung Gefahren in Kauf.

Der Text setzt aber mit dem Moment vor der Rettung und damit vor Tells (erster) Tat ein: Die Regieanweisungen vor der ersten Szene skizzieren eine idyllische Szene am Ufer des Vierwaldstättensees. Die friedliche und ästhetisch reizvolle Kombination von See, Wald und Bergen verbindet sich mit den Zeichen der Zivilisation; der Naturraum wird harmonisch durch den Kulturraum ergänzt und mit Menschen – bezeichnenderweise werden mit dem Fischer, Hirten und Jäger naturnahe und archaische Berufe genannt – bevölkert.[144] Akustisch wird die Eingangsszene von den „Kuhreihen und [...] [dem] harmonische[n] Geläut der Heerdenglocken, welches sich auch bei eröfneter Scene noch eine Zeitlang fortsezt" (NA 10, Erste Scene Regieanweisung), untermalt. Der Gesang des auf einem Kahn über den See fahrenden Fischerknabens, der im Folgenden mit der zweiten und dritten Strophe von dem Hirten und dem Jäger aufgenommen und variierend ergänzt wird, verbindet sich mit dem Beginn der ersten Szene, dem Klang der Kuhglocken.

In den zwei Strophen, die jeweils gesungen werden, kann eine Veränderung festgestellt werden,[145] die friedvolle Naturlandschaft wird plötzlich bedrohlich:

> Es lächelt der See, er ladet zum Bade,
> Der Knabe schlief ein am grünen Gestade,
>> Da hört er ein Klingen,
>> Wie Flöten so süß,
>> Wie Stimmen der Engel
>> Im Paradies.

---

143 Schiller: Brief an Iffland, S. 89.
144 Georg-Michael Schulz spricht von „schlicht-bescheidene[n] Vertreter[n] eines Volkes [...], das im Einklang mit der Natur lebt [...]." Georg-Michael Schulz: Wilhelm Tell. Schauspiel (1804). In: Matthias Luserke-Jaqui (Hrsg.): Schiller-Handbuch. Leben – Werk – Wirkung. Stuttgart und Weimar: J.B. Metzler 2005, S. 214–236, hier: S. 222.
145 Auf die Brüchigkeit der Idylle, die aus vertragstheoretischer Sicht – die scheinbare Freiheit der im Naturzustand lebenden Menschen besteht de jure nicht mehr, die Fischer, Hirten und Jäger leben in einem Abhängigkeitsverhältnis, das durch Verträge genau geregelt wird – als „residuale Scheinwelt" verstanden werden kann, weist Borchmeyer hin. Vgl.: Borchmeyer: Altes Recht, S. 96.

> Und wie er erwachet in seliger Lust,
> Da spülen die Wasser ihm um die Brust,
>> Und es ruft aus den Tiefen:
>> Lieb Knabe, bist *mein!*
>> Ich locke den Schläfer,
>> Ich zieh ihn herein (NA 10, 1–12).

Auf die in dem Imaginären der Lieder formulierte Veränderung erfolgt eine Veränderung der fiktionsinternen Realität; „[d]ie Landschaft verändert sich, man hört ein dumpfes Krachen von den Bergen, Schatten von Wolken laufen über die Gegend" (NA 10, nach 36). Der sich ankündigende Sturm – „[d]er graue Thalvogt kommt" (NA 10, 38) heißt es in der Personifikation des Winds – ist hier metaphorisch zu lesen; „[d]ie vollkommene Übereinstimmung von Mensch und Natur […] verdunkelt sich im Vorgriff auf den Landvogt Gessler."[146] Und so plötzlich, wie der Sturm aufzieht, bricht auch die Politik, genauer: die despotische Tyrannei, über die friedlichen Menschen herein: „RUODI: Dort kommt ein Mann in voller Hast gelaufen" (NA 10, 65). Konrad Baumgarten, einer der späteren Verschwörer, betritt, so die Regieanweisung, „*athemlos hereinstürzend*" (NA 10, nach 66) die Bühne und bittet um Hilfe, um Rettung vor dem Tod. Baumgarten berichtet, dass er vor den Reitern des Landvogts flieht, da er den kaiserlichen Burgvogt bei der versuchten Vergewaltigung seiner Frau erschlagen hat:

> Ich hatte Holz gefällt im Wald, da kommt
> Mein Weib gelaufen in der Angst des Todes.
> ‚Der Burgvogt lieg' in meinem Haus, er hab'
> Ihr anbefohlen, ihm ein Bad zu rüsten.
> Drauf hab' er Ungebührliches von ihr
> Verlangt, sie sey entsprungen mich zu suchen.'
> Da lief ich frisch hinzu, so wie ich war,
> Und mit der Axt hab' ich ihm's Bad gesegnet (NA 10, 90–97).

Baumgarten rechtfertigt seine Tat als legitime Notwehr, die über das Naturrecht – „sein gutes Hausrecht" (NA 10, 82) – abgedeckt ist: „ALLE: Was habt ihr getan? / BAUMGARTEN: Was jeder freie Mann an meinem Platz! / Mein gutes Hausrecht habe ich ausgeübt / Am Schänder meiner Ehr' und meines Weibes" (NA 10, 80–82). Die Legitimität der Tat wird jedoch nicht nur mit dem Rekurs auf das Naturrecht sichergestellt, sondern zugleich durch den Verweis auf die göttliche Ordnung und die Gerechtigkeit ebendieser abgesichert; die Tat wird im „Einklang

---

146 Häffner: Widerstandsrecht bei Schiller, S. 39.

mit dem Willen Gottes"[147] ausgeführt und erscheint geradezu als Ausführung des „Gottesgericht[s]".[148]

Die Schilderung der versuchten Vergewaltigung durch den Burgvogt zeigt, „daß mit der heiligen Schwelle des Hauses zugleich eine andere neuralgische Grenze verletzt worden ist: die Grenze zwischen rechtmäßigem Königtum und rechtloser Tyrannei".[149] Koschorke macht im Anschluss an Überlegungen, die im 16. Jahrhundert von Jean Bodin formuliert wurden, deutlich, dass die im alten Europa vorgenommene Trennung von *oikos* und *polis* – ersterer kann als „vor- und außerpolitischer Raum"[150] verstanden werden – um 1800 weiterhin für die Souveränitätslehre präsent ist; auch in Schillers Texten bleibt sie als „Leitdifferenz seiner politischen Anthropologie"[151] erhalten.

Mit dem gewaltsamen Betreten des Hauses und der versuchten Gewalttat wird nun diese Differenzierung von den Vertretern der Tyrannei brutal aufgehoben; die Sphäre des *oikos* wird der politischen Gewalt unterworfen. Baumgartens Widerstand gegen diese Unterwerfung seines *oikos* unter die politische Gewalt wird von den übrigen am See anwesenden Figuren eindeutig als legitim bewertet: „WERNI: Ihr thatet wohl, kein Mensch kann euch drum schelten. / KUONI: Der Wütherich! Der hat nun seinen Lohn!" (NA 10, 97 f.) Direkt zu Beginn legitimiert der Text also eine (Gewalt-)Tat gegen einen Repräsentanten des despotischen politischen Systems – und diese Legitimation erfolgt durch die Betonung der Notwehr, die Baumgarten zur Rettung seiner Frau und zur Wiederherstellung der Trennung von *oikos* und *polis* anwenden musste. Somit wird die Diskussion der Legitimität der Gewalt und der Legitimität der Anwendung des Widerstandsrechts hier bereits angelegt.[152]

Zudem wird die Gewalt, die Baumgartens Familie und Haus angetan wurde, nicht als kontingenter Einzelfall gefasst, sondern als allgemeines rechtliches wie politisches Problem verstanden, das der politischen Tyrannei immanent ist und potentiell jedem Untertanen droht. Die Aufforderung an den Fährmann, trotz des Sturms die rettende Überfahrt zu wagen, wird dann auch mit der Bedeutung der Gemeinschaft und mit der Referenz auf eine transzendente Instanz, die über

---

[147] Yvonne Nilges: Schiller und das Recht. Göttingen: Wallstein 2012, S. 320.
[148] Ebd.
[149] Koschorke: Brüderbund und Bann, S. 108.
[150] Ebd., S. 4.
[151] Ebd.
[152] Yvonne Nilges macht deutlich, dass „Schiller genau [weiß], dass Baumgarten mit seiner Tat im Recht ist: Nach römischem wie deutschem Recht war die Tötung des Ehebrechers legitim, und noch die *Constitutio Criminalis Carolina* aus dem Jahre 1532 sieht diesen Tatbestand als ‚eyn recht notweer' an, welche von aller Schuld entlastet." Nilges: Schiller und das Recht, S. 320.

dem juristischen System der Tyrannei steht, bekräftigt:[153] „Greif an mit Gott, dem Nächsten muss man helfen, / Es kann uns allen Gleiches ja begegnen" (NA 10, 107 f.). Zudem wird mit dem Argument, das als letztes geäußert wird, bevor Baumgarten die Weigerung des Fährmanns akzeptieren muss, explizit auf die Sphäre des *oikos* Bezug genommen: „'s ist ein Hausvater, und hat Weib und Kinder!" (NA 10, 113)

Kurz nach der finalen Weigerung des Fährmanns, der sein Leben nicht für Baumgartens Rettung riskieren will – „Ich wollte gern den Biedermann erretten, / Doch es ist rein unmöglich, Ihr seht selbst" (NA 10, 118 f.) – betritt plötzlich Tell als rettende Instanz die Bühne. Durch die sein Eintreffen ankündigende Regieanweisung – „TELL *mit der Armbrust*" (NA 10, nach 126) – wird Tells herausgehobene Position bereits deutlich: Da „[i]nnerhalb der feudalen Ordnung [...] lediglich der Adel berechtigt [ist], Waffen zu tragen [...], erweist sich Tell als eine Figur, die sich außerhalb der geltenden Ordnung stellt."[154]

Tells erste Äußerung – seine Frage: „Wer ist der Mann, der hier um Hülfe fleht?" (NA 10, 127) – betont sein altruistisches Engagement für die Gemeinschaft und stellt seine Tatkraft heraus, die nicht nur ein rhetorisches Element bleibt, sondern im Folgenden in der Praxis eingelöst wird. Im Gegensatz zum Fährmann, der die Unmöglichkeit der Überfahrt herausgestellt hat, zögert Tell nicht, den verfolgten Baumgarten vor seinen Verfolgern zu retten. Tell wagt das Unternehmen aber nicht aufgrund seiner herausragenden Kompetenzen[155] – der Fährmann wäre wahrscheinlich der erfahrenere Seemann;[156] Tell relativiert sogar seine Fähigkeiten: „Gieb her den Kahn, / Ich wills mit meiner schwachen Kraft versuchen" (NA 10, 152) – und auch nicht aufgrund einer leichtsinnigen Verkennung der Gefahr: „Landsmann, tröstet ihr / Mein Weib, wenn mir was menschliches begegnet, / Ich hab' gethan, was ich nicht lassen konnte" (NA 10, 158–160). Tell wagt das Unternehmen vielmehr aus der grundlegenden Überzeugung, dass für das Wohl der Gemeinschaft persönliche Risiken in Kauf genommen werden müssen, zumal auch die riskante Tat entgegen der Wahrscheinlichkeit Erfolg zeitigen kann. So artikuliert Tell bereits in der ersten Szene paradigmatisch seine Tatmotivation:

---

[153] Die Textstelle steht exemplarisch für die Vielzahl an Äußerungen in der ersten Szene, mit denen auf eine göttliche Instanz rekurriert wird bzw. diese um Hilfe angerufen wird.
[154] Thomas Boyken: ‚So will ich dir ein männlich Beispiel geben'. Männlichkeitsimaginationen im dramatischen Werk Friedrich Schillers. Würzburg: Königshausen & Neumann 2014 [Film – Medium – Diskurs 50], S. 360.
[155] Vgl.: Ebd., S. 361.
[156] Kuoni stellt den Mut Tells – und die Feigheit des Fährmanns – im Stück deutlich heraus: „Ihr seid ein Meister Steuermann. Was sich / Der Tell getraut, das konntet *Ihr* nicht wagen?" (NA 10, 161 f.)

„Wo's Noth thut, Fährmann, läßt sich alles wagen" (NA 10, 136). Und: „Der brave Mann denkt an sich selbst zulezt, / Vertrau auf Gott und rette den Bedrängten" (NA 10, 139 f.).

Tell zeichnet sich somit durch sein Gottvertrauen, sein altruistisches Gerechtigkeitsempfinden und vor allem durch seinen Willen zur Tat aus. Tell handelt, er schreitet zur Tat und wird im Gegensatz zum Fährmann nicht durch Zögern und Zaudern gelähmt. Die Gefahr des Zögerns und der diskursiven Fassung des Zögerns in der Notlage stellt Tell explizit mit der Dichotomie von Tat und Rede, die bereits in Goethes *Götz von Berlichingen* thematisiert wurde, heraus: „Mit eitler Rede wird hier nichts geschafft, / Die Stunde dringt, dem Mann muß Hülfe werden" (NA 10, 148 f.). Gerade die diskursive Fassung des Zögerns scheint Tell hier als Tathemmung aufzufassen. Die wohlgesetzten Worte des Fährmanns, mit denen er seine Verweigerung rechtfertigen möchte – „Und wär's mein Bruder und mein leiblich Kind, / Es kann nicht seyn, 's ist heut Simons und Judä, / Da ras't der See und will sein Opfer haben" (NA 10, 146 f.) –, werden als „eitle[] Rede" (NA 10, 148), also als Rhetorik abgetan, die der (notwendigen) Tat entgegensteht. Im Gegensatz zu Joseph Vogls Konzept der Produktivität des Zauderns formuliert Tell hier eine Absage an das Zaudern und eine emphatische Evokation der Tat. Die im Zaudern angelegte „Geste des Befragens"[157] kann hier nur als Hemmung verstanden werden; die Verschiebung von Aktion zu Reflexion, die bei Vogl positiv gedacht ist, wird als Verlust der Tatkraft gelesen.[158]

Tells riskanter Rettungsversuch gelingt, Tell und Baumgarten erreichen heil das andere Ufer. Der Erfolg der Tat kann als Bestätigung der zitierten Tatmotivation Tells gelesen werden: „Wo's Noth thut, Fährmann, läßt sich alles wagen" (NA 10, 136); oder auch: „Der brave Mann denkt an sich selbst zulezt, / Vertrau auf Gott und rette den Bedrängten" (NA 10, 140). In der ersten Szene des Stücks wird mit der Schilderung von Baumgartens Notwehr also nicht nur die Diskussion der Legitimität der Gewalt als Notwehr gegen die potentiell alle Beteiligten bedrängende Tyrannei angelegt; es werden zudem die Handlungsmaximen Tells und die damit einhergehende Tatmotivation bestätigt und als Handlungsoption für das gesamte Stück angeboten.

---

[157] Vogl: Über das Zaudern, S. 36.
[158] Positiv gedacht: „Im Unterschied zu verwandten Spielarten [...] liegt es [das Zaudern; I.N.] fernab stabiler oder labiler Gleichgewichtszustände, es hat vielmehr einen meta-stabilen Charakter und lässt gegenläufige Impulse immer von Neuem einander initiieren, entfesseln und hemmen zugleich." Ebd., S. 14. Bei dem Fährmann führen die „meta-stabilen" Zustände jedoch zu einer Hemmung der notwendigen Hilfeleistung; die rettende Tat kann aufgrund der steten Reflexion der Gefahr nicht realisiert werden.

Am Schluss der ersten Szene werden die Legitimierung der Gewalt im Rahmen des Widerstands gegen die Tyrannei und die Tatmotivation bzw. die Notwendigkeit der Tat zusammengeführt und in einer messianisch codierten Erlösungsvision verklärt. Als willkürliche Rache für die Fluchthilfe verwüsten die Landenbergischen Reiter, die Baumgarten verfolgen sollten, die Hütten und töten die Tiere der Herde. Die vormalige Entscheidung des Fährmanns wird durch das Ende delegitimiert: Seine Verweigerung der Hilfe, sein Zaudern wird bestraft, seine Selbstentmächtigung wird nun durch die Fremdentmächtigung abgelöst. Ohnmächtig gegenüber der staatlichen Macht bleibt dem Fährmann nur mehr die Messiaserwartung. „RUODI *ringt die Hände:* Gerechtigkeit des Himmels, / Wann wird der Retter kommen diesem Lande?" (NA 10, 183 f.) Die Formel des „Retters" nimmt die von Baumgarten gewählte Bezeichnung Tells wortwörtlich auf – „Mein Retter seid Ihr und mein Engel, Tell!" (NA 10, 154) – und nähert so die Figur Tell bereits der Figur des messianischen Retters an. Mit dieser Annäherung wird deutlich, dass Tell eben nicht nur seine „Privatsache"[159] betreibt, sondern dass seine Taten nun in dem Bereich der „öffentliche[n] Sache",[160] also in dem Bereich des Politischen zu verorten sind und dort auch von den anderen Figuren verortet werden.[161]

4.3 „Privatsache" und/oder „öffentliche Sache" – das Politische bei Wilhelm Tell

Bereits in der Einleitung zu diesem Kapitel wurde darauf verwiesen, dass die These, Tell sei nur seiner persönlichen „Privatsache"[162] verpflichtet, handle aus individuellen Motiven und sei also grundsätzlich als unpolitische Figur zu lesen, von der politischen Verschwörung kategorisch getrennt, einer kritischen Prüfung bedarf. Auch wenn sich mit dem oben zitierten Brief Schillers an Iffland, in dem Schiller die Trennung von „Privatsache [...] [und] öffentliche[r] Sache"[163] anlegt, die skizzierte Lesart Tells scheinbar trefflich belegen lässt, so soll doch im Folgenden – ausgehend von der in Kapitel 3.2 gezeigten Verbindung des Privaten und des Politischen – die These überprüft und der „Politisierung Tells"[164] nachgegangen werden.

---

159 Schiller: Brief an Iffland, S. 89.
160 Ebd.
161 Vgl.: Boyken: Männlichkeitsimaginationen, S. 362.
162 Ebd.
163 Ebd.
164 Immer: Der inszenierte Held, S. 415.

4.3 „Privatsache" und/oder „öffentliche Sache" – das Politische bei Wilhelm Tell — 93

Die These der Politisierung der Figur Tell und der Politisierung seiner Taten ergibt sich aus dem oben skizzierten Zusammenhang von Tat, Tatmotivation und Gemeinschaft und setzt ein Verständnis des Politischen voraus, das dieses – in Abgrenzung zur Politik – eng mit dem Sozialen verbindet; Pierre Rosanvallons in *Pour une histoire conceptuelle du politique* bereits in der Einleitung zitierte Definition und Abgrenzung kann hier fruchtbar gemacht werden.[165] Tells Taten wären somit dem Bereich des Politischen zuzuordnen; es geht ihm, etwa bei der Rettung von Baumgarten, nicht um seine individuelle „Privatsache",[166] vielmehr rücken die rechtliche und politische Konstruktion des „Gemeinwesen[s]"[167] und die Fragen nach allgemeiner „Gleichheit und [...] Gerechtigkeit"[168] in den Fokus. Durch die messianische Codierung des „Retters" (NA 10, 154 und 184) Tell erfolgt nun auch extern die Verortung der Taten Tells im Bereich der „öffentliche Sache[n]".[169]

Angesichts der Errichtung der Festung *Zwing Uri*, deren repressiver Charakter von dem die Arbeiter knechtenden Fronvogt herausgestellt wird: „*Zwing Uri*, soll sie heißen, / Denn unter dieses Joch wird man euch beugen" (NA 10, 371 f.), zeigt sich im Gespräch mit der als Anführer der Verschwörer eindeutig politisch codierten Figur Stauffacher Tells Überzeugung, repressive politische Gegebenheiten ändern zu können. „Was Hände bauten, können Hände stürzen. / *nach den Bergen zeigend* / Das Haus der Freiheit hat uns Gott gegründet" (NA 10, 387 f.). In der zitierten Stelle verweist Tell wiederum auf eine göttliche Instanz, die über der staatlichen Macht steht und die mit dem Naturraum der Berge einen freien Raum geschaffen hat, der jenseits der staatlichen Einflusssphäre und Repressionen steht. Zugleich verweist der mit Freiheit assoziierte Naturraum auf den Naturzustand, der mit dem Vorherrschen des Naturrechts einen Gegenpol zu dem korrumpierten staatlichen Rechtssystem darstellt; die alternative rechtliche Ord-

---

165 „Indem ich substantivisch von *dem* Politischen [*du* politique] spreche, qualifiziere ich damit sowohl eine Modalität der Existenz des gemeinsamen Lebens als auch eine Form kollektiven Handelns, die sich implizit von der Ausübung *der* Politik unterscheidet. Sich auf das Politische und nicht auf die Politik beziehen, d. h. von Macht und von Gesetz, vom Staat und der Nation, von der Gleichheit und der Gerechtigkeit, von der Identität und der Differenz, von der *citoyenneté* und Zivilität, kurzum: heißt von allem sprechen, was ein Gemeinwesen jenseits unmittelbarer parteilicher Konkurrenz um die Ausübung von Macht, tagtäglichen Regierungshandelns und des gewöhnlichen Lebens der Institutionen konstituiert." Rosanvallon: Pour une histoire conceptuelle du politique, S. 14. [Hervorhebungen im Original]
166 Schiller: Brief an Iffland, S. 89.
167 Rosanvallon: Pour une histoire conceptuelle du politique, S. 14.
168 Ebd.
169 Schiller: Brief an Iffland, S. 89.

nung – das Naturrecht – erfährt in dieser Szene nun tatsächlich eine topographische Verortung.

Tells Äußerung erfolgt unmittelbar vor der Errichtung der Säule mit dem zu grüßenden Hut und der darauf folgenden Diskussion zwischen Stauffacher und Tell, in der die jeweilige politische Haltung – und die Legitimität des politischen Widerstands – angesichts der sich repressiv gebärdenden politischen Macht thematisiert werden. Das Gespräch ist jedoch nicht nur für die jeweilige Haltung zum politischen Widerstand entscheidend, sondern zeigt zudem – und das ist für den Gang der Argumentation zentral –, wie Tell durch die Erörterung der Exekution der Tat in Zeiten der Notwehr in den politisch legitimierten und gemeinschaftlich gefassten Beschluss zum politischen ‚Mord' eingebunden wird.

Stauffacher versucht, Tell für seinen Plan zum politischen Umsturz zu gewinnen; im ersten Schritt spricht er Tell mit seinen Emotionen an, indem er das Gefühl der Verzweiflung und Ohnmacht angesichts der entstehenden Festung artikuliert: „Mir ist das Herz so voll, mit Euch zu reden" (NA 10, 417). Tell verweigert das Gespräch und äußert die Überzeugung, dass „das schwere Herz [...] nicht durch Worte leicht [wird]" (NA 10, 418). Diese Absage erinnert an die Rhetorik zugunsten der Realisierung der Tat bei der Rettung Baumgartens; Stauffacher nimmt sie auf und deutet eine Linie von der Diskussion bzw. der Verständigung über den Plan der politischen Revolution zu den folgenden Taten an: „Doch könnten Worte uns zu Thaten führen" (NA 10, 419). Im Gegensatz zu der bei der Rettung emphatisch realisierten Tat und der Absage an die Rhetorik des Zauderns – „Mit eitler Rede wird hier nichts geschafft, / Die Stunde dringt, dem Mann muss Hülfe werden" (NA 10, 148 f.) – setzt Tell zu Stauffachers Erstaunen die Tat nun aus: „Die einz'ge That ist jetzt Geduld und Schweigen" (NA 10, 420). Tell fährt fort: „Die Schlange sticht nicht ungereizt. / Sie werden endlich doch von selbst ermüden, / Wenn sie die Lande ruhig seh'n" (NA 10, 429–431). Stauffachers Argument für den Zusammenhalt der Gemeinschaft und die daraus resultierende Macht wird von Tell mit einem Bild beantwortet, das zu seinen bisherigen Taten und artikulierten Auffassungen im eklatanten Widerspruch steht.[170] Die Absage an die von Stauffacher beschworene Stärke der geschlossenen Gemeinschaft – „Verbunden werden auch die Schwachen mächtig" (NA 10, 436) – ist deutlich: „TELL: Der Starke ist am mächtigsten *allein*" (NA 10, 437). Tells Betonung der Stärke des Einzelnen steht jedoch nicht nur im Widerspruch zu seinen bisherigen Taten und seiner Vorstellung des Politischen, sondern wird im Folgenden auch

---

[170] Ganz anders: „Wo's Noth tut, Fährmann, läßt sich alles wagen" (NA 10, 136). Ebenso: „Der brave Mann denkt an sich selbst zuletzt, / Vertrau auf Gott und rette den Bedrängten" (NA 10, 139 f.).

4.3 „Privatsache" und/oder „öffentliche Sache" – das Politische bei Wilhelm Tell

widerlegt: Tell vollbringt seine Tat – die Beseitigung Geßlers – zwar allein, allerdings ist diese in die politische Logik der Eidgenossen eingebunden; zudem ist die am Ende des Stücks emphatisch geschilderte Gründung der freiheitlichen Republik ohne die Gemeinschaft und die von dieser installierten politischen Logik nicht denkbar.

Verblieb das Gespräch zwischen Tell und Stauffacher bislang im Abstrakten und anspielungsreichen Vagen, so verändert Stauffacher nun aus Enttäuschung über Tells vermeintliche Absage den Fokus des Gesprächs und fragt Tell konkret nach seiner potentiellen Beteiligung an einer politischen Revolution – eine Revolution, die durch „Nothwehr" (NA 10, 439) gerechtfertigt wird und somit an die rechtliche Legitimation der Notwehr Baumgartens anknüpft: „So kann das Vaterland auf euch nicht zählen, / Wenn es verzweiflungsvoll zur Nothwehr greift?" (NA 10, 438 f.) Tells Antwort wird durch die bezeichnende Regieanweisung „gibt ihm die Hand" (NA 10, nach 439) eingeleitet und relativiert das Vorige:

> Der Tell holt ein verlornes Lamm vom Abgrund,
> Und sollte seinen Freunden sich entziehen?
> Doch *was* ihr thut, laßt mich aus eurem *Rath*,
> Ich kann nicht lange prüfen oder wählen,
> Bedürft' ihr meiner zu bestimmter *That*,
> Dann ruft den Tell, es soll an mir nicht fehlen (NA 10, 440–445).

Tells Antwort auf die Bitte um Teilnahme an der politischen Verschwörung stellt seine Position in der politischen Gemeinschaft, seine von Reemtsma diagnostizierte „Tangentialposition"[171] deutlich heraus. Tell verweigert nicht die Hilfe für andere – ganz im Gegensatz zu den kurz zuvor geäußerten Sentenzen –, er betont vielmehr seine Bereitschaft und seinen Willen zur Tat für die Gemeinschaft, für „seine[] Freunde[]"(NA 10, 441). Und diese Bereitschaft erstreckt sich nun eindeutig nicht nur auf die spontane Hilfe in einer konkreten Notlage, sondern bezieht die im Voraus geplante Tat und das Politische, „das Vaterland [...] [, das] verzweiflungsvoll zur Nothwehr greift" (NA 10, 448 f.), mit ein. Tell ist bereit, auf Wunsch der Verschwörer im Rahmen der politischen Revolution eine „bestimmte[] *That*" (NA 10, 444) auszuführen. Und diese geplante Tat, die schließlich im Rahmen des Widerstandsrechts diskutiert wird, lässt sich entgegen ihrer Bezeichnung semantisch und juristisch nicht mehr als „Nothwehr" (NA 10, 439) fassen – wenngleich letztendlich die Ausführung der Tat in einer vom Text geschickt inszenierten Situation geschieht, die die politische Tat Tells wiederum als Notwehr bzw. Nothilfe erscheinen lässt. Entscheidend ist aber die Erklärung Tells,

---

171 Reemtsma: Vertrauen und Gewalt, S. 524.

eine „bestimmte[] *That*" (NA 10, 444) auf Anweisung der Verschwörer durchzuführen; und diese Bereitschaft wird nicht durch den Verweis auf eine obligatorische Notwehrsituation o. ä. eingeschränkt. Bekräftigt wird diese Selbstverpflichtung, die ihn in das Politische einbindet, durch die seine Rede einleitende Geste: Er gibt Stauffacher die Hand und wird so sprachlich und gestisch in die Verschwörung eingebunden.

Gleichzeitig exkludiert er sich diskursiv aus dem Kreis der Verschwörer, indem er sich aus dem „*Rath*" (NA 10, 442) und der diskursiven Aushandlungen des Politischen ausschließt. Tell weist explizit darauf hin, dass das „schwere Herz [...] nicht durch Worte leicht [wird]" (NA 10, 418). Die Entgegnung Stauffachers, der die Tat diskursiv vorbereiten will – „Doch können Worte uns zu Thaten führen" (NA 10, 419) –, nimmt eine Kopplung von Wort und Tat vor, genauer: betont die (notwendige) Vorgängigkeit des Wortes vor der Tat – Wort und Tat bedingen also einander und bilden keinen Gegensatz, wie es etwa von Götz von Berlichingen postuliert wurde. Im Gegensatz zu Stauffacher versteht Tell gerade den Verzicht auf die diskursive Fassung der Tat als Tat: „Die einz'ge That ist jetzt Geduld und Schweigen" (NA 10, 420). Das Wort verunmöglicht die Tat, da – und hier erkennt Tell bereits den notwendigen Preis für die Tat und die neue Ordnung – die diskursive Fassung der Tat Tell in den Kreis der Verschwörer einbinden würde und die neue Ordnung mit dem explizit erörterten politischen Mord beflecken würde. Nur der Ausschluss der sich abzeichnenden Tat aus dem politischen „Erscheinungsraum"[172] vermag die ‚Reinheit' der neuen Ordnung zu wahren – entscheidend für die Formation des Politischen bleibt der (diskursive) Ausschluss Tells: „Doch *was* ihr thut, laßt mich aus eurem *Rath*" (NA 10, 442).

Die hier von Tell und Stauffacher verhandelte Position und Rolle nimmt Tell im weiteren Geschehen dann auch konsequent ein: Die „Staatsgründungszeremonie"[173] auf dem Rütli, mit der „eine revolutionäre Rechtssetzung aus dem Nichts"[174] vorgenommen und der politische Körper der Republik geformt wird, geschieht ohne Tells Teilnahme. Die finale Tat, der Schuss auf Geßler, also die Ermordung des Tyrannen, wird hingegen von Tell ausgeführt und dezidiert in das politische Geschehen eingebunden. Die Tat ist somit nicht lediglich als das „Signal einer allgemeinen Befreiung"[175] zu verstehen, sondern selbst als Befreiung zu lesen. „Daß Schiller [...] sehr großen Wert darauf gelegt hat, Tells Tat als den

---

[172] Arendt: Vita activa, S. 250–263.
[173] Koschorke: Brüderbund und Bann, S, 110.
[174] Ebd., S. 111.
[175] Hans-Jörg Knobloch: Wilhelm Tell. In: Helmut Koopmann (Hrsg.): Schiller-Handbuch. Stuttgart: Alfred Kröner 1998, S. 486–512, hier: S. 502.

eigentlichen Akt der Befreiung erscheinen zu lassen, erhellt auch daraus, daß er die Eroberung der Burgen in den Zwischenakt gelegt hat."[176]

4.4 Die vertragstheoretische Etablierung des Widerstandsrechts

Bei der Gründung des neuen Staates auf dem Rütli erfährt die ‚alte Ordnung' eine strategische Verbindung mit den neuen Idealen. Die alte Ordnung wird nicht beseitigt, sondern vielmehr als diskursive Anschlussstelle, auch für die Erzeugung und Legitimierung des Gründungsmythos', für die ‚neue Ordnung' funktionalisiert. „[D]as neue Bündnis, das am Ende entsteht, ist [...] keine Neuauflage des alten",[177] bezieht sich aber (diskursiv) auf dieses. Die Revolution in *Wilhelm Tell* stellt sich somit nicht als fundamentale Absage an die alte Ordnung aus, die Intention der Verschwörer ist es nicht, eine *tabula rasa* zu schaffen, um aus dem Nichts neu schöpfen zu können – so zumindest die rhetorische Strategie.[178] Mit der Ablösung der „Vaterordnung [...] [durch] eine Brüderordnung"[179] und die damit einhergehenden Konsequenzen für die Strukturen des Politischen wird die ‚alte Ordnung' jedoch um signifikante neue Elemente ergänzt.[180] Diese diskursive Aushandlung des Politischen, die letztlich eine Neuschaffung des Politischen ist, geschieht in einem topographisch ausgesetzten Raum, der mit seiner Aussetzung wie auch mit seiner Umgrenzung – *„Eine Wiese von hohen Felsen und Wald umgeben"* (NA 10, vor 959) lautet die Beschreibung in den Regieanweisungen, die zugleich die idyllische Rückbindung an die metaphorisch aufgeladene

---

176 Ebd.
177 Stefan Neuhaus: Schillers klassische Dramen. In: Rolf Selbmann (Hrsg.): Deutsche Klassik. Epoche – Autoren – Werke. Darmstadt: Wissenschaftliche Buchgesellschaft 2005, S. 149–177, hier: S. 172.
178 Borchmeyer folgt dieser Rhetorik und weist darauf hin, dass der Begriff Revolution in dem Stück anders besetzt wird: „Der Begriff ‚Revolution' stammt aus der Astronomie [...], er bezeichnet hier den in sich zurückkehrenden kreisförmigen Umlauf der Gestirne, als politische Metapher mithin die Wiederkehr der Zeiten, schließlich die Wiederherstellung des alten Rechts, die Restauration eines durch Despotismus gestörten Rechtszustandes, also gerade nicht einen Neuanfang unter entschiedenem Bruch mit der Vergangenheit." Borchmeyer: Altes Recht, S. 72.
179 Gerhard Kaiser: Idylle und Revolution. Schillers „Wilhelm Tell". In: ders. u.a.: Deutsche Literatur und Französische Revolution. Göttingen: Vandenhoeck & Ruprecht 1974, S. 87–128, hier: S. 101.
180 Vgl. u.a.: Ebd.: Idylle und Revolution. Oder: Koschorke: Brüderbund und Bann.

Zeichnung der Schweizer Natur anführt[181] – nicht nur buchstäblich den Raum für einen „Neubeginn"[182] im Sinne Hannah Arendts bietet, sondern zudem Raum für die Realisierung des politischen „Erscheinungsraum[s]"[183] eröffnet. Mit der diskursiven Erörterung des Politischen, mit dem Handeln und Sprechen, entsteht der „Erscheinungsraum", in dem nun die politische Ordnung diskutiert und erschaffen werden kann.

Stauffacher rekurriert aus strategischen Überlegungen auf die ‚alte Ordnung': „Denn es ereignet sich ja auch auf dem Rütli nichts anderes als eine revolutionäre Rechtssetzung aus dem Nichts, und gerade um dieses Nichts, diesen leeren Grund der Autorität zu kaschieren, wird eine Begründungsrede nach der anderen gehalten."[184] Der ‚leere Ort der Macht', den Lefort herausstellt, wird hier gleich doppelt ‚gefüllt': Der leere (topographische) Raum auf dem Rütli wird durch die (nicht vollständig anwesenden) Körper der Verschwörer besetzt, der ‚leere' Grund der neuen politischen Ordnung wird rhetorisch mit den Gründungsreden und -inszenierungen kaschiert. Bei der *In-Form-Setzung* lassen sich die Kopplung von Form, Sinn und Inszenierung im Sinne Leforts beobachten: „Diese Formgebung (*mise en forme*) ist eine Sinngebung (*mise en sens*) und zugleich eine Inszenierung (*mise en scene*)."[185]

Stauffacher versucht, die Legitimation des neuen Bunds über die diskursive Anknüpfung an den politisch legitimierten alten Bund zu erreichen: „Wir stiften keinen neuen Bund, es ist / Ein uralt Bündniß nur von Väter Zeit, / Das wir erneuern" (NA 10, 1155–1157). Er macht diese Verbindung deutlich, die nicht zuletzt mit der Form der Gründung betont wird: „Wohl, laßt uns tagen nach der alten Sitte" (NA 10, 1117). Obschon die Form nicht konsequent gewahrt werden kann – MELCHTHAL: „Ist gleich die Zahl nicht voll, das *Herz* ist hier / Des ganzen Volks, die *Besten* sind zugegen. / KONRAD HUNN: Sind auch die alten Bücher nicht zur Hand, / Sie sind in unsre Herzen eingeschrieben" (NA 10, 1119–1122) –, da weder die Gruppe die notwendige repräsentative Zahl an Gründungsmitgliedern aufweist noch die notwendigen Dokumente vorliegen, so wird dennoch mit der Selbstermächtigung der Gründer und der Berufung auf das „*Herz* [...] [und] die *Besten*" (NA 10, 119 f.) die Gründung instituiert und legitimiert. Die neue Form, die eine signifikante Veränderung der politischen Gründungslogik bedeutet – „Gott

---

[181] „*Im Hintergrund zeigt sich der See, über welchem anfangs ein Mondregenbogen zu sehen ist. Den Prospekt schließen hohe Berge, hinter welchen noch höhere Eisgebirge ragen. Es ist völlig Nacht auf der Szene, nur der See und die weißen Gletscher leuchten im Mondenlicht*" (NA 10, vor 959).
[182] Arendt: Vita activa, S. 18.
[183] Ebd., S. 250–263.
[184] Koschorke: Brüderbund und Bann, S. 111.
[185] Lefort: Die Frage der Demokratie, S. 284.

und Herz, Formeln der Immediation, triumphieren über die institutionellen Kategorien Zahl und Buch."[186] –, wird bezeichnenderweise nicht thematisiert und weder von den Figuren noch vom Text als defizitär markiert.

Und dabei nimmt der Schwur von Reding diese Verschiebung explizit auf und bindet den Schwur folgerichtig nicht mehr an die Bücher, sondern an die Sterne an – womit Rekurs auf ein anderes Ordnungs- und Rechtssystem genommen wird: „Ich kann die Hand nicht auf die Bücher legen, / So schwör' ich droben bei den ew'gen Sternen, / Daß ich mich nimmer will vom Recht entfernen" (NA 10, 1147–1149). Sowohl die neue Gründungslegende als auch der alte Gründungsmythos – „STAUFFACHER: Hört, was die alten Hirten sich erzählen. / – Es war ein großes Volk, hinten im Lande" (NA 10, 1166f.) – bleiben aber „eine *Fiktion, die es erlaubt, das Neue ohne Kampf der Parteien und Generationen* (mit dem Segen der Väter) aus dem Alten hervorgehen zu lassen".[187] Die Kontingenz der neuen Ordnung – so kann etwa die Form der Gründung aufgrund der mangelnden „alten Bücher" (NA 10, 1121) nicht gewahrt werden – wird diskursiv durch die politische Rhetorik kaschiert und arkanisiert. Die vormalige ‚alte Ordnung', die korrumpiert und durch Geßlers Machtmissbrauch aufgelöst wurde, dient als rhetorische Anschlussstelle und wird emphatisch als Gegenmodell zu der aktuellen Ordnung gesetzt. Letztlich dient der betonte Anschluss an die ‚alte Ordnung' zur Legitimierung der neuen (postfundamentalistischen) wie kontingenten Ordnung und dazu, das revolutionäre Moment an das emotional besetzte „uralt Bündniß nur von Väter Zeit, / Das wir erneuern" (NA 10, 1156–1157), anzuschließen und damit in Ordnung zu überführen.

Bei der Neugründung wird die durch die „Väter" (NA 10, 1156) vorgenommene Bindung an den Kaiser nicht aufgekündigt, sondern ausdrücklich bestätigt: „WALTHER FÜRST: Die alten Rechte, wie wir sie ererbt / Von unsern Vätern, wollen wir bewahren, / Nicht ungezügelt nach dem Neuen greifen. / Dem Kaiser bleibe, was des Kaisers ist, / Wer einen Herrn hat, dien' ihm pflichtgemäß" (NA 10, 1354f.). Die Freiwilligkeit dieser Wahl, aus der sich die Freiheit „der alten Schweitzer" (NA 10, 1210) ergibt, wird aber von Stauffacher explizit herausgestellt: „Nicht unter Fürsten bogen wir das Knie, / Freiwillig wählten wir den Schirm der Kaiser" (NA 10, 1212f.). Funktion und Rolle des Kaisers werden selbstbewusst definiert: „STAUFFACHER: Denn herrenlos ist auch der Freiste nicht. / Ein Oberhaupt muss seyn, ein höchster Richter, / Wo man das Recht mag schöpfen in dem Streit" (NA 10, 1216–1218). In dem Gesellschaftsvertrag kommt dem Kaiser damit eine juristische und juridische Funktion zu, er stellt die Rechtsprechung

---

[186] Koschorke: Brüderbund und Bann, S. 112.
[187] Koschorke: Der fiktive Staat, S. 315. [Hervorhebungen im Original]

und Rechtssicherheit in dem Staat sicher. Die Verpflichtungen der Schweizer gegenüber dem Kaiser sind hingegen auf die Lehnspflicht[188] und den „Waffendienst" (NA 10, 1224) beschränkt; „[w]as drüber ist, ist Merkmal eines Knechts" (NA 10, 1227).

Mit der genauen Definition der gegenseitigen Rechte und Verpflichtungen in dem Gesellschaftsvertrag wird es nicht nur möglich, den Verstoß des Kaisers gegen den Vertrag zu diagnostizieren,[189] es wird zudem möglich, aufgrund des Verstoßes den Vertrag aufzukündigen und ein Recht auf Widerstand gegen die unrechtmäßige Herrschaft zu entwickeln:

> Nein, eine Grenze hat Tyrannenmacht,
> Wenn der Gedrückte nirgends Recht kann finden,
> Wenn unerträglich wird die Last – greift er
> Hinauf getrosten Muthes in den Himmel,
> Und hohlt herunter seine ewgen Rechte,
> Die droben hangen unveräuserlich
> Und unzerbrechlich wie die Sterne selbst –
> Der alte Urstand der Natur kehrt wieder,
> Wo Mensch dem Menschen gegenübersteht –
> Zum letzten Mittel, wenn kein andres mehr
> Verfangen will, ist ihm das Schwert gegeben –
> Der Güter höchstes dürfen wir vertheid'gen
> Gegen Gewalt – Wir stehn vor unser Land,
> Wir stehn vor unsre Weiber, unsre Kinder! (NA 10, V. 1275–1288)

Stauffacher macht deutlich, dass der Souveränität im Rahmen des Gesellschaftsvertrags Grenzen ihrer Machtentfaltung aufgezeigt und diese in ein rechtliches Verhältnis gesetzt werden. Wird der Vertrag nun von der Seite der Souveränität nicht erfüllt – das Recht gebrochen –, kann der Vertrag ganz im Sinne von Jean-Jacques Rousseau aufgekündigt werden; „der Akt des Zusammenschlusses [enthält] eine gegenseitige Verpflichtung von Öffentlichkeit und Einzelnen":[190]

> Die Bestimmungen dieses Vertrages sind durch die Natur des Aktes so vorgegeben, dass die geringste Abänderung sie null und nichtig machen würde; so dass sie, wiewohl sie vielleicht niemals förmlich ausgesprochen wurden, allenthalben die gleichen sind, allenthalben

---

[188] Vgl.: Nilges: Schiller und das Recht, S. 322.
[189] „STAUFFACHER: Dem Kaiser selbst versagten wir Gehorsam, / Da er das Recht zu Gunst der Pfaffen bog. / [...] Da sprachen wir: ‚Erschlichen ist der Brief, / Kein Kaiser kann was unser ist verschenken. / Und wird uns Recht versagt vom Reich, wir können / In unsern Bergen auch des Reichs entbehren'" (NA 10, 1244–1255).
[190] Jean-Jacques Rousseau: Vom Gesellschaftsvertrag oder Grundsätze des Staatsrechts. Stuttgart: Reclam 2013, S. 19.

stillschweigend in Kraft und anerkannt; bis dann, wenn der Gesellschaftsvertrag verletzt wird, jeder wieder in seine ursprünglichen Rechte eintritt, seine natürliche Freiheit wiedererlangt und dadurch die auf Vertrag beruhende Freiheit verliert, für die er die seine aufgegeben hatte.[191]

Das Recht – gedacht als „vor- und überstaatliche[ ] *Jura naturalia*"[192] – findet sich dann nicht mehr in den Vertragstexten, sondern im „Himmel" (NA 10, 1278), wo es als „ewge[ ] Rechte, / Die droben hangen unveräuserlich / Und unzerbrechlich wie die Sterne selbst" (NA 10, 1279–1281) eine sowohl naturrechtliche als auch christlich konnotierte Aufladung erfährt.[193] „Die Metaphorik bezeichnet den Weg, der hier beschritten wird: die Aufkündigung des Gesellschaftsvertrags, wie er zwischen Volk und Kaiser existierte, führt in den (moralisch neu aufgewerteten) Naturzustand zurück. Es ist die Bahn von Hobbes zu Rousseau [...]."[194] Der Naturzustand, in dem sich das Volk nun nach der Aufkündigung gezwungenermaßen befindet – die Formulierung „[d]er alte Urstand der Natur kehrt wieder" (NA 10, 1282) rekurriert deutlich auf den von Rousseau skizzierten Ablauf nach Aufkündigung des Vertrags –, darf zwar nicht als gnadenloser strategischer Kampf aller gegen alle im Sinne von Thomas Hobbes verstanden werden, zeichnet sich aber dennoch in *Wilhelm Tell* durch die Legitimierung der individuellen Gewalt als Mittel zur Herstellung von Gerechtigkeit und Sicherheit aus. Gleichwohl wird die Ausübung dieses Rechts im Sinne einer *ultimo ratio* limitiert: „Zum letzten Mittel, wenn kein andres mehr / Verfangen will, ist ihm das Schwert gegeben" (NA 10, 1284).

Die Setzung der „Grenze [...] [der] Tyrannenmacht" (NA 10, 1275) und die Formulierung des Widerstandsrechts, das sich aus der Logik des Gesellschaftsvertrags im Sinne Rousseaus ergibt – und das, darauf sei an dieser Stelle nur kurz verwiesen, von Immanuel Kant abgelehnt wurde[195] – ist für den schließlich von Tell ausgeführten Tyrannenmord entscheidend: Die vertragstheoretische Legitimation von Tells Tat erfolgt in der Szene des Vertragsschlusses, also weit vor

---

191 Ebd., S. 17.
192 Borchmeyer: Altes Recht, S. 90.
193 Nilges zeigt, dass das „Widerstandsrecht selber in der Versammlung auf dem Rütli aus traditionellen wie auch progressiven Rechtsdiskursen abgeleitet [wird]." Insbesondere sei hier an das griechisch-römische Recht, die Theologie des Mittelalters, aber auch an die Schriften von Grotius, Pufendorf, Christian Wolff und John Lockes zu denken. Nilges: Schiller und das Recht, S. 329. – Borchmeyer stellt heraus, dass „[i]n der Rütli-Szene sich recht eigentümlich *naturrechtlich-liberale und konservative Prinzipien* [überlagern]." Borchmeyer: Altes Recht, S. 95. [Hervorhebungen im Original]
194 Alt: Schiller, S. 573.
195 Vgl. u. a.: Borchmeyer: Altes Recht, S. 92–95.

der tatsächlichen Tat. Die (scheinbare) „Privatsache"[196] Tells erfährt somit vorab eine umfassende und elaborierte politische Legitimation, die zur Rechtfertigung einer spontanen Notwehr juristisch gar nicht notwendig wäre. Notwendig ist die rechtliche Ausarbeitung des Widerstandsrechts hingegen, wenn die Tat tatsächlich eine „öffentliche Sache"[197] wäre und der politischen, nicht der privaten Logik unterläge.

4.5 Textstrategien zur präventiven Legitimation der Tat

Bevor Tell den als Notwehr bzw. Nothilfe inszenierten Tyrannenmord ausführen kann, nimmt der Text die Legitimation dieser Tat – etwa über die skizzierte Legitimation und Etablierung des Widerstandsrechts – sowie die Delegitimation des Souveräns bzw. seiner despotischen Herrschaft vor. Nicht zuletzt aufgrund der zeitlichen Nähe zu der Französischen Revolution und der darauf folgenden Hinrichtung des Königs in Frankreich war „[d]as größte Problem Schillers […] zweifellos, die Tötung eines Herrschers zu motivieren".[198] Und diese Motivation gelingt, indem der Text die Legitimität der Macht und ihrer Herrschaftsinstrumente diskutiert.

In der zentralen Szene des Stücks, in der Tell den Apfel vom Kopf seines Sohns schießen muss, erfolgt die radikale Ausstellung der despotischen Herrschaft Geßlers. Seine Weigerung, den auf der Stange aufgepflanzten Hut zu grüßen – der Auslöser des Konflikts –, erklärt Tell mit seiner Tölpelhaftigkeit und gibt sie als Versehen aus.[199] Im Text wird aber mit der Frage von Tells Sohn Walther und Tells Antwort auf ebendiese eindeutig darauf verwiesen, dass Tell, der die Bedeutung des Huts kennt, den Hut eben nicht aus Versehen übersieht: „WALTHER: Ey Vater, sieh den Hut dort auf der Stange. / TELL: Was kümmert uns der Hut? Komm, laß uns gehen" (NA 10, 1815 f.). Spätestens die Frage seines Sohns hätte Tell an die Pflicht, den Hut zu grüßen, erinnern müssen. Die von Immer aufgeworfene Frage, ob „Tells verweigerter Gruß gar ein kalkulierter Affront oder

---

[196] Schiller: Brief an Iffland, S. 89.
[197] Ebd.
[198] Stefan Neuhaus fährt fort: „Wir befinden uns immer noch in absolutistischen Zeiten, die Könige und Landesfürsten leiteten ihre Macht direkt von Gott her. Die Französische Revolution mit der unerhörten Guillotinierung des Königs lag gerade erste ein Jahrzehnt zurück. Schillers Anliegen ist, das Bild einer gerechtfertigten Revolution im Gegensatz zur blutigen französischen zu entwerfen – ohne sich die adeligen Mäzene zu Feinden zu machen." Neuhaus: Schillers klassische Dramen, S. 174.
[199] Vgl.: Immer: Der inszenierte Held, S. 418.

doch nur ein banales Versehen [ist]",[200] wäre somit differenziert zu betrachten und stellt die Frage nach dem Politischen und der Politisierung von Tells Tat wieder in den Raum.

Die Reaktion auf Tells Verhalten – ob als politische Provokation geplant oder seiner selbstbewussten und unabhängigen politischen Haltung entstammend – und auf seine Verhaftung durch die Staatsmacht ist eine allgemeine Empörung: „MELCHTHAL [...]: Nein, das ist schreiende Gewalt!" (NA 10, 1840) Somit wird die Ausübung der souveränen Macht bereits vor dem Eintreffen Geßlers und vor seiner Forderung als urechtmäßig, als „Gewalt" (ebd.) disqualifiziert. Die Forderung Geßlers wird von nahezu allen Anwesenden verurteilt: „TELL: Herr – Welches Ungeheure sinnet Ihr / Mir an [...] / [...] das könnt Ihr / Im Ernst von einem Vater nicht begehren!" (NA 10, 1890–1894); „BERTHA: Lasst es genug seyn Herr! Unmenschlich ists / Mit eines Vaters Angst also zu spielen" (NA 10, 1922f.); „MELCHTHAL: Was? Soll der Frevel sich vor unsern Augen / Vollenden?" (NA 10, 1966f.). Selbst Rudenz empört sich über die Anordnung Geßlers – „[S]olches Regiment muss Haß erwerben. / Das ist des Königs Wille nicht" (NA 10, 1999f.) – und sagt sich schließlich aufgrund der Grausamkeiten, die nicht der Staatsräson und dem Willen des Königs entsprechen, von diesem los: „RUDENZ: Ich hab' still geschwiegen / Zu allen schweren Thaten, die ich sah, / [...] Doch länger schweigen wär Verrath zugleich / An meinem Vaterland und an dem Kaiser" (NA 10, 2003–2009).

Bereits vor Tells Schuss wird also der Repräsentant der Macht, Geßler, nicht nur durch die der Verschwörung auf dem Rütli zugehörigen Schweizer, sondern mit Rudenz auch durch einen Vertreter der kaiserlichen Macht als despotischer Tyrann entlarvt, der seine Macht grausam gegen den Willen des Königs ausübt. Diese Ausstellung der Tyrannei kann als Textstrategie verstanden werden, um die später folgende Tat Tells auf zwei Ebenen zu legitimieren: Die Legitimation erfolgt sowohl auf der politischen Ebene als Widerstand gegen einen gegen die Staatsräson handelnden Despoten als auch auf der privat-familiären Ebene als Rache für einen grausamen Angriff auf die Unverletzlichkeit der Familie – womit der Text den Bogen zu Baumgartens Verteidigung des *oikos* zu Beginn des Textes schlägt.[201]

---

200 Ebd.
201 Borchmeyer liest Geßlers Handeln als Akt im Namen der Staatsräson: „Der Schuß auf das Haupt des Kindes ist also keineswegs ein irrationaler satanischer Einfall Geßlers, sondern ein doppelt – psychologisch wie politisch – motivierter symbolischer Akt der Staatsräson." Borchmeyer: Altes Recht, S. 84. Diese Feststellung muss m. E. kritisch hinterfragt werden; die Handlung Geßlers im Namen der Staatsräson wird hier aufgrund der despotischen Ausübung doch sehr fragwürdig.

In der Szene wird jedoch nicht nur die Legitimation der Tat durch die Delegitimation der Herrschaft geleistet, zugleich wird nach dem erfolgreichen Schuss die Größe der Tat Tells – und damit die Größe des Täters Tell – herausgestellt: „LEUTHOLD: Das war ein Schuß! Davon / Wird man noch reden in den spätsten Zeiten. / RUDOLPH DER HARRAS: Erzählen wird man von dem Schützen Tell, / Solang die Berge stehn auf ihrem Grunde" (NA 10, 2038–2041). Bereits die ersten Reaktionen auf den Schuss stellen die historische Dimension der Tat aus und versichern ihren Eingang in das kollektive Gedächtnis der Schweizer. Geßlers geplante Degradierung und Entmystifizierung Tells verkehrt sich in das Gegenteil: „[d]ass Tell den Apfelschuss meistert, potenziert seine mythische Aura."[202] Dabei wird die Figur Tell messianisch codiert und eschatologisch aufgeladen sowie der Erfolg der Tat an eine intervenierende göttliche Instanz rückgebunden. „STAUFFACHER: Gott sei gelobt!" (NA 10, 2037) „RÖSSELMANN: Der Schuß war gut, doch wehe dem, der ihn / Dazu getrieben, daß er Gott versuchte" (NA 10, 2044 f.). Nach der Verhaftung Tells durch Geßler führt Stauffacher das Walten der göttlichen Instanz als Argument gegen die Verhaftung ins Feld: „Wie Herr? So könntet ihr an einem Manne handeln, / An dem sich Gottes Hand sichtbar verkündigt?" (NA 10, 2069–2071) Tell wird laut Stauffacher durch die göttliche Intervention aus dem Kreis der Menschen enthoben und ist nun einer anderen Dimension zuzurechnen, die die weltliche Ordnung und Rechtsprechung nicht belangen darf.[203] Mit den letzten Sätzen der Szene greift Tell dies auf: „TELL *hebt die Arme zum Himmel:* Dort droben ist dein Vater! den ruf an! [...] TELL *hebt den Knaben mit Inbrunst an seine Brust:* Der Knab' ist unverletzt, mir wird Gott helfen" (NA 10, 2095–2097).

Zudem wird Tell von den Schweizern als politischer Erlöser figuriert und der Erfolg der politischen Revolution an seine Person gebunden: „STAUFFACHER: O nun ist alles, alles hin! Mit euch / Sind wir gefesselt alle und gebunden! LANDLEUTE *umringen den Tell:* Mit Euch geht unser letzter Trost dahin!" (NA 10, 2090–2092) Die Klagen der Fischer über Tells Arretierung im folgenden vierten Akt nehmen die Figuration Tells als politischer Erlöser – und die damit einhergehe präventive Legitimation der Taten Tells, die im Rahmen des Widerstandsrechts ausgeführt werden – nochmals deutlich auf:

---

[202] Boyken: Männlichkeitsimaginationen, S. 370.
[203] Im vierten Akt nehmen die Fischer diesen Gedanken auf, als Tell von seiner Rettung von dem Schiff berichtet: „FISCHER UND KNABE: Befreit! O Wunder Gottes!" [...] FISCHER: Tell, Tell, ein sichtbar Wunder hat der Herr / An euch gethan, kaum glaub ichs meinen Sinnen" (NA 10, 2206–2272).

> Der beste Mann im Land, der bravste Arm,
> Wenns einmal gelten sollte für die Freiheit. [...]
> So bricht der letzte Anker unsrer Hofnung!
> Der war es noch allein, der seine Stimme
> Erheben durfte für des Volkes Rechte! [...]
> [...] Der Arm, der retten sollte, ist gefesselt! (NA 10, 2101–2126)

Am Ende des vierten Akts verkündet Tell, nachdem er sich versichert hat, dass die Fischer „im Rütli mitgeschworen" (NA 10, 2295) haben und somit zu den politischen Verschwörern zählen, dass die anderen Verschwörer „wacker [...] und gutes Muths" (NA 10, 2296) sein sollen, da er „*frei* und seines Armes mächtig" (NA 10, 2297) sei. Zudem kündigt er explizit eine weitere Tat an – „Bald werden sie ein weitres von mir hören" (NA 10, 2298) – und dass die Größe dieser Tat nach ihrer Ausführung für Aufsehen sorgen, aber erst nach ihrer Realisierung diskursiviert werde: „Ist es *gethan*, wirds auch zur Rede kommen" (NA 10, 2300).

4.6 Die Tat als Ausübung des Widerstandsrechts

Die zentrale dritte Szene des vierten Akts, in der Tell Geßler mit seiner Armbrust erschießt, wird von einer Regieanweisung eingeleitet, in der die Topographie der Szene genau beschrieben wird:

> *Die hohle Gasse bei Küßnacht. Man steigt von hinten zwischen Felsen herunter und die Wanderer werden, ehe sie auf der Scene erscheinen, schon von der Höhe gesehen. Felsen umschliessen die ganze Scene, auf einem der vordersten ist ein Vorsprung mit Gesträuch bewachsen* (NA 10, nach 2559).

Tell, der laut Regieanweisung mit seiner Armbrust die Szene betritt, reflektiert die topographischen Gegebenheiten genau: „[d]ort der Hollunderstrauch verbirgt mich ihm, / Von dort herab kann ihn mein Pfeil erlangen, / Des Weges Enge wehret den Verfolgern" (NA 10, 2563–2565). Der Schuss auf Geßler, der letztlich als Nothilfe für eine bedrängte Frau und ihre Kinder geschehen bzw. camoufliert wird, wird hier genau geplant. Die Tat ist damit nicht als Notwehr zu verstehen, sondern als Prävention, die aus dem strategisch angelegten Hinterhalt erfolgen soll; wenig später bezeichnet Tell seine Tat explizit als Mord: „Sie alle ziehen ihres Weges fort / An ihr Geschäft – und Meines ist der Mord!" (NA 10, 2620 f.).

Vor der Tat reflektiert und legitimiert Tell die Tat, indem er sein Leben in die Phase vor der Tat, die sich durch Unschuld, Reinheit und Frieden auszeichnet, und die Phase der Tat, in der seine Gedanken auf den „Mord" (ebd.) gerichtet sind, einteilt. „Ich lebte still und harmlos – Das Geschoß / War auf des Waldes

Thiere nur gerichtet, / Meine Gedanken waren rein von Mord" (NA 10, 2568–2570). Der Übergang von der ersten zu der zweiten Phase geschieht durch Geßler, der ihn zum „Ungeheuren" (NA 10, 2574) zwang, da er durch seine Gewalttaten den Widerstand provoziert hatte. Tell sieht sich als Beschützer der „armen Kindlein [...] [und des] treue[n] Weib[s]" (NA 10, 2577f.), er muss diese vor der „Wuth" (NA 10, 2577) Geßlers beschützen.[204] Er schlägt nochmals die Verbindung zu dem erzwungenen Apfelschuss zurück, nachdem er „[m]it furchtbarm Eidschwur" (NA 10, 2585) geschworen hatte, dass seines „*nächsten* Schusses *erstes* Ziel / Dein [d. h. Geßlers; I.N.] Herz seyn sollte" (NA 10, 2586). Der von Tell ins Feld geführte Schutz von Kind und Frau nimmt den Aspekt des *oikos* und des Naturrechts nochmals auf und legitimiert Tells Tat vorab, indem er diese in Verbindung zu der legitimen und legitimierten Tat/Notwehr von Baumgarten zu Beginn des Stücks setzt. Die Motivation der Tat liegt also zum einen im privat-familiären Bereich. Darüber hinaus wird zum anderen Geßlers Verstoß gegen den Gesellschaftsvertrag als Motiv für den Schuss angeführt und somit das Private mit dem Politischen verbunden:

> Du bist mein Herr und meines Kaisers Vogt,
> Doch nicht der Kaiser hätte sich erlaubt
> Was *du* – Er sandte dich in diese Lande,
> Um Recht zu sprechen – strenges, denn er zürnet –
> Doch nicht um mit der mörderischen Lust
> Dich jedes Greuels straflos zu erfrechen,
> Es lebt ein Gott zu strafen und zu rächen (NA 10, 2590–2596)

Geßler verstößt gegen das im Vertrag codierte Recht, was von Tell diagnostiziert und geahndet wird. Der Akt des Widerstands stellt jedoch keine Absage an den Vertrag und keinen Bruch mit dem Kaiser dar, sondern soll nur die sich in das Rechtlose verkehrenden Auswüchse sanktionieren.[205] Tells Überlegungen zur Logik des Vertrags, die vertragstheoretisch an den skizzierten Gesellschaftsvertrag von Rousseau anschließen, knüpfen somit auch an diejenigen vertraglichen

---

[204] Diese Motivation wird wenig später nochmals leicht variiert aufgenommen: „Und doch an *euch* nur denkt er, lieben Kinder, / Auch jetzt – Euch zu verteidhgen, eure holde Unschuld / Zu schützen vor der Rache des Tyrannen / Will er zum Morde jezt den Bogen spannen!" (NA 10, 2631–2634)

[205] Zugleich zeigt der „Rechtfertigungs- oder Entlastungsmonolog", wie Karl S. Guthke zeigt, dass Tell sich seiner Schuld bewusst ist, die Tat sich also nicht ohne Schuldgefühl bewerkstelligen lässt – was jedoch nicht ihre Notwendigkeit in Frage stellt. Diese Überlegung wird im Folgenden ausgehend von der Parricida-Szene nochmals aufgegriffen. Karl S. Guthke: Wilhelm Tell. Der Fluch der guten Tat. In: ders.: Schillers Dramen: Idealismus und Skepsis. Tübingen und Basel: Francke 1994, S. 279–304, hier: S. 297.

Strukturen an, die bei dem Gründungsakt auf dem Rütli angelegt wurden; Tells Tatbegründung nimmt die politische Programmatik der Verschwörung aber nicht explizit auf, diese werden vielmehr dezidiert aus den skizzierten Überlegungen herausgehalten. „Der Anspruch auf Widerstand erscheint hier als ein Elementargut, das vitale Interessen sichert, ohne dabei Werkzeug einer politischen Programmatik zu sein."[206] Auch hier lässt sich folglich wieder die Textstrategie beobachten, auf der Oberfläche des Plots aus politischen Gründen eine Trennung zwischen „Privatsache [...] [und] öffentliche[r] Sache"[207] vorzunehmen: „Das Attentat wird auf diese Weise von politischen Motiven freigehalten, die Verschwörung wiederum moralisch entlastet."[208]

Zugleich wird die Ebene des Politischen untergründig mitverhandelt, etwa mit Tells Überlegungen zur Aufkündigung des Vertrags oder zur Sanktionierung des Souveräns bei Vertragsverstößen. Sogar die Tat selbst lässt sich an die Diskussion des Politischen auf dem Rütli anschließen; mehr noch: Die Tat erscheint als eine Umsetzung der politischen Ideen; kaum verschlüsselt hat schließlich Stauffacher auf die Notwendigkeit hingewiesen, Geßler aus Gründen der Staatsräson bzw. zur Sicherstellung der Revolution zu beseitigen:

> Nur mit dem Geßler fürcht ich schweren Stand,
> Furchtbar ist er mit Reisigen umgeben,
> Nicht ohne Blut räumt er das Feld, ja selbst
> Vertrieben bleibt er furchtbar noch dem Land,
> Schwer ists und fast gefährlich, ihn zu schonen (NA 10, 1428–1432).

Die anderen Verschwörer scheinen auf dem Rütli vor dem expliziten Aufruf zum Tyrannenmord zurückzuschrecken und vertagen die Entscheidung, indem sie die Erörterung des Widerstandsrechts abbrechen: „REDING: Die Zeit bringt Rath. Erwartet's in Geduld. / Man muss dem Augenblick auch was vertrauen" (NA 10, 1437f.). Da Baumgarten unmittelbar vor der zitierten Äußerung seine Rettung durch Tell erwähnt, scheint Redings Äußerung jedoch weniger darauf abzuzielen, die anderen durch eine Platitude zu beruhigen; vielmehr scheint es darum zu gehen, die (notwendige) Verbindung zwischen der Revolution, die diskursiv als politisch, aber gewaltfrei entworfen wird, und Tell, der als apolitisch, aber gewaltausübend gezeichnet wird, nicht explizit zu thematisieren. Tells Tat ist folglich eng mit der politischen Verschwörung und der Etablierung der auf dem Rütli initiierten neuen Gesellschaftsordnung verbunden: „*Negativ* bildet die von Tell zu

---

206 Alt: Schiller, S. 582.
207 Schiller: Brief an Iffland, S. 89.
208 Alt: Schiller, S. 583.

vollbringende Mordtat also durchaus einen wesentlichen Bestandteil des Bundesschlusses".[209]

Tell sieht sich – und damit wird ein für den Gesamttext virulentes Motiv wieder aufgenommen – als strafende Instanz, die im Namen Gottes handelt: „Es lebt ein Gott zu strafen und zu rächen" (NA 10, 2596). Die Tat Tells ist somit gleichsam als Erfüllung des göttlichen Willens und damit als Tat von Gott zu lesen: „Wenn die Herrscher ihre Macht von Gott herleiten, ihnen diese Macht aber nur verliehen ist, um damit Gutes zu tun, dann muss sie Gott auch – in diesem Fall durch das ‚Werkzeug' Tell – bestrafen können."[210] Die Tat Tells und die politische Verschwörung zeichnen sich folglich nicht nur durch die vertragstheoretischen Überlegungen, sondern auch durch die Einbettung des Geschehens in ein religiös fundiertes Weltbild aus; in der Tat von Tell, die die (nicht explizit diskutierte) Voraussetzung der politischen Revolution darstellt, fallen beide Momente in eins. Die Rückbindung der ‚neuen' Ordnung und der Tat Tells an eine transzendente Instanz und Ordnung versieht diese – zumindest rhetorisch – mit einem festen politischen (also nicht postfundamentalen) Grund. Die Kontingenz der variablen Fundamente wird nun wieder aufgehoben und durch die Transzendenz in Eindeutigkeit überführt; Tells (politische) Tat erfährt durch die Bindung an die Transzendenz ihre ultimative Legitimierung.

Bevor Tell seine Tat – und damit die Bestrafung Geßlers für seine Verstöße gegen die weltliche Ordnung des Gesellschaftsvertrages und für seine Verstöße gegen die göttliche Ordnung – durchführen kann, wird Geßler einmal mehr durch seine despotische Rhetorik als Tyrann gezeichnet, der sich jenseits der von Rousseau formulierten „gegenseitige[n] Verpflichtung von Öffentlichkeit und Einzelnen"[211] bewegt: „Dieß kleine Volk ist uns ein Stein im Weg – / So oder so – Es muß sich unterwerfen" (NA 10, 2730 f.). Der freiwillige Vertrag mit dem Kaiser, in dem beidseitige Rechte und Verpflichtungen genau definiert wurden, wird hier durch eine einseitige Verpflichtung zur notfalls gewaltsam erzwungenen Unterwerfung abgelöst.[212] Die tyrannische Rhetorik der Gewalt wird dann in die tyrannische Gewalttat überführt, als Geßler die Klage einer Bäuerin über die grausame Bestrafung ihres Mannes durch die Staatsgewalt ignoriert: „ARMGARD: Barmherzigkeit Herr Landvogt! Gnade! Gnade! / GESSLER: Was dringt Ihr euch auf offner Straße mir / In Weg – Zurück!" (NA 10, 2732–2734) Die empathische Äu-

---

[209] Koschorke: Brüderbund und Bann, S. 116. [Hervorhebung im Original]
[210] Neuhaus: Schillers Dramen, S. 174 f.
[211] Rousseau: Vom Gesellschaftsvertrag, S. 19.
[212] „GESSLER: Er hat mich nicht ins Land geschickt, dem Volk / Zu schmeicheln und ihm sanft zu thun – Gehorsam / Erwartet er, der Streit ist, ob der Bauer / Soll Herr seyn in dem Lande oder der Kaiser" (NA 10, 2711–2714).

ßerung von Geßlers Stallmeister Rudolph – „Bei Gott, ein elend und erbärmlich Leben! / Ich bitt Euch, gebt ihn los den armen Mann" (NA 10, 2742f.) – wird vom Text strategisch genutzt, um Geßlers mitleidlose Tyrannei nochmals herauszustellen; Geßler reagiert auf die Bitte um Gnade nur mit der Ankündigung der Ausübung seiner gewaltvollen Souveränität: „Weib, mach Platz, / Oder mein Roß geht über dich hinweg" (NA 10, 2763f.).

Unmittelbar bevor Geßler sich anschickt, mit seinem Pferd über die Bäuerin und ihre Kinder hinwegzureiten, verbindet die Bäuerin ihr privates Anliegen, also die Begnadigung ihres inhaftierten Mannes, mit einem politischen Anliegen bzw. einer Klage über den Zustand des Politischen: „Tratest du doch längst / Das Land des Kaisers unter deine Füße!" (NA 10, 2769f.) Auch hier wird folglich wieder zwischen dem rechtmäßig geschlossenen Vertrag mit dem Kaiser und der unrechtmäßigen Ausübung der Souveränität durch Geßler unterschieden; wie bei Tell verbindet sich das Private mit dem Politischen und widersetzt sich der Gewalt der Politik mit einer legitimen Gegengewalt.

Auf allen drei Ebenen – Geßler, Tell und Armgard – wird das Politische mit dem Privaten gekoppelt; die Beobachtung eines gesellschaftlichen Teilbereichs, der einer jeweils individuellen privaten Logik unterliegt, verweist somit zugleich auf das Allgemeine und das Politische. Die vermeintliche Notwehrsituation Tells dient somit nicht nur zur Legitimierung der Tat, sondern kann auch als Textstrategie verstanden werden, mit der der Fokus von der Makro- auf die Mikroebene verschoben wird: *Wilhelm Tell* spricht dann nicht über Formen legitimer und illegitimer Herrschaft zu Zeiten der Französischen Revolution, äußert sich aber deutlich zu den Auswirkungen der illegitimen Herrschaftsausübung Geßlers auf das Private. Die Parallele von Mikro- und Makroebene wird dabei vom Text deutlich herausgestellt.

Geßler antwortet auf Armgards Anklage mit der Artikulation seiner Vorstellung einer despotischen und autonomen Souveränität:

> Ein allzu milder Herrscher bin ich noch
> Gegen dieß Volk – die Zungen sind noch frei,
> Es ist noch nicht ganz wie es soll gebändigt –
> Doch es soll anders werden, ich gelob es,
> Ich will ihn brechen diesen starren Sinn,
> Den kecken Geist der Freiheit will ich beugen.
> Ein neu Gesetz will ich diesen Landen
> Verkündigen – Ich will – (NA 10, 2778–2785).

Geßlers Souveränitätsgestus – das mehrmals wiederholte „Ich will" (ebd.) – kann als „Souveränitätsformel schlechthin"[213] verstanden werden, mit der die Unterdrückung des Volks und die Aufkündigung der vertraglich festgelegten Freiheitsrechte ankündigt wird. In Geßlers Aufkündigung der kaiserlichen rechtlichen Ordnung kann mit Carl Schmitt und Giorgio Agamben das „Paradox der Souveränität"[214] erkannt werden: „Das Paradox der Souveränität drückt sich so aus: ‚Der Souverän steht zugleich außerhalb und innerhalb der Rechtsordnung.'"[215] Gerade die Macht, die Aussetzung der Ordnung anordnen zu können – und eben nicht die Macht, die Ordnung einsetzen zu können –, definiert für Schmitt die Souveränität; „Souverän ist, wer über den Ausnahmezustand entscheidet".[216]

Diese Artikulation der Souveränität wird nun durch Tells Schuss jäh unterbrochen. Die letzte Ankündigung bricht ab, der Satz bleibt unvollständig und stellt nur ein letztes Mal den Gestus aus, der inhaltsleer bleibt und nur noch die eigene hypertrophe Souveränität artikuliert; die Ausführung der Tat ist somit topographisch und chronologisch in ein politisches Setting eingeschrieben.

Tell erklärt direkt nach dem Schuss seine Verantwortung für die Tat und bindet diese in eine politische Logik ein: „Du kennst den Schützen, suche keinen andern! / Frei sind die Hütten, sicher ist die Unschuld / Vor dir, du wirst dem Lande nicht mehr schaden" (NA 10, 2792–2794). Die Reaktion der Umstehenden auf die Tat Tells nehmen seine messianische Codierung sowie die Vorstellung, dass Tell als Instrument der Rache/Strafe Gottes handelt, wieder auf: „WEIBER *treten zurück:* Wir ihn berühren, welchen Gott geschlagen!" (NA 10, 2816)

Zugleich erfährt das Volk durch die Tat die Möglichkeit der politischen Selbstermächtigung,[217] die sich als Auflehnung gegen die Herrschaft Geßlers manifestiert:

---

213 Koschorke: Brüderbund und Bann, S. 118.
214 Giorgio Agamben: Homo Sacer. Die Souveränität der Macht und das nackte Leben. Frankfurt am Main: Suhrkamp 2002, S. 25.
215 Ebd.
216 Carl Schmitt: Politische Theologie. Vier Kapitel zur Lehre von der Souveränität. Berlin: Duncker & Humblot ⁷1996, S. 13.
217 Der Begriff der Selbstermächtigung, der ursprünglich als eine „normativ-politische (Protest-)Einstellung in ‚spätmodernen' Gesellschaften" definiert wird, wird hier an eine Gesellschaft angelegt, die nicht als ‚spätmodern' zu verstehen ist. Die Definition scheint hier aber dennoch fruchtbar zu sein: „Selbstermächtigung heißt zunehmend, die vorgegebenen Institutionen und damit die institutionelle Ordnung ‚spätmoderner' Gesellschaften bewusst in Frage zu stellen und in letzter Konsequenz durch neue Formen der ‚freien' Selbstorganisation zu überwinden." Clemens Albrecht u. a.: Was bedeutet Selbstermächtigung? www.autonomies.de, URL: http://www.autonomies.de/ (letzter Zugriff: 09.10.2015).

STÜSSI: *fällt ihm [d. h. Rudolph; I.N.] in den Arm:* Wagt es Herr!
Eu'r Walten hat ein Ende. Der Tyrann
Des Landes ist gefallen. Wir erdulden
Keine Gewalt mehr. Wir sind freie Menschen.
ALLE *tumultuarisch:* Das Land ist frei (NA 10, 2817–2821).

Tells Tat wird also unmittelbar politisch wirksam: Das Volk handelt nun kollektiv politisch und versteht sich als politische Instanz, die über politische Rechte verfügt. Somit sind weder die Wirkung der Tat noch die Begründung der Tat dem Bereich des Privaten zuzuordnen; Tell erklärt seine Tat nicht als Ausführung einer privaten Rache. Vielmehr findet sich in Tells Begründung der Tat eine Vermischung des Privaten und des Politischen; in der Formulierung „Frei sind die Hütten, sicher ist die Unschuld" (NA 10, 2793) verbinden sich das Private – die Hütte als *oikos* und damit als vorpolitischer Raum schließt nochmals an die Eingangsszene des Stücks an – und das Politische.

Die Reaktion des Volks auf die Tat lässt sich hauptsächlich im Bereich des Politischen verorten, die Tat konstituiert das Volk als souveränes ‚Wir': „Wir erdulden / Keine Gewalt mehr. Wir sind freie Menschen. / ALLE *(tumultuarisch):* Das Land ist frei" (NA 10, 2819 f.).

4.7 Die Folgen der Tat und die Legitimation *ex post*

Die Folgen der Tat für das Politische sind beachtlich: Direkt nach der Tat gelingt den Verschwörern die Eroberung der Burgen; „[d]ie Feinde sind verjagt. / [...] Die Burgen sind erobert" (NA 10, 2841 f.). Tells Tat wird von den Verschwörern somit nicht als Mord, sondern als allgemeine Befreiung von der tyrannischen Regierung Geßlers verstanden: „Der Tyrann / Ist todt, der Tag der Freiheit ist erschienen" (NA 10, 2856 f.); die Tat wird so unmittelbar mit der emphatisch gesetzten politischen Freiheit verknüpft und ist sogar ihre Voraussetzung.

Rhetorisch wird die Ermordung Geßlers jedoch von der politischen Revolution abgegrenzt. Walter Fürst betont angesichts der Begnadigung von Landenberg, dass das Politische, der „reine[] Sieg / Mit Blute nicht geschändet [wurde]" (NA 10, 2912 f.). Auch hier wird folglich weiterhin die politische Strategie verfolgt, die „Gewalttat außerhalb jeder kontraktualistischen Grundlage"[218] zu verorten, um die ‚Reinheit' und Legitimation des Bundes nicht in Frage zu stellen.[219] Tells Tat wird somit kategorisch von der Revolution gesondert. In Stauffachers Erör-

---
[218] Koschorke: Brüderbund und Bann, S. 118.
[219] Vgl. hierzu auch: Ebd.

terung erschien der Tyrannenmord noch als politische Notwendigkeit – „Nur mit dem Geßler fürcht ich schweren Stand, / [...] Nicht ohne Blut räumt er das Feld, ja selbst / Vertrieben bleibt er furchtbar noch dem Land, / Schwer ists und fast gefährlich, ihn zu schonen" (NA 10, 1428–1432) –; der Begriff des Bluts wird hier noch explizit aufgenommen, um nicht die ‚Reinheit' der gewaltfreien Revolution, sondern vielmehr die drohende politische Gefahr einer *nicht* durch Gewalt und Blutvergießen abgesicherten Revolution zu betonen. Walter Fürst schließt diese Überlegung nun strategisch aus der kollektiven Erinnerung aus. Die politische Erzählung der Revolution und der Gründungsmythos, die hier angelegt werden, figurieren eine gewaltfreie Revolution. Das heißt: Nicht nur während der Auseinandersetzung mit Geßler, die schließlich in der Tat Tells kulminiert, sondern auch in der Erinnerung und im Moment der Staatsgründung werden Tell und seine Tat aus strategischen Motiven in einem Bereich des Privaten – oder des Singulären – und des Nicht-Politischen verortet; ungeachtet der engen Verbindungen zwischen der Tat und der politischen Revolution, die Stauffacher wenig später mit der Figuration der heroisch-messianischen Figur Tell deutlich macht: „Wo ist der Tell? Soll Er allein uns fehlen, / Der unsrer Freiheit Stifter ist? Das Größte / Hat *er* gethan, das Härteste erduldet, / Kommt alle, kommt, nach seinem Haus zu wallen, / Und rufet Heil dem Retter von uns allen" (NA 10, 3082–3086). Auch Hedwig nimmt die Interpretation von Tell als „Retter" (ebd.) auf und betont die politische Dimension der Tat, die sich nicht im Privaten erschöpft: „Und euer Vater ists, der's Land gerettet" (NA 10, 3089).[220]

Angesichts der Ermordung des Kaisers, die für die Verschwörer einen günstigen Zufall darstellt, da sie andernfalls die Rache des Kaisers für den politischen Umsturz und die Ermordung Geßlers fürchten müssten, betont Walter Fürst einmal mehr die Notwendigkeit der Gewaltfreiheit und trägt mit der Definition von Tat und Untat zugleich eine politische wie ethische Programmatik vor: „So trägt die Unthat ihnen keine Frucht! / Rache trägt keine Frucht! Sich selbst ist sie / Die fürchterliche Nahrung, ihr Genuß / Ist Mord, und ihre Sättigung das Grausen" (NA 10, 3011–3014). Stauffacher, der kurz zuvor noch für den Tyrannenmord plädiert hat, nimmt die Abgrenzung auf und betont die ‚Reinheit' der Revolution. Das Blut bzw. das Blutvergießen wird hier semantisch wieder negativ aufgeladen: „Den Mördern bringt die Unthat nicht Gewinn, / *Wir* aber brechen mit der reinen Hand / Des blutgen Frevels segenvolle Frucht" (NA 10, 3015–3017).

Der Begriff der Untat, der sich aus der Differenzierung von Tat und Untat ergibt, ist nicht nur für *Wilhelm Tell* elementar, sondern wurde auch in Goethes

---

[220] Tell selbst nimmt diese Formulierung auf: „[Diese Hand] [h]at euch vertheidigt und das Land gerettet, / Ich darf sie frei hinauf zum Himmel heben" (NA 10, 3143f.).

Götz von Berlichingen und Schillers *Die Räuber* aufgerufen – in den Texten, die um 1900 entstehen, wird die Differenzierung oder die dezidierte Aufhebung ebendieser dann virulent. Die der Differenzierung zugrundliegende Logik muss für jeden Text individuell untersucht werden; in *Wilhelm Tell* ist die Wertung der Tat als Tat oder Untat durch ihre Funktion und Motivation motiviert: Tells dem Politischen und dem Allgemeinen verpflichteter positiv markierten Tat wird die egoistische Untat Parricidas entgegengestellt, die ihre Funktion allein in der persönlichen Bereicherung des Täters findet. Zugleich scheint das ‚rechte Maß' der Gewalt ein wichtiger Faktor für die Bewertung. Die Exzesse der Räuberbande in *Die Räuber* ließen diese als Untat erscheinen, die von Karl sanktioniert wird. Die dem Politischen zugerechnete Tat müsste folglich – so legen es zumindest die bisherigen Texte nahe – eine dem Allgemeinen verpflichtete Funktion aufweisen und sich die exzessive Gewaltausübung maßvoll versagen.

Tells Treffen mit dem Kaisermörder Parricida – ein „klassische[s] Entlastungsmanöver[]"[221] – kann somit als Textstrategie verstanden werden, um Tells altruistische Tat von der egoistischen Untat Parricidas abzugrenzen und zugleich eine Bannung der Gewalt vornehmen zu können: „Bevor die Gründungsgewalt in den Gründungsmythos der Republik einverleibt werden kann, muß sie symbolisch gebannt werden."[222] Die oben skizzierte Symbolik und Semantik der Reinheit und des Bluts werden hier wieder aufgenommen und von Tell gegen Parricida gewendet: „Von dem Blute triefend / Des Vatermordes und des Kaisermords, / Wagst du zu treten in mein reines Haus, / Du wagsts, dein Antliz einem guten Menschen / Zu zeigen und das Gastrecht zu begehren?" (NA 10, 3168–3172)

Tell ordnet sich als den „guten Menschen" (ebd.) zugehörig den Begriff der ‚Reinheit' zu, während Parricida, dem Mörder, das ‚triefende Blut' zugeordnet wird. Er trennt seine Tat nun kategorisch von der Tat Parricidas – „[n]icht die Tat allein, sondern vor allem das Motiv der Tat entscheidet über Schuld und Sühne, das ist eine sehr moderne Auffassung von Gerechtigkeit."[223]

> Unglücklicher!
> Darfst du der Ehrsucht blutge Schuld vermengen
> Mit der gerechten Nothwehr eines Vaters?
> Hast du der Kinder liebes Haupt vertheidigt?
> Des Heerdes Heiligthum beschützt? das Schrecklichste,

---

221 Koschorke: Brüderbund und Bann, S. 119.
222 Ebd.
223 Neuhaus: Literatur und nationale Einheit in Deutschland, S. 109. – Zu der Beobachtung, dass sich die Sanktion einer (Straf-)Tat nicht mehr nur an der Tat an sich, sondern auch an dem Motiv und der (psychischen) Situation des Delinquenten bemisst, vgl. auch: Michel Foucault: Überwachen und Strafen. Die Geburt des Gefängnisses. Frankfurt am Main: Suhrkamp 1994, S. 9–43.

> Das Lezte von den deinen abgewehrt?
> – Zum Himmel heb' ich meine reinen Hände,
> Verfluche dich und deine That – Gerächt
> Hab ich die heilige Natur, die *du*
> Geschändet – Nichts theil' ich mit dir – Gemordet
> Hast *du*, *ich* hab mein theuerstes vertheidigt (NA 10, 3174–3184).

In Tells Abgrenzung, die zugleich eine Legitimierung seiner Tat darstellt, werden die bislang im Text verhandelten Topoi zusammengeführt: Tell nennt die Legitimierungsstrategie der Notwehr, die eng mit dem väterlichen Schutz des *oikos* zusammenhängt und damit naturrechtlich verankert ist. Er nimmt den oben analysierten Begriff der ‚Reinheit' und des ‚Bluts' auf und trennt seine Tat als naturrechtlich legitimierte Verteidigung von dem wider die Natur geschehenden Mord, der Untat.

Die Begegnung mit Parricida dient jedoch nicht nur zur Differenzierung der Taten. Vielmehr lässt sich eine Parallelbewegung beobachten: Einerseits erfährt Tell eine Distanzierung von Parricida, andererseits nähert der Text Tell Parricida an. Ungeachtet der im vorigen Kapitel diskutierten Legitimierung des Tyrannenmords durch die Offenlegung der gewaltsam-despotischen Herrschaft Geßlers und der Etablierung einer Nothilfe/Notwehrsituation, in der die Tat Tells schließlich geschieht, spricht Tell von Mord – „so die auffällig oft wiederholte Vokabel".[224] Bereits im vierten Akt, bei der Selbstreflexion vor der Tat, benennt Tell in seinem langen Monolog sein Vorhaben als Mord.[225] „Meine Gedanken waren rein von Mord [...] / Sie alle ziehen ihres Weges fort / An ihr Geschäft – und Meines ist der Mord! [...] / Zu schützen vor der Rache des Tyrannen / Will er zum Morde jetzt den Bogen spannen!" (NA 10, 2570–2634) Die Trennung seiner Tat von der Untat Parricidas – „Gemordet / Hast *du*, *ich* hab mein theuerstes vertheidigt" (NA 10, 3183f.) –, mit der sich Tell eigenhändig von seiner Schuld freispricht und die vor der Tat erfolgte Formulierung des Mords nun allein auf Parricida anwendet, kann nicht von Tells „Schuld*bewußt*sein"[226] ablenken. „PARRICIDA: Nicht bis Ihr mir die Hand gereicht zur Hülfe. / TELL: Kann ich Euch helfen? Kanns ein Mensch der Sünde? / Doch stehet auf – Was Ihr auch gräßliches / Verübt – Ihr seid ein Mensch – Ich bin es auch –" (NA 10, 3221–3224). Der Monolog Tells wie

---

224 Guthke: Wilhelm Tell, S. 17.
225 „Tells Selbstgespräch reflektiert die Vertreibung aus Arkadien als Bedingung für den Entschluß zum Attentat und beleuchtet damit auch den Bewußtseinskonflikt, der ihn fortan begleiten wird." Alt: Schiller, S. 582.
226 Guthke: Wilhelm Tell, S. 22. [Hervorhebung im Original]

auch die Selbstbezeichnung als „Mensch der Sünde" (ebd.),[227] die zugleich eine Identifikation mit dem Mörder Parricida darstellt, zeigen, dass es um die „Agonie"[228] geht; es geht damit „um das unauflösliche seelische Dilemma in einer Situation, in der es für Tell keine moralische Rechtfertigung geben kann und doch der moralische Zwang zum Handeln besteht".[229] Tell hat sich im Laufe des Stücks verändert; er ist nicht mehr der „harmlos, einfach handelnde[] Charakter".[230] Vielmehr hat er die Entwicklung vom „Helden [...] zum Attentäter"[231] beschritten, die letztlich nur mit der Verabschiedung des Symbols seiner Tatkraft abgeschlossen werden kann: „WILHELM: Wo aber hast du deine Armbrust Vater? [...] / TELL: Du wirst sie nie mehr sehn. / An heilger Stätte ist sie aufbewahrt" (NA 10, 3136–3138). „Wesentlich bleibt, daß die Freiheit der Eidgenossen erkauft wird mit dem Verlust der Unschuld, die Tell zu Beginn bestimmte."[232]

Tell bleibt am Schluss des Textes folglich nur das Schweigen. In der allgemeinen Idylle wird Tell von den Schweizern nochmals als Held und Erlöser explizit in die soziale und politische Gemeinschaft integriert. Seine „Tangentialposition"[233] wird nun vermeintlich aufgehoben, seine Position wird an der Spitze der Gemeinschaft verortet: „ALLE: Es lebe Tell! der Schütz und der Erretter!" (NA 10, 3281) Im Gegensatz zu den anderen Schweizern kann Tell die Voraussetzungen und die Bedingungen der Installation der neuen politischen Ordnung nicht ignorieren. Er kann somit nicht den Bogen zurück zur musikalisch untermalten Idylle am Anfang schlagen, den das Stück mit der letzten Regieanweisung anlegt: *„Indem die Musik von neuem rasch einfällt, fällt der Vorhang"* (NA 10, nach 3290).

---

227 „Warum ‚Mensch der Sünde'? Unwahrscheinlich, daß dies nur als Erinnerung an die Gebrechlichkeit gemeint ist, die das allgemeine Los des Christen ist. Dämmert Tell im halben Bewußtsein das eigene – gewiß ganz anders motivierte – Vergehen gegen Gottes Gebot? [...] Als Mensch der Sünde spricht Tell seine Solidarität mit dem Kaisermörder aus [...]. Wenn das nicht als Trivialität versanden soll, muß man darin das geflügelte ‚homo sum' hören *und* den Folgesatz: ‚Nil humani a me alienum puto' – wo das *humanum* unmißverständlich die menschliche Schwäche meint, den Mangel an moralischer Perfektion." Guthke: Wilhelm Tell, S. 26 f. [Hervorhebungen im Original] – Die Gestik des Verhüllens des Gesichts nimmt diese Thesen auf. Vgl.: Ebd., S. 25. – Vgl. auch: Alt: Schiller, S. 584: „Es ist nach der Zeichensprache des antiken Theaters die Bewegung des Schuldigen, die er hier vollführt. Wenn auch Johannes am Ende seine Züge zu verbergen suchte, so bezeugt daß eine Verwandtschaft der Figuren, die im Dialog selbst nur angedeutet wird."
228 Guthke: Wilhelm Tell, S. 23.
229 Ebd.
230 Friedrich Schiller: Gespräch mit Böttiger. Weimar, etwa 20.03.1804. In: ders.: Schillers Werke. Nationalausgabe. 42. Bd. Schillers Gespräche. Hrsg. v. Dietrich Germann und Eberhard Haufe. Weimar: Böhlau 1967, S. 380.
231 Alt: Schiller, S. 584.
232 Ebd., S. 583.
233 Reemtsma: Vertrauen und Gewalt, S. 524.

Somit wird Tell zwar von den Schweizern innerhalb der Gemeinschaft verortet, er selber aber positioniert sich weiterhin in der „Tangentialposition".[234] Die Tat Tells führt entgegen der geläufigen Interpretation des Stücks nicht in die allgemeine Idylle, sondern zeigt, wie die Tat zwar die Voraussetzung für die neue politische Ordnung schaffen kann, zugleich aber aus dieser Ordnung exkludiert wird. Aufgrund der Schuld, die notwendig mit der Durchführung der Tat einhergeht, wird der die Tat Ausführende der Gesellschaft enthoben. Die politische Befreiung ist nicht ohne den „Mord" (NA 10, 2570) zu haben; die Tat ist nicht ohne Schuld zu vollbringen, wie auch Tell selbst feststellt und mit der Abgabe der Armbrust deutlich artikuliert. Die Schuld Tells besteht hierbei sowohl im Bereich des Rechtlich-Politischen als auch im Bereich des Moralisch-Religiösen; durch die zwangsläufig auf die Tat folgende Schuld werden somit die religiöse und die politische Ordnung wieder verknüpft, der Schluss des Textes schlägt den Bogen zurück zum Beginn.

Zugleich wird durch den Text eine Lesart deutlicher konturiert, die sich in den bisher analysierten Texten bereits angedeutet hat: Die Texte entwerfen die Tat, die im Sinne einer postfundamentalistischen Tat die vormaligen festen Fundamente aufkündigt und als kontingent ausstellt, als scheiternde Tat. Das heißt: Wenn um 1800 im Gegensatz zu 1700 nun die postfundamentalistische Tat möglich wird, so wird sie direkt zu Beginn bereits problematisiert und als ordnungssprengend sowie als exzentrisch erzählt. Die Tat bricht mit der aufgeladenen alten Ordnung, die fundamentale Instanzen wie Transzendenz in das System installiert und bricht damit die alte Ordnung. Die emphatischen Täterfiguren und die emphatischen Taten erweisen sich jedoch – auch wenn sie als Tat auf das Politische verpflichtet sind und vom Text positiv markiert werden – als nicht integrierbar in die neue Ordnung. Die exzentrische Position, die Götz einnimmt, die „Tangentialposition" Tells oder Karls Verortung ‚an den Grenzen' mögen diese Positionierung verdeutlichen. Die Subjektivierung als emphatischer Täter bedeutet zugleich den Ausschluss aus der Ordnung; im besten Fall vermag sich der Täter an den Rändern der Ordnung und der Gesellschaft zu bewegen. Die in den Texten um 1800 zu beobachtenden Veränderungen des Politischen in Richtung des postfundamentalistischen Politischen legen also nicht eine Lesart nahe, die die Transformation des Politischen als einseitige Erfolgsgeschichte (die in Richtung Republik und Demokratie fortschreitet) versteht. Vielmehr wird die Frage nach der Essenz des Politischen und nach den Kosten des Politischen bzw. der politischen Transformationsprozesse in den Raum gestellt und die neue Form des Politischen, die die alte Ordnung abgelöst hat, auf ihre Struktur befragt. Die Kontingenz sowie der

---

234 Ebd.

Verlust der Fundamente werden nicht nur als Gewinn verbucht; die Diskussion des problematischen Abgrunds des Grundlosen für das Subjekt wird in den Texten bereits angelegt.

5 Die Tat, die Reflexion und das Zaudern: Heinrich von Kleists *Von der Überlegung. Eine Paradoxe* (1810)

5.1 Einleitung

In Friedrich Schillers Text *Wilhelm Tell* stellt Tell angesichts einer Notlage, in der schnelle Hilfe vonnöten wäre, die Gefahr des Zögerns und Zauderns deutlich heraus: „Mit eitler Rede wird hier nichts geschafft, / Die Stunde dringt, dem Mann muss Hülfe werden" (NA 10, 148 f.). Angesichts der notwendigen Tat kann die Reflexion des Geschehens, die diskursive Fassung, nur als Tathemmung gelesen werden; die Rechtfertigungsrede des Fährmanns – „Und wär's mein Bruder und mein leiblich Kind, / Es kann nicht seyn, 's ist heut Simons und Judä, / Da ras't der See und will sein Opfer haben" (NA 10, 146 f.) –, wird als Rhetorik, als „eitle[] Rede" (NA 10, 148) gedeutet, die die Ausführung der Tat behindert. Dem Zaudern wird eine Absage erteilt – die Textstelle lässt sich als eine emphatische Evokation der Tat lesen. Das produktive Moment des Zögerns und Zauderns, also die Aussetzung der Tat zugunsten der (tatenlosen) Reflexion, die etwa Joseph Vogl in *Über das Zaudern* stark macht, wird in Heinrich von Kleists Text *Von der Überlegung. Eine Paradoxe* erneut – zumindest auf den ersten Blick[235] – zugunsten der Realisierung der Tat abgeblendet und damit ein wirkmächtiger Topos[236] in Kleists Werk artikuliert:[237] „Die Überlegung, wisse, findet ihren Zeitpunkt weit schickli-

---

[235] Zu der Problematik der simplifizierenden Lesart des Textes – „The few scholars to comment on *Von der Überlegung* read this argument straightforwardly, as if Kleist himself and not a fictional character (the father-narrator) were speaking" – vgl.: John Zilcosky: Von der Überlegung: Of Wrestling and (Not) Thinking. Canadian Review of Comparative Literature 41 (2014), Heft 1, S. 17–27, hier: S. 18.
[236] Vgl.: Uwe Schütte: Die Poetik des Extremen. Ausschreitungen einer Sprache des Radikalen. Göttingen: Vandenhoeck & Ruprecht 2006, S. 42.
[237] Zu diesem Topos vgl. auch den Brief vom 15.08.1801: „Zuweilen, wenn ich die Bibliotheken ansehe, wo in prächtigen Bänden die Werke Rousseaus, Helvetius', Voltaires stehen, so denke ich, was haben sie genutzt? Hat ein einziges seinen Zweck erreicht? Haben sie das Rad aufhalten können, das unaufhaltsam stürzend seinen Abgrund entgegeneilt? Oh hätten alle, die gute Werke *geschrieben* haben, die Hälfte von diesem Guten *getan*, es stünde besser um die Welt." Heinrich von Kleist: Brief an Wilhelmine von Zenge vom 15.08.1801. In: ders.: Sämtliche Werke und Briefe. Bd. 2. Hrsg. v. Helmut Sembdner. München: dtv 1984, S. 680–685, hier: S. 681. [Hervorhebungen im Original]

cher *nach*, als vor der That."²³⁸ Mit dem Bild des Athleten, des kämpfenden Ringers – „a metaphor for modern man in general"²³⁹ – wird die Notwendigkeit der unmittelbaren Tat im Kampf und im „Gespräch" (BA 1, 302) dargelegt:

> Der Athlet kann, in dem Augenblick, da er seinen Gegner umfaßt hält, schlechthin nach keiner anderen Rücksicht, als nach bloßen augenblicklichen Eingebungen verfahren; und derjenige, der berechnen wollte, welche Muskeln er anstrengen, und welche Glieder er in Bewegung setzen soll, um zu überwinden, würde unfehlbar den Kürzeren ziehen, und unterliegen (BA 1, 301).

Der Text lässt sich jedoch nicht nur als Evokation der Tat verstehen, die, wie im Folgenden gezeigt wird, durch die Form des Textes als geplanter Rede sowie durch den Untertitel *Eine Paradoxe* ironisch unterlaufen wird. Er kann auch als Reflexion der Möglichkeit der intendierten Handlung gelesen werden. Eine Handlung unterscheidet sich von einer bloßen Bewegung, wie David E. Wellbery anhand von Kleists Erzählung *Das Bettelweib von Locarno* ausführt, dadurch, dass sie *per definitionem* intentional, sinnhaft und damit „*begeistigt*"²⁴⁰ geschehen muss. Wellbery zeigt somit, dass sich Handlung und Bewegung nicht durch eine empirische Beobachtung der Motorik differenzieren lassen, sondern nur durch eine „intern[e]"²⁴¹ Sinnzuschreibung:

> Bei Kleist jedoch [...] ist die zum Aufbau des narrativen Gerüsts notwendige Operation der Handlungszuschreibung keineswegs selbstverständlich. Oft stolpert die Sinnattribution über eine zufällige, als Handlung nicht mehr zu verstehende Bewegung. Oft geht die Handlung – man denke an Mirabeaus Donnerwort in der *Allmähligen Verfertigung der Gedanken beim Reden* – aus einem sinnlosen Kausalnexus hervor. Kleists Erzähltexte sind auch meta-narrative Texte, die die Entstehung des Handlungssinns – und damit der Erzählung selbst – aus dem Unsinn der Bewegung nachzeichnen.²⁴²

---

238 Heinrich von Kleist: Von der Überlegung. Eine Paradoxe. In: ders.: Sämtliche Werke. Brandenburger Ausgabe. Bd. II/7. Berliner Abendblätter I. Hrsg. v. Roland Reuß und Peter Staengle. Frankfurt am Main und Basel: Stroemfeld 1997, S. 301 f., hier: S. 301. Der Text wird im Folgenden unter der Sigle BA 1 und der Seitenzahl im Haupttext nachgewiesen. Hervorhebungen im Original werden in den zitierten Stellen durch Kursivierung nachgewiesen.
239 Zilcosky: Von der Überlegung: Of Wrestling and (Not) Thinking, S. 18.
240 David E. Wellbery: Bewegung und Handlung. Narratologische Beobachtungen zu einem Text von Kleist. In: Kleist Jahrbuch (2007), Heft 1, S. 94–101, hier: S. 95. [Hervorhebung im Original]
241 Ebd., S. 94.
242 Ebd., S. 95.

Mit der Frage nach der Differenzierbarkeit von Handlung und Bewegung geht die Frage nach der *„phänomenalen Identität"*[243] der Figuren einher. In Kleists Text *Marionettentheater* werden diese variierend durchgespielt[244] und gleichzeitig wird die oben angedeutete Differenzierung, die den motorischen Akt auf ihren intentionalen Gehalt befragt, nochmals beleuchtet. Was bedeutet es also für die Handlung bzw. Bewegung, wenn der dem Ringer in *Von der Überlegung* verwandte fechtende Bär im *Marionettentheater* dem intentional handelnden Fechter überlegen ist?

5.2 Paradoxe Überlegungen

Der Text setzt nicht direkt mit der geplanten und zukünftigen Rede des Erzählers an seinen Sohn ein, vielmehr erfolgt vorab eine Rahmung der zu haltenden Rede. Die Rahmung der Rede macht deutlich, dass Kleist nicht nur einen distanzerzeugenden fiktionalen Erzähler installiert, sondern mit der Vorrede den prospektiven und ‚überlegten' Charakter der Rede herausstellt, die eben nicht, in Anlehnung an Kleists bekannten Text, als eine *allmählige Verfertigung der Gedanken beim Reden* verstanden werden kann. Die Planung der Rede, die wiederum als gedankliche Vorverfertigung der Rede der Form der Versprachlichung unterliegt – wodurch sich eine doppelte Paradoxie ergibt –, unterläuft ironisch die Intention des Erzählers, die darin besteht, den Eingangssatz des Textes zu falsifizieren: „Man rühmt den Nutzen der Überlegung in alle Himmel; besonders der kaltblütigen und langwierigen, vor der That" (BA 1, 301). Da der Erzähler den zitierten Satz im Folgenden nun widerlegen will – der erste und zugleich programmatische Satz der Rede lautet: „Die Überlegung, wisse, findet ihren Zeitpunkt weit schicklicher *nach*, als vor der That" (ebd.) –, stehen der theoretische oder philosophische Inhalt und die performative Form des Textes bereits zu seinem Beginn in Widerspruch. „The anti-thinking father thinks ahead of time about how he will criticize thinking ahead of time".[245] Das von Zilcosky herausgestellte „thinking ahead of time" des Erzählers wird in den ersten Sätzen des Textes deutlich, die das Verfahren der Planung der Rede als das eben kritisierte „kaltblütige[] und langwierige [...] [Überlegen] vor der That" (BA 1, 301) entlarven: „[S]o denke ich meinem Sohn einst, besonders wenn er sich zum Soldaten bestimmen sollte, folgende Rede zu halten" (ebd.). Der Text bzw. die Rahmung des Textes

---

[243] Stefan Rieger: Choreographie und Regelung. Bewegungsfiguren nach Kleists *Marionettentheater*. In: Kleist Jahrbuch (2007), Heft 1, S. 162–182, hier: S. 163. [Hervorhebung im Original]
[244] Vgl.: Ebd.
[245] Zilcosky: Von der Überlegung: Of Wrestling and (Not) Thinking, S. 18.

zeigen somit, dass sich *Von der Überlegung* nicht als einfaches Plädoyer gegen die Überlegung verstehen lässt, vielmehr operiert der kurze Text durchgängig mit dem Widerspruch der beiden Ebenen Inhalt und Form.

Der Text setzt im ersten Satz mit der Kernthese ein, die im Folgenden anhand eines einzigen Beispiels belegt wird, indem eine Analogie zwischen dem Kampf mit dem gegnerischen Ringer und dem „Leben [...] [als] Kampf mit dem Schicksal" (ebd.) aufgemacht wird. Die Beobachtungen, die Peter Philipp Riedl anhand der „für Kleist [...] typische[n] militärische[n] Metaphorik"[246] in *Über die allmählige Verfertigung der Gedanken beim Reden* anstellt – „der Dialog bei Kleist [...] [nimmt] den Charakter eines Kampfes an"[247] – lassen sich auch an *Von der Überlegung* anlegen. Mit der Einschränkung, dass sich die Kernthesen – die Vorgängigkeit des Handelns vor dem Denken in *Von der Überlegung* und die „Simultaneität von Denken und Sprechen"[248] in *Über die allmählige Verfertigung der Gedanken beim Reden* – grundsätzlich voneinander unterscheiden.

Zur Illustration der These verweist der Erzähler auf einen Ringkämpfer, der „in dem Augenblick, da er seinen Gegner umfaßt hält, schlechthin nach keiner anderen Rücksicht, als nach bloßen augenblicklichen Eingebungen verfahren" (BA 1, 301) kann. Die sich aus der „Eingebung[]" (ebd.) ergebene Kraftentfaltung kann nicht mit der Überlegung des Verstandes kombiniert werden, die Überlegung würde die Kraftentfaltung hemmen, der denkende und planende Kämpfer würde unweigerlich verlieren: „[D]erjenige, der berechnen wollte, welche Muskeln er anstrengen, und welche Glieder er in Bewegung setzen soll, um zu überwinden, würde unfehlbar den Kürzeren ziehen, und unterliegen" (ebd.).

Die Überlegung wird folglich als Hemmung oder Unterdrückung der Kraft verstanden. In dem textprägenden (bio-)mechanischen oder hydraulischen Verständnis kann entweder nur die Überlegung oder nur die Kraft wirken: „Wenn sie [d. h. die Überlegung; I.N.] vorher, oder in dem Augenblick der Entscheidung selbst, ins Spiel tritt: so scheint sie nur die zum Handeln nöthige Kraft, die aus dem herrlichen Gefühl quillt, zu verwirren, zu hemmen und zu unterdrücken" (ebd.). Um die (bio-)mechanische Hemmung zu vermeiden, darf die Überlegung nicht während des Handelns einsetzen, sondern vielmehr erst im Anschluss, nachdem die Handlung beendet ist. Die Überlegung wird hier nicht als prospektives, handlungsplanendes Moment, sondern nur als retrospektives, reflek-

---

[246] Peter Philipp Riedl: Über die allmählige Verfertigung der Gedanken beim Reden. In: Ingo Breuer (Hrsg.): Kleist Handbuch. Leben – Werk – Wirkung. Stuttgart und Weimar: Metzler 2009, S. 150–152, hier: S. 151.
[247] Ebd.
[248] Ebd.

tierendes Instrument verstanden, das die eben abgeschlossene Handlung evaluiert:

> [D]agegen sich nachher, wenn die Handlung abgethan ist, der Gebrauch von ihr machen läßt, zu welchem sie dem Menschen eigentlich gegeben ist, nämlich sich dessen, was in dem Verfahren fehlerhaft und gebrechlich war, bewußt zu werden, und das Gefühl für andere künftige Fälle zu reguliren (ebd.).

Im Bild des Ringkampfes kann der Athlet sinnvoll erst nach Beendigung des Kampfs, „wenn er gesiegt hat oder am Boden liegt, [...] überlegen, durch welchen Druck er seinen Gegner niederwarf, oder welch ein Bein er ihm hätte stellen sollen, um sich aufrecht zu erhalten" (BA 1, 301f.). Der Text schließt, indem der Erzähler die am Ringkampf verifizierte These nun an die Ausgangsthese anschließt und diese für allgemeingültig erklärt:

> Wer das Leben nicht, wie ein solcher Ringer, umfaßt hält, und tausendgliedrig, nach allen Windungen des Kampfs, nach allen Widerständen, Drücken, Ausweichungen und Reactionen, empfindet und spürt: der wird, was er will, in keinem Gespräch, durchsetzen; vielweniger in einer Schlacht (BA 1, 301).

5.3 Formel und Metapher

1810 erschien in den *Berliner Abendblättern* ein kurzer Text Heinrich von Kleists: „Man könnte die Menschen in zwei Klassen abteilen; in solche, die sich auf eine Metapher und 2) in solche, die sich auf eine Formel verstehn. Deren, die sich auf beides verstehn, sind zu wenige, sie machen keine Klasse aus".[249] Anhand dieses kurzen beispielhaften Textes erarbeitet Jürgen Fohrmann ein Verfahren für die Texte Kleists im Allgemeinen, das von den beiden auf der Objektebene vorgeschlagenen Begriffen Formel und Metapher ausgeht und ihr „Mit- und Gegeneinander"[250] beobachtet, um so „Struktur [...] und Bewegung"[251] der Texte herauszuarbeiten. Fohrmann definiert Formel hierbei als Ersetzung, als ein „quid pro

---

[249] Heinrich von Kleist: Fragmente. In: ders.: Sämtliche Werke. Brandenburger Ausgabe. Bd. II/7. Berliner Abendblätter I. Hrsg. v. Roland Reuß und Peter Staengle. Frankfurt am Main und Basel: Stroemfeld 1997, S. 310.
[250] Jürgen Fohrmann: Schreiben nach Kleist. Kurze Vor-Schrift. In: Anne Fleig, Christian Moser und Helmut J. Schneider (Hrsg.): Schreiben nach Kleist. Literarische, mediale und theoretische Transkriptionen. Freiburg im Breisgau und Berlin: Rombach 2014, S. 31–34, hier: S. 33.
[251] Ebd.

quo".²⁵² Die Metapher hingegen wird vom Wortsinn ausgehend definiert: „meta – phorein: Etwas wird von einem Ort an einen anderen gelegt, und damit – wenn B zu A werden, A ersetzen soll – verändert sich auch A, wird gewissermaßen A'."²⁵³ Fohrmanns These besagt nun, dass Kleists Texte mit der Kopplung von Formel und Metapher arbeiten und ihre kontinuierliche Bewegung aus eben dieser Kopplung gewinnen. Kleists Feststellung, dass die Menschen, „die sich auf beides [also Formel und Metapher; I.N.] verstehen",²⁵⁴ nur sehr wenige sind, soll nun mit den skizzierten Überlegungen Fohrmanns zu Formel und Metapher an den Text *Von der Überlegung* angelegt werden, um Fohrmanns These in der Anwendung zu diskutieren: „Man könnte diese Bewegung in gewisser Weise zugleich als eine *gerechnete* bezeichnen, als eine ständig kalkulierte, häufig wechselnde Figuration der Paradoxe."²⁵⁵

Anhand des Textes *Von der Überlegung* lässt sich dieses Strukturprinzip nun analysieren und so zugleich eine übergreifende Dynamik der Texte von Kleist herausarbeiten. In dem Text können die zwei „Figuration[en] der Paradoxe"²⁵⁶ einerseits als der theoretische Inhalt der zukünftigen Rede und andererseits als die performative Form, die diese Rede prospektiv vorbereitet und plant, verstanden werden. Der Text lässt sich nun eben nicht auf eine der beiden Lesarten limitieren: Den Text als Handlungsanweisung zu verstehen, dem Ringer – „Thou shalt be like the wrestler!"²⁵⁷ – oder dem sorgsam Überlegenden gleich zu werden, wäre sicherlich eine Verkürzung der Textintention. Vielmehr scheint die kreisförmige²⁵⁸ Parallelführung der beiden sich widersprechenden Thesen den Kern auszumachen. Die von Wellbery ausgemachte Dichotomie von Handlung und Bewegung erfährt somit ebenfalls eine Anknüpfung. Wenn die Handlung bei Kleist nach Wellbery oft „aus einem sinnlosen Kausalnexus"²⁵⁹ hervorgeht und dadurch „meta-narrative"²⁶⁰ Strukturen etabliert, dann lassen sich *Von der Überlegung* wie auch *Über das Marionettentheater* aus einer poetologischen Per-

---

252 Ebd., S. 32.
253 Ebd.
254 Kleist: Fragmente, S. 310.
255 Fohrmann: Schreiben nach Kleist. Kurze Vor-Schrift, S. 33. [Hervorhebung im Original]
256 Ebd.
257 Zilcosky: Von der Überlegung: Of Wrestling and (Not) Thinking, S. 18.
258 Zu den kreis- und nicht spiralförmigen Strukturen in den Texten von Kleist vgl. auch die Ausführungen von Helmut J. Schneider zu Kleists *Über das Marionettentheater*: Helmut J. Schneider: Dekonstruktion des hermeneutischen Körpers. Kleists Aufsatz *Über das Marionettentheater* und der Diskurs der klassischen Ästhetik. In: Kleist-Jahrbuch (1998), S. 153–175, hier: S. 154.
259 Wellbery: Bewegung und Handlung, S. 95.
260 Ebd.

spektive als „performativer, nicht mehr mimetisch-nachvollziehbarer Schreibakt charakterisieren".[261] Rüdiger Campe zeigt in Anlehnung an Viktor Šklovskijs Text *Die Kunst als Verfahren*,[262] dass das ästhetische Verfahren in *Von der Überlegung*

> [s]tatt wie in der traditionellen und eben auch symbolischen Figuration eine Bedeutung durch eine andere zu ersetzen, [...] das Verstehen [unterbricht] [...]. Das Verfahren der Wahrnehmung wird darüber zu der Wahrnehmung des Verfahrens.[263]

Die Überlegungen von Campe und Fohrmann lassen sich nicht nur für die Texte von Kleist fruchtbar machen, sondern arbeiten ein Verfahren heraus, das für die Analyse der Verschiebungen oder Transformationsbewegungen, die etwa durch die Tat angeregt oder vollzogen werden, zu nutzen ist: Die „kalkulierte, häufig wechselnde Figuration der Paradoxe"[264] produziert nicht bloßen ‚Unsinn' – wie es Wellbery für die nicht „*begeistigt[e]*"[265] und damit nicht-intentionale Bewegung zeigt, die eben nicht Handlung ist –, sondern generiert gerade in den variablen Figurationen Sinn, da sie im Hinblick auf die ästhetische Fassung als metanarratives Element den Blick auf das Verfahren und im Hinblick auf die Aushandlung des Politischen den Blick auf die kontingenten Gründungen lenkt. Somit muss die bereits in *Götz von Berlichingen* und *Wilhelm Tell* angelegte folgeträchtige Dichotomie von Wort und Tat, die in beiden Texten einseitig in Richtung Tat aufgelöst werden soll, nochmals befragt werden. Die Diskursivierung der Tat, die mit der Aussetzung der Tat einhergeht, genauer: das Oszillieren zwischen Wort und Tat wäre somit nicht allein als defizitär zu werten – auch wenn die Texte diese Logik der Tat anlegen –, sondern im Sinne Vogls als produktiv zu verstehen. Die Tat könnte somit zum einen die sedimentierten und invisibilisierten Aushandlungsvorgänge wieder sichtbar machen und die jeweilige Setzung als Setzung herausstellen. Zugleich kann die Tat, wie skizziert, die Transformation im Sinne Fohrmanns einleiten und die Verschiebung von A über B zu A' bewirken.

---

[261] Ulrich Johannes Beil: Über das Marionettentheater. In: Breuer (Hrsg.): Kleist Handbuch, S. 152–156, hier: S. 155.
[262] Viktor Šklovskij: Die Kunst als Verfahren. In: Jurij Striedter und Wolf-Dieter Stempel (Hrsg.): Texte der russischen Formalisten. Bd. 1. Texte zur allgemeinen Literaturtheorie und zur Theorie der Prosa. München: Fink 1969, S. 2–35.
[263] Rüdiger Campe: Verfahren. Kleists Allmähliche Verfertigung der Gedanken beim Reden. In: Sprache und Literatur 43 (2012), Heft 2, S. 2–21, hier: S. 3 f.
[264] Fohrmann: Schreiben nach Kleist. Kurze Vor-Schrift, S. 33. [Hervorhebung im Original]
[265] Wellbery: Bewegung und Handlung, S. 95. [Hervorhebung im Original]

6 Die Selbstermächtigung zur Tat: Heinrich von Kleists *Michael Kohlhaas* (1810)

6.1 Einleitung

Die Texte Friedrich Schillers, *Die Räuber* und *Wilhelm Tell*, wurden als Diskussion der politischen Ordnung, als Erzählung der Realisierung des politischen „Erscheinungsraum[s]"[266] im Sinne Hannah Arendts gelesen. Die topographische, soziale und rechtliche Aussetzung der Räuberbande in *Die Räuber* schafft eine Experimentsituation, in der die Fragen nach der Form und Legitimität der politischen Ordnung erörtert und mit der Frage nach der Legitimität der Gewalt – und der Gewalttat – engeführt werden konnten. In *Wilhelm Tell* wird die Realisierung des „Erscheinungsraum[s]" und die diskursive Neuschaffung der politischen Ordnung nachgezeichnet, die wiederum in enger Verbindung zu der strategisch notwendigen Gewalt steht, die jedoch aus der Neu- und Begründung der Gemeinschaft diskursiv ausgeschlossen und somit ‚gebannt' wird.

In Heinrich von Kleists *Michael Kohlhaas* wird die radikale Selbstermächtigung des Subjekts im Fokus der Überlegungen stehen. Der Text, der diese Selbstermächtigung des Protagonisten erzählt, folgt einer „Dramaturgie des Exzesses"[267] und demonstriert, wie eine „dysfunktionale politische Gewalt die Entfesselung unkontrollierter und auch unkontrollierbarer physischer Gewalt"[268] nahezu zwangsläufig evozieren muss. Die exzessive Gewalt von Kohlhaas ist folglich nur vor dem Hintergrund der staatlichen Gewalt und dem scheiternden Versuch, diese rechtlich einzuhegen, zu verstehen. Die Gewalt und der Terror finden sich jedoch nicht nur auf der Ebene der *histoire*, sondern auch auf der Formebene bzw. der Ebene des *discours*: „Der Terror liegt in der Erzählweise von ‚Michael Kohlhaas' beschlossen."[269] In Kleists Werk kann *Michael Kohlhaas* als die eine mögliche Form der Selbstermächtigung zur Tat gelesen werden. Die andere – konträr akzentuierte – Form wäre in Kleists Text *Die Hermannsschlacht*

---

266 Arendt: Vita activa, S. 250–263.
267 Peter Philipp Riedl: Texturen des Terrors: Politische Gewalt im Werk Heinrich von Kleists. In: Publications of the English Goethe Society 78 (2009), Heft 1, S. 32–46, hier: S. 32.
268 Ebd.
269 David Ratmoko: Das Vorbild im Nachbild des Terrors. Eine Untersuchung des gespenstischen Nachlebens von ‚Michael Kohlhaas'. In: Kleist-Jahrbuch (2003), S. 218–231, hier: S. 218.

zu finden, in der die gelingende und produktive Selbstermächtigung erzählt wird.[270]

Die Frage, ob es sich bei Kohlhaas um einen Terroristen,[271] einen Partisanen,[272] einen Amokläufer,[273] einen „paradox verfrühten Jakobiner"[274] oder doch ‚nur' um einen von der Obrigkeit um sein Recht betrogenen Pferdehändler handelt, ist für die folgende Argumentation sekundär. Vielmehr soll im Fokus der Überlegung die Selbstermächtigung zur radikalen Tat stehen, die sich aus der Verweigerung des Rechts und der Verunmöglichung des politischen – und, in Erweiterung der Theorie von Arendt, rechtlichen – „Erscheinungsraum[s]"[275] begründet. Der erste Satz des Textes, mit dem neben der räumlichen und zeitlichen Verortung der Erzählung auch eine Charakterisierung von Kohlhaas erfolgt, soll leitend für die Entfaltung der Kernthese sein: „An den Ufern der Havel lebte, um die Mitte des sechzehnten Jahrhunderts, ein Rosshändler, namens *Michael Kohlhaas*, Sohn eines Schulmeisters, einer der rechtschaffensten zugleich und entsetzlichsten Menschen seiner Zeit."[276]

---

270 Zu Kleists *Die Hermannsschlacht* vgl.: Neuhaus: Literatur und nationale Einheit, S. 115–130. – Vgl. auch: Martina Wagner-Egelhaaf: Hermanns Schlachten. Zur Literaturgeschichte eines nationalen Mythos. Bielefeld: Aisthesis 2008.
271 Wolf Kittler interpretiert die Gewalttaten von Kohlhaas als „terroristisch, weil es sich dabei weder um den irregulären Kampf eines Partisanen gegen die reguläre Truppe eines Okkupanten noch um die Rache an einem persönlichen Feind, sondern um einen gezielten und erpresserischen Anschlag auf das Leben und Gut unbeteiligter Dritter handelt." Wolf Kittler: Die Geburt des Partisanen aus dem Geist der Poesie. Heinrich von Kleist und die Strategie der Befreiungskriege. Freiburg im Breisgau: Rombach 1987, S. 304.
272 Carl Schmitt stellt bekanntlich heraus, dass es sich bei Kohlhaas eben nicht um einen Partisanen handelt, „weil er nicht politisch wurde und ausschließlich für sein eigenes verletztes privates Recht kämpfte, nicht gegen einen fremden Eroberer und nicht für eine revolutionäre Sache. In solchen Fällen ist die Irregularität unpolitisch und wird rein kriminell." Schmitt: Theorie des Partisanen, S. 92.
273 Vgl. hierzu etwa: Oliver Kohns: Warum läuft Michael K. Amok? Kleist und die Kulturgeschichte des Amoklaufs. In: kultuRRevolution 55/56 (2009), Heft 2, S. 94–97. Kohn nimmt hier die Kernthesen von Heiko Christian auf und legt sie an den Kleist-Text an. Vgl.: Heiko Christian: Amok. Geschichte einer Ausbreitung. Bielefeld: Aisthesis 2008.
274 Ernst Bloch: Naturrecht und menschliche Würde. In: ders.: Werkausgabe Bd. 6. Frankfurt am Main: Suhrkamp 1961, S. 93–102, hier: S. 93.
275 Arendt: Vita activa, S. 250–263.
276 Heinrich von Kleist: Michael Kohlhaas. In: ders: Sämtliche Werke und Briefe. Bd. 3. Erzählungen, Anekdoten, Gedichte, Schriften. Hrsg. v. Klaus Müller-Salget. Frankfurt am Main: Deutscher Klassiker Verlag 1990, S. 13. Der Text wird im Folgenden unter der Sigle DKV 3 gefolgt von der Seitenzahl im Haupttext zitiert. Hervorhebungen im Original werden in den zitierten Stellen durch Kursivierung nachgewiesen.

6.2 Die Problematik des „und"

Im Folgenden wird die Verbindung der sich scheinbar semantisch ausschließenden Eigenschaften „rechtschaffensten zugleich und entsetzlichsten Menschen" – also das „Skandalon des ‚zugleich'"[277] – diskutiert; die den meisten Lesarten zugrundeliegende Entscheidung für eine der beiden Seiten soll hier folglich kritisch hinterfragt werden.[278]

Die Semantik von ‚entsetzlich' ergibt sich aus der Erzählung der exzessiven Gewalt, die Kohlhaas im Text ausübt und die keiner Regulierung oder Einhegung unterworfen wird. Die Semantik von ‚rechtschaffen' ist jedoch komplexer und vielschichtiger: Versteht man ‚rechtschaffen' als „recht beschaffen",[279] wird hier – und das entspricht der alltäglichen Verwendung des Begriffs – nicht nur ein rechtliches, sondern auch ein moralisches Register gezogen.[280] ‚Recht' würde hier als „den Gesetzen und Geboten entsprechend, sittlich gut"[281] interpretiert. ‚Rechtschaffen' lässt sich jedoch nicht auf die rechtliche und moralische Qualifizierung der ‚Veranlagung' eines Menschen reduzieren; vielmehr enthält der Begriff auch eine „aktive Komponente".[282] ‚Schaffen' bedeutet auch „schöpferisch gestaltend hervorbringen".[283] Nimmt man die über die Etymologie erschlossene passive und aktive Komponente des Begriffs ernst und versucht, das ‚schöpferische' und ‚gestaltende' ‚Hervorbringen' in den Taten von Kohlhaas zu fokussieren, so lässt sich eine Lesart an den Text anlegen, die Kohlhaas nicht als (destruktiven) Terroristen oder Amokläufer versteht, sondern die vielmehr die rechtliche und politische Situation, die der Text evoziert, diskutiert. Die Taten werden dann zwar immer noch als radikale wie entgrenzte Gewalt verstanden, zugleich aber wird die

---

277 Hans Richard Brittnacher: Das ‚Rechtsgefühl einer Goldwaage' oder: Kohlhaas läuft Amok. In: ders. und Irmela von der Lühe (Hrsg.): Risiko. Experiment. Entwurf. Kleists radikale Poetik. Göttingen: Wallstein 2013, S. 131–148, hier: S. 138.
278 Zum Stand der Forschung und zu den Lesarten, die jeweils eine Position favorisieren, vgl.: Bernd Hamacher: Schrift, Recht und Moral. Kontroversen um Kleists Erzählen anhand der neuen Forschung zu *Michael Kohlhaas*. In: Anton Philipp Knittel und Inka Kording (Hrsg.): Heinrich von Kleist. Neue Wege der Forschung. Darmstadt: WBG Wissenschaftliche Buchgesellschaft 2009, S. 254–278.
279 Der Duden in zwölf Bänden. Bd. 7. Das Herkunftswörterbuch. Etymologie der deutschen Sprache. Hrsg. v. der Dudenredaktion. Berlin: Dudenverlag ⁵2014, S. 682.
280 Zur Semantik des Begriffs ‚rechtschaffen' aus juristischer Sicht vgl.: Holm Putzke: Beschleunigtes Verfahren bei Heranwachsenden. Zur strafprozessualen Ausprägung des Erziehungsgedankens in der Adoleszenz. Holzkirchen: Felix 2004, S. 35.
281 Duden, S. 682.
282 Putzke: Beschleunigtes Verfahren, S. 35.
283 Duden, S. 724.

Produktivität der Taten hinsichtlich der rechtlichen und politischen Ordnung in den Blick genommen.

Wenngleich der Erzähler Kohlhaas' Taten und „sein Andenken" (DKV 3, 13) aufgrund der exzessiven Gewalt relativiert – er hätte, so die bekannte Formulierung, „in einer Tugend [...] ausgeschweift" (ebd.)[284] – und ihn als „Räuber und Mörder" (ebd.) betitelt, so bleibt dennoch festzuhalten, dass der Text unmissverständlich betont, Kohlhaas sei nicht aufgrund einer charakterlichen Veranlagung oder aufgrund von kriminellen Taten zum „Räuber und Mörder" (ebd.) geworden – ganz im Gegenteil: „Das Rechtgefühl aber machte ihn zum Räuber und Mörder" (ebd.). Und dieses „Rechtgefühl", so wird an einer anderen Stelle deutlich, glich „einer Goldwaage" (DKV 3, 25).

6.3 Prozesse der Radikalisierung

Nachdem der Text zu Beginn mit der vorangestellten Charakterisierung von Kohlhaas seine „Wohltätigkeit [...] [und] Gerechtigkeit" (DKV 3, 13) herausstellt, setzt die Erzählung mit dem Versuch ein, Kohlhaas zu betrügen: Der Burgvogt der Tronkenburg verlangt von Kohlhaas einen „Paßschein" (DKV 3, 15), den Kohlhaas nicht vorzuweisen vermag, da dieser, wie er später in Dresden erfährt, gar nicht existiert. Kohlhaas, der zuerst von einem „Irrtum" (ebd.) ausgeht, versucht, die Frage nach dem Passierschein durch ein Gespräch mit dem Junker von Tronka zu klären. Kohlhaas vertraut hier folglich noch auf das Recht und auf die politische Ordnung und versucht, sein Recht nicht mittels Gewalt, sondern mittels des Abschreitens der rechtlichen Instanzen zu bekommen. Dieses Vertrauen und diese Vorgehensweise – und hier wird die Grundstruktur des Textes bereits angelegt – wird aber im Folgenden enttäuscht: „Der Junker antwortete, mit einem verlegnen Gesicht, indem er abging: ja, Kohlhaas, den Paß mußt du lösen" (DKV 3, 19). In Dresden muss Kohlhaas nun erfahren, dass, wie vermutet, „die Geschichte von dem Paßschein ein Märchen" (DKV 3, 21) und ein Betrugsversuch ist; er lässt sich selbiges von den Räten der Geheimschreiberei bestätigen, um seine Pferde, die er als Pfand auf der Burg hinterlassen musste, wieder rechtmäßig auszulösen. Kohlhaas reagiert an dieser Stelle noch sehr gelassen, er „lächelte

---

[284] Die Problematik der semantischen Verbindung von Tugend und Ausschweifung, die im Sinne von Aristoteles semantisch unvereinbar sind, sowie das Paradoxon, „die Welt würde sein Andenken haben segnen müssen, wenn er in einer Tugend nicht ausgeschweift hätte", die Rezeption der ‚Welt' aber ohne eben diese Ausschweifung nie stattgefunden hätte, seien an dieser Stelle nur erwähnt. Vgl. hierzu u. a.: Bernd Hamacher: Michael Kohlhaas. In: Ingo Breuer (Hrsg.): Kleist Handbuch, S. 97–106, hier: S. 103.

über den Witz des dürren Junkers, obschon er noch nicht recht einsah, was er damit bezwecken mogte" (ebd.).

Selbst als Kohlhaas bei seiner Rückkehr registrieren muss, dass nicht nur sein zur Versorgung der Pferde abgestellter Knecht von der Burg verjagt wurde, sondern zudem seine wohlgepflegten und wertvollen Pferde aufgrund ihres Einsatzes zur Feldarbeit vollkommen abgemagert und ruiniert sind, reagiert er sehr maßvoll; die später realisierte exzessive Gewalt deutet sich hier noch nicht an. Ganz im Gegenteil: Kohlhaas erkennt die „schändliche und abgekartete Gewalttätigkeit" (DKV 3, 23), die ihm und seinem Besitz zugefügt wird, beschließt aber, „im Gefühl seiner Ohnmacht, seinen Ingrimm" (ebd.) zu vergessen und das „Raubnest" (ebd.) mit seinen Pferden zu verlassen. Erst das folgende Gespräch mit dem Schlossvogt, der den Einsatz der Pferde zur Feldarbeit zu rechtfertigen versucht und Kohlhaas mit den Hunden droht, führt zu der folgenden rechtlichen Intervention. Kohlhaas reagiert auf die Vorhaltungen und Drohungen mit dem impulsiven Wunsch, der Gewalt mit Gegengewalt zu begegnen: „Dem Roßhändler schlug das Herz gegen den Wanst. Es drängte ihn, den nichtswürdigen Dickwanst in den Kot zu werfen, und den Fuß auf sein kupfernes Anlitz zu setzen" (DKV 3, 25). Der Erzähler, so wird in der zitierten Stelle deutlich, bezieht hier eindeutig Position:

> Die Übernahme von Kohlhaas' Perspektive, die den verhassten Gegner physisch abwertet [...] und die ersehnte Demütigung noch verstärkt, indem der Kot den metaphernüblichen Staub zu ersetzen hat, und schließlich die Integration an sich beiläufiger Details wie der kupfernen Farbe des Anlitzes seines Feindes machen deutlich, wie sich der Erzähler auf die Seite des Rächers schlägt, seine Nahsicht übernimmt und sich sogar seinen in hemmungsloser Wut ausphantasierten Detailfetischismus zu eigen macht.[285]

Obwohl, wie Brittnacher zeigt, der Text bzw. der Erzähler die Ausführung der Gewalt ausdrücklich legitimiert und Kohlhaas' Rachegefühle für den Leser vollkommen nachvollziehbar macht, werden an dieser Stelle die Gewaltphantasien nicht in die Realität umgesetzt. Die Aussetzung der Gewalt geschieht nicht aufgrund der Machtverhältnisse – der Text zeigt im weiteren Verlauf, dass die Ausübung der Gewalt nicht an strategisch günstige Gelegenheiten gebunden ist –, sondern aufgrund der rechtlichen Situation, die für Kohlhaas, da er seinen abwesenden Knecht nicht befragen kann, nicht eindeutig zu klären ist. Und so folgt auf die emotional gesteuerte Rachephantasie die Aussetzung der Umsetzung ebendieser aufgrund von Kohlhaas' „Rechtgefühl[s]" (ebd.): „Doch sein Rechtgefühl, das einer Goldwaage glich, wankte noch; er war, vor der Schranke seiner eigenen Brust, noch nicht gewiß, ob eine Schuld seinen Gegner drückte" (ebd.).

---

[285] Brittnacher: Das ‚Rechtgefühl einer Goldwaage', S. 141.

Die Gewalt und der Wunsch nach Wiedergutmachung oder Rache werden durch die rechtliche Betrachtung eingehegt; gleichwohl bleibt festzuhalten, dass hier zwar ein Gegensatz zwischen Gewalt/Rache und Recht aufgemacht wird, das Recht aber nicht – im Unterschied zur emotional grundierten Gewalt- und Rachephantasie – ausschließlich rational und objektiv gestaltet wird. Vielmehr spricht der Text von Kohlhaas' „Rechtgefühl" und nicht von einem codierten positiven Recht; „‚Rechtgefühl' ist dabei genau zu lesen als Gefühl für das Rechte, Richtige, naturrechtlich Angemessene und damit Legitime im Unterschied zum Legalen."[286] Der Text differenziert hier also zwischen Legitimem und Legalem sowie zwischen positivem Recht und Naturrecht/„Rechtgefühl".[287] Der im Folgenden erzählte „Extremisierungsprozess[]"[288] von Kohlhaas beginnt nicht mit der Exekution der ersten Gewalttat, sondern mit der Installation seines starken „Rechtgefühl[s]", das zu Beginn die Ausführung der Gewalt sogar zugunsten einer rechtlichen Abwägung des Falls aussetzt. Gerade dieses „Rechtgefühl" wird dann aber im weiteren Verlauf des Textes zur Grundlage der Entfesselung der Gewalt und den daraus resultierenden „(auto)destruktiven Folgen".[289]

Kohlhaas verlässt die Burg ohne seine Pferde, betont aber seine Forderung nach Wiederherstellung bzw. Wiedergutmachung: „Das sind die *Pferde* nicht, die dreißig Goldgülden wert waren! Ich will meine wohlgenährten und gesunden Pferde wieder haben!" (DKV 3, 27) Die die Episode abschließende Formulierung – „[Er] schwang sich, indem er versicherte, daß er sich Recht zu verschaffen wissen würde, auf seinen Braunen, und ritt davon" (ebd.) – nimmt die zu Beginn des Textes vorgenommene Charakterisierung Kohlhaas' wieder auf: Dort war er als einer der „rechtschaffensten zugleich und entsetzlichsten Menschen seiner Zeit" (DKV 3, 13) beschrieben worden; die Schlussformulierung der Episode verweist damit nicht nur auf seinen Versuch, sein Recht über die Beschreitung des Rechtswegs zu bekommen, sondern deutet auch die bereits diskutierte aktive Auslegung des Begriffs ‚rechtschaffen' an, die auf seine späteren Bestrebungen verweist, das Recht – geleitet durch sein „Rechtgefühl" – aktiv wiederherzustellen.

Wiederum wird Kohlhaas' spontane und emotionale Reaktion – er reitet direkt nach Dresden, um dort Klage einzureichen – durch eine rechtlich codierte Unternehmung unterbrochen: Er reitet nach Kohlhaasenbrück zur „vorgängigen Vernehmung des Knechts, wie es ihm klug und gerecht schien" (DKV 3, 27).

---

286 Schütte: Poetik des Extremen, S. 85.
287 Zu Kleists Kenntnissen des Naturrechts und den Theorien zum Recht auf Widerstand vgl.: Hamacher: Michael Kohlhaas, S. 99.
288 Schütte: Poetik des Extremen, S. 85.
289 Ebd.

Abermals werden Überlegung und Gerechtigkeit gegen die impulsive Reaktion und gegen die Lust auf Rache gesetzt.

Zugleich werden auf Kohlhaas' Reise seine Befürchtungen, dass der „Vorfall, wie es allen Anschein habe, bloß abgekartert" (ebd.) sei, durch die unterwegs vernommenen Erzählungen der „Ungerechtigkeiten [...], die täglich auf der Tronkenburg gegen die Reisenden verübt wurden" (ebd.), verstärkt. Auf der Reise wird nicht nur sein Wunsch nach Rache und „Genugtuung" (ebd.) deutlich, sondern es wird zudem die Selbststilisierung Kohlhaas' als Retter und Rächer seiner Mitbürger*innen angelegt: Sein Gefühl sagt ihm, dass „er mit seinen Kräften der Welt in der Pflicht verfallen sei, sich Genugtuung für die erlittene Kränkung, und Sicherheit für zukünftige seinen Mitbürgern zu verschaffen" (ebd.). Kohlhaas' die weitere Erzählung motivierendes Bedürfnis nach Recht, Genugtuung, Rache und Sicherheit findet seinen Ursprung folglich keineswegs in einem beginnenden Amoklauf oder einer geplanten terroristischen Attacke. Vielmehr zeichnet der Erzähler, der im weiteren Verlauf der Erzählung auch deutliche Kritik an Kohlhaas äußern wird, Kohlhaas hier als einen Mann, der versucht, sich gegen den systematischen Betrug zu wehren, um sich selbst und seine Mitbürger*innen zu schützen. An dieser Stelle wird das individuelle erlittene Unrecht durch ein sehr „generelle[s] Ziel, in welchem die Grenze zwischen nahem und fernem Ungerechtigkeitszustand zerfließt, weil Kohlhaas einen Kampf gegen die ‚allgemeine Not der Welt'"[290] führt, ergänzt und der sich ankündigende Kampf ins Universale und Hypertrophe erweitert. Mit der Verschiebung seines Kampfes, der ursprünglich der Wiederherstellung eines individuell erlebten Unrechts diente, in das Hypertrophe des ‚Allgemeinen' und Universalen – der Text schließt hier an Diskurse an, die spätestens seit der Französischen Revolution virulent sind, als Beispiel für das Universale wären etwa die Leitbegriffe der Freiheit, Gleichheit und Brüderlichkeit zu erwähnen – wird Kohlhaas' Kampf politisch und deckt die Strukturen und Gründungen des Politischen auf. Dies ist eine Struktur, die sich auch in Goethes *Götz von Berlichingen* sowie in Schillers *Die Räuber* und *Wilhelm Tell* beobachten ließ.

Kohlhaas' Frau Lisbeth reagiert auf seinen Plan, „die öffentliche Gerechtigkeit für sich aufzufordern" (DKV 3, 37), positiv und bindet sein Vorhaben in ein transzendentes Gebäude der Gerechtigkeit ein.[291] Es wäre „ein Werk Gottes [...], Unordnungen, gleich diesen, Einhalt zu tun" (DKV 3, 39). Kohlhaas exekutiert laut seiner Frau somit den Willen Gottes, seine Tat ist eingebunden in ein religiöses

---

290 Schütte: Poetik des Extremen, S. 85.
291 Zu der Dimension des Religiösen in dem Text vgl.: Elisabeth Krimmer: Between Terror and Transcendence. A Reading of Kleist's *Michael Kohlhaas*. In: German Life and Letters 64 (2011), Heft 3, S. 405–420.

Weltbild und befindet sich im Einklang mit diesem.²⁹² Die zur Wiederherstellung der Gerechtigkeit gewählte Strategie ist vollkommen rechtskonform – und weit entfernt von den später ausgeführten Gewalttaten.²⁹³ Kohlhaas beschreitet den Rechtsweg und reicht Klage in Dresden ein:

> Hier verfaßte er, mit Hülfe eines Rechtsgelehrten, den er kannte, eine Beschwerde, in welcher er, nach einer umständlichen Schilderung des Frevels, den der Junker Wenzel von Tronka, an ihm sowohl, als an seinem Knecht Herse, verübt hatte, auf gesetzmäßige Bestrafung desselben, Wiederherstellung der Pferde in den vorigen Stand, und auf Ersatz des Schadens antrug, den er sowohl, als sein Knecht, dadurch erlitten hatten (DKV 3, 39).

Der Erzähler kommentiert Kohlhaas' Anliegen eindeutig und bezieht in dem Rechtsstreit Position: „Die Rechtssache war in der Tat klar" (ebd.).

Aufgrund einer „höhere[n] Insinuation [...] bei dem Dresdner Gerichtshofe" (DKV 3, 41) wird die Klage jedoch wider Erwarten abgewiesen. Auch die folgende mit Hilfe eines Stadthauptmanns eingereichte „Supplik" (DKV 3, 43) verfehlt ihren Zweck, da wiederum Verwandte des Junkers das rechtmäßige Verfahren hintertreiben, so dass Kohlhaas schließlich in der an den Stadthauptmann ergangenen Resolution lesen muss, dass er „ein unnützer Querulant" (DKV 3, 45) sei und „die Staatskanzlei aber, auf jeden Fall, mit solchen Plackereien und Stänkereien verschonen" (DKV 3, 47) solle.

Bereits vor dem letzten Versuch, sein Recht auf dem Rechtsweg zu bekommen – Kohlhaas plant, beim brandenburgischen Kurfürst vorzusprechen –, deutet sich sein „Extremisierungsprozess[]"²⁹⁴ an. Er reagiert extrem emotional auf die Abweisung der Klage, „Kohlhaas schäumte vor Wut, als er diesen Brief empfing" (DKV 3, 47), und plant, seinen Hof zu verkaufen: „[W]eil ich in einem Lande, liebste Lisbeth, in welchem man mich, in meinen Rechten, nicht schützen will, nicht bleiben mag (DKV 3, 53). Weiterhin aber will Kohlhaas den Rechtsweg beschreiten und ist überzeugt, bei dem Kurfürsten sein Recht zu bekommen. „Der Herr selbst, weiß ich, ist gerecht; und wenn es mir nur gelingt, durch die, die ihn umringen, bis an seine Person zu kommen, so zweifle ich nicht, ich verschaffe mir Recht" (ebd.).

---

292 Das Argument könnte man natürlich auch drehen und als fundamentalistische Begründung eines religiös grundierten Amoklaufs lesen – der weitere Text stützt diese Lesart allerdings nicht.
293 Zum Begriff der Wiederherstellung vgl. u. a.: „[D]er dahinter stehende lateinische Rechtsterminus der *restitutio in integrum* [hat] sowohl eine juristische als auch eine theologische Bedeutung: Auf juristischer Ebene wird die beschädigte Sache wieder in den früheren, unversehrten Zustand versetzt, theologisch wird eine Rückkehr der Welt in den Zustand vor dem Sündenfall konnotiert." Hamacher: Michael Kohlhaas, S. 100.
294 Schütte: Poetik des Extremen, S. 85.

Doch auch dieser Versuch scheitert und seine Frau, die den Kurfürsten kontaktieren sollte, wird von einer Wache so verletzt, dass sie schließlich ihren Verletzungen erliegt. Die Extremisierung von Kohlhaas, die Unverhältnismäßigkeit, die seine Rache bestimmen wird, bahnt sich hier an: Parallel zur Beerdigung seiner Frau, die „weniger für sie, als für eine Fürstin, angeordnet schien" (DKV 3, 61), erreicht ihn ein Brief des Landesherrn, der ihm bei Strafandrohung dazu auffordert, der Rechtssache nicht weiter nachzugehen. Kohlhaas hat zu diesem Zeitpunkt also nicht nur seine Frau durch einen – wohl nicht intendierten – Gewaltakt der Obrigkeit verloren, sondern erfährt zudem durch genau diese Obrigkeit, dass er seine – offensichtlich berechtigte – Rechtssache nicht weiter verfolgen darf. Der Rechtsweg, den Kohlhaas geduldig abgeschritten ist, steht ihm nun nicht mehr offen. Kohlhaas muss, wenn er sich weiterhin ‚Recht verschaffen' will, einen anderen Weg beschreiten – und dieser andere Weg wird durch die emotionale Reaktion auf den Totschlag seiner Frau befeuert:

> Kohlhaas steckte den Brief ein, und ließ den Sarg auf den Wagen bringen. Sobald der Hügel geworfen, das Kreuz darauf gepflanzt, und die Gäste, die die Leiche bestattet hatten, entlassen waren, warf er sich noch einmal vor ihrem, nun verödeten Bette nieder, und übernahm sodann das Geschäft der Rache (DKV 3, 61).

Die vom Erzähler gebrauchte Formulierung „das Geschäft der Rache" ist aufschlussreich: Zum einen fällt sprachlich die Zusammenführung der „nüchterne[n] Profession und [des] leidenschaftlichen Affekt[s]"[295] auf, zum anderen spricht der Erzähler hier nicht mehr von Recht, sondern explizit von Rache als leitendem Motiv. Gleichwohl läuft Kohlhaas nun nicht unkontrolliert ‚Amok', vielmehr nutzt er die Form der Rechtsmittel, um mit ihnen seinen Rachefeldzug entfesseln und gleichzeitig legitimieren zu können.[296] „Er setzte sich nieder und verfasste einen Rechtsschluß,[297] in welchem er den Junker [...], kraft der ihm angeborenen Macht, verdammte, die Rappen [...] binnen drei Tage nach Sicht, nach Kohlhaasenbrück zu führen, und in Person in seinen Ställen dick zu füttern" (DKV 3, 61). Kohlhaas ermächtigt sich mit dem Rechtsschluss zur rechtsprechenden Instanz; „[h]e

---

[295] Brittnacher: Das ‚Rechtgefühl einer Goldwaage', S. 138.
[296] Brittnacher stellt heraus: „Der Mann, dessen Rechtgefühl angeblich einer Goldwaage gleicht, demonstriert juristische Spitzfindigkeit, um sich unter Ausnützung einer ungesicherten Rechtsordnung in eine günstige Position zu bringen." Ebd. Zu fragen wäre dennoch, ob die Ausnutzung einer Grauzone im positiven Recht grundsätzlich die Qualität des Rechtsgefühls im Sinne eines Naturrechts beschädigen muss.
[297] Zu der Bedeutung des Mediums Papier vgl.: Anthony Stephens: ‚Eine Träne auf den Brief'. Zum Status der Ausdrucksformen in Kleists Erzählungen. In: Jahrbuch der Deutschen Schillergesellschaft 28 (1984), S. 315–348. Ebenso: Schütte: Poetik des Extremen, S. 87–89.

claims authority as an author, attempting to write his way to power in a way that assumes a position that can pronounce judgement."[298] Im weiteren Verlauf wird diese Selbstermächtigung, die sich nicht aus seiner gesellschaftlichen Stellung begründet, sondern „kraft der ihm angeborenen Macht" (DKV 3, 61), also aufgrund von naturgegebenen und damit vorsozialen wie vordiskursiven Kompetenzen erfolgt, noch um die Dimension der rechtssetzenden Gewalt ergänzt: „Kohlhaas's goal appears to be the origin of society itself."[299] Kohlhaas vollzieht hier, so zeigt auch Ratmoko in Anschluss an Walter Benjamin, den Wechsel von der „rechtserhaltend[en]" zur „rechtssetzend[en]"[300] Gewalt.[301]

Er stellt die Forderung jedoch nicht, um den Streit beizulegen; insbesondere die Klausel, die verlangt, dass der Junker eigenhändig die Pferde überführt und ‚dick füttert', zeigt, dass das „im Schutz des de jure zwar verbotenen, de facto aber noch gültigen Fehderechts"[302] gesetzte Ultimatum nur als Strategie[303] genutzt wird, um ein „geplantes Unrecht, den Überfall auf die Tronkenburg, zu salvieren".[304]

Der Beginn des Überfalls, der in allen grausamen Details geschildert wird, wird mit der Wiederaufnahme der religiösen Konnotation des damit gerechtfertigten Rachefeldzugs, die bereits Kohlhaas' Frau ins Spiel gebracht hat, eingeleitet: „Der Engel des Gerichts fährt also vom Himmel herab" (DKV 3, 63). Kleist erzählt nun in einer sprachlichen wie syntaktischen Steigerung, in einem „atemlos erzählte[n] Nacheinander",[305] bei dem die „poetische Rede selbst [...] oft einem aggressiven Akt"[306] gleicht, von der vollkommen entgrenzten Gewalt, die im deutlichen Widerspruch zur religiösen Konnotation wie auch der Vorstellung einer Wiederherstellung seiner Rechte steht: „Kohlhaas, der [...] einen Junker Hans von Tronka [...] bei der Brust faßte, und in den Winkel des Saals schleuderte, daß er sein Hirn an den Steinen versprützte, fragte [...]: wo der Junker Wenzel von Tronka sei?" (DKV 3, 63) Der gesuchte Wenzel von Tronka kann jedoch entkommen, so dass Kohlhaas' Rache letztlich fehlschlägt.

---

298 Jeffrey Champlin: Reading Terrorism in Kleist. The Violence and Mandates of *Michael Kohlhaas*. In: The German Quarterly. 85, 4. (Fall 2012), S. 439–454, hier: S. 441.
299 Ebd.
300 Walter Benjamin: Zur Kritik der Gewalt. In: ders.: Gesammelte Werke. Bd. II, 1. Aufsätze, Essays, Vorträge. Hrsg. v. Rolf Tiedemann u. Hermann Schweppenhäuser. Frankfurt am Main: Suhrkamp 1989, S. 190.
301 Vgl.: Ratmoko: Das Vorbild im Nachbild des Terrors, S. 226.
302 Brittnacher: Das ‚Rechtgefühl einer Goldwaage', S. 138.
303 Zum Fehderecht vgl. auch: Hamacher: Michael Kohlhaas, S. 98–99.
304 Brittnacher: Das ‚Rechtgefühl einer Goldwaage', S. 138.
305 Riedl: Texturen des Terrors, S. 33.
306 Ebd.

Kohlhaas verfasst nun wieder ein Schriftstück, das – im Vergleich zum ersten von ihm erstellten Rechtsschluss – die Hypertrophie der folgenden Texte bereits erahnen lässt:

> [Er] verfaßte ein sogenanntes ‚Kohlhaasisches Mandat', worin er das Land aufforderte, dem Junker Wenzel von Tronka, mit dem er in einem gerechten Krieg liege, keinen Vorschub zu tun, vielmehr jeden Bewohner, seine Verwandten und Freunde nicht ausgenommen, verpflichtete, denselben bei Strafe Leibes und des Lebens, und unvermeidlicher Einäscherung alles dessen, was sein Besitztum heißen mag, an ihn auszuliefern (DKV 3, 65).

Dieses erste – erfolglos bleibende – Mandat offenbart die Brutalität von Kohlhaas und die Position, die sich er sich nun zuschreibt und von der aus er Mandate an die Bevölkerung verschicken kann. Im kurz darauf verfassten zweiten Mandat spricht er „jeden guten Christen" (DKV 3, 67) an und bezeichnet den Junker als „allgemeinen Feind aller Christen" (DKV 3, 68) – wiederum wird die Entgrenzung der Gewalt religiös konnotiert und legitimiert, der Feind hingegen dämonisiert und vom persönlichen Kontrahenten zum allgemeinen und absoluten Feind stilisiert, wodurch jegliche Form der Gewalt nicht nur erlaubt, sondern sogar geboten ist.

Mit der performativ erzeugten Dichotomie von *Gut* und *Böse* versucht Kohlhaas, einen „absoluten Feind"[307] im Sinne Carl Schmitts zu erzeugen, gegen den jegliche Gewaltausübung rechtens ist. Das rechtliche System, auf das sich Kohlhaas zu Beginn noch bezogen hat – er wollte sich im System Recht ‚Recht verschaffen' –, wird somit nun durch das politische System abgelöst. Kohlhaas etabliert die politische Differenzierung zwischen „*Freund* und *Feind*",[308] die Schmitt als *die* „spezifisch politische Unterscheidung"[309] definiert. Fasste Schmitt den Feind im Sinne der politischen Unterscheidung lediglich als den „Fremde[n]",[310] der „nicht moralisch böse"[311] sein muss und mit dem man sogar „Geschäfte machen kann"[312] – es geht also um die Absetzung, um die Polarität, nicht um moralische Abwertungen oder gar Auslöschungsphantasien[313] –, so lädt Kohlhaas seinen Feind nun maximal auf und erzeugt so diskursiv die Notwendigkeit der Vernichtung. Die vormalige erst rechtliche, dann politische Ausein-

---

[307] Schmitt: Theorie des Partisanen, S. 91.
[308] Schmitt: Der Begriff des Politischen, S. 26.
[309] Ebd.
[310] Ebd., S. 27.
[311] Ebd.
[312] Ebd.
[313] Schmitt schreibt: „Feind ist also nicht der Konkurrent oder der Gegner im allgemeinen. Feind ist auch nicht der private Gegner, den man unter Antipathiegefühlen haßt." Ebd., S. 29.

andersetzung mit dem Opponenten wird somit in eine kriegsähnliche Feindschaft überführt, bei der nicht mehr das Recht-Bekommen oder das Politische, sondern die über die Entgrenzung zu erreichende Vernichtung des Anderen, der als der absolute Feind verstanden wird, im Fokus stehen. Schmitts Überlegungen zum Politischen, die mit der Feindschaft die vormalige Freund-Feind-Struktur ablösen und radikalisieren, lassen sich hier fruchtbar machen:

> In einer Welt, in der sich die Partner [...] gegenseitig in den Abgrund der totalen Entwertung hineinstoßen, bevor sie sich physisch vernichten, müssen neue Arten der absoluten Feindschaft entstehen. Die Feindschaft wird so furchtbar werden, daß man vielleicht nicht einmal mehr von Feind oder Feindschaft sprechen darf und beides sogar in aller Form vorher geächtet und verdammt wird, bevor das Vernichtungswerk beginnen kann. Die Vernichtung wird dann ganz abstrakt und ganz absolut.[314]

Kohlhaas etabliert die Strukturen der absoluten Vernichtung, die Schmitt für den Ausnahmefall des tatsächlichen Kriegszustands denkt – Schmitt liest den Zustand des Krieges keineswegs als Normalität oder als Ideal[315] –, setzt damit das Politische ein (und suspendiert das Rechtliche), überschreitet aber im gleichen Moment das Politische, indem der Exzess der Vernichtung von dem Ausnahmefall Krieg auf den privaten Konflikt mit einem Gegner übertragen wird, der keineswegs das „Vernichtungswerk"[316] im Sinne Schmitts betreibt oder betreiben will.

In einem folgenden Mandat – die „Dramaturgie des Exzesses"[317] schreitet weiter voran – löst sich Kohlhaas gänzlich aus der politischen und sozialen Ordnung und bezeichnet sich als „einen Reichs- und Weltfreien, Gott allein unterworfenen Herrn" (DKV 3, 68). Kohlhaas setzt die Loslösung aus der Ordnung auch hinsichtlich der Gewalttaten fort und steckt Wittenberg dreimal in Brand; somit zeigen auch die Resultate seiner Gewalttaten die Lösung aus dem System des Rechts sowie des Politischen und den Eintritt in das entgrenzte System des Kriegs auf, das Parallelen zum Ausnahmezustand aufweist. Ironischerweise wird bereits bei dem ersten, noch sehr überschaubaren Feuer eine Kirche niedergebrannt – wiederum konterkarieren die Taten die Behauptung der religiösen Legitimation und Konnotation. Die religiöse und moralische Aufladung der Tat und des Täters geht mit der Abqualifizierung des absoluten Feindes einher und radi-

---

314 Schmitt: Theorie des Partisanen, S. 95.
315 „Es ist also keineswegs so, als wäre das politische Dasein nichts als blutiger Krieg und jede politische Handlung eine militärische Kampfhandlung, als würde ununterbrochen jedes Volk jedem andere gegenüber fortwährend vor die Alternative Freund oder Feind gestellt". Schmitt: Der Begriff des Politischen, S. 33.
316 Schmitt: Theorie des Partisanen, S. 95.
317 Riedl: Texturen des Terrors, S. 32.

kalisiert ironischerweise den Zustand des Krieges, der nun nicht mehr als das „extremste politische Mittel"[318] verstanden werden kann – womit er immer noch Teil des Politischen wäre. Vielmehr wird durch die mit der moralischen oder religiösen Aufladung einhergehende Überschreitung des Politischen, für die die Freund-Feind-Unterscheidung und nicht moralische oder religiöse Kategorien relevant sind, das Politische gesprengt:

> Solche Kriege [der absoluten Vernichtung; I.N.] sind notwendigerweise besonders intensive und unmenschliche Kriege, weil sie, *über das Politische hinausgehend*, den Feind gleichzeitig in moralischen und anderen Kategorien herabsetzen und zum unmenschlichen Scheusal machen müssen, das nicht nur abgewehrt, sondern definitiv *vernichtet* werden muß, *also nicht mehr nur ein in seine Grenzen zurückzuweisender Feind* ist.[319]

Nach etlichen Erfolgen bei den Kämpfen mit den Truppen der Obrigkeit gelangt Kohlhaas bis Leipzig und steckt die Stadt ebenfalls in Brand. Die religiöse Konnotation wird nun weiter fortgetrieben und gipfelt in der religiösen wie politischen hypertrophen Selbstermächtigung, die den zu vernichtenden absoluten Feind nun durch die göttliche Autorität legitimiert; das „Vernichtungswerk"[320] kann beginnen:

> Er nannte sich in dem Mandat, das er, bei dieser Gelegenheit, ausstreute, ‚einen Statthalter Michaels, des Erzengels, der gekommen sei, an Allen, die in dieser Streitsache des Junkers Partei ergreifen würden, mit Feuer und Schwert, die Arglist, in welcher die ganze Welt versunken sein, zu bestrafen'. [...] [U]nd das Mandat war, mit einer Art von Verrückung, unterzeichnet: ‚Gegeben auf dem Sitz unserer provisorischen Weltregierung, dem Erzschlosse zu Lützen' (DKV 3, 73).

Der Erzähler kommentiert die Taten des „rasenden Mordbrenners" (DKV 3, 74) und den „Wahn, in welchem derselbe stand" (ebd.), überdeutlich. Die anfänglichen Sympathien des Textes bzw. des Erzählers für Kohlhaas sind nun aufgrund der Taten nicht mehr festzustellen. Die Formulierung des Erzählers, der von „einer Art Verrückung" (DKV 3, 73) spricht, nimmt die Verschiebung von Tat zu Untat, von Klarheit zu Wahnsinn, von Sympathie zu Antipathie und von dem Politischen zum Ausnahmefall bildlich auf. Bei der diskutierten Charakterisierung als „rechtschaffensten zugleich und entsetzlichsten Menschen seiner Zeit" (DKV 3, 13) wird nun der zweite Teil betont und das vormals erarbeitete Verfahren des

---

[318] Schmitt: Der Begriff des Politischen, S. 36.
[319] Ebd., S. 37. [Hervorhebung im Original]
[320] Schmitt: Theorie des Partisanen, S. 95.

‚Recht-beschaffens' aufgrund der extremen Gewalt und der Überschreitung des Politischen in Frage gestellt.

Die Extremisierung des Täters und der Taten grenzen Kohlhaas deutlich von den bereits diskutierten radikalen Tätern und Taten ab: *Wilhelm Tell* erzählt etwa von einem politisch motivierten Mord und den Kosten für ebendiesen, die Tell tragen muss. Trotz der Radikalität der Tat, die zwar von dem Kern der politischen Verschwörung ferngehalten wird, aber letztlich die unabdingbare Voraussetzung der Transformation der politischen Ordnung darstellt, hat Tell das System des Politischen weder verlassen noch gesprengt. Die Überschreitung und die Sprengung des Politischen lassen sich erst in *Michael Kohlhaas* beobachten. Kohlhaas gelangt zur hypertrophen Subjektivierung durch sein Rechtgefühl, das im System Recht von dem Recht (und der Macht) unterlaufen wird und sich so in das System des Politischen transferiert, um im Exzess der absoluten Feindschaft das Politische aufzulösen.

6.4 Rousseau vs. Luther

Dennoch wirkt die Intervention Martin Luthers auf Kohlhaas, der sich in seinem letzten Mandat nicht nur als „Statthalter Michaels, des Erzengels" (DKV 3, 73) bezeichnet hat, sondern sich seitdem auch mit den Insignien des Erzengels umgibt: „ein großes Cherubsschwert, auf einem rotledernen Kissen, mit Quasten von Gold verziert, ward ihm vorangetragen, und zwölf Knechte, mit brennenden Fackeln folgten ihm" (DKV 3, 76). Luther stellt deutlich heraus, dass Kohlhaas nicht das Recht habe, sein Recht mit Gewalt und in Auflehnung gegen die staatliche und rechtliche Ordnung durchzusetzen:

> Das Schwert, wisse, das du führst, ist das Schwert des Raubes und der Mordlust, ein Rebell bist du und kein Krieger des gerechten Gottes, und dein Ziel auf Erden ist Rad und Galgen, und jenseits die Verdammnis, die über Missetat und die Gottlosigkeit verhängt ist (DKV 3, 75).

Luther argumentiert, als Kohlhaas ihn aufsucht, mit den notwendigen codifizierten Gesetzen und den entsprechenden Rechtswegen, die Kohlhaas bestreiten müsse, um sein Recht einzufordern.[321] „[E]igenmächtige[ ] Rechtsschlüsse" (DKV 3, 78) auszustellen und ein vermeintliches Recht mittels Gewalt anzustreben, sei

---

[321] Hartmut Boockmann verweist auf die unterschiedlichen Staats- und Rechtskonzepte, die hier kontrastiert werden und Luther bzw. Kohlhaas zugeordnet werden. Vgl.: Hartmut Boockmann: Mittelalterliches Recht bei Kleist. Ein Beitrag zum Verständnis des *Michael Kohlhaas*. In: Kleist-Jahrbuch (1985), S. 84–108.

folglich nicht legitim; Kohlhaas befinde sich schließlich weiterhin in der aus der Sicht Luthers nicht zu verlassenden Gesellschaft und unterliege somit auch ihren Gesetzen: „Ja, wo ist, so lange Staaten bestehen, ein Fall, daß jemand, wer es auch sei, daraus verstoßen worden wäre?" (ebd.) Kohlhaas antwortet im Folgenden mit Jean-Jacques Rousseaus Überlegungen zum Gesellschaftsvertrag, der – etwa im Gegensatz zu Thomas Hobbes – die Möglichkeit des Austritts aus dem Gesellschaftsvertrag explizit thematisiert:

> Die Bestimmungen dieses Vertrages sind durch die Natur des Aktes so vorgegeben, dass die geringste Abänderung sie null und nichtig machen würde; so dass sie, wiewohl die vielleicht niemals förmlich ausgesprochen wurden, allenthalben die gleichen sind, allenthalben stillschweigend in Kraft und anerkannt; bis dann, wenn der Gesellschaftsvertrag verletzt wird, jeder wieder in seine ursprünglichen Rechte eintritt, seine natürliche Freiheit wiedererlangt und dadurch die auf Vertrag beruhende Freiheit verliert, für die er die seine aufgegeben hatte.[322]

Im Gegensatz zu Luther, der mit Hobbes die Unauflösbarkeit des Gesellschaftsvertrags behauptet und folglich ein wie auch immer geartetes Widerstandsrecht gegen den Souverän als illegitim und illegal einstufen muss, argumentiert Kohlhaas mit Rousseau. Er leitet seinen Austritt aus dem Vertrag, die darauf folgende Rückkehr in den Naturzustand sowie das damit einhergehende Recht auf Widerstand aus dem Verstoß des Souveräns gegen den mit wechselseitigen Rechten und Pflichten versehenden Vertrag ab:

> Verstoßen, antwortete Kohlhaas, indem er die Hand zusammendrückte, nenne ich den, dem der Schutz der Gesetze versagt ist! Denn dieses Schutzes, zum Gedeihen meines friedlichen Gewerbes, bedarf ich; ja, er ist es, dessenhalb ich mich, mit dem Kreis dessen, was ich erworben, in diese Gemeinschaft flüchte; und wer mir ihn versagt, der stößt mich zu den Wilden der Einöde hinaus; er gibt mir, wie wollt ihr das leugnen, die Keule, die mich selbst schützt, in die Hand (DKV3, 78).

Nicht Kohlhaas selbst hat sich also willentlich aus der vertraglich geregelten Gesellschaft ausgeschlossen. Vielmehr wurde der wechselseitige Vertrag vom Souverän einseitig gekündigt, indem dieser seinen Pflichten – in diesem Fall der Pflicht zur Sicherstellung der Rechtssicherheit – nicht nachgekommen ist. Kohlhaas befindet sich nun ungewollt außerhalb der Gesellschaft bei „den Wilden der Einöde" (ebd.) und damit außerhalb der per Gesetz reglementierten Sphäre des Staates. Seinen nicht mehr durch die staatliche Gewalt garantierten Schutz muss er nun selbst leisten; seine Waffe, die „Keule" (ebd.), stellt waffen-

---

[322] Rousseau: Vom Gesellschaftsvertrag, S. 17.

technisch eine Regression auf die archaische Technologie der „Wilden" (ebd.) dar und symbolisiert somit auch technisch die Regression, die mit dem Austritt aus der Gemeinschaft einhergeht. Brittnachers Beobachtung – „So gesehen nimmt sich der rechtschaffene Kohlhaas, was ihm zusteht, als es ihm von Staat nicht mehr garantiert werden kann"[323] – könnte folglich noch um eine Pointierung ergänzt werden: Kohlhaas verweist, zumindest in seiner Diskussion mit Luther, nicht auf ein ihm zustehendes Recht, das er freiwillig und willentlich ergreift, sondern stellt deutlich heraus, dass er vom ihn aus dem Gesellschaftsvertrag ausschließenden Souverän gezwungen ist, sein Recht und seinen Schutz selbst und notfalls mit Gewalt sicherzustellen.

Mit der performativen Ausrufung des Ausnahmezustands, mit dem auch die gewaltsame Notwehr legitimiert ist, erfolgt gleichermaßen die Aussetzung der Rechtsordnung sowie die Ermächtigung des Subjekts zum Souverän: „Souverän ist, wer über den Ausnahmezustand entscheidet".[324] Und: „Genau wie der Souverän sich im Ausrufen des Ausnahmezustandes über das Gesetz erhebt, kann dies auch das Subjekt in der Notwehr."[325]

Luthers Replik, dass Kohlhaas nicht verstoßen ist, wird von diesem dann auch konsequent mit der Ankündigung seiner Rückkehr in die Gesellschaft und der notwendigen Unterwerfung unter die Gesetze bei gleichzeitiger Beschreitung des Rechtswegs beantwortet.

> Verschafft mir, ich wiederhol' es, freies Geleit nach Dresden: so lasse ich den Haufen, den ich im Schloß zu Lützen versammelt, auseinander gehen, und bringe die Klage, mit der ich abgewiesen worden bin, noch einmal bei dem Tribunal des Landes vor (DKV 3, 78).

Luther folgt in seinem Brief an den Kurfürsten von Sachsen Kohlhaas' Argumentation des Ausschlusses aus der Gesellschaft, um die rechtliche Problematik, dass ein Staatsbürger zu den Waffen gegriffen habe, aus dem Weg zu räumen:

> [D]aß derselbe in der Tat durch das Verfahren, das man gegen ihn beobachtet, auf gewisse Weise außer der Staatsverbindungen gesetzt worden sei; und kurz, daß man ihn, um aus dem Handel zu kommen, mehr als eine fremde, in das Land gefallene Macht, wozu er sich auch, da er ein Ausländer sei, gewissermaßen qualifiziere, als einen Rebellen, der sich gegen den Thron auflehne, betrachten müsse (DKV 3, 82).

Die Strategie Luthers, Kohlhaas nicht mehr als Staatsbürger, sondern als feindlichen Kämpfer und damit auch nicht als „Rebellen, der sich gegen den Thron

---

[323] Brittnacher: Das ‚Rechtgefühl einer Goldwaage', S. 134.
[324] Schmitt: Politische Theologie, S. 13.
[325] Ebd.

auflehne" (ebd.), zu verstehen, unterläuft seine eigene vormalige Überlegung, dass eine Aufkündigung des Gesellschaftsvertrags und damit ein Ausstoß aus der Gesellschaft nicht möglich ist. Zentral ist, dass Kohlhaas' Taten dadurch nun unter kriegsrechtlichen und nicht mehr strafrechtlichen Aspekten bewertet und damit als (kriegsrechtlich) legitime wie legale Handlung eingestuft würden. Zugleich werden die Taten auch als politische verstanden. Die bereits skizzierte Verschiebung des Kampfes von der Wiederherstellung der Gerechtigkeit als Heilung der erlebten Ungerechtigkeit zu dem hypertrophen wie politischen Kampf für das Universale wird hier nun auch von der Gegenseite vollzogen. Kohlhaas wird nun – zumindest rhetorisch – aus dem Vertrag entlassen und somit zugleich seiner Rechte als Angehöriger des Staates entkleidet.

Luther unternimmt hier in bester Absicht eine gefährliche Operation, die Kohlhaas nicht nur seine Bürgerrechte nimmt und dem Kriegsrecht unterstellt – das als ein vollkommen anders gestaltetes Rechtsinstrument nicht an die eigenen Staatsbürger angelegt werden darf –, sondern zudem auf den prekären und performativen Status von Recht und Teilhabe verweist: Es ist, so Luther, möglich, mit einem (einseitigen) performativen Sprechakt den Status eines Staatsbürgers fundamental zu verändern und die mit dem Gesellschaftsvertrag wechselseitig garantierten Rechte und Pflichten aufzuheben. Der vormalige Staatsbürger wird nun zum feindlichen Kämpfer, der im Rahmen des Kriegsrechts mit legitimierten Mitteln der kriegerischen Auseinandersetzung kämpfen darf – aber auch mit eben jenen bekämpft werden kann. In letzter Konsequenz würde Kohlhaas jedoch nicht nur sein Status als Staatsbürger abgesprochen, sondern er wird, obschon als feindlicher Kämpfer tituliert, zum staatenlosen Kämpfer/Kombattanten, da er – notwendigerweise – keinem anderen Staat zugeordnet werden kann. Mit der von Luther, und damit letztlich von Kohlhaas selbst, vorgeschlagenen Operation deutet sich ironischerweise die Möglichkeit bereits an, eigene Bürger zu staatenlosen illegalen Kombattanten oder irregulären Kämpfern zu erklären, um sie so der ihnen zustehenden (Bürger-)Rechte zu berauben und sie in extraterritorialen rechtsfreien Räumen zu internieren. Anders gesagt: Die „Implosion des Rechtsraumes"[326] – die auch eine Implosion des Raums des Politischen ist – deutet sich mit der Diskussion der Figur des *homo sacer*[327] an, der als aus dem Gesellschaftsvertrag Verstoßener oder als irregulärer Kämpfer mit der Markierung einer Position, die ein Jenseits des Rechts einnimmt, bereits den Raum des Rechts in Frage stellt.

---

[326] Ratmoko: Das Vorbild im Nachbild des Terrors, S. 224.
[327] Zu der Figur des *homo sacer* vgl.: Agamben: Homo Sacer.

Nimmt man Luthers politische Strategie ernst, so ergibt sich *ex post* ein anderer Blick auf die Radikalisierung und die politische Überschreitung Kohlhaas': Kohlhaas hat, so könnte man argumentieren, auf die erst später diskutierte Aberkennung seiner Bürgerrechte und seiner politischen Entrechtlichung im Sinne eines *homo sacer* bereits eine politische Antwort gefunden. Er nimmt die im Ausnahmezustand mögliche Reduktion des politischen Lebens auf das nackte Leben vorweg, die nach Agamben die fundamentale politische Unterscheidung darstellt – nämlich die Unterscheidung von „nacktem Leben/politischer Existenz, zōé/bíos, Ausschluß/Einschluß"[328] – und agiert als *homo sacer* jenseits der politischen, rechtlichen und staatlichen Gemeinschaft. Die hypertrophe Setzung des *homo sacers* Kohlhaas als Souverän zeigt die von Agamben beobachtete „strukturelle Analogie zwischen souveräner Ausnahme und *sacratio*"[329] auf: Sowohl der Souverän als auch der *homo sacer* bewegen sich an den Grenzen der Ordnung und stellen „symmetrische Figuren"[330] dar. „Beide sind in der Figur eines Handelns verbunden, das, indem es sich sowohl vom menschlichen Recht wie vom göttlichen Recht, von nómos wie von der phýsis ausnimmt, in einem bestimmten Sinn den ersten eigentlichen politischen Raum absteckt".[331] Und dieser politische Raum zeichnet sich durch seine Abgrenzung von den von der Rechtsordnung strukturierten Räumen aus.

Der Erzähler kommentiert und wertet die exzessiven Taten Kohlhaas' deutlich; er spricht von dem „rasenden Mordbrenner[]" (DKV 3, 74) und betont den „Wahn, in welchem derselbe stand" (ebd.). Luthers geplante biopolitische Operation wirft nun ein anderes Licht auf die Taten. Nachträglich, so ließe sich die Argumentation fortführen, werden Gründe für den Exzess geliefert; genauer: Nachträglich wird die Figur biopolitisch verortet und ihre Verortung als *homo sacer* macht die politische Grundlage, auf der die Entscheidung für die Taten getroffen wurde, deutlich.

Folgt man der von Fohrmann entfalteten Überlegung zu dem in den *Berliner Abendblättern* publizierten Fragment zu Formel und Metapher – Fohrmann beobachtet das „Mit- und Gegeneinander"[332] von Formel und Metapher, um so die „Struktur [...] und Bewegung"[333] der Texte herauszuarbeiten – wird die in *Michael Kohlhaas* vollzogene Bewegung, die der Metapher und nicht der als ein „quid pro

---

328 Ebd., S. 18.
329 Ebd., S. 94.
330 Ebd.
331 Ebd.
332 Fohrmann: Schreiben nach Kleist, S. 33.
333 Ebd.

quo"³³⁴ definierten Formel folgt, deutlich: „meta – phorein: Etwas wird von einem Ort an einen anderen gelegt, und damit – wenn B zu A werden, A ersetzen soll – verändert sich auch A, wird gewissermaßen A'."³³⁵ Genau diese Transformationen der Tat und ihrer politischen Verortung sowie die Bewertung ebendieser werden in *Michael Kohlhaas* vorgeführt (und direkt wieder unterlaufen) – die Textstrategie beruht freilich auf der Taktik, die Transformation nicht in ‚Echtzeit' durchzuspielen, sondern erst *ex post* zu kommunizieren.

6.5 Tat und Recht

Um eine Aufwertung von Kohlhaas' Gruppe zu einer legitim, legal und politisch handelnden feindlichen Kämpfertruppe – also einer feindlichen Armee – zu vermeiden, schließen sich Kohlhaas' Gegenspieler nicht der Strategie Luthers an, sondern locken Kohlhaas mit einer rechtlichen List nach Berlin, wo ihm der Prozess gemacht wird. In der Schlussszene des Textes werden die textbestimmenden Elemente Recht und Gerechtigkeit sowie die Tat der Rache in Eins geführt und um das bislang nicht dominante Element des Wunderbaren ergänzt.

Dem Recht wird nun Genüge getan, Recht und Gerechtigkeit werden durch die Institution des Gerichts in der Verhandlung wiederhergestellt, nachdem sich Kohlhaas erneut dem System des Rechts und des Staates unterworfen hat:

> Denn der Erzkanzler, Herr Heinrich, hatte die Klage, die er, im Namen seines Herrn, in Dresden anhängig gemacht, Punkt für Punkt, und ohne die mindeste Einschränkung gegen den Junker Wenzel von Tronka, durchgesetzt; dergestalt, daß die Pferde, nachdem man sie durch Schwingung einer Fahne über ihre Häupter, ehrlich gemacht, und aus den Händen des Abdeckers, der sie ernährte, zurückgezogen hatte, von den Leuten des Junkers dickgefüttert, und in Gegenwart einer eigens dazu niedergesetzten Kommission, dem Anwalt, auf dem Markt zu Dresden, übergeben worden waren. Demnach sprach der Kurfürst, als Kohlhaas von der Wache begleitet, auf den Hügel zu ihm heranschritt: Nun, Kohlhaas, heut ist der Tag, an dem dir dein Recht geschieht! Schau her, hier liefere ich dir Alles, was du auf der Tronkenburg gewaltsamer Weise eingebüßt, und was ich, als dein Landesherr, dir wieder zu verschaffen schuldig war, zurück: Rappen, Halstuch, Reichsgulden, Wäsche, bis auf die Kurkosten sogar für deinen bei Mühlberg gefallenen Knecht Herse (DKV 3, 140).

Die Motivation für die Taten Kohlhaas' entspringt, wie der Text bereits auf der ersten Seite deutlich macht, dem „Rechtgefühl" (DKV 3, 13) des Protagonisten, das ihn dazu verleitet, sich sein Recht notfalls auch mit Gewalt zu verschaffen. Genau

---

334 Ebd., S. 32.
335 Ebd.

diese Formulierung wird in der Ansprache des Kurfürstens aufgenommen und mit den oben diskutierten wechselseitigen Rechten und Pflichten, die sich aus dem geschlossenen Gesellschaftsvertrag ergeben, zusammengeführt. Der Kurfürst erkennt die Pflichten und seinen Verstoß gegen ebendiese an: „[H]ier liefere ich dir Alles, was du [...] eingebüßt, und was ich, als dein Landesherr, dir wieder zu verschaffen schuldig war" (DKV 3, 140). Die vertraglich zugesicherte Rechtssicherheit wird nun durch die Rechtsakte und die sich daraus ergebenen Verfahren wieder hergestellt:

> Drei symbolische Handlungen stellen die geschändete Ordnung wieder her: die unehrlichen Pferde werden durch das Schwenken einer Fahne ehrlich gemacht, die beiden Söhne [...] werden zu Rittern geschlagen, der entehrte Kohlhaas wird ehrenhaft hingerichtet.[336]

Kohlhaas wird nicht nur rehabilitiert und entschädigt, sondern erfährt durch das Urteil gegen seinen Widersacher – „der Junker Wenzel [wird] zu zweijähriger Gefängnisstrafe verurteilt" (DKV 3, 140) – auch die Wiederherstellung des Rechtssystems sowie die persönliche Genugtuung.

Emotional bewegt nimmt er das Urteil an und gliedert sich somit wieder in das staatliche und rechtliche System ein; er erklärt seine Bereitschaft, „wegen des Bruchs [...] [des] Landfriedens" (DKV 3, 141) zur Verantwortung gezogen zu werden. Der Text markiert hier mit der Rede des Kurfürsten, der die bei beiden Vertragspartnern zu ahndenden Verstöße in Beziehung setzt – „[N]un, Kohlhaas, [...] du, dem solchergestalt Genugtuung geworden, mache dich bereit, [...] deinerseits Genugtuung zu geben!" (ebd.) –, dass die Wiederherstellung des Vertrags und die Wiedereingliederung in die Ordnung nur durch die Heilung der Verstöße auf beiden Seiten gelingen kann.

Der Text endet aber nicht mit der Wiedereingliederung und der Wiedereinsetzung des Vertrags. Am Ende wird das Element des Wunderbaren wirkmächtig und erweitert die bisher in dem Text geleistete Diskussion des Rechts, des Politischen und des Exzentrischen um eine andere Dimension, die letztlich die vollständige Eingliederung in das Staatssystem und die Verfolgung eines juristisch codierten Rechtsverständnisses unterläuft. Kohlhaas nimmt das Urteil zwar befriedigt an, öffnet aber zudem eine Kapsel, die eine Weissagung der Zukunft seines Widersachers enthält, und verschlingt diese nach der Lektüre zum Entsetzen des Kurfürsten von Sachsen. Erst nach dieser finalen Tat nimmt Kohlhaas das Urteil vollständig an und begibt sich zum Schafott.

---

336 Brittnacher: ‚Das Rechtgefühl einer Goldwaage', S. 148.

Der Text schließt also zum einen mit „both an affirmation and denial of authority"[337] und inszeniert zum anderen noch eine finale gewaltsame Tat, die den Kurfürsten – und damit den politischen Körper an sich – „ohnmächtig, in Krämpfen" (DKV 3, 141) niederstreckt. Die Tat setzt folglich die Struktur der vorhergehenden Taten fort und hält Kohlhaas hinsichtlich der Macht des Staates und des Rechts in einer ambivalenten Situation des ‚Dazwischen'; „the text hidden in the amulet replaces Kohlhaas's final mandate."[338]

Die Radikalisierung der Taten Kohlhaas', die mit der naturrechtlich legitimierten Notwendigkeit, sich notfalls eigenmächtig und mit Waffengewalt „Recht zu verschaffen" (DKV 3, 27), begründet wird, wird mit der Unterwerfung unter die Gesetze und unter das Urteil zwar aufgegeben; sie findet aber mit der finalen Tat zugleich ihre Fortsetzung und – aus Sicht des Kurfürsten, dem die Prophezeiung galt – gewissermaßen ihren Höhepunkt. Dem „rechtschaffensten [...] Menschen seiner Zeit" (DKV 3, 13) wie auch dem recht-schaffenden Menschen genügt die Wiederherstellung der Sphäre des Rechts und des Politischen nicht. Die finale Tat, die nicht der objektiven Logik des Rechts zugehörig ist, sondern – effektvoll – die Rache an dem privaten Körper des Kurfürsten und damit am ganzen Staatskörper vollzieht, setzt schließlich den Schlusspunkt des Textes. Das textbestimmende „Skandalon des ‚zugleich'",[339] mit dem der Text einsetzt, wird also am Ende nochmals variierend aufgenommen und radikal gesteigert.

---

[337] Champlin: Reading Terrorism in Kleist, S. 448.
[338] Ebd.
[339] Brittnacher: Das ‚Rechtgefühl einer Goldwaage', S. 138.

Teil II: **1891–1930**
**Der ‚neue Mensch' und die
(neue) politische Ordnung**

1 Einleitung

Im zweiten Teil der Arbeit werden die Erzählungen der Tat in der Literatur von 1891 bis 1930 fokussiert. Die acht Kapitel setzen sich in exemplarischen Lektüren mit Hugo von Hofmannsthals *Gestern, Die beiden Götter* und *Elektra*, Filippo Tommaso Marinettis *Futuristische Manifeste*, Ernst Jüngers *Der Kampf als inneres Erlebnis*, Hugo von Hofmannsthals *Das Salzburger Große Welttheater*, Ernst Tollers *Die Maschinenstürmer*, Alfred Rosenbergs *Der Mythus des 20. Jahrhunderts* und Bertolt Brechts *Der Jasager* auseinander.

Die Texte nehmen entweder die im ersten Teil der Arbeit angelegte Diskussion der Tat und ihre Differenzierung in ‚Tat' und ‚Untat' auf oder unterlaufen diese Differenzierung, genauer: suspendieren diese für die um 1800 entstandenen Texten fundamentale Unterscheidung – die Frage nach der rechtlichen, moralischen oder politischen Legitimität der Tat stellt sich dann nicht mehr –, indem sie die emphatische Exekution der Tat erzählen sowie geradezu performativ herbeischreiben und mit einer spezifischen Subjektivierung des (soldatisch-männlichen) Täters verknüpfen. Im Gegensatz zu den um 1800 entstandenen Texten lässt sich somit bei den Texten, die die politische, juristische oder ethische Differenzierung der Tat abblenden, oftmals eine semantische Entleerung[1] der Tat beobachten. Die Tat – dies zeigen etwa die Texte von Ernst Jünger pointiert auf – wird als Selbstzweck gesetzt und dient nicht mehr, wie um 1800, als Mittel, um ein konkretes politisches Ziel, das sich aus einer konkreten Problemlage des Subjekts ergibt – etwa die Revision der ungerechten politischen Ordnung –, zu erreichen. Um 1900 changiert die semantisch entleere Tat zwischen radikaler Rhetorik und emphatischer Agitation, interessiert sich aber im Gegensatz zu den um 1800 verfassten Texten nicht mehr für die Setzung eines differenzierten wie individuellen Subjekts, das über eine individuelle Geschichte und Motivation zur Tat verfügt, sondern installiert paradigmatische (männliche) Stellvertreter-Typen – wie etwa den Soldaten oder den ‚neuen Mensch' – als Form.[2] Folglich verzichten die Texte auch auf die Evaluation der Tat und der Folgen der Tat für das Subjekt und die Gesellschaft: Im Gegensatz zu den um 1800 entstandenen Texten geht es nun nicht mehr um das ‚Gesamtbild' der Tat (Täter, Tatmotivation, Tat und Folgen der Tat), vielmehr steht die Erzählung der

---

[1] Hier ließe sich an Laclaus Überlegungen anknüpfen. Vgl.: Laclau: ‚Was haben leere Signifikanten mit Politik zu tun?', S. 65–78.
[2] Auch in den um 1800 entstandenen Texten wurde von Taten erzählt, die von Männern begangen/vollbracht wurden. Um 1900 radikalisiert sich jedoch die ‚Männlichkeit' der Täter, die hier explizit wird und in Verbindung zu der Tat gestellt wird. Mehr noch: Die Tat wird um 1900 als dezidiert männliche Tat gedacht.

radikalen Tat im Fokus der Texte. Die exzentrische Position, die sich um 1800 aus der Beobachtung der unrechten Ordnung und der darauf folgenden Exekution der Tat ergibt, wird hier gesetzt und als Ausgangspunkt der die Ordnung aufbrechenden Tat gesehen. Dies lässt sich wiederum auch an den textexternen historischen Kontext rückbinden: Um 1800 wird die Befragung der Ordnung mit Blick auf die Eskalation, die in der Spätphase der Französischen Revolution einsetzt, vorgenommen. Um 1900 werden die neue Ordnung und der ‚neue Mensch' im Rahmen von hypertrophen politischen Programmen, die etwa ein ‚Tausendjähriges Reich' installieren wollen, entworfen und ‚gezüchtet'; das individuelle Subjekt in seiner spezifischen politischen Situation (etwa: Michael Kohlhaas) ist für solche ‚Großprojekte' nun nicht mehr von Belang.

Die Texte, die die Differenzierung in ‚Tat' und ‚Untat' nicht suspendieren – hier wäre vor allem auf Hofmannsthals *Das Salzburger Große Welttheater* und Tollers *Die Maschinenstürmer* zu verweisen – etablieren eine konträre Sicht auf die Tat und evaluieren diese in ihrer Komplexität. Dieser Blick auf die Tat wird auch von späteren Texten aufgenommen; hier wäre etwa an Max Frischs Text *Antwort aus der Stille*[3] zu denken, der 1937 publiziert wird.[4]

Auch die Texte, die dezidiert auf das Politische wirken wollen, tun dies nicht, indem sie auf die Zeichnung eines differenziert gefassten Täters und einer entsprechenden Tat zurückgreifen: Da die Texte im Sinne der Avantgarde auf das zeitgenössische Politische wirken wollen, zeitig die Abblendung der normativen Begutachtung der Tat umso gravierendere Folgen: Die Radikalisierung der Tat und die exzentrisch-radikale Position des Täters ermöglichen nun nicht nur eine emphatische Kriegsbegeisterung und eine Sinnstiftung durch den Krieg, sondern dienen letztlich der Legitimierung der Auslöschungsprogrammatiken sowie zur Kommunikation der Notwendigkeit, für das (politische) Kollektiv bereitwillig das eigene Leben zu opfern.[5]

Die in den Texten verhandelte Vision des ‚neuen Menschen' und die Vision einer ‚neuen Welt' oder Nation lassen sich mit Alain Badiou als Signatur des beginnenden Jahrhunderts verstehen:

> Im Grunde ist das Jahrhundert von einem bestimmten Moment an von der Idee besessen gewesen, den Menschen zu verändern, einen neuen Menschen zu schaffen. Es stimmt, daß

---

[3] Max Frisch: Antwort aus der Stille. Eine Erzählung aus den Bergen. Mit einem Nachwort von Peter von Matt. Frankfurt am Main: Suhrkamp 2015.
[4] Zu der Tat in Max Frischs *Antwort aus der Stille* vgl: Immanuel Nover: „[D]ie männliche Tat" und das außergewöhnliche Leben. Max Frischs *Antwort aus der Stille*. In: Wirkendes Wort. Deutsche Sprache und Literatur in Forschung und Lehre 71 (2021), Heft 2, S. 225–235.
[5] Hier wäre auch an Georg Kaisers *Die Bürger von Calais* zu denken.

diese Idee zwischen den Faschismen und den Kommunismen zirkuliert, daß die Statuen – die des Proletariers, der an der Schwelle der emanzipierten Welt steht, und die des exemplarischen Ariers, des Siegfried, der die Drachen der Dekadenz niederwirft – ungefähr dieselben sind. Einen neuen Menschen zu schaffen läuft immer darauf hinaus, daß man die Zerstörung des alten verlangt. Die gewaltsame, die unversöhnliche Diskussion bezieht sich darauf, was der alte Mensch ist. In jedem Fall ist das Projekt so radikal, daß bei seiner Verwirklichung die Singularität menschlicher Leben nicht zählt – das ist bloß Material.[6]

Die politisch legitimierte Entscheidung über das Leben bzw. den Tod des Anderen – und ohne diese Ent- oder Unterscheidung im Sinne Carl Schmitts sind die skizzierten Strukturen nicht denkbar – lässt sich an die von Michel Foucault in *In Verteidigung der Gesellschaft* angeführte Zäsur anschließen: „die Zäsur zwischen dem, was leben, und dem, was sterben muß".[7] Diese Differenzierung lässt sich mit Schmitt als *das Politische an sich* lesen: Schmitt installiert als Definition des Politischen die „spezifisch politische Unterscheidung"[8] als die „Unterscheidung von *Freund* und *Feind*".[9] Der Definition des Anderen als Feind liegt die „reale[] Möglichkeit der physischen Tötung des Gegners"[10] zugrunde. Schmitts politische Unterscheidung trägt die Potenzialität der hypertrophen Feindschaft in sich, bei der der Andere „der totalen Entwertung"[11] unterzogen wird. Als Folge lässt sich eine Feindschaft beobachten, die „so furchtbar werden [wird], daß man vielleicht nicht einmal mehr von Feind oder Feindschaft sprechen darf [...], bevor das Vernichtungswerk beginnen kann. Die Vernichtung wird dann ganz abstrakt und ganz absolut".[12]

Erst vor dieser Folie lassen sich die Radikalität der Tat-Phantasien auf der einen Seite und die breit diskutierte Struktur und Funktion des ‚neuen Menschen' auf der anderen Seite nachzeichnen:

> In einem Satz: Das Jahrhundert – der Passion des Realen ausgeliefert und unter dem Paradigma des definitiven Kriegs stehend – etabliert subjektiv ein nicht-dialektisches Gegenüber von Zerstörung und Gründung, das mit dem Postulat einhergeht, daß die Chiffre des Realen die Zwei ist, denn es denkt die Totalität ebenso wie das kleinste seiner Fragmente in der Figur des Antagonismus.[13]

---

6 Alain Badiou: Das Jahrhundert. Berlin und Zürich: Diaphanes 2006, S. 17.
7 Michel Foucault: In Verteidigung der Gesellschaft. Vorlesungen am Collège de France. 1975–1976. Frankfurt am Main: Suhrkamp 1999, S. 295.
8 Schmitt: Der Begriff des Politischen, S. 26.
9 Ebd. [Hervorhebung im Original]
10 Ebd., S. 33.
11 Schmitt: Theorie des Partisanen, S. 95.
12 Ebd.
13 Badiou: Das Jahrhundert, S. 53.

2 Die Ambivalenz der Tat: Hugo von Hofmannsthals *Gestern, Die beiden Götter* und *Elektra* (1891–1903)

2.1 Einleitung

Bereits in den frühen Texten von Hugo von Hofmannsthal wird das Problem der Tat, genauer: das Problem, zur Tat zu kommen und die Bedeutung der Tat für das Soziale, diskutiert. So wird die Funktion der Tat hinsichtlich der sozialen Interaktionen und der Erkenntnis des Selbst wie der*des Anderen in dem 1891 erschienen Drama *Gestern* thematisiert. Andrea, der als Lebenssinn die emphatisch-rauschhafte Präsenz des Augenblicks definiert – „Das Gestern lügt, und nur das Heut ist wahr! / Laß dich von jedem Augenblicke treiben, / Das ist der Weg, dir selber treu zu bleiben"[14] –, muss am Ende des Stückes die grausame Widerlegung seiner Thesen zur Tat erfahren; der Betrug seiner Gattin macht ihm deutlich, dass seine Ausgangsthese, die den Genuss der emphatischen Gegenwart betont, revidiert werden muss: „Ohnmächtig sind die Taten, leer die Worte!" (SW III, 10) Mit Andreas diskutiertem und verworfenem Diktum ist das Kernproblem, mit dem sich die Texte von Hofmannsthal beschäftigen, umrissen: Die Frage nach den Bedingungen, der Notwendigkeit und den Folgen der Tat wird bis zu Hofmannsthals späten Texten zu verfolgen sein; im Gegensatz zu den frühen Texten stehen im Spätwerk dann nicht nur die problematisch werdenden „Wege zum Tun, sondern das Ethos des Handelns"[15] im Fokus und somit die sich bereits im Frühwerk andeutende Verbindung von Tat und Ethik.[16]

---

14 Hugo von Hofmannsthal: Gestern. In: ders.: Sämtliche Werke. Kritische Ausgabe. Bd. III, Dramen 1. Hrsg. v. Götz Eberhard Hübner, Klaus-Gerhard Pott und Christoph Michel. Frankfurt am Main: Fischer 1982, S. 13. Der Text wird im Folgenden unter der Sigle SW III und der Angabe der Seite im Haupttext zitiert. Hervorhebungen im Original werden in den zitierten Stellen durch Kursivierung nachgewiesen.
15 Wolfgang Nehring: Die Tat bei Hofmannsthal. Eine Untersuchung zu Hofmannsthals großen Dramen. Stuttgart: J.B. Metzlersche Verlagsbuchhandlung 1966, S. 11.
16 Nehring weist bereits 1966 nachdrücklich darauf hin, dass die – eigentlich offensichtliche – Verbindung von Ethos und Tat und die „unmißverständliche[n] Bekenntnisse zum aktiven Tun und verantwortungsvollen Leben [...] Hofmannsthal vor vielen Fehldeutungen hätte[n] bewahren müssen." Ebd., S. 7. Eine weitere Berücksichtigung dieser ‚Bekenntnisse' hätte die für die Forschung folgenschwere Trennung in ein vermeintlich ästhetizistisches Frühwerk und die entschiedene Abkehr von diesem im Spätwerk kritisch beleuchten können.

Im Gegensatz zu den vorigen Kapiteln steht in diesem Kapitel folglich nicht ein einzelner Text im Fokus, vielmehr werden kursorische Lektüren diverser Texte unternommen, um die Zeichnung der Tat in dem jeweiligen Text und in der historischen Abfolge der Texte und der Werkinszenierung diskutieren zu können. Die Texte, so die Ausgangsüberlegung, etablieren werkinterne intertextuelle Verweisstrukturen und müssen daher zusammen gelesen werden. Gleichwohl geht es nicht darum, dem Autor Hofmannsthal die Deutungsmacht und -hoheit über seine Texte zuzuerkennen; dies gilt insbesondere für Hofmannsthals Selbstauskünfte in *Ad me ipsum*, denen keineswegs eine übergeordnete Position zukommt, von der aus Lesarten legitimiert werden.

Eine Lesart, die das Problem der Tat auf die individuelle oder psychologische Disposition der Figuren – oder sogar des Autors – reduziert und nicht auch die Formebene der Texte berücksichtigt, würde den Texten nicht gerecht werden und deren Komplexität nicht widerspiegeln. Somit ist Marcus Twellmann zu folgen, der herausstellt, dass Hofmannsthals „Überlegungen zum Problem des Tuns [...] also einem zentralen Motiv der dramentheoretischen Überlieferung [gelten] und [...] zunächst in diesem Zusammenhang zu begreifen [sind], will man sie nicht auf Versuche zur persönlichen Lebensbewältigung reduzieren".[17] Hofmannsthals Überlegungen zur Tat schließen hierbei an Aristoteles an, den er in *Der neue Roman von d'Annunzio* zitiert: „[A]uch das Leben ist (wie das Drama) auf das Thuen gestellt, und das Lebensziel ist ein Thuen, nicht eine Beschaffenheit. Die Charaktere begründen die Verschiedenheit, das Thuen aber Glück oder Unglück."[18] Die Tat ist somit auf der Ebene der Form zu beobachten, stellt aber zugleich das entscheidende Moment für ein gelingendes Leben – auch extratextuell – dar: „Es hängt aber das ganze Leben an der geheimnisvollen Verknüpfung von Denken und Thuen."[19]

Die in den Texten diskutierte Bedeutung des ‚Thuens' eröffnet zudem – und dies soll im Folgenden ebenfalls genauer beleuchtet werden – eine Linie zu dem Begriff des Handelns bei Hannah Arendt. Arendt stellt heraus, dass sich das Politische als ein „Weltbereich [verstehen ließe], in dem Menschen primär als Handelnde auftreten".[20] Das Handeln des Individuums ist jedoch „auf die Präsenz

---

[17] Marcus Twellmann: Das Drama der Souveränität. Hugo von Hofmannsthal und Carl Schmitt. München: Fink 2004, S. 46.
[18] Hugo von Hofmannsthal: Der neue Roman von d'Annunzio. In: ders.: Sämtliche Werke. Kritische Ausgabe. Bd. XXXII, Reden und Aufsätze 1. Hrsg. v. Hans-Georg Dewitz u. a. Frankfurt am Main: Fischer 2015, S. 164.
[19] Ebd.
[20] Arendt: Was ist Politik?, S. 15.

anderer Menschen und die Verständigung mit diesen angewiesen"[21] – „Politik entsteht in dem Zwischen-den-Menschen, also durchaus außerhalb des Menschen".[22] Die Erörterung der Notwendigkeit des ‚Thuens' und der Tat in den Texten von Hofmannsthal lässt sich mit Arendts Überlegungen lesen und auf den politischen und/oder sozialen Gehalt der Tat befragen. Das in Hofmannsthals Texten diskutierte Problem der Tat scheint somit zwar auf den ersten Blick auf der individuellen Ebene der Figuren angelegt zu sein, lässt sich aber – und hierauf verweisen sowohl die Überlegungen Arendts als auch die Texte selbst – als dezidiert politisches Problem verstehen. Diese These soll im Folgenden entfaltet werden, indem einige frühe Texte von Hofmannsthal auf ihre Zeichnung des Sozialen befragt werden und die Bedeutung des Sozialen für das Politische konturiert wird.

2.2 Die Tat und das Soziale: *Ad me ipsum*

Auch wenn der von 1916 bis 1929 entstandene Text *Ad me ipsum* mit „H. v. H. eine Interpretation"[23] überschrieben ist und eine rückblickende Selbstexplikation leisten soll, so ist die von Hofmannsthal in *Poesie und Leben* getroffene Feststellung, dass er bezüglich der zeitgenössischen Dichter „nichts erzählen [kann], was [...] seine Gedichte nicht erzählen können, weder über ihn, noch über andere Dichter, noch über Dichtung überhaupt",[24] weiterhin gültig und als Leseempfehlung auch für *Ad me ipsum* produktiv zu machen. Somit soll der Text im Folgenden als „lyrische Interpretation",[25] also als literarischer Text, über den keine finalen Lesarten angestellt oder legitimiert werden können, verstanden werden; der Text ist also in seinen Relationen zu den anderen und prinzipiell gleichwertigen Texten zu beobachten.[26] Eine transzendentale Autorposition – und damit

---

21 Gisler: Aristoteles Gleiche sind bei Arendt Andere, o.S.
22 Arendt: Was ist Politik?, S. 11.
23 Hugo von Hofmannsthal: Ad me ipsum. In: ders.: Sämtliche Werke. Kritische Ausgabe. Bd. XXXVII, Aphoristisches, Autobiographisches, frühe Romanpläne. Hrsg. v. Ellen Ritter. Frankfurt am Main: Fischer 2015, S. 131.
24 Hugo von Hofmannsthal: Poesie und Leben. In: ders.: Sämtliche Werke. Kritische Ausgabe. Bd. XXXII, Reden und Aufsätze 1. Hrsg. v. Hans-Georg Dewitz u. a. Frankfurt am Main: Fischer 2015, S. 188.
25 Christoph König: Hofmannsthal als Interpret seiner Selbst. Das ‚Ad me ipsum'. In: Euphorion 93 (1999), S. 61–73, hier: S. 69.
26 „In diesem Sinne ist das *Ad me ipsum* als eines der Werke Hofmannsthals zu deuten, und erst dann auf andere zu beziehen. Hofmannsthal hat – indem er über sich nachdachte – ein neues Werk geschaffen." Ebd., S. 70.

einen „*Autor*-Gott[]"[27] im Sinne Roland Barthes – anzunehmen, von der aus nun Lesarten mit „Wahrheitsanspruch"[28] verkündet werden, würde *Ad me ipsum* und die Rolle des Autors mit einem nicht gerechtfertigten Status versehen und die Komplexität der literarischen Anlage unterlaufen.

Im 1921 verfassten *Buch der Freunde* wird bereits auf der ersten Seite geradezu programmatisch die Hofmannsthal umtreibende Kernthematik, die Verbindung des Einzelnen mit der*dem Anderen und damit mit dem Leben sowie dem Sozialen, angedeutet: „Es ist ein entscheidender Unterschied, ob Menschen sich zu anderen als Zuschauer verhalten können, oder ob sie immer Mitleidende, Mitfreudige, Mitschuldige sind: dies sind die eigentlich Lebenden."[29] Die Interaktion mit den Anderen, die empathische Einfühlung in das Leben der Anderen und die affektive Reaktion auf die Anderen und ihre Emotionen werden hier als Grundbedingung eines gelingenden Lebens verstanden.

Aus der Betonung der Möglichkeit, das Leben im Sinne des gelingenden Lebens der „eigentlich Lebenden"[30] zu gestalten, ergibt sich zwangsläufig, dass dieses Ziel auch verfehlt werden kann und somit – „als Zuschauer" – ein Leben geführt wird, das nicht dem ‚eigentlichen Leben' entspricht. Die Differenzierung der Möglichkeiten der Lebensgestaltung eröffnet die Kernfrage, wie sich das gelingende Leben realisieren lässt und wie die Interaktion mit der*dem Anderen, die als notwendige Gelingensbedingung gesetzt wird, gestaltet werden muss. Der „Weg zum Sozialen als Weg zum höheren Selbst"[31] kann – und damit ist die Linie vorgegeben – „a) durch die Tat. / b) durch das Werk / c) durch das Kind"[32] gelingen. Werden die Begriffe und Konzepte des Lebens und des Sozialen noch um die der Präexistenz und der Verwandlung ergänzt, ist das Spektrum der „vier zentrale[n] Begriffe"[33] der Texte Hofmannsthals aufgerufen.

In *Ad me ipsum* wird die Ambivalenz des Zustands der Präexistenz betont: „Praeexistenz. Glorreicher, aber gefährlicher Zustand. ihre Qualitäten: frühe Weis-

---

27 Roland Barthes: Der Tod des Autors. In: Fotis Jannidis u.a. (Hrsg.): Texte zur Theorie der Autorschaft. Stuttgart: Reclam 2000, S. 185–197, hier: S. 190. [Hervorhebung im Original]
28 König: Hofmannsthal als Interpret seiner Selbst, S. 69.
29 Hugo von Hofmannsthal: Buch der Freunde. In: ders.: Sämtliche Werke. Kritische Ausgabe. Bd. XXXII, Reden und Aufsätze 1. Hrsg. v. Hans-Georg Dewitz u.a. Frankfurt am Main: Fischer 2015, S. 9.
30 Ebd.
31 Hofmannsthal: Ad me ipsum, S. 138.
32 Ebd.
33 Anna-Katharina Gisbertz: Selbstdeutungen. In: Mathias Mayer und Julian Werlitz (Hrsg.): Hofmannsthal-Handbuch. Leben – Werk – Wirkung. Stuttgart: J.B. Metzler 2016, S. 89–94, hier: S. 90.

heit [...] / Auserlesenheit [...] / Geistige Souveränität".[34] Trotz der „Qualitäten" der Präexistenz, die noch um die „magische Herrschaft über das Wort das Zeichen"[35] ergänzt werden können, stellen die literarischen Texte – und dies lässt sich auch und gerade an den frühen Texten zeigen – keinesfalls eine ästhetizistisch konnotierte Glorifizierung der Präexistenz und damit der Abkopplung vom (sozialen) Leben dar.[36] Das 1891 publizierte Gedicht *Der Prophet* macht die Kritik des ästhetizistischen und symbolistischen Dichtens deutlich und stellt eine Absage an die ästhetizistische Kunst- und Lebensprogrammatik dar, die etwa prominent von dem hier gemeinten Stefan George formuliert wurde: „In einer Halle hat er mich empfangen, / Die rätselhaft mich ängstet mit Gewalt, / Von süßen Düften widerlich durchwallt: / Da hängen fremde Vögel, bunte Schlangen. // Das Thor fällt zu, des Lebens Laut verhallt, / Der Seele Athmen hemmt ein dumpfes Bangen".[37] Das Gedicht endet mit den Zeilen „Er macht die leere Luft beengend kreisen / Und er kann tödten, / ohne zu berühren".[38] Diese Zeilen formulieren nicht nur eine fulminante Abkehr von der ästhetizistischen Dichtung und von Stefan George, sondern unterziehen zudem die der Präexistenz zugeschriebene „magische Herrschaft über das Wort das Bild das Zeichen"[39] einer Kritik und sagen sich von der „extremen[n] Form magischer Wirkungsmacht durch sprachlich-auratische Mittel"[40] – „er kann töten, ohne zu berühren"[41] – los.[42] Für die Verbindung mit dem Leben ist folglich

---

34 Hofmannsthal: Ad me ipsum, S. 135.
35 Ebd., S. 137.
36 Vgl. u. a.: Nehring: Die Tat bei Hofmannsthal, S. 7. – Hofmannsthal in *Ad me ipsum*: „'Gestern', 'Tor und Tod': Gefahr der Isoliertheit, des selbstischen Erstarrens, der Überhebung." Hofmannsthal: Ad me ipsum, S. 153.
37 Hugo von Hofmannsthal: Der Prophet. In: ders.: Sämtliche Werke. Kritische Ausgabe. Bd. II, Gedichte 2. Hrsg. v. Andreas Thomasberger und Eugene Weber. Frankfurt am Main: Fischer 1988, S. 61.
38 Ebd.
39 Hofmannsthal: Ad me ipsum, S. 137.
40 Jörg Schuster: „Einem, der vorübergeht". „Der Prophet" (entstanden 1891). In: Mayer und Werlitz (Hrsg.): Hofmannsthal-Handbuch, S. 135f., hier: S. 136.
41 Hofmannsthal: Der Prophet, S. 61.
42 Die Gefahr der Sprache für das Ich und die Identität wird auch in *Der Kaiser und die Hexe* herausgestellt: „Anfangs ists in einem Punkt, / Doch dann schiebt sichs wie ein Schleier / Zwischen Herz und Aug und Welt, / Und das Dasein ist vergällt; / Bist du außen nicht wie innen, / Zwingst dich nicht, dir treu zu sein, / So kommt Gift in deine Sinnen, / Atmests aus und atmests ein, / [...] Was du sprichst, kann nur betören, / Was du siehst, ist Schattenspiel, / [...] Merk dir nichts als dies, Tarquinius: / Wer nicht wahr ist, wirft sich weg! / [...] Und wenn du ein Wesen liebhast, / Sag nie mehr, bei deiner Seele! / Als du spürst. Bei deiner Seele! / Tu nicht eines Halms Gewicht / Mit verstelltem Mund hinzu: / Dies ist solch ein Punkt, wo Rost / Ansetzt und dann weiterfrißt." Hugo von Hofmannsthal: Der Kaiser und die Hexe. In: ders.: Sämtliche Werke. Kri-

die Abkehr von der „magischen Herrschaft" notwendig: „Die magische Herrschaft über das Wort das Bild das Zeichen darf nicht aus der Prae-existenz in die Existenz hinübergenommen werden."[43] Die Ambivalenz der Präexistenz wird nochmals im gefährlichen Moment der Aufgabe dieses Zustands deutlich.[44] „Bangen und Sehnsucht diesen Zustand zu verlassen: auf welchem Weg? Verknüpfung mit dem Leben. Durchdringen aus der Praeexistenz zur Existenz."[45]

Neben dem „mystische[n] Weg",[46] der etwa in *Ein Brief* beschrieben wird, wird in *Ad me ipsum* der „nicht-mystische Weg"[47] als Weg von der Präexistenz in die Existenz skizziert. Der mystische Weg in *Ein Brief* zeitigt als Resultat weniger das sprachlich brillant formulierte Schweigen[48] von Lord Chandos als vielmehr – zumindest in den „guten Augenblicken"[49] – die Hoffnung auf eine neue, alternative ‚Sprache', „von deren Worten [...] auch nicht eines bekannt ist, eine Sprache, in welcher die stummen Dinge [...] sprechen, und in welcher [...] [er]

---

tische Ausgabe. Bd. III, Dramen 1. Hrsg. v. Götz Eberhard Hübner, Klaus-Gerhard Pott und Christoph Michel. Frankfurt am Main: Fischer 1982, S. 186 f.
43 Hofmannsthal: Ad me ipsum, S. 137.
44 „Fällt das Wesen aus jener Totalität (Praeexistenz Schicksallosigkeit) heraus, so ist es in Gefahr, sich zu verlieren, zu verirren; es sucht das zu ihm Gehörige, Entscheidende, das Äquivalent: im Abenteurer ist die Lösung ironisch angedeutet (das Werk und das Kind)". Ebd., S. 138.
45 Ebd., S. 136.
46 Ebd.
47 Hofmannsthal: Ad me ipsum, S. 138.
48 Im Gegensatz zu den gängigen Lesarten, die eine Krise der Sprache in dem Text diagnostizieren, arbeitet Uwe Hebekus heraus, dass der Text die Bestrafung des Lords thematisiert, die aus seiner an die Programmatik der Romantik angelehnten Textproduktion resultiert: „Chandos' Krise besteht, so die hier vertretene These, mitnichten darin, daß ihm die Fähigkeit zur poetischen Produktion abhanden gekommen ist, sondern darin, daß sich diejenige Form von moderner Schriftkommunikation, der sein poetisches Werk so stark Vorschub geleistet hat, nunmehr [...] auch und gerade auf seine *außerästhetischen* Lebensverhältnisse ausbreitet. Genau das ist die Strafe, die ihn trifft. Und sie trifft ihn deshalb, weil er in seiner juvenil-poetischen Lebensphase ein Promoter der modernen Ordnung von (Schrift-)Kommunikation gewesen ist." Hebekus: Ästhetische Ermächtigung, S. 137 f. Dass Lord Chandos seinen Sprachverlust überaus eloquent und wohlgeformt artikuliert – ein Zerfall der Sprache, eine Fragmentierung o. ä. sind in dem Text nicht festzustellen – wurde in der Forschung bereits ausführlich diskutiert. Vgl. exemplarisch: Ernst Osterkamp: Die Sprache des Schweigens bei Hofmannsthal. In: Hofmannsthal-Jahrbuch zur europäischen Moderne 2 (1994), S. 111–137, hier: S. 113.
49 Hugo von Hofmannsthal: Ein Brief. In: ders.: Sämtliche Werke. Kritische Ausgabe. Bd. XXXI, Erfundene Gespräche und Briefe. Hrsg. v. Ellen Ritter. Frankfurt am Main: Fischer 1991, S. 50. – David E. Wellbery nimmt diese Formulierung aus *Ein Brief* zum Ausgangspunkt seiner Deutung, die die oftmals im Fokus der Forschung stehende Sprachkrise um 1900 abblendet und stattdessen die Bedeutung des Opfers herausarbeitet. David E. Wellbery: Die Opfer-Vorstellung als Quelle der Faszination. Anmerkungen zum Chandos-Brief und zur frühen Poetik Hofmannsthals. In: Hofmannsthal-Jahrbuch zur europäischen Moderne 11 (2003), S. 281–310.

vielleicht einst im Grabe vor einem unbekannten Richter [...] [sich] verantworten"⁵⁰ wird. Im Gegensatz zu diesem „mystischen Weg" impliziert der „nichtmystische Weg" nicht die „Intro-version als Weg in die Existenz",⁵¹ sondern den „Weg zum Sozialen als Weg zum höheren Selbst".⁵² Dieser Weg kann, wie bereits angeführt, „a) durch die Tat / b) durch das Werk / c) durch das Kind"⁵³ gelingen. Die Tat als Weg in das Soziale und in das Leben ist folglich in den Texten von immenser Bedeutung: „Die Suche nach der möglichen – notwendigen Tat. [...] Die mögliche Tat geht aus dem Wesensgrund aus dem Geschick hervor."⁵⁴ Durch die Tat gelingt die Veränderung; „die Verwandlung im Tun. Tun ist sich aufgeben."⁵⁵

2.3 Komplexität der Tat: *Gestern* und *Die beiden Götter*

In dem kurzen Drama *Gestern*, das 1891 erscheint, repräsentieren die Figuren Andrea, Arlette und Marsilio drei unterschiedlich akzentuierte Haltungen zum Leben und zur Tat; durch die Kontrastierung gelingt Hofmannsthal die kritische Diskussion der Positionen und die Fokussierung der für die frühen Texte typischen Fragestellung.

Die dem Text vorangestellten Regieanweisungen legen eine Bühnenarchitektur im Stil der „[r]eichen Architektur der sinkenden Renaissance" (SW III, 7) an und verweisen mit dem Stilmix aus Früh- und Spätrenaissance auf Andreas Eklektizismus, „der das Fehlen eines eigenen Stils kompensieren soll".⁵⁶ Zudem rufen sie mit der Ausstattung – „eine Terrasse, die rückwärts mit vergoldeten Efeugittern abgeschlossen ist [...] [und] eine dunkelrote Hängematte an silbernen Ringen" (SW III, 7) – den Übergang von den klaren Linien der Renaissance zu den komplexeren und verspielteren Ornamenten des Manierismus auf, der in der Kunstgeschichte lange – und fälschlicherweise – als Epoche des Verfalls qualifiziert wurde.⁵⁷ Zugleich wird mit der Aufzählung im Sinne der Warenästhetik

---

50 Hofmannsthal: Ein Brief, S. 54.
51 Hofmannsthal: Ad me ipsum, S. 136.
52 Ebd., S. 138.
53 Ebd.
54 Ebd., S. 144.
55 Ebd., S. 142.
56 Achim Aurnhammer: „Gestern. Dramatische Studie" (1891). In: Mayer und Werlitz (Hrsg.): Hofmannsthal-Handbuch, S. 172–174, hier: S. 173.
57 Vgl. etwa: Wolfgang Braungart (Hrsg.): Manier und Manierimus. Tübingen: Max Niemeyer 2000.

bereits eine Linie zu dem 1893 in dem Essay *Gabriele d'Annunzio* verarbeiteten „Triumph der Möbelpoesie"[58] angelegt, mit dem eine Diagnose der Moderne angestrebt wird, die nicht nur für *Gestern*, sondern für das gesamte Frühwerk fruchtbar zu machen ist:

> Heute scheinen zwei Dinge modern zu sein: die Analyse des Lebens und die Flucht aus dem Leben. Gering ist die Freude an Handlung, am Zusammenspiel der äußeren und inneren Lebensmächte, am wilhelm-meisterlichen Lebenlernen und am shakespearischen Weltlauf. Man treibt Anatomie des eigenen Seelenlebens oder man träumt. Reflexion oder Phantasie, Spiegelbild oder Traumbild. Modern sind alte Möbel und junge Nervositäten.[59]

Bereits auf den ersten Seiten von *Gestern* wird sowohl die vom Text zu widerlegende Kernthese eingeführt – „Und wenn du mich betrögest und mein Lieben, / Du wärst für mich dieselbe doch geblieben!" (SW III, 10); „Das Gestern lügt, und nur das Heut ist wahr!" (SW III, 13) – als auch die Andrea auszeichnende Haltung zum Leben und zu den Anderen herausgearbeitet: „Ohnmächtig sind die Taten, leer die Worte! / Ergründen macht Empfinden unerträglich, / Und jedes wahre Fühlen unsäglich." (SW III, 10); „Die Freunde so, ihr Leben ist ein Schein, / Ich lebe, der sie brauche, ich allein!" (SW III, 11)[60] Die Anderen werden nicht als lebendige Individuuen, sondern nur als potentielle Lieferanten von exquisiten Stimuli wahrgenommen, die Andreas Leben im Sinne des Impressionismus bereichern; mit dem Blick auf die Anderen werden diese nicht erkannt oder gar subjektiviert – was etwa Emmanuel Lévinas oder Judith Butler nahelegen würden –, vielmehr dienen die Anderen nur als Spiegel des Selbst: „Und, wenn sich jemals zwei ins Auge sehn, / So sieht ein jeder sich nur in dem andern"(ebd.). Andreas Konzentration auf die Befriedigung seiner augenblicklichen Laune, seine absolute Hingabe an seine ästhetizistisch aufgeladenen Stimmungen, resultiert aus der Angst, dass er „das Höchste, Tiefste doch verfehl[t]!" (SW III, 12) „Erst

---

58 Hugo von Hofmannsthal: Gabriele d'Annunzio. In: ders.: Sämtliche Werke. Kritische Ausgabe. Bd. XXXII, Reden und Aufsätze 1. Hrsg. v. Hans-Georg Dewitz u. a. Frankfurt am Main: Fischer 2015, S. 106.
59 Ebd., S. 100.
60 Aurnhammer weist darauf hin, dass die Formulierung Andreas komplexer ist, als es erst den Anschein hat: „Andreas Bekenntnis zum ästhetischen Immoralismus entlarvt sich bereits dadurch als Unwahrheit und Selbstbetrug, dass es der consecutio temporum widerspricht: ‚Und wenn du mich betrögest und mein Lieben, / Du wärst für mich dieselbe doch geblieben!' [...]. Damit rückt Andrea einen Treuebruch Arlettes im Bedingungssatz unfreiwillig in den Bereich des Unmöglichen, sodass seine Indifferenz als Maskerade grammatisch decouvriert wird [...]. So enthält Andreas These bereits in nucleo seine schmerzliche ‚Erfahrung des Du', der von ihm geleugneten Präsenz des Vergangenen, des ‚Gestern' weniger im buchstäblichen als vielmehr im symbolischen Sinn." Aurnhammer: Gestern, S. 173.

wenn zum Kranz sich jede Blume flicht, / Wenn jede Lust die rechte Frucht sich bricht, / Ein jedes Fühlen mit harmonisch spricht, / Dann ist das Leben Leben, früher nicht!" (ebd.)

Das gelingende Leben beruht nicht auf der Ausbildung einer Beziehung zur*zum Anderen oder dem Aufbau einer stabilen Identität. Andrea formuliert vielmehr eine Absage an die Vorstellung einer stabilen und unveränderlichen Identität und sieht die absolute Wandelbarkeit des Ichs durch die jeweiligen Situationen und Reize wie auch die Hingabe an den Augenblick als Kern eines gelingenden Lebens, in dem „das Beste nicht [...] versäumt [wird]" (ebd.). „Lass dich von jedem Augenblicke treiben, / Das ist der Weg, dir selber treu zu bleiben. / Der Stimmung folg [...], so wirst du dich bewahren" (SW III, 13). Die von Ernst Mach in *Antimetaphysische Vorbemerkungen*[61] und Hermann Bahr in *Das unrettbare Ich*[62] gestellten Diagnosen zur Zeit um 1900 werden hier folglich vorweggenommen, jedoch, zumindest aus der zu diskutierenden Sicht der Hauptfigur, affirmiert.

Im Text wird die tatenlose Figur Andrea durch zwei Täterfiguren kontrastiert: Durch Andreas Geliebte Arlette und seinen Jugendfreud Marsilio, wodurch sowohl Andreas Ausgangsthese – und damit die These des Proverbs – als auch seine skizzierte Haltung eine Kritik und Revision durch die beiden Taten und die Täterfiguren erfahren müssen.

Arlettes Tat – sie betrügt ihren Geliebten Andrea mit dessen Freund Lorenzo in der Nacht, bevor die Handlung einsetzt –, führt dazu, dass Andrea seine auf das Genießen der Laune des Augenblicks fokussierte Lebenshaltung, die keine Vergangenheit kennt, sondern nur ein rauschhaftes Erleben der Gegenwart postuliert, revidieren muss. Die Ausgangsthese – „Und wenn du mich betrögest und mein Lieben, / Du wärst für mich dieselbe doch geblieben! (SW III, 10); „Das Gestern lügt, und nur das Heut ist wahr!" (SW III, 13) – wird am Schluss des Stückes negiert, die Vergangenheit muss in die Gegenwart integriert werden und wirkt auf die Sicht der Figuren zurück: „Dies Gestern ist so eins mit deinem Sein, / Du kannst es nicht verwischen, nicht vergessen: / Es *ist* so lang wir wissen, daß es *war*. / [...] Und heute – gestern ist ein leeres Wort. / Was einmal war, das lebt auch ewig fort" (SW III, 34f.). Zugleich wird auch die Weigerung Andreas, sich eine Laune oder Stimmung zu versagen – „Ich will der freien Triebe freies Spiel" (SW III, 18) – durch Arlette, die sich eben diese Erfüllung ihrer Launen gestattet hat

---

[61] Ernst Mach: Antimetaphysische Vorbemerkungen. In: ders.: Die Analyse der Empfindungen und das Verhältnis des Physischen zum Psychischen. Jena: Gustav Fischer ⁴1903, S. 1–30.
[62] Hermann Bahr: Das Ich ist unrettbar. In: ders.: Dialog vom Tragischen. Berlin: Fischer 1904, S. 79–101.

und vor allem durch ihren Treuebruch, kritisch befragt.[63] Die stete Wandlung, die Andrea postuliert – „Ist es nicht weise, willig sich zu wandeln, / Wenn wir uns unaufhaltsam wandeln müssen?" (ebd.) – wird zudem nicht nur von Fortunio kritisiert, der bezeichnenderweise als Maler eine kreative und schaffende Künstlerfigur ist, sondern verweist auf einen Kernbegriff in dem Werk Hofmannsthals: Andrea verstößt gegen die Pflicht zur Treue, die eng mit Hofmannsthals Begriff des Schicksals zusammenhängt und zudem mit der Exekution der Tat in Verbindung steht. In *Ad me ipsum* spricht Hofmannsthal von der „Identität von Treue und Schicksal"[64] und zeigt, dass, etwa in *Elektra*, [d]as Entscheidende [...] nicht in der Tat [sic] sondern in der Treue [liegt]".[65] Somit muss Andrea seine Kernaufgabe, seine „richtige Schicksalserfüllung",[66] im Leben verfehlen, da er sich dem „Sich wandeln (= sein Schicksal suchen) im *Tun*"[67] verweigert.

Die zweite Täterfigur, der Jugendfreund Marsilio, tritt als Gegenspieler Andreas auf; „der ethische [tritt] dem impressionistischen Menschen und der Asket dem Genußmenschen"[68] entgegen. Marsilio, der bei seinem ersten Auftreten von Andreas Diener als „fremder Mann" (SW III, 14) charakterisiert wird, zeichnet sich tatsächlich durch seine Fremdheit und seine Differenz aus. Dies aber nicht, da er Andrea unbekannt wäre, ganz im Gegenteil sind die beiden alte Jugendfreunde, sondern aufgrund seiner konträren Überzeugungen.

Bereits bei seiner Vorstellung ergänzt Marsilio, ein Anhänger der Lehre Savonarolas, seinen Namen um eine religiös-emphatisch konnotierte Charakterisierung: „Marsilio, den der Gnade Strahl verklärte" (ebd.), um Andrea dann, „[n]ach einer Pause" (ebd.), so die Regieanweisung, an die gemeinsame Vergangenheit zu erinnern: „Andrea, hast du ganz der Zeit vergessen, / Da wir so viel, so Großes uns vermessen…?" (ebd.) Das ‚Große', das erreicht werden sollte, ist jedoch nicht auf einen Stimulus für außerordentliche und exotische Empfindungen zu reduzieren – so die Reaktion Andreas, der sich an seine impressionistische „Lust am Sichverlieren / In unergründlichen, verbotenen Revieren" (ebd.) erinnert –; vielmehr ging es bei dem gemeinsamen Projekt um die Gründung und Züchtung des ‚neuen Menschen': Marsilio erinnert an den Schwur, „ein neu Geschlecht zu gründen" (ebd.). Wenngleich bereits in der Vergangenheit die Motive für die Neugründung durchaus unterschiedlich akzentuiert waren und Andrea

---

63 Hier wäre auch auf die wirkmächtige Figur des Dandys in der Literatur um 1900 zu verweisen.
64 Hofmannsthal: Ad me ipsum, S. 138.
65 Ebd.
66 Ebd., S. 132.
67 Ebd. [Hervorhebung im Original]
68 Richard Alewyn: Hofmannsthals Anfang: ‚Gestern' [1949]. In: Ders.: Über Hugo von Hofmannsthal. Göttingen: Vandenhoeck & Ruprecht 1967, S. 46–63, hier: S. 53.

aus Sicht des Anhängers von Savonarola die Intention des religiösen Projekts verfehlt, so versucht Marsilio dennoch, Andrea erneut für seine Überzeugungen zu begeistern. Andrea verortet die gemeinsamen Taten jedoch in der Vergangenheit und erkennt zudem, dass ihm zum Engagement die Fähigkeit fehlt, sich zu entscheiden und Partei zu ergreifen – sein Postulat des steten Wandels steht dem entgegen: „Du Stücke lebendiger Vergangenheit, / Wie unverständlich, unerreichbar weit! / Wie schwebst du schattenhaft und fremd vorbei, / Du abgestreiftes Kleid: Partei!" (ebd.). Marsilios Überzeugung beruht jedoch auf der Kompetenz, eine Position zu beziehen und zu verteidigen: „Wer nicht für mich ist, der ist wider mich. / So spricht der Herr... Ich gehe" (SW III, 15). Im Folgenden skizziert Marsilio auf Aufforderung Andreas das Programm der Gründung des ‚neuen Menschen':

> Was einst in unseren jungen Herzen war,
> Heut ist's der Glaube einer frommen Schar:
> Von Padua entzündet, soll auf Erden
> Das Licht Savonarolas wieder werden,
> Der reinigenden Reue heller Brand
> Hinfahren durch dies angefaulte Land.
> Mit feuchten Geißeln, blutbesprengten Haaren
> Durchziehn Perugia schon die Büßerscharen.
> Es zucken feige die zerfleischten Glieder,
> Des Geistes Sieg verkünden ihre Lieder.
> Auf ihren Stirnen, den verklärten, bleichen,
> Flammt durch den Qualm der Nacht das Kreuzeszeichen,
> Es geht vor unsrer Schar ein Gotteswehen,
> Der heil'gen Wut kann keiner widerstehen (ebd.).

Das zu gründende ‚neue Geschlecht', der neue religiös-asketisch-fanatische Mensch, kann nur durch die mittels Gewalt durchgeführte Tat geschaffen werden. Das „angefaulte Land" (ebd.) erfährt durch die Gewalt der Geißel und das Blut der Büßer eine Reinigung und Verklärung, die sich auch in der „heil'gen Wut" (ebd.) der Gewalttaten gegen die vermeintlich Un- oder Andersgläubigen artikulieren kann. Der Tatmensch Marsilio, der den „Wille[n] zum Zerstören" (ebd.) gutheißt, steht hier in scharfen Kontrast zu Andrea, dem eine Parteinahme nicht möglich ist und der über keine dauerhaften Überzeugungen verfügt. Folglich garantiert Andrea die Sicherheit Marsilios auch nicht, um ihn oder seine Überzeugungen zu schützen – das Projekt des ‚neuen Geschlechts' weiter zu verfolgen, liegt Andrea fern –, vielmehr interessiert es ihn, die ästhetisch und impressionistisch aufgeladene neue Szene zu schauen. Die Exekution der religiös motivierten Gewalttaten sowie die potentielle gewaltsame Bestrafung Marsilios werden für den Hedonisten zum zu goutierenden innovativen ästhetischen Spektakel:

> Ich will dich schützen: hier in meinem Haus, [...]
> Hier sollen sie das Kreuz, die Geißel finden,
> Den Totenkopf, in blumigen Gewinden!
> Ein Grabesschauer soll den Saal durchfluten,
> Und wenn du weckst die heiligtollen Gluten,
> Und wenn sie einen Scheiterhaufen schichten
> Aus Bildern, Blumen, Teppichen, Gedichten,
> Wenn sie vergessen auf ihr eignes Grauen
> Und taumelnd schlingen einen Büßerreigen..
> Die Stirnen in den Staub des Bodens neigen,
> Zu Füßen dir die blassen, schönen Frauen! ..
> Ich will dich schützen... denn das möchte' ich schauen (SW III, 16).

Durch die Kontrastierung der Figuren – Andrea auf der einen, Arlette und Marsilio auf der anderen Seite – und die eindeutige Zuordnung der Tat zu der Seite von Arlette und Marsilio erfahren die exekutierten Taten in *Gestern* eine ambivalente Bewertung durch den Text. Die Unmöglichkeit der Tat, die sich für Andrea diagnostizieren lässt, wird vom Text kritisiert; mit der Widerlegung der Ausgangsthese Andreas wird sein impressionistisch motiviertes Lebensmodell verworfen. Der vermeintlich affirmativ dargestellte Ästhetizismus des Frühwerks wird hier also einer deutlichen Kritik unterzogen. Die Ambivalenz, die sich etwa in *Der Tod des Tizian* hinsichtlich der Zeichnung der Figuren feststellen lässt, ist hier für den Aspekt des Ästhetizismus nicht gegeben. Zugleich werden aber die Taten und die Täterfiguren nicht als absolut positive Gegenfiguren angelegt, sondern die Ambivalenzen von Tat und Täter diskutiert. Arlettes Tat – der Betrug Andreas mit dessen Freund Lorenzo – disqualifiziert sich als positives Gegenmodell und führt den für Hofmannsthal wichtigen Begriff der Schuld und Verschuldung explizit aus. Marsilios Tat verweist zwar auf die in den Texten Hofmannsthals oftmals geforderte ‚Treue' und die Suche wie Annahme des Schicksals, erscheint aber aufgrund der Radikalität und Gewalt der Tat zutiefst ambivalent bis fragwürdig. Die „heil'ge[] Wut" (SW III, 15) der Tat entspricht sicherlich nicht der in Hofmannsthals Texten diskutierten Tat, die den „Weg zum Socialen"[69] beschreitet.

Hofmannsthal nimmt die Figur der*des radikalen oder fanatischen Täter*in als Gegenspieler der tatenlosen Hauptfigur in mehreren Texten auf; besonders präsent ist der Gegensatz in *Der Tor und der Tod:* Hier wird ein Mann, der offensichtlich einer Gewalttat zum Opfer gefallen ist, als Gegenspieler Claudios, des Toren, eingeführt. Die Regieanweisung „[i]n seiner linken Brust steckt mit her-

---

69 Hofmannsthal: Ad me ipsum, S. 138.

ausragendem Holzgriff ein Messer"⁷⁰ – weist bereits auf die Gefahr der radikalen Tat hin, die sich auch gegen die*den Täter*in wenden kann. Seine Charakterisierung Claudios könnte sich auch auf Andrea beziehen:

> Lebst du noch immer, Ewigspielender?
> Liest immer noch Horaz und freuest dich
> Am spöttisch-klugen, nie bewegten Sinn? [...]
> Schmerzlich geborne Perlen, nahmst du mir
> Und warfst sie als dein Spielzeug in die Luft [...]
> Ja, für ein Hohes trieb mich mein Geschick
> In dieser Mörderklinge herben Tod (SW III, 77 f.).

Arlettes Betrug installiert hingegen zwar nachdrücklich ein ‚Du' im Text – „[E]in Du. Das will sagen, ein Wesen, das seinerseits ein Ich ist und absoluter Mittelpunkt einer Welt, in der nun umgekehrt Andrea nur eine Nebenrolle spielt"⁷¹ –, etabliert aber keine intersubjektive Beziehung, zerstört und verunmöglicht diese vielmehr. *Gestern*, so ließ sich resümieren, zeigt also nicht nur die Problematik des Nicht-Handelns auf, sondern erörtert auch die komplexen wie ambivalenten Strukturen und Folgen der Tat. Eine Tat, die dem in *Ad me ipsum* skizzierten Ideal der Tat nahekommt, ist in *Gestern* nicht zu finden; die Diskussion der produktiven sozialen Tat, die „zum Leben"⁷² führt, muss folglich in den folgenden Texten fortgesetzt werden.

Die Diskussion der entgrenzten Tat nimmt Hofmannsthal auch in seinem Fragment gebliebenen späten Text *Die beiden Götter* von 1917 wieder auf. Die „machtvolle[] Täterin"⁷³ und Herrscherin Semiramis zeichnet sich durch ihren Willen zur Eroberung und zur Macht aus und setzt sich selbst als Souverän: „Ich Will! Ich Setze! Ich Ordne!"⁷⁴ Ihre Macht ist hierbei nicht nur als Selbstzweck, sondern auch als Verfahren des Erhalts und der Reinigung zu verstehen: „Macht

---

70 Hugo von Hofmannsthal: Der Tor und der Tod. In: ders.: Sämtliche Werke. Kritische Ausgabe. Bd. III, Dramen 1. Hrsg. v. Götz Eberhard Hübner, Klaus-Gerhard Pott und Christoph Michel. Frankfurt am Main: Fischer 1982, S. 76.
71 Alewyn: Hofmannsthals Anfang, S. 55.
72 Hofmannsthal: Ad me ipsum, S. 138.
73 Nehring: Die Tat bei Hofmannsthal, S. 111.
74 Hugo von Hofmannsthal: Die beiden Götter. In: ders.: Gesammelte Werke. Dramen III 1893–1927. Hrsg. v. Bernd Schoeller in Beratung mit Rudolf Hirsch. Frankfurt am Main: Fischer 1979, S. 567. Der Text wird im Folgenden unter der Sigle GW III und der Angabe der Seite im Haupttext zitiert. Hervorhebungen im Original werden in den zitierten Stellen durch Kursivierung nachgewiesen. – In der zweiten Fassung von *Der Turm* wird dieser Herrschaftsgestus negiert; der Souverän Sigismund handelt an der entscheidenden Stelle eben *nicht*. Vgl. hierzu auch: Twellmann: Das Drama der Souveränität, S. 49.

schreit nach Macht; Macht hält die Fäulnis ab von den Dingen" (GW III, 567). Es geht bei der Ausübung der Macht folglich nicht um die „reine Zerstörung".[75] Die gewaltsam vom Souverän vorgenommene Ordnung und Setzung legitimiert sich durch den – vermeintlichen – Willen der unterworfenen Menschen, die nun zwangsweise in die neue Ordnung überführt werden:[76] „Alle Völker wollen der gleichen Herrschaft unterworfen sein, danach gieren sie, aber einer muß sie ihnen auferlegen" „ (GW III, 567). Der Ursprung dieser politischen Tat liegt aber in dem absoluten Souveränitätsgestus Semiramis': ihrem „Ich will!" (ebd.).

Semiramis' Sohn Ninyas, ihr Gegenspieler, mit dem es am Ende des Stücks eine mystische Vereinigung geben sollte, verkörpert das Prinzip des „Nichttuenden" (GW III, 568) und stellt sich gegen die Installation der absoluten Souveränität des heroischen Tatmenschen: „[L]iebt er das Volk und regiert er das Land, kann er ohne Tun sein" (ebd.). Semiramis, „[ü]bersatt des Tuns" (GW III, 569) exekutiert dennoch weiterhin eine Unzahl an Gewalttaten; „SEMIRAMIS: Tat und Tat und Tat. / KRIEGER: Zu viel! Zu viel!" (GW III, 575) Schließlich entpuppt sich aber „alles Handeln [als] Torheit" (GW III, 583) und das Prinzip des Nicht-Handelns – „Der unbewegte Allbewegende, das ist Tao; sein Tun das ist sein Nicht-nichttun, ist, daß er seinen Willen in den Dingen und Ereignissen und durch dieselben zur Tat werden läßt" (GW III, 581)[77] – wird in der Schlussszene mit der Apotheose der Tat durch Semiramis vereint. Semiramis lässt mit ihrer finalen Tat ihren Sohn töten und stellt sich somit radikal gegen das von ihm vertretene Prinzip des Nicht-Handelns, bittet ihn dann aber um Vergebung und integriert seine Verweigerung der Tat mit ihren letzten Zeilen in ihr machtpolitisches Konzept:

---

[75] Nehring: Die Tat bei Hofmannsthal, S. 111.
[76] Der Text verweist mit dem Aspekt der radikalen Gewalt als Urgrund der politischen Macht und des Politischen an sich auf Hofmannsthals *Das Leben ein Traum* wie auch Nehring zeigt. In dem Text heißt es: „Weißt du, was die ganze Welt / einzig nur zusammenhält? / Halt den Mund, merk auf: Gewalt! / und Gewalt und noch einmal / die Gewalt!" Hugo von Hofmannsthal: Das Leben ein Traum. In: ders.: Sämtliche Werke. Kritische Ausgabe. Bd. XV, Dramen 13. Hrsg. v. Christoph Michel. Frankfurt am Main: Fischer 1989, S. 12. Zum Politischen in *Der Turm* vgl. v. a.: Hebekus: Ästhetische Ermächtigung, S. 284–302. Zudem: Twellmann: Das Drama der Souveränität. Die Fokussierung auf die ‚Konservative Revolution' und den politischen und ästhetischen Totalitarismus erweitert Sabine Schneider, indem sie eine alternative Lesart für den Text vorschlägt, die das politische Imaginäre in den Blick nimmt: Vgl.: Sabine Schneider: Hofmannsthals ‚Turm'-Dramen. Politik, Wissenschaft und Kunst in der Zwischenkriegszeit. Eine Einführung. In: Hofmannsthal-Jahrbuch zur europäischen Moderne 24 (2016), S. 169–178.
[77] Als Erklärung heißt es bei Hofmannsthal: „Die Meinung ist: wären die Regierenden imstande, göttlich zu leben und zu handeln und nur dadurch, ohne Tun d. h.: ohne Verbote, Zwang – also rein sittlich zu wirken, so würde dies auf alle eine so überwindende Macht ausüben, daß alle Anstalten und Maßregeln zur Herstellung von Sitte und Ordnung überflüssig würden und jeder von selbst sich einem reinem und gerechten Leben zuwendete" (GW III, 581).

„'Bindet mir die Hände und der Priester schwinge das Opfermesser über mir. Mein Volk versteht die Zeichen.' Sie verurteilt den Mörder durch eine Handbewegung (abgewandter Handrücken)" (GW III, 587).

Ausgehend von dem frühen Text *Gestern* lässt sich – insbesondere, wenn die Linie zu dem kurz skizzierten Text *Die beiden Götter* verlängert wird – die Problematik und Ambivalenz der Tat aufzeigen: Die Tatenlosigkeit, das Sich-Treiben-Lassen der impressionistisch gezeichneten Figuren, die keine Entscheidung treffen können, für keine Haltung stehen und „schicksalslos"[78] sind, wird einer Kritik unterzogen und als unzureichend qualifiziert. Da durch die Tat der „Weg zum Socialen als Weg zum höheren Selbst"[79] beschritten werden kann, erfährt die Durchführung der Tat eine maximale Aufladung, gerade auch hinsichtlich ihres sozialen und ethischen Moments. Diese Aufladung der Tat, so lässt sich vorwegnehmend andeuten, markiert eine entscheidende Differenz zwischen Hofmannsthals Erzählungen der Tat und den Erzählungen der Tat in den Texten der Avantgarde oder in den Texten von Stefan George oder Ernst Jünger.

Die radikale Exekution der entgrenzten Gewalttat wird jedoch ebenfalls kritisiert. Sowohl Marsilio als auch die gewaltsam herrschende Semiramis beschreiten nicht den „Weg zum Socialen", sondern grenzen sich vielmehr von diesem ab – womit sie, etwa im Sinne Arendts, auch nicht politisch agieren würden – und erreichen nicht die Anerkennung der Anderen. In *Gestern* führt das sich durch den Betrug selbst ermächtigte ‚Du' die gezwungene Aufhebung des tatenlosen Lebensmodells Andreas herbei, etabliert aber kein ‚Du' als Position des anerkannten und anerkennbaren Anderen; in *Die beiden Götter* wird das ‚Du' in der Gewalt der Tat ausgelöscht, der Andere buchstäblich getötet. Erst in der – utopischen – Vereinigung von Semiramis und Ninyas scheint die Ambivalenz der Tat in einem dialektisch Dritten aufgefangen. Die Kernfrage, wie nun der Weg der Tat beschritten werden kann, wird in Hofmannsthal Dramen, die um die Jahrhundertwende entstehen, diskutiert werden.

2.4 Die Tat als Schicksal: *Elektra*

In den um 1900 entstandenen Dramen – hier wäre insbesondere auf *Ödipus und die Sphinx*, *Das gerettete Venedig* und *Elektra*[80] zu verweisen – konzentriert sich

---

[78] Hofmannsthal: Ad me ipsum, S. 138.
[79] Ebd.
[80] Einen Überblick über die Forschung gibt Christian Horn, der die relevanten Texte zu den wichtigsten Lesarten – Elektra als Opfer, als Hysterikerin, als Entgrenzung, usw. – versammelt.

Hofmannsthals Beobachtung der Tat auf das Verhältnis der Tat zu der Identität und dem Schicksal der Täter*innen. Die im vorigen Kapitel nachgezeichnete Spannweite der Tat – von den tatenlosen Figuren bis zu der entgrenzten Tat der radikalen Täter*innen – wird nun nicht mehr in ihren Extremen vermessen. Vielmehr fokussieren die Texte die erfolgreich durchgeführte Tat, die das „Zu-sich-selber-Kommen"[81] bewirkt und das Schicksal der Figuren erfüllt. Gleichwohl geht es in den Texten der Jahrhundertwende „nicht um bescheidene[], alltägliche[] Taten. [...] Die Tat ist in dieser Periode stets etwas Gewaltiges, Außerordentliches".[82] Exemplarisch hierfür kann die Diskussion der Tat in *Elektra* gelesen werden, die sich auf den Aspekt der Treue und der Erfüllung des Schicksals – also die Rache des ermordeten Vaters – konzentriert.[83] Elektra, die ihr gesamtes Dasein auf die Realisierung der Tat reduziert, wird letztlich nie die tatsächliche Ausführung der Tat gelingen; erst ihr Bruder Orest kann die Tat vollbringen. Elektra vermag lediglich die Imagination der Tat lediglich sprachlich-performativ zu erzeugen. Die außerordentliche Bedeutung der Tat für den Text *Elektra* und für dessen Hauptfigur sowie ihre Identität lässt sich, wie auch Twellmann zeigt, mit Hegels Auffassung der Tat lesen: „Es ist noch *keine Tat* begangen; die Tat aber ist das *wirkliche Selbst*".[84]

Hofmannsthals Leseanweisung zu *Elektra* in *Ad me ipsum* ruft Hegels Deutung der Tat auf und verweist einmal mehr auf die notwendige ‚Treue', die zusammen mit der Tat in *Elektra* als Zentrum des Textes gelesen werden kann:

> Die Verwandlung im Tun. Tun ist sich aufgeben. Das Alkestis- und Ödipus-Thema sublimiert in der ‚Elektra'. (Das Verhältnis der Elektra zur Tat freilich mit Ironie behandelt. Elektra – Hamlet.) Das Entscheidende liegt nicht in der Tat [sic] sondern in der Treue. Identität von Treue und Schicksal.[85]

Elektra zeichnet sich in dem Drama durch die Treue zu ihrem Vater und ihrem Schicksal aus und erlebt die Gewalttat, den Mord an ihrem Vater, in einer geradezu traumatischen Wiederkehr. Das Stück setzt mit der Beschreibung der Die-

---

Christian Horn: Remythisierung und Entmythisierung. Deutschsprachige Antikendramen der klassischen Moderne. Karlsruhe: Universitätsverlag 2008, S. 164.
81 Hofmannsthal: Ad me ipsum, S. 137.
82 Nehring: Die Tat bei Hofmannsthal, S. 33.
83 Zu den intertextuellen Verweisen – vor allem zu Freud, Nietzsche und Bachofen – vgl.: Antonia Eder: „Elektra" (1904). In: Mayer und Werlitz (Hrsg.): Hofmannsthal-Handbuch, S. 200–203, hier: S. 201.
84 Hegel: Phänomenologie des Geistes, S. 46 f. [Hervorhebung im Original]
85 Hofmannsthal: Ad me ipsum, S. 138.

nerinnen der allabendlichen Trauer um ihren Vater ein.[86] „ZWEITE: Ist doch ihre Stunde, / die Stunde wo sie um den Vater heult, / daß alle Wände schallen."[87] Elektra, die ihre Dienerinnen „[g]iftig, / wie eine wilde Katze" (SW VII, 63) ansieht, wird bereits in der zweiten Regieanweisung durch die Art ihrer Bewegung – sie „springt zurück wie ein Tier in seinen Schlupfwinkel, den einen Arm vor dem Gesicht" (ebd.) – nicht mehr als sprechender Mensch, sondern als stummes Tier, sogar als „Dämon" (SW VII, 64) gefasst.[88] Zugleich wird jedoch ihre herausgehobene Stellung, die mit ihrer Reduktion auf die Rolle der Rächerin einhergeht – im Fokus ihres Daseins stehen die Erinnerung an den Mord ihres Vaters, die Ankündigung der Rachetat sowie deren sprachliche Antizipation – und die mit ihrer sozialen Deklassierung, der Abblendung ihrer gesellschaftlichen Rolle und Position in Verbindung steht, von einer Dienerin betont: „Es gibt nichts auf der Welt, / das königlicher ist als sie. Sie liegt / in Lumpen auf der Schwelle, aber

---

[86] Nicht zuletzt die Regelmäßigkeit, mit der die Reminiszenzen Elektras auftreten, legt für einige Interpret*innen eine Lesart nahe, die die von Sigmund Freud erarbeiteten Strukturen des Hysterischen aufnimmt und somit Elektra als Hysterikerin im Sinne Freuds deutet – als „hysterisierte Heldin", so exemplarisch Juliane Vogel (Juliane Vogel: Priesterin künstlicher Kulte. Ekstasen und Lektüren in Hofmannsthals Elektra. In: Elsbeth Dangl-Pelloquin (Hrsg.): Hugo von Hofmannsthal. Neue Wege der Forschung. Darmstadt: Wissenschaftliche Buchgesellschaft 2007, S.101). Grundsätzlich wird im Folgenden der von Eva Blome pointiert formulierten Lesart gefolgt: „Das hier zu entfaltende Argument lautet demgegenüber, daß Hofmannsthal zwar in der Tat Aspekte hysterischer Fallgeschichten und Symptomatiken der Jahrhundertwende in seiner ‚Elektra' verwendet, diese jedoch gezielt als Ausdrucksmittel einer seinem Werk inhärenten Identitäts- und Sprachkritik auswählt und einsetzt." Eva Blome: ‚Schweigen und tanzen'. Hysterie und Sprachskepsis in Hofmannsthals Chandos-Brief und ‚Elektra'. In: Hofmannsthal-Jahrbuch zur europäischen Moderne 19 (2011), S. 255–290, hier: S. 255f.
[87] Hugo von Hofmannsthal: Elektra. In: ders.: Sämtliche Werke. Kritische Ausgabe. Bd. VII, Dramen 5. Hrsg. v. Klaus E. Bohnenkamp und Mathias Mayer. Frankfurt am Main: Fischer 1997, S. 13. Der Text wird im Folgenden unter der Sigle SW VII und der Angabe der Seite im Haupttext zitiert. Hervorhebungen im Original werden in den zitierten Stellen durch Kursivierung nachgewiesen.
[88] Die von Hofmannsthal verfassten detaillierten Vorschriften zum Bühnenbild zeigen nicht nur die spezifische Atmosphäre des Bühnenbilds auf, die Hofmannsthal vorschwebte, sondern machen zudem deutlich, dass sich Hofmannsthals Elektra dezidiert von dem antiken Stück absetzt. „*Die Bühne.* Dem Bühnenbild fehlen vollständig jene Säulen, jene breiten Treppenstufen, alle jene antikisierenden Banalitäten, welche mehr geeignet sind, zu ernüchtern als suggestiv zu wirken. Der Charakter des Bühnenbildes ist Enge, Unentfliehbarkeit, Abgeschlossenheit. […] *Die Beleuchtung.* Anfänglich so wie bei der Beschreibung angegeben, wobei der große Wipfel des Feigenbaumes rechts das Mittel ist, die Bühne mit Streifen von tiefem Schwarz und Flecken von Rot zu bedecken. […] *Die Kostüme* schließen gleichfalls jedes falsche Antikisieren sowie auch jede ethnographische Tendenz aus." Hugo von Hofmannsthal: Szenische Vorschriften zu ‚Elektra'. In: ders.: Elektra. Tragödie in einem Aufzuge. Musik von Richard Strauss. Frankfurt am Main: Fischer ⁴2000, S. 59–63.

niemand, / *schreiend* / niemand ist hier im Haus, der ihren Blick / aushält!" (SW VII, 65)

Obschon Elektra zu Beginn des Textes weder spricht noch körperlich anwesend ist, ist sie durch die ihre Reden kommentierenden Dienerinnen präsent. „Elektra, die zunächst nur durch ihren von den Dienerinnen wiedergegebenen Sprachgestus eingeführt wird, ohne selbst aufzutreten, ist damit als erstes durch ihre Sprachgewalt präsent."[89] Die Sprachgewalt Elektras, die im Text durchgehend dargestellt und betont wird, steht, so die erste Beobachtung, im deutlichen Gegensatz zu ihrer Unfähigkeit zur Tat.[90] Der Text nimmt somit die auch um 1800 diskutierte Dichotomie von Sprache und Tat auf und setzt einmal mehr die Tat (und nicht die sprachliche Reflexion) als das entscheidende Moment.

Bereits mit Elektras ersten Sätzen – genauer: bereits mit ihrem ersten Wort: „Allein!" (SW VII, 66) – werden ihre soziale Isolation und Exklusion deutlich, die sich aus ihrer in Form von Reminiszenzen stets präsenten Mordtat ergeben:

> Allein! Weh, ganz allein. Der Vater fort, / hinabgescheucht in seine kalten Klüfte. [...] Es ist die Stunde, unsre Stunde ist's! / Die Stunde, wo sie dich geschlachtet haben, / dein Weib und der mit ihr in einem Bette, / in deinem königlichen Bette schläft (ebd.).

Neben der Repetition der Vergangenheit, die durch die (Re-)Präsentation in Form eines *Reenactments* präsent und gegenwärtig bleibt – „So hob der Vater seine beiden Hände, / da fuhr das Beil hinab und spaltete / sein Fleisch" (SW VII, 68) –, erfolgt die Imagination der zukünftigen Rachetat. Das Erleben der Gegenwart wird vollständig ausgesetzt.

Die rauschhaft erzählte Tat, die nicht nur als Imagination der Tat, sondern zugleich als sprachlich-performative Realisierung der Tat gelesen werden kann – Elektras affektive Reaktion verweist deutlich darauf, dass in der Textstelle die Tat als unmittelbares und plötzliches[91] „Ereignis"[92] erfahren wird –, führt zu einer orgiastischen Verbindung von Gewalt, Blut, Tanz und Tod.[93] Hierbei fällt insbesondere die Metaphorik des Bluts auf, die für das gesamte Stück bestimmend bleibt, da sie in ihrer zweifachen Lesart – Blut, das aus dem gewaltsam ver-

---

[89] Eder: „Elektra" (1904), S. 201.
[90] Sprachlich – aber eben nur sprachlich – gelingt die Tat überaus überzeugend: „Diesmal will ich dabei sein! / Nicht so wie damals. Diesmal bin ich stark. / Ich werfe mich auf sie, ich reiß' das Beil / aus ihrer Hand, ich schwing' es über ihr –" (SW VII, 73).
[91] Vgl.: Bohrer: Plötzlichkeit.
[92] Lotman: Die Struktur literarischer Texte, S. 332f.
[93] „Dass sich in Elektras Nicht-Handeln ein Entwurf des dionysischen Helden gestaltet findet, lässt sich mit dem intertextuellen Blick auf Nietzsches Schrift zeigen". Eder: „Elektra" (1904), S. 201.

wundeten Körper als Körperflüssigkeit austritt, und Blut, das als genealogischer Begriff auf die familiäre Struktur und Verantwortung verweist – die Kernthematik des Stücks komprimiert beinhaltet:

> [U]nd wir,
> dein Blut, dein Sohn Orest und deine Töchter,
> wir drei, wenn alles dies vollbracht und Purpur-
> gezelte aufgerichtet sind, vom Dunst
> des Blutes, den die Sonne nach sich zieht,
> dann tanzen wir, dein Blut, rings um dein Grab:
> und über Leichen hin werd' ich das Knie
> hochheben Schritt für Schritt, und die mich werden
> so tanzen sehn, ja, die meinen Schatten
> von weitem nur so werden tanzen sehn,
> die werden sagen: einem großen König
> wird hier ein großes Prunkfest angestellt
> von seinem Fleisch und Blut, und glücklich ist,
>
> wer Kinder hat, die um sein hohes Grab
> so königliche Siegestänze tanzen! (SW VII, 67 f.)

In dem Text wird der Kernbegriff der Treue, der in *Ad me ipsum* angelegt wird, als text- und lebensbestimmendes Element definiert: Elektras Treue zu ihrem Vater bewirkt die skizzierte Reduktion ihres Lebens auf die Repetition der Vergangenheit sowie die Antizipation der Zukunft; ihr Leben konzentriert sich somit nur noch auf die beiden Taten: den vormals geschehenen Mord an ihrem Vater und die geplante Rache ihres Vaters. Ihre individuelle Identität wird ausgesetzt, ihre Person funktionalisiert zur Personifikation der avisierten Rache.[94] Ein „Weiberschicksal" (SW VII, 71), wie es ihre Schwester Chrysothemis anstrebt – „Eh' ich sterbe, / will ich auch leben! / Kinder will ich haben" (SW VII, 70) –, ist ihr versagt;

---

[94] Hofmannsthals Selbstkommentierungen, in denen bereits sehr dezidiert Lesarten anlegt werden, sind aus theoretischer Sicht nicht unproblematisch – vor allem, wenn ihnen ein anderer Status als den anderen Texten zuerkannt wird, ihnen – und damit Hofmannsthal – also die Deutungshoheit über die Texte zugesprochen wird. Verortet man diese Texte jedoch wie die anderen Texte als gleichwertig in dem Paradigma, so lassen sich produktive Linien zwischen den Texten ausmachen. „Meine antiken Stücke haben es alle drei mit der Auflösung des Individualbegriffes zu tun. In der ‚Elektra' wird das Individuum in der empirischen Weise aufgelöst, indem eben der Inhalt seines Lebens es von innen her zersprengt, wie das sich zu Eis umbildende Wasser einen irdenen Krug. Elektra ist nicht mehr Elektra, weil sie eben ganz und gar Elektra zu sein sich weihte. Das Individuum kann nur scheinhaft dort bestehen bleiben, wo ein Kompromiß zwischen dem Gemeinen und dem Individuellen geschlossen wird." Hugo von Hofmannsthal: Aufzeichnungen aus dem Nachlass 1905. In: ders.: Gesammelte Werke. Reden und Aufsätze III. 1925–1929. Hrsg. v. Bernd Schoeller und Ingeborg Beyer-Ahlert. Frankfurt am Main: Fischer 1980, S. 461.

Elektras Antwort auf die Frage ihrer Schwester, ob sie nicht vergessen könne, zeigt die Diskrepanz deutlich auf: „Vergessen? Was! bin ich ein Tier? vergessen? [...] ich bin kein Vieh, *ich kann nicht vergessen*" (SW VII, 71f.). Elektra installiert folglich die Fähigkeit zur Erinnerung der Vergangenheit als entscheidende Differenz zwischen Mensch und Tier und nimmt somit eine Überlegung Nietzsches auf.[95] Selbst Elektras Mutter Klytämnestra, der aufgrund ihrer zusammen mit Ägisth begangenen Mordtat am Vergessen der Vergangenheit gelegen sein sollte, stellt Elektras Fähigkeit zur Erinnerung als positiv heraus und verknüpft diese mit Elektras Intelligenz. Zugleich betont sie mit der Charakterisierung Elektras deren Geisteszustand, der nicht als hysterisch gedeutet werden kann, sondern sich vielmehr durch eine absolute Klarheit und Wortgewalt auszeichnet: „Ja, du! denn du bist klug. / In deinem Kopf ist alles stark. Du redest / von alten Dingen so, wie wenn sie gestern / geschehen wären. Aber ich bin morsch. / Ich denke, aber alles türmt sich mir / eins übers andre. / [...] Aber du hast Worte" (SW VII, 78f.).

Gleichwohl wird im weiteren Verlauf Elektras radikale Absetzung von dem Tier zugunsten des Menschen nochmals vom Text hinterfragt: Elektra grenzt ihre Fähigkeit zur Erinnerung vom Tier ab; die Konsequenz dieser Erinnerung führt sie zu der sprachlichen Realisierung bzw. Vorwegnahme der entgrenzten radikalen Tat der Rache und nähert sie so, wie zu zeigen sein wird, mit der nicht-humanen exzessiven Reduktion auf die Gewalt wieder dem Tierischen an.

In dem folgenden Dialog zwischen Elektra und Klytämnestra werden die divergenten Auffassungen zur Erinnerung, Treue und Tat kontrastiert; Klytämnestra weist die Bedeutung der Tat und der Folgen der Tat von sich:

> Was murmelst du? Ich sage, daß kein Ding
> unwiderruflich ist. Geht denn nicht alles
> vor unsern Augen über und verwandelt
> sich wie ein Nebel? Und wir selber, wir!
> und unsere Taten! Taten! Wir und Taten!
> Was das für Worte sind. Bin ich denn noch,
> die es getan? Und wenn! getan, getan!
> Getan! was wirfst du mir da für ein Wort
> in meine Zähne! Da stand er, von dem
> du immer redest, da stand er und da
> stand ich und dort Aegisth und aus den Augen
> die Blicke trafen sich: da war es doch

---

[95] Vgl.: „Die Analogien zwischen *Elektra* und Nietzsches *Unzeitgemässen Betrachtungen II* lassen sich am Text bis hinein in die Ebene der Lexik verfolgen. Wenn Nietzsche seine Schrift mit einer Gegenüberstellung von erinnerndem Menschen und vergessendem Tier beginnt, in der sich bereits die zwei gleichermaßen bedenklichen Extrempositionen im Umgang mit dem Gedächtnis ankündigen, klingt dies nach in Elektras zorniger Klage". Eder: „Elektra" (1904), S. 202.

> noch nicht geschehn! und dann veränderte
> sich deines Vaters Blick im Sterben so
> langsam und gräßlich, aber immer noch
> in meinem hängend – und da war's geschehn:
> dazwischen ist kein Raum! Erst war's vorher,
> dann war's vorbei – dazwischen hab' ich nichts
> getan (SW VII, 82).

Klytämnestras Haltung zu der Identität von Tat und Subjekt, ihre Weigerung, ihre Taten der Vergangenheit anzuerkennen und zu erinnern sowie die Aussetzung des Subjekts bzw. der Identität als Täterin in dem Vollzug der Tat – „Wir und Taten! / Was das für Worte sind. Bin ich denn noch, / die es getan?" (ebd.) –, stehen sowohl in Kontrast zu der Kernthematik des Stücks als auch zu Elektras Betonung der Treue: „Die Tat, die einmal geschehen ist, läßt sich nicht aufheben. Sie wird – noch im Geschehen – zum Schicksal des Täters."[96] Klytämnestras Distanzierung von ihren Taten, die ihre gegenwärtige Identität von der ihrer Vergangenheit abgrenzt und abkoppelt, erinnert an die von Andrea in *Gestern* vertretende Einstellung, die aber, wie gezeigt wurde, im Text einer deutlichen Kritik unterzogen wurde und von Andrea schließlich revidiert werden musste.

Elektras Überzeugung, ihr Willen zur Tat und zur Treue, wird durch die Verkündung von Orests vermeintlichem Tod und Chrysothemis' Verweigerung der Rache nochmals auf die Probe gestellt und umso deutlicher von Klytämnestras Haltung abgegrenzt. Sie ist nun absolut isoliert, nimmt aber keineswegs Abstand von der Planung der Tat, sondern entledigt sich der genealogischen Bindungen, um das Humane wie das Geschlechtliche[97] performativ abzustreifen und um so vollends zur Funktion und zum unbelebten Instrument der Rachetat zu werden. „Ich bin nicht Mutter, habe keine Mutter, / bin kein Geschwister, habe keine Geschwister, / [...] ich red' und stehe doch nicht Rede, lebe / und lebe nicht, / hab' langes Haar und fühle / doch nichts von dem, was Weiber, heißt es, fühlen" (SW VII, 96 f.).

Klytämnestras Identität löst sich durch die geschehene Tat auf, mit der sie sich nicht identifizieren kann und will – „Die Frau Ägisths sucht sich von der Mörderin Agamemnons abzulösen".[98] Elektras Identität, ihr Schicksal, soll sich hingegen erst durch den Vollzug der Tat herausbilden; das unbelebte Instrument

---

[96] Nehring: Die Tat bei Hofmannsthal, S. 45.
[97] Die Abgrenzung zu ihrer Schwester Chrysothemis wird einmal mehr deutlich und auch über die divergente Zeichnung des Geschlechts angelegt; für Elektra ist im Gegensatz zu ihrer Schwester ein „Weiberschicksal" (SW VII, 71) nicht denkbar.
[98] Nehring: Die Tat bei Hofmannsthal, S. 45.

Elektra erfährt erst durch die Realisierung der Tat, so die Hoffnung Elektras, seine Belebung.

Der vermeintlich tote Orest gibt sich seiner Schwester zu erkennen und offenbart dabei auch seinen Racheplan. Wie Elektra sieht sich Orest seinem Schicksal, seiner Tat, verpflichtet: „Ich weiß nicht, wie die Götter sind. Ich weiß nur: / sie haben diese Tat mir auferlegt" (SW VII, 103). Elektra und Orest stimmen nun einen Wechselgesang an, in dem die Tat, der Täter und die Folgen der Tat euphorisch herausgestellt werden. Zugleich dient der Gesang als motivierender ‚Kriegsgesang' zur sprachlichen Vorbereitung der tatsächlichen Gewalttat; in der Fassung des Librettos wird diese Stelle im Vergleich zu dem ursprünglichen Dramentext noch ausgeweitet:

> OREST: Die diese Tat mir auferlegt,
> Die Götter werden da sein, mir zu helfen.
> ELEKTRA: Du wirst es tun!
> Der ist selig, der tun darf.
> OREST: Ich will es tun,
> ich will es eilig tun.
> ELEKTRA: Die Tat ist wie ein Bette,
> auf dem die Seele ausruht,
> OREST: Ich werde es tun!
> ELEKTRA: wie ein Bette von Balsam,
> darauf die Seele ruhen kann,
> die eine Wunde ist, ein Brand,
> ein Eiter, eine Flamme!
> OREST: Ich werde es tun![99]

Elektra führt ihren Gesang „*sehr schwungvoll*"[100] mit einer an die Form der biblischen Seligpreisung erinnernden Preisung fort: „Der ist selig, der seine Tat zu tun kommt, / selig der, der ihn ersehnt, / [...] selig wer, ihm das Beil aus der Erde gräbt, / selig, wer ihm die Fackel hält, / selig, wer ihm öffnet die Tür."[101] Ihre ‚Seligpreisungen' nehmen zwar die Form der biblischen Seligpreisung auf, stehen inhaltlich aber in Kontrast zu den überlieferten Stellen der Bibel.[102] Für selig er-

---

[99] Hugo von Hofmannsthal: Elektra. Libretto. In: ders.: Sämtliche Werke. Kritische Ausgabe. Bd. VII, Dramen 5. Hrsg. v. Klaus E. Bohnenkamp und Mathias Mayer. Frankfurt am Main: Fischer 1997, S. 145.
[100] Ebd.
[101] Ebd.
[102] Vgl. etwa: „Als er aber das Volk sah, ging er auf einen Berg. Und er setzte sich, und seine Jünger traten zu ihm. Und er tat seinen Mund auf, lehrte sie und sprach: Selig sind, die da geistlich arm sind; denn ihrer ist das Himmelreich. Selig sind, die da Leid tragen; denn sie sollen getröstet

klärt wird in *Elektra* nicht der, der im Sinne der christlichen Nächstenliebe handelt, sondern der, der sich zu der Realisierung der Tat und damit der Gewalt gegen den Anderen – genauer: gegen die eigene Mutter – bereit erklärt bzw. den Täter bei der Tat unterstützt.

Orest führt die Tat nun tatsächlich aus und tötet Klytämnestra und Ägisth. Bezeichnenderweise gelingt die Tat, obwohl Elektra im entscheidenden Moment vergisst, Orest das von ihr verwahrte Beil, mit dem Agamemnon ermordet wurde, zu übergeben: „Ich habe ihm das Beil nicht geben können! / Sie sind gegangen und ich habe ihm / das Beil nicht geben können. / Es sind keine / Götter im Himmel!" (SW VII, 106)[103] Während Orest die ersehnte Rachetat vollzieht, kann Elektra, die sich außerhalb des Hauses befindet, das Geschehen im Haus nur akustisch nachvollziehen; ihre Reaktionen auf das Geschehen – „Triff noch einmal!" (SW VII, 106) – korrelieren mit der Zeichnung ihrer Figur in den Regieanweisungen. Elektras Reaktion auf Klytämnestras „gellend[en]" (ebd.) Todesschrei verweist wiederum auf ihre Dehumanisierung, die jetzt aber nicht mehr wie zu Beginn des Stücks aus der selbstgewählten Funktionalisierung ihres Daseins, sondern aus der emotionalen Ausnahmesituation, in der die Gewalt geradezu orgiastisch ersehnt wird, resultiert: „ELEKTRA *schreit auf, wie ein Dämon*" (ebd.).

---

werden. Selig sind die Sanftmütigen; denn sie werden das Erdreich besitzen. Selig sind, die da hungert und dürstet nach der Gerechtigkeit; denn sie sollen satt werden. Selig sind die Barmherzigen; denn sie werden Barmherzigkeit erlangen. Selig sind, die reinen Herzens sind; denn sie werden Gott schauen. Selig sind, die Frieden stiften; denn sie werden Gottes Kinder heißen. Selig sind, die um der Gerechtigkeit willen verfolgt werden; denn ihrer ist das Himmelreich.." Die Bibel nach der Übersetzung Martin Luthers. Stuttgart: Deutsche Bibelgesellschaft 2006, Matthäus 5,1–10.

103 „Obwohl sie die Mörder ihres Vaters seit Jahren voller Haß verfolgt, versäumt sie die Übergabe des Beiles, jenes Gegenstandes, der leitmotivisch durch ihre Reden geistert. Für Orest ist es dagegen unerheblich, ob er die Tat mit dem Beil ausführt, das Agamemnon getötet hat. Es fällt schwer, diese charakteristische Fehlleistung nicht als ironischen Hinweis des Dichters auf die krankhafte Identifikation Elektras mit dem Mythischen zu werten." Horn: Remythisierung und Entmythisierung, S. 179. – Eine etwas andere Akzentuierung nimmt Bohrer vor: „Wenn die objektive Begründung des Muttermordes wegfiel, dann konnte die Rache im individual-psychologischen oder kulturell-normativen Bereich keine theatralisch starke Unterstützung mehr finden [...]. Der moderne Dichter kann nichts mehr mit dem bestimmenden Mythos des Tantalus und nichts mit den griechischen Göttern anfangen, sondern nur noch mit dem generellen ‚Mythos', d. h. einer Abstraktion des archaischen Schreckens. [...] Wegen dieses Widerspruchs zwischen Unverbindlichkeit der konkreten griechischen Mythen in der Moderne einerseits und einer fundamentalistischen Sehnsucht nach *dem* Mythos andererseits kommt es zur Reduktion der mythoskritischen Tragödie zur mythos-identifizierenden Theatralik." Karl Heinz Bohrer: Die Wiederholung des Mythos als Ästhetik des Schreckens. Hugo von Hofmannsthals Nachdichtung von Sophokles' *Elektra*. in: ders.: Das absolute Präsens. Die Semantik ästhetischer Zeit. Frankfurt am Main: Suhrkamp 1994, S. 63–91, hier: S. 84f.

Die von Elektra bereits in der ersten Szene des Stücks getätigte Prophezeiung und Selbstbeschreibung, die durch eine Magd erinnert wird – „[D]a sprang sie auf und schoß / gräßliche Blicke, reckte ihre Finger / wie Krallen gegen uns und schrie: ‚Ich füttre', / schrie sie, ‚mir einen Geier auf im Leib'!" (SW VII, 64) –, etablierte das Bild der Fütterung und Züchtung des Geiers in ihr, der auf den Tod des Anderen wartet. Das Motiv des Geiers – als „identifikatorisches Selbstbild"[104] Elektras – wird im Text an diversen Stellen wiederaufgenommen, verweist aber immer auf die Reduktion auf das Animalische sowie das Warten auf das „faule[] Aas" (SW VII, 79). Ägisth erkennt sie dann auch nicht und „*erschrickt vor der wirren Gestalt im zuckenden Licht*" (SW VII, 107). Er wird von Elektra – „*indem sie ihn, wie in einem unheimlichen Tanz, umkreist*" (SW VII, 108) – zu Orest geführt, der ihn dann töten wird.

Die Reaktionen auf die zweifache Gewalttat sind bezeichnend: Sogar Chrysothemis, die sich dem Rachephantasma versagen wollte und sich ein „Weiberschicksal" (SW VII, 71) erträumte, reagiert euphorisch auf die Tat und die Realisierung des von Elektra vormals imaginierten gewaltsamen „große[n] Prunkfest[s]" (SW VII, 68) des zweifach konnotierten Bluts: „CHRYSOTHEMIS: [Ü]berall / in allen Höfen liegen Tote, alle, / die leben, sind mit Blut bespritzt und haben / selbst Wunden, und doch strahlen alle, alle / umarmen sich [...] und jauchzen, tausend Fackeln / sind angezündet. Hörst du nicht, so hörst du / denn nicht?" (SW VII, 109)

Elektra, deren Sprachgewalt bereits in der ersten Szene des Stücks herausgestellt wurde, erfährt nun die Aussetzung ihrer Sprache, die bis zum Verstummen gesteigert wird. Die Elektras Reaktion einleitende Regieanweisung nimmt nicht nur ihre Animalisierung wieder auf – trotz der endlich realisierten Durchführung der Rache verharrt Elektra in ihrem vormaligen Zustand –, sondern verortet sie bezeichnenderweise jenseits der freudig erregten Gemeinschaft „*auf der Schwelle kauernd*" (ebd.). Elektra befindet sich jedoch nicht nur räumlich ‚auf der Schwelle'; vielmehr ist auch für den Übergang von ihrer Macht über die Sprache zu dem Verlust der Sprache eine Schwellensituation auszumachen. Zugleich lässt sich – folgt man Hofmannsthal Überlegungen in *Ad me ipsum* – die erfolgte Tat als Vollzug der Einheit von „Treue und Schicksal"[105] und damit als Erreichen des Lebensziels verstehen.[106]

---

104 Eder: „Elektra" (1904), S. 202.
105 Hofmannsthal: Ad me ipsum, S. 138.
106 So findet sich in Hofmannsthal *Aufzeichnungen aus dem Nachlass* im Jahr 1904 folgender Eintrag zu Elektra: „Der erste Einfall kam mir Anfangs September 1901. Ich las [...] die Elektra von Sophokles. Sogleich verwandelte sich die Gestalt dieser Elektra in eine andere. Auch das Ende stand sogleich da: daß sie nicht mehr weiterleben kann, daß, wenn der Streich gefallen ist, ihr Leben und ihr Eingeweide ihr einstürzen muß, wie der Drohne, wenn sie die Königin befruchtet

Elektra reagiert nun nicht auf den nach Ägisths Tod einsetzenden „*wachsende[n] Lärm*" (SW VII, 109), sondern verschließt sich vor dem Außen und konzentriert sich auf ihre (akustischen) Imaginationen: „Ob ich nicht höre? ob ich die / Musik nicht höre? sie kommt doch aus mir / heraus" (ebd.). Sie entkoppelt sich von der Gemeinschaft der Feiernden, installiert in ihrer Imagination aber sich selbst als Zentrum des Geschehens: „[A]lle warten sie / auf mich: ich weiß doch, daß sie alle warten, / weil ich den Reigen führen muß" (SW VII, 110). Statt des Reigens, der als Tanz der Vergemeinschaftung gelesen werden kann, kommt es zu einem individuellen Tanz Elektras, der ihre Isolation sowie den Verlust ihrer Sprachgewalt ausdrückt. Die Regieanweisungen legen für Elektras Tanz fest: „*Elektra hat sich erhoben. Sie schreitet von der Schwelle herunter. Sie hat den Kopf zurückgeworfen wie eine Mänade. Sie wirft die Knie, sie reckt die Arme aus, es ist ein namenloser Tanz, in welchem sie vorwärts schreitet*" (ebd.). Die Bezeichnung Elektras als Mänade[107] schließt diese an ihre „mänadische Existenz [...] im ersten Schlachtgesang"[108] an, verweist aber zudem, wie auch die ekstatischen Tanzbewegungen des sprachlich nicht mehr benennbaren Tanzes, auf dessen exzentrische Charakteristik.[109]

Elektras letzte Worte, bevor sie „*noch einige Schritte des angespanntesten Triumphes [tut] und [...] zusammen[stürzt]*" (SW VII, 110),[110] verdeutlichen den Zusammenhang von Sprachverlust, Schweigen und Tanzen: „Schweig, und tanze. Alle müssen / herbei! hier schließt euch an! Ich trag' die Last / des Glückes, und ich tanze vor euch her. / Wer glücklich ist wie wir, dem ziemt nur eins: / schweigen und tanzen!" (ebd.) Elektras Tanz, der „kein Moment des Symbolischen, Darstellerischen oder Zeichenhaften"[111] mehr aufweist – „Das Namenlose ihres Tanzes verdeutlicht den nunmehr unmöglichen Bezug zum semiologischen

---

hat, mit dem befruchtenden Stachel zugleich Eingeweide und Leben einstürzen." Hofmannsthal: Aufzeichnungen aus dem Nachlass, S. 452.
107 Zum Begriff der Mänade und der sich daraus ergebenen Verknüpfungen mit dem Mythos der Antike vgl.: Bohrer: Die Wiederholung des Mythos als Ästhetik des Schreckens.
108 Ebd., S. 83.
109 „Durchaus in Übereinstimmung mit der prinzipiell untänzerischen Konzeption der Titelgestalt hat Gertrud Eysoldt die Bewegungen Elektras auf eine Weise ausgeführt, die zeitgenössische Rezensenten an die Zuckungen von Epileptikerinnen denken ließen". Brittnacher: Erschöpfung und Gewalt, S. 158.
110 Blome führt zu der Regieanweisung aus: „Hofmannsthal wählt in dieser Regieanweisung den Superlativ, um deutlich zu machen, daß eine weitere Steigerung der Muskelspannung zum Zerreißen des Spannungsbogens führen muß. Eben dies geschieht." Blome: ‚Schweigen und tanzen', S. 288.
111 Mathias Mayer: Hugo von Hofmannsthal. Stuttgart und Weimar: Metzler 1993, S. 60.

Raum der Repräsentation"[112] –, der vielmehr als „pure Präsenz"[113] zu fassen ist, bietet jedoch keine nachhaltige Ausdrucksform für Elektra; „in der Performativität des Nichtsprachlichen, kann Elektra jedoch nicht bestehen und muss mit der Realisierung ihrer antizipierten Rache [...] im Tanz verlöschen."[114] Folgt man den Ausführungen von Gabriele Brandstetter, so wird deutlich, warum Elektra zum Schluss des Stücks „*starr [liegt]*" (SW VII, 110) und das Stück nur mit der letzten Regieanweisung – „*Stille. Vorhang*" (ebd.) – enden kann:

> Am Horizont und im Spannungsfeld von Sprachkrisen und Wucherungen der Diskurse scheint die wortlose Kunst des Tanzes nicht nur eine Alternative zur Legitimationsfrage der Autoren – ‚Wer spricht?' – zu bieten. Mehr noch lockt Terpsichore die Dichter mit deren vielleicht höchster und verschwiegenster Sehnsucht: dem Begehren nach beredtem Schweigen. Der sprechende Augenblick der Auslöschung aller Zeichen, das Verstummen im emphatischen Sinn findet Gestalt im Phantasma des Tanzes.[115]

Vermag die Ektase des Tanzes nicht zu tragen, so bleibt nach dem Verlust der sprachlichen Benennbarkeit und Kommunikation lediglich das Schweigen, die „*Stille*" (SW VII, 110).[116] Die von Elektra ersehnte Tat führt folglich zwar zu der Erfüllung ihres Schicksals, womit sie Hofmannsthals Forderung der „Identität von

---

112 Eder: „Elektra" (1904), S. 203.
113 Mayer: Hugo von Hofmannsthal, S. 60.
114 Immanuel Nover: Referenzbegehren. Sprache und Gewalt bei Bret Easton Ellis und Christian Kracht. Köln, Weimar und Wien: Böhlau 2012, S. 42.
115 Gabriele Brandstetter: Tanz-Lektüren. Körperbilder und Raumfiguren der Avantgarde. Frankfurt am Main: Fischer 1995, S. 287. Vgl. auch Mauthner: „Was die tote Sprache nicht vermag, wenn sie, gehoben von der Hitze der Lust, flüsternd und lispelnd die Seele des anderen sucht, das gelingt dem lebenden Wirklichen, dem allzulange so verachteten Körper." Fritz Mauthner: Das philosophische Werk. Bd. II, 1. Beiträge zu einer Kritik der Sprache. Erster Band: Zur Sprache und Psychologie. Hrsg. v. Ludger Lütkehaus. Köln, Weimar und Wien: Böhlau 1999, S. 40 f.
116 Somit muss die von Georg Braungart zu *Ein Brief* erarbeitete – und überzeugende – Lesart für *Elektra* anders akzentuiert werden, da die Körpersprache des Tanzes zwar einen alternativen Ausdruck ermöglicht, dieser aber letztlich in der „Stille" des Zusammenbruchs des Körpers endet: „Wenn es richtig ist, daß in Hofmannsthals ‚Brief' auch eine Modellgeschichte neuzeitlicher Subjektivität und in ihr das Ans-Ende-Kommen des Subjekts der Moderne beschrieben wird, dann hat die Rede vom ‚Körper aus lauter Chiffern' auch eine zeitdiagnostische und programmatische Dimension. Dann ist damit nicht ‚Körpersprache' in einem instrumentellen Sinn wie in der rhetorischen *actio* oder den Deklamationslehren gemeint, sondern gerade die Befreiung des Körpers aus einem solchen Unterordnungsverhältnis zum Subjekt. Dieses (Subjekt) vertraut sich statt dessen den eigenständigen und authentischen Ausdrucksmöglichkeiten seines Körpers an." Georg Braungart: Leibhafter Sinn. Der andere Diskurs der Moderne. Tübingen: Max Niemeyer 1995, S. 222.

Treue und Schicksal"[117] einlöst; der Vollzug der Treue zu ihrem Vater, der von Hofmannsthal als das entscheidende Moment für die Verknüpfung mit dem Leben definiert wird, führt jedoch nicht zu einem erfüllten Leben im Sinne eines glücklichen Lebens, etwa in Form eines „Weiberschicksals" (SW VII, 71). Aus der Reduktion des Lebenssinns auf die Realisierung der Tat resultiert keine souveräne Identität, kein Subjekt, vielmehr muss Elektra nach der Tat verlöschen, „wie der Drohne, wenn sie die Königin befruchtet hat, mit dem befruchtenden Stachel zugleich Eingeweide und Leben einstürzen".[118]

In den Texten von Hofmannsthal wird somit die Realisierung der Tat hinsichtlich ihrer Bedeutung für das Subjekt und seiner Einbettung in das Soziale befragt. Ausgehend von dem frühen Text *Gestern* werden die Ambivalenzen der Tat – Tathemmung auf der einen, Tatexzess auf der anderen Seite – diskutiert, um dann an *Elektra* die Bedeutung der Exekution der Tat für die Subjektwerdung bzw. für die Erfüllung des Schicksals, wie es in *Ad me ipsum* definiert wird, herauszuarbeiten. Der Fluchtpunkt des Politischen als „Weg zum Socialen"[119] wird zwar bereits in den beiden genannten Texten deutlich, so erörtert etwa *Gestern* sowohl die Bedeutung der avisierten exzessiven Gewalttat für die Gemeinschaft als auch die Bedeutung der ausbleibenden Tat für die zwischenmenschliche Beziehung der Protagonisten. Sie wird aber erst in *Das Salzburger Große Welttheater* explizit herausgestellt, wie im Folgenden auszuführen ist. Im Sinne einer konservativ-reaktionären politischen Haltung wird die auf Gleichheit abzielende politische Tat – die als quasi-sozialistische „Untat" (SW X, 48) diskreditiert wird – ausgesetzt und die vom Text deutlich herausgestellte Ungleichheit und Ungerechtigkeit werden zum Zwecke des Erhalts der politischen – und nicht unbedingt religiösen – Ordnung akzeptiert und gestützt.

Die Texte von Hofmannsthal setzen sich mit der Bedeutung und den Konsequenzen der Tat für das Subjekt auseinander. Die Frage, wer eigentlich zur Tat schreitet und für wen die Subjektbildung verhindert wird, ist nicht nur für die Konzeption der Texte, sondern auch für die Zeichnung der Täter-Figuren und der verhinderten Täter-Figuren von Belang. Als Unterschied zu den um 1800 entstandenen Texten, die im ersten Teil der Arbeit diskutiert wurden, lässt sich die jeweilige Dimension des Politischen ausmachen: So diskutieren etwa Goethes *Götz von Berlichingen*, Schillers *Wilhelm Tell* oder Kleists *Michael Kohlhaas* zwar auch individuelle Problemstellungen der Figuren und deren Konflikte mit der herrschenden Ordnung, letztlich aber erweisen sich die individuellen Konstella-

---

117 Hofmannsthal: Ad me ipsum, S. 138.
118 Hofmannsthal: Elektra. Zeugnisse, S. 400.
119 Hofmannsthal: Ad me ipsum, S. 138.

tionen als Verhandlung der politischen Ordnung im Allgemeinen. Mit der Kopplung der familiären an die politische Ordnung zeigt Schillers *Die Räuber* dieses Verfahren deutlich auf: Der Text interessiert sich nur für die Erzählung der Aufkündigung der familiären Bande und die Gründung der Räuberbande, um letztlich Staats- und Ordnungsentwürfe schildern und problematisieren zu können. Das abstrakte Interesse an der staatlichen Ordnung teilen die Texte von Hofmannsthal nicht; sie fokussieren das Individuum in seiner Einbettung in das Soziale. Auch das Scheitern der Tat und die exzentrische Position, die die Täterfiguren einnehmen, sind in Hofmannsthals Texten in einer Struktur verankert, die dem Sozialen unterliegt. Hofmannsthals exzentrische Figuren – hier wäre etwa an Elektra zu denken – unterscheiden sich somit grundsätzlich von der exzentrischen Positionierung, die etwa Götz inne hat, da diese zur Beobachtung des Politischen (als politischer Ordnung oder als Staatsentwurf) dient.

3 Der Mann und die Tat: Stefan Georges *Jahrhundertspruch. Ein Dritter* und *Der Gehenkte* (1907)

3.1 Einleitung

Stefan George konnte lange Zeit in der Philologie, vor allem um die 1968er Jahre, als *persona non grata* gelten, deren „Wirkungslosigkeit"[120] sowohl hinsichtlich der Rezeption der Texte als auch hinsichtlich der wissenschaftlichen Diskussion ebendieser konstatiert werden muss. Die Gründe hierfür sind sicher nicht nur in der spezifischen Ästhetik der Texte und der elitären wie esoterischen Figuration des ‚Meisters' sowie der Gruppenbildung des George-Kreises zu suchen, sondern auch in der tatsächlichen oder vermeintlichen Nähe des Autors zu politischen Bewegungen, die nachdrücklich in Misskredit geraten sind. In jüngerer Zeit erfahren die Texte, genauer: erfährt die Person/Figur George plötzlich wieder vermehrte Aufmerksamkeit.[121] Ob sich diese Verschiebung mit dem „Utopieverlust"[122] um 1989 und der Kritik an dem Fortschrittsglauben erklären lässt, sei dahingestellt; sicher ist aber, dass kurz nacheinander gleich mehrere Monographien erscheinen, die sich mit George beschäftigen, dabei aber der vormaligen Neigung zur kultisch-hagiographischen Lektüre nachhaltig ein Ende setzen: 1994 Clemens Pornschlegels *Der literarische Souverän*,[123] 1995 Stefan Breuers *Ästhetischer Fundamentalismus*,[124] 1997 Carola Groppes *Die Macht der Bildung*[125] und 1998 Rainer Kolks *Literarische Gruppenbildung*.[126]

---

120 Ernst Osterkamp: Poesie der leeren Mitte. Stefan Georges Neues Reich. München: Carl Hanser 2010, S. 13.
121 Zum (nicht ganz aktuellen) Stand der Forschung vgl. auch: Jürgen Egyptien: Entwicklung und Stand der George-Forschung 1955–2005. In: text + kritik 168 (2005): Sonderband: Stefan George, S. 105–122.
122 Osterkamp: Poesie der leeren Mitte, S. 13.
123 Clemens Pornschlegel: Der literarische Souverän. Zur politischen Funktion der deutschen Dichtung bei Goethe, Heidegger, Kafka und im George-Kreis. Freiburg im Breisgau: Rombach 1994.
124 Stefan Breuer: Ästhetischer Fundamentalismus. Stefan George und der deutsche Antimodernismus. Darmstadt: Wissenschaftliche Buchgesellschaft 1995.
125 Carola Groppe: Die Macht der Bildung. Das deutsche Bürgertum und der George-Kreis 1890–1933. Köln, Weimar und Wien: Böhlau 1997.
126 Rainer Kolk: Literarische Gruppenbildung. Am Beispiel des George-Kreises 1890–1945. Tübingen: De Gruyter 1998.

Auffallend ist, dass allen Untersuchungen eine „Poesieresistenz"[127] – so die Feststellung von Ernst Osterkamp – unterstellt werden kann: Die Bücher beschäftigen sich nicht mit den Texten von George, sondern nehmen aus unterschiedlichen Perspektiven die Person/Figur George und seinen Kreis in den Blick. Pointiert gesagt geht es den Untersuchungen nicht um eine mit literaturwissenschaftlichen Methoden durchgeführte Lektüre und Interpretation von Texten, vielmehr werden soziologische, politische und wissenschaftshistorische Fragen in den Blick genommen und mit dem entsprechenden theoretischen Rüstzeug bearbeitet. Diese Abblendung der Texte und die damit einhergehende Abblendung der ästhetischen Form zeichnet jedoch nicht nur die zwischen 1994 und 1998 genannten Untersuchungen aus; vielmehr etablieren diese eine wirkmächtige Perspektivierung, die sich weiterhin in der Forschung verfolgen lässt.[128]

Wenngleich diese Richtung der Forschung den in früheren Texten aufzufindenden esoterischen Kult um den ‚Meister' George nun als unwissenschaftliche Hagiographie demaskiert und so einen neuen Blick auf George eröffnet, so bringt sie zugleich das Problem der Textferne mit sich, die sich auch als Immunisierungs- und Distanzierungsgestus verstehen lässt, der den Texten ausweicht und sich stattdessen dem Exotismus des Kreises widmet. Die vorliegende Arbeit ist hingegen an den poetischen Texten interessiert, da die Poetik und die Textverfahren für die Formulierung der Tat in der klassischen Moderne entscheidend sind. Somit sollen im Anschluss an Osterkamps Überlegungen im Folgenden die Texte als ästhetische Artefakte in den Blick genommen werden; die Texte sollen zu ihren Kotexten in Bezug gesetzt werden, die soziologischen Erörterungen zu der Struktur des Kreises – etwa von Kolk – oder die psychoanalytischen Lesarten zu der Person George – etwa von Breuer – werden folglich abgeblendet.

3.2 *Jahrhundertspruch. Ein Dritter*

> Der mann! die tat! so lechzen volk und hoher rat
> Hofft nicht auf einen der an euren tischen ass!
> Vielleicht wer jahrlang unter euren mördern sass
> In euren zellen schlief: steht auf und tut die tat.[129]

---

127 Osterkamp: Poesie der leeren Mitte, S. 14.
128 Die von Osterkamp angelegte Liste lässt sich dann auch ergänzen; Yves Schumacher nennt in seiner Dissertation eine Vielzahl weiterer Texte. Vgl.: Yves Schumacher: Allegorische Autoreflexivität. Baudelaire, Mallarmé, George, Holz. Würzburg: Königshausen & Neumann 2016, S. 12.
129 Stefan George: Jahrhundertspruch. Ein Dritter. In: ders.: Der siebente Ring. Berlin: Verlag der Blätter für die Kunst 1907, S. 208.

Georges Gedicht *Jahrhundertspruch. Ein Dritter* wurde 1907 im Gedichtband *Der Siebente Ring* publiziert und hat wie der gesamte Gedichtband bislang in der Forschung nur wenig Aufmerksamkeit erfahren.[130] Als auffallendes Desiderat der Forschung lässt sich feststellen, dass insbesondere die Einzelgedichte nicht mit detaillierten Analysen bedacht wurden. Dies mag in dem von den „Georgianern genährten Vorurteil",[131] dass stets die Gesamtkomposition des Bandes berücksichtigt werden müsse und ausschlaggebend für die Interpretationen sei, begründet liegen. Zu Recht weist Cornelia Blasberg aber auf das „Paradox"[132] der George-Philologie hin: „Autor, Werk und Rezeption [bilden] eine dynamische Einheit [...] [, diese lässt] sich aber hermeneutisch überhaupt nicht fruchtbar machen".[133] Für die folgende Argumentation sind weder die Beziehungen zwischen den Einzeltexten des Bandes, noch die Figurationen des Dichters oder des George-Kreises relevant. Vielmehr wird es darum gehen, aus dem kurzen Gedicht eine innovative Überlegung zur Tat zu destillieren, um das Paradigma der Tat um 1900 (auch in seinen Extremwerten) deutlicher zu konturieren.

Im ersten Vers des Gedichts *Jahrhundertspruch. Ein Dritter* wird mit dem Ruf nach dem ‚Mann der Tat' gleichzeitig die um 1900 in vielen Texten artikulierte Sehnsucht nach der Tat aktualisiert – die Rhetorik der Tat wird wenig später u. a. von Ernst Jünger in *Der Kampf als inneres Erlebnis* fortgeschrieben. Die Tat wird hier bereits mit den um 1900 virulenten Männlichkeitstopoi und -dispositiven verbunden. Jeweils abgesetzt mit einem Exklamationszeichen setzt das Gedicht mit den entscheidenden Punkten – „Der mann! die tat!" – ein. Mehr noch als auf der Tat liegt der Fokus auf dem Mann, der der Tat nicht nur syntagmatisch vorgängig ist. Die Tat erfährt in dem Gedicht jedoch keine semantische Füllung, es erfolgt keine Definition der Tat, sondern nur der Ruf nach der Tat als Tat.

Der Vers setzt mit der Kopplung von Mann und Tat, die im Gegensatz zu den restlichen Versen nicht als grammatikalisch vollständige Sätze artikuliert werden, einen deutlichen Akzent und betont nicht zuletzt durch die Exklamationszeichen das Ereignishafte sowie das Moment der „Plötzlichkeit".[134] Die Tat wird jedoch nicht nur von den restlichen Versen sprachlich abgesetzt, sondern zudem der

---

130 Vgl.: Kai Kauffmann: Der Siebente Ring. In: Achim Aurnhammer u. a. (Hrsg.): Stefan George und sein Kreis. Ein Handbuch. Berlin und Boston: De Gruyter 2012, S. 175–191, hier: S. 189.
131 Ebd., S. 190.
132 Cornelia Blasberg: ‚Auslegung muß sein'. Zeichen-Vollzug und Zeichen-Deutung in Stefan Georges Spätwerken. In: Wolfgang Braungart, Ute Oelmann und Bernhard Böschenstein (Hrsg.): Stefan George: Werk und Wirkung seit dem ‚Siebenten Ring'. Tübingen: Max Niemeyer 2001, S. 17–33, hier: S. 33.
133 Ebd.
134 Bohrer: Plötzlichkeit.

Sphäre von „volk und hohe[m] rat" enthoben – die Tat und der Mann, der sie exekutiert, werden somit von dem Bereich des Gemeinen und Gewöhnlichen abgegrenzt. Die Tat ruft ein „semantisches Feld [auf], in dem Vorstellungen von Heroismus, von Größe und Selbstbehauptung, von Opferbereitschaft und Unterwerfung beheimatet sind".[135]

Die Sehnsucht nach der Tat, deren Intensität durch das Verb „lechzen" deutlich wir, vereint „volk und hohe[n] rat". Eine Lesart, die in dieser Vereinigung affirmierte egalitär-demokratische Tendenzen liest, würde jedoch die Sicht des Gedichts auf das Bürgertum und die Demokratie gründlich verkennen – und dies macht das Gedicht im weiteren Verlauf auch deutlich: Die von Volk und Rat gehegte Hoffnung, dass sich der ‚Mann der Tat' in ihren Reihen findet, wird enttäuscht; die Zugehörigkeit zu Volk und Rat – ausgedrückt durch das Speisen an ihren Tischen – disqualifiziert vielmehr für die heroische Tat des Mannes, der ein nicht-gemeiner Mann sein muss. Der Heroismus der Tat und das aktualisierte semantische Feld sind folglich anders akzentuiert als die Realisierung der Tat, wie sie etwa die Texte von Hofmannsthal vorschlagen. Der gesuchte ‚Mann der Tat' findet sich am anderen Ende des gesellschaftlichen Spektrums: Er saß in den Gefängnissen, die von „volk und hohe[m] rat" errichtet wurden, zusammen mit den von der Gesellschaft verurteilten Mördern. Der von der Gesellschaft ausgeschlossene und isolierte Bereich der Verurteilten, die vehement gegen die (juristischen) Regeln der Gesellschaft verstoßen haben, ist also der Bereich, in dem der ‚Mann der Tat' womöglich – „vielleicht" – zu finden ist; das Heroische und Ereignishafte der Tat gedeiht nicht im Bürgerlichen, sondern in der Gegenwelt des verstoßenen Verbrechers. Die Tat wird hier mit einem innovativen Vektor versehen, der so in den Texten etwa von Hofmannsthal noch nicht zu denken war: Tat – auch die von der bürgerlichen Gesellschaft ersehnte Tat – und Täter haben ihre Wurzeln im Bereich des Delinquenten.

3.3 *Der Gehenkte*

Die in dem Gedicht *Jahrhundertspruch. Ein Dritter* angelegte Fokussierung des anti-bürgerlichen Delinquenten lässt sich auch in dem Gedicht *Der Gehenkte* verfolgen, das 1928 in dem Gedichtband *Das Neue Reich* erschien. Die Sammlung kann, so Dirk von Petersdorff, als Reaktion auf den verlorenen „Kampf gegen die

---

[135] Stöckmann: Der Wille zum Willen, S. 160 f.

Moderne"[136] verstanden werden. Die ‚Vision' des titelgebenden ‚Neuen Reichs' wird jedoch nicht als politische Staatstheorie entfaltet – und stellt auch keine Apotheose der nationalistischen oder nationalsozialistischen Bewegungen dar –, sondern artikuliert vielmehr „das absolute Gegenbild zur Gegenwart einer demokratischen, technisierten, ökonomisierten und rationalistischen Moderne".[137] Die „funktionalen Differenzierungen der Moderne"[138] werden mit der Vorstellung eines „geistigen Staat[es] einer männlichen Elite, der in klaren Hierarchien – Herrschaft und Dienst, oben und unten, groß und klein – organisiert wird [...] [und so] der ideale Raum männlicher Gestaltwerdung"[139] ist, gekontert.

Der Gehenkte stellt ein Gespräch zwischen dem (lebendigen) „Frager"[140] und dem am Galgen hängenden (toten) „Gehenkte[n]"[141] dar. Entscheidend für das Gedicht ist die Position, aus der der Gehenkte zu Wort kommt. Die Erwartung, dass hier ein reuiger Sünder spricht, der seine Taten bereut und um Vergebung fleht, wird enttäuscht – stattdessen verschafft sich ein souveräner Täter Gehör, der über die Welt der Lebendigen urteilt: „[A]us einer exterritorialen Position fällt ein totalisierender Verwerfungsblick auf eine rat- und orientierungslose Gegenwart, der zugleich ein Vernichtungsblick ist."[142]

Der Gehenkte erkennt seine unverzichtbare Rolle für die Gesellschaft:

> Als ich zum richtplatz kam und strenger miene
> Die Herrn vom Rat mir beides: ekel zeigten
> Und mitleid musst ich lachen: ‚ahnt ihr nicht
> Wie sehr des armen sünders ihr bedürft?'[143]

Der Verbrecher als vermeintlicher Antagonist der bürgerlichen und tugendhaften Gesellschaft gewinnt seine souveräne Position jedoch nicht nur durch das Lachen, mit dem seine Erkenntnis markiert wird, dass die bürgerliche Gesellschaft nur eine Maske der Unschuld trägt – „Sah ich in jedem [...] / Dass in ihm einer

---

136 Dirk von Petersdorff: Als der Kampf gegen die Moderne verloren war, sang Stefan George ein Lied. Zu seinem letzten Gedichtband ‚Das Neue Reich'. In: Jahrbuch der Deutschen Schillergesellschaft 43 (1999), S. 325–352.
137 Ernst Osterkamp: Das Neue Reich. In: Aurnhammer u. a. (Hrsg.): Stefan George und sein Kreis, S. 203–217, hier: S. 217.
138 Ebd.
139 Ebd.
140 Stefan George: Der Gehenkte. In: ders.: Gesamtausgabe der Werke. Bd. 9. Das neue Reich. Berlin: Georg Bondi 1928, S. 67–69, hier: S. 67.
141 Ebd.
142 Osterkamp: Poesie der leeren Mitte, S. 29 f.
143 George: Der Gehenkte, S. 68.

meiner frevel stak"[144] –, mit der die „innerlich brüchige und ausgehöhlte Wertordnung des Bürgertums"[145] nur mühsam überdeckt werden kann.[146] Vielmehr erkennt der Gehenkte das Potential seiner eigenen Taten, die dem Bürgertum in dieser Radikalität nicht möglich sind. Nur ihm war die (hier verbrecherische) Tat möglich, nur er war stark genug, das „Potential auch in die Tat umzusetzen".[147] Die Bürger*innen verzichteten auf die Realisierung der Tat also nicht aufgrund ihrer Tugend oder Moral, sondern aufgrund ihrer Schwäche. Die Exekution der Tat stellt somit zwar hinsichtlich der juristischen Maßstäbe eine Verfehlung dar, ist aber zugleich – jenseits der bürgerlichen juristischen und moralischen Kategorien – als Auszeichnung des Täters zu verstehen:

> Als man den hals mir in die schlinge steckte
> Sah schadenfroh ich den triumf voraus:
> Als sieger dring ich einst in euer hirn
> Ich der verscharrte ... und in eurem samen
> Wirk ich als held auf den man lieder singt
> Als gott ... und eh ihrs euch versahet – biege
> Ich diesen starren balken um zum rad.[148]

Der Schluss des Gedichts macht die „frohe Botschaft der Lebensentfesselung",[149] die Apotheose des Verbrechers zum verklärten „held auf den man lieder singt"[150] und letztlich die Apotheose zum „gott"[151] deutlich. Der hingerichtete – und damit tote – Delinquent wird als verehrter Held und Gott wieder wirkmächtig: Er biegt den Galgen um zum Rad, das als prä-nationalsozialistische Swastika, die nicht mit dem graphisch identischen Hakenkreuz in Eins gesetzt werden darf,[152] und damit als Lebenssymbol die religiös konnotierte Opposition von christlichem Kreuz und nicht-christlichem Sonnenrad aufmacht.[153] Der Fokus wird von dem „metaphysischen Heilsversprechen [des Christentums] zur reinen Lebensim-

---

144 Ebd.
145 Osterkamp: Poesie der leeren Mitte, S. 31.
146 Zum Lachen als Verfahren zur Selbstermächtigung vgl.: Nover: Lachen als politische Selbstermächtigung, S. 33–48.
147 Ray Ockenden: Interpretation von *Der Gehenkte*, *Der Mensch und der Drud*, *Gespräch des Herrn mit dem römischen Hauptmann* und *Der Brand des Tempels*. In: Jürgen Egyptien (Hrsg.): Stefan George – Werkkommentar. Berlin und Boston: De Gruyter 2017, S. 607–627, hier: S. 612.
148 George: Der Gehenkte, S. 51.
149 Osterkamp: Poesie der leeren Mitte, S. 34.
150 George: Der Gehenkte, S. 51.
151 Ebd., S. 69.
152 Vgl. hierzu: Osterkamp: Poesie der leeren Mitte, S. 34f.
153 Vgl. hierzu auch: Ockenden: Interpretationen von *Der Gehenkte*, S. 614f.

manenz"[154] verlagert. Georges Verachtung des Bürgertums resultiert aus dessen Abblendung der ereignishaften Tat der Lebensimmanenz.[155]

Aus der Kombination der beiden erarbeiteten Lesarten zu *Jahrhundertspruch. Ein Dritter* und *Der Gehenkte* ergibt sich eine innovative wie radikale Konturierung der Tat: Das Heroische und Ereignishafte der Tat wie auch das Grenzüberschreitende bleiben zwar weiterhin bestimmende Kategorien; die Tat wird aber dezidert der Welt des Bürgertums enthoben und den „untersten Volksschichten",[156] den Ausgestoßenen und den Delinquent*innen zugeordnet. Damit lässt sich für die Texte von George das semantische Feld, das die Tat aufruft, beträchtlich erweitern: Die Transgression der Tat wird nun auch um die Überschreitung des Legalen oder Legitimen im Sinne des juristischen Blicks ausgeweitet und nicht naturrechtlich gestützt. Hierbei wird diese Überschreitung jedoch nicht als Spektakel – geschweige denn als Feier des ‚edlen Verbrechers', etwa im Sinne Schillers – verstanden; vielmehr resultiert die Überschreitung aus der Stärke des anti-bürgerlichen Täters, der nicht durch die Gesetze des Bürgertums und die ihnen und ihm inhärente Schwäche gebunden ist. Versteht man die Lyrik Georges auch als Artikulation des Politischen – Jürgen Brokoff zeigt, dass „[d]er Machtanspruch des Dichters über das Wort [...] auch ein politischer Machtanspruch [ist], der sich auf die soziale Wirklichkeit außerhalb des Wortes bezieht"[157] –, löst sich der Text aus der Sphäre des vermeintlich exklusiv Ästhetischen und offenbart mit seiner politischen Programmierung, dass bei George „Ästhetik und Politik [...] nicht zu trennen [sind]".[158] Die Fassung der Tat und des Täters wird dadurch ungleich komplexer, die beabsichtigte Wirkung auf die textexterne politische Realität zumindest aus einer freiheitlich-demokratischen Perspektive ungleich fragwürdiger. Die bei George zu lesende Position unterscheidet sich somit auch grundlegend von der Position Hofmannsthals, die der ‚Konservativen Revolution' zuzurechnen ist – womit nochmals die Differenzen von Hofmannsthals Texten zu den Texten Georges deutlich werden. Diskutierten Hofmannsthals Texte das Problem

---

154 Osterkamp: Poesie der leeren Mitte, S. 36.
155 George äußerte sich zu seinem Verhältnis zu den Bürgern*innen und den Delinquent*innen wie folgt: „Der Meister bekämpft diese Anschauung und meint dabei, was man denn glaube, mit wem er verkehren würde, wenn er nicht seine Freunde habe, ob er dann mit den sogenannten oberen Schichten oder nicht vielmehr mit den untersten Volksschichten verkehren würde. Er würde sicherlich nur mit den untersten Volksschichten verkehren." Berthold Vallentin: Gespräche mit Stefan George. 1902–1931. Amsterdam: Castrum Peregrini 1967, S. 57 f.
156 Ebd.
157 Jürgen Brokoff: Macht im Innenraum der Dichtung. Die frühen Gedichte Stefan Georges. In: Uwe Hebekus und Ingo Stöckmann (Hrsg.): Die Souveränität der Literatur. Zum Totalitären der Klassischen Moderne 1900–1933. München: Fink 2008, S. 415–432, hier: S. 416 f.
158 Ebd., S. 417.

des Sozialen als Problem der menschlichen Interaktion sowie das Problem der Subjektwerdung durch die Tat, so formulieren die beiden Gedichte von George eine gegenteilige Position, die auf der Schließung und Ausgrenzung und der absoluten Setzung des Subjekts beruht. Das Politische ist bei George gerade nicht die Interaktion in der *polis*, das Politische manifestiert sich in der Figur des Gehenkten, der sich selbst als exklusives, totalitäres wie entgrenztes Subjekt setzt, das die Systemgrenzen des Sozialen und Rechtlichen sprengt und – im Gegensatz zu Karl Moor oder Michael Kohlhaas – selbst in der finalen Hinrichtungsszene noch als souveränes Subjekt zu agieren vermag.

4 Die Tat als Faustschlag: Filippo Tommaso Marinettis *Futuristische Manifeste* (1909)

4.1 Einleitung

Die Texte von Hugo von Hofmannsthal diskutieren, wie gezeigt wurde, *auch* das Politische, sind aber auch immer an den individuellen Bedingungen der Subjektwerdung sowie an poetologischen wie ästhetischen Fragen interessiert. Eine explizite Äußerung, die ausschließlich auf das Politische – oder sogar auf die Politik – bezogen werden kann, findet sich lediglich – in Ansätzen – in *Das Salzburger Große Welttheater*. Die skizzierte politische Haltung stellt sich den politischen und sozialen Veränderungen und Problemen entgegen und will Veränderungen der politischen Ordnung vermeiden. Stefan George hingegen führt die ästhetische Schließung und die Setzung des absoluten (elitären) Subjekts vor, das Souveränität aus sich selbst generiert. Das Politische wird – bei allen Gegensätzen – weder in den Texten von Hofmannsthal noch in den Texten von George direkt fokussiert.

Die Texte der klassischen Avantgarde sind anders akzentuiert: Im Gegensatz zu den Texten von Hofmannsthal verstehen sie sich (auch) als dezidiert politische Texte und wollen politisch wirksam werden. Ziel der Texte ist nicht (nur) die Wirkung im System der Literatur, sondern (vor allem) die Wirkung im System der Politik bzw. des Politischen. Ausgehend von der Definition des Begriffs der Avantgarde und der Diskussion der Form des Manifests werden im Folgenden exemplarische Texte des italienischen Futurismus in den Blick genommen, um die skizzierten Wirkungsabsichten der Texte unter Berücksichtigung von Inhalt, Form und Performanz darzulegen.[159]

---

[159] Mit den Texten des Futurismus werden nun nicht deutschsprachige Texte in den Blick genommen, der Fokus der Arbeit also temporär geweitet. Dies lässt sich nicht nur mit der Passgenauigkeit der Texte für das Thema der Arbeit, sondern auch mit der ästhetischen und politischen Bedeutung der Texte, die sich nicht auf Italien beschränkt, erklären. Folgt man Gottfried Benn, dann lassen sich die futuristischen Manifeste gar als „Gründungsereignis der modernen Kunst in Europa" verstehen. Gottfried Benn: Probleme der Lyrik (1951). In: ders.: Essays und Reden in der Fassung der Erstdrucke. Hrsg. v. Bruno Hillebrand. Frankfurt am Main: Fischer ³2006, S. 508.

4.2 Die Avantgarde

Um den Begriff Avantgarde als trennscharfe wie produktive Differenzierung für die folgenden Überlegungen fruchtbar zu machen, ist es notwendig, diesen theoretisch zu schärfen und nicht als Passepartout-Begriff zu nutzen, der zeitlich ungebunden lediglich eine ästhetische Neuheit bzw. eine Innovation im System der Kunst bezeichnet. Diese Programmierung des Avantgardebegriffs wäre mit Pierre Bourdieu als „Logik der permanenten Revolution"[160] zu verstehen, erscheint aber für die Untersuchung als zu unscharf.[161] Die vorzunehmende Konturierung des Begriffs ist folglich eine zweifache: Zum einen muss er historisch gebunden, zum anderen inhaltlich definiert werden.

Die Etymologie des Begriffs führt zu einer Lesart, die ‚Avantgarde' im Sinne des militärischen Verständnisses der Avantgarde versteht und das Vorweggehen der Truppe meint;[162] „eine kleine, hochbewegliche Truppe, der die Aufgabe zu-

---

[160] Bourdieu: Die Regeln der Kunst, S. 202.
[161] Bourdieu zeigt, dass die Revolution im System der Kunst – die abrupte Ablösung einer Ästhetik, Poetik oder künstlerischen Generation durch die folgende – nicht mehr den Ausnahmefall darstellt, sondern vielmehr zum Regelfall wird und „die Revolution sich tendenziell als das *Modell* des Zugangs zur Existenz im Feld durchsetzt". Ebd., S. 204. [Hervorhebung im Original]
[162] Carl von Clausewitz führt hierzu in *Vom Kriege* aus: „Es gehören diese beiden Gegenstände zu denjenigen, in welche die taktischen und die strategischen Fäden gemeinschaftlich hineinlaufen. Auf der einen Seite muß man sie zu den Anordnungen zählen, welche dem Gefecht seine Gestalt geben und die Ausführung der taktischen Entwürfe sichern, anderenteils veranlassen sie häufig selbständige Gefechte und sind durch ihre von dem Hauptkorps mehr oder weniger entfernte Aufstellung als Glieder in der strategischen Kette zu betrachten, und eben diese Aufstellung ist es, welche uns veranlaßt, zur Ergänzung des vorigen Kapitels einen Augenblick bei ihnen zu verweilen. Jede Truppe, welche nicht vollkommen schlachtfertig ist, bedarf einer Vorhut, um des Feindes Anrücken zu erfahren und zu erforschen, bevor sie ihn selbst ansichtig wird, denn der Gesichtskreis reicht in der Regel nicht viel weiter als der Wirkungskreis der Waffen. Was wäre aber ein Mensch, dessen Augen nicht weiter reichten als seine Arme? Die Vorposten sind die Augen des Heeres, hat man schon früher gesagt. Aber das Bedürfnis ist nicht immer dasselbe, es hat seine Grade. Stärke und Ausdehnung, Zeit, Ort, Umstände, Kriegsart, ja der Zufall hat Einfluß darauf, und so können wir uns nicht wundern, wenn der Gebrauch von Avantgarde und Vorposten in der Kriegsgeschichte nicht in bestimmten und einfachen Umrissen, sondern in einer Art Unordnung der mannigfaltigsten Fälle erscheint. Bald sehen wir die Sicherheit des Heeres einem bestimmten Korps der Avantgarde anvertraut, bald einer langen Linie einzelner Vorposten; bald findet sich beides zusammen, bald ist weder von dem einen noch dem anderen die Rede; bald ist die Avantgarde den vorrückenden Kolonnen gemeinschaftlich, bald hat jede ihre eigene. Wir wollen versuchen, uns den Gegenstand klar vorzustellen und dann sehen, ob er sich auf wenige Grundsätze für die Anwendung zurückführen läßt. Ist die Truppe in Bewegung, so bildet ein mehr oder weniger starker Haufe ihre Vorhut, nämlich die Avantgarde, welche, im Fall die Bewegung rückwärts geschieht, zur Arrieregarde wird. Ist die Truppe in Quartieren oder Lagern, so bildet

fiel, die Operationen des Hauptheeres zu sichern [...]. Die Avantgarde war die stets gefechtsbereite, immer alarmierte Vorhut".[163] Der Ort der Avantgarde ist hier also immer *vor* dem Hauptheer, das ihr nachfolgt. Die Avantgarde wäre folglich in ständiger Bewegung, ihre Verortung ist immer nur eine augenblickliche. Ihr Kennzeichen wäre somit, wie gezeigt, der konstante Abstand zur Masse des Hauptheeres sowie die Bewegung in das zu ergründende Unbekannte.[164]

Auch wenn die militärische Konnotationen des Begriffs nicht nur in den Manifesten der Futuristen wiederaufgenommen werden – „[D]enn wir fühlten, in dieser Stunde die einzigen Wachen und Aufrechten zu sein, wie stolze Leuchttürme oder vorgeschobene Wachposten vor dem Heer der feindlichen Sterne, die aus ihren himmlischen Feldlagern herunterblickten"[165] –, sondern zudem die „artistische Avantgarde [...] bruchlos für die militärische, nämlich für die ‚Arditi' eingetauscht werden [konnte] [...], die die ersten faschistischen Terroraktionen [...] durchführten",[166] so führt die Definition des Begriffs mit der militärischen Etymologie zu einer ebenfalls unscharfen Konturierung, die der komplexeren Konzeption des Materials nicht gerecht wird. Folglich sollen aus der begrifflichen Herleitung lediglich der Aspekt der konstanten Bewegung sowie der Aspekt der räumlichen und zeitlichen Absetzung von der Masse für die weiteren Überlegungen fruchtbar gemacht werden.

Eine anders akzentuierte Definition des Begriffs Avantgarde lässt sich an den Texten der Futuristen erarbeiten: In dem Gründungsmanifest vom 20. Februar 1909 definiert sich der Futurismus als politische Bewegung und, so Benedetto Croce, als „ästhetisch-politische[] Revolution"[167] und führt somit das System der

---

eine ausgedehnte Linie schwacher Posten ihre Vorhut, die Vorposten. Es liegt nämlich in der Natur der Dinge, daß beim Stehen ein größerer Raum gedeckt werden kann und gedeckt werden muß als bei der Bewegung, so daß also in dem einen Fall der Begriff einer Postenlinie, in dem anderen der eines vereinigten Korps von selbst entsteht." Carl von Clausewitz: Vom Kriege. Zitiert nach der Onlineausgabe der Erstausgabe von 1832–1834. http://www.hs-augsburg.de/~harsch/germanica/Chronologie/19Jh/Clausewitz/cla_kri5.html#7 (letzter Zugriff: 28.07.2020).
163 Plumpe: Epochen moderner Literatur, S. 178.
164 Die Avantgarde wäre aber, darauf weist u. a. Plumpe hin, nicht als Elite zu verstehen. Dies gilt sowohl für die militärische Avantgarde als auch für politische Avantgardebewegungen.
165 Filippo Tommaso Marinetti: Manifest des Futurismus. Zitiert nach: Baumgarth: Geschichte des Futurismus, S. 24. Der Text wird im Folgenden unter der Sigle MF und der Seitenzahl im Haupttext nachgewiesen. Hervorhebungen im Original werden in den zitierten Stellen durch Kursivierung nachgewiesen.
166 Manfred Hinz: Die Zukunft der Katastrophe. Mythische und rationalistische Geschichtstheorie im italienischen Futurismus. Berlin und New York: De Gruyter 1985, S. 13.
167 Zitiert nach: Hesse: Die Achse Avantgarde–Faschismus, S. 228.

Politik bzw. des Politischen mit dem System der Kunst eng. Wenig später schreibt Marinetti:

> Am 11. Oktober, nachdem ich 6 Jahre lang in meiner internationalen Zeitschrift ‚Poesia' dafür gearbeitet hatte, den vom Tode bedrohten lyrischen Genius Italiens von den Fesseln der Tradition und des Krämergeistes zu befreien, fühlt ich auf einmal, daß die Artikel, die Gedichte und die Polemiken nicht mehr genügten. Wir mußten unsere Methode völlig ändern: hinaus auf die Straße mußten wir, die Theater im Sturm nehmen und den Faustschlag in den künstlerischen Kampf einführen.[168]

Marinetti führt in seinem programmatischen Manifest folglich aus, dass die Bemühungen, die auf das System der Kunst beschränkt bleiben und im System der Kunst Veränderungen vornehmen wollen, nicht ausreichen – die Geste der Befreiung aus der erstarrten (hier: ästhetischen) Tradition, die als Traditionsbruch für das Politische wichtig wird, ist hier bereits notiert. Die Künstler*innen mussten zunächst (systemimmanent) die künstlerische Tradition verlassen, um dann das System Kunst verlassen zu können. Nur so können sie im System des Politischen agieren und die notwendigen Veränderungen befeuern. Die Verfahren und Orte der Kunst vermischen sich mit dezidiert nicht-künstlerischen Verfahren und Orten: Der Kunstraum Theater wird durch den Nicht-Kunstraum Straße ergänzt. Der „künstlerische Kampf"[169] – in dieser Bezeichnung werden beide Systeme bereits gekoppelt – erfährt durch die Integration des Faustschlags in das System der Kunst – und dies nicht nur in einer ästhetischen, sondern auch in einer sehr direkten und realen Form der Gewaltanwendung[170] – seine Erweiterung um ein nicht-künstlerisches Verfahren, das mit Gewalt und Krieg konnotiert wird. Auch im Gründungsmanifest des Futurismus wird die Verherrlichung des Kriegs und des Kampfes herausgestellt, wobei die später explizit gemachte Erschaffung des ‚neuen Menschen' mit der Vorstellung des Kriegs als „Hygiene" (MF, 26) – also als Selektion sowie als Ausschluss – bereits anklingt: „Wir wollen den Krieg verherrlichen – diese einzige Hygiene der Welt" (ebd.).

---

[168] Filippo Tommaso Marinetti: Guerra, sola igiene del mondo. Mailand 1915, S. 5. Übersetzt von Christa Baumgarth; zitiert nach: Baumgarth: Geschichte des Futurismus, S. 7.
[169] Ebd.
[170] Baumgarth zeigt in *Geschichte des Futurismus* auf, wie die Futuristen bei einer Racheaktion für einen Verriss eines Artikels in *La Voce* dem verantwortlichen Journalisten Soffici „ein paar so heftige Ohrfeigen [versetzten], daß der Stuhl umfiel. Soffici sprang auf und schlug mit seinem Stock auf den Angreifer ein, dem inzwischen zwei Freunde zu hilfe gekommen waren. Die Gäste sprangen schreiend auf, und erst der Polizei gelang es, der Schlägerei ein Ende zu bereiten." Baumgarth: Geschichte des Futurismus, S. 74.

Neben der Erweiterung der ästhetischen Verfahren bleibt die von Marinetti skizzierte Wirkungsabsicht der futuristischen Texte und Kunstwerke festzuhalten. Die Avantgarde ist hier, systemtheoretisch betrachtet, nicht auf einen „intrasystemischen Traditionsbruch"[171] zu reduzieren. Die im Folgenden angelegte Definition muss damit deutlich von der eingangs skizzierten Definition, die die Etymologie aus dem Militärischen stark machte, unterschieden werden: Es geht nicht um das innovative Potential der Texte, also um eine Innovation im System der Literatur, wie es etwa Bourdieu in *Die Regeln der Kunst* als Kennzeichen der Avantgarde herausarbeitet. Vielmehr geht es um die avisierte textexterne Wirkung der literarischen Texte, die im System der Politik bzw. des Politischen wirksam werden wollen: Die Avantgarde ist, so Plumpe, eine „Literaturprogrammatik [...], die die Ausdifferenzierung der Literatur zu einem eigenständigen Kommunikationssystem frontal angreift und auf eine entdifferenzierende, Literatur in politische Funktionszusammenhänge einrückende Strategie setzt".[172] Die Texte sind somit nicht als „Kunst-Revolution",[173] sondern als „Revolutions-Kunst"[174] zu verstehen, die letztlich die Erschaffung des ‚neuen Menschen', des „MECHANISCHEN MENSCHEN MIT ERSATZTEILEN"[175] im Zeichen der Technik und des Kampfes bewirken sollen: „Der für die allgegenwärtige Geschwindigkeit geschaffene ahumane und mechanische Typus wird natürlich grausam, allgegenwärtig und kampfbereit sein."[176]

Eine genaue Analyse der Verfahren und Ziele der Avantgarde lässt diese in ihrer „historisch distinkte[n] Programmierung"[177] sichtbar werden, die nicht mit der Programmierung der Moderne identisch ist. Plumpe arbeitet vier Kennzeichen der Avantgarde heraus: eine „*kairologische* Zeitschematisierung"[178] – also einen finalen Zielkonflikt bzw. Krieg zwischen den agonal gesetzten Positionen –, eine Aufhebung der „Differenzierung der Kommunikationssysteme",[179] die Entdiffe-

---

171 Plumpe: Epochen moderner Literatur, S. 184.
172 Ebd. Dass die Programmatik der Avantgarde sich damit dezidiert von den vorgängigen Programmatiken unterscheidet, die die Ausdifferenzierung der Kunst als elementares Merkmal der Kunst verstehen und damit nicht zuletzt die Überlegungen von Immanuel Kant zum ‚interesselosen Wohlgefallen' aufnehmen, kann hier nur angedeutet werden.
173 Ebd.
174 Ebd.
175 Filippo Tommaso Marinetti: Technisches Manifest der futuristischen Literatur. Zitiert nach: Baumgarth: Geschichte des Futurismus, S. 171. [Hervorhebung im Original]
176 Filippo Tommaso Marinetti: Guerra, sola igiene del mondo, S. 299.
177 Gerhard Plumpe: Avantgarde. Notizen zum historischen Ort ihrer Programme. In: text + kritik (2001): Sonderband: Aufbruch ins 20. Jahrhundert. Über Avantgarden, S. 7–14, hier: S. 10.
178 Ebd., S. 9.
179 Ebd., S. 10.

renzierung von Kunst und Leben sowie die Aufhebung der „Differenz von Medium und Form".[180] Mit Badiou wäre hinzuzufügen, dass die Avantgarde radikal den Beginn und die Gegenwart in den Fokus ihrer Programmatik setzt: „Die Avantgarde sagt: Wir beginnen."[181] Anders gesagt: „Man ist weder Erbe noch Nachahmer, man ist der, der kompromißlos die Gegenwart der Kunst verkündet."[182]

Ausgangspunkt der Proklamation der ‚neuen' Kunst, die nun eine Brücke von der Kunst in das Leben schlagen soll – also die Aufgabe der Ausdifferenzierung von Kunst und Leben leisten und die politische Retotalisierung bewirken soll –,[183] war die Aufgabe der vormaligen Kunst- und Erziehungsprogrammatiken: Die Avantgardisten proklamierten „eine neue Wirkungsästhetik, weil sie weder an den Wahrheitsanspruch noch an den Bildungsauftrag einer autonomen Kunst länger zu glauben vermochten, sondern ihre völlige Loslösung vom Leben als ihr Ende begriffen".[184]

Zugleich ist aber auch darauf hinzuweisen, dass ein Verständnis der Avantgarde als rein ‚operative' Literatur/Kunst oder als rein politisches Projekt zu kurz greift. Die „Rücknahme der modernen Ausdifferenzierung der Kunst zum verselbstständigten Funktionssystem [wird] nicht als rationales, theoretisch stringentes Vermittlungsprogramm vollzogen, sondern als aktionistische Expansion ästhetischer Formen".[185]

4.3 Das Manifest: Literatur und Politik

Die Form des Manifests, die für den Futurismus von entscheidender Bedeutung ist – nicht zuletzt wurde der Gründungsmythos des Futurismus von Marinetti narrativ in einem Manifest angelegt und kommuniziert –, lässt sich an die skizzierten Überlegungen zu dem Begriff der Avantgarde anbinden. Das Manifest

---

180 Ebd.
181 Badiou: Das Jahrhundert, S. 166.
182 Ebd.
183 Vgl. etwa die Darstellung in dem Manifest *Warum wir uns bemalen* von Michail Larianow und Ilja Zdanevič aus dem Jahr 1913: „Wir haben die Kunst mit dem Leben vereint. Nach der Isoliertheit der Künstler haben wir laut nach dem Leben gerufen, und das Leben ist in die Kunst eingedrungen; nun ist es Zeit, daß die Kunst ins Leben eindringt. Die Bemalung unsere Gesichter ist der Beginn dieses Eindringen." Zitiert nach: Wolfgang Asholt und Walter Fähnders (Hrsg.): Manifeste und Proklamationen der europäischen Avantgarde (1903–1983). Stuttgart und Weimar: Metzler 1995, S. 68.
184 Fischer-Lichte: Ästhetik des Performativen, S. 354.
185 Hanno Ehrlicher: Die Kunst der Zerstörung. Gewaltphantasien und Manifestationspraktiken europäischer Avantgarden. Berlin: Akademie 2001, S. 17.

kann aufgrund seiner Spezifika auf der Form- und auf der Inhaltsebene wie auch aufgrund seiner kommunikativen und performativen Funktion und Möglichkeit als adäquates Medium der Avantgarde verstanden werden, mit dem die angelegten Ziele, gebündelt in der Wirkung im System des Politischen, erreicht werden können. Die systemtheoretische Fassung der Avantgarde im Sinne Plumpes fokussiert hierbei das System Politik und analysiert die von Niklas Luhmann etablierten Kategorien Funktion, Code und Medium, wohingegen die bislang in Anschlag gebrachten Ansätze aus dem Bereich der postfundamentalistischen politischen Theorie eine Differenzierung von der Politik und dem Politischen anlegen und zweiteres in den Blick nehmen.[186] Wenn der Ort der Wirkung der Texte diskutiert wird, muss folglich das jeweilige Verständnis des Begriffs Politik bedacht werden: Die systemtheoretische Fassung des Systems Politik, das von anderen Systemen wie dem Recht, der Wirtschaft oder der Kunst differenziert wird, entspricht nicht der postfundamentalistischen Differenzierung von der Politik und dem Politischen. Politik meinte im Sinne des Postfundamentalismus die „ontischen Bereichsbereiche [...] *policy*, *polity* oder Polizei",[187] das Politische bezeichnet hingegen die „,ontologische' Dimension der Gründungen".[188] Der Ort der Wirkung der Texte ist für den Postfundamentalismus folglich das Politische; so zeigen die in den Texten verhandelten Gründungsnarrative etwa die Kontingenz der Setzungen auf. Insbesondere die systemtheoretisch zu beobachtende Entdifferenzierung, die die Avantgarde auszeichnet und die auf „eine system- und diskursübergreifende Transformation des sozialen Feldes, in der Kunst eine revolutionäre Kultur – und keine ‚Werke' – produziert",[189] abzielt, installiert jedoch ästhetisch-politische Gründungsnarrative und Ursprungsnarrationen, die das

---

186 Zur Beobachtung der Literatur aus systemtheoretischer Perspektive vgl.: Gerhard Plumpe und Niels Werber: Umwelten der Literatur. In: dies. (Hrsg.): Beobachtungen der Literatur. Aspekte einer polykontexturalen Literaturwissenschaft. Opladen: Westdeutscher Verlag 1995, S. 9–33.
187 Marchart: Die politische Differenz, S. 27.
188 Ebd. – Vgl. auch die bereits zitierte Definition von Pierre Rosanvallon: „Indem ich substantivisch von *dem* Politischen [*du* politique] spreche, qualifiziere ich damit sowohl eine Modalität der Existenz des gemeinsamen Lebens als auch eine Form kollektiven Handelns, die sich implizit von der Ausübung *der* Politik unterscheidet. Sich auf das Politische und nicht auf die Politik beziehen, d.h. von Macht und von Gesetz, vom Staat und der Nation, von der Gleichheit und der Gerechtigkeit, von der Identität und der Differenz, von der *citoyenneté* und Zivilität, kurzum: heißt von allem sprechen, was ein Gemeinwesen jenseits unmittelbarer parteilicher Konkurrenz um die Ausübung von Macht, tagtäglichen Regierungshandelns und des gewöhnlichen Lebens der Institutionen konstituiert." Rosanvallon: Pour une histoire conceptuelle du politique, S. 14.
189 Ingo Stöckmann: Die Politik der Literatur. In: Gerhard Plumpe und Niels Werber (Hrsg.): Beobachtungen der Literatur, S. 101–134, hier: S. 104.

Soziale als umfassende Grundlage auch der entdifferenzierten Politik (im Sinne der Systemtheorie) sichtbar machen. Dies gilt nicht zuletzt für die Kunst, die systemtheoretisch betrachtet als Opposition zu verstehen ist, also nicht systemstabilisierend und nicht politisch affirmativ wirkt.

Die futuristischen Manifeste unterliegen folglich einer doppelten Perspektivierung, die bei ihrer Analyse berücksichtigt werden muss: Zum einen – und das weist auf die Geschichte der Textsorte des Manifests mit seiner Verankerung im „Feld der Politik"[190] hin – sind sie als programmatische politische Texte zu verstehen, die unmittelbar politisch wirken wollen und einen kommunikativen Charakter aufweisen.[191] Zum anderen handelt es sich bei den Manifesten des Futurismus auch um ästhetische Artefakte, die einer ästhetischen Formung unterliegen und ästhetische wie poetologische Fragen diskutieren. Die Lektüre der Manifeste des Futurismus zeigt diese Verschränkung von ästhetischer Formung und Reflexion einerseits sowie der politischen Programmatik andererseits auf: Die Manifeste „handeln von Kunst und Literatur, widmen sich dem Tango oder Küche, der Politik, dem Krieg oder der Liebe – sie sind appellativer Versuch jener umfassenden Um- und Neuorganisation des Lebens, die Ziel des Projekts Avantgarde überhaupt war".[192] Die Spezifika der Textsorte – „Kommentarfunktion [...] [und] Funktion der Gruppenbildung"[193] sowie die „[d]iskursive Programmatik, Eindeutigkeit und Öffentlichkeit des Textes, seiner Aussage wie seiner Intention"[194] – lassen sich folglich für beide Ebenen fruchtbar machen. Eine Reduktion

---

190 Ehrlicher: Die Kunst der Zerstörung, S. 22.
191 „Gesichert ist die Herkunft des Manifestes aus dem Bereich des Politischen – die älteste und lange Zeit dominante Bedeutung vom 16. bis 20. Jahrhundert ist die eines hoheitlich-herrschaftlichen Aktes, der öffentlichen Stellungnahme eines Fürsten oder einer Staatsregierung zu einer wichtigen Angelegenheit, insbesondere einer Kriegserklärung, die traditionell in einem ‚Manifest' ausgesprochen wird. [...] Diese Hauptbedeutung des Terminus Manifest dominiert bis ins 19. Jahrhundert. Diese Bestimmung wird dann auch für Grundsatzerklärung oder Programm einer politischen Partei oder Organisation übernommen – das *Manifest der Kommunistischen Partei* aus dem Jahre 1848 ist dafür das prominenteste Beispiel. Erst seit Ende des 19. Jahrhunderts werden in erkennbarem Umfang auch künstlerische Grundsatzerklärungen Manifest genannt, als Selbstbezeichnung derartiger Texte erscheint das Manifest dann massiert eben in der historischen Avantgarde." Walter Fähnders: Projekt Avantgarde und avantgardistischer Manifestantismus. In: ders. und Wolfgang Asholt (Hrsg.): Der Blick vom Wolkenkratzer. Avantgarde – Avantgardekritik – Avantgardeforschung. Amsterdam und Atlanta: Rodopi 2000, S. 69–96, hier: S. 74.
192 Ebd., S. 73.
193 Ehrlicher: Die Kunst der Zerstörung, S. 22.
194 Fähnders: Projekt Avantgarde und avantgardistischer Manifestantismus, S. 77.

auf das rein Politische würde diese Verschränkung und damit die Intention der futuristischen Manifeste als „Interpretationsträger per se"[195] unterlaufen:

> Die aktionistische ‚Übercodierung' der Kunst intendierte [...] keineswegs einen Anschluß an parteipolitische Zielsetzungen, sondern wollte die Überlegenheit ästhetischer Formensprache über instrumentell-zweckrationale Handlungssteuerung manifestieren und sie gewaltsam dem Sozialen implementieren.[196]

Der Textsorte des Manifests ist eine performative Dimension inne. Im Sinne der Sprechakttheorie von John L. Austin und deren Adaption und Weiterführung durch Jacques Derrida und Judith Butler lassen sich zum einen eine „Häufung performativer Äußerungsakte, die auf Formen oralen Sprechens verweisen (Appell, Befehl, Deklamation etc.)",[197] feststellen. Zum anderen – und hier wären die Überlegungen Judith Butlers zur Performativität der Sprechakte oder die Darlegungen Erika Fischer-Lichtes zu der *Ästhetik des Performativen*[198] fruchtbar zu machen – lässt sich das Manifest als performativer Akt lesen, der im Sinne Lotmans ein Ereignis[199] darstellt. Dieser ereignishafte Akt muss auf seine Performativität sowohl auf der Text- als auch auf der Aufführungsebene – etwa bei den futuristischen *serate*, die als „plurimediale Theaterinszenierungen [...] unterschiedlichste[] Zeichensysteme"[200] zusammenführen und die Trennung zwischen Produzent und Rezipient aufheben – befragt werden. „Avantgardistische Manifeste [...] wollen Taten provozieren",[201] stellen aber zugleich auch selbst Taten dar und aus – sie präsentieren Präsenz.[202] „Das Manifest beweist [...] eine heftige Spannung, die darauf abzielt, alle Kräfte der Form und des Scheins für das Reale in Dienst zu nehmen."[203]

Zudem, das soll an dieser Stelle nur kurz angedeutet werden, lässt sich das Manifest hinsichtlich seiner Materialität beschreiben, die mit den ästhetischen und performativ-kommunikativen Spezifika in Verbindung stehen und die Re-

---

195 Hubert van den Berg und Ralf Grüttemeier: Interpretation, Funktionalität und Strategie. Versuch einer intentionalen Bestimmung des Manifests. In: dies. (Hrsg.): Manifeste: Intentionalität. Amsterdam und Atlanta: Rodopi 1998, S. 7–38, hier: S. 25.
196 Ehrlicher: Die Kunst der Zerstörung, S. 24.
197 Ebd., S. 31.
198 Fischer-Lichte: Ästhetik des Performativen.
199 Vgl.: Lotman: Die Struktur literarischer Texte, S. 332f.
200 Ehrlicher: Die Kunst der Zerstörung, S. 32.
201 Fähnders: Projekt Avantgarde und avantgardistischer Manifestantismus, S. 80.
202 Vgl.: Fischer-Lichte: Ästhetik des Performativen, S. 350.
203 Badiou: Das Jahrhundert, S. 168.

zeption der futuristischen Manifeste auch in und durch die Massenmedien ermöglichte.[204]

4.4 Das futuristische Gründungsmanifest

1909 erscheint das von Marinetti verfasste Gründungsmanifest des Futurismus in der französischen Zeitung *Le Figaro* unter dem Titel *Le Futurisme*, bevor es in Italien unter dem erweiterten Titel *Fondazione e Manifesto del Futorismo*, der den Status des Manifests als programmatischen Text und als Gründungsakt deutlicher herausstellt, publiziert wird.[205] Bereits die geschickt inszenierte Fiktion, dass das Manifest von einer Gruppe Gleichgesinnter verfasst wurde, obwohl es tatsächlich von Marinetti allein geschrieben wurde, zeigt, dass dem Text eine kommunikative und performative Funktion zukommt: Das Manifest lässt sich als narrative Erzeugung der futuristischen Bewegung sowie als narrative Strategie zur Gruppenbildung verstehen.[206]

Das eigentliche Manifest, das aus einer Aufzählung von elf Punkten besteht, wird von einem längeren narrativen Teil eingeleitet, der der Struktur einer Initiation folgend als „narrative Vorbereitung"[207] des programmatischen Teils dient. Die Narration der Gründungsfiktion wird direkt zu Beginn installiert: Der Text beginnt mit einem „Wir" (MF, 23), das als „meine Freunde und ich" (ebd.) aufgelöst wird. Die Erzählung setzt mit der Skizzierung eines Raums ein – Marinettis Wohnung – der im Folgenden hinsichtlich seiner ästhetischen Verortung radikal durchgestrichen wird. Die „Moscheeampeln mit ihren durchbrochenen Kupferschalen, sternenübersät wie unsere Seelen [...] [und die] weichen Orientteppiche[]" (ebd.) verweisen auf eine Ästhetik „symbolistisch-dekadenter Orientbegeisterung",[208] die sich grundlegend von der futuristischen Ästhetik und Programmatik, die im Weiteren entfaltet wird, unterscheidet. Mit dem „Aufbrüllen hungriger Autos" (MF, 24), mit dem akustisch wahrgenommenen Lärm der Technik und damit der Moderne erfolgt eine Zäsur – und zwar sowohl auf der

---

204 Vgl.: Henrike Hans: ‚Schönheit gibt es nur noch im Kampf'. Zum Verhältnis von Gewalt und Ästhetik im italienischen Futurismus. Göttingen: Universitätsverlag Göttingen 2015, S. 126.
205 Vgl.: Hinz: Die Zukunft der Katastrophe, S. 57.
206 Baumgarth zeigt auf, dass Marinetti den Text allein erstellt hat. Vgl.: Baumgarth: Futurismus, S. 23.
207 Ehrlicher: Die Kunst der Zerstörung, S. 91. Ehrlicher bietet im Folgenden einen kurzen Überblick über die Forschungsliteratur, die sich mit der Untersuchung der Initiation beschäftigt hat.
208 Ebd., S. 92.

Ebene des Inhalts als auch auf der Ebene der Form –; die vormalige Isolation im ästhetisierten Privatraum wird aufgegeben und durch die Beschleunigung und Entgrenzung der technischen Maschine abgelöst. Dieser Moment, der von der programmatischen Rede begleitet wird bzw. diese auslöst, kann als Gründungsmoment des Futurismus samt der expliziten Negierung der Vergangenheit verstanden werden:

> Los, sagte ich, Freunde! Gehen wir! Endlich ist die Mythologie, ist das mystische Ideal überwunden! Wir werden der Geburt des Kentauren beiwohnen, und bald werden wir die ersten Engel fliegen sehen! ... Man muß an den Pforten des Lebens rütteln, um ihre Angeln und Riegeln zu prüfen! ... Gehen wir! Da, seht auf der Erde, die erste aller Morgenröten! Nichts gleicht dem Glanz des roten Sonnenschwertes, das zum erstenmal in unsere tausendjährige Finsternis hineinsticht! ... (ebd.)

Das Kernelement der Rede ist das wiederholte „Gehen wir!" (ebd.) sowie das semantisch ähnliche „Los [...] Freunde!" (ebd.) Beides bildet den Aufbruch nicht nur narrativ ab, sondern generiert den Aufbruch allererst durch den Sprechakt, der hier performativ die „Zeitenwende"[209] erzeugen soll. Die Technik und die Maschine bewirken jedoch keine ‚Entzauberung' der Welt, vielmehr folgt der Überwindung der Mythologie und des „mystische[n] Ideals" (MF, 24) eine neue, technisch grundierte „Wiedereinrichtung und Realisierung der Mythologie".[210] Die ‚neue Zeit', die mit der Initiierung des Futurismus beginnt, wird mythologisch wie ästhetisch maximal aufgeladen; das für die weiteren Überlegungen wichtige Spannungsfeld von Technik und Leben bzw. Tod wird hier ebenfalls bereits angelegt.

Der initiierte Aufbruch führt folgerichtig zu den anthropomorphen Maschinen der entgrenzten Bewegung, die nicht nur erotisch aufgeladen, sondern zudem in ihrer Ambivalenz als sexualisierte wie gefährliche „Bestien" (MF, 24) ausgestellt werden: „Wir gingen zu den drei schnaufenden Bestien, um ihnen liebevoll ihre heißen Brüste zu streicheln" (ebd.). Mit dem Einstieg in die Maschine beginnt die Verschmelzung mit dieser; die Verschmelzung wird jedoch von dem „rituellen Tod"[211] und dem Beginn des folgenden neuen – futuristischen – Lebens eingeleitet: „Ich streckte mich in meinem Wagen wie ein Leichnam in der Bahre aus, aber sogleich erwachte ich zu neuem Leben unter dem Steuerrad, das wie eine Guillotine meinen Magen bedrohte" (ebd.). Das neue Leben im Sinne des Futurismus ist eng verknüpft mit der Gefahr. Die Ambivalenz der Maschine zwischen

---

[209] Hinz: Die Zukunft der Katastrophe, S. 60.
[210] Ebd.
[211] Ebd.

erotischer Aufladung und Gefahr durch die entgrenzte und unbeherrschbare Geschwindigkeit wird hier deutlich herausgestellt.

Das eigentliche Manifest des Futurismus wird aber erst notiert, nachdem die emphatische Ausstellung der maschinellen Geschwindigkeit und Entgrenzung sowie der damit einhergehen Gefahr für den menschlichen Part der Symbiose von Mensch und Maschine in einem Unfall kulminiert: „Wie dumm! Puh! ... Ich bremste hart und vor lauter Ärger stürzte ich mich, mit den Rändern nach oben, in einen Graben ..." (MF, 25). Der Unfall, der *per definitionem* mit der hinzunehmenden Kontingenz und der Störung der vormals stringenten und intentionalen Bewegung verknüpft ist, wird hier aus der Kontingenz gelöst und nicht als Störung, sondern – und hier wird auf die im Text mehrmals gebrauchte Denkfigur des Opfers rekurriert – als aktive und produktive Handlung gedeutet: „Das intentionslose Geschehen des Unfalls wird von Marinetti zur *Tat* uminterpretiert, so daß das Destruktionspotential der Technik [...] zur endgültigen Bestätigung der neuen, futuristischen Ordnung wird."[212]

Folglich wird auch der Ort des Unfalls umgedeutet: Der „Abflußgraben einer Fabrik" (ebd.) wird als „mütterlicher Graben" (ebd.) apostrophiert – die „Uterusmetapher"[213] ist deutlich –, zusammen mit den Abfällen des Zeitalters, der Maschine und Fabrik verklärt und als Elixier der futuristischen Moderne verstanden: „Ich schlürfte gierig deinen stärkenden Schlamm" (ebd.). Erst nach dem Unfall und nach der Taufe durch den Schlamm der Fabrik kann das hypertrophe *Manifest des Futurismus*, so der Titel über dem zweiten Teil des Textes, durch den ‚neuen Menschen' diktiert werden.

> Da, das Anlitz vom guten Fabrikschlamm bedeckt – diesem Gemisch aus Metallschlacke, nutzlosem Schweiß und himmlischen Ruß – zerbeult und mit verbundenen Armen, aber unerschrocken, diktierten wir unseren ersten Willen allen lebendigen Menschen dieser Erde (MF, 24f.).

Der erste der elf Manifestpunkte nimmt die Apotheose der Gefahr und der Geschwindigkeit/Energie auf, die im narrativen Teil entfaltet wurde, und legitimiert so den Unfall nochmals *ex post* als produktiven wie adäquaten Gründungsakt: „1. Wir wollen die Liebe zur Gefahr besingen, die Vertrautheit mit Energie und Verwegenheit" (MF, 26). Im zweiten und dritten Punkt wird nun das System der Kunst fokussiert; nach dem apodiktischen wie allgemein gültigen ersten Punkt, der sich sowohl auf das System der Kunst als auch auf das System des Lebens

---

[212] Ehrlicher: Die Kunst der Zerstörung, S. 94f. [Hervorhebung im Original] – Zum Unfall vgl. auch: Claudia Lieb: Crash. Der Unfall in der Moderne. Bielefeld: Aisthesis 2009.
[213] Ebd., S. 95.

beziehen lässt, erfolgen nun poetologische Überlegungen: „2. Mut, Kühnheit und Auflehnung werden die Wesenselemente unserer Dichtung sein" (ebd.). Mit der Verbindung von poetologischen wie ästhetischen Fragen nach dem ästhetischen Potential innovativer Formen und Bewegungen wird nicht nur der performative Akt der Dichtung betont, sondern es wird zudem die Verbindung von vormals kunstexternen Handlungen und (Gewalt-)Taten zu ihrer ästhetischen Formung und damit zur Kunst gezogen:

> 3. Bis heute hat die Literatur die gedankenschwere Unbeweglichkeit, die Ekstase und den Schlaf gepriesen. Wir wollen preisen die angriffslustige Bewegung, die fiebrige Schlaflosigkeit, den Laufschritt, den Salto Mortale, die Ohrfeige und den Faustschlag (ebd.).

Der Faustschlag wird somit in seiner ästhetischen Überformung in das System der Kunst eingespeist, behält aber zugleich seine performative wie gewaltsame Potenz, die auf den kunstexternen Ursprung verweist, und als Präsentation von Präsenz zu verstehen ist.[214] Der Faustschlag wäre somit in seiner zweifachen Codierung – als tatsächliche (Gewalt-)Tat und als narrativierte wie ästhetisch geformte Tat im Text, die sich durch ihre performative Wirkung auszeichnet und mit ‚Worten Dinge schafft'[215] – die paradigmatische futuristische Tat.

Die entgrenzte Bewegung und die Geschwindigkeit der Maschine werden nicht nur als Charakteristika des Futurismus gefasst, sondern zudem als innovative Form der Schönheit – als „Schönheit der Geschwindigkeit" (MF, 26) – verstanden, die die Schönheit traditioneller ästhetischer Artefakte übertrifft.[216] Mit der Betonung der Geschwindigkeit erfolgt die Herausstellung der Avantgardeposition des Futurismus. Dieser ist sich jedoch nicht nur seiner avantgardistischen Position bewusst, sondern hebt mit der Aufhebung von Raum und Zeit die Vorstellung der Avantgarde als Vorhut, die ein Terrain besetzt, das mit zeitlicher Verzögerung auch vom breiten Feld erreicht wird, auf:

> Wir stehen auf dem äußersten Vorgebirge der Jahrhunderte! ... Warum sollen wir zurückblicken, wenn die geheimnisvollen Tore des Unmöglichen aufbrechen wollen? Zeit und Raum sind gestern gestorben. Wir leben bereits im Absoluten, denn wir haben schon die ewige, allgegenwärtige Geschwindigkeit erschaffen (ebd.).

---

214 Vgl.: Fischer-Lichte: Ästhetik des Performativen, S. 350.
215 Vgl.: Austin: How to Do Things with Words.
216 „Wir erklären, daß sich die Herrlichkeit der Welt um eine neue Schönheit bereichert hat: die Schönheit der Geschwindigkeit. Ein Rennwagen, dessen Karosserie große Rohre schmücken, die Schlangen mit explosivem Atem gleichen ... ein aufheulendes Auto, das auf Kartätschen zu laufen scheint, ist schöner als die *Nike von Samothrake*" (MF, 26).

Festzuhalten bleibt, dass die Tat und der Kampf zwar als „monistische, psychodynamisch wirkende vitale Kraft"[217] begrüßt werden, es sich aber weiterhin um eine ästhetische Programmatik handelt. So beziehen sich die vielzitierten Zeilen aus dem Manifest – „Schönheit gibt es nur im Kampf. Ein Werk ohne aggressiven Charakter kann kein Meisterwerk sein" (MF, 26) – explizit auf „Werk[e]" (ebd.), also im ersten Schritt auf ästhetische Artefakte, nicht auf Taten in der textexternen Realität. Im zweiten Schritt lassen sich die Zeilen im Sinne der Avantgarde performativ lesen. Das Politische wird dann nicht (nur) als Ästhetisches verhandelt, vielmehr entwerfen die avantgardistischen Taten im Vollzug das (radikale) Politische. Hier unterscheiden sich die Texte der Avantgarde von den um 1800 entstandenen Texten, die ein Zeitverhältnis von Imaginären und Realen entwerfen (als Vor- oder Nachgängigkeit); die Avantgarde hingegen etabliert die Gleichzeitigkeit als Zeitverhältnis.

Die Preisung des Kriegs eröffnet dann die Dichotomie. Einerseits wird der Krieg in und durch seine ästhetische Formung gepriesen, andererseits wird er als Medium verstanden, das unmittelbare Wirkung im System des Lebens ausübt: „Wir wollen den Krieg verherrlichen – diese einzige Hygiene der Welt – den Militarismus, den Patriotismus, die Vernichtungstat der Anarchisten, die schönen Ideen, für die man stirbt, und die Verachtung des Weibes" (ebd.). Die Vorstellung, dass der Krieg als „Hygiene" (ebd.) wirkt, also durch Selektion und Ausschluss für eine ‚Bereinigung' sorgt, ist noch herzuleiten aus der Programmatik des Futurismus – der radikale menschenfeindliche Zynismus des Arguments muss hier vor allem nach den Erfahrungen aus der Zeit des Faschismus und des Nationalsozialismus nicht eigens betont werden. Die folgende Preisung der „Vernichtungstat der Anarchisten" (ebd.) geschieht jedoch nicht mehr aufgrund der politischen oder sozialen Konsequenzen der Tat oder aufgrund der der Tat zugrundeliegenden politischen Überzeugungen, sondern allein aufgrund des Charakters der Tat als radikale wie gewaltsame Aktion. Gepriesen wird also die Tat als Tat – und zwar sowohl in der Kunst als auch im Leben.

Die Tat führt in die Beschleunigung und Gefahr der futuristischen Moderne; sie beendet den „Passatismus"[218] – so die Wortschöpfung Marinettis in *Guerra, sola igiene del mondo* für die museale Verherrlichung der Vergangenheit –, der zur ‚Vergiftung'[219] der jungen und tatkräftigen Menschen führt: „Ein altes Bild bewundern, heißt unsere Sensibilität in eine Aschenurne schütten, anstatt sie weit

---

217 Ehrlicher: Die Kunst der Zerstörung, S. 96.
218 Filippo Tommaso Marinetti: Guerra, sola igiene del mondo, S. 58.
219 „Warum will man sich vergiften? Warum will man verfaulen?" (MF, 27)

und kräftig ausstrahlen zu lassen in Schöpfung und Tat" (ebd.). Und so steckt das Manifest performativ die Welt des ‚Passatismus' in Brand:

> Mögen also die lustigen Brandstifter mit ihren verkohlten Fingern kommen! Hier! Da sind sie! ... Drauf! Legt Feuer an die Regale der Bibliotheken! ... Leitet den Lauf der Kanäle ab, um die Museen zu überschwemmen! ... Oh, welche Freude, auf dem Wasser die alten, ruhmreichen Bilder zerfetzt und entfärbt treiben zu sehen! ... Ergreift die Spitzhaken, die Äxte und Hämmer und reißt nieder, reißt ohne Erbarmen die ehrwürdigen Städte nieder! (ebd.)

Die Vision der Brandstiftung nimmt nicht nur die im zehnten Manifestpunkt formulierten Zerstörungsphantasien auf – „Wir wollen die Museen, die Bibliotheken und die Akademien jeder Art zerstören" (MF, 26) –, sondern verweist mit seiner performativen Struktur, die im Sprechakt das Ereignis erst erzeugt, zudem auf die Grundstruktur des vorliegenden Manifests, das ebenfalls die Bewegung, die es beschreibt, erst mit und durch die Beschreibung erschafft. Die performative Struktur des Sprechaktes, der sich als Beschreibung eines akuten textexternen Geschehens ausgibt – „Hier! Da sind sie!" (MF, 28) –, erschafft die Zerstörung und die „lustigen Brandstifter" (ebd.) sprachlich durch den Sprechakt; die Tat ist zuerst und zuvorderst eine sprachlich-performative Tat sowie ein sprachlich-performatives Ereignis. Die Anfeuerungsrufe und Kommandos zur Zerstörung – „Drauf! Legt Feuer an die Regale der Bibliotheken!" (ebd.) – dienen folglich wiederum nicht zur Kommandierung einer textextern existierenden Gruppe von Vandalen, sondern erzeugen diese im Sprechakt. Der ästhetisch-performative Sprechakt spiegelt folglich also nicht eine textexterne (alternative) Welt, sondern erzeugt und modelliert eine Welt. Zugleich will die Tat aber als avantgardistische Tat im Sinne Plumpes auch im System der Politik wirksam werden – und genau hier, bei der Wirkung als politische (und nicht ästhetische) Kraft und Bewegung, liegt das tendenziell gefährliche und destruktive Potential der futuristischen Texte.

Die Apotheose der eigenen Zerstörungskraft sowie des eigenen Willens, der im Sprechakt erst die Kraft der Zerstörung gebiert, legt eine Linie an, die sich bis zu Marinettis *Mafarka il futurisa* verfolgen lässt. Marinetti lässt den Vater der Kriegermaschine Mafarka ausführen:

> Ich lehre euch den Tod zu verachten, Euch von Gefahr zu ernähren und Euer Leben, wie ihr es schon tut, für eine Idee, für einen Blick, für ein Schauspiel aufs Spiel zu setzen. [...] Ich lehre Euch, den Willen aus Euren Muskeln, aus Euren Mündern wie den roten Atem eines Hochofens herauszustoßen, wie eine übernatürliche Kraft, damit er das Holz, den Granit, das Eisen und alle Metalle beherrschen, verwandeln und emporheben kann! [...] So befreie ich jetzt meinen noch jungen und starken Willen aus meinem Körper [...]. Und so werde ich meinen Willen dem neuen Körper meines Sohnes einflößen! [...] Und ich habe daraus gefolgert, daß es möglich ist, ohne die Mithilfe und ohne die schändliche Mitschuld der Frau

aus dem eigenen Fleisch einen unsterblichen Riesen mit unfehlbaren Flügeln zu erzeugen! Ihr müßt an die absolute und entscheidende Kraft des Willens glauben, der mit einer grausamen Disziplin gepflegt und intensiviert werden muß, bis er aus unseren Nervenzentren heraussprüht und sich mit der unvorstellbaren Kraft und Geschwindigkeit über die Grenzen unserer Muskeln hinausschwingt. [...] Lassen wir jede Minute unseres Lebens durch die Taten eines stürmischen Willens erstrahlen, und hofieren wir, von Risiko zu Risiko, ständig den Tod, der mit seinem rohen Kuß die Fragmente unserer sich erinnernden Materie in all ihrer Schönheit verewigen wird.[220]

Der Text verbindet den radikalen Willen mit der Geburt des ‚neuen Menschen' im Zeichen des Futurismus – genauer: mit der Erschaffung des willensstarken Kriegers, der als Hybrid aus Mensch und Maschine im Rausch des Kampfes und der Zerstörung seine Bestimmung findet – und ist mit seiner Zuspitzung der ursprünglich futuristischen Thematik auch als ‚écriture fasciste'[221] zu lesen.[222] Somit lassen sich anhand des Textes „bereits zu Beginn des Futurismus die faschistischen Allmachtsvisionen und [...] [der] zynische[] Antihumanismus antizipier[en]".[223] Marinetti hat zur Hochzeit des italienischen Faschismus den Text dann auch als „Teil der faschistischen Vorgeschichte Italiens"[224] gedeutet; er war sich also sehr wohl der narrationslogischen Linie, die vom Futurismus bis zum Faschismus führt, bewusst.[225]

Die aufgeführten Kernkonzepte – der Wille,[226] die Vitalität, der ‚neue Mensch', der Rausch der Gefahr und des Todes sowie die Apotheose der Tat – nehmen virulente Topoi der Literatur, Kultur und Philosophie[227] um 1900 auf und ver-

---

220 Filippo Tommaso Marinetti: Mafarka le futuriste. Übersetzt von Christa Baumgarth; zitiert nach: Baumgarth: Geschichte des Futurismus; S. 247 f.
221 So etwa: Jánosz Riesz: Der Untergang als ‚spectacle' und die Erprobung einer ‚écriture fasciste' in F. T. Marinettis ‚Mafarka le Futuriste' (1909). In: Ulrich Schulz-Buschhaus und Helmut Meter (Hrsg): Aspekte des Erzählens in der modernen italienischen Literatur. Tübingen: Narr 1983, S. 85–99.
222 Zur (männlichen) Geburt in dem Text vgl. auch: Christine Kanz: Maternale Moderne. Männliche Gebärphantasien zwischen Kultur und Wissenschaft (1890–1933). Paderborn: Fink 2009.
223 Hansgeorg Schmidt-Bergmann: Futurismus. Geschichte, Ästhetik, Dokumente. Reinbek bei Hamburg: Rowohlt 2009, S. 114.
224 Ebd.
225 Zum Verhältnis von Futurismus und faschistischer Bewegung bzw. Politik vgl. auch: Walter Fähnders: Avantgarde und politische Bewegungen. In: text + kritik (2001): Sonderband: Aufbruch ins 20. Jahrhundert. Über Avantgarden, S. 60–75.
226 Zur Bedeutung des ‚Willens' um 1900 vgl.: Stöckmann: Der Wille zum Willen.
227 Insbesondere die Überlegungen von Friedrich Nietzsche müssen hier – gerade auch hinsichtlich der Differenzen – mitbedacht werden. Zur komplexen Rezeption und zur Absetzung vgl.

binden diese zu einem politisch explosiven Amalgam: „Politische Macht wird damit in *Mafarka* zum bloßen Beiprodukt eines erfolgreichen Herausschleuderns des ‚Willens', reale Herrschaft zum Sekundäreffekt einer Entäußerung, die ihren Sinn primär ‚von innen' heraus erhält".[228]

Die „lustigen Brandstifter" (MF, 28) und die willensstarke wie todesverachtende Kampfmaschine Mafarka eint die Exekution der auf die Zerstörung der Welt des ‚Passatismus' gerichteten Tat. Aus der radikalen Absage an die zeitgenössische Welt (und Politik), aus der Idee der Zerstörung ebendieser erwächst im Schein der „erste[n] aller Morgenröten" (MF, 24) das Potential der Neuschaffung des „ahumane[n] und mechanische[n] Typus [...] [, der] natürlich grausam, allgegenwärtig und kampfbereit"[229] sein wird. In der entgrenzten Welt der Technik und Geschwindigkeit stellt die Tat als Transgression und Exzess sowie als Ausführung des absoluten Willens – bezeichnenderweise setzt der Futurismus, wie gezeigt, mit dem Gründungsmythos des zur intentionalen Tat umgedeuteten kontingenten Unfalls ein – das ereignishafte Medium zur Kommunikation wie Etablierung und zugleich zur performativen Ausstellung des Futurismus dar. Bereits im Gründungsmanifest, in dem der Futurismus performativ mittels der Sprechakte Marinettis bzw. des fiktiven ‚Wir' erzeugt wird, lassen sich diese Verfahren und Zielsetzungen erkennen. Der Fluchtpunkt, die radikale wie innovative Tat, die sowohl im Ästhetischen als auch – und vor allem – im Politischen wirksam wird, ist deutlich. Problematisch wird das (ästhetische und poetologische) Konzept durch die (politischen) Versuche Marinettis, den Futurismus an realpolitische Bewegungen – genauer: an Mussolinis Faschismus – systemaffirmierend anzubinden und der geforderten Exekution der Tat einen politisch fragwürdigen faschistischen Vektor einzuräumen.

---

hierzu u. a.: Plumpe: Avantgarde, S. 7–14. Ebenso: Schmidt-Bergmann: Futurismus. Geschichte, Ästhetik, Dokumente, S. 120–126. Sowie: Ehrlicher: Die Kunst der Zerstörung, S. 40–52.
228 Schmidt-Bergmann: Futurismus. Geschichte, Ästhetik, Dokumente, S. 108.
229 Filippo Tommaso Marinetti: Guerra, sola igiene del mondo, S. 299.

5 Blut, Tat und Kampf: Ernst Jüngers *Der Kampf als inneres Erlebnis* (1920)

5.1 Einleitung

Im Gegensatz zum Vorwort zur 1920 publizierten Erstauflage von Ernst Jüngers Text *In Stahlgewittern*, in dem Jünger die Unmittelbarkeit und die „sachlich[e]"[230] Schilderung der Kriegserlebnisse herausstellt, werden im Vorwort zur zweiten Auflage, die bereits ein Jahr später erscheint, der Krieg und die kriegerischen Taten der Soldaten geschichtsphilosophisch überformt: Der Krieg erscheint „[a]ls großer Gedanke, der Nacht und Blut überstrahlt"[231] und eine Gegenbewegung zu der dekadenten Ausdifferenzierung der Moderne anbietet, sofern die „Strömungen unserer Zeit [...] [nicht] schon so reißend geworden [...] [sind], daß niemand mehr versteht, wie wir das Leben geringer achten konnten als unsere Idee".[232] Sowohl der avantgardistische Gestus, der sich in dem unmittelbar an das Zitat anschließenden Schlusssatz des Vorworts artikuliert – „Ich kann es nicht glauben"[233] – als auch die geschichtsphilosophische Aufladung des Krieges als Gegenbewegung zur modernen Ausdifferenzierung und Pluralität deuten bereits die das Frühwerk[234] bestimmenden Thesen an, die auch in dem 1922 erschienen Text *Der Kampf als inneres Erlebnis* entfaltet werden.

Für beide Texte gilt jedoch, dass die Diskussion des Politischen und vor allem des Nationalen vor dem Hintergrund der „semantischen Auszehrungen"[235] des Ersten Weltkriegs nur als „prekäre[r] Versuch, eine homogene politische Einheit zu imaginieren",[236] zu verstehen sind. Letztlich ist der Begriff der Nation in

---

[230] Ernst Jünger: Vorwort. In: ders.: In Stahlgewittern. Historisch-kritische Ausgabe [2 Bde]. Hrsg. v. Helmut Kiesel. Stuttgart: Klett-Cotta 2013, S. 20.
[231] Ernst Jünger: Vorwort zur zweiten Auflage. In: ders.: In Stahlgewittern, S. 22.
[232] Ebd.
[233] Ebd.
[234] Zur Problematik der Einteilung des Werks vgl.: Ingo Stöckmann: Zäsuren und Kontinuitäten des Gesamtwerks. In: Matthias Schöning (Hrsg.): Ernst Jünger-Handbuch. Leben – Werk – Wirkung. Stuttgart und Weimar: Metzler 2014, S. 30–39.
[235] Ingo Stöckmann: Sammlung der Gemeinschaft. Übertritt in die Form. Ernst Jüngers Politische Publizistik und *Das abenteuerliche Herz* (Erste Fassung). In: Hebekus und ders.: Die Souveränität der Literatur, S. 189–220, hier: S. 193.
[236] Ebd.

den Texten und in der politischen Publizistik Jüngers „ein Signifikant ohne reale Substanz".[237]

Im Vorwort zur fünften Auflage von 1924 erfolgt eine ästhetische und poetologische Reflexion des eigenen Verfahrens, das als „wilde Ursprünglichkeit [...] stärker und unmittelbarer wirkt als der stilisierte Bericht".[238] Liest man die Texte von Jünger – auch auf einer historischen Achse – als Verhandlung der Problematik von Wort und Tat, so lassen sich die frühen Texte, die unmittelbar auf das Kriegsgeschehen rekurrieren, in einer politisch-aktivistischen Lesart eher der Tat zuordnen als die späteren Texte, die als elaborierte ästhetische Artefakte deutlich überformter wirken und „nur noch Literatur" sind – so zumindest die Rezeption des promovierten Germanisten Joseph Goebbels in seinem Tagebuch am 07.10.1929:

> Dann Lektüre. Jünger ‚Das abenteuerliche Herz'. Das ist nur noch Literatur. Schade um diesen Jünger, dessen ‚In Stahlgewittern' ich jetzt noch einmal las. Die sind wirklich groß und heldisch. Weil ein blutvolles Erleben dahinter stand. Heute kapselt er sich ab vom Leben, und sein Geschriebenes wird deshalb Tinte, Literatur.[239]

Goebbels Rezeption und Bewertung der Texte – die eher in seinen politischen als seinen literaturwissenschaftlichen ‚Konzepten' gründen – stehen mit der Installation der Differenz von Tat/Blut/Erleben auf der einen und Sprache/Literatur/Tinte auf der anderen Seite in einer für die Tat relevanten Tradition, verkennen aber die in der Avantgarde angelegte Überschreitung des Kunstsystems, die aus dem System der Kunst geschieht. So geht es etwa dem Futurismus nicht um die Realisierung eines tatsächlichen Faustschlags, sondern um die Realisierung des ‚Faustschlags' in der Kunst, die aber auch jenseits ihres Systems Wirkung zeitigt.

Das Ursprüngliche des Krieges manifestiert sich hier sogar im und am Ursprungsmaterial selbst; an den Seiten des im Feld geführten Tagebuchs finden sich „dunkle Flecken, von denen ich nicht mehr wußte, war es Blut oder Wein".[240] Letztlich, so Jünger, lässt sich das Tagebuch im Gegensatz zum publizierten und bearbeiteten Text nicht als stilisierter und überformter Text verstehen, es ist, wieder im Sinne der Avantgarde, als unmittelbare Handlung zu interpretieren:

---

237 Ebd., S. 194.
238 Ernst Jünger: Vorwort zur fünften Auflage. In: ders.: In Stahlgewittern, S. 23.
239 Joseph Goebbels: Die Tagebücher von Joseph Goebbels. Sämtliche Fragmente. Bd. 1. Hrsg. v. Elke Fröhlich. München u. a.: K. G. Saur 1987, S. 436. Vgl. auch: Ulrich Fröschle: Oszillationen zwischen Literatur und Politik. Ernst Jünger und ‚das Wort vom politischen Dichter'. In: Lutz Hagestedt: Ernst Jünger. Politik – Mythos – Kunst. Berlin und New York: De Gruyter 2004, S. 101–143, hier: S. 142 f.
240 Jünger: Vorwort zur fünften Auflage, S. 23.

„Zwischen jenen Blättern und diesem Buche besteht der Unterschied von Tat und Literatur."²⁴¹

Da die Unmittelbarkeit jedoch das Verständnis der Zeitgenoss*innen erschwere, werde die ästhetische wie narrative Formung notwendig, um den Kerngedanken des Textes zu artikulieren: „Kurz, es galt, die Tat des Frontsoldaten darzustellen als einen Brennpunkt, der Kräfte sammelt und Wirkungen von sich stößt."²⁴² Die skizzierten poetologischen Überlegungen zur Ästhetik und Poetik des Textes bewegen sich noch im Feld der Literatur und finden ihren Fluchtpunkt in der zu erzählenden Vergangenheit des Krieges. Gleichwohl bereiten sie die Loslösung aus der Geschichte bereits vor, indem sie der Figur des Frontsoldaten bzw. dessen Tat eine abstrakte Funktion zuweisen, die bestimmte Impulse sammelt und aussendet und so geschichtsphilosophisch gelesen werden kann. Mit der zeitlichen Veränderung des Blicks, die sich auch in den Verbformen realisiert, löst sich der Text aus der Erzählung der Vergangenheit und proklamiert die erneute Tat – die nun nicht mehr, so Joseph Goebbels in seinem Tagebucheintrag, „nur noch Literatur"²⁴³ sein will –, womit die Anknüpfung an die Ursprünglichkeit der kriegerischen Tat gelingt: „Wir werden wieder die Feder durch das Schwert, die Tinte durch das Blut, das Wort durch die Tat, die Empfindsamkeit durch das Opfer ersetzen."²⁴⁴ Eine genaue Definition, eine semantische Füllung der geforderten Tat verweigert der Text jedoch – was einer ästhetischen wie politischen Strategie geschuldet ist – und legt so den in Jüngers Texten zu beobachtenden „Voluntarismus der Tat"²⁴⁵ an.²⁴⁶ Dass die „Entscheidung für die Entschiedenheit"²⁴⁷ aufgrund ihrer Inhaltsleere, so Karl Löwith zum Dezisionismus bei Carl Schmitt und Martin Heidegger, letztlich nur „durch die Gewalttat einzulösen"²⁴⁸ sei, erweist sich auch an den Texten von Jünger.

---

241 Ebd.
242 Ebd.
243 Goebbels: Die Tagebücher, S. 436.
244 Jünger: Vorwort zur fünften Auflage, S. 24. – Die Formulierung nimmt eine leichte Variation der 1923 im *Völkischen Beobachter* verzeichneten Forderung vor: „das Wort durch die Tat, die Tinte durch das Blut, die Phrase durch das Opfer, die Feder durch das Schwert" zu ersetzen. Zitiert nach: Morat: Von der Tat zur Gelassenheit, S. 49.
245 Morat: Von der Tat zur Gelassenheit, S. 15.
246 Daniel Morat verfolgt in seiner Arbeit die pointierte Kernthese, dass für Ernst Jünger und seinen Bruder Friedrich Georg Jünger sowie für Martin Heidegger „die Teilnahme an der nationalsozialistischen Politik [...] durch die Hoffnung motiviert war, das Vermittlungsproblem von ‚Geist' und ‚Tat' einseitig zu Gunsten der Tat lösen zu können". Ebd., S. 21.
247 Karl Löwith: Der okkasionelle Dezisionismus Carl Schmitts. In: ders. (Hrsg.): Heidegger. Denker in dürftiger Zeit. Göttingen: Vandenhoeck & Ruprecht ²1960, S. 32–71, hier: S. 44.
248 Morat: Von der Tat zur Gelassenheit, S. 43.

Mit der Formulierung der „große[n] [...] Idee"²⁴⁹ wird das Opfer bzw. der Tod in der Schlacht aus der Literatur in die (zukünftige) Realität überführt – auch sprachlich manifestiert sich der avantgardistische Charakter des Sprechakts: „Dafür sind wir alle zu sterben bereit. [...] Wir sind zum Opfer gewillt."²⁵⁰ Mit der Zeichnung des Panoramas der diskreditierten Moderne²⁵¹ wird nun vollends ein avantgardistisches politisches Programm der gewaltsamen Tat entfaltet, das die bereits im Expressionismus – und letztlich, mit einer anderen Fundierung, bereits um 1800 – thematisierte Problematik von Wort und Tat nun auflösen und in die unmittelbare Tat überführen will:²⁵²

> Eine Zeit von einer Brutalität, von der wir uns noch gar keine Vorstellung machen können, zieht herauf, ja wir sind schon mitten darin. Vor dem Ereignis wird jede Debatte zu Schaum, über den ganzen Wust von Redensarten, die uns fruchtlos ermüden, über Krämer, Literaten und Schwächlinge wird die Aufforderung zur Tat in das neue Europa fegen, eine reißende Flutwelle mit blutrotem Kamm. [...] Noch sind nicht alle Furchtlosen verschüttet unter den Ruinen, die Deutschland begraben. Tragen wir in unsere neuen Aufgaben das alte, eisengewohnte Tempo hinein!²⁵³

Die sich in Jüngers Vorworten andeutenden Überlegungen zur Möglichkeit der ästhetischen Fassung des Kriegsgeschehens und zur Aufladung des Kriegs als Gegenpol zur modernen Verfeinerung und Ausdifferenzierung wie auch ihr avantgardistischer Charakter, der sich ebenfalls in den zahlreichen maifestartigen Artikeln von Ernst Jünger feststellen lässt, lassen sich auch in dem 1922 publi-

---

249 Jünger: Vorwort zur fünften Auflage, S. 24.
250 Ebd.
251 Zum Begriff der Moderne in der Literaturwissenschaft vgl.: Ingo Stöckmann: Moderne und Kultur. Über Genese und Funktionsweise literaturwissenschaftlicher Moderne-Begriffe. In: IASL 37.1 (2012), S. 105–118.
252 Zur Avantgarde vgl. die Überlegungen, die im Kapitel zum Futurismus bereits ausführlich diskutiert wurden. Vgl. auch zur avantgardistischen Programmatik in Jüngers *Der Arbeiter:* Ingo Stöckmann: „... Prosa, die von uns gedeutet und beherrscht werden will." Über Ernst Jüngers politische Essayistik. In: The Germanic Review: Literature, Culture, Theory 75.1 (2000), S. 3–19, v. a. S. 6–9. Vgl. ebenso: Fröschle: Oszillationen zwischen Literatur und Politik, S. 101–143. Und: Ulrich Fröschle: Friedrich Georg Jünger und der ‚radikale Geist'. Eine Fallstudie zum literarischen Radikalismus der Zwischenkriegszeit. Dresden: Thelem 2008. Sowie: Helmuth Kiesel: Gab es einen ‚rechten' Avantgardismus? Eine Bemerkung zu Klaus von Beymes *Zeitalter der Avantgarden*. In: Ariane Hellinger u. a. (Hrsg.): Die Politik in der Kunst und die Kunst in der Politik. Wiesbaden: Springer 2013, S. 109–124.
253 Jünger: Vorwort zur fünften Auflage, S. 24.

zierten Text *Der Kampf als inneres Erlebnis* wiederfinden.[254] Wenngleich der Text nicht das „theoretische Niveau"[255] der komplex angelegten späteren Schriften erreichen kann – wie ein Großteil der Forschung konstatiert[256] –, so kann die Analyse des Textes als *Scharnierstelle* zwischen den unmittelbaren und chronologisch linear organisierten Erlebnissen der Tagebücher und den späteren abstrakt angelegten und argumentierenden Essays durchaus wichtige Punkte in Jüngers Denken beleuchten.[257]

5.2 Kultur, Krieg und Trieb bei Ernst Jünger und Sigmund Freud

Für seinen Text *Der Kampf als inneres Erlebnis* greift Jünger auf die Einträge in seinem Tagebuch *In Stahlgewittern* zurück. Im Gegensatz zum Tagebuch ist der später entstandene Text *Der Kampf als inneres Erlebnis* jedoch nicht durch die „zeugenschaftliche[]"[258] Chronologie der Erlebnisse organisiert, sondern folgt einer notwendig später eingesetzten Ordnung, die den Text thematisch durch Kapitelüberschriften wie „Blut", „Grauen", „Mut" oder „Vom Feinde" organisiert. Die angelegte Form verweist somit darauf, dass das Ziel des Textes nicht in der Wiedergabe des unmittelbar Erlebten liegt. Vielmehr scheint mit der Umstellung der Struktur von einer zeitlichen auf eine thematische Organisation die *ex post*-Reflexion des Erlebten unter abstrakten Begriffen und Aspekten fokussiert zu werden.

Ausgehend von einer Analyse seiner Gegenwart, die virulente Topoi des Verfalls, der Differenzierung, der Verfeinerung und Dekadenz aufnimmt und so

---

254 Helmuth Kiesel arbeitet diese poetologische Kontinuität zu den Futuristischen Manifesten, aber auch zum Kommunistischen Manifest mit Rückgriff auf Ulrich Fröschles Überlegungen auf der Formeben heraus. Vergl. Kiesel: Gab es einen ‚rechten' Avantgardismus?, S. 115 f.
255 Lars Koch: Der Erste Weltkrieg als Medium der Gegenmoderne. Zu den Werken von Walter Flex und Ernst Jünger. Würzburg: Königshausen & Neumann 2006, S. 239.
256 Vgl. zu den Wertungen der Forschung: Thomas Weitin: Der Kampf als inneres Erlebnis (1922). In: Schöning (Hrsg.): Ernst Jünger-Handbuch, S. 59–63, hier: S. 62.
257 Die Position, die der Autor Ernst Jünger im literarischen Feld einnimmt, und die Diskussion um seine Texte und seine Person im Feuilleton und in der Wissenschaft sind hier nicht von Interesse. Einen Überblick bieten u. a.: Lothar Bluhm: Entwicklungen und Stationen im Streit um Jünger. In: Matthias Schöning und Ingo Stöckmann (Hrsg.): Ernst Jünger und die Bundesrepublik. Ästhetik – Politik – Zeitgeschichte. Berlin und Boston: De Gruyter 2012, S. 205–220. Sowie: Helmuth Kiesel: Ernst Jünger. Die Biographie. München: Pantheon 2007. Und pointiert: Stöckmann: „... Prosa, die von uns gedeutet und beherrscht werden will.", S. 5.
258 Weitin: Der Kampf als inneres Erlebnis, S. 59.

eine mit Friedrich Nietzsche und Sigmund Freud argumentierende Kulturkritik[259] formuliert, arbeitet Jünger den Krieg und den Krieger als Gegenmodell zur Degeneration der Moderne heraus, mit dem die Erschaffung des „neue[n] Mensch[en]"[260] und einer ‚neuen Welt' gelingen kann.[261] Die Erschaffung des ‚neuen Menschen' wird in der Einleitung des Textes durch die Herausstellung der degenerierten Zeit zum einen legitimiert – schließlich bedeutet, wie gezeigt wird, die Erschaffung des Neuen zwangsläufig die (gewaltsame) Zerstörung des Alten – und zum anderen nicht nur als notwendiger, sondern auch als regelmäßig stattfindender Prozess der ‚Reinigung' und Optimierung ausgewiesen: „Was wären wir ohne diese verwegene und rücksichtslose Nachbarschaft, die uns alle fünfzig Jahre den Rost von den Klingen fegt?" (KIE, 58)[262] Bereits der erste Abschnitt der Einleitung enthält *in nuce* Jüngers geschichtsphilosophisches Modell:

> Zuweilen erstrahlt an den Horizonten des Geistes ein neues Gestirn, das die Augen aller Rastlosen trifft, Verkündung und Sturmsignal einer Weltwende wie einst den Königen aus dem Morgenlande. Dann ertrinken die Sterne ringsum in feuriger Glut, Götzenbilder splittern zu irdenen Scherben, und wiedereinmal schmilzt alle geprägte Form in tausend Hochöfen, um zu neuen Werten gegossen zu werden (KIE, 3).

---

259 Zum Begriff vgl.: Georg Bollenbeck: Eine Geschichte der Kulturkritik. Von Rousseau bis Günther Anders. München: C.H. Beck 2007. Und: Georg Bollenbeck: Kulturkritik: ein unterschätzter Reflexionsmodus der Moderne. In: LiLi. Zeitschrift für Literaturwissenschaft und Linguistik, 137 (2005), S. 41–53.
260 Ernst Jünger: Der Kampf als inneres Erlebnis. Berlin: E. S. Mittler und Sohn 1926, S. 71. Der Text wird im Folgenden unter der Sigle KIE und der Angabe der Seite im Haupttext zitiert. Hervorhebungen im Original werden in den zitierten Stellen durch Kursivierung nachgewiesen.
261 Zur Rezeption der Texte von Friedrich Nietzsche und Oswald Spengler vgl.: Koch, Der Erste Weltkrieg als Medium der Gegenmoderne, S. 241.
262 Jüngers Verständnis vom Gegner – also vom feindlichen Soldaten – lässt sich, wie sich hier bereits andeutet, nicht auf ein chauvinistisches wie absolutes Freund-Feind-Verhältnis reduzieren, mit dem Carl Schmitt das Eskalationspotenzial kriegerischer Antagonismen beschreibt und aus dem sich dann eine mit deutlichen nationalistischen Anklängen versehene Kampfrhetorik der Vernichtung gewinnen ließe: „In diesem Punkte treffe ich mich mit dem Pazifisten aus Überzeugung: Zuerst sind wir Menschen, und das verbindet uns. Aber gerade, weil wir Menschen sind, wird immer wieder der Augenblick kommen, wo wir übereinander herfallen müssen. Anlässe und Mittel des Kampfes werden sich ändern, der Kampf selbst aber ist eine von vornherein gegebene Lebensform, er wird immer derselbe bleiben" (KIE, 44). In Jüngers Text *In Stahlgewittern* wird diese Überlegung ebenfalls aufgenommen: „Ich war im Krieg immer bestrebt, den Gegner ohne Haß zu betrachten und ihn als Mann seinem Mute entsprechend zu schätzen. Ich bemühte mich, ihn im Kampf aufzusuchen, um ihn zu töten, und erwartete auch von ihm nichts anderes. Niemals aber habe ich niedrig von ihm gedacht." Ernst Jünger: In Stahlgewittern, Fassung letzter Hand 1978. In: ders.: In Stahlgewittern, S. 137.

Die periodisch realisierte „Weltwende" (ebd.) wird durch ein „neues Gestirn" (ebd.) angekündigt, das durch den Verweis auf die biblische Szene in eine Sphäre der Transzendenz gehoben wird und so eine auratische Aufladung und absolute Legitimierung erfährt.[263] Das Gestirn kündigt jedoch nicht nur eine grundsätzliche und fundamentale Veränderung an, sondern offenbart in seiner Charakterisierung als „Sturmsignal" (KIE, 3) auch das radikale Format der Veränderung, das die Auflösung des Bestehenden in der Hitze der „tausend Hochöfen" (ebd.) als Voraussetzung der Neuerschaffung der Welt fordert. Das Bild der Einschmelzung „alle[r] geprägte[r] Form" (ebd.), das selbst die Sterne in „feuriger Glut" (ebd.) aufgelöst und die Götzenbilder zerschmettert zeigt, stellt einen gewaltsamen wie radikalen Prozess dar, der der Neuschaffung bzw. dem ‚Gießen' der „neuen Werte" (ebd.) vorausgeht, wobei eine semantische Füllung der neu zu schaffenden „Werte" nicht erfolgt. Wichtig für Jüngers geschichtsphilosophische Vorstellung ist, dass dieser Prozess nicht als einmaliger zu verstehen ist: Er geschieht „[z]uweilen" (ebd.) und erschafft dann „wiedereinmal" (ebd.) neue Werte. Hieraus ließe sich bereits folgern – und dies wird im Folgenden dann auch von Jünger entfaltet –, dass der Krieg im Allgemeinen (und der Erste Weltkrieg im Besonderen) zum einen nicht als singuläres wie extraordinäres Ereignis gelesen und zum anderen zwar als Gegenmodell und -bewegung zur degenerierten urbanen Moderne verstanden wird, letztlich aber der Zivilisations- und Kulturgeschichte als das notwendige Andere gegenübersteht, das diese wieder ‚reinigt' und so die Triebe des Menschen als „das Einzige und Heilige und die letzte Vernunft" (KIE, 5) herausstellt. Letztlich stellt der Krieg „die mächtigste Begegnung der Völker" (KIE, 36) dar, durch die „alle Freiheit, alle Größe und alle Kultur [...] erhalten, verbreitet oder verloren" (ebd.) werden.

Nach der Zeichnung des skizzierten geschichtsphilosophischen Modells stellt Jünger heraus, dass sich seine Gegenwart durch „Zerfall" (KIE, 3) und „Gärung" (ebd.) auszeichnet – seine Frage nach der „Auferstehung" (ebd.) folgt der Logik des Modells. Die Schilderung des Verfalls nimmt, wie bereits angedeutet, typische Topoi einer Verfallsgeschichte der beschleunigten wie ausdiffe-

---

263 „Diese Dimension des Jenseitigen verweist auf die religiöse, d.h. genauer apokalyptische Struktur ihres Denkens, die schon ihren Aktivismus der 1920er und frühen 1930er Jahre prägte, aber auch danach in veränderter Gestalt erhalten blieb. Diese Apokalyptik bestand in einer manichäischen Zweiweltenlehre, nach der die [...] ‚uneigentliche' Jetztzeit durch eine ‚eigentliche' Zukunft ersetzt werden sollte. Während ihres politischen Aktivismus sollte der Umschlag von der Eigentlichkeit zur Uneigentlichkeit durch die erlösende Tat herbeigeführt werden." Morat: Von der Tat zur Gelassenheit, S. 16.

renzierten Kultur der Moderne auf und installiert die gängige „Oberfläche/Tiefe-Metaphorik vitalistischer Zivilisationskritik":[264]

> Im Schoße versponnener Kultur lebten wir zusammen, enger als Menschen zuvor, in Geschäfte und Lüste zersplittert, durch schimmernde Plätze und Untergrundschächte sausend, in Cafés vom Glanze der Spiegel umstellt, Straßen, Bänder farbigen Lichtes, Bars voller schillernder Liköre, Konferenztische und letzter Schrei, jede Stunde eine Neuigkeit, jeden Tag ein gelöstes Problem, jede Woche eine Sensation, eine große überdröhnte Unzufriedenheit am Grund. Technisch noch produktiv, standen wir mit Ben-Akiba-Lächeln am Ende der Kunst, hatten die Welträtsel gelöst oder glaubten uns auf dem besten Weg dazu. Der Kristallisationspunkt schien erreicht, der Übermensch nahe herbeigekommen.
> So lebten wir dahin und waren stolz darauf. Als Söhne einer vom Stoffe berauschten Zeit schien Fortschritt uns Vollendung, die Maschine der Gottähnlichkeit Schlüssel, Fernrohr und Mikroskop Organe der Erkenntnis. Doch unter immer glänzender und polierter Schale, unter allen Gewändern, mit denen wir uns wie Zauberkünstler behingen, blieben wir nackt und roh wie die Menschen des Waldes und der Steppe (KIE, 4f.).

Die Verfeinerung der Moderne bietet mit ihren exquisiten Angeboten demnach nur vermeintliche Ereignisse, deren Inhaltsleere sich in ihrer seriellen Überbietung offenbart – „jede Stunde eine Neuigkeit, [...] jede Woche eine Sensation" (KIE, 4) – und kann den unwandelbaren ‚nackten und rohen' Kern des Menschen,[265] „das Tierische auf dem Grunde seines Seins" (ebd.), nur notdürftig verdecken: „Ausbrüche elementarer Gewalten, die brodelnd kochten unter erstarrter Kruste, offenbaren die lebendige Macht uralter Kräfte" (ebd.). Der Krieg, und diese These wird von Jünger im Folgenden entfaltet, eröffnet als Konflikt, als „,Ernstfall'"[266] ein Potential, das die Friedenszeit nicht zu bieten vermag. Mehr noch – erst die Option des Krieges stellt, so Schmitt, das Politische her:

> Man kann sagen, daß hier, wie auch sonst, gerade der Ausnahmefall eine besonders entscheidende und den Kern der Dinge enthüllende Bedeutung hat. Denn erst im wirklichen

---

264 Weitin: Der Kampf als inneres Erlebnis, S. 61.
265 „Zwar hat sich das Wilde, Brutale, die grelle Farbe der Triebe geglättet, geschliffen und gedämpft in den Jahrtausenden, in denen Gesellschaft die jähen Begierden und Lüste gezäumt. Zwar hat zunehmende Verfeinerung ihn geklärt und veredelt, doch immer noch schläft das Tierische auf dem Grunde seines Seins. Noch immer ist viel Tier in ihm, schlummernd auf den bequemen, gewirkten Teppichen einer polierten, gefeilten, geräuschlos ineinandergreifenden Zivilisation, verhüllt in Gewohnheit und gefällige Formen, doch wenn des Lebens Wellenkurve zur roten Linie des Primitiven zurückschwingt, fällt die Maskierung; nackt wie je bricht er hervor, der Urmensch, der Höhlensiedler in der ganzen Unbändigkeit seiner entfesselten Triebe. Das Erbteil seiner Väter flammt in ihm auf, immer wieder, wenn das Leben sich auf seine Urfunktionen einstellt" (KIE, 7).
266 Schmitt: Der Begriff der Politischen, S. 35.

Kampf zeigt sich die äußerste Konsequenz der politischen Gruppierung von Freund und Feind. Von dieser extremsten Möglichkeit her gewinnt das Leben der Menschen seine spezifisch *politische* Spannung. Eine Welt, in der die Möglichkeit eines solchen Kampfes restlos beseitigt und verschwunden ist, ein endgültig pazifizierter Erdball, wäre eine Welt ohne die Unterscheidung von Freund und Feind und infolgedessen eine Welt ohne Politik.[267]

Die Reaktion auf den Ausbruch des Krieges ist folglich auch positiv und ruft mit der Formulierung der „uralte[n] Entscheidung" den Dezisionismus auf und stellt den Krieg in einen dezidiert politischen Kontext: „Das zeigte sich, als der Krieg die Gemeinschaft Europas zerriß, als wir hinter Fahnen und Symbolen, über die mancher längst ungläubig gelächelt, uns gegenüberstellten zu uralter Entscheidung" (KIE, 5). Diese Entscheidung beruht jedoch auf einer kontingten Setzung, die rhetorisch verschleiert wird. Die „Freund- und Feindunterscheidung [bedeutet] auch keineswegs, daß ein bestimmtes Volk ewig der Freund oder Feind eines bestimmten anderen sein müßte".[268]

Jüngers Theorie scheint hier die von Sigmund Freud in *Zeitgemäßes über Krieg und Tod* und *Das Unbehagen in der Kultur* formulierten Überlegungen aufzunehmen. Sowohl Jünger als auch Freud verstehen Kultur als eine dünne Schicht über den allmächtigen Trieben, die jederzeit hervorbrechen können. Freud schreibt: „Er [der Krieg; I.N.] streift uns die späteren Kulturauflagerungen ab und läßt den Urmenschen in uns wieder zum Vorschein kommen."[269] Das Menschenbild, das sich aus Freuds Text erschließen lässt, versteht den Menschen nicht als ‚gut' qua Geburt. Die Vorstellung, dass der Mensch „von Geburt und von Anfang an gut und edel"[270] sei, wird von Freud nur lakonisch kommentiert: „Sie soll hier nicht weiter berücksichtigt werden."[271] Freud interessiert bei seinen Ausführungen dann auch weniger die normativ-moralische gut-böse-Dichotomie als die den Taten zugrundliegende psychische Struktur. „Die psychologische [...] Untersuchung zeigt vielmehr, daß das tiefste Wesen des Menschen in Triebregungen besteht, die elementarer Natur, bei allen Menschen gleichartig sind und auf die Befriedigung gewisser ursprünglicher Bedürfnisse zielen."[272] Die Kultur und Zivilisation stehen in direktem Zusammenhang mit der Einhegung der Triebregungen: „Kultur ist durch Verzicht auf Triebbefriedigung gewonnen wor-

---

[267] Ebd. [Hervorhebung im Original]
[268] Ebd.
[269] Sigmund Freud: Zeitgemäßes über Krieg und Tod. In: ders.: Das Unbehagen in der Kultur und andere Kulturtheoretische Schriften. Frankfurt am Main: Fischer [7]2001, S. 133–161, hier: S. 160.
[270] Ebd., S. 141.
[271] Ebd.
[272] Ebd.

den",²⁷³ also durch eine „fortschreitenden Verschiebung der Triebziele und [einer] Einschränkung der Triebregungen".²⁷⁴ Die negativen Folgen, die sich aus der kulturell notwendigen und somit (auch) positiven „Triebunterdrückung"²⁷⁵ ergeben, können im Bereich der Sexualität zu „neurotischen Erkrankungen"²⁷⁶ führen. Im Bereich der Kultur sieht Freud im Gegensatz zu Jünger zwar nicht die Gefahr pathologischer psychischer Folgen, betont aber, dass die „gehemmten Triebe"²⁷⁷ jederzeit drohen hervorzubrechen.

In einem Brief an Albert Einstein beantwortet Freud die ihm gestellte titelgebende Frage *Warum Krieg?* folgerichtig mit einer Analyse der menschlichen Triebe:

> [D]ie Triebe des Menschen [sind] nur von zweierlei Art [...], entweder solche, die erhalten und vereinigen wollen – wir heißen sie erotische [...] oder sexuelle [...] –, und andere, die zerstören und töten wollen; wir fassen diese als Aggressionstrieb oder Destruktionstrieb zusammen.²⁷⁸

Mit der Betonung des Aggressions- oder Destruktionstriebs, der wie der Todestrieb an sich bei Freud eine ambige Struktur inne hat, ließe sich eine etliche Verkürzungen in Kauf nehmende Linie zu Jünger ziehen, der den „nackt[en] und roh[en]" (KIE, 5) Menschen mit den entsprechenden Trieben unter den „Gewändern" (ebd.) der Zivilisation und Kultur verortet. Die Aufhebung der Unterdrückung der Triebe führt – und dies ist ein fundamentaler Unterschied zwischen den beiden Kulturtheorien – bei Jünger zu einer „rauschenden Orgie" (ebd.) der Triebe, in der der „wahre Mensch" (ebd.) wieder zu sich selbst kommt; bei Freud wäre die Aufhebung der Unterdrückung der Triebe zwangsläufig nur mit einer Aufhebung der Strukturen der Zivilisation und Kultur zu erkaufen.²⁷⁹

---

273 Ebd., S. 143.
274 Sigmund Freud: Warum Krieg? In: ders.: Das Unbehagen in der Kultur und andere Kulturtheoretische Schriften, S. 163–177, hier: S. 176.
275 Freud: Zeitgemäßes über Krieg und Tod, S. 144.
276 Ebd., S. 145.
277 Ebd.
278 Freud: Warum Krieg?, S. 171.
279 Peter V. Zima weist darauf hin, dass sich in Freuds Text *Das Unbehagen in der Kultur* „die prekäre Stellung des individuellen Subjekts in der literarischen Spätmoderne erkennen [lässt]. Das Subjekt erscheint im psychoanalytischen Kontext als eine gespaltene Instanz, die zwischen den Kräften der Natur und den Ordnungsmächten der Kultur hin und her gerissen wird." Peter V. Zima: Das individuelle Subjekt zwischen Natur und Kultur: Modernismus und Avantgarde. In: Asholt und Fähnders (Hrsg.): Der Blick vom Wolkenkratzer, S. 121–137, hier: S. 122.

Ebenfalls sehen beide den Krieg als Medium der Erkenntnis: „Krieg avanciert […] zum anthropologischen Testgelände und Ort wissenschaftlicher Erkenntnis unter gleichsam verschärften Bedingungen."[280] Sowohl Freud als auch Jünger interessieren hier vor allem die Beobachtung der Aufhebung der Triebunterdrückung aufgrund der Aussetzung der wirkmächtigen kulturellen Normen der Friedenszeit bzw. die Ersetzung ebendieser durch die anders codierten Normen der Kriegszeit und damit die Erkenntnisse über das Verhältnis von ‚Kulturmensch' zu ‚Urmensch'.[281] Der gravierende Unterschied der Ansätze besteht jedoch darin, dass Jünger dem Hervorbrechen der Triebe sowie dem Krieg im Allgemeinen als Bruch mit der modernen Zivilisationsform positiv entgegensieht, Freud hingegen die zivilisatorischen Leistungen der Kultur – und damit die triebhemmenden Verdrängungsmechanismen – positiv bewertet.

Folgt man Jüngers kulturtheoretischen Überlegungen zum Verfall des Alten und zur Geburt des „neue[n] Mensch[en]" (KIE, 71), die nur durch den Ausbruch der positiv gelesenen atavistischen Triebe gelingen kann, kommt dem Krieg als Medium der Neuerschaffung des Menschen und der Kultur eine zentrale Rolle zu. Letztlich ist der Krieg „nicht nur aus äußeren Gründen, sondern in vielhöherem Maße aus inneren Gründen heraus"[282] notwendig. Der Krieg wird also nicht durch eine strategisch-rational fundierte und argumentierende politische oder ökonomische Logik begründet und legitimiert – paradigmatisch wären hierfür etwa die Überlegungen von Carl von Clausewitz –, sondern durch eine kulturtheoretische oder geschichtsphilosophische, die zudem deutlich macht, dass der Krieg nicht als serielles, aber nur vereinzelt auftretendes politisches Ereignis zu verstehen ist. Vielmehr ist er als Konstante der Kultur bzw. der Kulturneuschreibung zu deuten: „Der Krieg ist ebensowenig eine menschliche Einrichtung wie der Geschlechtstrieb; er ist ein Naturgesetz, deshalb werden wir uns niemals seinem Banne entwinden" (KIE, 36). Dieser Logik folgend können Freuds pazifistische Überlegungen zur Verhinderung von Krieg somit sowohl als nicht realisierbar als auch als nicht erstrebenswert bewertet werden. Inwieweit Jünger die Texte von Friedrich Nietzsche rezipiert hat, kann hier nicht diskutiert werden.

Jünger geht es in *Der Kampf als inneres Erlebnis* dann auch um die Darstellung der (positiven) Effekte des Krieges auf die Menschen und auf die Kultur. Denn: „Der Krieg ist es, der die Menschen und ihre Zeit zu dem machte, was sie sind […]

---

280 Bettina Rabelhofer: Symptom. Sexualität. Trauma. Kohärenzlinien des Ästhetischen um 1900. Würzburg: Königshausen & Neumann 2006, S. 255.
281 Ausführlich diskutiert Freud die Erkenntnisse hinsichtlich der unterdrückten Triebe in *Zeitgemäßes über Krieg und Tod*.
282 Ernst Jünger: Feuer und Blut. Ein kleiner Ausschnitt aus einer großen Schlacht. Magdeburg: Stahlhelm-Verlag 1925, S. 28.

Der Krieg, aller Dinge Vater, ist auch der unsere; er hat uns gehämmert, gemeißelt und gehärtet zu dem, was wir sind" (KIE, 3). Die Erziehung zum Kampf und zum Kämpfer wird durch die nach dem Ende des Krieges etablierte Revision der kulturellen Erzählungen nicht überschrieben: „Kämpfer werden wir bleiben, solange wir sind" (KIE, 4). Der Krieg wird bildlich als Achse gedacht, um die „des Lebens schwingendes Rad [...] kreist" (KIE, 3f.). So wie der Krieg auch in Friedenszeiten für die ehemaligen Frontsoldaten als das bestimmende Zentrum[283] präsent bleibt, so bleibt auch der Krieg an sich als Konstante – und eben nicht als temporäre Unterbrechung der Normalität der Friedenszeiten – präsent:

> Wohl ist er gestorben, sind sein Schlachtfelder verlassen und verrufen wie Folterkammer und Galgenberg, doch sein Geist ist in seine Frontknechte gezogen und läßt sie nie aus seinem Dienst. Und ist er in uns, so ist er überall, denn wir formen die Welt, nicht anders. [...] Manchmal wohl schläft er, doch wenn die Erde bebt, entspritzt er kochend allen Vulkanen (KIE, 4).

Den ehemaligen Soldaten wird jedoch nicht nur eine passive Rolle zugeordnet. Sie sind ebenso aktive Akteure – zwischen Krieg und Soldaten besteht ein reziprokes Verhältnis: „Nicht nur unser Vater ist der Krieg, auch unser Sohn. Wir haben ihn gezeugt und er uns, Gehämmerte und Gemeißelte sind wir, aber auch solche, die den Hammer schwingen, den Meißel führen, Schmiede und sprühender Stahl zugleich, Märtyrer eigener Tat" (ebd.). Vor der Folie der skizzierten Überlegungen zu Kultur und Krieg entfaltet Jünger in *Der Krieg als inneres Erlebnis* seine Kulturtheorie des Krieges und des Soldaten weiter. Bestimmend bleibt die Problematik von Wort und Tat bzw. die Möglichkeit der Exekution der Tat: „Das einzig erstrebenswerte ist die Tat. Alles andere ist Notbehelf".[284]

5.3 Kampf und Tat

Jünger schreibt, so die erste skizzierte Kernüberlegung zu *Der Kampf als inneres Erlebnis*, dem Krieg eine zweifache Funktion zu: Zum einen dient er als Medium

---

[283] „Betrachten wir eine Kultur oder ihren lebendigen Träger, das Volk, als ständig wachsende Kugel, so ist der Wille, der unbedingte und rücksichtslose Wille zu wahren und zu mehren, das heißt: der Wille zum Kampf, das magnetische Zentrum, durch das ihre Struktur gefestigt und immer neue Teile herangerissen werden. Verliert dieses Zentrum seine Kraft, so muß sie in Atome zerrieseln" (KIE, 37).

[284] Zitat aus Jüngers Brief an Franz Schauwecker vom 18.10.1921 in Schauweckers Brief an Jünger vom 26.20.1921 (DLA). Zitiert nach: Fröschle: Oszillationen zwischen Literatur und Politik, S. 107f.

der Subjektivierung der soldatischen Identität, zum anderen als Medium der Auslöschung der degenerierten Moderne sowie ihrer kulturellen Neuschreibung. Der Krieg unterliegt, so die zweite Kernüberlegung, als „Naturgesetz" (KIE, 36) weder dem menschlichen Willen noch einer politisch-ökonomischen Strategie, sondern markiert eine anthropologische Konstante. Aus den diskutierten Prämissen ergeben sich Konsequenzen für die Erzählung und Deutung des Krieges und der Figur des Soldaten.

Apodiktisch wird die Ambivalenz des Krieges herausgestellt: „Der Kampf ist nicht nur eine Vernichtung, sondern auch die männliche Form der Zeugung" (KIE, 47). Die Formulierung verrät nicht nur die Nähe zu avantgardistischen Theorien – besonders deutlich scheint hier abermals der italienische Futurismus anzuklingen –, sondern legt zudem eine Lesart an, die den Krieg als genuin produktives Moment ausstellt: Dies ließe sich sowohl auf die eindeutig positiv konnotierte „Zeugung" beziehen als auch auf den ambivalenten Begriff der Zerstörung, dem zum einen eine negative „Vernichtung" (etwa des Feindes), zum anderen aber die notwendige und positive Vernichtung (etwa der degenerierten Kultur) zugeschrieben wird. Folglich kann die Exekution der kriegerischen Tat als „das Gewaltige" (KIE, 48) verstanden werden, in dem sich der Rausch[285] des Krieges in der existentiellen Ausnahmesituation manifestiert:[286] „Es gibt nichts Tathafteres als den Sturmlauf auf Feldern, über denen des Todes Mantel flattert, den Gegner als Ziel. Das ist Leben im Katarakt. Da gibt es keine Kompromisse; es geht ums Ganze" (KIE, 48). Damit ist der Fluchtpunkt des Textes benannt, auf den die argumentativen Linien zulaufen: die kriegerische Tat in der existentiellen Extremsituation als Medium der Zerstörung und Erschaffung.

Ausgehend von dieser Lesart wird die Grausamkeit des Krieges zwar nicht geleugnet, sie erscheint aber angesichts seiner positiv zu verbuchenden Leistungen für die Kultur und Gesellschaft als vernachlässigbar. Mehr noch: Die Grausamkeit ist nicht nur eine notwendige Schwelle vor dem Anbruch der ‚neuen Zeit' mit den ‚neuen Menschen', sondern wirkt trotz ihrer vermeintlich negativen Konnotierung als Medium für eine positiv zu lesende unmittelbare Transforma-

---

[285] Zum Rausch vgl.: Volker Mergenthaler: ‚Versuch, ein Dekameron des Unterstandes zu schreiben'. Zum Problem narrativer Kriegsbegeisterung in den frühen Prosatexten Ernst Jüngers. Heidelberg: Winter 2001, S. 84. Und: Christian Graf von Krockow: Die Entscheidung. Eine Untersuchung über Ernst Jünger, Carl Schmitt, Martin Heidegger. Stuttgart: Enke 1958, S. 45.
[286] In Jüngers Text *In Stahlgewittern* wird die Verbindung von Tat, Rausch, Tod und Erhabenem deutlich herausgestellt: „Der Krieg mußte es uns ja bringen, das Große, Starke, Feierliche. Er schien uns männliche Tat, ein fröhliches Schützengefecht auf blumigen, blutbetauten Wiesen. Kein schönrer [sic!] Tod ist auf der Welt." Ernst Jünger: In Stahlgewittern. Erstausgabe 1920. In: ders.: In Stahlgewittern, S. 26.

tion des Soldaten und seiner Kultur. Somit lässt sich, mit Alain Badiou, die Verbindung vom Krieg zu der Vision des ‚neuen Menschen' und der neuen Kultur und Gemeinschaft aufdecken, die als „fundamentale Kopplung der Zerstörung und des Definitiven"[287] verstanden werden kann. Auch die Schilderung des Kriegs bei Jünger lässt sich an Badious Überlegungen anbinden: „Der Krieg selbst ist eine nicht-dialektisierbare Juxtaposition der schrecklichen Zerstörung und des schönen siegreichen Heroismus."[288] Jünger schreibt:

> Als der Krieg wie eine Fackel über das graue Gemäuer der Städte lohte, fühlte sich jeder jäh aus der Kette seiner Tage gerissen. Taumelnd, verstört durchfluteten die Massen die Straßen unter dem Kamme der ungeheuren Blutwelle, die sich vor ihnen türmte. [...] Die Verfeinerung des Geistes, der zärtliche Kultus des Hirns gingen unter in der klirrenden Wiedergeburt des Barbarentums. Andere Götter hob man auf den Thron des Tages: Kraft, Faust und männlichen Mut. Dröhnte ihre Verkörperung in langen Kolonnen bewaffneter Jugend über die Asphalte, so hingen Jauchzen und ehrfürchtige Schauer über der Menge (KIE, 30).

Die Plötzlichkeit des Krieges wirkt als Ereignis im Sinne Karl Heinz Bohrers wie als Spektakel und setzt das Kriegsereignis als Bruch mit dem herkömmlichen Verlauf der Zeit in Friedenszeiten:[289] „Das Dasein, vom Menschen achtlos eingesogen wie die weite Luft, ist preisgegeben" (KIE, 30). Das disruptive Moment des Kriegsbeginns wird zwar als verstörend empfunden, bahnt aber mit der Markierung der Aussetzung der Friedenszeit und ihrer Kultur den Weg für die bereits skizzierte „Blutwelle" (ebd.) und der mit ihr einhergehenden „Wiedergeburt des Barbarentums" (ebd.). Beides, so wurde gezeigt, ist der Logik des Textes folgend als positiv zu werten. Die Reaktion auf die der „Kraft, Faust und [des] männlichen Mut[s]" (ebd.) huldigenden Soldaten besteht jedoch nicht nur im kriegsbegeisterten „Jauchzen" (ebd.) der Zivilisten, sondern auch im Erleben eines „ehrfürchtige[n] Schauer[s]" (ebd.).

Der Schauer verweist auch auf das Grauen, das in dem Text als eine „Anthropologie des Grauens"[290] ausgearbeitet und als Leitdifferenz zwischen Mensch und Tier installiert wird: „Es ist das erste Wetterleuchten der Vernunft" (KIE, 11). Thomas Weitin weist darauf hin, dass sich über Jüngers Vorstellung des Grauens als Katalysator „kultureller Produktivität"[291] eine kulturtheoretische Linie zu Giambattista Vico (insbesondere zu dem von Jünger rezipierten Text *Neue Wis-*

---
[287] Badiou: Das Jahrhundert, S. 51.
[288] Ebd.
[289] Vgl.: Bohrer: Plötzlichkeit.
[290] Weitin: Der Kampf als inneres Erlebnis, S. 60. Und: Mergenthaler: ‚Versuch, ein Dekameron des Unterstandes zu schreiben'.
[291] Weitin: Der Kampf als inneres Erlebnis, S. 61.

senschaft über die gemeinschaftliche Natur der Völker von 1744)²⁹² ergibt, in dem das Grauen im Zentrum der Kulturentwicklung steht und als „Auslöser kultureller Produktivität"²⁹³ gelesen wird.²⁹⁴

Der Text legt folglich nicht nur für den Schauer, sondern auch für das Grauen, dem *per se* eine ambivalente Struktur aus Anziehung und Abstoßung inne ist – Jünger erinnert an die Faszination unheimlicher Kindergeschichten²⁹⁵ –, eine alternative Lesart vor, die das produktive Element für die Neuschreibung der Kultur herausstellt.

Die Wirkung des Krieges ist jedoch nicht nur auf die Auslöschung der vormaligen Degenration und der folgenden Neuschreibung der Kultur beschränkt. Dem Krieg ist vielmehr eine zweifache Wirkung inne: Neben der Revision der Kultur wird zudem eine Revision der soldatischen Subjekte initiiert. Im und durch den Krieg – und zwar gerade durch seine Grausamkeit und seine existentiellen Bedrohungen und obligatorischen Verrohungen – wird eine „ganz neue Rasse" (KIE, 32) erzeugt, die sich durch „verkörperte Energie" (ebd.) als „kalte persona"²⁹⁶ auszeichnet – auch hier fällt wieder der deutliche Anklang an den Mensch-Maschine-Traum der Futuristen auf. Im Rausch des Lebens, der sich erst in der Ausnahmesituation des Krieges und damit in seiner Gefährdung offenbart, werden die „Jongleure des Todes" (KIE, 32) zu „prächtige[n] Raubtieren" (ebd.) und zu dem „Kampfhaftesten, was die Welt tragen konnte, die schärfste Versammlung des Körpers, der Intelligenz, des Willens und der Sinne" (KIE, 33). Durch die Überführung der soldatischen Praktiken und der soldatischen Identität in das Feld der Sinne wird auch das Private neu codiert: Der Krieg „prägte [...] die geschlechtliche Liebe in seine Form" (KIE, 32).

Diese Prägung wirkt sich auch auf den Text aus, die Beschreibungen überführen das Rauschhafte und Rohe des Krieges in die Erzählung des Spektakels des Sinnlichen, in dem das Individuum seine Depersonalisierung erfährt: „Hinein in die Brandung des Fleisches, tausend Gurgeln haben, dem Phallus schimmernde Tempel errichten" (KIE, 31). Der Text betont die Kopplung von realer Kriegser-

---

292 Vgl.: Ebd.
293 Ebd.
294 „In Reaktion auf gewaltsame Naturerscheinungen wurde demnach eine mythische Urpoesie ersonnen, mit der die ‚rohen Urwaldmenschen' ihr Grauen einer göttlichen Ursache zuschrieben, um auf diese Weise die überwältigende Ungewissheit zu bannen. Derart sei zunächst der Mythos, dann die Religion und aus der notwendigen Deutung der Zeichen göttlicher Naturgewalt über den Weg der Prophezeiung schließlich auch Wissenschaft entstanden." Ebd.
295 KIE 11.
296 Helmut Lethen: Verhaltenslehren der Kälte. Lebensversuche zwischen den Kriegen. Frankfurt am Main: Suhrkamp 1994, S. 133.

fahrung und ästhetischer Kunstproduktion wie -rezeption: Es ist nun „keine Zeit, seinen Werther tränenden Auges zu lesen" (KIE, 34). Vielmehr ist eine Ästhetik gefragt, die der skizzierten textexternen Ausnahmesituation und ihren Auswirkungen – „[ü]berall ballt rückschnellendes Leben sich zu barbarischer Fülle und Wucht" (ebd.) – gerecht wird.[297] Der Text legt somit eine Poetologie nahe, die keine autonome Kunst ohne direkten Bezug zu der textexternen Wirklichkeit postuliert, sondern vielmehr die Kunst poetologisch wie ästhetisch auf eine direkte Referenz in der Realität verpflichtet; eine Poetologie, die bereits im Vorwort zu *In Stahlgewittern* formuliert wird und die die Systematik von Tat und Literatur pointiert herausarbeitet: „Zwischen jenen Blättern und diesem Buche besteht der Unterschied von Tat und Literatur."[298]

Um diese Engführung umzusetzen, experimentiert Jünger in seinen frühen Texten mit sprachlichen Verfahren, die diesen ästhetischen Prämissen gerecht werden sollen, und die im Futurismus breit entfaltet wurden.[299] Die in der Summe letztlich nur vereinzelt genutzten Verfahren zeigen, dass Jünger – so zumindest die Aussage in *Der Kampf als inneres Erlebnis* – die ästhetische Form von Goethes *Werther* und den sich daraus ergebenden Modus der Rezeption offensichtlich nicht für adäquat hält, gleichzeitig die innovativen ästhetischen Formen des Futurismus oder Expressionismus zwar kannte, aber letztlich nicht in der Breite nutzte.[300]

Der Text entfaltet schließlich die Neucodierung des soldatischen Subjekts in einer zweifachen Perspektive: Zum einen wird die Erzeugung der ‚neuen Rasse' der Frontsoldaten bzw. des Stoßtruppführers[301] diskutiert, zum anderen wird die für die Identität des soldatischen Subjekts problematische zunehmende Technisierung des Krieges thematisiert und letztlich mit dem Subjekt der ‚neuen Rasse' vereint.

Die im Text skizzierte soldatische Identität zeichnet sich durch „Willen und brutale[ ] Kraft" (KIE, 10) aus. Der „Wille zu töten" (KIE, 9) öffnet hier zwar auch die Sphäre des „Grauen[s] und Blutdurst[s]" (ebd.) – hier findet die oben erörterte kulturbedingte Aufhebung der Triebunterdrückung ihre Umsetzung –, zeichnet die Soldaten aber vor allem als die „Besten des modernen Schlachtfeldes" (KIE,

---

[297] Mit der Dichotomie von Wort und Tat wird die Frage nach der adäquaten Form nochmals komplexer; letztlich ist die Tat – und ggf. der Tod – das entscheidende Moment: „Aber in ihm [dem Soldaten; I.N.] und seiner Tat äußert sich das Leben ergreifender und tiefer, als je ein Buch es vermöchte" (KIE, 102).
[298] Jünger: Vorwort zur fünften Auflage, S. 23.
[299] Vgl. hierzu auch das Kapitel zum Futurismus dieser Arbeit.
[300] So heißt es etwa an einer Stelle in Jüngers *In Stahlgewittern:* „Brrruch! Brrruch! umkrachte uns der eiserne Wirbel, einen Funkenregen in die Dunkelheit sprühend. Huiiiii! Wieder eine Gruppe!" Jünger: In Stahlgewittern, S. 229.
[301] Zu der Kategorie des Stoßtruppführeres und des Landsknechts vgl.: Koch: Der Erste Weltkrieg als Medium der Gegenmoderne, S. 239–255.

70) aus, da ihr „starkes Wollen sich in geballtem, zielbewußtem Energiestoß entlädt"(ebd.). „Das ist der neue Mensch, der Sturmpionier [...]. Eine ganz neue Rasse, klug, stark und Willens voll" (ebd.), die in der Nachkriegszeit aufgrund ihrer herausragenden Eigenschaften „die Achse sein [wird], um die das Leben schneller und schneller schwirrt" (KIE, 70). Diese „neue Rasse" ist eben nicht nur für die kriegerische Tat erfolgsversprechend, sondern auch für eine Friedenszeit, die strukturelle Ähnlichkeiten zum Krieg aufweist. Die Formung dieser „neue[n] Rasse", das Training der Subjekte durch die Handlungen, die dann wieder ihre Zeit und damit auch die Friedenszeit formen, geschieht in der „große[n] Schule" des Krieges:

> Nicht immer wird wie hier der Weg zu bahnen sein durch Trichter, Feuer und Stahl, aber der Sturmschritt, mit dem das Geschehen hier vorgetragen wird, das eisengewohnte Tempo, das wird dasselbe bleiben. Das glühende Abendrot einer versinkenden Zeit ist zugleich ein Morgenrot, in dem man zu neuen, härteren Kämpfen rüstet. Weit hinten erwarten die riesigen Städte, die Heere von Maschinen, die Reiche, deren innere Bindungen im Sturme zerrissen werden, den neuen Menschen, den kühneren, den kampfgewohnten, den rücksichtslosen gegen sich selbst und andere. Dieser Krieg ist nicht das Ende, sondern der Auftakt der Gewalt. Er ist die Hammerschmiede, in der die Welt in neue Grenzen und neue Gemeinschaften zerschlagen wird. Neue Formen wollen mit Blut erfüllt werden, und die Macht will gepackt werden mit harter Faust. Der Krieg ist eine große Schule, und der neue Mensch wird von unserem Schlage sein" (KIE, 70 f.).

Die Tat wird also im „„Ernstfall""[302] Krieg eingeübt, prägt die soldatischen Subjekte – die „neue[n] Mensch[en]" – und bleibt somit auch in den Friedenszeiten präsent und bestimmend für die Subjekte.[303]

Der starke Willen der Subjekte – der Text nimmt hier einen bereits um 1900 breit diskutierten Begriff[304] auf und setzt ihn zentral[305] – führt jedoch nicht zu einer Sammlung von Individuen mit individuellen Willen und einer starken Haltung, die als „auf Dauer gestellte Entscheidung"[306] verstanden werden kann,

---

302 Schmitt: Der Begriff der Politischen, S. 35.
303 Zum Training vgl. auch: Reckwitz: Das hybride Subjekt.
304 Vgl.: Stöckmann: Der Wille zum Willen.
305 „Betrachten wir eine Kultur oder ihren lebendigen Träger, das Volk, als ständig wachsende Kugel, so ist der Wille, der unbedingte und rücksichtslose Wille zu wahren und zu mehren, das heißt: der Wille zum Kampf, das magnetische Zentrum, durch das ihre Struktur gefestigt und immer neue Teile herangerissen werden. Verliert dieses Zentrum seine Kraft, so muß sie in Atome zerrieseln" (KIE, 37).
306 Lethen: Verhaltenslehren der Kälte, S. 170. – Lethen führt weiter aus: „Wo ‚Haltung' zu einem Grundwert wird, entstehen Monstren, die so aussehen, als wären sie unverletzlich, während sie ihre ganze Kraft dafür verbrauchen, stählern auszusehen, so daß sie in der Regel schon erschöpft

sondern bewirkt – scheinbar paradox – die Verschmelzung der Individuen zu einem Kollektiv: „Wir sind Kameraden, wie nur Soldaten es sein können, durch Tat, Blut und Gesinnung zu einem Körper und einem Willen verwachsen" (KIE, 106). Im Gegensatz zu vielen anderen Texten von Jünger wird hier die Masse, die zu „eine[m] Körper" (ebd.) verschmilzt, positiv gesehen und die Aufhebung der individuellen Identität nicht als Verlust erfahren: „Es gibt nur eine Masse, die nicht lächerlich wirkt: das Heer" (KIE, 52).

Der Wille des Einzelnen und des Kollektivs unterscheidet den menschlichen Kämpfer von den zunehmend eingesetzten Maschinen. Nicht der Krieg an sich und erst recht nicht Sieg oder Niederlage sind die entscheidenden Momente der Argumentation – entscheidend für Jünger Kulturtheorie des Krieges ist der menschliche „Wille zu töten" (KIE, 9), der Wille, „den Kampf ums Dasein in seiner nacktesten Form" (ebd.) zu bestreiten. Letztlich, so fasst Jünger seine Überlegungen pointiert zusammen, offenbart sich im Töten der Sinn des Lebens: „Leben heißt töten" (KIE, 37). Am radikalsten wird dieses Programm von den Stoßtruppkämpfern umgesetzt, die als „herausragende Elite [...] vor dem Hintergrund durchorganisierter Massenvernichtung noch und wieder zum individuell-anarchischen Gefecht in der Lage ist".[307]

Daraus ergibt sich, dass der Einsatz der Maschinen zwar im Sinne der Logik der strategischen Kriegsführung legitimiert ist, aus Sicht der kulturtheoretischen Logik der Neuschreibung von Kultur und Subjekt aber problematisch ist: Im Gegensatz zu Menschen haben Maschinen keinen Willen, „denn alle Technik ist Maschine, ist Zufall, das Geschoß blind und willenlos" (KIE, 9). Die Technisierung und Maschinisierung des Krieges reduziert den menschlichen Krieger zum bloßen „Material" (KIE, 76). „Der Kampf der Maschinen ist so gewaltig, daß der Mensch fast ganz davor verschwindet. [...] Der Kampf äußert sich als riesenhafter, toter Mechanismus und breitete eine eisige, unpersönliche Welle der Vernichtung über das Gelände" (KIE, 104). Damit wird jedoch die Exekution der ‚großen Tat' des Subjekts – durch die das Subjekt zugleich subjektiviert wird – unmöglich; ein starkes Subjekt mit einem Willen ist angesichts des Kampfes, der zu einem „tote[n] Mechanismus" (ebd.) geronnen ist, nicht denkbar.

Da Jünger das soldatische Subjekt und die soldatische Tat nicht nur als elementar für den Krieg erachtet, sondern als ebenso elementar für die semantisch offene Nachkriegs- und Friedenszeit – „Heute sind der Mann und die Tat des Tages Inhalt, und übermorgen wird von der besten Mannschaft eines großen,

---

sind, bevor sie einen wirklich riskanten Schritt tun. Was sie beherrscht, ist ‚Furcht vor Schande'." Ebd.

[307] Weitin: Der Kampf als inneres Erlebnis, S. 60.

kriegerischen Volkes der Meißel an das neue Gesicht der Erde gelegt" (KIE, 101) –, wiegt diese Verschiebung umso schwerer. Morat zeigt, wie sich aus der semantischen Leerstelle die Gewalttat ergibt: „Je weniger angegeben werden konnte, was nach der Zerstörung und der revolutionären Wende kommen sollte, desto reiner wurde der Glaube formuliert, dass dieses Nachher eben nicht durch den Intellekt zu erreichen sei, sondern nur durch die Gewalttat."[308]

Der Text endet nicht mit der ‚kulturpessimistischen' Diagnose zur Technisierung des Krieges. Vielmehr führt er zum einen den Menschen wieder als starkes Subjekt ein und demonstriert zum anderen, wie der Krieg im Zeitalter der Maschinen dennoch zur „Selbstermächtigung"[309] genutzt werden kann. Die Reinstallation des Subjekts gelingt mit der Feststellung, dass die ‚willenlosen' Maschinen dem menschlichen Willen unterliegen, von ihm gesteuert werden und sie somit als Extension der menschlichen Beschränkung und nicht als Gegenpol verstanden werden können.[310] „Hinter allem steckt der Mensch. Er gibt den Maschinen erst Richtung und Sinn. Er jagt aus ihnen Geschosse, Sprengstoff und Gift. […] Er hockt in ihrem Bauche, wenn sie feuerspeiend über das Schlachtfeld stampfen" (KIE, 104). Indem der Text das menschliche Subjekt und den menschlichen Willen wieder als beherrschendes wie sinngebendes Zentrum setzt, wird die soldatische Subjektivierung wieder möglich – Bedingung der Subjektivierung ist jedoch das Aufgehen in dem ‚Höheren' des Krieges: „Aber wer in diesem Krieg nur die Verneinung, nur das eigene Leiden und nicht die Bejahung, die höhere Bewegung empfand, der hat ihn als Sklave erlebt. Der hat kein inneres, sondern nur ein äußeres Erlebnis gehabt" (KIE, 104). Die durch eine rhetorische Strategie prominent gesetzte Innerlichkeit – diejenigen, die das ‚Höhere' empfinden, nehmen eine Setzung vor und definieren „innerliche Überlegenheit als Überlegenheit der Innerlichkeit"[311] –, stellt somit das eigentliche Ziel der Operation Krieg dar. Innerlichkeit soll jedoch, geschichtsphilosophisch betrachtet, nicht nur individuelle Wirkung und Subjektivation zeitigen, sondern zugleich

---

[308] Morat: Von der Tat zur Gelassenheit, S. 44.
[309] Weitin: Der Kampf als inneres Erlebnis, S, 60.
[310] Eine ähnliche Ordnung wird in Jüngers Text *Das Wäldchen 125* aufgemacht: „Und so sehe ich ein neues, führendes Geschlecht im alten Europa auftauchen, ein Geschlecht furchtlos und fabelhaft, ohne Blutscheu und rücksichtslos, gewohnt, Furchtbares zu erdulden und Furchtbares zu tun und das Höchste an seine Ziele zu setzen. Ein Geschlecht, das Maschinen baut und Maschinen trotzt, dem Maschinen nicht totes Eisen sind, sondern Organe der Macht, die es mit kaltem Verstand und heißem Blute beherrscht. Das gibt der Welt ein neues Gesicht." Ernst Jünger: Das Wäldchen 125. Eine Chronik aus den Grabenkämpfen 1918. Berlin: Mittler 1925, S. 19.
[311] Thomas Weitin: Notwendige Gewalt. Die Moderne Ernst Jüngers und Heiner Müllers. Freiburg im Breisgau: Rombach 2003, S. 41.

eine gesellschaftliche Transformation durch die im Krieg zu absolvierenden Trainingsprogramme der Subjekte in Gang setzen.

6 Von der „Tat" zur „Untat": Hugo von Hofmannsthals *Das Salzburger Große Welttheater* (1922)

6.1 Einleitung

Das 1922 publizierte und uraufgeführte Drama *Das Salzburger Große Welttheater*, das sich vor allem für die Topographie der Inszenierung lose an das barocke spanische Mysterienspiel anlehnt, verhandelt Fragen der Gerechtigkeit und Gleichheit, vor allem aber die Frage nach der guten bzw. (ge-)rechten Tat. Das in der Zeit nach dem Ersten Weltkrieg publizierte Stück schließt somit zwar auf den ersten Blick an die bereits im ersten Teil ausführlich skizzierte Diskussion der in der Laborsituation beobachteten gerechten Tat an. Bei genauerer Betrachtung zeigt sich jedoch, dass die Vorstellung der gerechten Tat sich deutlich von den um 1800 formulierten Ideen – hier wurden gerechte Taten in Verbindung zu gerechten staatlichen Ordnungen gesetzt – unterscheidet. Der Text nimmt aber auch eine andere Perspektive auf die Exekution der Tat ein als die bereits thematisierten Vorkriegsdramen von Hofmannsthal: Die Diskussion der Problematik der Realisierung der Tat wird nun auf die Erörterung der ‚gerechten' Tat verschoben. Somit treten sowohl die Frage nach der Möglichkeit der Exekution der Tat (*Gestern*) als auch die Frage nach der Subjektivierung durch die Tat (*Elektra*) in den Hintergrund; ebenso werden die von Ernst Jünger ins Spiel gebrachte Subjektivierung durch die heroische Tat des Soldaten und die daraus folgende kulturelle Neuschreibung abgeblendet. Die Tat oder den Kampf im Sinne Jüngers als *inneres Erlebnis* zu verbuchen, ist für Hofmannsthal 1922 undenkbar. Die Fassung der Tat in *Das Salzburger Große Welttheater* lässt sich somit – systematisch betrachtet – anders im Paradigma der Tat verorten als die früheren Texte von Hofmannsthal. Mit der Ausdifferenzierung der Poetologie vollzieht sich zugleich auch eine Ausdifferenzierung des Politischen. Das theatrale Setting des Stücks funktioniert hierbei in doppelter Hinsicht – zum einen als das Drama an sich, zum anderen als Spiel/Experiment im Spiel/Experiment – als ein Laboratorium zur Verhandlung der Frage nach der Tat um 1920.

6.2 Kontingenz der *Agency*

Der Text beginnt mit der willkürlichen Zuteilung der Rollen – König, Schönheit, Weisheit, Reicher, Bauer und Bettler –; die ungerechte Verteilung von Macht und

Reichtum dient hier bereits der Welt als Grundlage einer Einteilung der zu vergebenen Rollen: „Viel befehlen und anschaffen, herrisch und gut leben, das große Wort führen, andere seine Macht fühlen lassen: das ist eine gute Rolle. Stöße und Püffe hinnehmen, [...] sich ducken, den Mund halten, wenn andere reden: das ist eine schlechte Rolle".[312] Der erste Engel stellt den Charakter des Spiels nochmals deutlich heraus – „gleichnisweise aber geschieht es und nicht für wirklich" (SW X, 15) – und betont, dass nicht die Ausgangssituation, die sich durch die willkürliche Zuteilung ergibt, entscheidend ist, sondern das zu evaluierende Ergebnis, „wenn die Dinge an ihr Ende kommen sind" (ebd.). Begleitet von Fanfarenstößen verkündet der erste Engel im Beisein des Meisters – also Gottes – den Namen des Stücks und damit die Handlungsprämisse und die Handlungsspielräume: „Tuet Recht! Gott über euch!" (ebd.)

Der Spieler, dem die Rolle des Bettlers zugeteilt wird, verweigert jedoch die Annahme der Rolle und damit die Anerkennung der ausgeführten Prämissen – auch seine spätere Einwilligung lässt sich nicht als eine Adaption von „Calderons Ordo-Denken"[313] lesen. Er versteht das Spiel nicht als religiös konnotiertes Spiel, bei dem die Erfüllung des rechten Handelns überprüft und bewertet wird. Stattdessen nimmt er eine Fokussierung vor, die nicht das religiöse Jenseits in den Blick nimmt, sondern die aktuelle weltliche soziale Situation und Ungerechtigkeit herausstellt und somit einer politischen Lesart des Textes den Weg bereitet:

> Da! Da! Das soll ein Leben sein! Das da eines Lebens Anfang! Eine Jugend das? [...] Das eines Mannes Lebenszeit! Da: Qual und Not, Not und Qual, Qual und Not! Spott und Hohn! Einsamkeit, gräßlich, eine Hölle! Da hause ich unter einer Brücke und zehr von dem, was Ratten nicht mehr wollen. Da stöhne ich in Verlassenheit! Da schrei ich in Herzensangst, und sie zucken die Achseln – da bleck ich die Zähne in Verzweiflung. Da, verlassen wie kein Hund, raff ich mich noch einmal auf und lebe, lebe noch immer, rede fast nichts mehr. Da singe ich Lieder! Ahnst du, was das für Lieder sein werden, die da mein zahnloser Mund singen wird? (SW X, 18 f.)

Allein der Widersacher – der Teufel – ergreift Partei für den zukünftigen Bettler und fordert „natürliche Gleichheit des Schicksals" (SW X, 19). Bezeichnenderweise wird die Position, die für soziale und schicksalshafte Gerechtigkeit eintritt und die Willkür verdammt, nicht von der Seite des ‚Guten' – dem Meister oder den

---

[312] Hugo von Hofmannsthal: Das Salzburger Große Welttheater. In: ders.: Sämtliche Werke. Kritische Ausgabe. Bd. X, Dramen 8. Hrsg. v. Hans-Harro Lendner und Hans-Georg Dewitz. Frankfurt am Main: Fischer 1977, S. 14 f. Der Text wird im Folgenden unter der Sigle SW X und der Angabe der Seite im Haupttext zitiert. Hervorhebungen im Original werden in den zitierten Stellen durch Kursivierung nachgewiesen.
[313] Nehring: Die Tat bei Hofmannsthal, S. 119.

Engeln, die nur auf die Einnahme der Rolle und die Annahme der Ungerechtigkeit beharren –, sondern, nicht zuletzt aus strategischen Gründen, von der das ‚Böse' verkörpernden Figur eingenommen. Die textinterne Forderung nach Gleichheit wie auch zeitgenössische politische und soziale Programmatiken, die diese Forderung in der textexternen Realität erheben, werden somit bereits zu Beginn diskreditiert.

Aus der ungleichen Verteilung von Macht und Reichtum resultiert eine ungleiche Verteilung von Handlungsoptionen. Der künftige Bettler moniert, dass seine Rolle über keine Freiheit verfügt – „Gib mir eine Rolle, in der Freiheit ist, so viel als eines braucht, um nicht zu ersticken" (SW X, 21) – und somit keine Möglichkeit zur Tat bietet: „Du sprichst: Tat? Meine Seele dürstet nach Tat! Wo wäre in dieser jammervollen Rolle der Raum für eine einzige Tat? (ebd.)

Aus den skizzierten Ausführungen des Bettlers ergeben sich zwei Lesarten: Die erste folgt der textinternen Logik des auf die Bewertung der Spieler/Menschen ausgerichteten religiösen Spiels. Diese Lesart schließt an Nehrings Überlegungen zu der oben zitierten Stelle an, die den Ausführungen des Meisters folgen: „So werden Freiheit und Tat zwar als höchstes Gut erstrebt, aber in ihrem tiefsten Wesen verkannt. Es kommt darauf an, die innere Freiheit als unabhängig von den äußeren Verhältnissen zu erfassen."[314] Zugleich lässt sich jedoch eine zweite Lesart anlegen, die zwar zum Schluss des Textes vom Text selbst in Frage gestellt wird, die aber im Gegensatz zu der ersten Lesart die überzeugenden Monita des Bettlers integrieren kann und die proto-sozialistische Haltung des „Proletarier[s] der Moderne"[315] und dessen Anklage zu berücksichtigen vermag. Die Konturierung der Figur des Bettlers weist somit über das barocke Mysterienspiel hinaus. Der Bettler stellt eine dezidiert moderne Figur, eine „Zeitgestalt"[316] dar, durch die der Text einen Kommentar zu politischen und sozialen Fragen und Problemen artikuliert.

So betont der Bettler explizit, dass der als ungerecht empfundene Tod seiner Kinder und seiner Frau mit seinem ökonomischen Status zusammenhängt, da ihm die finanziellen Mittel zur Flucht fehlten: „Anderen ist nichts passiert! Wer reich war, ist davon!" (SW X, 32)[317] In Abgrenzung zu dem König stellt der Bettler

---

314 Nehring: Die Tat bei Hofmannsthal, S. 118.
315 Ebd., S. 119.
316 Ebd., S. 120.
317 Weiter heißt es: „Wer sich ein Pferd hat kaufen können, / Hat mögen der Seuch aus dem Netz rennen! / Warum? warum? wo steht das geschrieben! / Mein Fleisch und Blut hat müssen auf den Mist, / Den andern ihrs ist springlebendig blieben! / Wo steht das? wo? wo steht, daß meine Brut / Zum frühzeitigen Sterben hat getaugt, / Den andern ihre war dafür zu gut! / [...] Hier schrei ich um mein Recht!" (SW X, 32 f.)

die ungleiche und ungerechte Verteilung von Gütern heraus, die – das machte der Tod seiner Familie deutlich – elementar für den Erhalt des Lebens sind: „Ihr habt, und ich hab nicht – das ist die Red, / Das ist der Streit und das, um was es geht! [...] Das alles habt ihr und woher? weil ihrs gestohlen" (SW X, 33f.). Der unrechtmäßige Erwerb sowie die ungleiche Verteilung befeuern die Umsturzgedanken des Bettlers, der das politische System nun grundlegend und gewaltsam ändern will und in der Diskussion mit dem Reichen den repressiven und gewaltsamen Gehalt der staatlichen Ordnung herausarbeitet. Hierbei macht der Text jedoch deutlich, dass eine messianische Konzeption im Sinne Walter Benjamins, die die „Vernichtung als Voraussetzung der Erlösung geradezu verlangt",[318] nicht der Vorstellung des Textes entspricht:

> BETTLER: Der Weltstand muß dahin, neu werden muß die Welt,
> Und sollte sie zuvor in einem Flammenmeer
> Und einer blutigen Sintflut untertauchen,
> So ist's das Blut und Feuer, das wir brauchen.
> REICHER: Ordnung ist's, die ihr braucht!
> BETTLER: Mit dem verfluchten Wort
> Kommst du mir nicht. So nennt ihr die Gewalt,
> Die uns in Boden druckt (SW X, 36f.).

Nachdem der Bettler seine radikale Umsturzvision, die im Bild der „blutigen Sintflut" (ebd.) kulminiert, skizziert hat – der Rückgriff auf Topoi der biblischen Bilderwelt ist hier als rhetorisches Verfahren und nicht als Ausdruck religiöser Überzeugung zu verstehen –, verweigert er sich der weiteren sprachlichen Fassung und Kommunikation der Tat: „KÖNIG: Man steht dir Rede, man verstattet dir / Entgegnung, ungescheute. Mach Gebrauch! / WEISHEIT: Erwidre. Teil die innere Last, Im Wort, / Das aus dem Munde fliegt, ist Gottes Hauch!" (SW X, 39) Mit seiner expliziten Verweigerung – „Was jetzt anhebt, wird ohne Sprüche sein!" (ebd.) – macht der Bettler deutlich, dass die Tat nicht sprachlich gefasst werden kann und dass radikale Veränderung nur durch die avisierte Tat, nicht durch Sprache möglich ist. Die antizipierte sprachlose Tat und das folgende Schweigen erscheinen den anderen Spielern deutlich bedrohlicher als die sprachliche Ankündigung und Fassung der Tat. Mehr noch, aus dem Schweigen entsteht erst die Tat: „WEISHEIT *hebt die Hände zu Gott:* Wend ab die fürchterliche Tat, / Zu der dies Schweigen sich zusammenpreßt!" (ebd.) Einmal mehr lässt sich in einem Text Hofmannsthals die Kopplung von Schweigen/Verstummen und der Tat

---

[318] Irene Pieper: Modernes Welttheater. Untersuchungen zum Welttheatermotiv zwischen Katastrophenerfahrung und Welt-Anschauungssuche bei Walter Benjamin, Karl Kraus, Hugo von Hofmannsthal und Else Lasker-Schüler. Berlin: Duncker & Humblot 2000, S. 120.

feststellen: So versagt auch Elektras Eloquenz im Angesicht der Tat und wird durch den „namenlose[n] Tanz" (SW VII, 110) ersetzt.

Nachdem auch der Bauer seine erworbenen Rechte gegenüber dem Bettler herausstellt und ihm wie dem König und dem Reichen vorgehalten wird, dass diese „g'stohlen" (SW X, 45) sind, droht der Bettler – „*mächtig die Axt hebend*" (ebd.) –, den Bauer zu erschlagen: „Ja, ich muß Ordnung machen [...] / Jetzt kommt zum Ausgleich der uralte Streit. / [...] Hab nix g'habt, sollst du das gleiche haben" (SW X, 44f.). Begründet wird die Tat wiederum mit der Ungerechtigkeit und Ungleichheit, die der Bettler erfahren musste. Die ‚Weisheit' stellt jedoch das drohende Unrecht der Tat heraus, indem sie den Bettler als „Mörder" (ebd.) bezeichnet, der die gesamte Ordnung, die nur aus der Perspektive des Bettlers als ungerecht erscheint, bedroht: „ALLE ZUGLEICH: Schlag zu und bring mit eins die ganze Welt zu Falle!" (SW X, 46)

6.3 Die Aussetzung der Tat als politisches Handeln

In dem Moment des Schlagens, der, so die Ankündigung des Bettlers, als das „Flammenmeer" (SW X, 36) verstanden werden kann, das die Neuschaffung der Welt durch die Gewalttat einleitet, erfährt der Bettler eine plötzliche Epiphanie. Die angestrebte Tat wird im letzten Moment durch eine göttliche Intervention ausgesetzt – und nicht etwa aufgrund der bewussten Entscheidung des Bettlers, sich gegen die Gewalt, gegen die Tat und den Verstoß gegen die Ordnung zu wenden:

> ENGEL: Nach Taten, Seele, war dein Drang!
> Untat war nah in finstrem Wahn,
> Doch herrlich ist des Spieles Gang!
> Statt Untat ist jetzt Tat getan!
> BETTLER: Getan?
> WEISHEIT: Getan!
> BETTLER: Schlug ich?
> WEISHEIT: Du schlugest nicht! (SW X, 48)

Der Engel markiert die Differenz zwischen Tat und Untat. Wurde der Drang zur Tat im Vorspiel als positive Auszeichnung verstanden, so wird die drohende Untat mit dem „finstre[n] Wahn" (ebd.) – also der negativ zu wertenden irrationalen, ‚bösen' und wahnhaften Umnachtung – in Verbindung gebracht. Der Verzicht auf die Tat wird nicht nur belohnt, sondern als ‚gutes' Verhalten im Sinne einer ethisch-moralischen wie religiösen Perspektivierung herausgestellt. Zugleich wird die revolutionäre Politik der radikalen Weltveränderung in Frage gestellt: „In dem

Plädoyer, von gewaltsamen Änderungen Abstand zu nehmen, liegt die tatsächlich konservative Tendenz."[319] Dem in *Elektra* diskutierten Weg, durch die Tat sein Schicksal zu erfahren, wird hier eine Absage erteilt: Nicht durch die Exekution der Tat findet der Bettler die erstrebte Gerechtigkeit und die Möglichkeit, die Welt zu verändern und so gerecht und gleich zu gestalten, vielmehr wird die radikale Annahme der Rolle im Spiel bzw. der sozio-ökonomischen Position in der textinternen Realität als Forderung der übergeordneten Transzendenz betont: „Das revolutionäre Streben des Bettlers wird zwar eindeutig desavouiert, jedoch auf Kosten jeglicher im weiteren Sinne politischer Aktivität".[320] Die Tat wird evaluiert und ausgesetzt:

> Nach dem absoluten Maßstab von Gut und Böse, unter den das Geschehen in der transzendenten Welt des Vorspiels gestellt wurde, ist die Auflehnung gegen die von Gott gesetzte soziale Ordnung schlecht, die freiwillige Einfügung in diese Ordnung rühmliche Auszeichnung. Hofmannsthals moderner empfundene Bettlergestalt tritt auf dem Höhepunkt des Stückes in Calderons religiöse Welt zurück. [...] Die gewaltsame Vernichtung ist keine Tat, die den Menschen aus dem Elend erhebt, sondern ein schweres Unrecht. Sie ist kein Befreiungsakt, sondern gerade Zeichen für die selbstbesessene Unfreiheit des Dichters.[321]

Die von Nehring vorgeschlagene Lesart ist grundsätzlich überzeugend und kann sich auch auf den Brief von Hofmannsthal an Richard Strauss vom 4. September 1922 stützen: „Der innere Kern ist die Verherrlichung jenes Hohen in uns, der inneren Freiheit [...], ihrer mache ich meinen Bettler für einen Augenblick teilhaftig und bezeuge, daß es ein Höheres gibt als diesen ganzen Erden-Macht-Streit."[322] Die plötzliche Umkehr des Bettlers, der nun erkennt, dass ihn nicht die Freiheit, sondern die Unfreiheit zu seinen revolutionären Taten geführt hat – „Ich war – mein Seel – nicht frei, als ich in finstrem Drang / Scharf Eisen über diese schwang" (SW X, 50) –, ist jedoch durch den Text wenig motiviert und geschieht recht überraschend.[323] Die Abkehr von den Gewalttaten, mit denen die Welt fundamental verändert werden soll, resultiert aus der veränderten Wahrnehmung

---

319 Ebd.
320 Ebd., S. 119.
321 Nehring: Die Tat bei Hofmannsthal, S. 121.
322 Willi Schuh (Hrsg.): Richard Strauss – Hugo von Hofmannsthal. Briefwechsel. Gesamtausgabe. Zürich: Atlantis ³1964, S. 482.
323 Richard Strauss schreibt am 12.09.1922 an Hofmannsthal: „So schön dichterisch die Idee des Umschwungs im Bettler ist, meinem dramatischen Empfinden steht doch ein Knax im Wege, der sich zwischen der eigentlichen dramatischen Lösung (d.h. der Vollendung der Zerstörung) und dem christlichen Gedanken der plötzlichen Umkehr findet." Schuh: Richard Strauss – Hugo von Hofmannsthal, S. 483.

des Bettlers, der nun die Veränderbarkeit der Welt grundsätzlich verneint und für die absolute Fügung in die von Gott vorgebende Struktur plädiert.[324] Hofmannsthals Formulierung in dem Brief zeigt auf, dass dem Stück eben nicht nur die religiöse Perspektive des Mysterienspiels inne ist, sondern offensichtliche politische und soziale Fragen, die durchaus als zeitgenössische Probleme gefasst werden können, diskutiert werden. Der „politische[] Höhepunkt"[325] wird jedoch wie die Tat plötzlich ausgesetzt und in einen religiösen Höhepunkt überführt. „Der Erfahrung der Ordnungsauflösung [der russischen Revolution] gilt es künstlerisch mit einem Gegenakzent zu begegnen".[326] Die Tat des Bettlers bleibt aus, die „kollektive[n] Emanzipationsgelüste [...] [werden] als Gefahren des anarchistischen Chaos ge- und verbannt".[327] Gleichwohl bleibt die politische Problematik weiterhin Kern des Stücks. Strauss' Deutung der Freiheit des Bettlers, die in der Einfügung in das unrechte System besteht, vermag dann auch wenig zu überzeugen und eher als politisch konservative Abwehrbewegung gegen bestimmte politische Programmatiken zu fungieren: „Das ist eben das Unglück, daß der Bolschewik innerlich unfrei ist, und die Errettung zur Freiheit hat etwas vom Wunder".[328]

Wie bereits zu Beginn des Stücks ergreift wiederum allein der Widersacher Partei für die – notfalls gewaltsame – Veränderung der Welt. Sprach er sich zu Beginn für die „natürliche Gleichheit des Schicksals" (SW X, 19) aus – wodurch das zugrundliegende politische und soziale Konzept bereits diskreditiert wurde –, so kritisiert er nun die Aufkündigung der revolutionären Tat:

---

[324] „Ich bin bei Gott, in aller Dinge Mitt! / Doch in dem Spiel bin ich der Bettler halt, / Von dem ich Wesen anhab und Gestalt. / Was soll ich denn von denen wollen? / Ich kann doch nicht hinein in ihre Rollen! / Noch deren Sprüch und Sprüng herein in meine reißen! / Da müßte ich ein Geck und Stümper heißen! / Wollt ich dem dort dir pelzern' Schaub abziehen, / Dem dort sein goldnes Schwert aus Händen schlagen – / Und setz ich stracks mich auf den Thron für ihn / Und sitz dort breit zu meinen Lebenstagen, / So sitzt Hans Wurst zu Thron, das Blatt bleibt ungewendet, / Und diese Welt wie eh und je geschändet" (SW X, 50).
[325] Brief vom Januar 1926 von Hofmannsthal an Fritz Viehweg (SW X, 220).
[326] Pieper: Modernes Welttheater, S. 110.
[327] Karl Müller: Das Salzburger Grosse Welttheater. Hugo von Hofmannsthal und die ‚Konservative Revolution'. In: Peter Csobádi u. a. (Hrsg.): Welttheater, Mysterienspiel, rituelles Theater. ‚Vom Himmel durch die Welt zur Hölle'. Anif und Salzburg: Verlag Ursula Müller-Speiser 1992, S. 461–480, hier: S. 463.
[328] Schuh: Richard Strauss – Hugo von Hofmannsthal, S. 483. Hofmannsthal teilt diese Einstellung und schreibt 1921 in einem Brief an Georg von Franckenstein: „Aber welche Summe von Glück und Geborgenheit, welche Begnadigung von fast verwirkter Todesstrafe liegt trotz allem in dieser Situation, wenn der effective Bolschewismus wie zu hoffen scheint, an den Grenzen Mitteleuropas halt macht" (SW X, 196).

> Was! lahm die Hand, die einmal richten konnte!
> Und Unrecht, wie's nur eh und je sich sonnte,
> In frechem Licht schlägt wiederum sein Rad,
> Und du im Walde wandelst Träumerspfad!
> O Ekel, pfui! o kann ein Hirn den Unsinn fassen?
> Vertan die Manneskraft! das schöpferische Hassen!
> Graust dich denn nicht vor dir? (SW X, 49)

Der Widersacher weist in der zitierten Textstelle als Figur der Empörung und Erhebung Gemeinsamkeiten zu der Figur Lucifers auf, die etwa Lord Byron in *Cain* oder – in Ansätzen – John Milton in *Paradise Lost* skizziert. Durch die Zuordnung der Argumente gegen die Einordnung in die Ordnung und gegen die Aussetzung der avisierten Tat zu der Figur des Widersachers werden sie wiederum diskreditiert und der politischen Diskussion entzogen. Die Enttäuschung des Widersachers über die Aufgabe der souveränen Position des Bettlers, die ebenso wie die Figur Lucifer als Erhebung und Selbstermächtigung gegen Gott und die göttliche Ordnung gelesen werden kann, richtet sich gleichsam gegen die Aufgabe der Position der autonomen ethischen Wertung, die das Unrecht in Gottes und durch Gottes Ordnung nicht akzeptiert, sondern Veränderung einfordert und befeuert. Der Widersacher liest und kritisiert die Tatenlosigkeit des Bettlers als Absage an die Vernunft – und damit an die Prinzipien der Aufklärung.[329] Die Einordnung in das göttliche System wird hingegen als Wandeln auf einem „Träumerspfad" (SW X, 49) beschrieben; also wiederum als (romantisch konnotierte) Gegenbewegung zu der Rationalität der aufklärerischen Vernunft.[330] Der Verzicht auf die Tat stellt in dieser Lesart eine Verfehlung des Telos der Rolle des Bettlers oder eine Verfehlung des Schicksals des Bettlers dar: „Vertan die Manneskraft! das schöpferische Hassen!" (SW X, 49) Dem Hass wird in Anlehnung an Lucifer ein schöpferisches Potential zugesprochen, da er sich eben nicht in der Destruktion – etwa der Ordnung – erschöpft, sondern etwas erschaffen kann. Jedoch ist darauf hinzuweisen, dass die Position des Widersachers in dem Text eine singuläre Position darstellt. „[D]ie Manneskraft" (ebd.), mit der die Tat exekutiert werden kann, wird vergeudet und nicht produktiv genutzt. Wurde in *Ad me ipsum* der

---

[329] Norbert Christian Wolf spricht von einer „bewusst antimodernistische[n], antirationalistische[n] und antiliberale[n] Dramatik" des Stücks. Norbert Christian Wolf: Eine Triumphpforte österreichischer Kunst. Hugo von Hofmannsthals Gründung der Salzburger Festspiele. Salzburg und Wien: Jung und Jung 2014, S. 217.

[330] Das Stück ist „an zentralen Stellen eine gegenemanzipatorische Auseinandersetzung mit den aufklärerischen Begriffen der Freiheit und Gleichheit". Müller: Das Salzburger Grosse Welttheater. Hugo von Hofmannsthal und die ‚Konservative Revolution', S. 463.

"Weg zum Socialen als Weg zum höheren Selbst [...] [möglich] durch die Tat",[331] so wird dieser Weg in *Das Salzburger Große Welttheater* vom Bettler – und vom Text – als Irrweg verstanden.

Bevor der Bettler zum Schluss des Stücks für seine Abkehr von der Tat eine Belohnung durch Gott erfährt – „ENGEL: Du aber, dem des Bettlers Rolle war, / Dein Spiel vor deinen Spielgenossen allen / Hat userm Meister wohlgefallen" (SW X, 65) –, setzt er seinen Weg auf „Träumerspfad[en]" (SW X, 49) fort und begibt sich in den religiös konnotierten Naturraum des Walds. Dort will er in der Vereinzelung die spezifische Form der Freiheit finden, die in der Einordnung in das System besteht, die aber zugleich seine Rolle im gegebenen Rahmen transformiert: „Ich will in den wilden Wald, sie völlig zu erkennen – / Mich deucht, die ist von Gott" (SW X, 51).

Als Antagonist zu der Figur des Bettlers, der zu Beginn des Stücks die Ungerechtigkeit und Ungleichheit beklagte, kann die Figur des Reichen gelesen werden, der für eine Akkumulation von Kapital und Macht steht und die Ungleichheit im Stück dezidiert verteidigt. Die offensichtliche Kritik des Stücks an der Figur des Reichen und dem damit einhergehenden System führt – im Gegensatz zu der Figur des Bettlers – nicht zu einer Wandlung der Figur; der Reich vertritt zum Schluss des Stücks dieselben Überzeugungen wie am Anfang und bleibt als zu kritisierende – weil wandlungsunfähige – antagonistische Figur erhalten. Der Text macht die Kritik an der Figur durch die entlarvende und hypertrophe Figurenrede des Reichen, die den nahenden Tod vollkommen verkennt und zugleich auf die „problematische Allianz von Herrschaft und Kapital"[332] verweist, nahezu überdeutlich:

> Wenn er [d. h. der König; I.N.] zum Schein auf goldnem Wagen stand,
> Die Zügel lenkte diese Hand!
> Ich war Gewalt, die hunderthändige!
> Ich wars und bins allein, der dieses Ganze bändige!
> Den Schein verschmähend, für den Pöbel stumm,
> Wend ich den Himmel wie die Erde um.
> Da ist kein Wesen, das sich mir entzöge
> In Abgrundsnacht, und keines himmelhoch getürmt,
> Das meine Kraft mir nicht erflöge,
> Die Feste ist nicht, die ich nicht erstürmt.
> Hier kam die Herrlichkeit der Welt zu erben,
> *er deutet auf seine Brust*
> Hierher auch du! Der Rest sind Scherben! [...]
> Daß ihr besteht in schützenden Bereichen,

---

331 Hofmannsthal: Ad me ipsum, S. 138.
332 Pieper: Modernes Welttheater, S. 117.

> Es ist von mir mit großem Sinn geduldet,
> Was Geist ist, was euch hebet übers Tier,
> Ist meines Tuens Blüte, mir geschuldet.
> Tritt aus dem Weg, es ist nichts außer mir! (SW X, 56 f.)

Der Text macht die Bestrafung des Reichen, der in der Schlussszene nicht mit den anderen Figuren in die Nähe Gottes darf – „*Da Schönheit, die letzte in der Kette, auch dem Reichen ihre freie Hand hinstrecken will.* ENGEL: Nicht ihm!" (SW X, 65) – und zuletzt „*tief unten, im Dunkel*" (SW X, 66) verortet wird, explizit, womit sich die textuelle Deutung der Kritik des Bettlers an dem Reichen und dem kapitalistischen System der Ungleichheit anschließt.

Wenngleich das Stück also mit Blick auf Hofmannsthals Vorstellungen von der ‚Konservativen Revolution' und seinen in *Das Schrifttum als geistiger Raum der Nation*[333] entfalteten Überlegungen gelesen werden muss – der Text also in Beziehung zu relevanten Kontexten zu setzen ist, um die skizzierten Abwehrbewegungen verstehen zu können –, so bleibt dennoch festzuhalten, dass zumindest die Kritik des Bettlers an der Figur des Reichen und dem damit einhergehenden entgrenzten kapitalistischen System affirmiert wird – und zwar sowohl von der Handlungsstruktur als auch von der kritisierten Figur des Meisters, die die göttliche Ordnung der Ungleichheit und Ungerechtigkeit initiiert und erhalten hat. Die eingangs vom Bettler kritisierte Ungleichheit – „Ihr habt, und ich hab nicht – das ist die Red, / Das ist der Streit und das, um was es geht! [...] Das alles habt ihr und woher? weil ihrs gestohlen" (SW X, 33 f.) – sowie die daraus resultierende notwendige radikale Tat – „Der Weltstand muß dahin, neu werden muß die Welt" (SW X, 36) – werden zwar in das erörterte politisch konservative System der Ordnungserhaltung überführt und auf einer religiös und nicht politisch akzentuierten Ebene abgeblendet. Die Beobachtungen des Bettlers, die als Faktum vom Text nicht in Frage gestellt werden, bleiben dennoch als Text und im Text erhalten und motivieren eine Lesart, die die Artikulation der Tat gegen die in den Kotexten von Hofmannsthal angelegte Deutung liest. Der Text würde dann neben der offensichtlichen Deutung, die durch die entsprechenden Kontexte abgesichert ist, noch eine gegenläufige Deutung anbieten, die Hofmannsthals „Weg zum Socialen"[334] ganz konkret über die politische Tat beschritten sieht; die Tat wirkt dann auch textextern und verlässt somit das System der Literatur – ganz im Sinne der Avantgarde –, um im System der Politik Veränderung zu erzielen.

---

[333] Entfaltet wird dies u. a. in: Pieper: Modernes Welttheater. Und: Müller: Das Salzburger Grosse Welttheater. Hugo von Hofmannsthal und die ‚Konservative Revolution'.
[334] Hofmannsthal: Ad me ipsum, S. 138.

In der ersten Lesart würde die Tat in *Das Salzburger Große Welttheater* die Ambivalenz der Tat in *Gestern* und *Die beiden Götter* wiederaufnehmen und die Erfüllung des (radikalen) Schicksals in *Elektra* in Frage stellen. Diente in *Elektra* die Exekution der Tat zur Erfüllung der eigenen Identität, so zeigt *Das Salzburger Große Welttheater* mit der Differenzierung zwischen Tat und Untat die ethisch-religiöse Dimension der Tat auf. Dadurch wird deutlich, dass die radikale Tat, die die politische Ordnung aus politischen Gründen stürzen will, deren Akzentuierung als fragwürdig eingestuft wird, als Untat verstanden und ausgesetzt werden muss.[335] Die ‚richtige' Tat – im Sinne der in *Ad me ipsum* skizzierten Tat – wäre dann hier der Verzicht auf die Tat.[336]

Die andere Lesart würde den von Hofmannsthal angedeuteten „Weg zum Socialen",[337] der ihn – und hier wird das Soziale ganz konkret verstanden – zu der Zusammenarbeit mit Richard Strauss und von der Lyrik zu den Libretti führt, real werden lassen und – wie gesagt: gegen die in Hofmannsthals Texten geäußerte Lesart – die „herrschaftsanalytische[n] Ansätze"[338] der einschlägigen Textstellen als „Plädoyer für eine Veränderung im Sinne sozialer Gerechtigkeit"[339] ernst nehmen. Diese – politisch nicht unsympathische – Lesart weist jedoch im Vergleich zu Hofmannsthals anderen Texten eine politisch konträre Verortung auf und erweckt somit den Anschein, philologisch unscharf zu argumentieren. Akzeptiert man aber beide Lesarten als gleichwertig – und dies ließe sich gerade als Qualität des Textes ausmachen –, dann steigert die Ambivalenz hinsichtlich der Frage nach der (rechten) Tat und der (unrechten) Untat, die in der Experimentalsituation durchgespielt wird, sowohl die Komplexität des Textes als auch die Komplexität der Bewertung der Tat. Die performative Potenz der avantgardistischen Tat, die sich etwa bei Ernst Jünger oder im Futurismus beobachten lässt, wird durch die Ambivalenz wieder an das System Kunst rückgebunden. Die Frage nach Tat/Untat führt somit nicht zur (textexternen) politischen Tat im Sinne des Avantgardismus, sondern installiert eine Reflexionsschleife; Ernst Jüngers Diktum „Aktion, nicht opinion"[340] wird hier umgekehrt. Dies wäre aber keine kon-

---

335 Wolf spricht von der „exorzierte[n] ‚revolutionäre[n] Lösung im Sinne des Marxismus". Wolf: Eine Triumphpforte österreichischer Kunst, S. 230.
336 Hofmannsthal schreibt im *Wiener Brief:* „[E]bendieses Nicht-Tun [...] [ist] die entscheidende Tat seines Lebens". Hugo von Hofmannsthal: Wiener Brief II. In: ders.: Gesammelte Werke. Reden und Aufsätze II. Frankfurt am Main: Fischer 1979, S. 288.
337 Hofmannsthal: Ad me ipsum, S. 138.
338 Müller: Das Salzburger Grosse Welttheater. Hugo von Hofmannsthal und die ‚Konservative Revolution', S. 467.
339 Ebd., S. 466.
340 Zitiert nach: Hübinger: Die ‚Tat' und der ‚Tat-Kreis', S. 423.

servative Bewegung, die die avantgardistische Struktur und Entdifferenzierung wieder aufhebt; vielmehr leistet der Text eine avancierte Diskussion der Tat und zeigt auf, dass dem avantgardistischen politischen Gestus der Tat die Reduktion der komplexen Diskussion zugunsten der *einen* Position der Tat inne ist.

7 Tat und Untat II: Ernst Tollers *Maschinenstürmer* (1922)

7.1 Einleitung

Hugo von Hofmannsthals in *Das Salzburger Große Welttheater* vorgenommene Differenzierung von Tat und „Untat" (SW X, 48) unterzieht die Tat-Emphase, die sich nicht nur bei Ernst Jünger, sondern auch in den frühen Texten Hofmannsthals ausmachen lässt, einer kritische Revision. In *Das Salzburger Große Welttheater* steht am Ende des Textes der Verzicht auf die Tat; die Tat muss ausgesetzt werden, da sie nur noch als Untat und damit – dies bildet das konservative Moment bei Hofmannsthal – als Auflösung von Ordnungsstrukturen realisiert werden könnte.

Auch in den Texten von Ernst Toller wird die Frage nach der ‚richtigen Tat', aber auch die Frage nach der Notwendigkeit der Tat diskutiert. Toller differenziert ebenfalls zwischen Tat und Untat; die Grundlagen der Bewertung beruhen hierbei aber nicht auf dem (konservativen) Kriterium der Aufrechterhaltung staatlicher Ordnung, sondern installieren einen auch politisch konträren Blick auf die Tat, dem die Motivation zur politischen Veränderung der Welt aus einer linken Perspektive inhärent ist. Die Tat erfährt aufgrund ihrer Setzung als Medium der Veränderung *a priori* eine emphatische Setzung; sie steht in direkter Beziehung zum Politischen und hinterfragt die erzählte politische Ordnung mit dem Ziel, auch die textexterne Ordnung zu verändern. Die Tat als Handeln ist im emphatischen Sinne wirkmächtig und kann nicht durch eine nachgeschaltete Diskursivierung aufgelöst oder aufgehoben werden. Toller entscheidet auf den ersten Blick die um 1900 breit diskutierte Dichotomie von Geist und Tat aufgrund seiner politischen Perspektive für die Tat, die jedoch nicht entgrenzt realisiert wird, sondern in der Matrix von Tat und Untat differenziert analysiert wird. Zudem wird mit dem Begriff „Tun"[341] der Geist wieder an das Wort gekoppelt. Im Gegensatz zu der Tat, die als „Einmaliges"[342] und Außerordentliches definiert wird, stellt Toller mit dem „Tun"[343] das „Mannigfaltige[]"[344] als das „Bauen"[345] im „Geist der Ge-

---

[341] Ernst Toller: Quer durch. In: ders.: Sämtliche Werke. Bd. 4.1. Publizistik und Reden. Hrsg. v. Martin Gerstenbräun u. a. Göttingen: Wallstein 2015, S. 135.
[342] Ebd., S. 136.
[343] Ebd., S. 135 f.
[344] Ebd., S. 136.
[345] Ebd.

meinschaft"[346] und als das „Schöpferische"[347] heraus, das auf der „Bereitschaft[,] für Jahre und Jahrzehnte"[348] „neue[ ] Bindung, neue[ ] Bündung"[349] zu installieren, beruht:

> Nur durch Tat und Tun kann man überzeugen, durch Tat, die sich nicht wegdisputieren läßt in Leitartikeln, durch Tun, das alle, auch die Widerstrebenden, bindet in sinnvoller Arbeit. Tat und Tun – Einmaliges und Mannigfaltiges – so deuten wir das Wesen der Revolution. Tat wirkt Macht. [...] Tat ist Einmaliges.[350]

Volker Ladenthin zeigt, dass Toller zwar „zwischen Kunst, Moral und Ästhetik"[351] unterscheidet. Trotz der dieser Differenzlogik folgenden vermeintlichen Priorität des Politischen, die sich in der im Exil gehaltenen politischen Rede *Unser Kampf um Deutschland* (1936) zeigt – „Kunst hat nicht einen ästhetischen, Kunst hat einen moralischen Charakter"[352]–, werde das Politische über das Moralische aber an das Ästhetische gekoppelt. Toller nutzt das Ästhetische also als das Medium des Politischen, schätzt es aber auch aufgrund seiner spezifischen Leistung; er schreibt in *Quer durch*: „Alle Kunst hat magische Wirkung".[353] Die Kunst wird hierbei jedoch nicht auf die Funktion der Vermittlung, etwa des Politischen, reduziert – und erst recht nicht auf das Feld der Kunst im Sinne des *l'art pour l'art* beschränkt –, sondern leistet vielmehr das, was das Politische nicht zu leisten vermag: „Die Aufgabe der künstlerischen Literatur ist eben keine Vermittlungsleistung, sondern die Auslösung eines Gefühls für das an sich Unvermittelbare, für das Undarstellbare."[354] Entscheidend für Tollers engagiertes Schreiben, das Wirkung in der politischen Realität zeitigen wollte, ist die Verbindung von Ästhetik, Ethik und dem Politischen: Toller stellt sich gegen „jenen Zwiespalt, den die ‚Realpolitiker' verteidigen, es könnten die Forderungen des Gewissens, die Forderungen der Gerechtigkeit [...] nur in Bezirken der Kunst, der Philosophie

---

346 Ebd.
347 Ebd.
348 Ebd.
349 Ebd.
350 Ebd., S. 135 f.
351 Volker Ladenthin: ‚Das tendenzlose Ewige'. Zur revolutionären Ästhetik Ernst Tollers. In: ders.: Gerechtes Erzählen. Studien zu Thomas Manns Erzählung ‚Das Gesetz', zu Theodor Storm und Ernst Toller. Würzburg: Königshausen & Neumann 2010, S. 63–87, hier: S. 64.
352 Ernst Toller: Unser Kampf um Deutschland. In: ders.: Sämtliche Werke. Bd. 4.1. Publizistik und Reden. Hrsg. v. Martin Gerstenbräun u. a. Göttingen: Wallstein 2015, S. 410.
353 Toller: Quer durch, S. 165.
354 Ladenthin: ‚Das tendenzlose Ewige', S. 72.

Erfüllung finden".³⁵⁵ In der sein Schreiben antreibenden Frage: „Kann der Dichter vom Schreibtisch her Einfluß auf die Politik seiner Zeit gewinnen?",³⁵⁶ wird die Verbindung von Dichtung, Politik und Engagement – und Engagement meint hier schreiben – pointiert zusammengedacht: „Es gibt Autoren, die diese Frage verneinen, ich bejahe sie."³⁵⁷ Engagement als schreiben zu fassen, zeigt den Fluchtpunkt von Tollers politischer Autorschaft auf: Im Gegensatz etwa zu Ernst Jünger zielt Tollers Schreiben nicht auf die Erzählung der Tat als ‚heroische' wie radikale Tat des singulären Subjekts (oder Stoßtruppführers) ab; vielmehr hat Toller das Soziale und die Veränderung des Sozialen im Blick.

Die Tat, die in den Texten von Toller in enger Beziehung zum Politischen steht, wird vom Text jedoch als nicht unproblematisch markiert: Bereits in *Masse Mensch* wird die radikale politische Tat, die nicht das individuelle Schicksal berücksichtigt, diskutiert. Die konträren politischen Positionen werden deutlich herausgestellt, die Betonung der politischen Doktrin geht hierbei mit der Fokussierung der Zukunft einher („Die Lehre über alles! / Ich liebe die Künftigen!"³⁵⁸), die Fokussierung des individuellen Menschen hingegen mit dem Blick auf die Gegenwart („Der Mensch über alles! Der Lehre willen / Opferst du / Die Gegenwärtigen"³⁵⁹). Die radikale Tat wird durch die Notwendigkeit der politischen Veränderung legitimiert: „Dir fehlt der Mut, die Tat, die harte Tat / Auf dich zu nehmen. / Durch harte Tat erst wird das freie Volk."³⁶⁰ Im Gegensatz zu den später von Bertolt Brecht vertretenden Positionen rechtfertigt die Notwendigkeit, die Welt zu ändern, für Toller jedoch nicht die radikale Tat. Brecht schreibt in *Die Maßnahme*: „Furchtbar ist es, zu töten. / Aber nicht andere nur, auch uns töten wir, wenn es nottut / Da doch nur mit Gewalt diese tötende / Welt zu ändern ist, wie / Jeder Lebende weiß. / Noch ist es uns, sagten wir / Nicht vergönnt, nicht zu töten."³⁶¹ In *Masse Mensch* wird dem Zugriff des Politischen auf den Körper und das Leben hingegen eine Absage erteilt; das Politische, das diesen Zugriff verlangt, offenbart sich als Unrecht: „Höre: Kein Mensch darf Menschen töten / Um einer Sache willen. / Unheilig jede Sache, dies verlangt. / Wer Menschenblut um sei-

---

355 Ernst Toller: Den Jungen gilt mein Wort. In: ders.: Gesammelte Werke. Bd. 1. Kritische Schriften, Reden und Reportagen. Hrsg. v. John M. Spalek und Wolfgang Frühwald. München: Carl Hanser 1978, S. 63.
356 Toller: Quer durch, S. 165.
357 Ebd.
358 Ernst Toller: Masse Mensch. In: ders.: Sämtliche Werke. Bd. 1. Stücke 1919–1923. Hrsg. v. Torsten Hoffmann, Peter Langemeyer und Thorsten Unger. Göttingen: Wallstein 2015, S. 104.
359 Ebd.
360 Ebd.
361 Bertolt Brecht: Die Maßnahme. In: Die Stücke von Bertolt Brecht in einem Band. Frankfurt am Main: Suhrkamp 1978, S. 267. [Hervorhebung im Original]

netwillen fordert, / Ist Moloch: / Gott war Moloch. / Staat war Moloch. / Masse war Moloch."[362]

7.2 Biopolitische Gesetzentwürfe

Auf der Ebene der Form unterscheidet sich der recht konventionell gebaute Text *Die Maschinenstürmer* von seinen eher expressionistisch organisierten Vorgängerstücken; die zahlreichen intertextuellen Verweise zeigen hingegen die Komplexität der Form auf.[363] Der Text nimmt die Arbeiterbewegung der Ludditen in den Blick, thematisiert aber nicht nur die Aspekte der sozialen und politischen Teilhabe bzw. Gerechtigkeit, sondern diskutiert zudem die Folgen der fortschreitenden industriellen Technik und das Verhältnis der Arbeiter*innen zu der Maschine. Toller nimmt hier nicht wie zahlreiche seiner Zeitgenossen die Position einer grundlegenden pessimistischen Technikfeindlichkeit ein, vielmehr bezieht er – wie bereits in *Masse Mensch* – „eine differenziertere Stellung".[364]

Dem eigentlichen Drama ist ein Vorspiel vorgeschaltet, in dem der politisch-ökonomische Kernkonflikt, in Szene gesetzt mit den dichotomen Figuren Lord Byron und Jimmy auf der einen Seite und Lord Castlereagh und Ures auf der anderen Seite, sowie die poetologische Reflexion der Möglichkeiten der politischen Intervention durch das Ästhetische aufgerufen werden. Das Vorspiel setzt mit einer Szene im englischen Oberhaus ein, in der der Lordkanzler den Konflikt pointiert formuliert: „Bill der Regierung: Zum Tode verurteilt, wer übt Zerstörung der Maschinen."[365] Der Gesetzentwurf installiert eine denkbar radikale Bestrafung für die Zerstörung eines Gegenstands: Nicht nur die Verfügungsmacht des Politischen über die Körper der Aufbegehrenden, sondern auch der divergente Wert der (Arbeiter-)Körper und der Maschinen deuten sich hier bereits an. Der Entwurf fragt dabei nicht nach den Motiven für die Zerstörung; die ungleiche Verteilung von politischer Macht und die soziale Situation der Arbeiter*innen werden für den Gesetzentwurf nicht berücksichtigt. Mit der Figur Lord Byron ergreift in dem Vorspiel bezeichnenderweise ein Politiker, der auch Dichter ist, Partei für die

---

362 Toller: Masse Mensch, S. 104.
363 Vgl.: Birgit Schreiber: Politische Retheologisierung. Ernst Tollers frühe Dramatik als Suche nach einer ‚Politik der reinen Mittel'. Würzburg: Königshausen & Neumann 1997, S. 164–167.
364 Ebd., S. 161.
365 Ernst Toller: Die Maschinenstürmer. In: ders.: Sämtliche Werke. Bd. 1. Stücke 1919–1923. Hrsg. v. Torsten Hoffmann, Peter Langemeyer und Thorsten Unger. Göttingen: Wallstein 2015, S. 133. Der Text wird im Folgenden im Haupttext unter der Sigle MS und der Angabe der Seitenzahl zitiert. Hervorhebungen im Original werden durch Kursivierung kenntlich gemacht.

Arbeiter*innen. Der Text spiegelt somit die bereits skizzierten poetologischen Überlegungen Tollers zum politischen Engagement des Dichters in der Figur Lord Byrons. So wie der Text (und der Dichter Toller) politisch durch das Ästhetische wirken wollen, so versucht der Dichter Lord Byron durch die ästhetisch konstruierte Rede politisch zu agieren. Ironischerweise scheitert er: Seine Rede wird mit den Worten „Er sprach wie ein Poet, nicht wie ein Staatsmann" (MS, 135) diskreditiert; sein Engagement für die Arbeiter*innen wird als „poetische Marotte" (ebd.) disqualifiziert und durch ihre Verortung im Ästhetischen dem Politischen entzogen – und „genau gegen diese Trennung von Politik und Dichtung richte[n] sich Tollers Drama"[366] und Tollers poetisch-politisches Konzept.

Lord Byrons Intervention für die Arbeiter*innen setzt rhetorisch geschickt nicht mit der Leugnung der „Taten der Zerstörung" (MS, 133) ein, leitet aber aus der Beschreibung der Gewalt und der „Revolten" (ebd.) die rhetorische Frage nach der Ursache der Aufstände ab, die für den Gesetzentwurf nicht von Belang war: „Wer aber lehrte sie ein solches Tun?" (ebd.). Die Antwort verweist mit dem Begriff der „Schuld" (ebd.), der sowohl dem „Pöbel" (MS, 134) als auch den „Abgeordneten" (MS, 133) zugeordnet wird, auf die Gemeinsamkeit zwischen der als legitim markierten staatlichen Politik und ihren Protagonisten und den als „Gesindel[]" (ebd.) exkludierten Delinquenten auf:

> O, können Sie sich wundern, meine Lords,
> Wenn in den Zeiten, da Betrug und Wucher, Diebstahl, Gier,
> Wie ekler Schimmel unsere hohen Klassen angepelzt,
> Das Werkvolk angesichts des ungeheuerlichen Elends
> Die Bürgerpflicht vergißt und sich mit Schuld belädt?
> Vergleichbar nur mit jener Schuld, die Abgeordnete
> In Parlamenten Tag um Tag begehen (ebd.).

Lord Byron verteidigt die aus der „Not" (ebd.) geborene Tat der Arbeiter*innen mit einem Verweis auf die Natur, die Gleichheit ‚will': „Natur will, daß wie alle leben! / Natur will nicht, daß einige sich Gold erraffen, / Die anderen aber hungern!" (ebd.). „Mit der Rede vom ‚Willen der Natur' im Sinne einer *natura naturans* gibt er einer idealistischen Hoffnung auf Ausgleich der Kräfte Ausdruck".[367] Sein Plädoyer erschöpft sich jedoch nicht in der Erklärung der Missetaten mit der wirtschaftlichen Not der Arbeiter*innen und dem Beispiel der sich selbst bereichernden Politiker, sondern legt eine grundlegende Analyse des Politischen und vor allem des politischen Imaginären sowie des Ästhetischen vor:

---

[366] Schreiber: Politische Retheologisierung, S. 169.
[367] Ebd., S. 170.

> Wer aber lehrte sie ein solches Tun?
> Wer untergrub das Wohl des Landes? –
> Die Politik der ‚großen Männer'!
> Die Politik der Räuberkriege!
> Die Politik der großen Helden,
> Von denen Ihre Bücher zeugen,
> Die Politik, die Fluch ward für das lebende Geschlecht! – (MS, 133)

Die Motivation zur Tat speist sich aus der Verzweiflung und dem Hunger, die Form der Tat und die Möglichkeit, die (radikale) Tat zu denken, ergeben sich hingegen aus dem ästhetisch erzeugten oder archivierten Imaginären der (großen) politischen Tat. Das in der Literatur archivierte, erzeugte und kommunizierte politische Narrativ der „‚großen Männer'" (ebd.), der „großen Helden" (ebd.) und die sich daraus ergebende Politik werden als „Fluch" (ebd.) für die Gesellschaft dekuvriert. Die Gefährdung der Gesellschaft geht somit nicht von der gewaltsamen Revolution der Arbeiter*innen aus, sondern nimmt ihren Ursprung in der spezifischen Fassung des politischen Imaginären, das als das Heroische gefasst wird.

Der Text kritisiert hier also nicht nur eine problematische Version des Politischen und des Imaginären, sondern unterzieht das sich aus dem Ästhetischen speisende Imaginäre einer grundlegenden Kritik: Literatur – und dies stellt ironischerweise die Dichterfigur Lord Byron heraus – ist mitschuldig an der skizzierten Version des Imaginären und muss folglich der Erzeugung und Archivierung eines etwa demokratisch organisierten politischen Imaginären Vorschub leisten, das nicht auf der Erzählung der heroischen Taten der „großen Helden" (ebd.) basiert und so problematische politische Identitäten und Verfahrensweisen legitimiert.

Lord Byron vertritt, wie die die Szene schließende Abstimmung über den Gesetzentwurf zeigt, eine Mindermeinung. Vor der Abstimmung wird seine politische Position von seinem Opponenten Lord Castlereagh angegriffen. Die Replik von Lord Castlereagh beruht hierbei auf zwei Strategien: Zum einen verschiebt er, wie bereits zitiert, Lord Byrons Erörterungen aus dem Feld des Politischen in das Feld des Ästhetischen – „Er sprach wie ein Poet, nicht wie ein Staatsmann" (MS, 135) – und schließt sie somit aus der politischen Diskussion aus:

> Sie hörten meine Lords,
> Die Rede dieses ehrenwerten Gentleman.
> Er sprach wie ein Poet, nicht wie ein Staatsmann.
> Poeten können Dramen schreiben, Verse dichten,
> Doch Politik ist Handwerk harter Männer.
> Sich des Gesindels anzunehmen, mag man gelten lassen
> Als poetische Marotte. Dem Staatsmann gilt allein Prinzip der Wirtschaft (ebd.).

Lord Byrons empathische Analyse der Armut des „Gesindels" (ebd.) ist folglich nur in dem Feld des Ästhetischen als „poetische Marotte" (ebd.) legitim, widerspricht aber der Logik des Feldes des Politischen, das allein dem „Prinzip der Wirtschaft" (ebd.) verpflichtet ist. Lord Castlereagh vertritt jedoch nicht nur eine einseitige Vorstellung des Politischen, die dem Feld und dem „Prinzip der Wirtschaft" (ebd.) untergeordnet Aspekte wie Gleichheit und Empathie vollkommen ausklammert, sondern legt zudem eine Definition der Politik vor, die die von Lord Byron kritisierte und auf den Heldennarrativen gründende Politik affirmiert und noch radikalisiert: „Politik ist Handwerk harter Männer" (ebd.).[368]

Die zweite Strategie, die Lord Castlereagh nutzt, nimmt Lord Byrons Überlegungen zum ‚Willen der Natur' auf und wendet diese gegen den Kontrahenten. Lord Byrons idealistischer Vision einer auf Gleichheit abzielenden *natura naturans* wird eine Vorstellung von Natur entgegengesetzt, die nicht nur die Ungleichheit, sondern auch die aus ihr resultierende Dezimierung der hungernden Arbeiterschaft als „gottgewollt" (ebd.) und als Willen der Natur ansieht:

> Die Armut ist ein gottgewolltes, ewiges Gesetz.
> Mitleidsgefühle sind im Parlamente nicht am Platz.
> Der Pfarrer Malthus wies uns nach, daß Hunderttausende
> Zu viel in England leben. Natur versagt
> Den Hunderttausenden die Nahrung. Wir sehen Grausamkeiten...
> Es sind die Waffen Gottes, vor denen wir
> In Ehrfurcht stumm uns neigen müssen.
> In jedem Jahr richten Kriege, Elend, Laster
> Die überschüssige Bevölkerung zugrunde.
> Sollen wir das göttliche Naturgesetz bekämpfen?
> Das hieße handeln wider die Moral!
> Wir müssen das Gesetz erkennen
> Und ihm mit allen Kräften Hilfe leihen.
> Die Armen unterstützen heißt: zum Zeugen sie ermuntern!
> Das arme Volk in England *darf* sich nicht vermehren!
> Und jeder Weg ist recht, der diesem Ziele dient –
> Sofern er sittlich und im Einklang ist mit dem Gebot der Kirche (ebd.).

Lord Castlereaghs biopolitisches Programm der Dezimierung, das von Lord Byron mit dem Ausruf „Die Kinder verhungern lassen!" (ebd.) treffend resümiert wird, legitimiert die zum Verhungern führende Verweigerung der Hilfe nicht nur mit der Erfüllung des göttlichen Willens, der hier mit dem Willen der personifizierten

---

368 Hier ließe sich auch der Verweis auf die „harte[] Tat", die bereits in *Masse Mensch* entfaltet wird, anführen: „Dir fehlt der Mut, die Tat, die harte Tat / Auf dich zu nehmen. / Durch harte Tat erst wird das freie Volk." Toller: Masse Mensch, S. 104.

Natur gekoppelt wird, sondern beruft sich zudem auf die von Thomas Robert Malthus entworfene Bevölkerungstheorie, die Adolph Blanqui 1841 in seinem Buch *Geschichte der politischen Oekonomie in Europa* wie folgt skizziert:

> Ein Mensch, sagte er, der in einer schon occupirten Welt geboren wird, wenn seine Familie nicht die Mittel hat, ihn zu ernähren oder *wenn die Gesellschaft seine Arbeit nicht nöthig hat*, dieser Mensch hat nicht das mindeste Recht, irgend einen Theil von Nahrung zu verlangen, und *er ist wirklich zu viel auf der Erde*. Bei dem großen Gastmahle der Natur ist durchaus kein Gedecke für ihn gelegt. *Die Natur gebietet ihm abzutreten*, und sie säumt nicht, selbst diesen Befehl zur Ausführung zu bringen.[369]

Das biopolitische Programm legitimiert die politische Entscheidung über das Leben bzw. den Tod der*des Anderen, mehr noch: Das Programm fordert diese Entscheidung als Erfüllung des göttlichen Willens und als Sicherstellung des „Wohl[s] des Königreichs" (MS, 136) vehement ein: „Je mehr der Tod die Kinderscharen lichtet, / Je größer ist das Glück der künftigen Geschlechter. / Wir haben zuviel Menschen" (MS, 135). Die von Foucault in *In Verteidigung der Gesellschaft* analysierte biopolitische „Zäsur zwischen dem, was leben, und dem, was sterben muß"[370] wird hier installiert und als Gesetzentwurf in die Rechtsprechung überführt. Der hungernde Arbeiter wird auf sein „nackte[s] Leben"[371] im Sinne Agambens reduziert, die Biopolitik reguliert den privaten Bereich der Fortpflanzung sowie seinen Tod, da er „*wirklich zu viel auf der Erde*"[372] ist und folglich die Natur „kein Gedecke für ihn gelegt"[373] hat. Malthus' These, dass die Natur „*ihm gebietet abzutreten*",[374] wird in Politik und Recht überführt und nimmt somit Foucaults Beobachtung, dass „[d]er moderne Mensch [...] ein Tier [ist], in dessen Politik sein Leben als Lebewesen auf dem Spiel steht",[375] vorweg.

Empathie mit den quantifizierten Massen der Arbeiter*innen, denen die Natur „*gebietet abzutreten*",[376] ist im Feld der Politik nicht opportun, dies wird wiederum nur dem Feld des Ästhetischen zugestanden: „Die Bill ist ein Tribut dem Altar der Gerechtigkeit! / Dem Dichter sind Gefühle wohl erlaubt, / Dem

---

369 Adolph Blanqui: Geschichte der politischen Oekonomie in Europa von dem Alterthume bis auf unsere Tage nebst einer kritischen Bibliographie der Hauptwerke über die politische Oekonomie. 2. Bd. Karlsruhe: Ch. Th. Groos 1841, S. 106. [Hervorhebungen im Original]
370 Foucault: In Verteidigung der Gesellschaft, S. 295.
371 Agamben: Homo Sacer, S. 25.
372 Blanqui: Geschichte der politischen Oekonomie, S. 106.
373 Ebd.
374 Ebd.
375 Michel Foucault: Der Wille zum Wissen. Sexualität und Wahrheit I. Frankfurt am Main: Suhrkamp 1983, S. 138.
376 Blanqui: Geschichte der politischen Oekonomie, S. 106.

Staatsmann ward gegeben rechnender Verstand" (MS, 136). „Sich im Einklang mit der Kirche [...] wissend, nimmt der Politiker eine Autorität in Anspruch, die er dem Poeten abspricht: die Autorität göttlicher Schöpfungsordnung im Sinne der sogenannten Natürlichen Theologie."[377]

Das Vorspiel demonstriert folglich das Scheitern der politischen Intervention des Dichters und steht damit in Kontrast zu den eingangs skizierten Überlegungen von Toller zu den Möglichkeiten des politischen Handelns durch das Ästhetische. Das Scheitern lässt sich jedoch nur für die Figur Lord Byron und nur innerhalb der erzählten politischen Intervention konstatieren: Auf der Ebene der Rezeption mag das Scheitern – und die Kontrastierung der (bio-)politischen Positionen – gerade das Moment des Politischen ausmachen und eine politische Positionierung motivieren. Somit wäre die pessimistische Einschätzung, die die Stelle als „selbstkritische Einschätzung der eigenen Wirkungskraft"[378] liest, wie Birgit Schreiber in Anlehnung an Sigurd Rothstein zeigt, zu einseitig gedacht. Die Ausstellung der radikalen biopolitischen Position von Lord Castlereagh demontiert vielmehr den Politiker und seine politische Position, obwohl sie in dem erzählten Disput zu obsiegen vermag. Mit der Delegitimierung der politischen Position gewinnt die gescheiterte politische Intervention des Dichters wiederum an Bedeutung und kann auf der Rezeptionsebene wirken wie überzeugen.

7.3 Politische Lesarten der Maschine

Die im Vorspiel von den Politikern verhandelte Krisensituation – der Verlust der Arbeitsplätze durch die Maschinen bewirkt eine Hungersnot, die wiederum zu Aufständen führt – wird im Drama anhand der Figuren Der alte Reaper und dessen Enkel Teddy aufgegriffen und entfaltet. Der Enkel bittet verzweifelt um Brot – „TEDDY: Großvater, mich hungert. [...] Großvater, warum gibst du mir nicht Brot? Mich hungert ... mich hungert ..." (MS, 146), der Großvater kann aber diese existentielle Bitte nicht erfüllen und muss seine ökonomisch und politisch bedingte Machtlosigkeit eingestehen: „DER ALTE REAPER (*hilflos*): Ich hab' doch keins ... ich hab' doch keins ... ich hab' doch keins ..." (ebd.). Die Wiederholungen der Bitte wie der Absage machen die Dramatik der Szene aus und laden sie emotional auf. Aus der Hilflosigkeit und der elementaren Not ergeben sich der Wunsch nach der Tat, die als politische (Gewalt-)Tat Gerechtigkeit wiederher-

---

377 Schreiber: Politische Retheologisierung, S. 170.
378 Vgl.: Schreiber: Politische Retheologisierung, S. 170. Ebenso: Sigurd Rothstein: Der Traum von der Gemeinschaft. Kontinuität und Innovation in Ernst Tollers Dramen. Frankfurt am Main u. a.: Peter Lang 1987, S. 130.

stellen und das System reformieren soll; gleichwohl wird die Tat-Emphase nicht von einer politischen Vision flankiert, die Gewalttat also nur rhetorisch als Medium der politischen Veränderung ausgeflaggt und legitimiert. „DER ALTE REAPER: Doch still, Teddy: Es kommt der Tag der Tat! Auf Tod und Leben kämpfen wir ... Auf Tod und Leben ... Teddy, wo ist mein Gewehr? [...] Einer muß fallen" (ebd.). Insbesondere die abschließende Formulierung definiert die Tat als politischen Mord oder zumindest als politisch motivierte Tötung, artikuliert dabei jedoch kein konkretes und politisch ‚legitimiertes' Ziel, sondern allein die Absicht, jemanden zu töten – Ernst Jüngers Desemantisierung der Tat, die zu einem „Voluntarismus der Tat"[379] führt, wird hier zu einem ‚Voluntarismus der Gewalttat' verschärft. Mit der fehlenden politischen Fundierung wird die Fragwürdigkeit der politischen Aktion aufgeführt. Direkt zu Beginn etabliert der Text somit einen differenzierten Blick auf die Tat, die keineswegs grundsätzlich begrüßt oder als politisch verstanden wird.

Zudem existiert das Gewehr nur in der Phantasie des Großvaters; laut der Regieanweisung handelt es sich bei dem als Gewahr gehandhabten Gegenstand lediglich um einen Stock. Somit wird die erste im Text erzählte Tat, die ersehnte Tat des Großvaters und der damit einhergehende „Tag der Tat" (MS, 146), bereits im Vorfeld als Illusion markiert. Zudem werden die Machtverhältnisse durch die unmittelbare Kontrastierung der technischen Ausstattung eindrucksvoll herausgestellt: Das nur in der Phantasie existierende Gewehr funktioniert nicht, „[d]er Hahn ist verrostet" (MS, 147), die Maschine in der Fabrik hingegen „soll hundert Köpfe haben" (ebd.). Die revolutionäre Tat wird mit Schwäche konnotiert und scheint zum Scheitern verurteilt.

John Wible, der Vater von Teddy, nimmt die von seinem Schwiegervater geäußerte Vision der Tat wenig später wortwörtlich auf – „Nur Mut, Alter, es kommt der Tat der Tat!" (MS, 148) – und entwickelt die Tat ebenfalls als Gewalttat, die losgelöst von einer politischen Vision steht: „Wir sagen Fehde der Maschine. / Ein Moloch lebt in Nottingham. Erschlagt ihn! / [...] Wir schwören Fehde, schwören Haß!" (MS, 150) John Wibles Technikfeindlichkeit, die die Maschine lediglich als „Ungeheuer" (ebd.) und als „Tyrannen" (ebd.) sieht und nicht das Potential zur Veränderung der Arbeitsbedingungen der Arbeiter realisiert, wird von seinem Gegenspieler Jimmy nicht geteilt. Mit Jimmys Analyse der bisherigen Arbeitsbedingungen und Lebensverhältnisse sowie seiner Analyse des Potentials der Maschine wird eine komplexere Betrachtung der Situation angelegt, die als Lösungsstrategie nicht mehr die Gewalttat ins Feld führt, sondern die Bildung einer

---

[379] Morat: Von der Tat zur Gelassenheit, S. 15.

politischen „*Gemeinschaft*" (MS, 152) zur politischen Ermächtigung der Arbeiter nahelegt:

> Schaut in euch hinein, Brüder! Wie lebt ihr freudlos und dumpf und voll Unrast! [...] Was ist euch Arbeit? Habt ihr wirklich als freie Menschen gewebt? [...] *Eure Schuld ist, daß ihr nicht kämpft*, daß ihr euch nicht eintet zum Arbeitsbund! Daß ihr nicht Gemeinschaft *lebt*, daß ihr nicht baut am Hause der Gerechtigkeit! [...] Brüder! Bündet euch! Beginnt! [...] *Und der Tyrann Maschine, besiegt vom Geiste schaffender Menschen ... wird euer Werkzeug, wird euer Diener!* [...] *Und die Maschine wär' euch Helfer, nicht Feind!* (ebd.)

Erst mit Jimmys Vision der Tat als politischer Tat, die auf Teilhabe und nicht auf Gewalt und Rache abzielt, wird deutlich, warum der Text die vormalige Vision der Gewalttat als zum Scheitern verurteilte Tat erzählt hat: Nicht nur die ein doppeltes Spiel spielende Figur John Wible, auch seine Tatphantasie, die am „Tag der Tat" (MS, 148) realisiert werden soll, wird mit einer eindeutigen Markierung versehen. Die textuell präferierte Lösung scheint vielmehr in der Vereinigung zu liegen, wie sie Jimmy entwirft: „*Gemeinschaft soll führen, nicht der Mammon! Der Mensch soll führen, nicht die Maschine!*" (MS, 152) Das Politische der Tat – und diese funktionale Füllung legitimiert sie gleichzeitig – ist mithin durch die gemeinschaftliche Ausübung gewährleistet. Der Tat als politisch nicht fundierter Gewalttat wird eine dezidierte Absage erteilt, die wenig später in der Diskussion zwischen Jimmy und John Wible über den Umgang mit den Streikbrecher*innen nochmals explizit formuliert wird: „JOHN WIBLE: Es wäre eine Tat! Es wäre eine Aktion! / JIMMY: Ist jede Tat ein Altar, der Menschenknie zur Andacht beugt? Sinnlose Tat ist Rausch der Feigen und der Toren!" (MS, 155)

Die Reaktionen der Arbeiter*innen, die zuvor begeistert der von John Wible skizzierten Entfesselung der Gewalt zugestimmt haben, sind eindeutig: Zum einen, so die Regieanweisung, „umjubeln [sie] Jimmy [...] [,] [h]eben ihn auf ihre Schultern [...] [und] [t]ragen ihn davon" (ebd.). Zum anderen manifestiert sich in der Reaktion des Arbeiters Arthur auf die zitierte Aussage von Jimmy – „*Gemeinschaft soll führen, nicht der Mammon! Der Mensch soll führen, nicht die Maschine!*" (ebd.) – eine sprachlich realisierte Ermächtigung zum politischen Subjekt. Arthur reflektiert nun selbstständig die Formulierung; die Auslassungspunkte zeigen die Reflexionspausen typographisch auf: „ARTHUR: Der ... der ... Mensch ... Mensch ... soll führen ... nicht ... nicht die Maschine ..." (ebd.). Zeigte die Rede von Lord Byron im Oberhaus also die vermeintliche Ohnmacht der sprachlichen und vor allem der dichterischen politischen Intervention auf, so stellt die ästhetisch komplex angelegte Rede von Jimmy – die etwa hinsichtlich der Metaphorik deutlich elaborierter ist als die Rede von Lord Byron – die politische Macht der Sprache heraus, die eine politische Vision kommunizieren und Gemeinschaft erzeugen kann.

Der sozialdarwinistisch akzentuierten Philosophie des Fabrikanten Ure – „Im Kampfe aller gegen alle reift das Leben. [...] Der Sieger pflanzt sich fort, nicht der Geschwächte!" (MS, 166) –, vermag Jimmy mit seiner Sprachmacht eine Vision der Gleichheit und Gerechtigkeit entgegenzusetzen. Ures Philosophie formuliert eine ‚Auslese', einen „Adel starker Männer" (MS, 167), die nach „Naturgesetzen, / Die unserm Menschensinn unergründlich / Bleiben" (MS, 166), ausgewählt werden und politische und ökonomische Macht innehaben, während Jimmys Gleichheitsentwurf vermeintliche Naturgesetze oder biologistische Determinationen als fatale und einseitige Machtverteilung dekuvriert:

> Oh, was ihr Tugend nennt, Naturgesetz, Gebot der Starken,
> Ist Name eurer tiefen, tiefsten Not,
> Der Sklaverei, in die ihr schuldverknüpft euch selbst verstricktet,
> Ist Name eures Dämons, der von Krieg
> Zu Krieg euch treibt!
> Zum Krieg gegen brüderliches Blut,
> Zum Krieg der Völker gegen Völker,
> Zum Krieg der Rasse gegen Rasse,
> Zum Krieg der Kontinente gegen Kontinente,
> Zum Krieg, wahrlich! aller gegen alle,
> Zum Krieg gegen euer eigen *Selbst!* [...]
> In unsern Herzen lebt entfaltungssehend,
> Wie eine Knospe, deren Hülle Wunder über Wunder birgt,
> Das *Du* (MS, 168).

Mit dem emphatisch gesetzten „*Du*" (ebd.) kann Jimmy das auf dem Recht des Stärkeren gründende Ich kontern und eine auch theologisch fundierte politische Vision entfalten, die sogar Ure – zumindest abstrakt-theoretisch – zu faszinieren vermag.[380] Ures Angebot – „Ihr träumt. Doch liebte ich, daß Ihr an meiner Seite träumt ... Von dieser Stunde seid Ihr meinem Hause eingereiht" (MS, 168) – erteilt Jimmy jedoch eine Absage, da zu vermuten steht, dass Ure weder sein politisch-ökonomisches Konzept anpassen wird noch die Radikalität der auf das *Du* abzielenden Philosophie erfasst. Die auch von Emmanuel Lévinas herausgestellte Bedeutung des *Du* lässt sich in Verbindung zu einer theologischen Richtung setzen, die prominent etwa von Martin Buber in *Ich und Du* vertreten wurde.[381] Lévinas stellt noch vehementer die Bedeutung des *Du*, also die Bedeutung des Anderen als die*der fremde Andere heraus: „Die Begegnung mit dem anderen

---

[380] Zu den theologischen Implikationen der Szene und des Textes vgl.: Schreiber: Politische Retheologisierung, v. a. S. 172–179.
[381] Vgl.: Martin Buber: Ich und Du. Stuttgart: Reclam 1983.

Menschen bietet uns den ursprünglichen Sinn überhaupt, und in seiner Verlängerung findet man allen weiteren Sinn."[382] Die*der Andere ist nicht als *Alter Ego* zu verstehen, sondern „als das radikal Andere [...], als Anders-Sein zu meinem So-Sein [...], als Andersheit eines Seins, das sich zu mir selbst in einer meta-ontologischen Signifikanz enthüllt – eben als die Andersheit des anderen Menschen, der eben weit mehr ist als nur der Mitmensch".[383] Sowohl die radikale Andersartigkeit als auch die quasi-theologischen Implikationen werden von Jimmy in seiner Antwort an Ure reflektiert und programmatisch gefasst:

> Ich kämpfe wider Euch! Und doch für Euch,
> Für euer Kind und Euer Kindeskind,
> Auf meiner Fahne flammt das Licht: Gerechtigkeit.
> Der Gott, den Ihr verstoßen habt,
>
> Wir wollen ihn mit Tanz und Festen
> In morgenliche Stätten heimgeleiten! (MS, 168)

Die von John Wible untergrabene Revolution – statt Arbeiter-Gemeinschaften zu gründen, werden die Maschinen in der Fabrik zerstört – kollidiert mit den von Jimmy entfalteten politischen Bestrebungen. Jimmy muss angesichts der Zerstörung der Maschinen erkennen, dass seine idealistische Einschätzung der Arbeiter – „O Kameraden ... Freie dünktet ihr mich und waret Knechte!" (MS, 185) – nicht zu halten ist. Die politische Tat der Bildung der Gemeinschaft wird durch die „Tat des Knechtes, / Der sich auflehnt" (MS, 186) verunmöglicht, die „große[] Menschheitstat" (ebd.), die „Weltgemeinschaft allen Werkvolks" (ebd.), kann nicht realisiert werden, die Arbeiter*innen bleiben folglich „Knechte bis ans Ende aller Tage!" (ebd.). Mit der Revolution scheitert auch Jimmy, er wird von den Arbeiter*innen erschlagen. Der Text endet mit den wirren Worten der Figur Der alte Reaper, in denen nochmals die religiösen Motive und die *Imitatio Christi* mit der Vision der „Weltgemeinschaft" (ebd.) enggeführt werden:

> Ach, wie er daliegt ... ach, wie er daliegt ... und die Augen ... und die Augen ... Du armer, lieber Gottessohn ... Präsentiert das Gewehr ... Du armer, lieber Gott ... Ich hab' die Tat erlebt ... Und hab' sie überlebt ... wie müde macht das Leben ... Ich möchte sterben ... Ach, du armer, lieber Gott. [...] Und ich will den Vater bitten ... Und er soll euch einen anderen Tröster geben, den

---

[382] Emmanuel Lévinas: Etretiens avec le Monde. Paris: La Découverte 1984, S. 138–148, hier: S. 142; zitiert nach: Bernhard Taureck: Lévinas zur Einführung. Hamburg: Junius ⁴2006, S. 13 f.
[383] Arno Münster: Von der Ich-Du-Philosophie Martin Bubers zum Denken des Anderen in der Philosophie von Emmanuel Lévinas. In: Angelica Bäumer und Michael Benedikt (Hrsg.): Dialogdenken, Gesellschaftsethik. Wider die allgegenwärtige Gewalt gesellschaftlicher Vereinnahmung. Wien: Passagen 1991, S. 123–138, hier: S. 133.

> Geist der Wahrheit ... Welchen die Welt nicht kann empfahen [sic!], denn sie siehet ihn nicht ... und sie kennet ihn nicht ... Ach, du armer, lieber Gott ... Man muß für ein Begräbnis sorgen ... man muß einander helfen und gut sein ... (MS, 188).

Am Ende steht nicht die Gewalttat, die „überlebt" (ebd.) wurde, aber dennoch den Wunsch nach dem Tod erweckt, sondern der tote „Gottessohn" bzw. der tote „Gott" (ebd.). Allerdings bewirkt der Tod von Jimmy als *Imitatio Christi* nicht die Erlösung, vielmehr muss nach seinem Tod um einen „anderen Tröster" (ebd.) gebeten werden; „der gekommene Christus [wird] durch den Kommenden (Geist) – und damit den Unverfügbaren – ersetzt."[384] Die Stelle ist komplex und verweist intertextuell nahezu wörtlich auf Christus' Ankündigung des Heiligen Geistes: „Und ich will den Vater bitten und er wird euch einen andern Tröster geben, dass er bei euch sei in Ewigkeit: den Geist der Wahrheit, den die Welt nicht empfangen kann, denn sie sieht ihn nicht und kennt ihn nicht."[385] Im Johannes-Evangelium ist das Erscheinen des anderen „Trösters"[386] eindeutig positiv konnotiert, auch wenn es das Weggehen von Christus voraussetzt: „Denn wenn ich nicht weggehe, kommt der Tröster nicht zu euch. Wenn ich aber gehe, will ich ihn zu euch senden. Und wenn er kommt, wird er der Welt die Augen auftun über die Sünde und über die Gerechtigkeit und über das Gericht."[387]

Nimmt man die wirre Rede ernst, würde der Tod von Jimmy teleologisch und im zweiten Schritt eschatologisch aufgeladen und als Bedingung des Erscheinens des Heiligen Geistes gesetzt; „der prophetische Sprachgestus des Alten [bewahrt selbst] in der kritischen Destruktion die Erinnerung an die biblischen Zusagen".[388] Die sich in der Schlussszene manifestierende „Gleichzeitigkeit von Lächerlichmachung, Parodie und Prophetie"[389] lässt sich als Schlüssel für den Text und die Vision des Politischen fruchtbar machen: Die theologische Heilsgeschichte wird verfremdend zitiert und nicht ungebrochen in die politische und säkulare ‚Heilsgeschichte' überführt; die „gesellschaftstheoretischen Entwürfe [bedürfen] der Ergänzung durch die Auseinandersetzung mit der symbolischen Ordnung und deren religiös-theologische[r] Herkunft".[390] Die Fundierungen des Politischen werden somit nicht als theologische gedacht, aber auf ebendiese Strukturen befragt; ein tragfähiges (innovatives) Politisches erwächst nicht aus der *tabula rasa*,

---

[384] Schreiber: Politische Retheologisierung, S. 199.
[385] Joh. 14, 15 f.
[386] Ebd.
[387] Joh. 16, 7 f.
[388] Schreiber: Politische Retheologisierung, S. 198.
[389] Ebd., S. 199.
[390] Ebd.

sondern weiß um diese Formen und Narrative und vermag sie in abgewandelter Form zu importieren.

Der Schlusssatz – „man muß einander helfen und gut sein" (MS, 188) – lässt sich folglich auch auf zwei Ebenen lesen: Zum einen lässt er sich an die skizzierte Form rückbinden, zum anderen lässt er sich aber auch als eine naive ethische Prämisse lesen, die an Jimmys Vision der „Menschheitstat" (MS, 186) als der Erschaffung der „Weltgemeinschaft" (ebd.) anschließt und die Tat – so ja die Kernthese des Textes – nochmals als Erschaffung von Gemeinschaft und nicht als heroische (Gewalt-)Tat definiert. Das Politische – und damit wird eine wichtige Struktur von Tollers politischem Engagement nochmals aufgerufen – wird hier folglich mit dem Ethischen verknüpft.

Das Scheitern der Tat lässt sich als Parallele zu dem Scheitern der oben diskutierten sprachlichen Intervention Lord Byrons verstehen: Der Text erzählt das Misslingen der politischen Mission, markiert aber gerade so die Tat – und das ihr zugrundliegende politische und soziale Konzept – als das ‚richtige'; die ausführliche Demonstration des Scheiterns der „Menschheitstat" (MS, 186), mit der das Scheitern der Figur Jimmy einhergeht, wendet das Politische und die Notwendigkeit der politischen Tat performativ auf die Lesenden: Die Tat kann im Text nicht exekutiert werden, wird aber in der Rezeption reflektiert.

8 Die Tat als ‚völkische' und ‚rassische' Differenzierung: Alfred Rosenbergs *Der Mythus des 20. Jahrhunderts. Eine Wertung der seelisch-geistigen Gestaltenkämpfe unserer Zeit* (1930)

8.1 Einleitung

Alfred Rosenberg nimmt in seinem 1930 erschienen Text *Der Mythus des 20. Jahrhunderts*[391] die bei Hugo von Hofmannsthal angelegte Problematisierung der Tat als Untat nicht auf, sondern knüpft vielmehr an die von Ernst Jünger entfaltete Diskussion der (semantisch entleerten) Tat und des Willens im Kontext des Ersten Weltkriegs an.[392] Zugleich nimmt der Text eine Vielzahl von Argumenten aus dem 1924 (erster Teil) bzw. 1925 (zweiter Teil) publizierten Text *Mein Kampf*[393] von Adolf Hitler auf; dies nicht zuletzt aus strategischen Gründen.[394] Rosenberg strebt mit seinem Text eine zweifache Wirkung an: Zum einen will er

---

[391] Zur Bedeutung der Person Alfred Rosenberg, die für die folgenden Überlegungen nur aufgrund der eindeutig zu bestimmenden Textintention, eine Wirkung nicht nur im Ästhetischen, sondern vor allem im Politischen zu zeitigen, relevant ist, vgl.: Ernst Piper: Alfred Rosenberg. Hitlers Chefideologe. München: Allitera 2015.

[392] Der bei Jünger beobachtete ‚Voluntarismus der Tat' und die emphatische Realisierung der Tat, die nicht durch die Reflexion oder das Zaudern unterbunden oder verzögert werden darf, findet sich auch in Adolf Hitlers *Mein Kampf*: „Von höchster Wichtigkeit ist die Ausbildung der Willens- und Entschlußkraft sowie die Pflege der Verantwortungsfreudigkeit. Wenn beim Heer einst der Grundsatz galt, daß ein Befehl immer besser ist als keiner, so muß dies bei der Jugend zunächst heißen: Eine Antwort ist immer besser als keine. Die Furcht, aus Angst Falsches zu sagen, keine Antwort zu geben, muß beschämender sein als eine unrichtig gegebene Antwort. Von dieser primitivsten Grundlage aus ist die Jugend dahingehend zu erziehen, daß sie den Mut zur Tat erhält." Adolf Hitler: Mein Kampf. Zentralverlag der NSDAP. München: Franz Eher Nachf. [641-645]1941, S. 462. [Hervorhebung im Original]

[393] Zur Poetik des Textes und zu den Textstrategien vgl.: Albrecht Koschorke: Adolf Hitlers ‚Mein Kampf'. Zur Poetik des Nationalsozialismus. Berlin: Matthes & Seitz 2016.

[394] Zum Willen vgl. etwa: „*Der völkische Staat hat in dieser Erkenntnis seine gesamte Erziehungsarbeit in erster Linie nicht auf das Einpumpen bloßen Wissens einzustellen, sondern auf das Heranzüchten kerngesunder Körperbildung der geistigen Fähigkeiten. Hier aber wieder an der Spitze die Entwicklung des Charakters, besonders die Förderung der Willens- und Entschlußkraft, verbunden mit der Erziehung zur Verantwortungsfreudigkeit, und erst als letztes die wissenschaftliche Schulung.*" Hitler: Mein Kampf, S. 452. [Hervorhebung im Original]

ein politisches Programm vorlegen, zum anderen will er sich politische Bedeutung im Sinne einer politischen Position in der Partei erschreiben.[395] Der weitschweifige und oftmals wenig kohärente Text verfolgt jedoch nicht nur das Ziel, eine politische Programmatik zu erstellen, sondern äußert sich ebenso zu Fragen der Ästhetik. Die beiden vermeintlich konträren und einer divergenten Programmierung unterliegenden Bereiche werden von Rosenberg eng gekoppelt, im Gegensatz zu den klaren wie rassistischen Differenzierungen im Bereich des (bio-)politischen werden also die tradierten Differenzierungskonzepte von ästhetischer und politischer Form unterlaufen; die „Theorie politischer Souveränität [trägt] ästhetische Implikationen [aus]".[396] So verweist etwa die Kapitelüberschrift *Das Schönheitsideal von 1914* mit der Betrachtung der auf den Kriegerdenkmälern dargestellten soldatischen Physiognomien auf die Sphäre des Ästhetischen: „Die Gesichter [...], sie haben fast überall eine mystisch zu nennende Ähnlichkeit. Eine steile durchfurchte Stirn, eine starke gerade Nase mit kantigem Gerüst, ein festgeschlossener schmaler Mund mit der tiefen Spalte eines angespannten Willens."[397] Es geht also um ein „Schönheitsideal von Männerkraft und -willen" (DM, 448); die Begriffe ‚Kraft' und ‚Willen' deuten jedoch bereits an, dass sich Rosenbergs Betrachtungen nicht im Ästhetischen erschöpfen.[398] Das Kapitel verweist dann auch zugleich auf das mit dem Ästhetischen in Verbindung stehende Politische, „[h]inter dem aesthetischen Wert erhebt sich also deutlich ein ‚außeraesthetischer'" (DM, 449). Die sich in der Kunst manifestierende „neue Schönheit ist aber auch ein arteigenes Schönheitsbild des deutschen Arbeiters, des heutigen ringenden Deutschen schlechtweg" (DM, 448). Und so führt eine direkte Linie von dem Politischen – oder der politischen Propaganda – zu dem Ästhetischen und zurück:

> Es wird nichts mehr helfen: der Verrat von 1918 beginnt sich an den Verrätern zu rächen. Aus den Todesschauern der Schlachten, aus Kampf, Not und Elend ringt sich ein neues

---

395 Vgl. hierzu ausführlich Piper: Alfred Rosenberg.
396 Hebekus: Ästhetische Ermächtigung, S. 65.
397 Alfred Rosenberg: Der Mythus des 20. Jahrhunderts. Eine Wertung der seelisch-geistigen Gestaltenkämpfe unserer Zeit. München: Hoheneichen [149–152]1939, S. 448. Der Text wird im Folgenden im Haupttext unter der Sigle DM und der Angabe der Seitenzahl zitiert. Hervorhebungen im Original werden durch Kursivierung kenntlich gemacht.
398 Das vollständige Zitat, in dem sich Rosenbergs These andeutet, lautet: „Die neue heute erwachende Arbeiterbewegung – der Nationalsozialismus – wird erweisen müssen, ob sie dem deutschen Arbeiter und mit ihm dem ganzen Volke nicht nur eine politische Idee, sondern auch ein Schönheitsideal von Männerkraft und -willen zu schenken imstande ist, einen seelischen, alles andere beherrschenden Höchstwert und damit die Voraussetzung für eine organische, das Leben durchflutende und Leben erzeugende Kunst" (ebd.).

Geschlecht empor, das endlich einmal ein arteigenes Ziel vor Augen sieht, das ein arteigenes alt-neues Schönheitsideal besitzt, das von einem arteigenen Schöpferwillen beseelt ist. Sein ist die Zukunft (DM, 448 f.).

8.2 ‚Völkische' und ‚rassische' Differenzierungen

Rosenberg beendet den zweiten Teil seines Buches, der mit *Das Wesen der germanischen Kunst* überschrieben ist und dessen Kapitelüberschriften – *Das rassische Schönheitsideal*, *Wille und Trieb* und *Der aesthetische Wille* – nicht nur den Gang der Argumentation andeuten, sondern wiederum die Verbindung von Ästhetik und Politik aufzeigen, mit der Bindung der Tat an die ‚Opfer' der Soldaten im Ersten Weltkrieg; mehr noch – die Tat als Operation wird zur ästhetisch wie politischen „Wiedergeburt" (DM, 450) funktionalisiert:

> Und wie immer sich auch weiter das politische Leben gestalten mag: es hat dann auch die Geburtsstunde des Dichters des Weltkrieges geschlagen! Er weiß dann mit allen anderen, daß die zwei Millionen toter deutscher Helden ungeachtet des heutigen Niederganges die wirklich Lebendigen sind, daß sie ihr Leben ließen für nichts anderes als für die Ehre und Freiheit des deutschen Volkes, daß in dieser Tat die einzige Quelle unserer seelischen Wiedergeburt liegt, der einzige Wert aber auch, unter den sich alle Deutschen widerspruchslos beugen können. Dieser deutsche Dichter wird dann auch mit starker Hand das Gewürm von unseren Theatern verjagen, er wird den Musiker zu einer neuen Heldenmusik befruchten und dem Bildhauer den Meißel führen. Die Heldendenkmäler und Gedächtnishaine werden durch ein neues Geschlecht zu Wallfahrtsorten einer neuen Religion gestaltet werden, wo deutsche Herzen immer wieder neu geformt werden im Sinne eines neuen Mythus. Dann ist durch die Kunst erneut einmal die Welt überwunden worden (ebd.).

Die avisierte „neue Heldenmusik" (ebd.), die „Heldendenkmäler" (ebd.) und die „neue[] Religion" (ebd.) wie der „neue[] Mythus" (ebd.) – Rosenberg verweist hier im Sinne einer Mythopoiesis explizit auf die ästhetische Produktion und Setzung von *neuen* Mythen, womit sich das ästhetisch-politische Programm von der auf vermeintlich archaische Mythen zurückgreifenden Völkischen Bewegung differenziert[399] – reformieren jedoch nicht nur die Kunst, sondern programmieren das soziale und politische Leben neu. Die ‚neuen Mythen' unterliegen hierbei einer Immunisierungsstrategie, die die wissenschaftliche oder historische Falsifizierbarkeit ausschaltet. Der Wahrheitsgehalt der Mythen erweist sich durch die Schaffung von Tatsachen bzw. durch ihre setzende Kraft, nicht durch ihre Ana-

---

[399] Vgl. hierzu ausführlich: Sven Neufert: Theater als Tempel. Völkische Ursprungssuche in Drama, Theater und Festkultur 1890–1930. Würzburg: Königshausen & Neumann 2018.

lyse: „Der neue Mythus und die neue typenschaffende Kraft, die heute bei uns nach Ausdruck ringen, können überhaupt nicht ‚widerlegt' werden. sie [sic!] werden sich Bahn brechen und Tatsachen *schaffen*" (DM, 700).

Die Mythopoiesis der „neuen Religion" (DM, 450) dient der „Wiedergeburt" (ebd.) und versieht den Tod der deutschen Soldaten mit Sinn.[400] Die ästhetische Transformation wird jedoch nicht nur mit der politischen Transformation kurzgeschlossen, vielmehr steht bei Rosenberg das durch die Tat und die Kunst gezeugte „neue[] Geschlecht" (DM, 450) im Fokus. Folglich geht es wiederum, wie schon bei Ernst Jünger und den Futuristen, um die Erzeugung des ‚neuen Menschen' nach konkret exponierten Verfahren.

Wenn aber in dem Tod der Frontsoldaten, der aus der Kontingenz und Passivität in eine nahezu aktive „Tat" (ebd.) der „wirklich Lebendigen" (ebd.) überführt wird, „die einzige Quelle unserer seelischen Wiedergeburt liegt" (ebd.), dann erfährt die Tat damit eine maximale Aufladung. Rosenberg liest die Exekution der Tat in dem Text dann auch als Ausdruck einer „seelisch geformte[n] Kraft" (DM, 269). Die für die Ausführung der Tat notwendige Kraft ist jedoch wie die Tat selbst nicht Ausdruck einer individuellen Disposition, sondern liegt in dem spezifischen „germanische[n] dynamische[n] Wesen" (DM, 262) des deutschen ‚Volkes' begründet, das „Weltüberwindung, Kampf" (ebd.) bedeutet. Damit unterscheidet sich die „nordische Idee" (DM, 266) sowohl von den von Rosenberg grob skizzierten asiatischen Philosophien und Religionen als auch von dem Judentum, das in dem Text propagandistisch diffamiert und dämonisiert wird:[401]

---

[400] Dass diese Mythopoiesis zwar neue Mythen und eine neue Religion explizit anführt und damit die Idee einer *creatio ex nihilo* nahelegt, wie Hebekus ausführt (vgl. Hebekus: Ästhetische Ermächtigung, S. 66.), wird an der zitierten Stelle deutlich. Zugleich erteilt der Text an anderer Stelle dieser Vorstellung eine dezidierte Absage: „Der indische Monismus war eigentlich aus einem scharfen Dualismus geboren: die Seele, das allein Wesentliche, die Materie eine Täuschung, die zu überwinden ist. Eine Schaffung dieser Materie, und gar aus dem Nichts, wäre jedem indischen Arier als blasphemischer Materialismus erschienen. Es ist im indischen Schöpfungsmythus eine ähnliche Stimmung vorherrschend wie in Hellas, wie in Germanien: das Chaos ordnet sich einem Willen, einem Gesetz unter, aber nie entsteht aus dem Nichts eine Welt, wie syrisch-afrikanische Wüstensöhne es lehrten und Rom mit seinem Dämon Jahwe es übernommen hat. Schillers Satz: ‚Wenn ich Gott denke, gebe ich den Schöpfer auf' bedeutet in knappster Form die klare Absage der arisch-nordischen Rassenseele an die zauberisch-magische Verknüpfung von ‚Schöpfer und Geschöpf', als Gott und ehrlose Kreatur. Rom hat Isis, Horus, Jahwe, Platon, Aristoteles, Jesus, Thomas usw. zusammengeknetet und will dieses Soseins dem Dasein der Rassen und Völker gewaltsam aufzwingen, oder, wo dies nicht geht, durch einschmeichelnde Verfälschungen einträufeln, um dieses naturgewachsene Dasein zu verkrüppeln, die seelisch und rassisch Verkrüppelten dann aber unter das ‚katholische' Dach zu sammeln" (DM, 250).
[401] Die Dämonisierung sowie die antisemitische Diffamierung der Juden als auszumerzende Parasiten der ‚Ent-Wertung' – also als die radikal Anderen – zeigen die Radikalität des Textes auf,

> Gleich weit entfernt von beiden Gegensätzen steht die nordische Idee, aber nicht, als ob sie sich zwischen ihnen befinde, sondern sie liegt außerhalb der jene verbindenden Linie. Denn die Ruhe Goethes ist nicht die Ruhe Lao-tse und die Tat Bismarcks ist nicht die Tätigkeit Rothschilds (DM, 266).

Im Gegensatz zum Judentum, das mit dem antisemitischen Kampfbegriff „der ewige Jude" (DM, 265) diskreditiert wird, erkennt Rosenberg in den asiatischen Texten noch Schönheit und Tiefe; gleichwohl bieten diese ‚fremden' Philosophien und Religionen dem „nordischen Menschen" (DM, 266) keine Alternative: „Wir gehen entweder *unseren* Weg, oder wir fallen in Chaos, Raserei, in den Abgrund" (DM, 268).

Der zu gehende Weg beginnt mit der Tat des „germanische[n] Mensch[en]" (ebd.), die sich in dem Text auch auf der Ebene der Form manifestiert: „Es erschien der germanische Mensch in der Weltgeschichte" (ebd.). Der kurze Satz unterscheidet sich grundlegend von der Hypotaxe des Kotextes, stellt in seiner Kürze und Prägnanz einen Knotenpunkt der mythischen Narration dar und initiiert die Erzählung wie Setzung der neuen Ordnung, die durch den Anklang an die biblische Rede autorisiert und aufgeladen wird. Das Erscheinen des „germanischen Menschen" (DM, 268) geht mit Aktivität, mit der Ausführung von Taten einher: „Er umschiffte die ganze Erde; er entdeckte Millionen Welten; er grub in tropischer Sonnenhitze uralte, längst vergessene Städte aus, [...] er lebte unter Buschmännern, Indianern, Chinesen und formte sich ein mannigfaches Bild der Völkerseelen" (DM, 269). Die in *Mein Kampf* vorgenommene Differenzierung – „Würde man die Menschheit in drei Arten einteilen: in Kulturbegründer, Kulturträger und Kulturzerstörer, dann käme als Vertreter der ersten wohl nur der Arier in Frage"[402] – wird hier von Rosenberg aufgenommen.

Die Entdeckungen und Eroberungen – also das ‚Äußere' der Tat – sind jedoch nicht das Entscheidende. Viel wichtiger ist Rosenberg das der Ausführung der Tat zugrundeliegende ‚Innere': „Er [d. h. der germanische Mensch; I.N.] faßte das Tun der Völker *als Tat auf, d.h. als geformte seelische Kraft*, als Ausdruck eines eigenartigen Innern" (DM, 269). Die Tat ist also weder als Selbstzweck noch als

---

der als programmatischer Text politische Wirkung entfachen will: „Wenn irgendwo die Kraft eines nordischen Geistesfluges zu erlahmen beginnt, so saugt sich das erdenschwere Wesen Ahasvers an die erlahmenden Muskeln; wo irgendeine Wunde aufgerissen wird am Körper einer Nation, stets frißt sich der jüdische Dämon in die kranke Stelle ein und nutzt als Schmarotzer die schwachen Stunden der Großen dieser Welt. Nicht als Held sich Herrschaft erkämpfen ist sein Sinnen, sondern sich die Welt ‚zinsbar' zu machen, leitet den traumhaft starken Parasiten. Nicht streiten, sondern erschleichen; nicht Werten dienen, sondern Ent-Wertung ausnutzen, lautet sein Gesetz, nach dem er angetreten und dem er nie entgehen kann – solange er besteht" (DM, 460).
402 Hitler: Mein Kampf, S. 318.

Mittel zum Zweck von Interesse – „Tat ist für den Abendländer der Ausdruck eines inneren Wesens in einer Seelen-Entwicklung ohne irdischen Zweck, also eine Form unserer Seelenaktivität" (DM, 271). Vielmehr verweist sie auf die *„inneren Kräfte"* (DM, 269), auf die „faustische Seele" (DM, 271) des Deutschen, die sich so grundlegend von anderen Nationalitäten und vor allem von der jüdischen Identität/‚Rasse'[403] unterscheidet, die eben nicht als willensstark, entscheidungsfreudig[404] und tatkräftig gedacht wird.

Wille, Entscheidung[405] und Tat werden also einmal mehr als die entscheidenden Qualitäten der deutschen ‚Rasse' definiert, womit sich eine weitere Linie von Rosenbergs *Mythus des 20. Jahrhunderts* zu Hitlers *Mein Kampf* ergibt. Dass diese Differenzierung in dem Text auch und vor allem einen qualitativen bzw. diffamierenden Vektor hat, muss nicht eigens betont werden.[406]

Rosenberg fasst als Differenzierung somit weder die Ausführung der Tat (also das aktive Moment der heroischen Tat) noch das Ergebnis der Tat (also das empirisch oder qualitativ zu bewertende Resultat). Die Differenzierung der „seelischen Richtungen verschiedener Völker" (DM, 273) erfolgt allein durch die grundlegende Disposition *zur* Tat als die in der Bereitschaft zur Tat aufscheinende *„geformte seelische Kraft"* (DM, 269); die Rosenbergs Text zugrundeliegende Ontologie der Tat verweist hier direkt auf die Ontologie der Täter. Erst mit dieser ontologischen Fassung der Tat und der Täter wird die (rassistische) Differenzierung und Exklusion absolut und statisch: Die Disposition zur Tat ist nicht zu erwerben, sondern qua Geburt der deutschen ‚Rasse' gegeben; das deutsche Volk wird somit rassisch geschlossen und von den ‚Anderen' kategorisch abgesetzt.

---

403 Zum Begriff der Rasse vgl.: Antje Sommer und Werner Conze: Artikel ‚Rasse'. In: Otto Brunner, ders. und Reinhart Koselleck (Hrsg.): Geschichtliche Grundbegriffe. Historisches Lexikon zur politisch-sozialen Sprache in Deutschland. Bd. 5. Stuttgart 1984, S. 137–146. – Vgl. auch: Christian Geulen: Geschichte des Rassismus. München: Beck ³2017.
404 Zur Bedeutung der Entscheidung für die ‚rassische' Differenzierung vgl. auch: Hebekus: Ästhetische Ermächtigung, S. 401f.
405 Koschorke führt zu *Mein Kampf* aus: „Alles kommt auf die Entschiedenheit an, mit der man seinen Glauben verficht, und das macht diesen Glauben selbst zu einer Angelegenheit der Entscheidung." Koschorke: Adolf Hitlers ‚Mein Kampf', S. 57.
406 „Und so wächst auch hier der nordische Begriff der Tat zu etwas ganz anderem aus, als was ein Lao-tse unter ‚Tun' verstand und was einem Buddha als schädlich, weil leidenbringend, erschien. Noch mehr geschieden ist die Idee der Tat von der jüdischen emsigen Tätigkeit, die stets einen rein irdischleiblichen Zweck als Triebfeder aufweist" (DM, 271).

8.3 Zucht und Züchtigung

Es geht Rosenberg folglich nicht um die Untersuchung eines singulären wie extraordinären Subjekts (oder einer extraordinären exklusiven Gruppe von Subjekten, wie sie etwa Ernst Jünger mit den Stoßtruppführern in den Blick genommen hat), vielmehr steht der Charakter des deutschen ‚Volkes' als Ganzes im Fokus.[407] Mit Blick auf die Texte der Futuristen oder auf die Überlegungen von Stefan George oder Ernst Jünger geschieht hier eine fundamentale Verschiebung: Der Blick richtet sich nun auf das qualitativ abzugrenzende ‚Volk'; die Diskussion der Tat bzw. Tatbereitschaft löst sich von der Betrachtung des individuellen Subjekts und wird als Merkmal einer ‚völkischen' oder ‚rassischen' Identität funktionalisiert, durch die die Aufwertung des Eigenen und die Abwertung des Fremden[408] als der „reine[n] Negativität"[409] geleistet werden kann: „Heute aber beginnt ein ganzes Geschlecht zu ahnen, daß nur dort Werte geschaffen und erhalten werden, wo noch das Gesetz des Blutes Idee und Tat des Menschen bestimmt" (DM, 22). Aus den „Naturgesetze[n] des Blutes" (DM, 560) ergibt sich für die „deutsche Erneuerung" (ebd.) ein biopolitisches Programm der Züchtung – oder, wie es in *Mein Kampf* heißt: der ‚Hochzüchtung' des „Rassengutes" – und der Ausmerzung. Hitler entfaltet die Programmatik explizit:

> Was auf diesem Gebiete heute von allen Seiten versäumt wird, hat der völkische Staat nachzuholen. Er hat die Rasse in den Mittelpunkt des allgemeinen Lebens zu setzen. Er hat für ihre Reinerhaltung zu sorgen. Er hat das Kind zum kostbarsten Gut eines Volkes zu erklären. Er muß dafür Sorge tragen, daß nur, wer gesund ist, Kinder zeugt; daß es nur eine Schande gibt: bei eigener Krankheit und eigenen Mängeln dennoch Kinder in die Welt zu setzen; doch eine höchste Ehre: darauf zu verzichten. Umgekehrt aber muß es als verwerflich gelten: gesunde Kinder der Nation vorzuenthalten. Der Staat muß dabei als Wahrer einer

---

407 „Sozialdarwinismus, Eugenik, Bevölkerungswissenschaft, Pangermanismus, Ariomanie, völkische Ideologie und ein rassistisch aufgeladenes teutonisches Sendungsbewusstsein verbanden sich im Nationalsozialismus zu einer Weltanschauung, die stetig an Dynamik und Radikalität gewann." Piper: Alfred Rosenberg, S. 192.
408 Als weiteres Beispiel für die Differenzierung ließe sich Rosenbergs Diskussion der ‚Ruhe' anführen: „Betrachtet man weniger das äußere Leben, sondern die innere Sehnsucht eines Volkes, wie sie sich in seinen Größten ausspricht, so kann man, kurzgefaßt sagen: dem Chinesen ist Ruhe die Überwindung des Tuns, um ohne bewußtes Handeln den Schicksalsweg zu gehen; dem Inder bedeutet Ruhe die Überwindung des Lebens, die erste Stufe des Hinübergehens in das Ewige; des Juden Ruhe ist das Lauern auf eine, stoffliche Erfolge versprechende Tätigkeit; die Ruhe des nordischen Menschen ist Sammlung vor der Tat, ist Mystik und Leben zugleich" (DM, 272).
409 Ernesto Laclau: ‚Was haben leere Signifikanten mit Politik zu tun?' In: ders.: Emanzipation und Differenz. Wien: Turia+Kant 2002, S. 65–78, hier: S. 68.

tausendjährigen Zukunft auftreten, der gegenüber der Wunsch und die Eigensucht des einzelnen als nichts erscheinen und sich zu beugen haben. Er hat die modernsten ärztlichen Hilfsmittel in den Dienst dieser Erkenntnis zu stellen. Er hat, was irgendwie ersichtlich krank und erblich belastet und damit weiter belastend ist, zeugungsunfähig zu erklären und dies praktisch auch durchzusetzen. Er hat umgekehrt dafür zu sorgen, daß die Fruchtbarkeit des gesunden Weibes nicht beschränkt wird durch die finanzielle Luderwirtschaft eines Staatsregiments, das den Kindersegen zu einem Fluch für die Eltern gestaltet. Er hat mit jener faulen, ja verbrecherischen Gleichgültigkeit, mit der man heute die sozialen Voraussetzungen einer kinderreichen Familie behandelt, aufzuräumen und muß sich an Stelle dessen als oberster Schirmherr dieses köstlichsten Segens eines Volkes fühlen. Seine Sorge gehört mehr dem Kinde als dem Erwachsenen. [...] Wer körperlich und geistig nicht gesund und würdig ist, darf sein Leid nicht im Körper seines Kindes verewigen. Der völkische Staat hat hier die ungeheuerste Erziehungsarbeit zu leisten. Sie wird aber dereinst auch als eine größere Tat erscheinen als die siegreichsten Kriege unseres heutigen bürgerlichen Zeitalters sind. [...] Und der Staat hat in dieser Erziehungsarbeit die rein geistige Ergänzung seiner praktischen Tätigkeit zu leisten. Er muß ohne Rücksicht auf Verständnis oder Unverständnis, Billigung oder Mißbilligung in diesem Sinne handeln. Eine nur sechshundertjährige Verhinderung der Zeugungsfähigkeit und Zeugungsmöglichkeit seitens körperlich Degenerierter und geistig Erkrankter würde die Menschheit nicht nur von einem unermeßlichen Unglück befreien, sondern zu einer Gesundung beitragen, die heute kaum faßbar erscheint. [...] Denn hat erst ein Volk und ein Staat diesen Weg einmal beschritten, dann wird sich auch von selbst das Augenmerk darauf richten, gerade den rassisch wertvollsten Kern des Volkes und gerade seine Fruchtbarkeit zu steigern, um endlich das gesamte Volkstum des Segens eines hochgezüchteten Rassengutes teilhaftig werden zu lassen.[410]

Das Ziel kann folglich auch für Rosenberg nicht sein, „die Auslese des Kranken durch Schwächlichkeit zu fördern" (DM, 560) – vielmehr muss die „bewußte Auslese das willensmäßig Starke und Schöpferische wieder an die Spitze [...] führen, ohne Rückschau darauf zu halten, was zurückbleibt" (ebd.). Damit werden eugenische Konzepte in Politik[411] überführt und die beiden Fluchtpunkte der Züchtung (‚Lebensborn' auf der einen Seite, ‚Euthanasie'/Ermordung im KZ auf der anderen Seite) herausgestellt: „Will eine deutsche Erneuerung die Werte unserer Seele im Leben verwirklichen, so muß sie auch die körperlichen Voraussetzungen dieser Werte erhalten und stärken. Rassenschutz, Rassenzucht und Rassenhygiene sind also die unerläßlichen Forderungen einer neuen Zeit" (DM, 577). Anders gesagt: „Die Absonderung des jüdischen Körpers ist unmittelbare Produktion des eigentlichen deutschen Körpers".[412]

---

410 Hitler: Mein Kampf, S. 447–448. [Im Original ist ein Großteil der Passage hervorgehoben]
411 Zu den konkreten Auswirkungen vgl.: Piper: Alfred Rosenberg, S. 191–193.
412 Agamben: Homo Sacer, S. 183.

Durch die ‚rassische' bzw. rassistische Differenzierung von ‚deutsch' und ‚nicht-deutsch' (bzw. jüdisch[413]) – die zugleich eine Setzung im Sinne Laclaus ist und ‚leere Signifikanten' nutzt,[414] also Signifikanten mit verschiebbarem Signifikat, das je nach Ideologie anders gefüllt werden kann[415] –, erfolgt zugleich eine Differenzierung von ‚lebenswertem' und ‚nicht-lebenswertem' Leben, und dies stellt den eigentlichen Zweck der Operation dar. Der Rassismus wird eingesetzt, so Foucault, „um in diesem Bereich des Lebens eine Zäsur einzuführen: die Zäsur zwischen dem, was leben, und dem, was sterben muß".[416] Rosenbergs biopolitisches Zuchtprogramm kaschiert hier keineswegs, dass der Körper und das Leben nun dem Zugriff der Politik ausgeliefert werden; ganz im Gegenteil: Er stellt dies als die innovative wie notwendige Leistung der nationalsozialistischen Politik heraus. Foucaults Beobachtung, dass „[d]er moderne Mensch [...] ein Tier [ist], in dessen Politik sein Leben als Lebewesen auf dem Spiel steht",[417] grenzt ihn von Aristoteles ab, der den Menschen als „ein lebendes Tier, das auch einer politischen Existenz fähig ist",[418] bestimmt. Agamben definiert diesen von Foucault beschriebenen Zustand in *Homa Sacer* in einer weiteren Zuspitzung als das „nackte Leben"[419] und liest ihn als „das entscheidende Ereignis der Moderne".[420] Hier wird der Umschlag von Politik in Biopolitik deutlich, der sich an Rosenbergs Text, der analog zu Hitlers *Mein Kampf* argumentiert, entfalten lässt.[421]

---

413 Dass die Juden sich „auf der rassischen Werteskala nicht eintragen [lassen], weil sie, wie es in der Tat die nationalsozialistische Doktrin selbst sagt, strenggenommen gar keine Rasse sind", „diese paradoxale Konstruktion einer nicht-rassischen jüdischen Rasse [...] [stellt] aber mitnichten eine Selbsteinschränkung des rassistischen Diskurses" dar. Hebekus: Ästhetische Ermächtigung, S. 405.
414 Vgl.: Laclau: ‚Was haben leere Signifikanten mit Politik zu tun?', S. 65–78. – Vgl. auch: Hebekus: Ästhetische Ermächtigung.
415 In Hitlers *Mein Kampf* lässt sich eine ähnliche Struktur feststellen: „Leere und Entschiedenheit widersprechen sich nicht, sondern ergänzen einander. [...] Es ist weniger ein blinder Fanatismus als die *Lust am Machtwort* [...]: an einer performativen Ermächtigung im rhetorischen wie im politischen Register, die sich zwar aller herkömmlichen Legtimationsmittel, soweit sie zur Hand sind, bedient, aber ihre heimlichste und tiefste Freude aus der gewaltbewehrten Grundlosigkeit der eigenen Rede gewinnt." Koschorke: Adolf Hitlers ‚Mein Kampf', S. 59. [Hervorhebungen im Original]
416 Foucault: In Verteidigung der Gesellschaft, S. 295.
417 Foucault: Der Wille zum Wissen, S. 138.
418 Ebd.
419 Agamben: Homo Sacer, S. 25.
420 Ebd., S. 14.
421 Vgl. die Aussagen in *Mein Kampf* zur Züchtigung bzw. Auslöschung: „Die Forderung, daß defekten Menschen die Zeugung anderer ebenso defekter Nachkommen unmöglich gemacht wird, ist eine Forderung klarster Vernunft und bedeutet in ihrer planmäßigen Durchführung die hu-

Rosenberg erörtert konkrete biopolitisch-juridische Maßnahmen, die der ‚Reinhaltung' der ‚Rasse' dienen: Die Einwanderung wird nicht mehr nach „jüdischer ‚Humanität gehandhabt'" (DM, 578), sondern folgt „nordisch-rassischen und hygienischen Gesichtspunkten" (ebd.). Insbesondere das Feld der Fortpflanzung mit der Gefahr der ‚Verunreinigung' durch die „Blutschande" (DM, 22), die zur ‚Vermischung' mit „feindlichem Blut" (ebd.) und letztlich zum Sterben von „Persönlichkeit, Volk, Rasse, Gesittung" (ebd.) führt, muss biopolitisch reguliert werden: „Geschlechtlicher Verkehr, Notzucht usw. zwischen Deutschen und Juden ist je nach der schwere des Falles mit Vermögensbeschlagnahme, Ausweisung, Zuchthaus und Tod zu bestrafen" (DM, 579).

Mit dem Begriff Blut, der in direkter Verbindung zum Begriff ‚Rasse' steht und als *differentia specifica* zur Differenzierung stark gemacht wird, etabliert Rosenberg ein Amalgam von mystisch-religiösen und biologistischen Konzepten; „[d]as Blut, welches starb, beginnt lebendig zu werden. In seinem Zeichen geht ein neuer Zellenbau der deutschen Volksseele vor sich" (DM, 1). Der Text greift hier mit der Diskussion des Mediums Blut „auf eine lange abendländische Symboltradition"[422] zurück: „Für den biologischen Rassediskurs des 19. und 20. Jahrhunderts war es prädestiniert, da im Blut (christliche) religiös-symbolische Bedeutungstraditionen und scheinbare empirische Erkenntnisse miteinander verbunden werden konnten."[423] Die Aufladung und Differenzierbarkeit des Blutes bedingt die Notwendigkeit der ‚Reinhaltung' – und dies stellt *Der Mythus des 20. Jahrhunderts* bereits auf den ersten Seiten mit der Skizzierung des (juridisch und politisch legitimierten) biopolitischen Programms deutlich heraus: „[F]ür die Zukunft ergibt sich eine neue Sendung. Geschichte und Zukunftsaufgabe bedeuten nicht mehr Kampf von Klasse gegen Klasse [...], sondern die Auseinandersetzung zwischen Blut und Blut, Rasse und Rasse, Volk und Volk" (DM, 1 f.). Die Ontologisierung des Blutes setzt mit dem Konzept der ‚Rasse' eine stabile Möglichkeit der Differenzierung ein, die das Konzept der Klasse ablöst und eine auf der Geburt beruhende Schließung wie Exklusion installiert.

Die notwendigen juridischen Grundlagen zur biopolitischen Regulierung etabliert Rosenberg mit einer Lösung des Rechts aus abstrakten wie allgemeinen codifizierten Grundlagen und einer Bindung des Rechts an das Blut und damit an die ‚Rasse' – Recht ist nun abhängig vom Sprechenden und Rechtvollziehenden: „Recht ist das, was arische Männer für recht befinden" (DM, 571 f.).[424] Das Recht ist

---

manste Tat der Menschheit. Sie wird Millionen von Unglücklichen unverdiente Leiden ersparen, in der Folge aber zu einer steigenden Gesundung überhaupt führen." Hitler: Mein Kampf, S. 280.
422 Neufert: Theater als Tempel, S. 238.
423 Ebd.
424 Rosenberg zitiert hier – nach seiner Aussage – einen alten indischen Rechtsgrundsatz.

wie die Politik keine „absolute Wesenheit[]" (DM, 571); es ist vielmehr an „ein gewisses Blut geknüpft, mit dem es erscheint und mit dem es vergeht" (DM, 572). Das Recht ist somit einerseits abhängig vom Blut bzw. der ‚Rasse' und andererseits diesem unterstellt; es wird als „dienendes, [...] nicht beherrschendes Glied innerhalb des Gesamtbaus eines Volkstums" (ebd.) definiert.[425] Recht und Politik werden nicht als getrennte Sphären gedacht, die etwa eine wechselseitige Kontrolle sicherstellen sollen, sondern werden in eins gesetzt und biopolitisch wie biojuridisch auf die ‚Rasse' – und damit auf die ‚rassische' Differenzierung, die das Töten biopolitisch oder eher thanatopolitisch[426] legitimiert – verpflichtet: „[S]o ergibt sich (zunächst innerstaatlich gedacht), daß Recht und Politik nur zwei verschiedene Äußerungen des gleichen Willens darstellen, der im Dienst unseres rassischen Höchstwerts steht" (DM, 574).

Rosenbergs Überlegungen zum Recht und zur Bio- bzw. Thanatopolitik erweisen sich hier als anschlussfähig für die von Carl Schmitt formulierten politisch-juridischen Grundlagen des NS-Regimes. Schmitts Vorstellung des Politischen ergibt sich, wie bereits ausgeführt, aus einer grundlegenden Differenzierung, der „spezifisch politische[n] Unterscheidung",[427] die seine Theorie von den gängigen Theorien des Politischen absetzt: der „Unterscheidung von *Freund* und *Feind*".[428] Aus der ‚Freund-Feind'-Dichotomie – der (politische) Gegner wird als zu vernichtender Feind gesehen[429] – resultiert die „reale[] Möglichkeit der physischen Tötung des Gegners",[430] die wiederum durch Schmitts Definition der Souveränität –

---

425 „Dagegen hatte man vergessen, daß beides – Recht und Politik – nicht absolute Wesenheiten, sondern nur bestimmte Auswirkungen bestimmt gearteter Menschen sind. Beide Ideen beziehen sich auch vom Standpunkt der Vorherrschaft des Volklichen auf einen über beiden stehenden Grundsatz, der sie sowohl in innen- wie außenstaatlichen Verhältnissen zu leiten hat, und je nach Verwendbarkeit im Dienste eines Höheren in seinen Aufbau des Lebens eingliedert. [...] Dadurch ist die heute vergessene Urweisheit angedeutet, daß Recht ebensowenig ein blutloses Schema ist, wie Religion und Kunst, sondern für ewig an ein gewisses Blut geknüpft ist, mit dem es erscheint und mit dem es vergeht. Bedeutet nun Politik im besten sinne des wirklich Staatsmännischen äußere Sicherung zwecks Stärkung eines Volkstums, so steht ‚das Recht' dem nirgends entgegen, wenn es im rechten sinne als ‚unser Recht' verstanden wird, wo es ein dienendes, nicht ein beherrschendes Glied innerhalb des Gesamtbaus eines Volkstums ist" (DM, 571f.).
426 Die Thanatopolitik wird im folgenden Kapitel zu den Texten von Bertolt Brecht noch genauer zu entfalten sein; dass der Begriff sowohl für den Text von Rosenberg als auch für die Texte von Brecht produktiv zu machen ist, deutet auf erstmal nicht auf der Hand liegende Parallelen der Text hinsichtlich der Formulierung des politischen Konzepts der totalen Unterwerfung hin.
427 Schmitt: Der Begriff des Politischen, S. 26.
428 Ebd. [Hervorhebung im Original]
429 Die Problematik dieser Sichtweise aus freiheitlich-demokratischer Sicht arbeitet u.a. Chantal Mouffe heraus: Vgl. Chantal Mouffe: Über das Politische, S. 8–12.
430 Schmitt: Der Begriff des Politischen, S. 33.

„Souverän ist, wer über den Ausnahmezustand entscheidet"[431] – in ein juridisch und politisch abgesichertes System überführt wird. Der Ausnahmezustand bedeutet nämlich nicht die Aufhebung des Rechts, wie Agamben zeigt:

> In Wahrheit steht der Ausnahmezustand weder außerhalb der Rechtsordnung, noch ist er ihr immanent, und das Problem seiner Definition betrifft genau eine Schwelle oder eine Zone der Unbestimmtheit, in der innen und außen einander nicht ausschließen, sondern sich unbestimmen [s'inderterminano]. Die Suspendierung der Norm bedeutet nicht ihre Abschaffung, und die Zone der Anomie, die sie einrichtet, ist nicht ohne Bezug zur Rechtsordnung (oder gibt wenigstens vor, es nicht zu sein).[432]

Der Ausnahmezustand wird auf Dauer gestellt, die „*Produktion eines biopolitischen Körpers [als] die ursprüngliche Leistung der souveränen Macht*"[433] sichergestellt.[434]

Somit unterscheidet sich auch der avisierte ‚neue Mensch' in dem Text Rosenbergs grundsätzlich von den ‚neuen Menschen' in den Texten des Futurismus oder den Texten Ernst Jüngers. Die ‚rassische' wie nationalistische Differenzierung, die mit den pejorativen Zuschreibungen – und den dann folgenden Ausschließungen/Ausmerzungen des Anderen – einhergeht, ist in dieser Form erst bei Rosenberg zu lesen: „Das kommende Reich ist also [...] nicht auf laue Stimmungen gegründet, sondern auf typenschweißende Leidenschaft und rassegebundenes Menschentum. Nationalismus in glühendster Form ist Voraussetzung und Endziel des Handelns" (DM, 556). Dies bedeutet jedoch keineswegs, dass sich die ‚schöne' (Höhenkamm-)Literatur im Gegensatz zu der politischen Programmatik als immun oder weniger radikal erwiesen hat. So schließt etwa Gottfried Benn nicht zuletzt aus strategischen Gründen an Rosenbergs Züchtungs- und Auslöschungsphantasien an. Bis 1934, als Hitler endgültig die nationalsozialistische Kunstpolitik im Sinne einer „klassizistisch-bodenständig-realistischen Linie"[435] festlegte, versuchte er als „‚rechter Avantgardist' avancierte Literatur und nationalsozialistische Kultur zusammenzubringen",[436] um somit eine Position als Künstler im System zu besetzen.[437] In seinen 1933 publizierten Texten, u. a.

---

431 Schmitt: Politische Theologie, S. 13.
432 Giorgio Agamben: Ausnahmezustand. Frankfurt am Main: Suhrkamp 2004, S. 33. [Hervorhebung im Original]
433 Agamben: Homo Sacer, S. 16. [Hervorhebung im Original]
434 Vgl.: Agamben: Ausnahmezustand, S. 8.
435 Plumpe: Epochen moderner Literatur, S. 229.
436 Ebd.
437 Vgl. zu Benn auch: Stöckmann: Die Politik der Literatur, S. 106–107.

Züchtung,[438] *Der deutsche Mensch*[439] und *Bekenntnis zum Expressionismus*,[440] entfaltet er eine Vision des „totale[n] Staat[s]",[441] in dem der „neue[] Mensch [...] halb aus Mutation und halb aus Züchtung"[442] hervorgehen wird. Letztlich geht es Benn um die „Züchtung der Überrassen, der solaren Eliten"[443] – da es aber, so Benn, „Rasse ohne Geist nicht gibt",[444] heißt „Rasse züchten auch immer [...]: Geist züchten".[445] „Also, gibt es nur eins: *Gehirne* muß man züchten, große Gehirne, die Deutschland verteidigen, Gehirne mit Eckzähnen, Gebiß aus Donnerkeil."[446] Somit beinhaltet Benns Züchtungsvision eine zweifache Züchtung von Geist und Körper: „[D]ies alles wird aufsteigen in die Wirklichkeit einer neuen großartigen, geistig-körperlichen Form: der deutschen Züchtung."[447]

Benn muss 1934 realisieren, dass seine avantgardistische Ästhetik und Programmatik nicht der Linie der NSDAP entspricht und er folglich auch keine prominente Position in der Partei besetzen wird. Weniger aus Überzeugung denn aus Einsicht in die (kunst-)politische Lage zieht er sich 1934 wieder „auf seine alte ästhetizistische Position zurück und plädiert[] [...] wieder für die Autonomie der Kunst".[448]

Im Gegensatz zu Benn hat Rosenberg nicht nur eine herausragende Position in der NSDAP inne, sondern kann zudem mit *Der Mythus des 20. Jahrhunderts* politische Wirkung entfachen: Rosenberg entfaltet sein biopolitisches Konzept in einem Text, dessen intendierte Absicht die dezidierte Wirkung auf die textexterne Politik und Realität ist.[449] Somit lässt sich die politisch-totalitäre Linie, die sich aus dem Konzept ergibt – „Und auf alle Zweifel und Fragen kennt der neue

---

438 Gottfried Benn: Züchtung (1933) (Züchtung I). In: ders.: Essays und Reden in der Fassung der Erstdrucke. Hrsg. v. Bruno Hillebrand. Frankfurt am Main: Fischer ³2006, S. 237–244.
439 Gottfried Benn: Der deutsche Mensch (1933). In: ders.: Essays und Reden in der Fassung der Erstdrucke, S. 245–252.
440 Gottfried Benn: Bekenntnis zum Expressionismus (1933). In: ders.: Essays und Reden in der Fassung der Erstdrucke, S. 261–274.
441 Benn: Züchtung, S. 237.
442 Ebd., S. 238.
443 Benn: Bekenntnis zum Expressionismus, S. 273.
444 Gottfried Benn: Geist und Seele künftiger Geschlechter (1933). In: ders.: Essays und Reden in der Fassung der Erstdrucke, S. 253–259, hier: S. 258.
445 Ebd.
446 Benn: Züchtung, S. 242. [Hervorhebung im Original]
447 Benn: Geist und Seele künftiger Geschlechter, S. 259.
448 Plumpe: Epochen moderner Literatur, S. 229.
449 „Vieles, was in meiner Schrift scheinbar absonderliche Idee war, ist bereits staatspolitische Wirklichkeit geworden. [...]. Die staatspolitische Revolution ist beendet, die Umwandlung der Geister aber hat erst begonnen." Rosenberg: Der Mythus des 20. Jahrhunderts. Vorwort zum 150. Tausend, S. 18.

Mensch des kommenden Ersten Deutschen Reichs nur eine Antwort: Allein ich *will!*" (DM, 2) – und die auch in Benns Texten deutlich wird, retrospektiv leicht bis zu ihrem Ende, dem Pogrom und dem Genozid bzw. der Shoa,[450] weiterdenken.[451]

---

[450] „Zur Abwehr des Juden gab es keine Alternative. Und ihre Abwehr musste in ihre Vernichtung münden. Die Judenvernichtung war gewissermaßen Arbeit am Mythos, am Mythos des Blutes." Piper: Alfred Rosenberg, S. 193.
[451] Die Kapitelüberschrift *Hitler, der Erwecker der Rassenseele* zeigt die Verbindung von Text und Politik sowie die letztliche Konsequenz des Textes – die Engführung der Politik Hitlers und des Begriffs ‚Rasse' – deutlich auf.

9 Das Einverständnis zur Tat der Opferung: Bertolt Brechts *Der Jasager* (2. Fassung) (1930)

9.1 Einleitung

Alfred Rosenberg nutzt in seinem Text *Der Mythus des 20. Jahrhunderts* die ‚rassische' Differenzierung zur Einführung einer „Zäsur".[452] Ziel dieser biopolitischen Operation ist die „deutsche[] Züchtung"[453] der, so Gottfried Benn, „Überrasse[], der solaren Elite[]".[454] Es geht also um die Züchtung des ‚neuen Menschen', die durch die Züchtungs- und Auslöschungsprogramme nicht nur ästhetisch/literarisch, sondern auch politisch forciert wird. Ernst Jünger formuliert in *Der Kampf als inneres Erlebnis* ebenfalls eine Vision des ‚neuen Menschen', knüpft diese jedoch nicht an eine ‚rassische', sondern an eine soldatische Identität an, die aber wiederum exklusiv gefasst wird. Die Exekution bzw. die Bereitschaft zur Tat stellen in den Texten von Rosenberg, Benn und Jünger den unverzichtbaren Ausgangspunkt der Transformation dar; die Analyse der Tat – die Differenzierung von Tat und Untat, die etwa Hugo von Hofmannsthal leistet – ist hierbei nicht von Belang, was nicht zuletzt in der zu generierenden spezifischen ‚kalten'[455] Haltung und Identität begründet liegt.

Die frühen Lehrstücke von Bertolt Brecht weisen eine vollkommen andere politische Verortung auf. Gleichwohl wird hier ebenfalls eine „Thanatopolitik"[456] entfaltet und verhandelt; die Stücke „handeln – wenn sie überhaupt von etwas ‚handeln' – vom Sterben",[457] so Eva Horn. Insofern das (politisch notwendige) Sterben in Brechts Texten als Verpflichtung des Einzelnen zugunsten der Gemeinschaft verstanden wird, ergibt sich hierin eine Parallele zu den bereits im Rahmen der Arbeit analysierten Texten:[458] Die Individualität des Individuums

---

452 Foucault: In Verteidigung der Gesellschaft, S. 295.
453 Benn: Geist und Seele künftiger Geschlechter, S. 259.
454 Benn: Bekenntnis zum Expressionismus, S. 273.
455 Vgl. hierzu: Lethen: Verhaltenslehren der Kälte.
456 Horn: ‚Sterbt, aber lernt', S. 311.
457 Ebd., S. 316.
458 Vgl. zu den Parallelen, v. a. zu Ernst Jünger, auch: Helmuth Kiesel: Denken auf Leben und Tod. Literarische Reflexionen einer ethisch-politischen Problemkonstellation in der Zeit des Totalitarismus (Brecht, Jünger, Bergengruen). In: Lutz Hagestedt (Hrsg.): Ernst Jünger. Politik – Mythos – Kunst. Berlin und New York: De Gruyter 2004, S. 181–191. – Die Parallelen zwischen Brecht und Benn werden in der Forschung ebenfalls verfolgt; exemplarisch sei auf einen Band

wird zur Diskussion gestellt bzw. immer in den Kontext des Wohls und der Entwicklung der Gemeinschaft gestellt, womit ein „klassisches Element totalitärer Politik aufgerufen"[459] wird. Auch Brecht verhandelt die Frage, wie das Sterben des Einzelnen – auch gegen seinen Willen, aber mit seinem Einverständnis in die Notwendigkeit des Sterbens – politisch wie juridisch legitimiert werden kann.[460] Die Frage nach dem ‚neuen Menschen' wird in den Texten Brechts indirekt wiederaufgenommen und mit der Rolle des Individuums im Kollektiv verknüpft. Die Analyse der jeweiligen Visionen des ‚neuen Menschen' und die Analyse der daraus folgenden Formierungs- und Exklusionsmechanismen legen die totalitäre wie gewaltsame Fundierung beider Visionen offen, wie etwa Alain Badiou zeigt.[461]

Eine erste Differenz zwischen Brechts (linker) Thanatopolitik und den totalitären Systemen, die politisch rechts zu verorten sind, lässt sich jedoch in dem Einverständnis in das Selbstopfer ausmachen. Das Stück fokussiert mit der komplexen Struktur die Wahl das Individuum und blendet es nicht zugunsten der Masse oder Gemeinschaft ab – gleichwohl zeigt „das Paradox der erzwungenen

---

hingewiesen: Achim Aurnhammer, Werner Frick und Günter Saße (Hrsg.): Gottfried Benn – Bertolt Brecht. Das Janusgesicht der Moderne. Würzburg: Ergon 2009.
459 Horn: ‚Sterbt, aber lernt', S. 320.
460 Zum Verhältnis zu der politischen Theorie Carl Schmitts und den Linien zu Walter Benjamin: „Wenn Schmitts Schriften als Versuch der gewaltsamen Auflösung der Aporie gelesen werden können, die die Konstitution jedes Gesetzes kennzeichnet – darin liegt ihr diktatorischer Charakter –, dann kann Brechts Lehrstück als Diktatur auf dem Theater und dabei als Theatralisierung dieser Auflösung beschrieben werden. Diese Theatralisierung läßt das Dargestellte sowenig intakt wie einst die griechische Tragödie die auf ihr dargestellten und vor dem Publikum des Stadtstaates revidierten Prozesse; vielmehr löst sie die Auflösung der Aporie auf, ent-scheidet die Entscheidungen und ent-setzt die Setzungen. Das Theater greift so in die Begriffsbildung des Politischen ein und wird – in einer der bis heute unrealisierten Funktionen, die Brecht und Benjamin ihm zuschreiben – zum ‚Bindeglied zwischen Literatur- und Staatslehre.'" Nikolaus Müller-Schöll: Der Eingriff ins Politische. Bert Brecht, Carl Schmitt und die Diktatur auf der Bühne. In: drive b: brecht 100. Theater der Zeit / Das Brecht-Jahrbuch 23 (1998), S, 113–117, hier: S. 117. [Hervorhebungen im Original]
461 Alain Badiou führt – wie oben bereits zitiert – hierzu aus: „Im Grunde ist das Jahrhundert von einem bestimmten Moment an von der Idee besessen gewesen, den Menschen zu verändern, einen neuen Menschen zu schaffen. Es stimmt, daß diese Idee zwischen den Faschismen und den Kommunismen zirkuliert, daß die Statuen – die des Proletariers, der an der Schwelle der emanzipierten Welt steht, und die des exemplarischen Ariers, des Siegfried, der die Drachen der Dekadenz niederwirft – ungefähr dieselben sind. Einen neuen Menschen zu schaffen läuft immer darauf hinaus, daß man die Zerstörung des alten verlangt. Die gewaltsame, die unversöhnliche Diskussion bezieht sich darauf, was der alte Mensch ist. In jedem Fall ist das Projekt so radikal, daß bei seiner Verwirklichung die Singularität menschlicher Leben nicht zählt – das ist bloß Material." Badiou: Das Jahrhundert, S. 17.

Wahl",[462] dass dem Einzelnen zwar die Wahlhandlung ermöglicht wird, die zu wählende Option aber bereits definiert ist.[463]

Zudem lassen sich die Lehrstücke nicht als theatrale Inszenierung eines Geschehens begreifen. Vielmehr lässt sich auf der Ebene der Adressierung und der Ebene der Wirkungsabsicht eine Gemeinsamkeit zwischen den (linke) Lehrstücken und den (rechten) Manifesten der Futuristen feststellen: Sowohl die Lehrstücke als auch die Manifeste wollen nicht allein durch ihren ästhetischen Gehalt wirken, sondern streben eine (erzieherische oder propagandistische) Wirkung im System der Politik an.[464] Brecht schreibt in einem Programmheft zu dem Stück *Die Maßnahme*: „Der Zweck des Lehrstückes ist also, politisch unrichtiges Verhalten zu zeigen und dadurch richtiges Verhalten zu lehren."[465] Anders gesagt: Die Stücke sind als Training oder als Übung zur politischen Subjektivierung zu verstehen; hierbei ist insbesondere die performative Ebene des Spiels von Belang, das mit der theatralen Wiederholung der Szenen das gewünschte politische Verhalten trainiert und durch die Praktiken das politische Subjekt hervorbringt.

Der Preis der Lehre ist das Einverständnis in den eigenen Tod, um die politische Bewegung nicht zu gefährden. Die von Walter Fähnders für die Manifeste des Futurismus festgehaltene Charakteristik – „sie sind appellativer Versuch jener umfassenden Um- und Neuorganisation des Lebens"[466] – lässt sich folglich auch auf die Lehrstücke übertragen, die den Appell noch um die Dimension des Einübens erweitern und die die Neuorganisation des politischen Lebens der Gemeinschaft und des politischen Körpers des Individuums damit in der extremsten und existentiellsten Weise denken und umsetzen lassen.

---

462 Slavoj Žižek: Liebe dein Symptom wie dich selbst! Jacques Lacans Psychoanalyse und die Medien. Berlin: Merve 1991, S. 122 f.

463 „Schmitts Theorie, so die Hypothese, ließ Brecht die Faschismen seiner Zeit als Entfaltung einer immanenten Möglichkeit des Politischen seit Aristoteles begreifen, als totalitäre oder besser: immanentistische Antwort auf unauflösbare Aporien des Staates. Für deren Ausstellung und Untersuchung entwarf er sein in theoretischer Hinsicht komplexestes Theatermodell, das ‚Lehrstück', Theater als öffentlichen Erfahrungsraum der Aporien staatlicher Ordnung." Müller-Schöll: Der Eingriff in das Politische, S. 113.

464 Zu den Lehrstücken vgl. auch: Burkhart Lindner: Das Messer und die Schrift. Für eine Revision der ‚Lehrstückperiode'. In: Das Brecht-Jahrbuch 18 (1993), S. 42–57.

465 Zitiert nach Eva Horn: ‚Sterbt, aber lernt', S. 325.

466 Fähnders: Projekt Avantgarde und avantgardistischer Manifestantismus, S. 73.

9.2 Die Lehre vom Einverständnis

Die zweite Fassung des Textes *Der Jasager* erscheint 1931 in einem Vorabdruck, also ein Jahr nach der Uraufführung der ersten Fassung des Stückes.[467] Ziel der Umarbeitung ist vor allem, die Elemente aus der ersten Fassung zu revidieren, die der stringenten Entfaltung der kohärenten Kernthese des Textes entgegenstehen: So tilgt Brecht in der zweiten Fassung den Brauch und macht aus der Forschungsreise eine zwingend notwendige Hilfsexpedition. Zudem wird mit der Bitte des Knaben, ihn „ins Tal hinabzuwerfen",[468] nachdem er sein Einverständnis mit seiner Opferung artikuliert hat, eine weitere entscheidende Akzentverschiebung vorgenommen.[469]

Die auf den ersten Blick marginal erscheinenden Veränderungen sollen für die im Folgenden vorgelegte Lesart besondere Berücksichtigung finden, da sie das Augenmerk auf die Radikalisierung und die *„Ästhetik der Verschärfung"*[470] – so Eva Horn – lenken. Die in der Forschung oftmals vorgelegten Lesarten der *Entschärfung*,[471] die die Radikalität der Lehrstücke aus einem humanistisch-politischen Impetus reduzieren und etwa in einem theaterpädagogischen Kontext auflösen oder durch den Verweis auf die intertextuellen Bezüge zu der japanischen Vorlage[472] salvieren,[473] sind folglich für meine Überlegungen weniger relevant als die Interpretationen, die die Radikalität des Textes und der politischen Idee ernst nehmen – hier wäre vor allem auf Eva Horns, Clemens Pornschlegels und Helmuth Kiesels Lektüren zu verweisen.[474] Brechts oben zitierte Definition

---

[467] Vgl. hierzu: Klaus-Dieter Krabiel: Der Jasager / Der Neinsager. In: Jan Knopf (Hrsg.): Brecht Handbuch. Bd. 1 Stücke. Stuttgart und Weimar: Metzler 2001, S. 245–255, hier: S. 251.
[468] Bertolt Brecht: Der Jasager. In: ders.: Die Stücke von Bertolt Brecht in einem Band. Frankfurt am Main: Suhrkamp 1978, S. 247–251, hier: S. 251. Der Text wird im Folgenden unter der Sigle DJ und der Seitenzahl im Haupttext nachgewiesen. Hervorhebungen im Original werden in den zitierten Stellen durch Kursivierung nachgewiesen.
[469] Vgl. hierzu: Krabiel: Der Jasager, S. 249f.
[470] Horn: ‚Sterbt, aber lernt', S. 315. [Hervorhebung im Original]
[471] Helmuth Kiesel weist darauf hin, dass der Versuch der Entschärfung des Herausgebers des Brecht-Handbuchs, Jan Knopf, der darauf verweist, dass in der *Maßnahme* der Tod nur dargestellt werde und nicht wirklich jemand sterbe, absurd sei: „Das ist völlig richtig, zugleich aber von einer aberwitzigen Logik. Was wäre dann der Inhalt des Stücks, der Brecht dazu bewogen hat, ein Aufführungsverbot zu erlassen? Die angemessene Inszenierung des Todes auf der Bühne?" Kiesel: Denken auf Leben und Tod, S. 182.
[472] „Nach dem japanischen Nō-Stück ‚Taniko', in der englischen Nachdichtung von Arthur Waley." Brecht: Der Jasager, S. 248.
[473] Vgl.: Kiesel: Denken auf Leben und Tod, S. 182.
[474] Clemens Pornschlegel: *Der Jasager* und *Die Maßnahme*. Liturgische Liquidation. In: Dreigroschenheft 2 (2000), S, 25–33.

des Lehrstücks – „Der Zweck des Lehrstückes ist also, politisch unrichtiges Verhalten zu zeigen und dadurch richtiges Verhalten zu lehren"[475] – zeigt die Intention der ‚Textsorte' auf und soll folglich als Fluchtpunkt der Lektüre dienen.[476]

Der Theatertext setzt sich zusammen aus den Artikulationen der Figuren sowie aus den oftmals als Meta-Kommentar zu verstehenden Artikulationen des Chors, die im Regelfall bereits durch das Tempus markiert sind: Im Gegensatz zu der Rede der Figuren, die im Präsens steht, erfolgen die Kommentare des Chores meistens im Präteritum, wodurch die *ex-post*-Reflexion auch auf der Ebene der Form deutlich wird. Im Gegensatz zu vielen anderen Stücken Brechts besteht die Funktion des Chores weder in der Erzeugung eines radikalen Verfremdungseffekts im Sinne des Epischen Theaters noch in der Präsentation einer proletarischen Gruppe. Der Chor dient auch nicht – wie etwa in der Tragödie der Antike – als Medium der Erzählung. Vielmehr fungiert der Chor in *Der Jasager* zum einen auf der Ebene der Form als Rahmung des Stücks: Der Chor setzt mit einem thetischen Postulat ein und beendet das Stück mit einem resümierenden Abschluss. Somit dient der Chor hier vor allem zur Herausstellung und Beglaubigung der Radikalität der These.

Zum anderen interagiert der Chor mit einzelnen Figuren, wodurch eine Brechung der Illusion erfolgt, wie sie im Epischen Theater angelegt ist und in Brechts *Trommeln in der Nacht* pointiert herausgestellt wird. So heißt es in der *Glosse für die Bühne* zu *Trommeln in der Nacht*: „Es empfiehlt sich, im Zuschauerraum einige Plakate mit Sprüchen wie ‚Glotzt nicht so romantisch' aufzuhängen."[477] Die Figuren sind folglich nicht mit einem Identifikationspotential ausgestattet; es geht nicht um die emotionale oder psychologische Einfühlung in die Figuren oder das Geschehen:

> Brechts Protagonisten sind bis zu einem gewissen Grade und jedenfalls in den Lehrstücken als Figuren zu verstehen – jedoch als Figuren im rhetorischen Sinn. Sie sind nichts als was sie durch ihren Kontext sind, sie haben keine Identität, sondern sind Konstellationen, die

---

[475] Zitiert nach Eva Horn, ‚Sterbt, aber lernt', S. 325.
[476] Die breite Debatte in der Forschung um die Textsorte, die oftmals mit deutlichen Versuchen der Entschärfung einhergeht, kann hier nicht wiedergegeben werden. Verfolgen lässt sich die Auseinandersetzung u.a. in den zahlreichen Texten von Günter Hartung, Reiner Steinweg und Klaus-Dieter Krabiel. Der Beitrag von Klaus-Dieter Krabiel in dem Text+Kritik-Band zu Bertolt Brecht skizziert nochmals die Positionen und zeigt zudem den merkwürdig polemisch-aggressiven Ton der Diskussion auf: Klaus-Dieter-Krabiel: Spieltypus Lehrstück. Zum aktuellen Stand der Diskussion. In: text + kritik (2006): Sonderband Bertolt Brecht I, S. 41–52.
[477] Bertolt Brecht: Trommeln in der Nacht. In: ders.: Die Stücke von Bertolt Brecht in einem Band. Frankfurt am Main: Suhrkamp 1978, S. 37–60, hier: S. 38.

ohne sichere Grenze in das Feld ihres Kontextes übergehen wie rhetorische Figuren in einen Text eingebettet sind.[478]

Das Stück setzt mit der expliziten Artikulation der im Text entfalteten – aber nicht offen diskutierten – Kernthese durch den Chor ein: „Wichtig zu lernen vor allem ist Einverständnis. / Viele sagen ja, und doch ist das kein Einverständnis. / Viele werden nicht gefragt, und viele / Sind einverstanden mit Falschem. Darum: / Wichtig zu lernen vor allem ist Einverständnis" (DJ, 249). Die These wird durch die erst nach ihrer Artikulation erfolgende Regieanweisung, die das Setting der Eröffnung des Stücks beschreibt – „*Der Lehrer in Raum 1, die Mutter und der Knabe in Raum 2*" (ebd.) –, zugleich in dem Stück verankert wie auch von dem Stück abgesetzt. Das Postulat des Einverständnisses wird vom Chor mit dem Beginn des Textes abstrakt, allgemeingültig und normativ formuliert – dass es letztlich um das Einverständnis mit der eigenen Liquidation oder, je nach Perspektive, mit der Liquidation eines Anderen durch seine Freunde oder Genossen geht, wird in den ersten Zeilen noch nicht deutlich. Die Textstrategie besteht folglich darin, das Einverständnis der Spieler und Zuschauer in die Notwendigkeit des Einverständnisses *vor* der Kontextualisierung und semantischen Füllung einzuholen und die Notwendigkeit des Einverständnisses somit direkt zu Beginn herauszustellen und als klare Setzung in den Text einzubringen.

Die Formulierung des Chores zeigt auf, dass es um einen Lerneffekt geht, der dann im Spiel vermittelt und durch das Spielen eingeübt wird. Der Lerneffekt gliedert sich in drei Bereiche: 1. Es soll ein ‚wahres', also radikales Einverständnis gelernt werden, das sich nicht nur in der verbalen Zustimmung, sondern auch in der Bereitschaft zur Opferung des eigenen Lebens manifestiert. 2. Es soll die Notwendigkeit der Befragung aller gelernt werden. 3. Es soll das Einverständnis in das ‚Richtige' durch Abwägen der Optionen und der jeweiligen Konsequenzen gelernt werden.

Nach dem thetischen Einstieg beginnt das eigentliche Stück mit der Figurenrede des Lehrers. Seine zu Beginn getätigte Selbstdefinition, die das Geschehen als Spiel, die Person als Figur und Rolle ausstellt – „Ich bin der Lehrer" (ebd.) –, setzt das Stück vom Drama der Antike oder Klassik ab und verweist auf seinen Charakter als Episches Theater. Somit wird bereits zu Beginn deutlich, dass es Brecht nicht um die Erzeugung einer Illusion und um eine Identifikation mit den Figuren geht, sondern um politisches Theater, das der Reflexion und der

---

478 Hans-Thies Lehmann: Den Tod sterben: Zu Brechts Dedramatisierung des Todes. In: ders.: Brecht lesen. Berlin: Theater der Zeit 2016, S. 176–187; hier: S. 185.

Transformation – oder des einübenden Trainings – der Spielenden und der Zuschauer*innen dient.

Der Lehrer leistet eine kurze Zusammenfassung der Ausgangslage bzw. der Vorgeschichte des Stücks, die er in struktureller Analogie zu einem Botenbericht ‚erzählt'. Im Gespräch mit der kranken Mutter des Knaben kündigt der Lehrer die „Hilfsexpedition in die Berge" (ebd.) an; diese wird in mehrmaliger Wiederholung als eine „gefährliche Wanderung" (ebd.) definiert, die „keine Reise [ist], auf die man ein Kind mitnimmt" (ebd.). Bevor der Knabe seinen Willen artikulieren kann, die Reise anzutreten, wird diese Möglichkeit also bereits von der Mutter – wenn auch in der Negation – ins Spiel gebracht.

Der Knabe besteht jedoch auf seinem Vorhaben, für seine Mutter Medizin und Unterweisung durch die „großen Ärzte[] in der Stadt" (ebd.) zu holen. Die Mutter und der Lehrer signalisieren ihre Zustimmung zu der Reise des Knaben, indem sie einen Teil der zu Beginn des Stückes vom Chor postulierten Formulierung wiederholen und kontextualisieren und somit zugleich das Einverständnis des Knaben überhöhen, indem sie es der das Stück bestimmenden Lernaufgabe zuordnen: „Viele sind einverstanden mit Falschem, aber er / Ist nicht einverstanden mit der Krankheit, sondern / Daß die Krankheit geheilt wird" (ebd.). Nach der oben skizzierten Struktur der drei Lernziele hat der Knabe das dritte Ziel erreicht: Er ist nicht einverstanden mit dem Falschen, sondern mit dem Richtigen – und dies ist die Heilung der Krankheit und damit die gefährliche Reise. Wiederum ist zu diesem Zeitpunkt noch nicht ersichtlich, dass sich von dem Nicht-Einverständnis mit der Krankheit bzw. von dem Einverständnis mit der Heilung, die beide als emotionale Sorge für seine Mutter positiv grundiert sind, eine Linie zu den beiden anderen Lernzielen ziehen lässt: Die Motivation zur sowie die Initiierung der gemeinsamen Reise wird letztlich direkt zum Erreichen der totalitär und gewaltsam ausgestalteten anderen Lernziele führen.

9.3 Das Einverständnis zu sterben

Der zweite Teil des Stücks setzt wie der Beginn mit dem Chor ein, der den Verlauf der Reise skizziert: „Der Knabe war den Anstrengungen nicht gewachsen: / Er überanstrengte sein Herz / Das die schnelle Heimkehr verlangte. / Beim Morgengrauen am Fuß der Berge / Konnte er kaum seine müden / Füße mehr schleppen" (DJ, 250). Als direkte Reaktion auf die Erschöpfung und Überanstrengung des Knaben, der nun nicht mehr in der Lage ist, die Reise fortzusetzen, erfolgt die Ankündigung der drei Studenten, den Knaben notfalls zurückzulassen, da der Transport des Knaben über den Grat nicht möglich sei. Eine alternative – humanistisch-empathische – Lösung wird weder gesucht noch in Betracht gezogen; es geht dem Text folglich nicht darum, Lösungsstrategien der *Entschärfung* zu finden oder den Spielenden und dem Publikum deren Diskussion aufzuerlegen. Vielmehr geht es um die Umsetzung der radikalen Lösung, die in der notwendigen Fortsetzung der Reise und damit der zwangsläufigen Opferung des Knaben besteht. Folglich wird die avisierte Lösung von den drei Studenten auch in aller Klarheit kommuniziert:

> Hört ihr? Der Lehrer hat gesagt
> Daß der Knabe nur müde sei vom Steigen.
> Aber sieht er nicht jetzt ganz seltsam aus?
> Gleich nach der Hütte kommt der schmale Grat.
> Nur mit beiden Händen zufassend an der Felswand
> Kommt man hinüber.
> Hoffentlich ist er nicht krank.
> Denn wenn er nicht weiter kann, müssen wir ihn
> Hier zurücklassen (ebd.).

Der Versuch der drei Studenten, den Knaben über den Grat zu tragen, misslingt – die Regieanweisungen halten fest, dass der *„schmale Grat' [...] so konstruiert werden [muss], daß die drei Studenten zwar allein, nicht aber, wenn sie auch den Knaben tragen, hinüberkommen"* (DJ, 250 f.). Die Regieanweisung ist wichtig, da sie zum einen die nicht veränderbaren Ausgangsbedingungen aufzeigt – also die Unmöglichkeit, den Knaben über den Grat zu transportieren – und zum anderen das Mitgefühl sowie das Engagement der Gruppe für den Einzelnen deutlich macht. Der Umsetzung der grausam erscheinenden Opferung des Knaben, die in aller Konsequenz radikal durchgeführt wird und – in der Logik der Operation gedacht – durchgeführt werden muss, geht das Mitgefühl der Gruppe voraus. Der Text schildert also keineswegs eine mitleidlos agierende Gruppe, die zu keiner ethisch-moralischen oder empathischen Regung fähig ist:[479]

> Wir können ihn nicht hinüberbringen, und wir können nicht bei ihm bleiben. Was auch sei, wir müssen weiter, denn eine ganze Stadt wartet auf die Medizin, die wir holen sollen. Wir sprechen es mit Entsetzen aus, aber wenn er nicht mit uns gehen kann, müssen wir ihn eben hier im Gebirge liegenlassen (ebd.).

In dem Zitat wird die unveränderbare Lage skizziert – die Gruppe kann den Knaben nicht über den Grat bewegen, kann aber auch nicht bei ihm bleiben –, aus der sich mit Blick auf die für die Gemeinschaft notwendige Medizin nur die Lö-

---

479 Auch der Lehrer zeigt sein Mitgefühl deutlich: „Ich trage in meinem Herzen großes Leid um dieses Geschöpf. Ich will zu ihm gehen und ihn schonend auf sein Schicksal vorbereiten" (DJ, 251).

sung ergibt, den Knaben zurückzulassen. Es geht wiederum nicht um die Diskussion der Möglichkeiten; die einzige Alternative, die darin besteht, die Reise abzubrechen, wird nicht diskutiert, da das Ziel der Reise, die Medizin zu besorgen, als nicht hinterfragbare Setzung formuliert wurde. Es geht auch nicht um ethische Erwägungen, die etwa das Wohl des Einzelnen in Relation zum Wohl der Gemeinschaft stellen und so etwa Immanuel Kant gegen Jeremy Bentham und John Stuart Mill ausspielen würden.

Vielmehr geht es erstens um das Einverständnis des Einzelnen in seine Opferung und zweitens um die Problematisierung der Struktur des Opfers „unter säkularisierten Bedingungen".[480] Das Einverständnis, das die Gruppe von dem Knaben einholt – „Aber es ist richtig, daß man den, welcher krank wurde, befragt, ob man umkehren soll seinetwegen. Und der Brauch schreibt vor, daß der, welcher krank wurde, antwortet: Ihr sollt nicht umkehren" (DJ, 251) –, „schützt die Gruppe davor, einen infamen, strafbaren Mord zu begehen"[481] und bewirkt folglich, dass der Akt der Tötung des Knaben nicht als Liquidation, sondern als Opferung gelesen wird. Zudem verlangt die Befragung des Knaben demselben eine Entscheidung ab, die einen Lernprozess markiert. Durch das Moment des Opfers wird eine religiös fundierte Struktur adaptiert, die heilgeschichtliche Erwägungen und die ursprünglich religiös verankerte Vorstellung „einer alle Einzelnen transzendierenden Instanz, und zwar einer menschlich sprechenden Instanz",[482] nun in eine säkularisierte Welt einspeist. Die diese Position der transzendenten Instanz nun ersetzenden politischen Lehren bzw. die politische Gemeinschaft werden dadurch maximal aufgeladen.

Das Einverständnis des Knaben als bloß erzwungenes Einverständnis zu lesen, das vom Brauch vorgeschrieben wird, würde die Komplexität der Struktur unterlaufen. Der Knabe hat zwar keine freie Wahl, in der mehrere Optionen zur Wahl stehen; „das Paradox der erzwungenen Wahl",[483] so zeigt Eva Horn mit Slavoj Žižeks Überlegungen, ist aber nicht als Negation der Wahl zu lesen.[484] Nicht der Zwang ist das Entscheidende, sondern die eingesehene Option, durch das Opfer in die politische Gemeinschaft inkorporiert zu werden. Mit der Wahl seiner

---

480 Pornschlegel: *Der Jasager* und *Die Maßnahme*, S. 26.
481 Ebd., S. 30.
482 Ebd., S. 27.
483 Žižek: Liebe dein Symptom wie dich selbst!, S. 122 f.
484 In *Die Maßnahme* wird die dem ‚Einverständnis' zugrundliegende Struktur der Wahl nochmals explizit formuliert; bezeichnenderweise steht die Rede von dem noch zu befragenden Genossen bereits im Präteritum: „DER ERSTE AGITATOR: Wir wollen ihn fragen, ob er einverstanden ist, denn er war ein mutiger Kämpfer. / DER ZWEITE AGITATOR: Aber auch wenn er nicht einverstanden ist, muß er verschwinden, und zwar ganz." Brecht: Die Maßnahme, S. 267.

Opferung sowie seines Todes wird der Körper des Knaben zu einem politischen Körper, der die Gemeinschaft „am Moment der Tötbarkeit ihrer Mitglieder konstruiert".[485] Foucaults Überlegungen zur Biopolitik – „[d]er moderne Mensch ist ein Tier, in dessen Politik sein Leben als Lebewesen auf dem Spiel steht"[486] – und Agambens Thesen zum *Homo Sacer* und zur Differenz von *zoé* und *bios*, von dem ‚nackten' und dem politischen Leben, erwiesen sich hier als anschlussfähig.[487] Horn resümiert: „Das Leben, das ‚stirbt, aber lernt', ist das politische Leben, das sich selbst als *politisches denkt*."[488]

Das Paradox besteht nun in dem gleichzeitigen Ein- und Ausschluss des Subjekts durch die politische Gemeinschaft.[489] Der Knabe wird durch das Opfer – das den Tod bedeutet – aus der Gemeinschaft ausgeschlossen, gleichzeitig aber durch den Status als Opfer in die Gemeinschaft eingeschlossen. Hans Richard Brittnacher gesteht dem Opfer folglich eine „eigentümliche ethische Leistung"[490] zu, die auf der „friedens- und sinnstiftenden Leistung des Opfers"[491] beruht. Die Leistung des Opfers für die Gemeinschaft – vor allem für ihre Schließung – ist nicht zu unterschätzen: „Rituelles und Soziales sind wieder ungeschieden eins, Gläubige und Ungläubige, Herrscher und Beherrschte, Opferer und Geopferte [...] besetzen keine austauschbaren, sondern vom Schicksal unverrückbar vorgegebene Plätze."[492] In einer religiös fundierten Welt kann das Opfer „soziale und metaphysische Gratifikationen"[493] für die Gemeinschaft und für das Individuum leisten: Das Opfer erfährt seine Einschreibung „als Heilige[er]"[494] in das Gedächtnis der Gemeinschaft. „Das Subjekt, das sich mit der Gesellschaft überworfen hat, findet dank der Opferung seinen Platz in der Gemeinschaft."[495] Dies gilt jedoch nicht nur für religiös strukturierte Gemeinschaften, sondern, das zeigt *Der Jasager*, auch für säkularisierte Gemeinschaften. Die Effekte für die Gemeinschaft und das Individuum sind vergleichbar und letztlich als säkularisierte religiöse Verfahren und Denkfiguren zu verstehen.[496] „Im Opfer gewinnt das so dramatisch entmachtete Subjekt sein Sou-

---

485 Horn: ‚Sterbt, aber lernt', S. 321.
486 Foucault: Der Wille zum Wissen, S. 138.
487 Zu *zoé* und *bios* vgl.: Agamben: Homo Sacer, S. 18 f.
488 Horn: ‚Sterbt, aber lernt', S. 319. [Hervorhebung im Original]
489 Ebd., S. 320.
490 Brittnacher: Erschöpfung und Gewalt, S. 28.
491 Ebd., S. 29.
492 Ebd.
493 Ebd., S. 30.
494 Ebd.
495 Ebd., S. 31.
496 Die *Lehrstücke* „zeigen das ‚Opfer' – genau das ist ihre Provokation – im Kontext einer Moderne, in der ‚Glaube, Idealismus und Opfertod' zu den ‚falschen Dingen' zählen. Anders

veränitätsrecht zurück, sei es in der Macht, andere zu opfern, sei es im Einverständnis mit der Macht, sich selbst dranzugeben."[497]

Damit wäre „das Paradox der erzwungenen Wahl"[498] im Kontext des Einverständnisses zur eigenen Opferung nicht als Aufhebung der Wahl zu betrachten, sondern als einzig mögliche Struktur der Inklusion – die Ablehnung der Opferung durch das Versagen des Einverständnisses würde das Individuum aus der Gemeinschaft exkludieren und beiden die möglichen Gratifikationen versagen. Das Opfer würde zudem auf die Rückgewinnung seines „Souveränitätsrecht[s]"[499] und auf die Wiederermächtigung durch den Akt des Einverständnisses verzichten.[500] Der Knabe wird von der Gruppe „nicht als stummes Objekt"[501] behandelt, sondern als Subjekt, das durch seine Wahl seinen Status als Subjekt und als Teil der Gemeinschaft aufrechterhalten kann, letztlich also nicht das Einverständnis bzw. Nicht-Einverständnis, sondern die Zugehörigkeit zur oder den Ausschluss aus der Gemeinschaft wählt:

> In der Situation der erzwungenen Wahl geht es letztlich darum, daß das Subjekt frei das Gemeinwesen *wählt*, dessen Mitglied es *immer schon ist*. [...] [A]m Paradox der erzwungenen Wahl gibt es nichts ‚Irres', es ist vielmehr für das menschliche Gemeinwesen selbst konstitutiv. ‚Irre' ist im Gegenteil, wer sich dabei so verhält, als hätte er es in der Tat mit einer freien Wahl zu tun, d.h. als könne er sich wirklich – ohne Folgen für seinen Status als eines Subjekts/Untertanen – so oder anders entscheiden. [...] Strenger gesagt, in jedem ideologischen Feld stoßen wir früher oder später auf einen Punkt, bei dem das Subjekt vor eine unmögliche bzw. erzwungene Wahl gestellt ist, ohne die es zu einem ‚Kurzschluß', zur Vermengung von verschiedenen Ebenen kommt – wir können uns zwar ‚frei' entweder für ein ‚Für' (richtig) oder für ein ‚Gegen' (falsch) entscheiden, doch verlieren wir, falls wir uns für das ‚Gegen' entschieden haben, die Freiheit selbst. Das Feld der Wahl ist immer so strukturiert, daß es eine Wahl enthält, die eine Meta-Wahl ist: wählen wir bei ihr ‚falsch' aus, dann verlieren wir die Möglichkeit der Wahl selbst.[502]

Žižek analysiert die Struktur der ‚paradoxen' Meta-Wahl, nimmt aber die Akteure bzw. die Strukturen zwischen den Akteuren der Wahl nicht in den Blick. Das geforderte Einverständnis kann in einer säkularisierten Gemeinschaft nur ab-

---

formuliert, sie inszenieren das Opfer inmitten einer aufgeklärten Gegenwart, in welcher der ‚Glaube' an ‚metaphysische' Wesenheiten als falsches Bewusstsein ‚entlarvt' ist." Pornschlegel: *Der Jasager* und *Die Maßnahme*, S. 29.
497 Brittnacher: Erschöpfung und Gewalt, S. 31.
498 Žižek: Liebe dein Symptom wie dich selbst!, S. 122f.
499 Brittnacher: Erschöpfung und Gewalt, S. 31.
500 Vgl.: Horn: ‚Sterbt, aber lernt', S. 321.
501 Pornschlegel: *Der Jasager* und *Die Maßnahme*, S. 25.
502 Žižek: Liebe dein Symptom wie dich selbst!, S. 122f.

verlangt werden, wenn, wie oben gezeigt wurde, die notwendige Position der transzendenten Instanz einer religiösen Opferung anderweitig besetzt wird: Das Einverständnis wird somit nicht zwischen zwei souveränen und autonomen Akteuren ausgehandelt – Opfer und Gemeinschaft –; vielmehr ist das Einverständnis „ternär strukturiert, nämlich durch den Bezug aller auf die dritte Sache des ‚Kommunismus‘,"[503] der nun die Position und Funktion der transzendenten Instanz besetzt. „‚Einverständnis' heißt [...] die von allen geleistete Anerkennung eines absoluten Prinzips, das die Beziehung zwischen ihnen regelt."[504] Dem Individuum ist als Teil der so fundierten Gemeinschaft die Versagung des Einverständnisses nicht möglich; es verpflichtet sich auf ein „transzendierendes Prinzip, auf eine *causa*, der die Mitglieder der Gruppe sich feierlich unterordnen und die das normative Axiom der Gruppe bildet".[505] Die Notwendigkeit wie Möglichkeit der Neubesetzung der Position der Transzendenz in einer säkularisierten Gesellschaft verweist auf die kontingenten Setzungen, die der Postfundamentalismus beobachtet: Die Struktur von Claude Leforts Vorstellung der „Leerstelle [, zu der] [d]er Ort der Macht"[506] wird, die verschiedentlich besetzt werden kann, findet sich hier wieder und zeigt, dass die politische Logik der Leerstelle sich nicht nur an demokratische Systeme anlegen lässt, sondern auch zur Beschreibung von totalitären Systemen dienlich ist.

Erst durch dieses gemeinschaftliche fundamentale, aber kontingente Axiom, das weder durch die Gruppe noch durch den Einzelnen begründet, revidiert oder aufgelöst werden kann und darf, lässt sich die ‚paradoxe' Wahl verstehen:[507] Die Setzung des Absoluten – vormals absolut Transzendenten – etabliert eine als normal und normativ verankerte biopolitische Grundlage, durch die die nun politischen Körper der Gemeinschaft grundsätzlich als tödbare Körper definiert werden – und diese „sakrifizielle Tötung [...] wird von den Einzelnen gegenseitig in Permanenz verlangt".[508] Die von Brecht angelegten Strukturen des politischen und tödbaren Körpers des Einzelnen aufgrund der Bestimmungen und Axiome der Gemeinschaft bzw. des Kollektivs sollen, so die These zu den *Lehrstücken*,

---

503 Pornschlegel: *Der Jasager* und *Die Maßnahme*, S. 31.
504 Ebd.
505 Ebd., S. 30. [Hervorhebung im Original]
506 Lefort: Die Frage der Demokratie, S. 293.
507 Horn diskutiert die von Pornschlegel etablierte Struktur und interpretiert die ‚causa' als „Crux" – somit geht es nicht um die Preisung der heroischen Tat oder Haltung, sondern um die Reflexion ebendieser. Diese Reflexion führt aber – das macht Horn deutlich –, nicht zu einer pädagogisch motivierten Entschärfung des Textes, die die Radikalität auflöst. Horn: ‚Sterbt, aber lernt', S. 322.
508 Pornschlegel: *Der Jasager* und *Die Maßnahme*, S. 31.

nicht nur im Feld der Kunst wirken, sondern auch im Feld der Politik wirksam werden. Als Problem ergibt sich, so die *ex post*-Perspektive, dass sie sich leicht für eine textexterne radikale politische Logik fruchtbar machen lassen, was dann auch einige Jahrzehnte später von der RAF für die Legitimierung der Exekutionen genutzt wird.[509]

Die Frage des Lehrers an den Knaben – „Aber es ist richtig, daß man den, welcher krank wurde, befragt, ob man umkehren soll seinetwegen. Und der Brauch schreibt vor, daß der, welcher krank wurde, antwortet: Ihr sollt nicht umkehren" (DJ, 251) –, die die ‚richtige' Antwort im Sinne der ‚paradoxen Wahl' bereits vorgibt, wird vom Knaben ‚richtig' beantwortet: Sein „Ihr sollt nicht umkehren!" (ebd.), das notwendige Einverständnis, wird nach einer „*Pause des Nachdenkens*" (ebd.) erteilt, die nochmals deutlich zeigt, dass es hier nicht um einen totalitären Automatismus und eine Entmündigung des Subjekts geht.[510] Das auf die Erklärung des Einverständnisses folgende Zögern der Studenten betont abermals die Empathie der Gruppe, die eben keinen Habitus der Kälte im Sinne Lethens etablieren konnte, sondern mit dem Knaben als dem notwendigen Opfer mitfühlt und ihn als Subjekt wahrnimmt.[511]

Der Knabe antwortet also den Vorgaben des Brauchs entsprechend, erweist sich als trainiertes Subjekt und erklärt sein Einverständnis mit seiner Opferung. Auf die Erfüllung des Brauches erfolgt eine Forderung des Knaben, die seinen Status als Subjekt offenbart: „Ich will etwas sagen. Ich bitte euch, mich hier nicht liegenzulassen, sondern mich ins Tal hinabzuwerfen, denn ich fürchte mich, allein zu sterben" (DJ, 251). Die Bitte des Knaben, die nach der Weigerung der Studenten – „Das können wir nicht" (ebd.) – zu einer expliziten Forderung verschärft wird – „Halt! Ich verlange es" (ebd.) –, macht deutlich, dass der Knabe seine Opferung und seinen Tod akzeptiert hat und sich sogar mit den Modalitäten seines Todes auseinandersetzt. Er fühlt sich zudem weiter als Teil der Gruppe und der Gemeinschaft – im Sinne der ‚paradoxen Wahl' trifft er also die ‚richtige' und damit nicht exkludierende Wahl. Zudem zeigt die Forderung, dass der Knabe als souveränes Subjekt spricht, dem im Moment der Opferung eine Position der

---

[509] Vgl. hierzu das Kapitel zu den Texten der RAF und der Lektüre der Brecht-Texte durch die Mitglieder der RAF in dieser Arbeit.
[510] Damit wäre Lindner zu widersprechen, der vermerkt, dass „[d]as Einverständnis [...] sich gänzlich mechanisch [vollzieht]". Lindner: Das Messer und die Schrift, S. 50.
[511] „DER GROSSE CHOR UND DIE DREI STUDENTEN [...]: Er hat ja gesagt. Geht weiter.
Die drei Studenten bleiben stehen.
DER LEHRER: Geht weiter, bleibt nicht stehen
Denn ihr habt beschlossen, weiterzugehen.
Die drei Studenten bleiben stehen" (DJ, 251).

Macht zukommt, die das Handeln der anderen leitet.[512] Der Lehrer verweist auf die reziproke Struktur, die sich aus dem Opfer ergibt und die die Anerkennung der Forderung des zu Opfernden obligatorisch macht und den Opfernden somit ebenfalls eine ‚schwer zu vollstreckende' Aufgabe als zusätzlichen, verschärften Lernaspekt zuteilt, die nicht ‚nur' in der Annahme des Opfers, sondern in der aktiven Handlung der Opferung besteht: „Ihr habt beschlossen, weiterzugehen und ihn dazulassen. / Es ist leicht, sein Schicksal zu bestimmen / Aber schwer, es zu vollstrecken. / Seid ihr bereit, ihn ins Tal hinabzuwerfen?" (DJ, 251)

In Brechts ebenfalls um 1929 entstandenem Stück *Das Badener Lehrstück vom Einverständnis* werden die Folgen des Einverständnisses explizit auf der Bühne dargestellt – die schmerzenden Gliedmaßen werden der über Schmerzen klagenden Figur abgesägt, was bei der Uraufführung zu einem Skandal führte.[513] Im Gegensatz dazu wird in *Der Jasager* die Opferung des Knaben nicht performativ dargestellt, sondern nur im Sinne eines Botenberichts vom Chor verkündet. Die Regieanweisungen tragen Sorge dafür, dass die Zuschauer die Opferung nicht visuell erfahren können: „*Die drei Studenten tragen den Knaben auf das Podest in Raum 2. [...] Die drei Studenten stellen sich vor ihn, ihn verdeckend, an den hinteren Rand des Podestes*" (DJ, 251). Die räumliche Struktur, die einerseits den Knaben der Sichtbarkeit entzieht, ihn andererseits aber als – erneut religiös konnotiertes – Opfer auf dem Podest ausstellt und erhöht, bewirkt, dass der Fokus des Textes weiterhin auf dem Einverständnis bzw. der Lehre des Einverständnisses liegt und nicht in der Eskalation oder dem Skandalon der Darstellung der Opferung kulminiert. Die letzte Rede des Knaben erfolgt folglich aus dem *off*, die Regieanweisung vermerkt seine Position als „*unsichtbar*" (ebd.).

Der Knabe erklärt kurz vor seiner Opferung sein zweifaches Einverständnis. Die zu Beginn des Stückes vom Chor formulierte dreiteilige Lernaufgabe[514] wird somit erfüllt, indem er sowohl sein Einverständnis in seine Opferung, die sich aus der Gefahr der Reise ergibt, als auch sein Einverständnis in das ‚Richtige' – also die Besorgung der Medizin durch die Gruppe – artikuliert: „Ich wußte wohl, daß ich auf dieser Reise / Mein Leben verlieren könnte. / [...] Nehmt meinen Krug /

---

512 Hier ist an die bereits zitierte Überlegung Brittnachers zu erinnern: „Im Opfer gewinnt das so dramatisch entmachtete Subjekt sein Souveränitätsrecht zurück, sei es in der Macht, andere zu opfern, sei es im Einverständnis mit der Macht, sich selbst dranzugeben." Brittnacher: Erschöpfung und Gewalt, S. 31.
513 Vgl. hierzu: Klaus-Dieter Krabiel: Brechts Lehrstücke. Entstehung und Entwicklung eines Spieltyps. Stuttgart und Weimar: Metzler 1993, S. 64–66.
514 „Wichtig zu lernen vor allem ist Einverständnis. / Viele sagen ja, und doch ist das kein Einverständnis. / Viele werden nicht gefragt, und viele / Sind einverstanden mit Falschem. Darum: / Wichtig zu lernen vor allem ist Einverständnis" (ebd.).

Füllt ihn mit der Medizin / Und bringt ihn meiner Mutter / Wenn ihr zurückkehrt" (ebd.).

Das Stück schließt mit einem Resümee des Chors, der das Geschehen der Opferung berichtet und einordnet:

> Dann nahmen die Freunde den Krug
> Und beklagten die traurigen Wege der Welt
> Und ihr bitteres Gesetz
> Und warfen den Knaben hinab.
> Fuß an Fuß standen sie zusammengedrängt
> An dem Rande des Abgrunds
> Und warfen ihn hinab mit geschlossenen Augen
> Keiner schuldiger als sein Nachbar
> Und warfen Erdklumpen
> Und flache Steine
> Hinterher (ebd.).

Der Bericht ist durch das gewählte Tempus wiederum als reflektierende *ex post*-Perspektive markiert. Im Gegensatz zum Großteil der Handlung des Stückes wird die Opferung also nicht in Echtzeit im Präsens berichtet bzw. dargestellt. Der Chor erzählt nicht nur die vollzogene Opferung und die Erfüllung der Forderungen des Knaben, Medizin für seine Mutter zu besorgen und ihn „ins Tal hinabzuwerfen" (ebd.), sondern bewertet das Geschehen, indem er es durch den Verweis auf die Struktur der Welt, „ihr bitteres Gesetz" (ebd.), von dem Verdacht der Liquidation salviert und als ebenso zwingende wie bedauerliche Notwendigkeit ausgibt. Zugleich wird aber auch von der Erzählung eines im Sinne der Tragödie heroischen und ‚großen' Todes abgesehen: Der Tod wird im Epischen Theater nicht, wie etwa in der Tragödie der Antike oder Klassik, als dramatischer und emotionaler Moment gestaltet und verortet; „[i]m epischen Theater geht es um den delokalisierten und dedramatisierten Tod".[515] Heiner Müllers Zeilen aus *Mauser*, die Lehmann zitiert, lassen sich für Brechts Thanatoästhetik fruchtbar machen: „Was zählt ist das Beispiel. Der Tod bedeutet nichts."[516]

Die Struktur der Welt legitimiert nicht nur die Gewalt, sie erzwingt sie geradezu gegen den Willen der Studenten, die die notwendige Opferung nur mit „geschlossenen Augen" (DJ, 251) vollziehen können – die Argumentation erinnert an die Legitimierung der Auslöschung des jungen Genossen in dem Lehrstück *Die Maßnahme*: „*Furchtbar ist es, zu töten.* / Aber nicht andere nur, auch uns töten wir, wenn es nottut / Da doch nur mit Gewalt diese tötende / Welt zu ändern ist, wie / Jeder

---

515 Lehmann: Den Tod sterben, S. 178.
516 Heiner Müller: Mauser. Berlin: Rotbuch 1978, S. 63.

Lebende weiß. / Noch ist es uns, sagten wir / Nicht vergönnt, nicht zu töten."[517] Der Kontrollchor bekräftigt auch in *Die Maßnahme* die Legitimierung der Tat durch die Struktur der Welt: „Nicht ihr spracht ihm sein Urteil, sondern / Die Wirklichkeit."[518] Die hier angelegte Argumentationslogik, die die Ausübung der Gewalt als zwingende und unausweichliche Konsequenz aus der gewaltsamen Struktur der politischen Realität und nicht aus der frei gewählten politischen Programmatik ableitet, erweist sich in den folgenden Jahrzehnten als anschlussfähig für gewaltausübende politisch-terroristische Gruppierungen wie die RAF, die die Ausübung der Gewalt geradezu als Notwehr und letztmögliche politische Option im Angesicht der übermächtigen staatlichen Gewalt ausflaggen.[519] Wird die zitierte Stelle noch mit den folgenden Zeilen aus *Die Maßnahme* ergänzt, ergibt sich eine umfassende Legitimierung und Logik der terroristischen Tat: „Welche Niedrigkeit begingest du nicht, um / Die Niedrigkeit auszutilgen? / [...] Versinke in Schmutz / Umarme den Schlächter, aber / Ändere die Welt: sie braucht es!"[520]

Der *Jasager* endet jedoch nicht mit der Erzählung der Opferung und dem zu lernenden Sterben respektive Töten – also dem Hinabwerfens des Knaben –, sondern mit drei kurzen Versen, die auch auf der Ebene der Form durch die Umbrüche von dem übrigen Text abgesetzt werden: „Und warfen Erdklumpen / Und flache Steine / Hinterher" (DJ, 251). Das notwendige Opfer im Namen der „*causa*"[521] wird so aus der kommunistisch-säkularen Sphäre in eine transzendent strukturierte Sphäre verschoben: Die Erdklumpen und die flachen Steine verweisen auf eine christlich konnotierte Begräbniszeremonie.[522] Das vermeintlich vollständig säkularisierte Opfer deckt einmal mehr seine religiöse Herkunft und

---

517 Brecht: Die Maßnahme, S. 267. [Hervorhebung im Original]
518 Ebd.
519 Doch auch bei Brecht wird die Auslöschung nicht nur als notwendige Operation formuliert; Lindner verweist anhand des Textes *Fatzer* darauf, dass „die Motivik der Auslöschung nicht als bloße Not-Maßnahme zu verstehen ist, sondern (auch) als reinigende destruktive Geste gedacht wird." Lindner: Das Messer und die Schrift, S. 53.
520 Brecht: Die Maßnahme, S. 262f. – Vergleichbares findet sich auch in *Das Badener Lehrstück vom Einverständnis:* „Freilich saht ihr / Hilfe an manchem Ort / Mancherlei Art, erzeugt durch den Zustand / Der noch nicht zu entbehrenden / Gewalt. / Dennoch raten wir euch, der grausamen / Wirklichkeit / Grausamer zu begegnen und / Mit dem Zustand, der den Anspruch erzeugt / Aufzugeben den Anspruch. Also / Nicht zu rechnen mit Hilfe". Bertolt Brecht: Das Badener Lehrstück vom Einverständnis. In: ders.: Die Stücke von Bertolt Brecht in einem Band. Frankfurt am Main: Suhrkamp 1978, S. 235–245, hier: S. 240.
521 Pornschlegel: *Der Jasager* und *Die Maßnahme*, S. 31.
522 Lindner verweist ausgehend von einer Äußerung von Heiner Müller zu Brechts Lehrstücken auf die intertextuellen Strukturen; „[d]ie Texte der christlichen Ideologie [...] [sind] wesentlicher Teil der Intertextualität Brechts". Lindner: Das Messer und die Schrift, S. 48. – Zum Ritual des Begräbnisses bei Brecht vgl. auch: Lehmann: Den Tod sterben, S. 185f.

Fundierung auf. Die von Brittnacher beobachteten Strukturen und Symboliken der religiös-rituellen Opferung, die Einschreibung des geopferten Individuums in das Gedächtnis der Gemeinschaft „als Heilige[er]"[523] lassen sich auch in der Schlussszene von *Der Jasager* finden. Der Tod des Knaben wird von der Gruppe nicht kühl-rational verbucht, sondern durch den Ritus des Begräbnisses archiviert und überhöht. „Das Subjekt [...] findet dank der Opferung seinen Platz in der Gemeinschaft"[524] und sogar in dem Gedächtnis der Gemeinschaft.

Die Reaktivierung einer religiös konnotierten Symbolik bedeutet jedoch nicht, dass ein religiös strukturiertes System reaktiviert wird. Vielmehr verwischen die Differenzen zwischen dem „religiös-mythische[n] Menschenopfer und bürokratisch-industrietechnischer Liquidierung"[525] und verorten das (politische) Opfer in einem Zwischenbereich, der Strukturen und Legitimationsoptionen aus dem religiös fundierten Bereich des Opfers und Märtyrers in den Bereich der politisch motivierten Exekution überführt.

9.4 Der Verzicht auf den Begriff der Tat

In Brechts *Der Jasager* wird zwar eine Tat vorgeführt – die Opferung des Knaben ließe sich problemlos als Tat fassen und wäre auch mit den in der Einleitung zitierten Überlegungen von Lotman und Bohrer zur Tat kompatibel –, der Begriff Tat wird jedoch *expressis verbis* im gesamten Text nicht genannt. Die Vermeidung des Begriffs unterscheidet Brechts Text von den bislang diskutierten explizit auf die Erzählung der Tat abzielenden Texten; hier wäre nicht nur an Ernst Jünger oder Alfred Rosenberg zu erinnern, sondern auch an Hugo von Hofmannsthal und nicht zuletzt an Friedrich Schiller. Die exemplarisch genannten Texte vereint bei allen auch politischen Unterschieden eine Gemeinsamkeit: Bereits in Schillers *Die Räuber* dient die Erzählung der Tat – „Mein Geist dürstet nach Thaten, mein Atem nach Freyheit",[526] so Karl Moor – zur Installation eines starken Subjekts, das eine heroisch konnotierte Selbstermächtigung und Entgrenzung in Gang setzt. Die Tat steht somit in Zusammenhang mit der Identität des Akteurs, der im emphatischen Sinne handelt – hier wäre auch an die von Hannah Arendt herausgestellt politische Dimension des Handelns zu denken.[527] Dies gilt auch für die Texte, die die

---

[523] Brittnacher: Erschöpfung und Gewalt, S. 30.
[524] Ebd., S. 31.
[525] Pornschlegel: *Der Jasager* und *Die Maßnahme*, S. 33.
[526] NA 3, 32.
[527] „Was den Menschen zu einem politischen Wesen macht, ist seine Fähigkeit zu handeln". Arendt: Macht und Gewalt, S. 81.

Tat aus einer anderen politischen Positionierung beschreiben und etwa die Tat als Medium zur Generierung des soldatischen Subjekts anführen, wie es bei Ernst Jünger zu lesen ist.

Brechts Verzicht auf den Begriff der Tat zeigt, dass der Text auf einer anderen politischen Logik beruht; die Aktualisierung des Paradigmas der Tat scheint Brecht hier offensichtlich nicht adäquat. Lehmanns bereits zitierte Analyse der Figuren macht auf der Ebene der Form deutlich, dass es Brecht nicht um Identität und Subjekthaftigkeit geht, nicht um handelnde Akteure, die die heroische Tat ausführen oder erleiden:

> Brechts Protagonisten sind bis zu einem gewissen Grade und jedenfalls in den Lehrstücken als Figuren zu verstehen – jedoch als Figuren im rhetorischen Sinn. Sie sind nichts als was sie durch ihren Kontext sind, sie haben keine Identität, sondern sind Konstellationen, die ohne sichere Grenze in das Feld ihres Kontextes übergehen wie rhetorische Figuren in einen Text eingebettet sind.[528]

Brecht geht es jedoch nicht nur auf der Ebene der Figuren um „Konstellationen",[529] also um Strukturen und um Text. Auch auf der inhaltlichen Ebene geht es darum; im Fokus steht die Entfaltung der politischen Lehre, nicht die Identifikation der Zuschauer mit den Figuren oder ihre Einfühlung in die Handlung. *Ex negativo*, also in der Vermeidung wird deutlich: Das Paradigma der Tat hätte mit seinen skizzierten Äquivalenzen zwangsläufig den gegenläufigen Bereich aufgemacht, also Fragen nach der Identität, der Subjekthaftigkeit und des heroischen Handelns in dem Text in den Raum gestellt. Brechts Verzicht auf den Begriff der Tat wird erst vor diesem Hintergrund deutlich.

Der Jasager steht somit in einem Spannungsverhältnis zu den bereits in der Arbeit analysierten Texten und stellt die Spezifik des Paradigmas der Tat gerade aufgrund der Aussetzung des Paradigmas heraus. Der Text steht aber auch in einem Spannungsverhältnis zu den Texten der RAF, die sich einerseits auf die in Brechts Lehrstücken artikulierten politischen Maximen stützen: So werden insbesondere die Definition der politischen Körper der Gemeinschaft als tödbare Körper sowie die Ausflaggung der Gewalt als unumgehbare Notwehr gegen den gewaltausübenden Staat für eigene politische Ziele und Strategien in Dienst genommen. Andererseits werden aber mit den Protagonisten der RAF starke Subjekte installiert, die sich als heroische wie handelnde Identitäten verstehen und dies in ‚Wort' und ‚Tat' artikulieren.

---

[528] Lehmann: Den Tod sterben: Zu Brechts Dedramatisierung des Todes, S. 185.
[529] Ebd.

Teil III: **1968 – 2014**
**Prekäre Taten, prekäre Täterfiguren,
prekäre Ordnungen**

1 Einleitung

Im dritten Teil der Arbeit werden Texte, die zwischen 1968 und 2014 entstanden sind, in den Blick genommen und auf ihre spezifische Fassung der Tat befragt. Im Fokus stehen die Texte der Roten Armee Fraktion (RAF), Elfriede Jelineks *Wolken.Heim.* und *Die Schutzbefohlenen* sowie Monika Marons *Stille Zeile Sechs*.

Der abschließende Teil der Arbeit zeigt, dass sich die Erzählungen der Tat in der Literatur der Gegenwart nun weiter ausdifferenzieren und sich in unterschiedlicher Weise auf die um 1800 und vor allem auf die um 1900 vorgelegten Diskussionen der Tat beziehen. Insbesondere die Radikalität der Tat-Emphase um 1900 kann für die um 2000 verfassten Texte fruchtbar gemacht werden: Sie können sich entweder an die Tat-Emphase anlehnen oder selbige problematisieren und auf ihren totalitären Kern befragen. Die Verhandlung der politischen Ordnung, die Installation und Revision der (utopischen) politischen Ordnung, die um 1800 diskutiert wird, ist folglich für die um 2000 entstandenen Texte weniger interessant. Die exemplarischen Lektüren arbeiten hierbei die folgenden divergenten und sich zumindest teilweise widersprechenden Logiken der Erzählung der Tat heraus:

1. Die Texte schließen zum Teil ungebrochen an die um 1900 etablierten Erörterungen der Tat an und führen die dort angelegten Überlegungen fort. So nehmen etwa die Texte der RAF die in den Texten von Brecht angelegten Überlegungen zur politisch legitimierten und notwendigen Gewalt auf, ohne die historischen Folgen dieser politischen Logik zu reflektieren. Eva Horn zeichnet diese Linie nach: „Der Tod, so scheint es, zentriert das Politische der Moderne als das, worum es ‚wirklich' geht [...]. Er bildet einen Fluchtpunkt des politischen Imaginären, das sich auch nach dem Ende der totalitären Entwürfe noch nicht erledigt zu haben scheint."[1] Die von der RAF aufgenommen Logik wird nach 1968 in ihrer radikalen Ausprägung zurückhaltender rezipiert; dies ließe sich zum einen mit der Radikalisierung der RAF und zum anderen mit dem differenzierteren Bild hinsichtlich der sozialistischen und kommunistischen politischen Programmatiken und deren praktischer Umsetzung begründen. Die Logik geht aber nicht verloren: So scheinen, und dies kann hier nur angedeutet werden, teilweise auch die politischen Programmatiken aktueller Protestbewegungen die politische Logik der RAF aufzunehmen und sich dienstbar zu machen.
2. Die Tat und die Täterfiguren werden in einer weiteren Anschlusslinie als prekäre und als grundsätzlich problematische Figuren und Strukturen ver-

---

[1] Horn: ‚Sterbt, aber lernt', S. 314.

standen. Die angestrebte Subjektivierung durch die Tat erscheint folglich wenig ergiebig, da die durch die Tat generierte Identität – etwa als soldatisch-männliche Identität im Sinne Ernst Jüngers – als problematisch gelesen wird. Elfriede Jelineks *Wolken.Heim.* und Monika Marons *Stille Zeile Sechs* entfalten diese Problematik, die sich aus der Reflektion der deutschen Vergangenheit ergibt. Die Diskussion der emphatisch exekutierten Tat verschiebt zudem den Fokus von einer (nahezu exklusiv) männlichen Perspektive zu einer weiblichen Perspektive, die vor allem von Maron prominent installiert wird.

3. Die Erzählung der Tat wird als Erzählung der Unmöglichkeit der Tat gefasst, indem Akteur*innen ohne Sprach- und Handlungsmacht fokussiert werden. Die sprachliche und politische *Agency* wird durch die Hörbarmachung der Marginalisierten erreicht, wie Elfriede Jelineks Texte *Die Schutzbefohlenen* demonstriert. Auch hier lässt sich somit eine Verschiebung der Perspektive feststellen: Das männliche Täter-Subjekt wird nun von den indifferenten Stimmen des Chores der Marginalisierten abgelöst.[2]

4. Zu ergänzen wäre noch die Zitation der Erzählung der Tat um 1900 in der Literatur um 2000, die zwischen Affirmation und ironischer Brechung schwankt und gerade aus diesem Oszillieren ihre ästhetische und politische Provokation gewinnt. Die betont konservative Position, die etwa Simon Strauß' Erzähler in *Sieben Nächte* und *Römische Tage* besetzt, verschärft diese Provokation und artikuliert eine konservative Kultur- und Zivilisationskritik, die der ironisch-postmodern und postheroisch strukturierten Gegenwart nochmal die ‚große' Tat abringen will.[3] Das an die Gegenwarts-Diagnose von Ernst Jünger erinnernde Setting, das Pathos und Vitalismus beschwört, um der ‚unmännlichen' Dekadenz der Gegenwart der „radelnden Jungväter [...], die nur darauf warten, allen zu beweisen, wie gut und schnell sie wickeln können",[4] das Bekenntnis

---

[2] Eine ähnliche Erzählung der politischen Handlungsunfähigkeit der weiblichen Akteurin lässt sich an Marlene Streeruwitz' *Die Reise einer jungen Anarchistin in Griechenland* beobachten. Vgl.: Marlene Streeruwitz als Nelia Fehn: Die Reise einer jungen Anarchistin in Griechenland. Frankfurt am Main: Fischer 2015. – Vgl. hierzu auch: Marion Löffler und Georg Spitaler: Demo ohne Demos? Politische Handlungsfähigkeit, Emotionen und ‚Unvernehmen' in Reise einer jungen Anarchistin in Griechenland von Marlene Streeruwitz als Nelia Fehn (2014). In: Neuhaus und Nover: Das Politische in der Literatur der Gegenwart, S. 475–496.

[3] Strauß schließt hier an konservative Tendenzen in Texten der Gegenwartsliteratur an, die etwa mit einer Ästhetik spielen, die an Ernst Jünger erinnern. Da Strauß diese Position am deutlichsten besetzt – was nicht zuletzt zu Irritationen im Feuilleton geführt hat –, wird hier auf diesen Text exemplarisch verwiesen.

[4] Simon Strauß: Sieben Nächte. Berlin: Aufbau 2018, S. 27.

zum „Ganzen",[5] zum „Mythos",[6] zur „Wut"[7] und zum „Mut zur Tat"[8] entgegenzuhalten, erweist sich jedoch – trotz aller Kritik an der Ironie im Text – als uneigentliches ästhetisches Produkt, das durch intertextuelle Verweise einen Import von den vermeintlich unmittelbaren Präsenzerfahrungen[9] der Tat leistet.

Die divergenten Modi der Erzählung der Tat um 2000 zeigen, dass die Erzählung der Tat in der Gegenwart sehr heterogen gefasst wird. Um 1800 wird die Tat in einem Experimentierfeld situiert, in dem verschiedene politische Ordnungen evaluiert und transformiert werden, wobei jeweils die Tat und die Folgen der Tat beobachtet werden – die radikale Eskalation der Tat und der Täter*innen bleibt in den Texten entweder aus oder wird vom Text sanktioniert. Um 1900 eskaliert die Tat, gleichzeitig versuchen die politischen Programmatiken die vormalige Kontingenz der politischen Setzungen nun in eine totalitäre oder deterministische Schließung zu überführen. Um 2000 ließe sich nun mit Lefort von einer Institutionalisierung der kontingenten Fundamente in der Demokratie ausgehen.[10] Gleichzeitig zeigen sich aber, etwa in den Texten der RAF, totalitäre Versatzstücke, die eine radikale Schließung evozieren wollen und mit der Thanatopolitik an die um 1900 formulierten Programmatiken anschließen die den ‚neuen Menschen' ‚züchten' wollen.

---

5 Ebd., S. 31.
6 Ebd., S. 50.
7 Ebd., S. 87.
8 Ebd., S. 93.
9 Vgl.: Hans Ulrich Gumbrecht: Diesseits der Hermeneutik. Über die Produktion von Präsenz. Frankfurt am Main: Suhrkamp 2004.
10 Vgl.: Lefort: Die Frage der Demokratie.

2 Vom Wort zur (terroristischen) Tat: Die Texte der Roten Armee Fraktion (1968–1974)

2.1 Einleitung

In Bertolt Brechts Text *Das Badener Lehrstück vom Einverständnis*[11] referiert der Sprecher des Chores aus einem Buch ein Gleichnis, das im Sinne des Lehrstücks als politische Lehre fungieren soll:

> DER SPRECHER: Als der Denkende in einen großen Sturm kam, saß er in einem großen Fahrzeug und nahm viel Platz ein. Das erste war, daß er aus seinem Fahrzeug stieg, das zweite war, daß er seinen Rock ablegte, das dritte war, daß er sich auf den Boden legte. So überwand er den Sturm in seiner kleinsten Größe.
> DIE GESTÜRZTEN: *erkundigen sich beim Sprecher:* Überstand er so den Sturm?
> DER SPRECHER: In seiner kleinsten Größe überstand er den Sturm.
> DIE GESTÜRZTEN: In seiner kleinsten Größe überstand er den Sturm.[12]

Durch die mehrmalige Wiederholung mit der Variation von „überwand"/„überstand" wird die Kernthese deutlich herausgestellt und der Lernerfolg geradezu didaktisch abgesichert: In dem metaphorisch zu verstehenden Sturm wird das eigene Überleben nur durch die Aufgabe der eigenen ‚Größe' und des eigenen Ichs, also der Aufgabe der eigenen Macht- und Subjektposition nebst ihren Symbolen, sichergestellt. Das starke Subjekt verschwindet, wird zum „Niemand":[13] „DER GELERNTE CHOR: Wer also stirbt, wenn ihr sterbt? / DIE DREI GESTÜRZTEN MONTEURE: Niemand."[14] Die skizzierte Programmatik leistet jedoch nicht nur eine Neucodierung des Subjektstatus auf der Ebene der spezifischen Identität der Figur im Text oder der textexternen lernenden Person, sondern ist zugleich als Installation einer radikalen politischen Logik zu verstehen, die eben nicht mehr auf die Generierung und Präsentation von heroischen Akteur*innen und heroischen wie außerordentlichen Taten basiert. Und so schließt das Lehrstück mit den von dem Chor und dem Führer des Chores skandierten Anweisungen zu einem politischen Handeln, das sich nicht nur auf die politische Aktion, sondern auch auf die eigene

---

[11] Brecht: Das Badener Lehrstück vom Einverständnis, S. 235–245.
[12] Ebd., S. 241.
[13] Ebd., S. 243.
[14] Ebd.

Subjektivität bezieht: „Ändernd die Welt, verändert euch! / Gebt euch auf! / [...] Marschiert!"[15]

Wie bereits im letzten Kapitel angedeutet, wurden Brechts Texte auch von den Mitgliedern der RAF rezipiert; die in den Lehrstücken formulierten politischen Gründungen lassen sich leicht für den bewaffneten Kampf einer terroristischen[16] Vereinigung in Dienst nehmen.[17] Insbesondere der folgende Satz aus Brechts *Die Maßnahme* wurde als Legitimation für einen gewalttätigen ‚schmutzigen' Kampf gegen das System verstanden: „Welche Niedrigkeit begingest du nicht, um / Die Niedrigkeit auszutilgen? / [...] Versinke in Schmutz / Umarme den Schlächter, aber / Ändere die Welt: sie braucht es!"[18] Die Notwendigkeit der Änderung der Welt ist aber weiterhin in die Logik der ‚kleinsten Größe' eingebettet: Der ‚Denkende' steigt im Sturm aus seinem großen Fahrzeug; die emphatisch gesetzte Änderung erfolgt also nicht durch das heroische Subjekt in seiner ‚größten Größe', sondern durch das nivellierte Individuum, das im Kollektiv aufzugehen bereit ist.

Die Mitglieder der RAF lesen zwar Brechts Texte, inszenieren sich aber im Gegensatz zu Brechts politischen Prämissen wieder als starke und heroische Subjekte, die zudem – etwa bei Andreas Baader – eine deutliche männlich-patriarchale Codierung aufweisen.[19] In der politischen Theorie verlässt der ‚Denkende' sein großes Fahrzeug; in der politisch-terroristischen Praxis der RAF besteht der ‚Handelnde' – wenn man Baader so bezeichnen möchte – auf die Fortbewegung im großen bzw. sportlich-exklusiven Fahrzeug. Neben einem sil-

---

15 Ebd., S, 245.
16 Die Semantik des komplexen Begriffs Terrorismus, die in der Forschung keineswegs einheitlich gefasst wird, kann an dieser Stelle nicht diskutiert werden. Der asymmetrische wie gewaltsame Kampf einer Minderheit nicht-staatlicher Akteure gegen den als repressiv verstandenen Staat und die Zielsetzung eines wie auch immer gearteten politischen Umsturzes bzw. die Installation eines alternativen politischen Systems flankiert von einer ausgefeilten Kommunikationsstrategie könnten als Minimal-Marker für eine terroristische Vereinigung verstanden und als Hypothese an die RAF angelegt werden. Vgl. zur Begriffsbestimmung auch: Andreas Elter: Propaganda der Tat. Die RAF und die Medien. Frankfurt am Main: Suhrkamp 2008, S. 17–41.
17 „Meinhof beschreibt den Kampf der kleinen, voneinander unabhängig agierenden Gruppen im Handbuch für „Stadtguerilla". Für sie wie für viele der übrigen RAF-Mitglieder wird Bertolt Brechts Stück *Die Maßnahme*, 1931 im Blick auf die sowjetischen Verhältnisse geschrieben, zur moralischen Orientierung in dem Dilemma der revolutionären Gewaltanwendung." Matthias Bormuth: An den Grenzen des biografischen Verstehens. Ulrike Meinhofs Radikalisierung im Horizont von Karl Jaspers. In: Forensische Psychiatrie, Psychologie, Kriminologie 12 (2018), S. 11–20, hier: S. 16.
18 Brecht: Die Maßnahme, S. 262f.
19 Vgl. hierzu: Sven Glawion: Aufbruch in die Vergangenheit. Bernward Vespers *Die Reise*. In: Inge Stephan und Alexandra Tacke (Hrsg.): NachBilder der RAF. Köln, Weimar und Wien: Böhlau 2008, S. 24–38.

bernen Iso Rivolta, der insgesamt nur 792-mal gebaut wurde und sich somit wohl kaum als unauffälliges Fluchtauto eignet, setzt Baader vor allem auf den Porsche 911 und fällt mit dem exklusiven Auto, der ungewöhnlichen Lackfarbe und der Fahrpraxis auf, wie der BKA-Cheffahnder Günther Scheicher festhält:

> Wir trauten unseren Augen nicht. Das war irgendwie ein Witz, da kam ein auberginefarbener Porsche 911 Targa, mit Konstanzer Kennzeichen und vollem Rohr herrgottsfrüh an unseren Beobachtungsposten vorbeigerauscht. Und das an einem Feiertag. Entgegen der Einbahnstraße![20]

Die jeweiligen Funktionen, Status und Paradigmata, die mit dem Auto bei Brecht und Baader aufgerufen werden, unterscheiden sich folglich grundlegend; die Unterschiede lassen sich jedoch nicht nur als Kuriosität verbuchen, sondern für eine politische Logik des Subjekts fruchtbar machen. Brechts ‚kleinste Größe' entspricht nicht der Logik des politischen Heroen, wie sie von Baader inszeniert wird. Die RAF erzeugt vielmehr eine Vielzahl von heroischen Subjekten und ikonischen Repräsentationen, die den Kampf und das Subjekt inszenieren und bis in die Gegenwart wirkmächtig sind, wie Inge Stephan und Alexandra Tacke zeigen:

> Bekannte Bilder wie das von dem erschossenen Benno Ohnesorg, von demonstrierenden Studenten sowie der Kommune I, von Baader und Ensslin auf der Anklagebank beim Kaufhausbrandprozess in Frankfurt oder später im Café in Paris, der melancholisch-ernst blickenden Meinhof auf dem Fahndungsplakat, der spektakulären Festnahme von Baader, Raspe und Meins, der Schleyer-Entführung und den Toten in Stammheim dominierten wochenlang die Zeitungen.[21]

Dass die durch den Terror erzeugten Bilder weder zufällig noch nebensächlich sind, zeigt pointiert Peter Waldmann auf, der Terrorismus „primär [als] eine Kommunikationsstrategie"[22] versteht.[23] Für die politische Logik der RAF deuten sich somit zwei Linien an, die in den Briefen und Manifesten weiter verfolgt werden: Zum einen rezipiert und adaptiert die RAF Überlegungen und Formulierungen aus literarischen und theoretischen Texten, um die politische Bewe-

---

20 Klaus Stern: Terrorist ohne Führerschein. In: Spiegel-Online 18.10.2007. http://www.spiegel.de/einestages/raf-a-948479.html (letzter Zugriff: 06.04.2019).
21 Inge Stephan und Alexandra Tacke: Einleitung. In: dies. (Hrsg.): NachBilder der RAF, S. 7–23, hier: S. 8.
22 Peter Waldmann: Terrorismus. Provokation der Macht. München: Murmann 2005, S. 7.
23 Zur Kritik dieser Lesart vgl.: Elter: Propaganda der Tat, S. 11.

gung mit dem theoretischen ‚Überbau' in der „Stunde der Theorie"[24] – so eine Kapitelüberschrift in *Der lange Sommer der Theorie* – zu versorgen und die RAF in der universitären links-radikalen Szene zu verankern; hier wäre unter anderem auf Brechts Lehrstücke zu verweisen. Zum anderen erzeugt und kommuniziert die RAF bewusst Bilder des starken terroristischen Subjekts und des Kampfes, um im Sinne einer politischen Kommunikation und Propaganda über ihre emphatisch gesetzten Taten und Täter zu informieren und ihre Mitglieder als heroische Akteure zu installieren. Wird „nicht die *violentia* selbst, sondern der von ihr ausgehende *terror*, der Schrecken [...] [als Kern] der terroristischen Strategie"[25] verstanden, wird die Bedeutung der Tat deutlich: Der Terror kann zum einen nur durch die immer extremer gestaltete Tat erzeugt werden und bedarf zum anderen einer Kommunikationsstrategie, die die exekutierte Tat medial vermitteln kann, letztlich also eine Erzählung des Terrors, der Tat, der Täter und der heroisierten Opfer – etwa: Ulrike Meinhof oder Benno Ohnesorg – zu leisten vermag.

2.2 Logik des bewaffneten Kampfes – Rezeption

Die politische wie terroristische Logik, die von der RAF in ihren Texten entfaltet wird, lässt sich an Vorläufer unterschiedlicher Couleur rückbinden. Nicht nur literarische Texte, die aus einer politisch linken Perspektive verfasst sind – die Texte von Brecht wurden bereits genannt –, auch programmatische politische Texte, die oftmals von dezidiert (links-)revolutionär agierenden Akteuren stammen, werden von der RAF rezipiert.[26] Als Ziel der Rezeption der Texte lässt sich die Formulierung und Legitimierung einer politischen Logik des bewaffneten Kampfes ausmachen, die die radikale Tat in den Fokus stellt und die Auslöschung des Feindes – und unter bestimmten Bedingungen auch des Freundes – zugunsten der *causa*[27] legitimiert. Auf Brechts *Die Maßnahme* bezugnehmend wird neben der an Carl Schmitt gemahnenden Freund-Feind-Differenzierung eine po-

---

[24] Philipp Felsch: Der lange Sommer der Theorie. Geschichte einer Revolte 1960–1990. München: C.H. Beck 2015.
[25] Herfried Münkler: Guerillakrieg und Terrorismus. In: Wolfgang Kraushaar (Hrsg.): Die RAF und der linke Terrorismus, Bd. 1. Hamburg: Hamburger Edition, HIS Verlag 2006, S. 78–102, hier: S. 87.
[26] Neben Texten von Mao, Che Guevara und Carlos Marighella wäre u.a. auch auf die Randgruppentheorie von Herbert Marcuse als theoretischem Einfluss zu verweisen. Vgl.: Bernhard Giers: Che Guevara, Régis Debray und die Focustheorie. In: Kraushaar (Hrsg.): Die RAF und der linke Terrorismus, S. 182–204.
[27] Vgl. zum Begriff *causa* das Kapitel zu Brecht in der Arbeit.

litische Logik der „Niedrigkeit"[28] installiert und als unausweichlich markiert; die Radikalität der Mittel ergibt sich folglich zwangsläufig aus der politischen Notwendigkeit und der Realität der zu bekämpfenden „Niedrigkeit" der Welt.

Die skizierte Logik lässt sich unter anderem an die Überlegungen von Mao Tse-Tung anschließen, der für die RAF große Bedeutung hatte. Mao verknüpft die politische Macht mit der Option und der Potenz der Gewalt; er fordert, dass „[j]eder Kommunist diese Wahrheit [...] begreifen [muß]: ‚Die politische Macht kommt aus den Gewehrläufen.'"[29] Folglich ist eine revolutionäre Bewegung, die grundsätzlich gewaltfrei agieren will, zum Scheitern verurteilt. Dies ist eine Position, die sich die RAF bereits in ihren frühen Texten zu eigen macht und die sie – vor allem hinsichtlich der Haltung zur Gewalt gegen Menschen[30] – von anderen linken Bewegungen um 1968 unterscheidet. Wird die staatliche politische Macht aber *per definitionem* als gewaltausübend und gewaltbesitzend verstanden und der eigene Kampf politisch wie ethisch überformt, so ergibt sich zwangsläufig die Notwendigkeit der nun ethisch legitimierten Gewaltausübung. Dies lässt sich wiederum als Logik der politischen Revolution begreifen und an Mao rückbinden: „Alle Kriege in der Geschichte teilen sich in nur zwei Kategorien: in gerechte und ungerechte Kriege. Wir sind für gerechte und gegen ungerechte Kriege. Alle kontrarevolutionären Kriege sind ungerecht, alle revolutionären Kriege – gerecht."[31] Die Revolution als ‚gerechter Krieg' im Sinne Maos wird durch die terroristische Eskalation der Gewalt vorangetrieben, „bis die Welt rot oder tot [ist]".[32]

Die totalitäre Struktur wird durch das an Brecht erinnernde Telos der revolutionären Bewegung gerechtfertigt, die die Gewalt ausüben muss, um die Gewalt in der Zukunft nicht mehr ausüben zu müssen. Mao schreibt: „Wir befürworten die Abschaffung des Krieges, wir wollen den Krieg nicht; aber der Krieg kann nur durch den Krieg abgeschafft werden; und will man das Gewehr überflüssig ma-

---

28 „Welche Niedrigkeit begingest du nicht, um / Die Niedrigkeit auszutilgen? / [...] Versinke in Schmutz / Umarme den Schlächter, aber / Ändere die Welt: sie braucht es!" Brecht: Die Maßnahme, S. 262f.
29 Mao Tse-Tung: Worte des Vorsitzenden Mao Tsetung. Essen: Neuer Weg ²2002, S. 74.
30 Die ausführliche Diskussion der Differenzierung der Gewalt in Gewalt gegen Sachen und in Gewalt gegen Menschen trieb die linke Bewegung um 1986 lange um. Vgl. hierzu: Jan Bulig: Von der Provokation zur ‚Propaganda der Tat'. Die ‚Antiautoritäre Bewegung' und die Rote Armee Fraktion (RAF). Bonn: Bouvier 2007, S. 103f.
31 Mao Tse-Tung: Strategische Fragen des revolutionären Krieges in China. Berlin: Dietz 1955, S. 10.
32 So die Aufschrift auf einem Anti-Vietnam-Poster, das Michael Ruetz, der eine Vielzahl von Bildern zu den politischen Linken um 1968 angefertigt hat, aufgenommen hat. Michael Ruetz: ‚Ihr müßt diesen Typen nur ins Gesicht sehen'. APO Berlin 1966–1969. Frankfurt am Main: Zweitausendeins 1980, S. 70.

chen, muß man zum Gewehr greifen."³³ In dieser politischen Logik gedacht würde der Verzicht auf die Gewalt nicht nur einen strategischen Nachteil darstellen, sondern, viel fundamentaler, die grundsätzliche Beendigung der Gewalt verunmöglichen. Alain Badious Analyse der Kriege des 20. Jahrhunderts lässt sich folglich auch auf die politische Logik der RAF anwenden: „Dieses Motiv des Endes der Kriege durch einen totalen und letzten Krieg [...] [steht] hinter all den das Jahrhundert durchziehenden Überzeugungen".³⁴

2.3 Literarische Brandstiftung

Die RAF nimmt die skizzierten Überlegungen auf und führt sie in Wort, den Manifesten, und Tat, den Anschlägen, fort. Das jeweilige Verhältnis von Wort und Tat kann bei der RAF auf verschiedenen Ebenen, jeweils in einer diachronen Perspektivierung, beobachtet werden: So ließe sich erstens eine quantitative Beobachtung vornehmen, die die Menge der produzierten Texte über die Tat in Verhältnis zu den begangenen textexternen Taten setzt. Zweitens – und dieser Ansatz wird wie der folgende weiter verfolgt werden – könnte eine qualitative Beobachtung die Priorisierungen von Wort oder Tat in den Blick nehmen und die Erzählung bzw. die Exekution der Tat analysieren. Drittens ließe sich mit der Kopplung von Wort und Tat eine Linie zu den klassischen Avantgarden schlagen und die Verbindung von Terrorismus und Kunst/Literatur näher beleuchten.³⁵

Bereits die erste Aktion der späteren RAF – die Brandstiftung in zwei Frankfurter Warenhäuser am 2. April 1968, ausgeführt von Gudrun Ensslin und Andreas Baader, beide Gründungsmitglieder der RAF, sowie von Thorwald Proll und Horst Söhnlein – lässt sich als Knotenpunkt von verschiedenen Linien deuten und als Ausgangspunkt für die Entfaltung einer Logik der terroristischen Tat wie der terroristischen Kommunikation lesen.³⁶ So nimmt die Brandstiftung und die publizistische Kommentierung der Tat von Ulrike Meinhof direkten Bezug auf die

---

33 Mao Tse-Tung: Probleme des Krieges und der Strategie. Zitiert nach: Badiou: Das Jahrhundert, S. 50.
34 Badiou: Das Jahrhundert, S. 50.
35 Zum letzten Punkt ausführlich und differenziert: Thomas Hecken: Avantgarde und Terrorismus. Rhetorik der Intensität und Programme der Revolte von den Futuristen bis zur RAF. Bielefeld: Transcript 2006. Sowie: Svea Bräunert: Gespenstergeschichten. Der linke Terrorismus der RAF und die Künste. Berlin: Kadmos 2015.
36 Neben der Brandstiftung als Beginn der RAF ließen sich auch Argumente für den Tod von Benno Ohnesorg am 2. Juni 1967 oder den Anschlag auf das jüdische Gemeindezentrum am 9. November 1969 in Berlin als Beginn der RAF finden. Vgl.: Bräunert: Gespenstergeschichten, S. 32–34.

satirisch-parodistischen *Kommunenflugblätter* Nr. 6 bis Nr. 9 der *Kommune I*.[37] Diese nehmen wiederum den Kaufhausbrand, der 1967 in Brüssel hunderten Menschen das Leben gekostet hat[38] – der aber keineswegs ein Terroranschlag, sondern ein Unfall war –, als Anlass, eine terroristisch-literarische Vision einer Warenhausbrandstiftung zu verfassen. Die ‚Tat' der *Kommune I*, so zynisch sie angesichts des Unfalls auch erscheinen mag, geschieht jedoch nur im Text und als Text: Der Text stellt seinen Status *als Text* und darüber hinaus als Text, der in einer ästhetischen Tradition zu lesen ist, bereits durch seine Form deutlich aus. So spielt das Flugblatt Nr. 7 mit dem Titel *Warum brennst du, Konsument?* mit einer Werbeästhetik; der Titel ist etwa mit einem umlaufenden „NEU! UNKONVENTIONELL! [...] NEU! ATEMBERAUBEND!"[39] gerahmt. Der Text verknüpft im Stil eines Werbetextes das Geschehen in Vietnam mit dem Unfall in Brüssel und stellt die Vision der Brandstiftung und die sich daraus ergebende Option des ‚Mitbrennens' als innovative Erfahrung für den übersättigten Konsumenten heraus, der nun aus der mittelbaren wie passiven Rezeptionshaltung gerissen wird und die unmittelbare Präsenz des „knisternde[n] Vietnam-Gefühl[s]"[40] am eigenen Leib erfahren kann. Der „neue gag"[41] der Werbestrategie bleibt aber, und dies ist der deutlich identifizierbare satirische wie parodistische Nukleus des Textes, in das kapitalistische System der Waren eingebettet:[42]

> Mit einem neuen gag in der vielseitigen Geschichte amerikanischer Werbemethoden wurde jetzt in Brüssel eine amerikanische Woche eröffnet: Ein ungewöhnliches Schauspiel bot sich am Montag den Einwohnern der belgischen Metropole:

---

37 Zudem lassen sich weitere Linien von den Warenhausbrandstiftern in das Feld der (Avantgarde-)Kunst nachweisen: „Einer der Mittäter, nämlich Söhnlein, entspricht erneut dem Profil des Avantgarde-Künstlers, der in den terroristischen Untergrund geht, weil er die Grenzen des Ästhetischen sprengen möchte. Söhnlein hatte das Münchner Ensemble *Action-Theater* ins Leben gerufen, das Rainer Werner Fassbinder in sein *antitheater* umwandeln würde. Man könnte in diesem Kontext ergänzen, dass Gudrun Ensslin an zwei Kurzfilmprojekten mitwirkte, bevor sie ihre Gewaltbereitschaft entdeckte; dass ein weiteres Mitglied der ersten RAF-Generation, Holger Meins, ein bereits etablierter Filmemacher war." Christoph Schamm: ‚Und natürlich darf geschossen werden!'. Politische Lyrik und Linksterrorismus in Deutschland. In: Revista Contingentia Vol. 3 No. 2 (2008), S. 16–29, hier: S. 22f. http://seer.ufrgs.br/contingentia/article/view/6527 (letzter Zugriff: 24.04.2019).
38 Vgl.: Elter: Propaganda der Tat, S. 97.
39 Kommune I: ‚Warum brennst du, Konsument?'. Flugblatt Nr. 7 der Kommune I vom 24. Mai 1967, 2. Auflage, Original, Archiv *APO und soziale Bewegungen* im Universitätsarchiv der Freien Universität Berlin, Ordner K1, L4–5–67.
40 Ebd.
41 Ebd.
42 Überdeutlich werden die Verfahren der Satire in dem zweiten Absatz des obigen Zitats.

Ein brennendes Kaufhaus mit brennenden Menschen vermittelte zum erstenmal in einer europäischen Großstadt jenes knisternde Vietnam-Gefühl (dabei zu sein und mitzubrennen), das wir in Berlin bislang noch missen müssen.
Skeptiker mögen davor warnen, ‚König Kunde', den Konsumenten, den in unserer Gesellschaft so eindeutig Bevorzugten und Umworbenen, einfach zu verbrennen. Schwarzseher mögen schon unsere so überaus komplizierte und kompliziert zu lenkende hochentwickelte Wirtschaft in Gefahr sehen.[43]

Im folgenden Flugblatt Nr. 8 mit dem Titel *Wann brennen die Berliner Kaufhäuser?* wird die Argumentation schlüssig fortgesetzt und der vermeintliche Aufruf zu tatsächlichen Brandstiftungen – also zu terroristischen Taten – wird deutlicher herausgearbeitet. Wiederum verweist die Form des Textes auf die ästhetische Tradition:

Ob leere Fassaden beworfen, Repräsentanten lächerlich gemacht wurden – die Bevölkerung konnte immer nur Stellung nehmen durch die spannenden Presseberichte. Unsere belgischen Freunde haben es endlich den Dreh heraus, die Bevölkerung am lustigen Treiben in Vietnam wirklich zu beteiligen: sie zünden ein Kaufhaus an, dreihundert saturierte Bürger beenden ihr aufregendes Leben und Brüssel wird Hanoi. Keiner von uns braucht mehr Tränen über das arme vietnamesische Volk bei der Frühstückszeitung zu vergießen. Ab heute geht sie in die Konfektionsabteilung von KaDeWe, Hertie, Woolworth, Bilka oder Neckermann und zündet sich diskret eine Zigarette in der Ankleidekabine an. Dabei ist nicht unbedingt erforderlich, dass das betreffende Kaufhaus eine Werbekampagne für amerikanische Produkte gestartet hat, denn wer glaubt noch an das ‚made in Germany'?

Wenn es irgendwo brennt in der nächsten Zeit, wenn irgendwo eine Kaserne in die Luft geht, wenn irgendwo in einem Stadion die Tribüne einstürzt, seid bitte nicht überrascht. Genausowenig wie beim Überschreiten der Demarkationslinie durch die Amis, der Bombardierung des Stadtzentrums von Hanoi, dem Einmarsch der Marines nach China.

Brüssel hat uns die einzige Antwort darauf gegeben:
burn ware-house, burn![44]

Die ästhetische Formung des Textes, der sich in die Tradition der Avantgarde stellt und mit den Mitteln der Ironie, Parodie und Satire arbeitet, bewahrte die Mitglieder der *Kommune I* nicht vor einer Anklage vor Gericht, die erst durch die eingeforderten Gutachten, die sich mit dem Text (literatur-)wissenschaftlich auseinandersetzen sollten, in einen Freispruch münden konnte. Das Gutachten von Jacob Taubes, das neben dem Gutachten von Peter Szondi, der den Text als

---

43 ‚Warum brennst du, Konsument?'.
44 Kommune I: Wann brennen die Berliner Kaufhäuser? Flugblatt Nr. 8 der Kommune I vom 24. Mai 1967. In: Kommune I: Quellen zu Kommune-Forschung. Wiederabgedruckt in: Sprache im technischen Zeitalter Heft 28 (1968), S. 320.

„satirische[ ] Parodie"⁴⁵ klassifiziert, besonders deutlich die ästhetischen Verfahren und Traditionen in den Blick nimmt, führt sein Resultat bereits im Titel an: *Surrealistische Provokation.*⁴⁶ Taubes führt aus: „Die Vernichtung der bürgerlichen Welt ist als Programm sowohl des Surrealismus als auch der ‚Kommune I' etwas Absolutes, das außerhalb von Geschichte und Politik liegt, also eine poetische Fiktion."⁴⁷ Die notwendige Skandalisierung, die dem Surrealismus wie der *Kommune I* eigen ist, erweist sich somit als „Spiel mit Worten, als Fiktion".⁴⁸ Die Texte seien folglich „Objekt[e] für die [...] Literaturwissenschaft, aber nicht für Staatsanwalt und Gericht".⁴⁹

Den von Szondi und Taubes vorgestellten Lesarten ist zuzustimmen, vor allem, da sie aufzeigen, dass die weder juristisch noch literaturwissenschaftlich haltbare Lesart der Staatsanwaltschaft eindeutig als Fehllektüre zu klassifizieren ist; nicht zuletzt, da die Texte durch die ihnen zugrundeliegenden ästhetischen Verfahren notwendigerweise Uneindeutigkeiten bzw. Polysemien produzieren und die juristisch notwendige Eindeutigkeit und Bedeutungsfestlegung systematisch wie systembedingt verweigern.

Gleichwohl – und eine ähnliche Argumentation nimmt auch Karl Heinz Bohrer in seinem Aufsatz *Surrealismus und Terror*⁵⁰ auf – fußen die Lesarten von Szondi und Taubes auf der Vorstellung der Differenzierung der Systeme Kunst und Leben. Legt man hingegen die von Plumpe vorgelegte Definition der Avantgarde zugrunde, in der die Entdifferenzierung der Systeme im Fokus steht, wird die Interpretation der Flugblätter nochmals komplexer.⁵¹ Die Texte der Avantgarde wären nach Plumpe nicht als „Kunst-Revolution",⁵² sondern als „Revolutions-Kunst"⁵³ zu verstehen: Die Literatur wirkt somit unmittelbar auf die politische

---

45 Peter Szondi: Aufforderung zur Brandstiftung? Ein Gutachten im Prozeß Langhans/Teufel. In: Sprache im technischen Zeitalter 28 (1968), S. 329–338, hier: S. 331.
46 Jacob Taubes: Surrealistische Provokation. Ein Gutachten zur Anklageschrift im Prozess Langhans-Teufel über die Flugblätter der ‚Kommune I'. In: Merkur 21 (1967), Heft 7, S. 1069–1079.
47 Ebd., S. 1078.
48 Ebd., S. 1079.
49 Ebd.
50 Karl Heinz Bohrer: Surrealismus und Terror. In: Merkur 23 (1969), Heft 10, S. 921–940. Wiederabgedruckt in: Karl Heinz Bohrer: Die gefährdete Phantasie, oder Surrealismus und Terror. München: Hanser ²1970, S. 32–61.
51 „‚Avantgarde' wollen wir also eine Literaturprogrammatik nennen, die die Ausdifferenzierung der Literatur zu einem eigenständigen Kommunikationssystem frontal angreift und auf eine entdifferenzierende, Literatur in politische Funktionszusammenhänge einrückende Strategie setzt." Plumpe: Epochen moderner Literatur, S. 184.
52 Ebd.
53 Ebd.

Wirklichkeit – allerdings nicht, indem sie im Sinne der engagierten Literatur verfährt; vielmehr sind es gerade die ästhetischen Verfahren der Avantgarde, die die Wirkung im und außerhalb des Ästhetischen ermöglichen. Wenn aber das ästhetische Artefakt trotz oder gerade wegen seiner Form, die eine Produktion der Polysemie in Gang setzt, politisch wirken kann, dann wäre die in den Gutachten formulierte Entlastung, die ebenfalls aufgrund der Form des Textes erfolgt – Form wird hier allerdings anders gedacht –, zwar juristisch nachvollziehbar, politisch aber fragwürdig. Letztlich, das zeigt nicht zuletzt die Warenhausbrandstiftung der RAF – immerhin die erste Brandstiftung aus politischen Motiven seit der NS-Zeit[54] –, bieten die Flugblätter der *Kommune I* eben nicht nur die Anschlussstelle für die Theorien und Verfahren der klassischen Avantgarde, sondern auch für die folgenden tatsächlichen terroristischen Akte, die die Worte in die Tat überführen.[55]

2.4 Logik des bewaffneten Kampfes – Wort und Tat

Die (reale) Brandstiftung in zwei Frankfurter Kaufhäusern wird von der Journalistin und dem späteren RAF-Mitglied Ulrike Meinhof in einem Artikel für das Magazin *konkret* kommentiert: „Das progressive Moment [...] liegt nicht in der Vernichtung der Waren, es liegt in der Kriminalität der Tat – im Gesetzesbruch. [...] Hat also eine Warenhausbrandstiftung dies progressive Moment [...], so bleibt zu fragen, ob es vermittelt werden kann".[56] Meinhof weist zum einen darauf hin, dass für den ‚Erfolg' der terroristischen Tat die Vermittelbarkeit bzw. die Kommunizierbarkeit unabdingbar ist. Die strategischen Überlegungen Meinhofs lassen somit an die bereits zitierte Definition des Terrorismus als „Kommunikationsstrategie"[57] anschließen und zeigen, dass „nicht die *violentia* selbst, sondern der von ihr ausgehende *terror*, der Schrecken [...] [als Kern] der terroristischen Strategie"[58] zu verstehen ist – und der „Schrecken" ist nur durch die breite (massen-) mediale Kommunikation zu gewährleisten.

Zum anderen macht Meinhof deutlich, dass die „Vernichtung der Waren"[59] nicht das Ziel der Tat ist, da diese letztlich der kapitalistischen Logik und dem

---

54 Vgl.: Elter: Propaganda der Tat, S. 98.
55 Bohrer hält fest: „Die Technik der Satire ist um jenen Grad weitergedreht, wo sie ein Gefühl von blutigem Ernst um sich zu verbreiten vermag." Bohrer: Surrealismus und Terror, S. 37.
56 Zitiert nach: Elter: Propaganda der Tat, S. 96.
57 Waldmann: Terrorismus, S. 7.
58 Münkler: Guerillakrieg und Terrorismus, S. 87.
59 Zitiert nach: Elter: Propaganda der Tat, S. 96.

kapitalistischen System nicht entgegengesetzt ist: „Den Schaden – sprich Profit – zahlt die Versicherung."⁶⁰ Die unmittelbaren und gegenständlichen Auswirkungen des Terrorismus lassen sich also durchaus in der kapitalistischen Logik denken und in das kapitalistische System einspeisen bzw. in diesem verrechnen. Folglich muss es um etwas anderes gehen: Die Tat an sich als kriminelle Tat lässt sich neben der Kommunikation des Schreckens als Kern des Terroraktes ausmachen. Die Kriminalität der Tat setzt diese – und mit ihr die verantwortlichen Akteur*innen – aus der Sphäre von Recht und Ordnung aus und erschafft eine alternative Sphäre, die durch andere Regeln strukturiert wird. Zugleich formt und erschafft die Exekution der Tat spezifische starke Subjekte, die als souveräne Akteur*innen sich selbst zur extraordinären Tat ermächtigen und sich so zugleich selbst als (exzentrische) Subjekte setzen. Die spezifische Setzung des Subjekts steht folglich, das machen die exzentrische Position und die Aussetzung der Ordnung deutlich, in einer (literarhistorischen) Tradition, die bereits in anderen Texten seit 1800 verhandelt und problematisiert wurde.

Durch die Brandstiftung in Frankfurt und den anschließenden Gerichtsprozess, so ließe sich somit resümieren, lässt sich erstens eine Linie zu den der Avantgarde verpflichteten Flugblätter der *Kommune I* anlegen, zweitens eine terroristische Kommunikationsstrategie ableiten, drittens ein terroristisches Subjekt und eine terroristische Tat installieren und kommunizieren und viertens – durch die Befreiung des Brandstifters Andreas Baaders – Ulrike Meinhofs Weg in den Untergrund der RAF beobachten.

Der Vollzug der terroristischen Tat durch die RAF wird bereits zu Beginn von Texten flankiert, die die Tat literarisch vorbereiten, erklären und zudem als Tat im Text performativ exekutieren. Nicht nur die Quantität der von den Mitgliedern der RAF formulierten Texte zeigt hierbei die Bedeutung der Texte auf: Der Text ist aufgrund seiner kommunikativen und performativen Potenz ebenso wichtig für die RAF wie die Terrortat; erst im und durch den Text kann sich die RAF als spezifische Bewegung mit bestimmten Akteur*innen generieren.

Folglich wird auch die Befreiung von Andreas Baader von einem Text begleitet, der wenige Tage nach der Befreiung in der linken Zeitschrift *Agit 883* erscheint und eine zielgruppenaffine Kommunikation etabliert.⁶¹ Der Text trägt den programmatischen Titel *Die Rote Armee aufbauen. Erklärung zur Befreiung Andreas Baaders vom 5. Juni 1970* und läutet somit die Konsolidierungsphase der

---

60 Ebd., S. 97.
61 Die Zeitschrift *Agit 883* als Ort der Publikation zu wählen, ist strategisch überzeugend: *Agit 883* war eine dezidiert linke bis linksradikale Zeitschrift, die RAF konnte folglich eine Kommunikation etablieren, die genau auf ihre Zielgruppe zugeschnitten war. Vgl.: Elter: Propaganda der Tat, S. 112.

RAF ein.[62] Der Text beginnt mit einer Absetzbewegung der RAF gegenüber dem „Geschwätz der ‚Linken'"[63] – die Abwertung der nicht-terroristischen Linken manifestiert sich bereits in den Anführungszeichen, die deren linke Positionierung in Abrede stellen:

> Genossen von 883
> es hat keinen Zweck, den falschen Leuten das Richtige erklären zu wollen. Das haben wir lange genug gemacht. Die Baader-Befreiungs-Aktion haben wir nicht den intellektuellen Schwätzern, den Hosenscheißern, den Alles-besser-Wissern zu erklären, sondern den potentiell revolutionären Teilen des Volkes. Das heißt, denen, die die Tat sofort begreifen können, weil sie selbst Gefangene sind. Die auf das Geschwätz der ‚Linken' nichts geben können, weil es ohne Folgen und Taten geblieben ist. Die es satt haben![64]

Der Text vollzieht bereits im ersten zitierten Absatz eine binäre Differenzierung zwischen den „falschen Leuten",[65] denen man „das Richtige"[66] nicht erklären kann, und den ‚richtigen Leuten', die im folgenden Text angesprochen und für die Positionen der RAF gewonnen werden sollen. Die Definition der eigenen Ziele und Operationen als „das Richtige"[67] erfolgt nicht durch eine Reflexion oder Diskussion von Argumenten, sondern durch eine absolute und nicht hinterfragbare Setzung. Die Ablehnung dieser totalitären Setzung führt folglich nicht zu einer offenen, demokratischen Diskussion – den „falschen Leuten [kann man] das Richtige [nicht] erklären"[68] –, vielmehr geht mit der Annahme bzw. der Verweigerung der Position der RAF zwangsläufig die Zuordnung zu den richtigen oder „falschen Leuten"[69] einher, womit die „spezifisch politische Unterscheidung"[70] nach Carl Schmitt, die „Unterscheidung von *Freund* und *Feind*",[71] in die politische Logik der RAF eingeführt wird. Die „falschen Leute"[72] werden im Text als „in-

---

62 Vgl.: Ebd., S. 108–118.
63 Rote Armee Fraktion: Die Rote Armee aufbauen. Erklärung zur Befreiung Andreas Baaders vom 5. Juni 1970. In: dies.: Texte und Materialien zur Geschichte der RAF. Berlin: ID 1997, S. 24–26, hier: S. 24.
64 Ebd.
65 Ebd.
66 Ebd.
67 Ebd.
68 Ebd.
69 Ebd.
70 Schmitt: Der Begriff des Politischen, S. 26.
71 Ebd. [Hervorhebung im Original]
72 Rote Armee Fraktion: Die Rote Armee aufbauen, hier: S. 24.

tellektuelle[] Schwätzer[]",[73] „Hosenscheißer[]"[74] oder „Alles-besser-Wisser[]"[75] definiert; die negative wie beleidigende Zeichnung der Antagonisten der RAF vereint in sich folglich Merkmale der Feigheit, der intellektuellen Überheblichkeit sowie der Tathemmung. Letztlich nimmt die RAF mit der Kritik des „Geschwätzes der ‚Linken' [...], weil es ohne Folgen und Taten [bleibt]",[76] eine Überlegung auf, die im politischen und ästhetischen Diskurs um 1800 bereits angelegt ist – etwa in *Götz von Berlichingen* – und um 1900 dann intensiv diskutiert wird: Die Dichotomie Wort/Tat wird um 1900 – mit einer anderen politischen Verortung – nicht nur von Ernst Jünger erörtert, sondern auch von Carl Schmitt in der Zeitschrift *Die Tat* mit der Formel „Aktion, nicht opinion"[77] bedacht.

Der „potentiell revolutionäre[] Teil [...] des Volkes"[78] – die RAF adressiert hier eine „revolutionäre Elite"[79] und nicht die Masse – zeichnet sich dann auch hauptsächlich dadurch aus, dass er „die Tat sofort begreifen"[80] und begrüßen kann.[81] Letztlich stellt also die Bereitschaft zur Tat sowie die Akzeptanz der Tat das Moment der Differenzierung zwischen richtigen und „falschen Leuten"[82] dar. Die emphatische Setzung der Tat in dem Text folgt einer doppelten Strategie: Zum einen sollen die Taten der RAF *a priori* legitimiert werden, zum anderen soll die Entscheidung für oder gegen die RAF erzwungen werden.

Der Text erzwingt die Legitimation der Taten der RAF sowie die Entscheidung für die RAF – nicht zuletzt durch die skizzierte Abwertung der Gegenpositionen – rhetorisch geschickt vor der Definition der künftigen Taten der RAF. Die Tat wird im Text nicht als Selbstzweck definiert, sondern in einen politischen Kontext und eine politische Strategie eingerückt; die von der RAF im Text entfaltete Eskalationsstrategie[83] versteht die terroristische Tat als Operation der politischen Es-

---

73 Ebd.
74 Ebd.
75 Ebd.
76 Ebd.
77 Zitiert nach: Hübinger: Die Tat und der Tat-Kreis, S. 423.
78 Rote Armee Fraktion: Die rote Armee aufbauen, S. 24.
79 Elter: Propaganda der Tat, S. 115.
80 Rote Armee Fraktion: Die rote Armee aufbauen, S. 24.
81 Die RAF vertraut dennoch nicht auf das unmittelbare Begreifen der Tat, sondern flankiert die Tat – und die Absage an die diskursive Fassung der Tat – mit einer elaborierten Textproduktion. Dass die Tat allein durch die Tat zu begreifen ist, etwa im Sinne einer Präsenzerfahrung, bezweifeln offensichtlich selbst die Akteur*innen der Tat.
82 Rote Armee Fraktion: Die rote Armee aufbauen, S. 24.
83 „Die Eskalationsstrategie entsprach den theoretischen Überlegungen des Anarchisten Johannes Most. Ziel dieser Strategie ist es, den Staat durch den Einsatz von Gewalt zu überzogener Gegengewalt und zur Ausbildung repressiver Strukturen zu provozieren. Darunter würden dann

kalation: „Macht das klar, daß die Revolution kein Osterspaziergang sein wird. Daß die Schweine die Mittel natürlich so weit eskalieren werden, wie sie können, aber auch nicht weiter. Um die Konflikte auf die Spitze treiben zu können, bauen wir die Rote Armee auf."[84] Die Taten der RAF sollen also die staatlichen Akteur*innen zu einer maximalen Eskalation und Entgrenzung der staatlichen Gewalt zwingen, die mit Repressalien für die Bevölkerung, politisch-juridischen Grauzonen und entsprechenden Sympathieverlusten für den Staat einhergehen. Mit der Provokation der staatlichen Reaktion, die nun nicht mehr als vorgängige staatliche Aktion geschieht, geht eine Umkehr der Machtverhältnisse einher: „Die Konflikte auf die Spitze treiben heißt: Daß die nicht mehr können, was die wollen, sondern machen müssen, was wir wollen."[85] Um eine maximale Wirkung zu entfachen, bedarf die politische Eskalation jedoch wiederum der medialen Kommunikation des ‚Schreckens', die bereits in Ulrike Meinhof Artikel betont wurde.

Die RAF setzt sich – und dies lässt sich an die skizzierte Absetzung von dem „Geschwätz der ‚Linken'"[86] anbinden – dezidiert von einer demokratisch-politischen Reformbewegung ab: „Ohne gleichzeitig die Rote Armee aufzubauen, verkommt jeder Konflikt, jede politische Arbeit im Betrieb [...] zu Reformismus, d.h.: Ihr setzt nur bessere Disziplinierungsmittel durch, bessere Einschüchterungsmethoden, bessere Ausbeutungsmethoden."[87] Wiederum wird eine binäre ‚Freund-Feind-Struktur' aufgerufen, die politisch linke Alternativen zu der RAF diskreditiert und auflöst: Die Bemühungen um politische Reformen werden nicht als alternative Bestrebungen gesehen, sondern als konterrevolutionär verbucht; wer nicht den Methoden der RAF folgt, stärkt den Feind und ist letztlich der Feind. Die politische Logik der RAF ist somit von einer radikalen Absage an demokratisch grundierte Reformen und Diskurse geprägt und versteht einzig das elitäre Programm der Eskalation und der folgenden Zerstörung des politischen Systems als *politische* Option – eine Haltung, die, mit verschobenen politischen Verortungen, wiederum an bereits diskutierte politische Programmatiken um 1900 erinnert. Gleichwohl wäre etwa mit Lefort darauf hinzuweisen, dass die skizzierten politischen Programmatiken sehr wohl in die moderne Logik des Politischen zu integrieren sind und keinen Gegenpol darstellen.[88]

---

automatisch Unbeteiligte leiden, die – so die Theorie – dann wiederum den Revolutionären zulaufen würden." Vgl.: Elter: Propaganda der Tat, S. 115.
84 Rote Armee Fraktion: Die rote Armee aufbauen, S. 25.
85 Ebd., S. 26.
86 Ebd., S. 24.
87 Ebd., S. 26.
88 Vgl.: Lefort: Die Frage der Demokratie.

Zugleich lässt sich die zunehmende Differenz zwischen der politischen Linken ab 1968 und der RAF aus der skizierten Haltung sowie aus der kritischen Haltung der RAF zu der Kritischen Theorie erklären, deren Einfluss auf die RAF differenzierter gefasst bzw. relativiert werden muss.[89] Herfried Münkler hält hierzu fest: „Alle Versuche, den westdeutschen Terrorismus als Kind des Marxismus, der kritischen Theorie oder emanzipatorischen Denkens überhaupt zu begreifen, haben diesen theoriefeindlich-voluntaristischen Kern des Terrorismus übersehen."[90] Wird die Theoriefeindlichkeit und der Voluntarismus Münkler folgend als Kern des Terrorismus sowie der politischen Programmatik der RAF gelesen, wird deutlich, dass die RAF eine emphatische Setzung und Exekution der Tat betreiben musste – und diese lässt sich mit einer politischen ‚Freund-Feind-Logik' am besten legitimieren und kommunizieren. Mit der Setzung der Tat – und damit der Auflösung der Dichotomie von Wort und Tat – betreibt die RAF jedoch eine Theorieproduktion, die eine Absage an die Theorie beinhaltet und die einseitigen Lesarten der Brecht- und Mao-Texte in eine eigene Konzeption der Tat überführt. Die RAF lässt sich folglich nicht aus den von Münkler zitierten etablierten Theorien verstehen; der „theoriefeindlich-voluntaristische[] Kern"[91] beinhaltet jedoch nicht nur die Absage an die Theorie, sondern ist und produziert selbst Theorie.

Folgerichtig setzt der zweite programmatische Text der RAF, *Das Konzept Stadtguerilla*, der knapp ein Jahr nach dem ersten Text *Die Rote Armee aufbauen* im April 1971 erscheint, mit zwei Zitaten von Mao ein, in denen die ‚Freund-Feind-Logik' – die Setzung des „absoluten Feind[es]"[92] nach Carl Schmitt – als politische Notwendigkeit proklamiert wird: „Zwischen uns und dem Feind einen klaren Trennungsstrich ziehen!"[93] Und: „Wenn wir vom Feind bekämpft werden, dann ist das gut; denn es ist ein Beweis, daß wir zwischen uns und dem Feind einen klaren Trennungsstrich gezogen haben."[94] In Verbindung mit dem für die RAF

---

[89] Vgl. zum Einfluss der Kritischen Theorie auf die Theoriebildung der RAF: Tobias Wunschik: Baader-Meinhofs Kinder. Die zweite Generation der RAF. Wiesbaden: Springer 1997, S. 56 f.
[90] Herfried Münkler: Guerillakrieg und Terrorismus. In: Neue politische Literatur XXV (1980), Heft 3, S. 299–326, hier: S. 318.
[91] Ebd.
[92] Schmitt: Theorie des Partisanen, S. 91.
[93] Rote Armee Fraktion: Das Konzept Stadtguerilla. April 1971. In: dies.: Texte und Materialien zur Geschichte der RAF, S. 27–48, hier: S. 27.
[94] Ebd. Im Abgleich: „In einer Welt, in der sich die Partner [...] gegenseitig in den Abgrund der totalen Entwertung hineinstoßen, bevor sie sich physisch vernichten, müssen neue Arten der absoluten Feindschaft entstehen. Die Feindschaft wird so furchtbar werden, daß man vielleicht nicht einmal mehr von Feind oder Feindschaft sprechen darf und beides sogar in aller Form

entscheidenden Postulat des „Primat[s] der Praxis",[95] das wiederum an Mao rückgebunden wird, sich aber auch an eine Vielzahl von anarchistischen Theorien zur ‚Propaganda der Tat',[96] etwa von Michail Bakunin, ankoppeln ließe, wird die theoretische Fundierung des Terrorismus nun scharf gestellt und mündet in der extremen Tat:

> Wenn man über eine richtige Theorie verfügt, sie aber nur als etwas behandelt, worüber man einmal schwatzt, um es dann in die Schublade zu legen, was man jedoch keineswegs in die Praxis umsetzt, dann wird diese Theorie, so gut sie auch sein mag, bedeutungslos.[97]

Die Entfaltung des „Primat[s] der Praxis"[98] resultiert aus der Reflexion der politischen Lage: Die RAF, die sich selbst im vorigen Positionspapier als elitäres Projekt beschrieben hat, erkennt nun, dass es keine gemeinsame politische Basis von Arbeiter*innen und Intellektuellen gibt, selbige aber für den politischen Kampf unabdingbar ist. Allein die terroristische Tat vermag diese Basis zu schaffen; gleichwohl wird die textexterne Tat bzw. die These, dass nur die Tat und nicht das Wort im Kampf von Nutzen ist, einmal mehr durch die Produktion von Text vorbereitet: „Wir behaupten, [...], daß das Bündnis nur in gemeinsamen Kämpfen hergestellt wird oder nicht, in denen der bewußte Teil der Arbeiter und Intellektuellen nicht Regie zu führen, sondern voranzugehen hat."[99] Die „Papierproduktion"[100] anderer politischer Organisationen wird als wirkungslos und als „Konkurrenzkampf von Intellektuellen"[101] kritisiert.[102] Die Abgrenzung von den anderen Organisationen ist folglich nicht durch eine intensivierte Produktion von Text möglich, sondern nur durch die Überführung der politischen

---

vorher geächtet und verdammt wird, bevor das Vernichtungswerk beginnen kann. Die Vernichtung wird dann ganz abstrakt und ganz absolut." Schmitt: Theorie des Partisanen, S. 95.
95 Rote Armee Fraktion: Das Konzept Stadtguerilla, S. 36.
96 Vgl. hierzu: Elter: Propaganda der Tat, S. 15–78. Sowie: Bulig: Von der Provokation zur ‚Propaganda der Tat', S. 118–121.
97 Rote Armee Fraktion: Das Konzept Stadtguerilla, S. 36 f.
98 Ebd., S. 36.
99 Ebd.
100 Ebd.
101 Ebd.
102 Pointiert: „Es ist ihnen peinlicher, bei einem falschen Marx-Zitat ertappt zu werden als bei einer Lüge, wenn von ihrer Praxis die Rede ist. Die Seitenzahlen, die sie in ihren Anmerkungen angeben, stimmen fast immer, die Mitgliederzahlen, die sie für ihre Organisationen angeben, stimmen fast nie." Ebd., S. 38.

Theorie in die Realität – also durch die Exekution der Tat.[103] Ästhetisch wird diese Frage prominent von Uwe Timm in *Heißer Sommer* verhandelt.[104]

Aus der Setzung des „Primat[s] der Praxis"[105] und der damit einhergehen Abwertung der Theorie folgt jedoch nicht nur die Abgrenzung zu den theoretisch argumentierenden politischen Organisationen, sondern es folgt ebenso die Notwendigkeit der Tat, die nun nicht mehr von einer vorgängigen Theorie begleitet wird.[106] Die Umkehrung des Syntagmas von Theorie und Praxis bzw. die Aussetzung oder Überwindung der Theorie, die Münkler reduzierend als Theoriefeindlichkeit[107] fasst, wird explizit formuliert: „Die Rote Armee Fraktion redet vom Primat der Praxis. Ob es richtig ist, den bewaffneten Widerstand jetzt zu organisieren, hängt davon ab, ob es möglich ist; ob es möglich ist, ist nur praktisch zu ermitteln."[108]

2.5 Der politische Körper des Holger Meins

Am 9. November 1974 stirbt das RAF-Mitglied Holger Meins nach einem wochenlangen Hungerstreik in der JVA Wittlich. Das geradezu ikonische Bild von der Aufbahrung des nun auch politischen Körpers von Holger Meins verhilft der RAF zu einem Märtyrer und lässt ihre Sympathiewerte steigen.[109] Neun Tage vor seinem Tod verfasst Meins einen letzten Brief, in dem er nicht nur – „den tod verachtend"[110] – seinen Körper mit letzter Konsequenz in den politischen Kampf einspeist, sondern zudem die skizzierten politischen Unterscheidungen und Entscheidungen aufnimmt und mit der letztmöglichen und radikalsten Tat gegen den eigenen Körper umsetzt: „das einzige was zählt ist der kampf – jetzt, heute, morgen, gefressen oder nicht."[111] Der Tod ist dem Leben der Terrorist*innen

---

103 Hier ließe sich nochmals betonen, dass die RAF keine Abkehr von der Theorie im Sinne einer Theorieferne anstrebt, sondern vielmehr die Theorie in Praxis überführen will, die (individuelle) Theorie aber als Vorbereitung und als Formung der Tat relevant bleibt.
104 Uwe Timm: Heißer Sommer. Gütersloh, München und Wien: Bertelsmann 1974.
105 Rote Armee Fraktion: Das Konzept Stadtguerilla, S. 36.
106 „Praxislos ist die Lektüre des ‚Kapital' nichts als bürgerliches Studium. Praxislos sind programmatische Erklärungen nur Geschwätz. Praxislos ist proletarischer Internationalismus nur Angeberei." Ebd., S. 40.
107 Münkler: Guerillakrieg und Terrorismus, S. 318.
108 Rote Armee Fraktion: Das Konzept Stadtguerilla, S. 40.
109 Vgl.: Elter: Propaganda der Tat, S. 154–160.
110 Holger Meins: ‚das einzige, was zählt, ist der kampf' / holger, 1.11. (an manfred grashof). In: Pieter H. Bakker Schut (Hrsg.): das info. Hamburg: Neuer Malik 1987, S. 183–186, hier: S. 185.
111 Ebd., S. 183.

eingeschrieben, die Körper der Terrorist*innen sind somit grundsätzlich als politische Körper zu denken; genauer: „der guerilla aber materialisiert sich im kampf – in der revolutionären aktion und zwar: ohne ende – eben: kampf bis zum tod und natürlich: kollektiv."[112] Erst im Kampf, in der Tat, manifestiert sich also der „guerilla"[113] als Körper und Geist, als „ganze[r] mensch. körper und bewußtsein".[114] Der Ausgang des Kampfes, sogar der eigene Tod, werden somit in der Logik „der politik. Der PRAXIS"[115] gedacht; der individuelle Körper wird zum kollektiven politischen Körper.[116] Der Körper und die Aktion – also die Opferung des politischen Körpers – geschieht hier erstmal im und als *Text*. *Ex post* ist der Text aber nur in der Kombination mit der Tat les- oder eher erfahrbar; selbige lädt den Text auf und verknüpft beide.

Die Produktion des kollektiven wie politischen Körpers gehorcht hier jedoch einer anderen Logik als der auf die staatliche Macht konzentrierten Logik, die Foucault und Agamben beobachten: Die Transformation des privaten Körpers in den politischen Körper wurde von Foucault mit Blick auf die staatlichen Machtstrukturen analysiert; Agamben versteht im Anschluss an Foucault die *„Produktion eines biopolitischen Körpers* [als] *die ursprüngliche Leistung der souveränen Macht"*.[117] Foucault verzeichnet zudem eine Zäsur in der Moderne, da „[d]er moderne Mensch [...] ein Tier [ist], in dessen Politik sein Leben als Lebewesen auf dem Spiel steht".[118] Im Gegensatz zu Foucault und Agamben, die die Produktion des biopolitischen Körpers als Resultat der staatlichen Macht und Formierung sehen, geht hier die Produktion des politischen Körpers des Terroristen von der politischen Logik der nicht-staatlichen Akteure aus und nicht vom Souverän. Die terroristische Logik, die tatsächlich und explizit fordert, dass – im Sinne Foucaults – nun das „Leben als Lebewesen"[119] des Terroristen in seiner Politik Teil der politischen Aktion wird, basiert auf der skizzierten Setzung des sich im Kampf und in der Tat manifestierenden Terroristen, dessen Körper und Leben letztlich zum biopolitischen Werkzeug instrumentalisiert wird, zur „WAFFE MENSCH".[120]

---

112 Ebd., S. 184.
113 Ebd.
114 Ebd.
115 Ebd. [Hervorhebung im Original]
116 Hier würde sich eine Parallellektüre von Brechts Lehrstücken anbieten, um die Opferung in den Blick zu nehmen.
117 Agamben: Homo Sacer, S. 16. [Hervorhebung im Original]
118 Foucault: Der Wille zum Wissen, S. 138.
119 Ebd.
120 Holger Meins: die waffe mensch / holger, 20.5. In: Bakker Schut (Hrsg.): das info, S. 63–67, hier: S. 65.

Wird der Mensch zur Waffe, zum entpersonalisierten Instrument des Kampfes, dann findet er sein Telos im erfolgreichen Gebrauch der Waffe, die als Biomacht (von unten) gegen die Biomacht (von oben) gesetzt wird. Da der Kampf des Terroristen bis zur finalen Auslöschung – „kampf bis zum tod"[121] – fortgesetzt wird, fällt das Telos der Waffe mit dem Telos des Terroristen im Moment des Kampfes, in dem die ‚Waffe abgefeuert' und zugleich der eigene Tod erlitten wird, in eins. Entscheidend ist folglich nicht das Überleben des Kampfes, sondern das Sterben für den ‚richtigen Zweck'. Meins skizziert hier eine biopolitische Thanatopolitik, die dem Terroristen performativ das ‚richtige Sterben' beibringen will. Im Gegensatz zu der Thanatopolitik[122] bei Brecht entfaltet Meins ein recht pragmatisches und einfaches Programm:

> naja. es stirbt allerdings ein jeder. frage ist nur wie und wie du gelebt hast und die sache ist ja ganz klar: KÄMPFEND GEGEN DIE SCHWEINE als MENSCH FÜR DIE BEFREIUNG DES MENSCHEN: revolutionär, im kampf – bei aller liebe zum leben: den tod verachtend, das ist für mich: dem volke dienen – raf.[123]

Die Differenzierung zwischen einem sinnvollen und einem sinnlosen Tod, die Meins vornimmt, legitimiert einmal mehr den Tod, für den er sich entschieden hat.[124] Für ein sinnvolles Leben ist nicht der Erhalt des Lebens das Ziel, vielmehr lässt sich der sinntragende Tod – und damit das sinntragende Leben – nur als Kämpfer*in, „im kampf",[125] „den tod verachtend"[126] erfahren. Die in Anschlag gebrachte politische Totalität, die das Leben des*der Anderen als politisches Instrument fordert, begründet sich hier aus der politischen Setzung der RAF als ‚dem Volke dienende' Befreier, unterscheidet sich aber von der Totalität anderer politischen Systeme ausschließlich durch die Verortung der Forderung, die eben nicht von einer absolut gesetzten Macht herrührt, sondern eine Macht installiert, die sich selbst aus dem ‚Volke' setzt und nicht von externen Strukturen oder Kräften gesetzt wird.

---

121 Meins: ‚das einzige, was zählt, ist der kampf' / holger, 1.11. (an manfred grashof), S. 184.
122 Durch den Begriff der Thanatopolitik und die Entdifferenzierung von Kunst und Leben, die hier – wie bei Brecht – eine radikalisierte Version vorlegt, da die Kunst auf das Leben einwirkt, indem sie ihm das Sterben lehrt, ließe sich eine Verbindung zu der Programmatik der Avantgarde ziehen.
123 Meins: ‚das einzige, was zählt, ist der kampf' / holger, 1.11. (an manfred grashof), S. 185. [Hervorhebungen im Original]
124 Vgl.: Elter: Propaganda der Tat, S. 160.
125 Meins: ‚das einzige, was zählt, ist der kampf' / holger, 1.11. (an manfred grashof), S. 184.
126 Ebd.

Die politischen Abweichler*innen – im konkreten Fall diejenigen, die den Hungerstreik beenden und nicht bis zum eigenen Tod fortführen, sich also weigern, ihre Leben in den politischen Kampf einzuspeisen – können folglich nur als Konterrevolutionär*innen, als „schwein[e]"[127] bezeichnet werden:

> entweder schwein oder mensch
> entweder überleben um jeden preis oder kampf bis zum tod
> entweder problem oder lösung
> dazwischen gibt es nichts
>
> sieg oder tod – sagen die typen überall und das ist die sprache der guerilla – auch in der winzigen dimension hier: mit dem leben ist es nämlich wie mit dem sterben: ‚menschen (also: wir), die sich weigern, den kampf zu beenden, – sie gewinnen entweder oder sie sterben, anstatt zu verlieren und zu sterben.'[128]

Die politische Rhetorik und Logik der Entmenschlichung des politischen Gegners als „schwein",[129] das dem „mensch[en]"[130] entgegengesetzt wird, befeuert und legitimiert die Eskalation und Entgrenzung des politischen Kampfes.[131] Die „spezifisch politische Unterscheidung"[132] nach Carl Schmitt, die „Unterscheidung von *Freund* und *Feind*",[133] wird hier radikal als Kern des Politischen im Sinne der RAF ausgestellt. Wiederum wird die Unterscheidung zur Installation des „absoluten Feind[es]"[134] genutzt, der mit der abwertenden Bezeichnung „schwein"[135] der ‚absoluten Vernichtung' preisgegeben wird:

> In einer Welt, in der sich die Partner [...] gegenseitig in den Abgrund der totalen Entwertung hineinstoßen, bevor sie sich physisch vernichten, müssen neue Arten der absoluten Feindschaft entstehen. Die Feindschaft wird so furchtbar werden, daß man vielleicht nicht einmal mehr von Feind oder Feindschaft sprechen darf und beides sogar in aller Form vorher geächtet und verdammt wird, bevor das Vernichtungswerk beginnen kann. Die Vernichtung wird dann ganz abstrakt und ganz absolut.[136]

---

127 Ebd., S. 184.
128 Ebd.
129 Ebd.
130 Ebd.
131 Interessanterweise greift Meins hier auf eine konventionelle Metaphorik und Rhetorik zurück, die sich sowohl in einer syntagmatischen als auch in einer paradigmatischen Beobachtung politisch nicht trennscharf verorten lässt.
132 Schmitt: Der Begriff des Politischen, S. 26.
133 Ebd. [Hervorhebung im Original]
134 Schmitt: Theorie des Partisanen, S. 91.
135 Meins: ‚das einzige, was zählt, ist der kampf' / holger, 1.11. (an manfred grashof), S. 184.
136 Schmitt: Theorie des Partisanen, S. 95.

Auf die noch recht offene Rhetorik der Vernichtung der Anderen folgt wenig später die Konkretisierung durch Ulrike Meinhof „in einer ominösen Tonbandaufnahme"[137] – aus dem „schwein"[138] wird nun der konkrete Mensch, der Polizist: „Wir sagen natürlich, die Bullen sind Schweine, wir sagen, der Typ in Uniform ist ein Schwein, das ist kein Mensch. Er ist ein Soldat im Krieg zwischen den Imperialisten und uns. Und natürlich darf geschossen werden."[139]

Die politische Unterscheidung im Sinne Schmitts erzwingt zudem die politische Entscheidung, die wiederum dichotom organisiert ist: „entweder problem oder lösung / dazwischen gibt es nichts".[140] Wird der entgrenzte Kampf grundsätzlich bis zum Äußersten betrieben, gibt es als mögliches Ende des Kampfes nur „sieg oder tod"[141] – die Möglichkeit, den Kampf aufzugeben oder als Verlierer*in zu beenden, existiert in der agonalen politischen Logik des Terrorist*innen nicht: „sie gewinnen entweder oder sie sterben".[142]

---

137 Schamm: ‚Und natürlich darf geschossen werden!', S. 23.
138 Meins: ‚das einzige, was zählt, ist der kampf' / holger, 1.11. (an manfred grashof), S. 184.
139 Zitiert nach: Schamm: ‚Und natürlich darf geschossen werden!', S. 23 f.
140 Meins: ‚das einzige, was zählt, ist der kampf' / holger, 1.11. (an manfred grashof), S. 184.
141 Ebd.
142 Ebd.

3 Tat, *Agency* und Subjektivierung: Elfriede Jelineks *Wolken.Heim.* (1988)

3.1 Einleitung

Die Schwedische Akademie begründet die Verleihung des Nobelpreises in Literatur an Elfriede Jelinek 2004 mit einer Analyse der ästhetischen und politischen Verfahren. Der Preis wird verliehen „für den musikalischen Fluß von Stimmen und Gegenstimmen in Romanen und Dramen, die mit einzigartiger sprachlicher Leidenschaft die Absurdität und zwingende Macht der sozialen Klischees enthüllen".[143] Demgegenüber werden in der Presse nicht nur explizite Ressentiments artikuliert, sondern auch die Dichotomie der „gute[n] alte[n] l'art pour l'art-Ästhetik gegen eine vermeintliche Gesinnungsliteratur"[144] aufgemacht.[145] Im *Spiegel* heißt es:

> Angesichts der weltweiten ökonomischen, sozialen und kulturellen Probleme muss das fortwährende Beharren auf Sprach- und Erkenntnisskepsis eitel wirken. Andererseits ließe sich fragen, ob dies nicht genau jene Art der Literatur ist, die wir verdient haben: eine Literatur, die sich um Welthaltigkeit nicht schert, die erzählerischen Realismus für frivol und ästhetisch rückständig hält und die sich stattdessen – in Jelineks Worten – ‚mit Wirklichkeit, wie sie sich in Oberflächen-Phänomenen niederschlägt', beschäftigt.[146]

Die von Haas entfaltete These qualifiziert Jelineks Texte aufgrund ihrer fehlenden „Welthaltigkeit"[147] ab; die Verweigerung sich im Sinne einer *littérature engagée*[148]

---

143 Svenska Akademien: Pressemitteilung. Der Nobelpreis in Literatur des Jahres 2004. https://www.nobelprize.org/prizes/literature/2004/7959-press-release-german/. (letzter Zugriff: 24.07.2019).
144 Andrea Geier: Lob mit Fußtritten. Über den Nobelpreis für Elfriede Jelinek. In: literaturkritik.de 11 (2004). https://literaturkritik.de/id/7608. (letzter Zugriff: 24.07.2019).
145 Matthias Matussek wird besonders ausfallend: „Zunächst ist die Preisvergabe, keiner bestreitet das [!], ein Quotenurteil". Als Resümee hält er fest: „Alles verquirlt sich mit allem, Ressentiments, Psychogurren, surreale Arie, hassendes Lodern, Vulgarität." Zitiert nach: Geier: Lob mit Fußtritten.
146 Daniel Haas: Nobelpreis für Elfriede Jelinek. Renitenz und Differenz. Online unter: https://www.spiegel.de/kultur/literatur/nobelpreis-fuer-elfriede-jelinek-renitenz-und-differenz-a-332159.html. (letzter Zugriff: 24.07.2019).
147 Ebd.
148 Zur Differenzierung von Sartres Konzept engagierter Literatur und der Rezeption des Konzepts in der BRD vgl.: Ursula Geitner: Stand der Dinge: Engagement-Semantik und Gegenwarts-

den tagesaktuellen „ökonomischen, sozialen und kulturellen Probleme[n]"[149] mit einem dem Realismus verpflichteten Schreibverfahren anzunehmen, wird als Eitelkeit einer der Wirklichkeit (und der Politik der Wirklichkeit) entkoppelten *l'art pour l'art*-Ästhetik bewertet.[150] Die von Haas vorgestellte These, politische „Welthaltigkeit"[151] lasse sich nur durch ein realistisches Schreibverfahren generieren, muss jedoch nicht nur auf das zugrundeliegende und offensichtlich unscharfe Verständnis von Realismus befragt werden, sondern ist grundsätzlicher zu problematisieren. Die in Jelineks Texten diskutierten Fragen stehen zwar in Zusammenhang mit einer komplexen Analyse der Sprache, mehr noch: Sie finden ihren Ausgangspunkt in der Analyse der Sprache (und eben nicht in der Analyse der Figuren oder der Handlung), gleichwohl – und das ist der entscheidende Punkt – ist die Diskussion der Sprache eng verbunden mit Fragen zum Politischen: Fragen nach der *Agency* der Figuren, nach der Verteilung der Macht und Handlungsmacht und den Möglichkeiten der Subjektivation spiegeln sich in den Möglichkeiten und Unmöglichkeiten der sprachlichen Kommunikation.

In der *Nobelvorlesung* von Jelinek, die entgegen der Tradition nicht in Stockholm verlesen, sondern als Videobotschaft präsentiert wurde, wird ebenfalls das Verhältnis von Sprache, Schreiben, Handlungsmacht und Subjekthaftigkeit diskutiert. Wenngleich sich die Rede – dem Anlass entsprechend – auf die Möglichkeiten der Autorschaft und die Möglichkeiten der sprachlichen Handlungsmacht einer Autorin konzentriert, so lässt sich die Frage nach der Problematik des Sprechens und des Sprechen-Dürfens in anderen Texten, etwa in *Die Schutzbefohlenen*, aus dem Bereich der von Haas monierten „Sprach- und Erkenntnisskepsis"[152] in den Bereich des Politischen verlagern; die Problematisierung der Sprache und des Sprechens erweist sich somit als eine grundsätzlich politische Frage, mehr noch: als Diskussion des politischen Handelns und damit, performativ, als politisches Handeln von Literatur.

---

literatur-Forschung. In: Jürgen Brokoff, Ursula Geitner und dies. (Hrsg.): Engagement. Konzepte von Gegenwart und Gegenwartsliteratur. Göttingen: V&R 2016, S. 19–58.
149 Ebd.
150 Zu der medialen Resonanz auf die Verleihung des Nobelpreises vgl. auch: Sandro Zanetti: Sagen, was sonst kein Mensch sagt. Elfriede Jelineks Theater der verweigerten Komplizenschaft. In: Inge Arteel und Heidy Margrit Müller (Hrsg.): Elfriede Jelinek: Stücke für oder gegen das Theater? 9.–10. November 2006. Brüssel: Verlag der königlichen Akademie 2008, S. 183–192, v. a.: S. 183 f.
151 Haas: Nobelpreis für Elfriede Jelinek.
152 Ebd.

In Jelineks Vorlesung wird das Verhältnis von Realität und Text und die Frage nach den entsprechenden literarischen Verfahren zudem deutlich komplexer gefasst als in dem zitierten *Spiegel*-Artikel:

> Es läuft zur Sicherheit, nicht nur um mich zu behüten, meine Sprache neben mir her und kontrolliert, ob ich es auch richtig mache, ob ich es auch richtig falsch mache, die Wirklichkeit zu beschreiben, denn sie muß immer falsch beschrieben werden, sie kann nicht anders, aber so falsch, daß jeder, der sie liest oder hört, ihre Falschheit sofort bemerkt. Die lügt ja![153]

„Welthaltigkeit"[154] lässt sich folglich nicht über ein vermeintlich realistisches Erzählverfahren gewinnen; ganz im Gegenteil erweist sich die ‚falsche' Beschreibung der Wirklichkeit, die ihre „Falschheit"[155] stets deutlich macht, als das adäquate Verfahren zur „richtig falsch[en]"[156] Erzählung der ‚Wirklichkeit'. Die in den Texten genutzte Markierung der „Falschheit"[157] durch die Montage und Verfremdung der zitierten Stellen lässt sich als ein Verfahren identifizieren, das ‚Wirklichkeit' erzählt und kommentiert, dabei aber stets das zugrundeliegende Verfahren transparent macht.

Mit den folgenden Überlegungen zur autonomen Handlungsmacht der Sprache, die von ihr nicht vollständig beherrscht und produktiv gemacht werden könne, widmet Jelinek sich poetologischen und ästhetischen Fragen:

> Ich kann ja gar nicht sprechen, meine Sprache ist derzeit nämlich leider nicht zu Hause. Dort drüben sagt sie was andres, das ich ihr auch nicht aufgetragen habe, aber meinen Befehl an sie hat sie von Beginn an schon vergessen. Mir sagt sie es nicht, obwohl sie doch mir gehört. Mir sagt meine Sprache nichts, wie soll sie dann anderen etwas sagen? Sie ist aber auch nicht nichtssagend, das müssen Sie zugeben! Sie sagt umso mehr, je ferner sie mir ist, ja, erst dann traut sie sich, etwas zu sagen, das sie selber sagen will, dann traut sie sich, mir nicht zu gehorchen, sich mir zu widersetzen. Wenn man schaut, entfernt man sich von seinem Gegenstand, je länger man ihn ansieht. Wenn man spricht, fängt man ihn wieder ein, aber man kann ihn nicht behalten. Er reißt sich los und eilt der eigenen Benennung hinterher, den vielen Worten, die ich gemacht und die ich verloren habe. Der Worte sind genug gewechselt, der Wechselkurs ist unheimlich schlecht, und dann ist er nur noch: unheimlich. Ich sage etwas, und dann ist es von Anfang an schon vergessen gewesen. Das hat es angestrebt, es wollte ja fort von mir.[158]

---

153 Elfriede Jelinek: Nobelvorlesung. Zitiert nach: https://www.nobelprize.org/prizes/literature/2004/jelinek/25215-elfriede-jelinek-nobelvorlesung/. (letzter Zugriff: 25.07.2019).
154 Haas: Nobelpreis für Elfriede Jelinek.
155 Jelinek: Nobelvorlesung.
156 Ebd.
157 Ebd.
158 Ebd.

Die Autorin „kann ja gar nicht sprechen"[159] – was sich hier als poetologisch-ästhetisches Problem der Autorschaft verstehen lässt, wird mit der Frage nach der sprachlichen *Agency* in *Die Schutzbefohlenen* als dezidiert politisches Problem verhandelt. Die Fragen ‚Wer darf/kann sprechen?' und ‚Wer muss schweigen?' sind somit in einer zweifachen Perspektive auszuleuchten: In einer poetologisch-ästhetischen Perspektivierung, die die Möglichkeiten und Verfahren des Schreibens diskutiert, und in einer politischen Perspektivierung, die nach dem Status und der *Agency* des Subjekts fragt.

Die Frage nach den Bedingungen und Möglichkeiten des Sprechens und der Handlungsmacht des Subjekts soll im Folgenden an den Texten *Wolken.Heim.* und *Die Schutzbefohlenen* diskutiert werden. Das Politische, so die These, scheint jedoch nicht in der expliziten Thematisierung auf, sondern manifestiert sich auf der Ebene der Form: in dem auf sich selbst verweisenden Zitatverfahren und in den intertextuellen Friktionen.

3.2 Das Gespenstische in *Wolken.Heim.*

In dem 1997 in der Zeitschrift *Theaterschrift* erstmals publizierten Text *Sinn egal. Körper zwecklos* thematisiert Jelinek die Rolle und Funktion der Schauspieler*innen, die nicht mehr als individuelle wie identifizierbare Subjekte zu verstehen sind; das dezidiert anti- oder postdramatische Konzept wurde in dem Stück *Wolken.Heim.* erstmalig umgesetzt.[160] Jelinek stellt hierzu in einem späteren Interview deutlich heraus: „Es gibt keine Biographie, es gibt kein Ich; meine Figuren haben kein Ich, weil das individuelle Handeln mit dem Roman des 19. Jahrhunderts ein Ende hatte."[161] Folglich geht es in den Texten nicht um die Möglichkeit einer Identifikation mit den auf der Bühne agierenden Figuren oder Handlungen. Die zu beobachtende Veränderung der Funktion der Schauspieler*innen, die als „zerstreute[] Masse"[162] die Sprach- oder Textflächen[163] artiku-

---

159 Ebd.
160 Vgl.: Evelyn Annuß: Wolken.Heim. In: Pia Janke (Hrsg.): Jelinek Handbuch. Stuttgart und Weimar: Metzler 2013, S. 147–150, v. a.: S. 147.
161 Elfriede Jelinek: „Die Sprache zerrt mich hinter sich her." In: Hans-Jürgen Heinrichs: Schreiben ist das bessere Leben. Gespräche mit Schriftstellern. München: Kunstmann 2006, S. 12–55, hier: S. 17.
162 Evelyn Annuß: Zwangsleben und Schweigen in Elfriede Jelineks ‚Wolken.Heim.'. In: Sprache im technischen Zeitalter 153 (2000), S. 32–49, hier: S. 33.
163 Hiermit sei auf ein in der Forschung breit genutztes Konzept verwiesen, das auch von der Autorin selbst genutzt wird/wurde. Vergl: Thomas Ernst: Ein Nobelpreis für die Subversion? Ap-

lieren, kann somit mit den bereits skizierten Überlegungen zum Postdramatischen Theater von Hans-Thies Lehmann kurzgeschlossen werden – die Form lässt sich somit weder als Monolog noch als chorisches Sprechen fassen.[164] Jelinek setzt Schauspieler*in und Sprechen in Eins, wobei der*die Schauspieler*in zum Sprechen und nicht zum*zur Sprechenden (und damit zum Subjekt) wird: „Die Schauspieler SIND das Sprechen, sie sprechen nicht."[165]

Doch nicht nur die Individualität des theatralen Subjekts wird negiert, auch die Vorstellung eines authentischen Sprechens wird zugunsten eines Sprechens in (nicht-markierten) Zitaten aufgegeben:

> Ich werfe sie wie Mikadostäbe in den Raum, diese Männer und Frauen, denen noch Fetzen von Heidegger, Shakespeare, Kleist, egal wem, aus den Mundwinkeln hängen, wo sie sich unter anderem Namen, selbstverständlich sehr oft dem meinen, vergeblich zu verstecken suchten [...]. Also lade ich ihn, den Schauspieler, mit der Herausforderung meiner Sprache auf, mische die unbezahlten Forderungen von mindestens zweihundert anderen Autoren, die groß waren und wirklich gelebt haben, auch wenn sie uns heute unwirklich erscheinen, und mische alsdann auch noch meine eigenen Einkaufsposten, die sich sofort neben mir aufpflanzen und keinen mehr durchlassen, darunter; der Schauspieler erhält die Anforderung, welche jetzt auch die meine geworden ist, habe ich doch auch die Autorität von gespenstischen Hauswesen, Fremden, Geistern, die ich herbeizitiert habe, auf den Block, den Einkaufszettel dazugeschmiert und sie dem Schauspieler dann auf den Körper gedrückt.[166]

Das Sprechen in Zitaten bewirkt aber keineswegs ein uneigentliches Sprechen, das eine Distanz zum belanglosen Gesagten installiert; ebenso ‚verschwinden' die Autor*innen der nicht markierten Zitate nicht aus dem Text. Vielmehr scheinen sie als „gespenstische Hauswesen, Fremde[], Geister[]"[167] auf. Das Gespenstische ließe sich hier mit Jacques Derridas Neologismus der Hantologie fassen, der im Gegensatz zur Ontologie, die, wie Martin Hägglund herausstellt, „das Sein unter der Prämisse mit sich selbst identischer Präsenz denkt",[168] an der Absenz interessiert ist, auf die aber noch eine Spur im Sinne Derridas verweist:

---

orien der Subversion im Theater Elfriede Jelineks. In: Arteel und Müller (Hrsg.): Elfriede Jelinek: Stücke für oder gegen das Theater?, S. 193–202, hier: S. 199.
164 Vgl.: Annuß: Zwangsleben und Schweigen, S. 33.
165 Elfriede Jelinek: Sinn egal. Körper Zwecklos. In: dies.: Neue Theaterstücke. Stecken, Stab und Stangl – Raststätte oder Sie machens alle – Wolken.Heim. Reinbek bei Hamburg: Rowohlt ³2004, S. 7–13, hier: S. 9. [Hervorhebung in Original]
166 Ebd., S. 9 u. 12.
167 Ebd., S. 12.
168 Martin Hägglund: Radical Atheism. Derrida and the Time of Life. Stanford: University Press 2008, S. 82. Deutsche Übersetzung zitiert nach: Mark Fisher: Gespenster meines Lebens. Depression, Hauntology und die verlorene Zukunft. Berlin: Tiamat 2015, S. 30.

„Spuken [hanter] heißt nicht gegenwärtig sein"[169] – aber eben auch nicht abwesend sein. „[E]in Gespenst [kann] nicht vollkommen präsent sein [...]: Es hat kein Sein an sich, sondern markiert die Beziehung zu einem *Nicht-mehr* oder *Noch-nicht*."[170] Die zitierten Autor*innen, die „gespenstischen Hauswesen",[171] lassen sich mit Mark Fishers Theorie zum Gespenstischen als „aktuales *Nicht-mehr*, das jedoch als Virtualität *bleibt*"[172] verstehen, als letztlich spurenhaft anwesende Absenz, die deutlich aufscheint.[173] In Jelineks *Wolken.Heim.* formiert sich so ein Chor von divergenten, aber kaum zu unterscheidenden gespenstischen Stimmen. Das Politische, so die zu entfaltende These, ergibt sich aus den Friktionen zwischen den Zitaten und den gespenstisch aufscheinenden Autor*innen und Bedeutungen unterschiedlichster Provenienz. Hieraus wird bereits deutlich, dass die zwei in der Forschung sehr präsenten Lesarten – die Zitate werden entweder als letztlich austauschbar und bedeutungslos verstanden oder es wird auf die Gewalt, die Jelinek den ursprünglichen Quellen mit den ‚Verfälschungen' antut, verwiesen – für die vorgestellte Lesart wenig ergiebig sind.[174]

Die erste Friktion ergibt sich bereits aus dem Datum der Auftragsarbeit: Der Text entsteht 1987 zum 110. Geburtstag von Heinrich von Kleist, der gleichzeitig der 10. Todestag der RAF-Gefangenen in der Justizvollzugsanstalt Stammheim ist.[175] Durch das Datum werden zwei der prominent in *Wolken.Heim.* zitierten Texte nebst ihren Autor*innen bereits in Reibung gebracht; der Titel des am Bonner Schauspiel präsentierten Zyklus – *Wir Deutschen* – installiert einen zusätzlichen Vektor, der für das Stück bestimmend ist.[176] Das Datum und der Titel des Zyklus erzeugen jedoch nicht nur eine Reibung zwischen den sehr unterschiedlichen Texten, sondern lassen über den Dreiklang aus Kleist, der RAF und dem Titel *Wir Deutschen* das Kernthema von *Wolken.Heim.* explizit und zugleich

---

169 Jacques Derrida: Marx' Gespenster. Der verschuldete Staat, die Trauerarbeit und die neue Internationale. Frankfurt am Main: Suhrkamp 1995, S. 253.
170 Hägglund: Radical Atheism, S. 82.
171 Jelinek: Sinn egal, S. 12.
172 Fisher: Gespenster meines Lebens, S. 31. [Hervorhebungen im Original]
173 Zum Gespenstischen in *Wolken.Heim.* vgl. auch: Bärbel Lücke: Jelineks Gespenster. Grenzgänge zwischen Politik, Philosophie und Poesie. Wien: Passagen 2007.
174 Vgl. zu dem vermeintlichen Spiel: Andrea Geier: ‚Schön bei sich sein und dort bleiben'. Jelineks Zitierverfahren zwischen Hermeneutik und Antihermeneutik in *Wolken.Heim.* und *Totenauberg*. In: Sabine Müller und Cathrine Theodorsen (Hrsg.): Elfriede Jelinek – Tradition, Politik und Zitat. Wien: Praesens 2008, S. 167–186, hier: S. 171 f.
175 Vgl. hierzu: Annuß: Wolken.Heim., S. 147.
176 Einen ausführlichen Überblick über die zitierten Stellen bietet Margarete Kohlenbach. Vgl.: Margarte Kohlenbach: Montage und Mimikry. Zu Elfriede Jelineks *Wolken.Heim.* In: Kurt Bartsch und Günther A. Höfler (Hrsg.): Elfriede Jelinek. Graz und Wien: Droschl 1991, S. 121–153.

gespenstisch aufscheinen: Der Text interessiert sich, so soll gezeigt werden, dann auch weniger für das Präsente als für das präsente Absente, für die aufscheinende oder – je nach Position – zu füllende Leerstelle, die der Titel des Zyklus *Wir Deutschen* in das Bewusstsein ruft.[177]

3.3 Der Kuckuck

Bereits der Titel *Wolken.Heim.* verweist mit der Ausstellung der Leerstelle auf das skizzierte Verfahren: „*Wolken.Heim.*: Zwei Worte und eine einzige Verstümmlung, ein verstümmeltes Wort; ein vertracktes Zitat aus Zitaten und eine Einladung zur Verifikation und zur Ergänzung."[178] Die von Georg Stanitzek beobachtete Verstümmlung manifestiert sich im Satzzeichen zwischen den zwei Teilen des Titels und verweist auf das abwesende Element, das in der Markierung der Absenz gespenstisch aufscheint. „Da stimmt etwas nicht, fehlt hier nicht etwas [...]? Natürlich ‚Wolkenkuckucksheim'."[179] Die Bedeutung des anwesend-abwesenden Kuckucks und des Wolkenkuckucksheims[180] lässt sich auf der ersten Ebene über den intertextuellen Verweis zu Aristophanes' *Die Vögel* sowie über den spezifischen Charakter des parasitären Kuckucks, „diese[m] Monstrum, das sich nicht zeigt und das man nicht sehen will [...], das man nur hört",[181] erfassen. Der intertextuelle Verweis macht hierbei deutlich, dass die Zitation nicht willkürlich gewählt ist: *Die Vögel* ist ein dezidiert politisches Buch, das die Neugründung

---

177 Was das Absente nun genau ist und wie die Leerstelle zu benennen ist, wird in der Forschung kontrovers diskutiert. Die Antwort ist folgeträchtig: Liest man das Absente, das im Text aufscheint, als den Faschismus – eine Position, die neben anderen in der Forschung vertreten wird –, dann stellt sich die Frage nach der Auswahl der zitierten Stellen. Um die These zu stützen, müssen die Zitate ja zumindest grundsätzlich unter Faschismus zu subsumieren sein oder zumindest in irgendeiner Beziehung, etwa als Vorläufer, zum Faschismus zu lesen sein. Hier begeben sich Teile der Forschung auf Abwege: Sowohl das Argument der Hölderlin-Apologeten, die darauf verweisen, dass die Forschung zu Hölderlin jeden Faschismusverdacht ausgeräumt habe, überzeugt nicht, da verkannt wird, dass es nicht um Hölderlinzitate, sondern um Hölderlinlektüren, etwa von Heidegger, geht, als auch das Argument der Wissenschaftler*innen, die eine grundsätzliche Linie vom deutschen Idealismus zum Faschismus erkennen wollen, wirkt wenig stichhaltig. Vgl.: Zur Hölderlinexkulpation: Stefanie Kaplan: Jelineks schöpferischer Verrat an Hölderlin in *Wolken.Heim*. In: Sprache im technischen Zeitalter 184 (2007), S. 531–540. – Zum grundlegenden Faschismusverdacht: Lücke: Jelineks Gespenster.
178 Georg Stanitzek: Kuckuck. In: Dirk Baecker, Rembert Hüser und ders.: Gelegenheit, Diebe. 3 x deutsche Motive. Bielefeld: Haux 1991, S. 11–80, hier: S. 13.
179 Ebd., S. 15.
180 Zur Begriffsgeschichte vgl.: Ebd.
181 Ebd., S. 74.

eines utopischen Staats thematisiert und damit – im Sinne des utopischen Schreibens – zeitgenössische politische Fragen thematisiert.[182]

Auf der zweiten Ebene wird der Kuckuck nicht als Motiv verstanden, sondern als Zitat eines Motivs – der Titel würde somit die textbestimmenden Verfahren an sich selbst exekutieren. Der ‚Kuckuck'[183] verweist dann etwa auf eine Sage:

> Er ist zwar von Gott geschaffen, aber bei der Namensgebung vergessen worden; in seiner Wut darüber erfindet er seinen Namen [...], ruft sich selbst [...]. Und wie es seiner irregulären Herkunft entspricht, ist dieser Name in sich gespalten, durch Wiederholung in sich gespiegelt.[184]

Louis Althusser und Judith Butler, die sich in *Haß spricht*[185] auf Althusser bezieht, verstehen die Anrufung durch den Anderen und die Wiederholung als das entscheidende Moment der Subjektivation. Althusser schreibt:

> Wir behaupten außerdem, daß die Ideologie in einer Weise ‚handelt' oder ‚funktioniert', daß sie durch einen ganz bestimmten Vorgang, den wir *Anrufung* (interpellation) nennen, aus der Masse der Individuen Subjekte ‚rekrutiert' (sie rekrutiert sie alle). Man kann sich diese Anrufung nach dem Muster der einfachen und alltäglichen Anrufung durch einen Polizisten vorstellen: ‚He, Sie da!'. Wenn wir einmal annehmen, daß die vorgestellte theoretische Szene sich auf der Straße abspielt, so wendet sich das angerufene Individuum um. Durch diese einfache physische Wendung um 180 Grad wird es zum Subjekt.[186]

Bei der Anrufung des Kuckucks lässt sich eine entscheidende Differenz beobachten: Der Kuckuck ruft sich selbst als Subjekt an und aus, er setzt sich eigenmächtig ohne die*den Anderen und unterläuft somit das von Althusser und Butler skizzierte Verfahren der Subjektivation durch die*den Anderen. Er kündigt die Beziehung zur*zum Anderen auf, die Butler als elementares Moment der Anru-

---

182 So heißt es in *Paulys Realencyclopädie der classischen Altertumswissenschaft:* „Die Sehnsucht, aus dem Elend des Alltagslebens herauszukommen, hat der Komödie oft Anlass gegeben, ein utopisches Schlaraffenland zu zeichnen, aber höher als dies volkstümliche Märchenmotiv steht die Idee, einen neuen zwischen den Göttern und den Menschen in freier Luft gelegenen Staat zu gründen, Wolkenkuckucksheim genannt, der schliesslich aber doch völlig die Gestalt Athens annimmt." Georg Wissowa (Hrsg.): Paulys Realencyclopädie der classischen Altertumswissenschaft. Bd. II,1 Stuttgart: Metzler 1895, Sp. 979 f.
183 Die Schreibung ohne Anführungszeichen verweist auf das Motiv Kuckuck, die Schreibung mit Anführungszeichen auf das Zitat des Motivs.
184 Stanitzek: Kuckuck, S. 75.
185 Judith Butler: Haß spricht. Zur Politik des Performativen. Frankfurt am Main: Suhrkamp 2006.
186 Louis Althusser: Ideologie und ideologische Staatsapparate. Aufsätze zur marxistischen Theorie. Hamburg und Berlin: VSA 1977, S. 142 f.

fung versteht: „Um einen Namen zu erhalten, die Bezeichnung, die angeblich Einzigartigkeit verleiht, sind wir voneinander abhängig."[187] Denn: „Kraft dieser grundlegenden Abhängigkeit von der Anrede des anderen gelangt das Subjekt zur ‚Existenz'."[188] Die Selbstsetzung des Kuckucks unterläuft somit zum einen das skizzierte „nicht deskriptive[ ], sondern inaugurative[ ]"[189] Verfahren der Anrufung, indem die Beziehung zur*zum Anderen bzw. die Anrufung und Subjektivierung durch die*den Anderen aufgekündigt wird und aus einer reziproken binären Struktur in eine nicht-binäre, singuläre Struktur überführt wird. Hierdurch ergibt sich nicht nur die Lösung des Subjekts aus der Gemeinschaft, sondern es wird zudem die Negierung des reziproken Verhältnisses von Anrufen und Angerufen-Werden vollzogen: „Die Möglichkeit, andere zu benennen, erfordert, daß man selbst bereits benannt worden ist. Das bereits benannte Subjekt des Sprechens verwandelt sich potentiell in jemanden, der mit der Zeit einen anderen benennen könnte."[190]

Zum anderen bewirkt die Selbstsetzung des Kuckucks die Ausstellung einer souveränen Handlungsmacht, die den Sprechakt gelingend vollzieht und mit Butlers Rezeption von John Langshaw Austin als performative Tat verstanden werden kann. Somit wird über den die Abwesenheit des Kuckucks markierenden Punkt im Titel die Kernfrage nach der Identität, der Subjektivation und der Subjektivierbarkeit sowie dem Verhältnis von Ich und Anderen aufgerufen.

Zugleich lässt sich mit dem Onomatopoetikon ‚Kuckuck' die komplexe Struktur von Ein- und Ausschluss in Anschlag bringen, die Ferdinand de Saussure in seinem Buch *Grundfragen der allgemeinen Sprachwissenschaft* vornehmen musste:[191]

> *Es gibt* den Ruf des Kuckucks; *es gibt* seine sprachliche Nachbildung, wie fern auch immer sie ihm sein mag; *es gibt* eine besondere Beziehung – um nicht zu sagen ‚ein natürliches Band' – zwischen Kuckuck und ‚Kuckuck', und die Beziehung zwischen beiden *ist* nun einmal motiviert, mag sie auch nur ‚mehr oder weniger' motiviert sein. Und es *ist* tatsächlich so, daß der Kuckuck *plötzlich* ruft, auch wenn er sich laufend wiederholt; und in dieser Plötzlichkeit erscheint sein in sich gespaltener Ruf als ein Ereignis [...]. Anders gesagt: *Es gibt* plötzlich Wolken.Heim, und seine Beziehung zu Deutschland ist motiviert, *es gibt* [*Kuckuck*] in [‚Kuckuck'], man muß es als motivierten Text lesen.[192]

---

187 Butler: Haß spricht, S. 52.
188 Ebd., S. 15.
189 Ebd., S. 59.
190 Ebd., S. 53.
191 Vgl.: Stanitzek: Kuckuck, S. 79.
192 Ebd., S. 80. [Hervorhebungen im Original]

Die von Stanitzek herausgearbeitete Motivation des Kuckucks – die Beziehung zwischen dem Laut des Vogels, der sprachlichen Nachbildung und (Selbst-)Benennung und der ereignishaften Wiederholung ebendieser – lässt sich in *Wolken.Heim.* auch an Deutschland (und vor allem an ‚Deutschland') anlegen.[193] „[I]n metaphorischer Versetzung: ein Motiv (Kuckuck) für ein Motiv (Deutschland)".[194]

3.4 Das Wir und die Tat

Der zum größten Teil aus nicht-markierten und teilweise stark bearbeiteten Zitaten bestehende Text wird – im Sinne einer Rahmung[195] – von zwei Hinweisen zu den Quellen eröffnet und geschlossen.[196] Die Autorin dankt zu Beginn Daniel Eckert und Leonhard Schmeiser und weist dabei auch auf Schmeisers Text *Das Gedächtnis des Bodens* hin. Am Schluss des Textes werden als Quellen lediglich die Autorennamen bzw. -kollektive ohne die jeweiligen Titel genannt: „Die verwendeten Texte sind unter andern von: Hölderlin, Hegel, Heidegger, Fichte, Kleist und aus den Briefen der RAF von 1973–1977."[197] Durch die Rahmung des Textes

---

193 Die Linie ist je nach Textfassung mehr oder weniger präsent. Walter Delabar zeigt, wie durch Bilder, etwa in Programmheften, Interpretationen gelenkt werden können: „So das Programmheft der Berliner Aufführung von 2005: Es versieht den Text von *Wolken.Heim.* mit einer Bildleiste, mit visuellen und ikonografischen Materialien, die als Interpretations- und Verständnishilfe funktionieren. Die beigefügten Bilder erleichtern das Verständnis, leiten aber auch die Interpretation und setzen ihr Grenzen. Der Text wird damit in einen Interpretationskontext eingebunden, die Bebilderung – zumal neben Fotos auch Schmuckelemente, wie stilisierte Bäume, verwendet worden sind (s. Abb.) – funktioniert als strukturierendes Moment. Das Bildprogramm umfaßt dabei unter anderem Naturfotografien, Hitler-, Goebbels- und Wagnerporträts, mit einem Schwerpunkt auf Material aus den Jahren 1933ff. Die Kombination von Textfluß und Bildwahrnehmung eröffnet mithin einen anderen Zugang zum Text, als dies durch den Text im konventionellen Druck möglich wäre. Der Leser wird (anders im übrigen als der Zuschauer) auf eine spezifische Interpretation verwiesen, die weniger den Deutschen Idealismus als den Nationalsozialismus als die interpretationsleitende Referenz nutzt." Walter Delabar: Jenseits der Kommunikation. Elfriede Jelineks antirhetorisches Werk. (Zu *Wolken.Heim.* und *Und dann nach Hause*). In: Rhetorik. Ein internationales Jahrbuch 27 (2008), S. 86–105, hier: S. 99.
194 Stanitzek: Kuckuck, S. 73.
195 Eine ausführliche Analyse der Rahmung im Sinne Derridas nimmt Bärbel Lücke vor. Vgl.: Lücke: Jelineks Gespenster, hier v. a. S. 21–31.
196 Zur Bearbeitung der Zitate, die je nach Forschungsposition auch als Verfremdung oder Entstellung gefasst werden kann – es geht dem Text offensichtlich nicht um eine quellentreue und der Intention des Prätextes verpflichtete Wiedergabe – vgl.: Kohlenbach: Montage und Mimikry.
197 Elfriede Jelinek: Wolken.Heim. In: dies.: Neue Theaterstücke, S. 135–158, hier: S. 158. Der Text wird im Folgenden unter der Sigle WH und der Seitenzahl im Haupttext zitiert. Hervorhebungen im Original werden in den zitierten Stellen durch Kursivierung nachgewiesen.

stellt der Text bereits mit oder vor seinem Beginn das zugrundeliegende Verfahren aus, umgeht aber eine eindeutige Charakterisierung des Verfahrens – etwa als Collage, Bricolage, Montage, o. ä. –, indem nur von „verwendeten Texte[n]" (WH, 158) die Rede ist.

Die Analyse der Form von *Wolken.Heim.* ergibt, dass der Text aus zwei durchlaufenden und sich überschneidenden Komponenten besteht: Zum einen lassen sich die bearbeiteten und zitierten Prätexte identifizieren, zum anderen fallen Textstellen auf, die (vermutlich) kein Zitat darstellen. Letztere installieren ein Sprecher-Wir, das – im Sinne des Kuckucks – eine Selbstsetzung der (deutschen) Identität vornimmt und sich dabei von den Anderen rigoros abgrenzt. Das Wir ist für die Argumentation entscheidend und wirkt sich bis in die Veränderungen der zitierten Prätexte aus. Kohlenbach zeigt detailliert auf, wie die oftmals von Jelinek vorgenommene Anpassung – sie ersetzt verschiedene Instanzen durch die erste Person Plural – das Ursprungsmaterial bzw. die jeweilige Textintention verändert.[198] Versucht man, die „*Wir daheim*-Schleife"[199] aus dem Text zu extrahieren, ergibt sich eine Wiederholungsschleife, die um das kollektive Wir, um ‚das Deutsche' kreist:

> Wir ... wie wir! ... lauter Zeichen von uns ... Jetzt sind wir zuhaus ... wir gehören uns ... Schön bei sich sein und bleiben ... Es gibt uns. Es gibt uns. Wir sind allein, aber schön bei uns ... Wir sind bei uns zuhaus ... In uns haben wir unsere Mitte und sind zuhaus ... Daheim ... Wir wären uns gewohnt und wohnten unter uns. Wir glauben uns. Zuhaus ... wir sind hier ... Uns gehören wir ... Wir sind bei uns ... Wir sind wir ... Wir aber wir aber wir aber. Wir Lieben ...[200]

Der Versuch der Selbstsetzung und -definition, der mit einer metaphorischen und topographischen Verortung einhergeht – im Begriff ‚Zuhause' fällt beides zusammen –, benötigt jedoch nicht nur das Wir als Fixpunkt der Setzung, sondern setzt das Wir von den Anderen ab. Die*der Andere wird somit als Antagonist und nicht als positiv besetzte Figur der Anrufung im Sinne Althussers und Butlers verstanden:

> Wir brauchen nur uns! ... Denn wie wir anfingen, werden wir bleiben ... Wir wir wir! All diese ursprünglichen Menschen wie wir, ein Urvolk, das Volk schlechtweg. Deutsche! Deutsche! Deutsche! [...] Hier sitzen wir und rücken nicht. Wir machen uns breit und dürfen es ... Wir aber. Wir aber ... (WH, 145).

---

[198] Besonders eindrücklich lässt sich dies an den Veränderungen der zitierten Verse aus Hölderlins *Elegie* demonstrieren: Aus Hölderlins „denn wie der Nord die Wolke des Herbsttags / Scheuchten von Ort zu Ort feindliche Geister mich fort" wird bei Jelinek: „Wir [...] scheuchten von allen Orten die anderen fort." Kohlenbach: Montage und Mimikry, S. 128 f.
[199] Stanitzek: Kuckuck, S. 31.
[200] Ebd.

Die angelegte Struktur des Wir ist aus identitätspolitischer Perspektive höchst problematisch: Zum einen etabliert der Hinweis auf die „ursprünglichen Menschen" (ebd.) und auf das „Urvolk" (ebd.) eine biologistisch-rassistische Linie, die in der Rhetorik der ‚Neuen Rechten' oftmals als kulturelle Identität camoufliert wird, aber letztlich an die essentialistische Vorstellung einer homogenen deutschen Identität qua Blut oder Abstammung anknüpft, die auch bei Rosenberg oder Hitler zu lesen war und die eine wie auch immer gedachte Integration und Immigration letztlich unmöglich macht. Zum anderen wird das Wir durch die Abgrenzung von den Anderen gewonnen – wiederum ein gängiges Verfahren der ‚Neuen Rechten', wie Heinrich Detering zeigt: „Vor allem aber bestimmt sich das fragliche ‚Wir' durch den wiederkehrenden Hinweis auf diejenigen, die *nicht* dazugehören sollen. Wir sind die, die nicht so sind wie die da."[201]

Der in *Wolken.Heim.* mäandernde wie raunende Diskurs um die deutsche Identität, der im zweiten Zitat mit der Wiederholung „Deutsche! Deutsche! Deutsche!" (WH, 145) plakativ wie ironisch auf den Fixpunkt des Textes verweist, nutzt aufgeladene Begriffe wie Zuhause, Heimat und Wir, um ein Moment der performativen sprachlichen Selbstsetzung zu installieren und gleichzeitig zu problematisieren.[202] Das durch die teilweise stark bearbeiteten Zitate angelegte Kernthema – „das ‚deutsche Vaterland', Heldentum, Geist und Tat, Opfer und Macht"[203] – wird durch die von Jelinek angelegte *Wir*-Schleife vehement in Richtung einer chauvinistischen „ethisch und national bestimmten"[204] *Wir*-Identität gelenkt. Das „Phantasma der Deutschen [wird] zugleich fingiert und dekonstruierbar"[205] gemacht.

Der Text setzt mit der Betonung der präsenten und herausgehobenen Position ein: „Da glauben wir immer, wie wären ganz außerhalb. Und dann stehen wir plötzlich in der Mitte. Heilige, die im Dunkeln leuchten" (WH, 137). Die vermeintliche Überhöhung wird zwar wenige Zeilen später mit dem Verweis auf die Schönheit, „in der Nacht über unsre Autobahnbrücken zu fahren, und unten strahlt es aus den Lokalen" (ebd.), gebrochen, wobei die Kopplung der Begriffe

---

[201] Heinrich Detering: Was heißt hier ‚wir'? Zur Rhetorik der parlamentarischen Rechten. Stuttgart: Reclam ⁵2019, S. 10.
[202] Thomas Ernst sieht „die Tautologien und Widersprüche eines solchen Aktes [der Selbstsetzung; I.N.] im Text rhythmisch und ironisch offenbar werden". Ernst: Ein Nobelpreis für die Subversion?, S. 198.
[203] Geier: ‚Schön bei sich sein und bleiben', S. 173.
[204] Ebd.
[205] Annuß: Wolken.Heim., S. 148.

Heilige und Autobahnbrücken[206] eine deutliche Reibung erzeugt, der erste Absatz des Textes endet dennoch mit der Selbstsetzung, die im Folgenden variierend wiederholt wird: „Jetzt sind wir zuhaus und erheben uns ruhig" (ebd.).

Die im ersten Absatz vollzogenen Setzungen werden im zweiten Absatz aufgenommen – „[W]ir sind bei uns. Wo lebt Leben sonst? Schön bei sich zu sein" (ebd.) –, aber sukzessive um Elemente der Abwertung und Abwehr der Anderen angereichert: „Wir schaudern vor den andren" (ebd.). Die teilweise rhythmisch strukturierte Wiederholung von einzelnen Begriffen und Phrasen zeigt, dass die Sprache hier nicht als sprachliches Abbild der Identität, sondern als performative Erzeugung der zu schaffenden Identität fungiert: „Es gibt uns. Es gibt uns" (WH, 138). Die Existenz des Kollektivs ist vor dem Sprechakt nicht gegeben, erst durch die an Derridas Überlegungen erinnernde Wiederholung, die auch Butler für die Subjektivierung betont, wird die Existenz geschaffen.[207] Zugleich, so lässt sich an die Vorüberlegungen anschließen, wird hier die gegen Althusser und Butler in Anschlag gebrachte Selbstanrufung im Sinne des Kuckucks aufgenommen: Das Wir kann sich nur selbst setzen, da die*der Andere als Objekt des Schauderns negativ besetzt ist: „Wir sind allein, aber schön bei uns" (WH, 138).

Der performative Sprechakt der Setzung führt zum performativen Sprechakt der Installation der Tat: „Zu Haus sein, wenn hohes wir entwerfen, so ist von neuem an den Zeichen, den Taten der Welt jetzt ein Feuer angezündet" (ebd.). Der Text arbeitet hier mit einem Zitat aus Friedrich Hölderlins Gedicht *Wie wenn am Feiertage...*, das jedoch nicht nur mit der variierten Formulierung „Zu Haus sein" (ebd.) ergänzt und somit in das Kernthema integriert, sondern auch stark verändert wird. Bei Hölderlin heißt es: „*Und wie im Aug ein Feuer dem Manne glänzt, / Wenn hohes er entwarf, so ist / Von neuem an den Zeichen, den Taten der Welt jetzt / Ein Feuer angezündet in Seelen der Dichter.*"[208] Jelinek verändert die handelnden Personen (Hölderlins Hohes entwerfender „er"[209] wird zum kollektiven „wir" (WH, 138)), zudem wird die bei Hölderlin zu lesende Verortung des Feuers „in Seelen der Dichter",[210] die das Metaphorische der Formulierung betont, bei

---

206 Stanitzek liest die Autobahnbrücken bzw. das Deutschland der Transportwege als „identifizierbar mit den Transportwagen des Nazi-Reichs". Stanitzek: Kuckuck, S. 14.
207 Vgl.: Jacques Derrida: Signatur Ereignis Kontext. In: ders.: Die différance. Hrsg. v. Peter Engelmann. Stuttgart: Reclam 2004, S. 68–109.
208 Friedrich Hölderlin: Wie wenn am Feiertage... In: ders.: Sämtliche Werke. Große Stuttgarter Ausgabe. Bd. 2, 1. Gedichte nach 1800. Text. Hrsg. v. Friedrich Beißner. Stuttgart: Kohlhammer 1951, S. 118–120. [Hervorhebungen I.N.]
209 Ebd.
210 Hölderlin: Wie wenn am Feiertage...

Jelinek gestrichen, wodurch weniger die metaphorische Verortung des Feuers als die Erzählung der ereignishaften Entzündung an sich in den Blick rückt.

Aus der Tat und dem Hohen, das das Wir entwirft, ergibt sich die Positionierung als „Herren, aus denen der Laut des Herrschers quillt" (WH, 138). Wiederum geht die Setzung, die nun deutliche national-chauvinistische Töne aufweist – „wo wir hinwandeln zwischen Himmel und Erd und unter den Völkern das erste" (ebd.)[211] – mit der Abwertung der Anderen einher, die unmittelbar vor der Selbstüberhöhung erfolgt: „Zuhaus sein, von dort die andern sehn mit ihren stumpfen Stirnen" (ebd.). Der Absatz endet mit der reflexiven Betonung der Selbstsetzung des Wir: „Wir bezeugen uns: wir sind hier. / Uns gehören wir" (ebd.).

Aus der sprachlichen Abwertung der Anderen resultiert die Tat, die sprachlich im Text vorbereitet wird: „Wir sind wir und scheuchen von allen Orten die anderen fort" (WH, 139). Die Textzeile stellt ebenfalls ein verfremdetes Hölderlinzitat dar; in Hölderlins *Elegie* heißt es: „[D]enn wie der Nord die Wolke des Herbsttags / Scheuchten von Ort zu Ort feindliche Geister mich fort".[212] Aus dem passiven lyrischen Ich in *Elegie*, das fortgescheucht wird, wird in *Wolken.Heim.* nun ein aktives Wir, das andere fortscheucht. Sowohl aus dem gesamten Satz („Wir sind wir" (WH, 139)) als auch aus dem Kontext der Abwertung der*des Anderen wird in Jelineks Text eine chauvinistische Überheblichkeit gepaart mit Abwehrbewegungen gegenüber den Anderen, also den ‚Nicht-Deutschen', die in Hölderlins Gedicht nicht angelegt ist, ausgestellt.

Es geht Jelinek jedoch nicht darum, in Hölderlins Texten eine chauvinistisch-nationalistische Lesart aufzuspüren, um die Texte zu diskreditieren. Folglich sitzt die Hölderlin-Forschung, die versucht, Hölderlin gegen Jelineks vermeintliche Lesart der Texte zu schützen, einer Fehllektüre von *Wolken.Heim.* auf. Vielmehr „instrumentalisiert [*Wolken.Heim.*] [...] die Hölderlin-Texte, unterwirft sie einer verfremdenden Lektüre und stellt dieses Verfahren im Text selbst aus."[213] Letztlich geht es Jelinek nicht einmal um die Hölderlin-Texte, sondern um die spezifische und eigenwillige Lesart von Hölderlin, die Martin Heidegger in *Er-*

---

[211] Der Satz stammt wiederum aus Hölderlins *Wie wenn am Feiertage...*; Jelinek nimmt jedoch abermals eine entscheidende Veränderung vor und ergänzt am Satzende „das erste". Damit ändern sich die Satzstruktur und der Sinn vollkommen: Hölderlins Vers („Hinwandeln zwischen Himmel und Erd und unter den Völkern") beschreibt ein Wandeln zwischen Himmel und Erde sowie unter den Völkern, Jelineks Satz betont mit der Ergänzung die chauvinistische Haltung.
[212] Friedrich Hölderlin: Elegie. In: ders.: Sämtliche Werke. Große Stuttgarter Ausgabe. Bd. 2,1. Gedichte nach 1800. Text. Hrsg. v. Friedrich Beißner. Stuttgart: Kohlhammer 1951, S. 71–74.
[213] Geier: ‚Schön bei sich sein und dort bleiben.', S. 179.

läuterungen zu Hölderlins Dichtung vorgelegt hat:[214] „Am Beispiel von Hölderlin entwickelt Heidegger das Verhältnis von Geist und Tat, von Dichtung als tragendem Grund der Geschichte, die dabei Kommendes vorausnehme, und er bezeichnet Dichtung als ‚Stiftung des Seins'."[215]

Aus den drei modifizierten Hölderlin-Zitaten, denen Jelinek erstens das Moment der ereignishaften Entzündung, zweitens die chauvinistische Setzung als das herausragende Volk und drittens die aktive Abwehr der*des Anderen implantiert, scheinen im Sinne der Hantologie nach Derrida und Fisher folglich nicht nur die Prätexte von Hölderlin auf; vielmehr scheint zudem die Hölderlin-Lektüre von Heidegger, genauer: die Intention, die diese den Texten unterstellt, gespenstisch auf. „*Wolken.Heim.* zitiert gar nicht Hölderlin, sondern Hölderlin-Begeisterung, das heißt die Fassungslosigkeit der im nationalen Delirium ‚zitierenden' Deutschen".[216] Jelinek dupliziert somit ein instrumentalisierendes Interpretationsverfahren, das Hölderlin vorgelegt hat.[217] Mit Geier lässt sich hier von einer „Zweistufigkeit der Intertextualität"[218] sprechen: Sowohl die zitierten Prätexte (Hölderlin) als auch die Lektüren (Heidegger) werden aufgerufen. Das von Jelinek genutzte Verfahren dupliziert das Verfahren Heideggers jedoch nicht nur – und stellt damit die Instrumentalisierungen der philologisch fragwürdigen Lesart Heideggers aus –, sondern markiert eine Kritik an dem Verfahren und an der chauvinistisch-nationalen Interpretation der Hölderlin-Texte wie der Rezeption der Heidegger-Lesart: „[D]ie totalitär-monomanische Rede [stellt sich] als das Ergebnis eines totalisierend-homogenisierenden Verfahrens dar, das zugleich kritisch reflektiert wird."[219]

Erst aus der Analyse des komplexen Verfahrens wird die Erzählung der Tat für die Erzählung des ‚Deutschen' in *Wolken.Heim.* deutlich: Die Tat scheint erstens als Zitat (eines ggf. verfremdeten literarischen Textes), zweitens als Zitat eines Zitats (eine instrumentalisierende Lektüre, die den Text verfremdend zitiert, wird zitiert) und drittens als kritische Duplikation eines interpretatorischen Verfahrens auf. Die Erzählung der Tat in dem Text unterscheidet sich somit von den meisten anderen Erzählungen der Tat; Unmittelbarkeit, Ereignishaftigkeit, Präsenz und

---

214 Martin Heidegger: Erläuterungen zu Hölderlins Dichtung. Frankfurt am Main: Klostermann ⁶1996.
215 Geier: ‚Schön bei sich sein und dort bleiben.', S. 178.
216 Stanitzek: Kuckuck, S. 17.
217 Einmal mehr wird deutlich, dass die Auswahl der Texte keineswegs beliebig ist, wie ein Großteil der Forschung suggeriert. Vgl. hierzu pointiert: Geier: ‚Schön bei sich sein und dort bleiben.', S. 148.
218 Ebd.
219 Ebd.

Performativität lassen sich bei der Erzählung der Tat bei Jelinek nun gerade nicht ausmachen, scheinen aber dennoch gespenstisch in den Zitaten auf.[220] Im Gegensatz zu den Texten der Avantgarde, die ein ästhetisches Verfahren installieren, das Präsenz, Unmittelbarkeit etc. im und durch den Text evozieren soll, blendet Jelineks spezifisches Verfahren der reflexiv-distanzerzeugenden ‚gespenstischen' Zitation den Text ab und lenkt den Blick auf die Form oder die Textur im Sinne Moritz Baßlers.[221]

Die Tat wird – dem Verfahren entsprechend – als Zitat in den Text montiert; und zwar als nur leicht verändertes Zitat,[222] das mit der Diskussion des Verhältnisses von Geist und Tat nicht nur eine omnipräsente Thematik aufruft, die bereits mehrfach an anderen Texten in dieser Arbeit erörtert wurde, sondern das auch im Regelfall direkt als Zitat erkannt und Hölderlin zugeordnet wird: „Aber wir Guten, auch wir sind tatenarm und gedankenvoll! Aber kommt, wie der Strahl aus dem Gewölbe kommt, aus Gedanken vielleicht, geistig und reif die Tat? Folgt die Frucht, wie des Haines dunklem Blatt, der stillen Schrift?" (WH, 139) Hölderlin nimmt in seinem Gedicht *An die Deutschen* die Dichotomie von Geist und Tat auf und diagnostiziert seinen Zeitgenossen eine einseitige Tatenarmut aufgrund der Gedankenschwere. Die Tat, so Hölderlin, folgt nicht aus den Gedanken, sondern muss anders evoziert werden. Jelinek greift die Diagnose auf, unterläuft ihre Gültigkeit jedoch, indem sie wenige Zeilen später die *Wolken.Heim.* dominierende Setzung des Deutschen als chauvinistische Betonung der Heimat, die mit forcierten Abwehrbewegungen gegen die*den Anderen einhergeht, wiederaufnimmt: „Oder wer scheucht uns hier fort, wir sind hier zuhaus! Wir sind hier zuhaus" (ebd.).

Vollends fragwürdig wird die postulierte Tatenarmut im folgenden Absatz, in dem explizite Gewaltphantasien gegen die*den Anderen entfaltet werden: „Wir blicken hinüber, den Nachbarn nicht fürchtend, wir treten ihm aufs Haupt" (ebd.).[223] Mit einer weiteren Verfremdung[224] aus Hölderlins *Der Frieden* heißt es:

---

220 Hier ließe sich Stanitzeks Analyse des Kuckucks und des ‚Kuckucks' (bzw. Deutschlands und ‚Deutschlands') anbinden. Vgl.: Stanitzek: Kuckuck, S. 80.
221 Vgl. zu dem Begriff der Textur: Moritz Baßler: Die Entdeckung der Textur. Unverständlichkeit in der Kurzprosa der emphatischen Moderne 1910 – 1916. Tübingen: Niemeyer 1994.
222 Im Gegensatz zu Hölderlins Gedicht *An die Deutschen*, in dem mit „O ihr Guten" die Anderen angesprochen werden, adressiert in Jelineks Adaption mit „Aber wir Guten" das Wir sich selbst. Vgl.: Friedrich Hölderlin: An die Deutschen. In: ders.: Sämtliche Werke. Große Stuttgarter Ausgabe. Bd. 2,1. Gedichte nach 1800. Text. Hrsg. v. Friedrich Beißner. Stuttgart: Kohlhammer 1951, S. 9–11.
223 Der direkte Vergleich mit Hölderlins Gedicht *Der Frieden* zeigt einmal mehr das Verfahren der Verfremdung auf. Bei Hölderlin heißt es: „Zu lang, zu lang schon treten die Sterblichen / Sich gern aufs Haupt, und zanken um Herrschaft sich, / Den Nachbar fürchtend, und es hat auf / Eigenem

„Die anderen haben auf eigenem Boden nicht das Sagen. Wir spülen sie fort mit unseren Schläuchen" (WH, 140). Der Absatz schließt mit einer aus Heinrich von Kleists *Penthesilea* gewonnenen Vernichtungsphantasie, die psychisch vorbereitet wird – „Drum steigen wir in unsre Busen nieder, gleich einem Schacht, vieltausendfacher Schrei, und graben, kalt wie Erz, uns ein vernichtendes Gefühl hervor" (WH, 140 f.).[225] –, um dann explizit mit der Tat exekutiert zu werden: „Da sind sie, die andern! Jagt sie, bis seliger Tage Erinnerung sie gewesen sein werden. Sie sollen das Zeitliche segnen" (WH, 141). Die den Absatz schließende Formulierung aus Hölderlins *Wie wenn am Feiertage...* – „[W]ie Kinder, schuldlos sind unsre Hände" (WH, 141) – kann nach den skizzierten Phantasien der Tat, die hier performativ im Text gestaltet werden, nur als ironischer Gegendiskurs gelesen werden, der das kritische Potential des Verfahrens der zweistufigen Intertextualität deutlich herausstellt.

Die von Hölderlin geborgte Tatenarmut, die im Text noch mehrmals zitiert wird, erfährt durch ihre Kopplung mit den Vernichtungsphantasien eine deutliche Akzentverschiebung, durch die auch die folgenden Zitate mit einem anderen Kontext versehen werden. Die kaum modifizierten Verse aus Hölderlin *Der Tod fürs Vaterland*[226] – aus Hölderlins lyrischem Ich wird bei Jelinek ein kollektives Wir – werden aus dem ursprünglichen Kontext gelöst, der keineswegs eine nationale Kriegsbegeisterung und den entsprechenden ‚Heldentod' in der Schlacht preisen wollte: „Umsonst zu sterben, lieb ich nicht, doch / Lieb ich, zu fallen am Opferhügel / Fürs Vaterland, zu bluten des Herzens Blut / Fürs Vaterland – und bald ists geschehn! Zu euch, Ihr Teuern! komm ich, die mich leben / Lehrten und sterben, zu euch hinunter!"[227]

Komplexer wird die Zitation nicht zuletzt durch die Publikation wie Rezeption des Gedichts, das eigentlich als Ode mit dem Titel *Die Schlacht* geplant war, dann

---

Boden der Mann nicht Segen." Friedrich Hölderlin: Der Frieden. In: ders.: Sämtliche Werke. Große Stuttgarter Ausgabe. Bd. 2,1. Gedichte nach 1800. Text. Hrsg. v. Friedrich Beißner. Stuttgart: Kohlhammer, S. 6–8.
224 „Die Verse aus *Der Frieden*, die bei aller Parteinahme Hölderlins für das revolutionäre Frankreich die Schrecken der nachrevolutionären Kriege verurteilen, dienen Jelinek dazu, die Kriegslüsternheit der [sic] ‚wir' zu bezeichnen." Kohlenbach: Montage und Mimikry, S. 133.
225 Vgl. die nur leicht anders lautende Formulierung bei Kleist: „Denn jetzt steig' ich in meinen Busen nieder, / Gleich einem Schacht, und grabe, kalt wie Erz, / Mir ein vernichtendes Gefühl hervor." Heinrich von Kleist: Penthesilea. In: ders.: Sämtliche Werke. Bd. 1,5. Brandenburger Ausgabe. Hrsg. v. Roland Reuß und Peter Staengle. Basel und Frankfurt am Main 1992, S. 190.
226 Friedrich Hölderlin: Der Tod fürs Vaterland. In: ders.: Sämtliche Werke. Große Stuttgarter Ausgabe. Bd. 1,1. Gedichte bis 1800. Text. Hrsg. v. Friedrich Beißner. Stuttgart: Kohlhammer 1946, S. 299.
227 Ebd.

aber in gekürzter Form „unter dem nichtautorisierten Titel *Der Tod fürs Vaterland* [...] [erscheint], [der die] politische Benutzung im nationalsozialistischen Deutschland [befördert]".[228] *Der Tod fürs Vaterland* wurde so zu einem der „zwei meistzitierten Gedichte H.[ölderlins] zu dieser Zeit"[229] und wurde u. a. als „Aufruf zu praktischer Bewährung an der Ostfront"[230] verstanden. Wenn Jelinek nun das Gedicht zitiert, werden nicht nur die Verse Hölderlins zitiert, die ohne eine entsprechende Kontextualisierung bereits eine problematische Lesart ermöglichen. Es werden ebenfalls die Publikationsgeschichte, die mit der Verkürzung der Ode erst die instrumentalisierende Lesart nachdrücklich herausstellt, und die Rezeptionsgeschichte, die sich durch den politischen „Mißbrauch"[231] der Verse auszeichnet, zitiert.

Der Absatz endet mit einem Zitat aus Johann Gottlieb Fichtes *Reden an die deutsche Nation* und ruft somit wiederum einen problematischen Text hinsichtlich der Produktion wie Rezeption auf, der allerdings durch die von Jelinek vorgenommene Kontextualisierung – er steht in direkter Nähe und vermeintlich in logischer Weiterführung der zitierten Verse von Hölderlin – nun eine Verschärfung der opfer- wie gewaltbereiten Deutschen vorzunehmen scheint: „[A]lle diese sind ursprüngliche Menschen, sie sind, wenn sie als ein Volk betrachtet werden, ein Urvolk, das Volk schlechtweg, Deutsche."[232] Jelinek verschärft die Überlegungen, indem sie dem Zitat „Wir wir wir!" (WH, 145) voranstellt und am Ende Fichtes „Deutsche."[233] nicht nur dreimal wiederholt, sondern zudem mit einem Exklamationszeichen versieht; die optische und akustische Wahrnehmung ändert sich deutlich: „Deutsche! Deutsche! Deutsche!" (WH, 145).[234]

Die deutsche Geschichte bleibt so gespenstisch präsent und wirkmächtig: „Unsere Geschichte ist die der Toten, bis der Boden endgültig verstummt" (WH, 144). Vor diesem Hintergrund wirkt die Wiederaufnahme der ‚deutschen' Geist-Tat-

---

228 Andreas Thomasberger: Oden. In: Johann Kreuzer (Hrsg.): Hölderlin-Handbuch. Leben – Werk – Wirkung. Stuttgart und Weimar: Metzler 2011, S. 309–319, hier: S. 312.
229 Claudia Albert: Nationalsozialismus und Exilrezeption. In: Kreuzer (Hrsg.): Hölderlin-Handbuch, S. 444–448, hier: S. 444.
230 Ebd.
231 Thomasberger: Oden, S. 312.
232 Johann Gottlieb Fichte: Reden an die deutsche Nation. Nach dem Erstdruck von 1808. Meiner: Hamburg ^{5}1978, S. 121.
233 Ebd.
234 Ob hier nun eine ironische Brechung vorgenommen wird – wie Teile der Forschung vorschlagen –, scheint aufgrund des Kontexts fraglich. Die rhythmische Skandierung und Wiederholung scheinen als Indizien etwas schwach, wenn man an die Strukturen von radikalen politischen Auftritten denkt. Dass der Text aber eine deutliche Distanzierung vornimmt und Fichte nicht affirmativ zitiert, muss nicht eigens betont werden.

Dichotomie, die nicht mehr zugunsten des Geistes entschieden wird, sondern nun in Richtung Tat ‚schreitet', deutlich unheilvoller. Aus den Worten, aus dem Geist soll nun die Tat werden: „Mit einer Silbe ins Unendliche gesprochen, ein Wort sind wir, ein Anfang, ein Gedanke noch, doch schreiten wir zur Tat herauf. Wir!" (WH, 146) Der performative Aspekt der zitierten Stellen versieht die Zitationen und den Text mit einer besonderen Brisanz: „Was der Chor mit den Worten seiner Prätexte sagt, *geschieht*, es löst sich nicht in seiner eigenen Fiktionalität auf, sondern gerinnt zu Wirklichkeit."[235] Das Sprecher-Wir versucht, durch die instrumentalisierende Zitation der Prätexte die Tat performativ durch den Sprechakt hervorzubringen. „Zur Tat werden die Worte Hölderlins, Hegels, Heideggers, Fichtes, Kleists und der RAF-Mitglieder erst, indem sie konventionalisiert und wiederholt werden."[236]

Der Prozess vom Wort zur Tat wird im Text abgebildet und reflektiert; die Kopplung der zunehmenden Tatbereitschaft mit der nationalistischen Abwehr der Anderen stellt wiederum ein besonders unheilvolles Moment dar: „Noch sind wir ein Wort, doch reifen schon zur Tat. So scheidet der Boden jene, die fremd, ahnungslos sich ihm nähern, von jenen, die seine Gesetze kennen, den Einheimischen. Nur wir wohnen hier! Tödlich ist unser Boden den Fremden" (WH, 147). Der zweifache Verweis auf den „Boden" (ebd.) ruft nicht nur den explizit genannten Text mit dem bezeichnenden Titel *Das Gedächtnis des Bodens*[237] von Leonhard Schmeiser auf, sondern versieht die nationale wie chauvinistische Abwehrbewegung des Sprecher-Wirs mit dem Fluchtpunkt der NS-Blut-und Boden-Ideologie, der letztlich für sämtliche Textbruchstücke nebst den entsprechenden Lesarten relevant ist. Die zitierten Stellen, etwa aus Hölderlins Gedichten, existieren nicht mehr unabhängig von der teleologischen (und instrumentalisierenden) Zitation und Rezeption, die auf das Totalitäre zuläuft und den ‚eigentlichen' Text überdeckt – Hölderlins Gedicht ist dann nicht mehr ohne Heideggers Rezeption lesbar.

---

[235] Maria Kuberg: ‚Noch sind wir ein Wort, doch wir reifen zur Tat'. Zur Performativität des Chors in Theatertexten von Müller, Dorst und Jelinek. In: Zeitschrift für deutsche Philologie 134 (2015), Heft 2, S. 251–272, hier: S. 269. [Hervorhebung im Original]

[236] Ebd. – Kuberg bezieht sich bei der Konventionalisierung auf Judith Butler, die sie wie folgt zitiert. „Wenn Wörter zu Handlungen führen oder selbst eine Art von Handlung sind, dann nicht deshalb, weil sie die Absichts- und Willenskraft eines Individuums widerspiegeln, sondern weil sie sich aus Konventionen herleiten und diese wieder in Szene setzen; Konventionen, die ihre Kraft durch sedimentierte Wiederholbarkeit gewonnen haben." Judith Butler: Für ein sorgfältiges Lesen. In: Seyla Benhabib u. a. (Hrsg.): Der Streit um die Differenz. Feminismus und Postmoderne in der Gegenwart. Frankfurt am Main: Fischer 1993, S. 122–132, hier: S. 124.

[237] Leonhard Schmeiser: Das Gedächtnis des Bodens. In: Tumult. Zeitschrift für Verkehrswissenschaft 10 (1987), S. 38–56.

Der Boden wird „zum identitätsstiftenden Element der nationalen Gemeinschaft [...] [und repräsentiert] das todbringende Reale. Dieses Reale bindet die Geschichte der Nation an die Schichten toter Körper im Boden."[238] Der Titel von Schmeisers Text ließe sich hier als Schlüssel für *Wolken.Heim.* verstehen: Das Gedächtnis des Bodens erinnert die Toten und die Gewaltakte, die mit der national-chauvinistischen Ideologie legitimiert wurden; das Gedächtnis bzw. der Boden sorgen dafür, dass diese nicht vergessen werden, sondern gespenstisch präsent und gegenwärtig bleiben:

> Wind komm herzu [...] und blase an diese Getöteten, daß sie wieder lebendig werden! Zu uns kommen aus der Erde! Zu uns, sie gehören zu uns! [...] Er wird auch unseres Nationalkörpers erstorbene Gebeine ergreifen und sie aneinanderfügen, daß sie herrlich erstehen in neuem verklärtem Leben. Und wir mittendrin! Und wir! (WH, 155)

Die „Getöteten" (ebd.) als das Reale und damit als das Nicht-Diskursive, nicht sprachlich Vermittelte und Erzeugte im Sinne Slavoj Žižeks[239] werden „wieder lebendig" – sie sind eben nicht (abgeschlossene) Vergangenheit, sondern scheinen ‚gespenstisch' auf und sind präsent.[240] Mehr noch: „[S]ie gehören zu uns!" (WH, 155) Die deutsche Vergangenheit, die durch die Gewalttaten und die Toten geprägt ist, ist Teil der deutschen Gegenwart – jedoch nicht im Sinne einer Erinnerungskultur, sondern viel elementarer und unmittelbarer: „Unsere Geschichte ist die der Toten, bis der Boden endgültig verstummt" (WH, 144) – aber der Boden verstummt nicht, er lässt die Toten ‚auferstehen', präsent werden. Mit den Toten sollen auch die „erstorbene[n] Gebeine" (ebd.) des „Nationalkörpers" (ebd.) „herrlich erstehen in neuem verklärtem Leben" (ebd.). Dieser alt-neue, höchst problematische, mit unheilvollen Diskursen und Taten befrachtete „Nationalkörper[]" (ebd.), der aus den zitierten Texten der Vergangenheit und aus den lebendigen Toten aus der Vergangenheit in der Gegenwart entsteht und auf diese wirkt, integriert das Sprecher-Wir der Gegenwart: „Und wir mittendrin!" (ebd.) Somit steht am Ende des Textes nicht nur die Präsenz der Diskurse der Vergangenheit, die in den bearbeiteten Zitaten aufscheinen und als Verfahren dupliziert

---

[238] Matthias Schaffrick: Wolken.Heim. genießen. Elfriede Jelineks Nationaltheater. In: Katharina Grabbe, Sigrid G. Köhler und Martina Wagner-Egelhaaf (Hrsg.): Das Imaginäre der Nation. Zur Persistenz einer politischen Kategorie in Literatur und Film. Bielefeld: Transcript 2012, S. 189–220, hier: S. 210.
[239] Zu dieser Lesart von *Wolken.Heim.* vgl.: Ebd., S. 199.
[240] Zu den Bearbeitungen des Zitats von Johann Gottlieb Fichte vgl.: Stanitzek: Kuckuck, S. 48–50.

werden, sondern es manifestieren sich sogar die Toten und der „Nationalkörper[]" (ebd.).

Auf den letzten Seiten von *Wolken.Heim.* wird der zentrale Begriff der Tat mit dem Begriff des Willens gekoppelt. Jelinek thematisiert somit zwei Kernbegriffe der Literatur um 1900 und aktualisiert auch die zugrundeliegenden Konzepte: „Der Wille ist eben kein Besitz, er ist der Motor. Er wird stark, was er werden muß, dadurch daß man kämpft" (WH, 154). Wird der Wille durch den Kampf trainiert, so lässt sich mit und aus ihm die radikale (kämpferische) Tat gewinnen. Die Wideraufnahme der Formulierung „Doch wir reifen zur Tat" (WH, 155) lässt sich dann auch an den ertüchtigten Willen anschließen; am Ende des Textes steht die Vision des willensstarken und tatkräftigen Wir.

Allerdings wird dieses performativ erzeugte Wir als höchst problematisch markiert: Es aktualisiert die gespenstischen Diskurse und Taten der Vergangenheit und integriert sie in die eigene Gegenwart und Identität. Die Präsenz der Vergangenheit – „Warum wächst diese Hand aus dem Grab?" (WH, 144) –, die eine Betrachtung der Geschichte als „Schlachtbank" (WH, 140) nahelegt, wird jedoch nicht (nur) als Präsenz des Unheimlichen und Unheilvollen verstanden, sondern wird emphatisch in die Gegenwart aufgenommen: „Zähle nicht die Toten! Dir, Vaterland, Liebes, ist nicht einer zu viel gefallen" (WH, 145).

Der Text stellt somit über sein Verfahren der zweistufigen Intertextualität zum einen die Konstanz der national-chauvinistischen Diskurse, die in den verfremdeten Zitaten und den zitierten instrumentalisierenden Lesarten literarischer Texte aufscheinen, und zum anderen die Problematik der Tat und der Täter-Subjekte aus. Die Handlungsmacht der ‚starken' Subjekte wird hier dezidiert mit der gewaltsamen Abwehr der Anderen verknüpft, die Tat als Gewalttat enthüllt.

Im Gegensatz zu den Texten der RAF, die die radikale wie gewaltsame Tat emphatisch begrüßen und als Motor der politischen Revolution verstehen, stellt Jelinek somit durch das gezeigte Verfahren die Tat-Logik reflektierend aus. Die um 1900 formulierten Visionen der Tat, die wie die Zeichnung des heroischen Tätersubjekts von der RAF aufgenommen werden, erfahren jetzt eine Aussetzung: Jelinek befragt die Tat-Erzählungen auf ihren politischen Grund und stellt den fehlenden Grund im Sinne des Postfundamentalismus heraus, der durch die kontingenten totalitären Erzählungen invisibilisiert werden soll. Versuchten also etwa die Texte der RAF oder auch die Texte von Ernst Jünger oder Alfred Rosenberg ein vermeintlich ‚festes' Fundament diskursiv zu erzeugen und dieses dabei gleichzeitig unsichtbar zu machen, so schafft Jelineks Text durch das auf der Ebene der Form zu beobachtende Verfahren Transparenz.

4 Tat und Schuld: Monika Marons *Stille Zeile Sechs* (1991)

4.1 Einleitung

1989 analysiert Monika Maron anlässlich des 50. Todestages von Ernst Toller in der Zeitschrift *Du* das komplexe Verhältnis von Toller zur Tat:

> Er hat sich immer zur Tat getrieben gefühlt, und er hat zugleich immer an der Tat gezweifelt, gefangen in dem Feld zwischen der ‚Ohnmacht des Geistes' und der ‚Übermacht des Faktischen'. Die Ahnung von der Vergeblichkeit allen Tuns und dem lebenslangen Versuch, diese Ahnung zu widerlegen, waren es, die Tollers Leben mir zum ermutigenden, wenn auch tragischen Gleichnis werden ließen.[241]

Die in dem Zitat formulierte Problematisierung der Tat wird in Marons Text *Stille Zeile Sechs* leitmotivisch aufgenommen. Die bei Toller zu lesende Frage – „Muß der Handelnde schuldig werden, immer und immer? Oder, wenn er nicht schuldig werden will, untergehen?"[242]– treibt nicht nur die Hauptfigur Rosalind um; vielmehr kann der Text als Experiment verstanden werden, mit dem diese Frage beleuchtet wird. Wenn am Ende des Textes Tollers Frage mit „Ja, der Handelnde muß schuldig werden, immer und immer, oder, wenn er nicht schuldig werden will, untergehn" (SZ, 210) beantwortet wird, dann zeigt sich, dass die in *Stille Zeile Sechs* dargestellte „Sehnsucht nach einer Tat" (SZ, 51) eben nicht durch die Exekution der Tat schuldlos gestillt werden kann. Vielmehr offenbart sich mit der Exekution der Tat die Komplexität der Tat hinsichtlich ihrer ethisch-moralischen Grundierung, aber auch hinsichtlich ihrer ambivalenten Bedeutung für die Subjektivierung der (weiblichen) Figur. Der Text untersucht somit auch die Formen und Bedingungen der durch die weiblichen Figuren exekutierten Tat, die in mehreren Texten Marons programmatisch im Zentrum stehen.

Die Diskussion der mit der Tat einhergehenden, aber vielleicht unabdingbaren Schuld wird in dem Text auf mehreren Ebenen verhandelt: *Stille Zeile Sechs* erzählt von der bereits aus *Die Überläuferin*[243] bekannten Ich-Erzählerin Rosalind

---

[241] Monika Maron: Ernst Toller. In: dies.: Nach Maßgabe meiner Begreifungskraft. Artikel und Essays. Frankfurt am Main: Fischer 1995, S. 60–62, hier: S. 62.
[242] Monika Maron: Stille Zeile Sechs. Frankfurt am Main: Suhrkamp [15]2006, S. 41. Der Text wird im Folgenden unter der Sigle SZ und der Angabe der Seitenzahl direkt im Text nachgewiesen. Hervorhebungen im Original werden in den zitierten Stellen durch Kursivierung nachgewiesen.
[243] Monika Maron: Die Überläuferin. Frankfurt am Main: Fischer 1986.

Polkowski, die sich in einer an Herman Melvilles Text *Bartleby der Schreiber*[244] gemahnenden absoluten Verweigerung[245] von ihrem Beruf als staatliche Historikerin lossagt – „[ich] lebte von Schreibarbeiten und anderen Dienstleistungen, die ich ausführen könnte, ohne von meinem Kopf eines spezielle Denkarbeit zu verlangen" (SZ, 18) –, um dem verordneten Denken zu entkommen und die Kollaboration[246] mit dem korrumpierten System aufkündigen zu können: „Ich werde nicht mehr für Geld denken" (SZ, 24). Um dennoch Geld zu verdienen, verdingt sich Polkowski als Verfasserin der Memoiren des pensionierten DDR-Funktionärs Herbert Beerenbaum, der, wie sich wenig später herausstellt, einen ihrer Freunde aus nichtigen Gründen für mehrere Jahre ins Gefängnis gebracht hat.[247] Die Arbeit als Schreibkraft entspricht nicht den selbstgesetzten Bedingungen – „garantiert keine Kopfarbeit" (SZ, 29) –, sondern stimuliert die „Sehnsucht nach einer Tat" (SZ, 51). Polkowski sieht sich nun gezwungen, die Auseinandersetzung mit einem offensichtlich schuldigen Täter des kommunistischen Regimes, der wiederum ein Opfer des nationalsozialistischen Systems ist, aufzunehmen und strebt eine Abrechnung mit dem Stellvertreter des gerade untergegangenen Systems an.

Zugleich lässt sich die Verhandlung des staatlichen Unrechts „nicht zuletzt [als] [...] Geschichte eines imaginierten stellvertretenden Vatermordes"[248] lesen: „Das fühlte ich mehr, als das ich es wußte. Gegen Beerenbaum wollte ich einen verlorenen Kampf nachträglich gewinnen" (SZ, 182). Beerenbaum und der Vater der Erzählerin werden in eins gesetzt, was sich auch in der Physiognomie spiegelt: Beerenbaums Gesicht „war auch das letzte Gesicht meines Vaters" (SZ, 26). Auch Polkowskis Vater diente als Schulleiter und überzeugter Kommunist dem System

---

244 Herman Melville: Bartleby, the Scrivener. The Piazza Tales. Hrsg. v. Harrison Hayford u. a. Evanston: Northwestern University Press 1996.
245 Vgl. zu dem Themenkomplex auch: Giorgio Agamben: Bartleby oder die Kontingenz gefolgt von Die absolute Immanenz. Berlin: Merve 1998. Sowie: Gilles Deleuze: Bartleby oder die Formel. Berlin: Merve 1994.
246 Vgl. zu diesem Aspekt auch: Annie Ring: After the Stasi. Colloboration and the Struggle for Sovereign Subjectivity in the Writing of German Unification. London: Bloomsbury 2015.
247 Das Verfassen der Memoiren im Text lässt sich als Vorwegnahme der Rezeption des Textes als ‚Erinnerungsliteratur' verstehen. Gleichwohl erschöpft sich, wie gezeigt wird, der Text nicht in der Erzählung der erinnerten Vergangenheit. Zum Erinnerungsdiskurs in *Stille Zeile Sechs* vgl. u. a.: Lothar Bluhm: ‚Irgendwann, denken wir, muß ich das genau wissen'. Der Erinnerungsdiskurs bei Monika Maron. In: Volker Wehdeking (Hrsg.): Mentalitätswandel in der deutschen Literatur zur Einheit (1990–2000). Berlin: Erich Schmidt 2000, S. 141–151. Sowie: Joachim Garbe: Deutsche Geschichte in den Geschichten der neunziger Jahre. Würzburg: Königshausen & Neumann 2002.
248 Bluhm: ‚Irgendwann, denken wir, muß ich das genau wissen', S. 142.

und hat so Schuld auf sich geladen.[249] Polkowski muss ihre Verweigerungshaltung aufgeben, die „‚Tatträumerin'"[250] imaginiert die Durchführung der Tat als Wiederherstellung der Gerechtigkeit und wird schließlich zur Täterin.[251] Der Fokus des Textes – und meiner Argumentation – liegt jedoch weniger auf der Generalabrechnung mit dem politischen System der DDR und seinen Protagonist*innen als auf der Diskussion der Konsequenzen der Tat: „In erster Linie ist der Roman nicht Auseinandersetzung mit der DDR, sondern mit der Frage, was geschieht, wenn sich ein entrechteter Mensch zum Subjekt der Geschichte machen will."[252]

Mit der 1995 vom Magazin *Der Spiegel* aufgedeckten Tätigkeit der Autorin Maron für das Ministerium für Staatssicherheit (MfS) wird die in *Stille Zeile Sechs* formulierte Diskussion um die Tat, die Schuld und die Unausweichlichkeit und/ oder Notwendigkeit der Schuld nochmals komplexer.[253] Das Thema der Tätigkeit für das MfS wird indirekt in dem Text aufgenommen und als Folie, vor der die Diskussion von Tat und Schuld stattfindet, angelegt: „I suggest that an allegory of Maron's operations with the MfS could already be found a full four years before the revelations, in the double-agency of her fictional heroine in *Stille Zeile Sechs*."[254] Gleichwohl zeichnet sich der Text durch eine literarisch konstruierte Experimentalsituation aus, in der die skizzierten Fragen der Tat und der Schuld literarisch verhandelt werden, wie nicht zuletzt der intertextuelle Verweis auf Toller deutlich herausstellt. Eine autobiographisch argumentierende Lesart ist für die Arbeit folglich nicht von Interesse.

4.2 Beerenbaums Hand

Der Text setzt mit der in der erzählten Gegenwart verankerten Rahmenhandlung von Beerenbaums Begräbnis ein; die fortlaufende Rahmenhandlung wird immer wieder durch Rückblicke unterbrochen, die die Vorgeschichte von Beerenbaums

---

249 Die Gemeinsamkeiten zwischen Beerenbaum und Polkowskis Vater spiegeln sich sowohl in der ähnlichen Kleidung als auch in dem nahezu identischen Interieur der jeweiligen Wohnungen. Vgl.: SZ, 45f.
250 Bluhm: ‚Irgendwann, denken wir, muß ich das genau wissen', S. 142.
251 In Marons *Die Überläuferin* wird eine vergleichbare Transformation imaginiert: „Ich will kein Opfer sein, ich will Schuld sein." Maron: Die Überläuferin, S. 46.
252 Sigrun Leonhard: Rosalind Polkowskis Sehnsucht nach der großen Tat: Monika Marons Roman *Stille Zeile Sechs*. In: German Studies Review 27 (2004), Heft 2, S. 289–305, hier: S. 291.
253 Vgl.: O.N.: Stasi-Deckname Mitsu. Der Spiegel 32 (1995), S. 146–149.
254 Annie Ring: ‚Eine Bindung durch Hass': Double-Agency, Mimesis and the Role of Hands in Monika Maron's *Stille Zeile Sechs*. In: German Life ans Letters 63 (2010), Heft 3, S. 250–264, hier: S. 252.

Tod und damit seine zusammen mit der Erzählerin vollbrachte Arbeit an den Memoiren erzählt. Bereits auf dem Weg zum Friedhof, den die Erzählerin bezeichnenderweise „trotz der Kälte" (SZ, 7) und der Distanz von immerhin zwei bis drei Kilometern nicht mit dem Bus, sondern zu Fuß zurücklegt, wird die konträr grundierte rationale und emotionale Verarbeitung des Todes deutlich: „Ich fühlte nichts. Ich konnte denken, daß Beerenbaums Tod mich erleichterte; daß eine einfache und lebendige Gerechtigkeit lag in seinem Sterben und meinem Überleben, das konnte ich denken und nicht fühlen" (SZ, 11). Somit zeigt der Text bereits auf den ersten Seiten auf, dass die Resultate der im Laufe der Erzählung entfalteten Rache- und Tatphantasien, mit denen die Abrechnung mit Beerenbaum, dem Vater der Erzählerin und dem politischen System der DDR vollzogen werden sollen, offensichtlich defizitär sind: Auf der rationalen Ebene wird der von der Erzählerin provozierte Tod – diese Lesart wird im Text zumindest als Option angeboten – als „Gerechtigkeit" (ebd.) *gedacht*, auf der emotionalen Ebene aber nicht *gefühlt*. Folglich werden sowohl das Projekt der Tat als auch die komplexe Figur der Erzählerin von Anfang an problematisiert; eine einfache Identifikation mit den Tatphantasien und mit der Figur der Erzählerin soll so unterbunden werden.

Die erste Rückblende erzählt das zufällige Treffen der Erzählerin mit Beerenbaum und dessen Angebot, ihm bei dem Verfassen seiner Memoiren behilflich zu sein. Als Begründung für die Beschäftigung Polkowskis als Schreibkraft, die „garantiert keine Kopfarbeit" (SZ, 29) leisten müsse – genau das Gegenteil wird letztlich der Fall sein –, zeigt Beerenbaum seinen bislang versteckten versehrten und defizitären Körper vor: „Er zog seine rechte Hand aus ihrer Verborgenheit, sie zitterte willenlos am Handgelenk" (ebd.). Anhand der zitierten Textstelle lassen sich eine Vielzahl von Deutungsansätzen anlegen: Auf der Ebene der *histoire* dient das körperliche Defizit als Grund für die Anstellung von Polkowski. Auf der Ebene der Interpretation lassen sich Beobachtungen anschließen, die die nun nutzlose und nervlich geschädigte ‚Tathand', wie es bei Götz heißt, des vormaligen Täters in den Kontext von Tat und Schuld stellen.

Der an anderer Stelle im Text zitierte lateinische Satz – „Corpus nos veritatem cognoscere docet [...], der Körper sagt uns die Wahrheit" (SZ, 66) – lässt sich als Schlüssel für eine Vielzahl von Textstellen gewinnen, in denen der Körper ‚spricht'. Das Zittern der nutzlosen Hand kann somit als ein Symptom verstanden werden, mit dem der Körper die Schuld somatisch ausstellt und das symbolische und teilweise auch faktische ‚Tatwerkzeug' Hand lahmlegt. „Das Symptom ist das Gedächtnis des Körpers, der durch seine unwillkürlichen Zuckungen und Regungen [...] gegen das Vergessen des Kopfs und dessen Vernunft ankämpft. [...]

Das Symptom ist auch die dem Körper eigene Schrift."²⁵⁵ In einer psychoanalytisch geprägten Lesart, so zeigt Alison Lewis mit Judith Butlers in *Das Unbehagen der Geschlechter*²⁵⁶ formulierten Überlegungen auf,²⁵⁷ wäre das Symptom letztlich als „Sprache des Körpers [zu verstehen], die dem Unausgedruckten [sic!] und Verdrängten [...] Ausdruck zu verleihen vermag".²⁵⁸

So verweigert Beerenbaum etwa die Antwort auf Polkowskis Frage nach den Folterungen und Hinrichtungen seiner politischen Genoss*innen im „Hotel Lux" (SZ, 138) in Moskau. Sein Körper verweigert die Antwort im Gegensatz zur Person Beerenbaum nicht, der Körper ‚spricht' und ‚schreibt': „Er versuchte, tief zu atmen. Die Lippen zitterten, das Gesicht verfärbte sich tiefrot. Dann floß das Blut aus dem rechten Nasenloch, verlief sich im runzligen Delta seiner Oberlippe, und tropfte auf das unbeschriebene Papier vor ihm" (ebd.).

Polkowskis tatkräftige Substitution der ohnmächtigen Hand erscheint damit nicht unproblematisch. Ihre Transformation zur Täterin beginnt mit der Kompensation der Tatkraft Beerenbaums und damit der Kompensation des durch das Symptom hervorgerufenen Defizits. Kurz vor Beerenbaums Tod rächt sich dann auch Polkowskis Tätigkeit als ‚rechte Hand' von Beerenbaum; genauer: Die Hand von Beerenbaum attackiert ihren Körper: „Jeden Satz hätte ich, jetzt, da er starb, zurückgenommen, für einen versöhnlichen Abschied. Wäre nicht plötzlich Beerenbaums Hand auf mich zugekommen wie ein gieriges weißhäutiges Tier" (SZ, 34). Die Szene, die den mit der Tiermetaphorik aufgerufenen Ekel mit der sexuellen Übergriffigkeit des alten Mannes verknüpft, wird im Text wiederholt aufgegriffen, aber erst gegen Ende des Textes vollständig entfaltet:

> Mein letztes Bild von Beerenbaum: der geöffnete, zahnlose Mund, darin die dreckige, wie von Schimmel überzogene Zunge, die Iris seiner Augen fahl und durchsichtig, zwei kleine runde Fenster in das Innere von Beerenbaums Kopf. Dann Beerenbaums Hand; wie eine weißhäutige Echse schoß sie hervor unter der Decke und sprang mir mit aufgerissenem Maul an die Brust. Es war, als hätte er mein nacktes Herz berührt (SZ, 164).

---

255 Alison Lewis: ‚Die Sehnsucht nach einer Tat': Engagement und weibliche Identitätsstiftung in den Romanen Monika Marons. In: German Monitor 55 (2002), S. 75–91, hier: S. 83.
256 Vgl.: Judith Butler: Das Unbehagen der Geschlechter. Frankfurt am Main: Suhrkamp 1991.
257 Hier wäre natürlich auch an die Überlegungen von Sigmund Freud zu denken; das Symptom der zitternden Hand scheint doch deutliche Parallelen zu den von Freud untersuchten Konversionsneurosen aufzuweisen. So zeigt Freud etwa, dass sich die Symptome einer Zwangsneurose für eine „*historische* Deutung" fruchtbar machen lassen. Vgl.: Sigmund Freud: Der Sinn der Symptome. In: ders.: Vorlesungen zur Einführung in die Psychoanalyse. Frankfurt am Main: Fischer ¹⁰2000, S. 246–261, hier: S. 259.
258 Lewis: ‚Die Sehnsucht nach einer Tat', S. 83.

Die Szene dient jedoch nicht nur zur Charakterisierung der Figur Beerenbaums, sondern bereitet die noch zu analysierende Szene der Gewalttat Polkowskis vor.[259] Der in dem Zitat durch die Metaphorik aufgemachte Gegensatz der „weißhäutige[n] Echse" (SZ, 164) einerseits und des „nackte[n] Herz[ens]" (ebd.) andererseits macht durch die Dichotomien Tier vs. Mensch und Ekel vs. Anmut/Reinheit die Drastik des Übergriffes deutlich. Der Übergriff koppelt Sexualität und Macht und lässt die Ohmachterfahrung Polkowskis – im Gegensatz zu Beerenbaums Hand bewegt sie sich in der geschilderten Situation nicht – als Antrieb für die Imagination der absoluten Machterfahrung in der Imagination der Auslöschung des Anderen werden.[260]

Der Beginn von Polkowskis Täterschaft wäre jedoch nicht die direkte Aktion – etwa Beerenbaums Tod zu provozieren –, sondern das Schreiben: Mit dem Schreiben, erst recht mit dem zunehmend autonomen Schreiben, der „Kopfarbeit" (SZ, 29), beginnen die Tat und das Schuldigwerden. Mit dieser Interpretation des Schreibens, das zu Beginn als affirmative Archivierung der Taten des Regimes und als Kompensation des Symptoms verstanden werden kann, sich dann aber in die entgegengesetzte Richtung einer politischen Abrechnung und Tat (sowie Schuld) verschiebt, lässt sich eine augenscheinliche Parallele zu dem Schreiben von Maron aufzeigen.

An die Textstelle lassen sich auch Überlegungen zum Verhältnis von *Herrschaft und Knechtschaft*, so das entsprechende Kapitel von Georg Wilhelm Friedrich Hegel in seiner *Phänomenologie des Geistes*, anschließen: „Polkowski's hand serve a desire attributed to her master, and the neutral spectatorship that she sets out to practise is undone by intimate contact with her enemy."[261] Mit der von Hegel entfalteten Dialektik von Knecht und Herr wird die wechselseitige Anerkennung als Grundlage der Identität und Subjektivität definiert; die Dialektik und Interdepen-

---

259 Zu dem in der Szene erzählten Ekel schreibt Katie Jones: „This final description combines several elements of the disgusting: Beerenbaum's toothless, gaping mouth and the lizard's mouth suggested by his hand echo classical aesthetic prohibitions against the open mouth, seen by eighteenth-century theorists as a disgusting reminder of the body's interior, as do his transparent eyes, offering access to the inside of his head. The grotesquely sexual clutching of the hand exemplifies the unwanted proximity Winfried Menninghaus identifies as the central characteristic of disgust, and is then exceeded in its disgusting potential by the suggestion that Beerenbaum is grasping at Rosalind's naked heart." Katie Jones: Apolitical Animals? The Politics of Disgust in Novels by Monika Maron and Marie Darrieussecq. In: German Life and Letters 64 (2011), Heft 1, S. 156–168, hier: S. 160.
260 „Rosalind's disgust therefore supports Nussbaum's account: it is a mixture of horror at the fluidity of the self-other boundary, fear of contamination, and physical elements of weakness and mortality." Ebd.
261 Ring: ‚Eine Bindung durch Hass', S. 252.

denz der Figuren lassen sich auch an die Figuren Polkowski und Beerenbaum anlegen. Insbesondere die Beobachtung der Aufkündigung der für den Herrn notwendigen Anerkennung durch den Knecht ist für den Text ergiebig.

4.3 Von Toller zur Tat

Explizit wird die Frage nach der Tat und der Schuld mit einem intertextuellen Verweis ins Spiel gebracht. Tollers Frage „Muß der Handelnde schuldig werden, immer und immer? Oder, wenn er nicht schuldig werden will, untergehen?" (SZ, 41) treibt die Erzählerin zwar um – [d]ie Werkausgabe Ernst Tollers leuchtete signalrot aus meinem Bücherregal" (ebd.) –, sie sieht sich aber nicht in der Lage, sich mit der Frage zu beschäftigen:

> Aber an keinem Tag fühlte ich mich stark genug, mich endlich der Frage zu stellen, die ich vor Jahren bei Toller gelesen hatte und die sich damals, heimlich wie eine Küchenschabe, in meine Hirnwindungen geschlichen hatte, wo sie sich seitdem, resistent gegen Tilgungsversuche, stetig vermehrte (ebd.).

Dass die Erzählerin sich nicht stark genug fühlt, um über die Frage nachzudenken, zeigt bereits das mit der Frage aufgerissene Problemfeld auf, das nicht nur intellektueller bzw. abstrakter Natur ist, sondern direkt und gegen den Willen der Figur auf die Identität und Subjekthaftigkeit der Erzählerin rückwirkt: „[H]eimlich wie eine Küchenschabe [...], [die sich nun] stetig vermehrte" (ebd.) setzen sich die Gedanken in ihrem Kopf fest. Das Schuldigwerden des Handelnden bestimmt folglich nicht nur die kurze erzählte Episode aus Polkowskis Leben, sondern scheint auf ein grundlegendes Dilemma hinzuweisen; ihre „Sehnsucht nach einer Tat" (SZ, 51) zur Wiederherstellung von Gerechtigkeit oder als Rache an den Täter*innen des DDR-Regimes, so ließe sich folgern, wird nicht erst durch Beerenbaums Angebot geweckt, dieses bietet nur die perfekte Gelegenheit zur Tat.

Polkowskis ehemaliger Partner Bruno erkennt in ihrer Faszination für Toller dann auch ihre „eigenen aktionistischen Sehnsüchte" (SZ, 42). Im Gegensatz zur tatkräftigen Figur Robin Hood, die als Gegenargument von Polkowski aufgeboten wird, vereint Toller die Tatkraft oder zumindest die Diskussion ebendieser mit dem Scheitern, wie Bruno feststellt: „Toller ist ein Trost, weil er gescheitert ist" (ebd.). Die Erzählerin stimmt der Beobachtung zu:

> Ich hielt es für möglich, daß Bruno recht hatte mit seinem Verdacht, ich suchte in Tollers Leben nur Trost gegen die Untätigkeit, zu der ich mich verurteilt hatte, aber mich ärgerte der nachsichtige Ton, in dem er über meine aktionistischen Sehnsüchte sprach, als handelte es

ich dabei um ein drittes Auge oder einen Klumpfuß, auf jeden Fall um eine angeborene Abnormität (SZ, 43).

Die Tat und die „aktionistischen Sehnsüchte" (ebd.) nach der Tat werden von Bruno, dem an anderer Stelle nicht nur ein herausragender Platz „in der Hierarchie der Kneipenpersönlichkeiten" (SZ, 73) attestiert wird, sondern auch „Gelehrsamkeit" (SZ, 75) und vor allem „unverhohlene Kampfeslust" (ebd.) zugesprochen wird, mit einem „nachsichtige[] Ton" (SZ, 43) als Anomalie quittiert. Mehr noch: Die Sehnsüchte werden mit Bildern, die einmal mehr körperliche Deformationen im Text aufrufen, als „drittes Auge oder [...] Klumpfuß" (ebd.), also als „angeborene Abnormität" (ebd.) bezeichnet.

Im Gegensatz zu den emphatischen Artikulationen der Tat, wie sie etwa bei Ernst Jünger zu lesen ist, ordnet Maron die Tat also nun nicht mehr den ‚starken' männlich-soldatischen Subjekten, sondern den Frauen zu – die „Frage des Engagements [ist hierbei] mit der Geschlechtsidentität aufs engste verbunden".[262] Der ‚Wille zur Tat' wird nun weiblich codiert: „Aktionistische Sehnsüchte, wie sie von den männlichen Figuren abschätzig abgetan werden, sind für sie [die weiblichen Figuren; I.N.] ebenso kennzeichnend wie identitätsstiftend."[263] Gleichwohl muss festgehalten werden, dass die Männer in dem Text Taten vollführt *haben* – diese stellen ja die Grundlage ihres Schuldigwerdens dar. Der ‚Wille zur Tat' war also in der (für den Text bedeutsamen) Vergangenheit (auch oder vor allem) männlich codiert, ist aber in der erzählten Gegenwart weiblich codiert: Die ‚alten weißen Männer' erzählen nur noch von ihren Taten. Mit Beerenbaums sexuellem Übergriff scheint die Potenz zur (Gewalt-)Tat allerdings nochmals kurz aufzuscheinen, die politische Gewalt gegen die*den Anderen wird nun jedoch in eine sexuelle Gewalt gegen die Andere transformiert. Die Parallele wäre, dass sich – wenngleich aus einer anderen Motivation – beide Formen der Gewalt gegen die Körper der Anderen richtet und sich diese verfügbar machen. Die alten Männer erzählen jedoch nicht nur von der Tat, sondern leiden auch unter den mit der Verdrängung der Tat verbundenen körperlichen Symptomen und werden für ihre Taten, etwa von der weiblichen Erzählerin, tatkräftig zur Verantwortung gezogen; die jungen Männer hingegen verweigern die Tat. *Stille Zeile Sechs* stellt somit eine Variation der Erzählung der Tat vor, die die männlich dominierte Erzählung gleich zweifach bricht: Der von einer Autorin verfasste Text berichtet von der Tat einer weiblichen Hauptfigur und Erzählerin.

---

262 Lewis: ‚Die Sehnsucht nach einer Tat', S. 75.
263 Ebd.

Doch auch von der Erzählerin wird die Tat nicht ohne Ambivalenzen gesehen. Die erzählte Tat und Tatbereitschaft aus weiblicher Perspektive weist Differenzen zur ungebrochenen, männlich codierten Tateuphorie um 1900 auf deren Scheitern in den von Beerenbaum und Toller exekutierten respektive erzählten Taten aufscheint – ob nun die Geschlechtlichkeit oder die Zeit (oder beide) die Differenzen verantworten, lässt sich jedoch durch die Analyse *eines* Textes nicht methodisch sauber erfassen.

Polkowskis gebrochenes Verhältnis zur Tat artikuliert sich wie folgt:

> Die Sehnsucht nach einer Tat existierte in mir gegen meinen Willen und unstillbar. Ich fand sie lächerlich, zumal ihr eine erlösende Verheißung anhaftete, als könnte eine einmalige Tat nachträglich in den Sinn erheben, was sich zuvor aus unzähligen Zufällen formlos zusammengesetzt hatte und nun hinter mir lag als der größere Teil meiner Biographie. Mein erster Gedanke an eine Tat war immer verbunden mit dem Bild eines sich aufbäumenden weißen Pferdes, das von seinem Reiter ermutigt wurde, über den Abgrund zu springen, vor dem es scheute (SZ, 51).

In dem Zitat wird die gebrochene Haltung zur Tat deutlich: Sie erscheint „lächerlich" (ebd.), gleichwohl bleibt die Sehnsucht „gegen [...] [den] Willen" (ebd.) der Erzählerin nach ihr „unstillbar" (ebd.). Die ambivalente Haltung der Erzählerin gegenüber der Macht der Tat speist sich aus der Definition der Tat, die eine Vielzahl von Elementen aufnimmt, die bereits in um 1900 verfassten Texten aufscheinen: Die Tat wird maximal aufgeladen, ihr wird eine „erlösende Verheißung" (ebd.) zugesprochen, da sie nachträglich die Kontingenz in Sinn überführt. Die Tat setzt in Form, indem sie die Formlosigkeit überwindet und durch die In-Form-Setzung der eigenen Geschichte auch die Subjektivierung und Identitätsschreibung vollzieht. Das Politische der Tat besteht einmal mehr in der Setzung eines Fundaments; die „formlos[e]" (ebd.) Kontingenz des Faktischen wird durch die Tat mit Sinn versehen, wobei die Kontingenz des Fundaments durch die Erzeugung einer stringenten und kohärenten Erzählung unsichtbar gemacht wird.

„[E]ine einmalige Tat" (ebd.) würde bereits genügen, um diese Transformation zu vollbringen, die als Erlösung gedacht und transzendent codiert wird. Der Text markiert aber deutlich die Differenz zu einem emphatischen Glauben an die Tat: „Die Sehnsucht nach einer Tat" (ebd.) wird nicht nur als lächerlich bezeichnet, vielmehr wird auch der Vorstellung der Erlösung durch die Tat von der Erzählerin bereits im zweiten Satz des Zitats durch die Wahl des Konjunktivs eine Absage erteilt. Das Lächerliche ergibt sich aus eben diesem Irrglauben an die Macht der Tat.

Der Tat ist in dem gewählten Bild des über den Abgrund springenden Pferdes auch nichts Natürliches oder Zwangsläufiges inne. Die Tat zeichnet sich vielmehr durch den Zwang aus, den die*der Reiter*in ausübt, um das Pferd zum Sprung zu zwingen, obwohl es vor dem Abgrund „scheute" (ebd.). Der Text etabliert somit eine komplexe Struktur der weiblich codierten Tat in der erzählten Gegenwart, die die Vorstellung der männlich codierten Tat, wie sie etwa um 1900 zu lesen ist, sowohl aufnimmt als auch unterläuft: Die Kernelemente der Tat um 1900 – Form, Sinn, Erlösung und Subjektivierung – werden genannt, aber zugleich durchgestrichen und als lächerlicher Irrglaube bezeichnet. Die vormaligen Konzepte verlieren aber trotz ihrer Sezierung – hierin unterscheidet sich Marons reflexiver Text von den Texten der RAF, die eine ungebrochene ‚linke' Tatemphase artikulieren und auf die Wirkmacht der Tat vertrauen – ihre Macht nicht vollständig: Die Erzählerin diagnostiziert weiterhin – gegen ihren Willen und im Bewusstsein der Problematik der Tat in der soeben beendeten Epoche der politischen Diktatur, die auf eine andere Epoche der politischen Diktatur folgt – „[d]ie Sehnsucht nach einer Tat" (ebd.).

4.4 Imaginationen der Tat

Durch eine Rückblende in die Kindheit der Erzählerin werden die Tat und die Notwendigkeit der Tat mit einem weiteren wichtigen Aspekt versehen. Polkowski versucht die Aufmerksamkeit ihres Vaters, der im Text mit Beerenbaum in eins gesetzt wird, durch geschickt gewählte Diskussionsthemen zu gewinnen; „[i]ch dachte mir Fragen aus, von denen ich annahm, daß sie ihm gefielen" (SZ, 111). Da die Strategie scheitert, ändert sie diese und stellt nun Fragen, „die ihm nicht gefielen" (SZ, 113). Mit der Frage, warum die Arbeiterklasse als die „fortschrittlichste Klasse" (SZ, 111) und damit als die „einzige Klasse [, die] den Faschismus [hätte] verhindern können" (ebd.), dies nicht getan habe, gewinnt sie nicht nur die wütende Aufmerksamkeit ihres Vaters, sondern führt zugleich die Diskussion der Schuld des Opfers in den Text ein:

> Willst du sagen, nicht der Täter, sondern das Opfer ist schuldig, schrie mein Vater.
> Wenn das Opfer sich nicht wehrt, hat es auch Schuld, schrie ich. Ich kämpfte um die Schuld des Opfers wie um mein Leben. Die Leidenschaft dieses Abends hat sich mir so tief eingeprägt, daß ich mich bis heute sträube, Opfer und Unschuld gleichzusetzen, was meine Gedanken zuweilen auf gefährliche Pfade führte (SZ, 112).

Die „gefährliche[n] Pfade" (ebd.) von denen die Erzählerin im Sinne einer Schuldumkehr sicherlich zu recht spricht – nicht zuletzt mit Blick auf die Szene des sexuellen Übergriffs, den sie ohnmächtig erleidet –, stellen die problematische Seite der durch die Diskussion mit dem Vater angelegten Überzeugung dar. Polkowski scheint es aber weniger um die Schuldumkehr als um die Verpflichtung zur Tat zu gehen – und um die Aufmerksamkeit der männlichen Bezugsperson, eine Struktur, die sich mit Beerenbaum wiederholt –; gleichwohl bedeutet das Scheitern der Ermächtigung zur Tat in ihrer Logik zwangsläufig die Schuld des Opfers und damit die Schuldumkehr.

Beerenbaums Strategie, unliebsamen Fragen durch eine Transformation seines Täter-Status in einen Opfer-Status zu entgehen, kann folglich nicht gelingen, da Polkowski dem Opfer nicht zwangsläufig eine Unschuld zuschreibt. Polkowski reagiert in der bereits zitierten Stelle, in der Beerenbaum verstummt, sein Körper aber ‚spricht‘,[264] mit Ekel auf Beerenbaums Versuch, sich durch die Ausstellung der Körperflüssigkeiten als Opfer zu stilisieren: Nicht das Blut als Körperflüssigkeit an sich erweckt hier den Ekel, „sondern daß er mir statt einer Antwort sein altes, tablettenverseuchtes, gegen Thrombose künstlich verdünntes Blut anbot, daß er versuchte, sich durch diesen miesen Trick in ein Opfer zu verwandeln und mir das Fragen zu verbieten" (SZ, 139).[265] Die Erzählerin setzt die Fragen nach den Hinrichtungen und Folterungen mitleidlos fort; in ihrer Physiognomie lassen sich jedoch Veränderungen feststellen, die Reaktion auf das Geschehen wird im Text einmal mehr nicht durch die Sprache, sondern durch den Körper artikuliert: „Als würde mir jemand einen Spiegel vor das Gesicht halten, wußte ich, wie ich jetzt aussah: Der Mund breit verzerrt, Kiefer und Hals verspannt, die Augen schmal" (SZ, 140). Entwirft die Erzählerin auf den ersten Seiten des Textes noch die Vision, ihr fremdbestimmtes „Hundeleben" (SZ, 20) durch das unabhängige und sanftmütige Leben einer Katze zu ersetzen – „[T]un, wozu man Lust hat" (SZ, 21) –, so verwandelt sie sich nun physiognomisch in ein jagendes Tier, das „wie ein satter Blutegel" (SZ, 140) erst von der Beute abläßt, wenn sie gestellt ist. Die Sprache als menschliche Form der Kommunikation wird nach der Transformation als fremd wahrgenommen: „Die letzten Sätze hallten mir grob und gemein im Ohr, fremd und doch meine Stimme" (ebd.).

Die Erzählerin realisiert, dass ihre Auseinandersetzung mit Beerenbaum und mit seiner persönlichen und politischen Geschichte und Schuld längst nicht mehr aus der Notwendigkeit, Geld mit der Schreibarbeit zu verdienen, gespeist wird. Auch die (verspätete) Abrechnung mit ihrem Vater ist in den Hintergrund gerückt. Vielmehr befindet sie sich nun, wie sie erkennt, in „jenem Stadium der Feindschaft, das Sehnsucht erzeugt" (SZ, 146). Die durch die Feindschaft erzeugte Sehnsucht wird nicht näher definiert; da der Begriff in dem Text bislang mit der Tat verbunden und als „Sehnsucht nach einer Tat" (SZ, 51) prominent formuliert

---

[264] „Er versuchte, tief zu atmen. Die Lippen zitterten, das Gesicht verfärbte sich tiefrot. Dann floß das Blut aus dem rechten Nasenloch, verlief sich im runzligen Delta seiner Oberlippe, und tropfte auf das unbeschriebene Papier vor ihm" (SZ, 138).
[265] Beerenbaums sexueller Übergriff lässt sich hier als Zeichen einer zweifachen Erosion lesen: Sowohl die männliche als auch die politische bzw. kommunistische Macht lösen sich auf.

wurde, liegt die durch die Handlung sich bestätigende Vermutung nahe, dass auch die unspezifische Sehnsucht mit der Tat korreliert wird.

Die Feindschaft und die Sehnsucht ergeben sich dabei vor allem, da Polkowskis Kampf von dem Singulären und Persönlichen ins Grundsätzliche oder Politische verschoben – und von da wieder an das Persönliche rückgebunden wird:

> In dieser Minute begriff ich, daß alles von Beerenbaums Tod abhing, von seinem und dem seiner Generation. Erst wenn ihr Werk niemandem mehr heilig war, wenn nur noch seine Brauchbarkeit entscheiden würde über seinen Bestand oder Untergang, würde ich herausfinden, was ich im Leben gerne getan hätte (SZ, 154f.).

Wenn „alles von Beerenbaums Tod" (SZ, 154) abhängt, sind auch alle Mittel legitim – was aber nicht bedeutet, dass die Frage bzw. die Anerkennung der Schuld suspendiert werden kann –; die Feindschaft wird absolut, die Vernichtung des Feindes zum Wohle des Politischen und des Persönlichen unabdingbar. Der Text schließt hier lose an zwei Überlegungen an, die bereits an anderer Stelle diskutiert wurden: Zum einen führt die politische Entscheidung über das Leben bzw. den Tod der*des Anderen die von Foucault in *In Verteidigung der Gesellschaft* angeführte Zäsur ein: „die Zäsur zwischen dem, was leben, und dem, was sterben muß".[266] Um den Tod der*des Anderen zu legitimieren, wird nicht nur die absolute politische Notwendigkeit postuliert, sondern zudem die Person der*des Anderen „der totalen Entwertung"[267] unterzogen, wie Schmitt in seiner *Theorie des Partisanen* zeigt. Zum anderen macht die Entwertung aus der*dem Anderen mithin den Feind, der vernichtet werden muss – die „Sehnsucht nach einer Tat" (SZ, 51) ergibt sich aus der Struktur dieser Feindschaft, die „so furchtbar werden [wird], daß man vielleicht nicht einmal mehr von Feind oder Feindschaft sprechen darf [...], bevor das Vernichtungswerk beginnen kann. Die Vernichtung wird dann ganz abstrakt und ganz absolut."[268]

Die skizzierte Struktur der Feindschaft bereitet mit der Entwertung von Beerenbaum, der Installation der Notwendigkeit seines Todes und der Apotheose der Tat die finale Rache- und Tathandlung vor, die – hier entschärft und kritisiert der Text die erzählte Rachetat – ‚lediglich' in der Phantasie der Erzählerin vollzogen wird. Als zweites Verfahren der Entschärfung lässt sich die Aufspaltung der Erzählerin festhalten, die „als Zuschauerin und als Akteurin" (SZ, 204) das Geschehen erlebt bzw. imaginiert: „Ich sehe sie vor mir, Beerenbaum und Rosalind"

---

[266] Foucault: In Verteidigung der Gesellschaft, S. 295.
[267] Schmitt: Theorie des Partisanen, S. 95.
[268] Ebd., S. 95.

(SZ, 205). Mit der Aufspaltung verschiebt sich die Perspektive: „The division between first- and third-person narration allows an external perspective on Rosalind's actions".[269]

Die weitere Aufspaltung der Akteurin „in eine, die etwas tat, und eine andere, die etwas zu tun wünschte" (SZ, 204 f.), distanziert die Erzählerin noch weiter vom Geschehen und aktualisiert zudem die den Text beherrschende Frage nach der Notwendigkeit der Tat (und der damit einhergehenden Verschuldung). Die Aufspaltung „ist ein Kunstgriff, über den Variationen von Täterschaft simultan gezeigt werden. Implizit wird durch dieses Verfahren die Frage nach unterschiedlichen ‚Schuldgraden' von Täterschaft in den Raum gestellt."[270]

Die Aufspaltung ermöglicht zugleich die Erzählung von unterschiedlichen Stadien der Entscheidungsfindung: „Während ich noch schwankte, ob die Gerechtigkeit mir die Rache für den Grafen [d. h. für seine Inhaftierung durch Beerenbaum; I.N.] oder Rücksicht auf den kranken Beerenbaum gebot, sah ich, daß Rosalind sich schon entschieden hatte" (SZ, 205). Die Erzählerin zieht sich auf eine Position zurück, in der die Komplexität der Situation für einen Aufschub der Entscheidung und der daraus folgenden Tat genutzt wird: Die damalige Schuld steht zwar außer Frage, die Entscheidung für oder gegen das Handeln wird aber durch den aktuellen Gesundheitszustand des Täters beeinflusst. Mit der Aussetzung der Entscheidung und der Tat versucht die Erzählerin das durch die Toller-Exegese in den Text eingeführte Motiv des Schuldigwerdens durch das Handeln zu umgehen. Der Text zeigt jedoch auf, dass das Nicht-Handeln keine Option ist.

Das Handeln von Rosalind Polkowski – genauer: die Entscheidung für das Handeln vor der Ausführung der Handlung – kündigt sich erneut auf der somatischen Ebene an: „Die kleinen gesträubten Haare auf den Unterarmen und der konzentrierte, gegen Mitleid weckende Signale verschlossene Blick kündigten den Angriff an" (ebd.). Wiederum ‚spricht' der Körper und wiederum wird Polkowski einem jagenden Tier angenähert, dessen „Angriff" (ebd.) unmittelbar bevorsteht. Beim folgenden ‚Verhör'[271] Beerenbaums, das sie „wie eine Rachegöttin" (ebd.) vollzieht, wird ihr Handeln ebenfalls mit einer Metaphorik aus dem Tierreich beschrieben: „Bei jeder Silbe stieß sie den Kopf in die Luft wie ein bellender Hund" (SZ, 206).

---

269 Jones: Apolitical Animals?, S. 161.
270 Rita Morrien: ‚Und jetzt [...] werde ich mit dem Kopf durch die Wand gehen'. Variationen eines Themas: Opferstrategien und Täterphantasien im Werk Monika Marons. In: Zeitschrift für Germanistik NF 3 (2010), S. 599–617, hier: S. 607.
271 Der Text bringt diesen Begriff, der eine sprachliche Interaktion mit einer einseitigen Machtverteilung aufruft, die der Diskussion der Taten und Schuld verpflichtet ist, explizit ins Spiel: „Rosalind verhörte ihn" (SZ, 205).

Die explizit formulierten Gewalttaten werden durch die Erzählerin vor ihrer Erzählung als Imagination, als Rachephantasie markiert: „Das Schlimmste sah ich in ihren Augen, wo sich spiegelte, was sie nicht tat" (SZ, 207). Die Gewaltorgie wird somit durch eine zweifache Distanzierung von der Ich-Erzählerin abgekoppelt: Zum einen wird sie, wie gezeigt, dem mit Rosalind bezeichneten Teil der aufgespaltenen Figur zugeordnet, der der Erzählerin bereits vor der Tat so fremd wird, dass sie „sie selbst kaum erkannte" (ebd.). Zum anderen wird sie als das markiert, das Rosalind „nicht tat" (ebd.), also als Imagination. Gleichwohl ist die Gewalttat im Text und als Text präsent und wird detailliert beschrieben – die Erzählung der Tat, die *nicht* vollzogen wird, vollzieht die Tat auf der Ebene des Textes:

> Ich hörte Rosalind kreischen, sah, wie sie dabei den Speichel in einem breiten Kegel versprühte und mit den Fäusten auf die Schreibmaschine einschlug. Das Schlimmste sah ich in ihren Augen, wo sich spiegelte, was sie nicht tat: Rosalind stehend vor Beerenbaum, die Faust erhoben zum Schlag, die andere Hand an Beerenbaums Hals zwischen Kinn und Kehlkopf. Die Faust traf sein Gesicht. Das Gebiß fiel ihm aus dem Mund. Sie schlug ihn wieder, bis er vom Stuhl stürzte. Der wollene Hausmantel öffnete sich über den Beinen, und Beerenbaums schlaffes Schenkelfleisch lag nackt auf dem Boden, unter der weißen Wäsche sichtbar das weiche Genital. Sie trat ihn gegen die Rippen, den Kopf, in die Hoden, beidbeinig sprang sie auf seinen Brustkorb. Er rührte sich nicht. Als das Blut aus seinem Ohr lief, gab sie erschöpft auf (SZ, 207 f.).

Die Tat zeichnet sich nicht nur durch die explizite Gewalt aus, die die Erzählerin einem alten und kranken Mann antut, sondern verknüpft die Gewalt mit dem Ekel, die der defizitäre und entblößte Körper des alten Mannes evoziert: So bewirkt der erste Faustschlag ins Gesicht, dass Beerenbaums Gebiss aus dem Mund fällt. Die Gewalt offenbart den Zustand des ekelerregenden Verfalls und macht das Opfer symbolisch und faktisch sprach- und damit machtlos. Mit der durch die Gewalt hervorgerufenen Sprachlosigkeit und mit der Fokussierung des Mundes als Ziel der Gewalt verweist die Gewalttat symbolisch auf ein Kernthema des Textes und ruft die Diskussion um die Möglichkeit der Sprache bzw. der sprachlichen Fassung der Erinnerung und Erörterung der Schuld sowie die Verknüpfung von Wort, Tat und Schuld auf.

Da der Text letztlich aber zeigt, dass diese Möglichkeiten der Sprache nicht realisiert werden können, kann der Text auch als Erzählung des Scheiterns verstanden werden: Polkowski versucht vergeblich, Beerenbaum zum Sprechen zu bringen. Weder die Gespräche im Rahmen der Verfassung seiner Biographie noch die später folgenden ‚Verhöre' vermögen das Sprechen über die Vergangenheit und die mit ihr verknüpfte Schuld zu initiieren. Mit dem Schlag auf den Mund wird nun der Ort der Artikulation der Sprache einerseits malträtiert, also der

Bestrafung für das verweigerte Sprechen unterzogen, und zum anderen durch den Verlust des Gebisses zerstört. Polkowski, so lässt sich folgern, beendet ihre Versuche der Kommunikationsaufnahme und ersetzt die sprachliche Kommunikation durch die Gewalt gegen den Ort der Kommunikation.

Durch die weiteren Schläge Polkowskis wird der Aspekt des Ekels noch expliziter in dem Text thematisiert: „Der wollene Hausmantel öffnete sich über den Beinen, und Beerenbaums schlaffes Schenkelfleisch lag nackt auf dem Boden, unter der weißen Wäsche sichtbar das weiche Genital" (SZ, 208). Der Ekel ergibt sich aus der Schilderung des entblößten wie hinfälligen alten Körpers; die Schlaffheit und Weichheit des entblößten Körpers – insbesondere des Schambereichs – wird durch den Boden, auf dem der nackte Körper liegt, kontrastiert und hervorgehoben. Die Gewalt macht das Verborgene sichtbar und offenbart es – und damit die Person Beerenbaum – als ekelhaft; nicht die Gewalt und die Täterin werden mit dem Ekel verbunden, sondern die Wirkung der Gewalt auf den Körper des Opfers evoziert Ekel: „Although we – and the narrative voice – might find Rosalind's behaviour *morally* disgusting, the focal point for *physical* disgust is the frail old man."[272]

Die imaginierte Gewalttat kulminiert in der finalen Szene, in der die Auslöschung des Anderen durch die vollständige Zerstörung des Körpers und der mit dem nackten Körper assoziierte Ekel verbunden werden: „Sie trat ihn gegen die Rippen, den Kopf, in die Hoden, beidbeinig sprang sie auf seinen Brustkorb. Er rührte sich nicht" (SZ, 208). Sowohl durch die Beschreibung des nackten, schlaffen Körpers als auch durch das Ziel der Aggression – neben den Rippen werden der Kopf und eben die Hoden genannt – wird der vormals starke männliche Körper nun durch die weibliche Täterin einerseits physisch zerstört und andererseits als machtloser, schlaffer und natürlicher, also prä-kultureller Körper ausgestellt. Die Gewalttat stellt mit der Kopplung von Gewalt, Macht, Ekel und Sexualität/Nacktheit einen Gegenschlag gegen männlich codierte Macht- und Gewaltstrukturen dar, die mit einer ähnlichen Kopplung arbeiten.

Auf die zitierte Szene der Auslöschung folgt übergangslos die Beschreibung von Beerenbaums Reaktion auf Polkowskis vorherige Fragen. Wenngleich die Gewalttaten also nur in der Imagination stattfinden und eindeutig als das markiert werden, was *nicht* getan wird, so folgt auf die Erzählung der Gewaltphantasie dennoch die Erzählung von Beerenbaums gerade noch abgewendetem Tod in der Realität des Textes. Im Gegensatz zu ihrer Imagination vollzieht Polkowski keine Gewalttaten gegen Beerenbaum. Gleichwohl, und dies wäre die Parallele zu der imaginierten Tat, nimmt sie sein Sterben in Kauf und verweigert die Hilfe: „Ro-

---

272 Jones: Apolitical Animals?, S. 161. [Hervorhebungen im Original]

salind sah die ihr entgegengestreckte Hand, sah den sterbenden Beerenbaum und wartete auf seinen Tod. Als ich endlich verstand, daß sie nichts tun würde, um ihn zu retten, fand ich meine Stimme wieder" (SZ, 208 f.). Die bislang passive Erzählerin, die nur das Handeln der von ihr abgespaltenen Rosalind beobachtet, wird nun wieder aktiv und rettet dann doch Beerenbaums Leben.

Mit der Aufspaltung der Figur Polkowski werden somit drei Varianten des Handelns und der damit einhergehenden Schuld parallel erzählt: 1. Die passive Erzählerin handelt nicht, beobachtet nur und rettet schließlich Beerenbaum vor den schlimmsten Folgen der Tat. Sie wird nicht schuldig, zumindest nicht durch das Handeln. 2. Rosalinds Taten in der erzählten Realität – ihr ‚Verhör', das schließlich fast zu Beerenbaums Tod führt, und ihre unterlassene Hilfeleistung – lassen sie hingegen schuldig werden. 3. Mit der imaginierten Gewalttat als Höhepunkt der Gewalt lädt die von der Erzählerin imaginierte Rosalind das Maximum an Schuld auf sich.

Der Text schließt mit der Rahmenhandlung, dem Begräbnis von Beerenbaum. Polkowski nimmt die Reflexion von Tollers Frage nach dem Verhältnis von Tat und Schuld nochmals auf und beantwortet die sie umtreibende Frage vor der Folie der skizzierten Varianten der mit der Tat einhergehenden Schuld: „Ja, der Handelnde muß schuldig werden, immer und immer, oder, wenn er nicht schuldig werden will, untergehen" (SZ, 210). Damit sind die Optionen genannt: Schuldigwerden durch die Tat oder untergehen durch die Aussetzung der Tat. Da weitere Optionen nicht gegeben sind und Polkowski bereits zu Beginn des Textes herausgestellt hat, dass sie kein Opfer mehr sein will – die Maxime wird am Ende nochmals aufgenommen: „Alles, nur nicht noch einmal Opfer sein" (ebd.) –, muss sie folglich durch ihr Handeln schuldig werden.

Die Reflexion der eigenen Tat und Schuld wird durch die zitierte Maxime beeinflusst und installiert eine Bewegung, die mit der Erkenntnis der Schuld beginnt, „Ich hätte ihn nicht fragen dürfen" (SZ, 212), diese im folgenden Satz direkt wieder in Frage stellt, um so die Anerkennung der Schuld wieder aufzuheben, „Hätte ich ihn nicht fragen dürfen?" (ebd.), und schließlich die Schuld bei dem Anderen verortet, indem durch das Verb ‚fragen' der Fokus auf die schuldhafte Tat des Anderen verschoben wird und die eigene Tat indirekt als Wiederherstellung von Gerechtigkeit legitimiert wird: „Als er fünfundfünfzig war und gesund, hat er den Grafen der Sicherheitspolizei ausgeliefert. Niemand hätte damals gewagt zu fragen, mit welchem Recht Leute wie er andere einsperren ließen" (ebd.).

Die Tat Polkowskis und die mit ihr einhergehende Schuld werden noch durch zwei weitere Strategien relativiert. Polkowskis Verantwortung für Beerenbaums Tod – „Wenn er stirbt, bin ich schuld" (ebd.) – wird durch die im Text als naivpositiv gezeichnete Figur Thekla entschärft: „Wenn jemand in seinem Leben

Dinge tut [...], wenn jemand so schreckliche Dinge tut, daß er stirbt, wenn man ihn danach fragt, ist er selbst schuld" (SZ, 213). Theklas Strategie der Verschiebung der Schuld von der Täterin auf das Opfer schließt hier an die von Polkowski vollzogene Schuldumkehr an. Die Tat und die Schuld werden zusätzlich von Polkowski selbst abgemildert; sie stellt heraus, dass ihr Treffen mit Beerenbaum „nicht nur Zufall [war]" (ebd.). Diese Option entspricht nicht der Textintention, der Text erzählt die Szene eindeutig als zufälliges Treffen, wenngleich Beerenbaum dem zufälligen Charakter des Treffens nicht ganz zu trauen scheint.[273] Wenn ihr augenscheinlich zufälliges Treffen im Café damit kein Zufall war, sondern dem Treffen ein Sinn zugrunde liegt, dann wird auch die sich aus dem Treffen ergebende Tat teleologisch aufgeladen. Die vormalige Distanzierung von der Tat und der mit ihr einhergehen Sinngebung – „Ich fand sie lächerlich, zumal ihr eine erlösende Verheißung anhaftete, als könnte eine einmalige Tat nachträglich in den Sinn erheben, was sich zuvor aus unzähligen Zufällen formlos zusammengesetzt hatte" (SZ, 51) – wird folglich am Ende des Textes zurückgenommen: Die vorbestimmte Tat wird durch ihr Telos legitimiert, das Handeln und die sich aus dem Handeln ergebende Schuld als Zwangsläufigkeit, der die Erzählerin und Täterin nicht entkommen kann, deklariert und relativiert.

Der Text beantwortet Tollers Frage nach der Verbindung von Tat und Schuld folglich auf eine spezifische Weise: Polkowski plädiert für die Tat – „Alles, nur nicht noch einmal Opfer sein" (ebd.) – und erkennt die sich aus der Tat ergebende Schuld zwar in der abstrakten Beantwortung der Frage Tollers an, legitimiert und entschuldigt ihre konkrete persönliche Tat jedoch durch die von ihr narrativ vollzogene Einbettung in eine sinnstiftende teleologische Struktur. Die differenzierte Auseinandersetzung Polkowskis mit der Tat, die zu Beginn des Textes geschildert wird, erfährt so mit der Erfüllung der „Sehnsucht nach einer Tat" (ebd.) eine Reduktion der Komplexität: Die von Bruno verurteilten „aktionistischen Sehnsüchte" (SZ, 42) Polkowskis führen schließlich tatsächlich zu der Legitimation und der teleologischen Aufladung der eigenen Tat und Person, die als „Rachegöttin" (SZ, 205) tituliert und so zugleich mit Selbstironie kritisch reflektiert wird. Die im Text den jungen männlichen Figuren zugesprochene Skepsis gegenüber der Tat und der daraus resultierende Verzicht auf die Tat, der jedoch ebenfalls problematisiert wird, verhandeln den Vorbehalt: Einmal mehr macht der Text deutlich, dass die Erzählung von Polkowskis Tat keineswegs als Apotheose

---

[273] So stellt die Erzählerin heraus, dass sie Beerenbaum vor ihrem ersten Treffen nicht kennt („Auch Beerenbaum hatte ich schon einige Male gesehen, ohne zu wissen, wer er war." (SZ, 12)) und ihr Treffen zufällig geschieht oder zumindest nicht von ihr geplant ist („Im Eingang blieb er stehen, schaute sich um und kam dann, obwohl in der rechten Ecke ein Tisch frei war, zu mir und fragte, ob er sich setzen dürfte" (SZ, 13)).

der Tat und die Figur als *role model* für eine adäquate Form der Reaktion auf erfahrene Machtlosigkeit und Gewalt und damit als gelungene politische Selbstermächtigung gelesen werden kann.

5 Die Unmöglichkeit der Tat: Elfriede Jelineks *Die Schutzbefohlenen* (2014)

5.1 Einleitung

Im Gegensatz zu *Wolken.Heim.*, in dem die problematische Handlungsmacht der Täter-Subjekte diskutiert wird, stellt *Die Schutzbefohlenen* nun die Ohnmacht oder die defizitäre *Agency* der marginalisierten Subjekte aus, die eben nicht mehr zur Tat kommen können.[274] Das von Martin Heidegger als „fundamentale[n] Charakter der Daseins"[275] verstandene „*Miteinandersprechendsein*"[276] wird in dem Text nun gerade nicht gewährleistet, sondern verunmöglicht. Der Zutritt zu Arendts „Erscheinungsraum",[277] in dem sich das politische Subjekt in der diskursiven Aushandlung – d.h. durch das Sprechen, das Arendt als (politisches) Handeln begreift[278] – als *zoon politikon*[279] manifestiert, wird der*dem Anderen verweigert. Somit wäre die Ermöglichung oder die Verunmöglichung des Sprechens in einem „gemeinsamen symbolischen Raum"[280] als politische Er- oder Entmächtigung des Subjekts zu verstehen, die von den Machstrukturen des politischen Raumes abhängt.[281] Der Text, so ließe sich mit Rancière argumentieren, macht die*den ‚unsichtbare*n' Andere*n wieder sichtbar und ermächtigt sie*ihn zum Subjekt: Die Literatur „macht sichtbar, was unsichtbar war, sie macht die-

---

[274] Die folgenden Überlegungen nehmen die in meinem Aufsatz *Wer darf sprechen? Stimme und Handlungsmacht in Aischylos' „Die Schutzflehenden" und Elfriede Jelineks „Die Schutzbefohlenen"* formulierten Thesen auf, referieren diese knapp und verknüpfen sie mit der Tat. Vgl.: Immanuel Nover: Wer darf sprechen? Stimme und Handlungsmacht in Aischylos' *Die Schutzflehenden* und Elfriede Jelineks *Die Schutzbefohlenen*. In: Neuhaus und ders. (Hrsg.): Das Politische in der Literatur der Gegenwart, S. 323–339.
[275] Martin Heidegger: Grundbegriffe der Aristotelischen Philosophie. Gesamtausgabe Bd. 18. Frankfurt am Main: Vittorio Klostermann 2002, S. 47.
[276] Ebd. [Hervorhebungen im Original]
[277] Arendt: Vita activa, S. 251.
[278] Vgl.: Arendt: Macht und Gewalt, S. 81.
[279] Die Differenz zu Aristoteles' Verständnis des *zoon politikon* ist deutlich: „Zoon politikon: als ob es *im* Menschen etwas Politisches gäbe, das zu seiner Essenz gehöre. Dies stimmt gerade nicht, *der* Mensch ist a-politisch. Politik entsteht in dem *Zwischen-den-Menschen*, also durchaus *außerhalb* des Menschen." Arendt: Was ist Politik?, S. 11. [Hervorhebungen im Original]
[280] Mouffe: Über das Politische, S. 30.
[281] „Der Entzug der Stimme des Subjekts durch den Anderen oder die Unmöglichkeit, überhaupt eine Stimme zu erwerben, können folglich als machtvolle Instrumentarien der politischen Entmündigung und – mit Aristoteles und Heidegger – als Verlust der menschlichen Subjekthaftigkeit gelesen werden." Nover: Wer darf sprechen?, S. 312.

jenigen als sprechende Wesen hörbar, die nur als lärmende Tiere verstanden werden."²⁸²

Jelinek entfaltet ihre These abermals vor einem Prätext. Das in Anschlag gebrachte intertextuelle Verfahren stellt die zwischen den Texten entstehenden Friktionen deutlich aus und gewinnt dadurch sein politisches Potential. In der am Schluss des Textes verzeichneten Aufzählung der Quellen deuten sich diese Friktionen zwischen den heterogenen Texten bereits an – Jelinek führt die folgenden Texte bzw. Autoren auf:

> Aischylos: „Die Schutzflehenden" /Bundesministerium für Inneres, Staatssekretariat für Integration: „Zusammenleben in Österreich" /Ovid: „Metamorphosen" /Und eine Prise Heidegger, die muß sein, denn ich kann es nicht allein.²⁸³

Nicht nur durch den Verweis auf Aischylos' Text *Die Schutzflehenden*, sondern auch durch Jelineks Titel *Die Schutzbefohlenen*, der eine deutliche Anspielung auf den Prätext leistet, werden das antike Drama und seine Thematik prominent platziert: Aischylos' um 463 v. Chr. entstandenes Drama thematisiert die Flucht der fünfzig Töchter des Danaos und ihre Bitte um Schutz bzw. Asyl in der Fremde. Somit werden die Jelineks Text beherrschenden Kernfragen nach den Möglichkeiten der Subjektivierung in der Fremde und nach der Anerkennung der Anderen bereits bei Aischylos aufgerufen; die besondere (politische) Brisanz gewinnt der Text von Jelinek jedoch, indem die im antiken Drama noch dargestellte politische Entscheidung für die Anerkennung der Anderen nun ausbleibt und den *Schutzbefohlenen* im Gegensatz zu den *Schutzflehenden* kein Schutz, keine Handlungsmacht und keine Stimme zugeteilt wird.

Der Chor der Töchter, mit dem der Prätext einsetzt, skizziert die im Drama entfaltete Kernproblematik:

> Das heilge verlassend,
> Nahe Syrien das Land, sind wir nun auf der Flucht,
> Nicht weil Blutschuld uns in Verbannung trieb
> Durch des Stadtvolks beschließendes Urteil,
> Nein, weil arteignen, mannfeindlichen Sinns

---

282 Rancière: Politik der Literatur, S. 14.
283 Elfriede Jelinek: Die Schutzbefohlenen. Samt APPENDIX, CODA, EUROPAS WEHR. JETZT STAUT ES SICH ABER SEHR! (EPILOG AUF DEM BODEN), ENDE (4.3.2016) sowie PHILEMON UND BAUCIS (05.04.2016). Manuskript. Rowohl Theater Verlag o.J., S. 60.

> Wir die Eh mit Aigyptos' Söhnen verschmähn
> Und ihr ruchloses Trachten verabscheun.[284]

Direkt zu Beginn des Stücks stellt der Text somit die *Agency* der Töchter aus: Sie sprechen und sie werden im Folgenden auch gehört werden. Die Handlungsmacht bzw. die Macht, sprechen zu dürfen, steht, so Michail Bachtin, in engem Zusammenhang mit dem Subjektstatus: „Das selbstständige, verantwortliche und wirksame Wort ist das wesentliche Merkmal des ethischen, rechtlichen und politischen Menschen."[285] Ihr Status als politisches Subjekt wird folglich nicht durch ihren Status als Schutzflehende in Frage gestellt.

Die vom Vater in Anschlag gebrachten rhetorischen Strategien für die Kommunikation der Töchter mit den Einheimischen zeigen, dass der Vater grundsätzlich davon ausgeht, dass seine Töchter sprechen dürfen. Die von Jelinek thematisierte Aufkündigung des Subjektstatus und der politische Entzug der sprachlichen Handlungsmacht scheinen im antiken Drama noch undenkbar:

> In züchtger, klagender dringlicher Rede gebt
> Den Fremden Antwort, wie's Schutzflehenden geziemt,
> Deutlich darlegend eure blutschuldfreie Flucht.
> In eurer Stimme liege nichts von dreistem Ton,
> Nichts Eitles zeige sich auf dem mit keuscher Stirn
> Geschmückten Anlitz und im Auge voller Ruh!
> Werdet nicht vorlaut noch auch zögernd, schleppend im
> Gespräch! Weckt solche Art doch Mißgunst nur und Haß.
> Lernt euch bescheiden! Arm seid, fremd, landflüchtig ihr;
> Ein keckes Mundwerk ziemt sich für die Schwächern nicht.[286]

Der König von Argos gewährt trotz der offensichtlichen Differenzen und der Fremdheitserfahrung[287] explizit das Recht zu sprechen: „Doch seid ihr da, habt Stimme, daß ihr Klarheit schafft."[288] Die Bitte um Asyl – die Gewährung würde einen Krieg mit den Verfolgern bedeuten[289] – stellt die Frage nach der rechtlichen Situation der Schutzflehenden in den Raum: „Denke nach! Werde du / Allgerecht-

---

284 Aischylos: Die Schutzflehenden. In: ders.: Tragödien. Griechisch – Deutsch. Hrsg. v. Bernhard Zimmermann. Übers. v. Oskar Werner. Düsseldorf und Zürich: Artemis & Winkler 2011, V. 4–10.
285 Michail Bachtin: Die Ästhetik des Wortes. Frankfurt am Main: Suhrkamp 1979, S. 236.
286 Aischylos: Die Schutzflehenden, V. 194–203.
287 „Woher stammt diese Schar in unhellenischer Tracht, / Im Prunk barbarischer Kleider und des Stirnbands Schmuck?" Ebd., V. 234f.
288 Ebd., V. 245.
289 „Gar Schweres sprachst du, neuen Krieg bedeutet's mir!" Ebd., V. 342.

frommer Gastschützer uns! / Mich, den Flüchtling, gib nicht preis, / Mich, die fernher Schmach und Bann / Ruchlos forttrieb von Haus!"[290] Die politische Entscheidung für den Schutz und für die Anerkennung der*des Anderen als Subjekt – und damit für das Recht und das Mitleid – wird von der Bevölkerung bestätigt, im vollen Bewusstsein der politischen Kosten getragen und schließlich als Gesetz codiert:

> Es stimmten die Argeier ohne Schwanken so,
> Daß wieder jung vor Freude war mein greises Herz.
> Von ganzen Volks gehobnen rechten Händen ja
> Starrte die Luft, dies zu erheben zum Beschluß:
> Mitwohner sollen wir des Land hier sein und frei,
> Geschützt vor Zugriff, vor dem Raub durch irgendwen;
> Und keiner der Bewohner soll, kein Fremder uns
> Wegführen; sollt es sein, daß man Gewalt gebraucht,
> Soll, wer nicht eilt zu Hilfe von den Bürgern hier,
> Ehrlos sein, Flüchtling, durch des Volks Beschluß verbannt.[291]

Der von Jelinek gewählte Prätext stellt somit mit seiner Erzählung der politischen Anerkennung der Schutzflehenden, bei der die Kosten nicht zu einer Absage der ethisch, politisch und rechtlich notwendigen Operation führen, eine maximale Differenz zu der Erzählung der handlungsohnmächtigen Schutzbefohlenen dar. Jelineks Text entwickelt gerade mittels der Friktionen, die durch das intertextuelle Verfahren sichtbar werden, sein politisches Potential. Das eindrucksvolle Moment des Politischen manifestiert sich folglich nicht (nur) durch den Plot, sondern hauptsächlich durch die Form.

5.2 Der Chor – das ‚Wir'

In Jelineks Drama ‚spricht' ebenfalls ein Chor. Im Gegensatz zu dem Chor im Prätext, der aus identifizierbaren und handlungsmächtigen Subjekten besteht, lässt sich der Chor in *Die Schutzbefohlenen* nur als indifferente Masse verstehen, dem keine Handlungs- und Sprachmacht zukommt. Das ‚Wir' in Jelineks Text setzt sich somit nicht aus Subjekten mit einer jeweiligen individuellen Identität zusammen, kann aber auch nicht als potentes Kollektiv verstanden werden; vielmehr stellt der Text diesen Verlust der Identität und der nicht mehr differenzierbaren Stimmen und Figuren aus. Die Reduktion der Geflüchteten auf ihr „nacktes

---

[290] Ebd., V. 418–422.
[291] Ebd., V. 605–615.

Leben"[292] im Sinne Agambens wird bereits im ersten Satz des Textes deutlich: „Wir leben. Wir leben. Hauptsache, wir leben, und viel mehr ist es auch nicht als leben nach Verlassen der heiligen Heimat."[293] Mit dem Verlust der Identität als (politischem) Subjekt und dem Verlust der *Agency* geht der Verlust der räumlichen Identität, der Heimat, einher. Der erste Satz lässt sich als Diagnose der Situation wie als Startpunkt der Argumentation des Textes begreifen: Der Text demonstriert im Folgenden die Mechanismen der Ent-Subjektivierung und stellt diese performativ dar, indem die politisch problematische Ent-Individualisierung der Figuren auf der Ebene der Rezeption durch die homogene Masse des Chores, der aus nicht mehr differenzierbaren Stimmen besteht, gespiegelt wird.

Die bereits in *Wolken.Heim.* etablierten intertextuellen Verfahren werden auch in *Die Schutzbefohlenen* genutzt. Insbesondere die Differenzen zu dem Prätext werden durch die verfremdeten Zitate, die die Differenz im Politischen deutlich machen, herausgestellt. Die in Aischylos' Text geäußerte Hoffnung – „Zeus, Hort auf der Flucht, möge schaun voller Huld /Auf unsere Schar"[294] –, die aus einem religiös strukturierten Weltbild resultiert, in dem die Geflüchteten noch Hoffnung haben können, wird in Jelineks Text aufgenommen, aber dabei so variiert, dass die Textstelle sowohl hinsichtlich der religiösen Fundierung als auch hinsichtlich der Hoffnung des Chores genau das Gegenteil bedeutet: „Keiner schaut gnädig herab auf unseren Zug, aber auf uns herabschauen tun sie schon."[295] Mit dem Verlust der Hoffnung auf die Transzendenz richtet sich der Blick nicht mehr nach oben in den Himmel, sondern nach ‚oben' zu den Einheimischen: „O droben ihr Himmlischen, wir falten fromm die Hände, ja, ihr seid gemeint, schaut nur herab!, wir beten zu euch, ja, ihr, [...]. Schauen Sie, Herr, ja, Sie!, flehend wenden wir uns Ihnen zu."[296]

Das intertextuelle Verfahren, das Jelinek in *Die Schutzbefohlenen* in Anschlag bringt, lässt sich exemplarisch an der bereits zitierten Stelle, in der Danaos die rhetorische Strategie für die Bitte um Asyl kommuniziert, beleuchten. Da Jelinek vermutlich die Aischylos-Übersetzung von Johann Gustav Droysen genutzt hat, die in *Gutenberg-DE* prominent einsehbar ist, wird diese zur direkten Identifikation der zitierten Stelle hier wiedergegeben:

> Erzählt verständig eure blutschuldlose Flucht;
> In eurer Stimme möge ja nichts Freches sein,

---

292 Agamben: Homo sacer.
293 Jelinek: Die Schutzbefohlenen, S. 2.
294 Aischylos: Die Schutzflehenden, V. 1 f.
295 Jelinek: Die Schutzbefohlenen, S. 2.
296 Ebd., S. 2 f.

> Vielmehr ein sittsam Wesen sonder Eitelkeit
> Aus eurem anspruchslosen Aug sanftmütig schaun;
> Auch weder vorlaut noch zu breit und schleppend sei
> Im Reden. Solch ein Wesen ist gar sehr verhaßt.
> Nachgeben müßt ihr, flüchtig, fremd, bedürftig hie,
> Denn kecke Rede ziemt den Unglückselgen nie.[297]

In Jelineks *Die Schutzbefohlenen* heißt es hingegen:

> [A]ber wir würden, würden wir, wies Fremdlingen ziemt, verständig unsere blut-schuldlose Flucht erzählen, bereitwillig jedem erzählen [...]. [W]ir würden über unsere Flucht ohne Schuld, unsre schuldlose Flucht, die Sie ja immer als Flucht vor Schulden darstellen, die Flucht von Schuldlosen also erzählen, in unserer Stimme wird nichts Freches sein, nichts Falsches, wir werden ruhig und freundlich und gelassen und verständig sein, aber verstehen werden Sie uns nicht, wie auch, wenn Sie es gar nicht hören wollen? [...] Aus unseren anspruchslosen Augen werden wir sanftmütig schauen und um eine Decke und etwas zu essen bitten, sehen Sie, werden Sie Stellvertreter von Stellvertretern, die aber auch alle nicht hier stehen, die vertreten sich woanders, sagen: Ihre Augen sind ja gar nicht anspruchslos, auch wenn Sie das behaupten, sie stellen ja doch Ansprüche! Heute wollen Sie Decken, Wasser und Essen, was werden Sie morgen verlangen? Unsere Frauen, unsere Kinder, unsere Berufe, unsere Häuser, unsere Wohnungen? [...] Wir achten darauf, weder vorlaut noch zu breit noch zu ausführlich noch zu schleppend noch zu schnell noch zu langsam im Reden zu sein. Nichts davon können wir sein, wir sprechen Ihre Sprache leider nicht, wo ist der Dolmetsch?, wo ist er hin? [...] [F]lüchtig, fremd, bedürftig, so jemand darf hier nicht sprechen, so jemand darf hier nicht sein. Denn kecke Rede ziemt den Unglückselgen nie. Wo werden wir denn! Wo werden wir denn keck sein, wo wir doch gar nichts mehr sind! Wir werden verständig sein, und Sie werden jemanden verständigen, daß wir endlich verständig sind und von der Kirche ins Kloster übersiedeln, das steht grade leer, hier, im Fernsehen zeigen sie es schon, im Radio sagen sie es schon [...].[298]

Das intertextuelle Verfahren stellt nicht nur die Verortung des Textes in dem zeitgenössischen realpolitischen Kontext[299] sicher und verweist auf die Berichterstattung durch die österreichischen Medien,[300] sondern stellt zudem durch die verfremdete Zitation die Differenzen zwischen den Texten aus; das politische

---

297 Aischylos: Die Schutzflehenden. Übers. v. Johann Gustav Droysen. http://gutenberg.spiegel.de/buch/die-schutzflehenden-4497/2. (zuletzt eingesehen am 02.20.2019)
298 Jelinek: Die Schutzbefohlenen, S. 6 f.
299 Vgl. hierzu: O.N.: Votivkirchen-Flüchtlinge: Eine Chronologie. http://wien.orf.at/news/stories/2572156/ (letzter Zugriff: 05.10.2019).
300 Vgl.: Kyung-Ho Cha: Die literarische Darstellung der Flüchtlinge und die Kritik des medialen Menschenrechtsdiskurses in Elfriede Jelineks Die Schutzbefohlenen. In: ders. (Hrsg.): Menschenrechte erzählen. Menschenrecht und Menschenwürde in der Literatur. Göttingen: v & r unipress 2016 (Mitteilungen des Deutschen Germanistenverbandes 63.4), S. 358–369.

Moment des Texte ergibt sich durch die Friktionen zwischen Text und Prätext. Zudem wird in der intertextuellen ‚Parallellektüre' der beiden Texte die Differenz zwischen der Anerkennung des Anderen und der Verteilung von *Agency* – und damit der Möglichkeit, als Diskursteilnehmer*in diskursiv die (kontingenten) politischen Gründungen aushandeln zu können – deutlich. Die politische Dimension der Sprache und der Er- oder Entmächtigung der Subjekte zur Diskursteilnahme wird hier herausgestellt. Die in *Die Schutzflehenden* formulierte Rhetorik – „vorlaut", „breit" und „schleppend"[301] soll ihre Redeweise nicht sein – wird in *Die Schutzbefohlenen* zitiert: „Wir achten darauf, weder vorlaut noch zu breit noch zu ausführlich noch zu schleppend noch zu schnell noch zu langsam im Reden zu sein."[302] Aufgrund der mangelnden sprachlichen (und politischen) *Agency* sind diese Vorsätze aber nicht umsetzbar: „Nichts davon können wir sein, wir sprechen Ihre Sprache leider nicht, wo ist der Dolmetsch?"[303] Die im antiken Drama vorgeführte Option der sprachliche Kommunikation ist nicht mehr gegeben. Mehr noch: Der intertextuell und metafiktional – die Anderen zeigen mit dem verfremdeten Zitat die Kenntnis des Prätextes auf – erzeugte gemeinsame politische wie ästhetische Raum, in dem etwa politische Normen oder Traditionen aufbewahrt werden, ist nicht nur dem sprachlosen Wir, sondern auch den Angerufenen, also den Österreicher*innen, nicht (mehr) zugänglich. Die Intertextualität und die Sprache vermögen somit keinen gemeinsamen politischen Grund zu schaffen.

5.3 Sprachliche und politische *Agency*

Mit der sprachlichen *Agency* wird auch die politische *Agency* sowie der Status der Subjekte verhandelt. Wie gezeigt, werden die Schutzflehenden explizit zum Sprechen aufgefordert und damit inrem Status als sprechende und handelnde Subjekte anerkannt: „Doch seid ihr da, habt Stimme, daß ihr Klarheit schafft."[304] Dem Chor der Flüchtlinge in *Die Schutzbefohlenen* wird dies nicht zugestanden; vielmehr wird das „Narrativ[ ] der ausländerfeindlichen Bürger, die Angst um ihren vermeintlich bedrohten Wohlstand und vor ihrem Abstieg haben",[305] vom Chor mit einem unmarkierten Zitat aufgenommen: „[F]lüchtig, fremd, bedürftig,

---

301 Aischylos: Die Schutzflehenden. Übers. v. Johann Gustav Droysen.
302 Jelinek: Die Schutzbefohlenen, S. 7.
303 Ebd.
304 Aischylos: Die Schutzflehenden, V. 245.
305 Cha: Die literarische Darstellung der Flüchtlinge, S. 364.

so jemand darf hier nicht sprechen, so jemand darf hier nicht sein. Denn kecke Rede ziemt den Unglückseligen nie."[306]

Die sprachliche und politische Delegitimierung der Flüchtlinge lässt diese als Subjekte verschwinden: „Wo werden wir denn keck sein, wo wir doch gar nichts mehr sind!"[307] Am Ende steht das finale Verschwinden: „[D]ie Zukunft sehen wir auch bereits, ja, die, dort drüben, im noch geheimeren Dunkel, sagen Sie uns, worum wir noch flehen sollen und vor allem, warum? Zu wem? [...] Wir sind gar nicht da. Wir sind gekommen, doch wir sind gar nicht da."[308] Der Grund für die Verweigerung der Anerkennung der Anderen als politische Subjekte – und hier ließe sich ein Bogen zu *Wolken.Heim.* schlagen – ist der Hass auf die Anderen: „[D]enn Wesen wie wir sind Ihnen gar sehr verhaßt, das sehen wir, das ist klar."[309]

In *Wolken.Heim.* ließ sich in den Äußerungen des ‚Wir' eine starke Präsenz der Tat feststellen. Die Emphase der Tat, die performativ im und durch den Text erzeugt werden soll, gründete jedoch in einer höchst problematischen chauvinistisch-nationalistischen Haltung, die den entmächtigten Anderen mit Aversionen und expliziter Gewalt – zumindest in der sprachlichen Imagination – begegnet. In *Die Schutzbefohlenen* lässt der Text nun vermeintlich die marginalisierten Anderen zu Wort kommen; zeigt aber letztlich durch die Form des Chores, der aus nicht differenzierbaren Figuren und Stimmen besteht, denen eben keine individuelle Identität zukommt, dass den Anderen die sprachliche und politische *Agency* vorenthalten wird: Im Gegensatz zu den ‚starken' Tätersubjekten in *Wolken.Heim.* kommen sie hörbar weder zu Wort noch zur Tat; ein Erscheinungsraum im Sinne Arendts entsteht nicht. Die mangelnde *Agency* korreliert mit der Artikulation der Tat, die in *Die Schutzbefohlenen* im Gegensatz zu *Wolken.Heim.* nur an einer Stelle explizit thematisiert wird:

> Wir haben keine Verdienste und keinen Verdienst, wir haben auch Schwächen, wir haben nur Schwächen, wir sind und werden keine Bürger, wir haben auch keine Bürgen, wir haben nichts, für uns spricht niemand, und selbst sprechen wir auch nicht, nein, auch unsre Toten sprechen nicht, und schon gar nicht für uns, genau wie unsre Taten, die sprechen vielleicht, aber nicht für uns, wie sollten sie auch, sie sind weit fort, unsre Taten und unsre Toten sind weit fort, weiter geht's nicht, ihnen wurde der Kopf abgeschnitten, nein, nicht den Taten, das ist meinen Cousins neulich passiert, es wurde nicht ganz zufällig auf Video festgehalten, ein Video oder Foto ist heut immer dabei.[310]

---

306 Jelinek: Die Schutzbefohlenen, S. 7.
307 Ebd., S. 7.
308 Ebd., S. 59 f.
309 Ebd., S. 7.
310 Ebd., S. 55.

Neben den Sprachspielen fällt im ersten Teil des Zitats vor allem die Feststellung auf, dass den Geflüchteten der Status als politische Subjekte, als Bürger, verwehrt bleiben wird. Der Hinweis auf die Bürgen lässt sich als kritischer Kommentar zu den sogenannten ‚Blitzeinbürgerungen' von zahlungskräftigen Prominenten verstehen, die in Österreich vollzogen wurden, von denen die Geflüchteten aber nicht profitieren konnten.[311]

Explizit wird die Kernthematik des Texte aufgenommen und die defizitäre sprachliche *Agency* herausgestellt: „[F]ür uns spricht niemand, und selbst sprechen wir auch nicht".[312] Doch nicht nur die sprachliche Kommunikation ist unmöglich, auch die Exekution der Tat ist in der österreichischen Gegenwart nicht mehr möglich; die Tat ist nur noch in der Erinnerung präsent: „[G]enau wie unsre Taten, die sprechen vielleicht, aber nicht für uns, wie sollten sie auch, sie sind weit fort, unsre Taten".[313] Wenn aber weder die sprachliche Kommunikation noch die Kommunikation durch die Taten möglich ist – genauer: wenn diese von dem alle Individualität und Subjekthaftigkeit sich einverleibenden ‚Wir' verunmöglicht werden –, dann ist die Anerkennung der Geflüchteten, die sich mit einer deutlichen Anspielung auf Aischylos' Drama am Ende von Jelineks Text als „[d]ie Schutzflehenden"[314] bezeichnen, sowohl politisch als auch rechtlich unmöglich geworden. Die Bitte um Asyl wird folglich erst gar nicht in einer Rhetorik und Logik des Mitleids artikuliert, sondern im System des Rechts verankert: „Daß uns Recht geschieht, darum beten wir, das erfülle mein Gebet um freies Geleit, um ein Los, das gewinnt, um ein besseres Los, aber es wird nicht geschehen. Es wird nicht geschehen. Es ist nicht."[315] Mit der Erkenntnis, dass die Rechtssicherheit nicht gewährleistet ist, muss auch die Hoffnung auf einen politischen Status als Bürger*in aufgegeben werden; mit der Aufkündigung des rechtlichen Subjekts verschwindet auch das politische Subjekt: „Wir sind gar nicht da. Wir sind gekommen, doch wir sind gar nicht da."[316] Das Ende etabliert somit eine ausweglose zirkuläre Struktur, indem der Kreis zum Anfang des Textes geschlagen wird, der mit der Ausstellung des „nackte[n] Leben[s]"[317] im Sinne Agambens eingesetzt hat: „Wir leben. Wir leben. Hauptsache, wir leben, und viel mehr ist es auch nicht als leben".[318]

---

311 Vgl. hierzu: Nover: Wer darf sprechen?
312 Jelinek: Die Schutzbefohlenen, S. 55.
313 Ebd.
314 Ebd., S. 59.
315 Ebd.
316 Ebd.
317 Agamben: Homo sacer.
318 Jelinek: Die Schutzbefohlenen, S. 2.

Teil IV: **Politische Systematisierungen**
 Paradigmata und Programmatiken der Tat
 1773 – 2014

1 Einleitung

Die Arbeit hat die Erzählung der Exekution der Tat in den ausgewählten Texten auf der chronologischen oder syntagmatischen und auf der paradigmatischen Achse beobachtet und auf ihr Verhältnis zum Politischen befragt. Zur Verortung der Erzählungen der Tat auf der syntagmatischen Achse wurden drei Paradigmata (Teil I: 1773–1810, Teil II: 1891–1930, Teil III: 1968–2014) in den Blick genommen. Hierbei wurde deutlich, dass die politische Logik, die die jeweiligen Erzählungen der Tat entfalten, je nach Paradigma grundsätzlich anders organisiert und ausgerichtet ist, die Erzählungen der Tat in einem Paradigma aber – so unterschiedlich die einzelnen Texte auch in ihrer ästhetischen und politischen Gestaltung und Verortung sein mögen – einer äquivalenten politischen Logik folgen.

Die Texte in Teil I lassen sich als Experimentalsituation verstehen, in denen die politische Ordnung und die Möglichkeiten wie Kosten der Revision der Ordnung untersucht werden. Vor dem historischen Hintergrund der Spätphase der Französischen Revolution diskutieren die Texte der ‚Sattelzeit' die Einsetzung und Aussetzung der Ordnung durch das exzentrische Subjekt und dem legitim oder illegitim agierenden Souverän. Der Tat kommt in den Texten eine konkrete Funktion in einer konkreten (individuellen) politischen oder rechtlichen Problemlage des die Tat ausübenden Subjekts zu: Sie macht die politische Ordnung als illegitime oder ungerechte sichtbar, stellt die kontingente Setzung dieser heraus, löst sie auf und/oder schlägt eine revidierte Ordnung vor. Mit der Radikalisierung der Tat, der Erzählung des Drastischen und Extremen wird die Tat einer ethisch-moralischen, religiösen oder juristischen Evaluation unterzogen – die Tat wird von der Untat abgegrenzt. Die radikale Tat des notgedrungen exzentrischen Subjekts wirft die Kernfrage auf, wie das die Tat ausführende Subjekt, das für die Revision der politischen Ordnung zwangsläufig die (unrechte alte) Ordnung verletzen oder auflösen musste, in die neue politische Ordnung integriert werden kann. Somit wird die Figur der Täter*innen um 1800 differenziert gezeichnet und entscheidend: Die Tat und ihr politischer Gehalt sind an die Figur gebunden; folglich wird mit der Bewertung der Tat, die oftmals als ein Richten im juristischen Sinne erzählt wird, auch eine Bewertung der Täter*innen vorgenommen. Die (berechtigte) Verletzung der (alten/falschen) Ordnung verunmöglicht letztlich die Integration der Taten und der Täter*innen in die neue Ordnung – selbst wenn der Text massive Anstrengungen unternimmt, um die Tat zu legitimieren oder zu camouflieren und diese etwa als Notwehr/Nothilfe ausflaggt.

In Teil II gestalten sich nicht nur der historische Hintergrund, vor dem die Texte erzählen, sondern auch die textuelle Gestaltung der Tat vollkommen anders: Einige Texte nehmen zwar die um 1800 angelegte Bewertung der Tat auf und fragen dezidiert nach der Möglichkeit, eine Tat – und keine Untat – zu vollbringen. Die meisten Texte interessieren sich jedoch für eine vollkommen anders gefasste Erzählung der Tat und stellen die emphatische Exekution der Tat bei vollständiger Abblendung ihrer moralischen oder rechtlichen Legitimität in das Zentrum. Mehr noch: Die Texte versuchen, die Tat performativ zu erzeugen und für die realpolitische Gegenwart – die Tat wird hier im Sinne einer systemtheoretischen Fassung der Avantgarde gelesen – fruchtbar zu machen. Die Figur des (nun dezidiert männlichen) Täters wird nun nicht mehr differenziert gestaltet, die Tat entspringt also nicht mehr wie um 1800 der individuellen und nachvollziehbar erzählten Problemlage des Täters, sondern wird entweder als Selbstzweck oder vor allem als Modus der radikalen Aussetzung der alten Ordnung gefasst, die durch eine neue (schließende) Ordnung ersetzt wird, welche etwa die ‚Zucht' des ‚neuen Menschen' ermöglichen soll. Die Logik der ‚Zucht' und ‚Auslöschung' lässt sich als bestimmende politische Logik der Texte ausmachen. Die Analyse des Paradigmas zeigt, dass sich diese Logik keineswegs auf totalitäre rechts-faschistische Texte begrenzen lässt, sondern auch bei politisch links zu verortenden Texten zu beobachten ist. Badious These – „Im Grunde ist das Jahrhundert [...] von der Idee besessen gewesen, den Menschen zu verändern, einen neuen Menschen zu schaffen. [...] Einen neuen Menschen zu schaffen läuft immer darauf hinaus, daß man die Zerstörung des alten verlangt"[1] – lässt sich hier an das Paradigma anlegen. Zugleich zeigt sich, dass die klassische Moderne sich nicht auf die emphatische Erzählung der systemischen Ausdifferenzierung reduzieren lässt: Die in den Texten analysierten und erzeugten totalitären Ordnungen und Ordnungsphantasien vollziehen vielmehr Schließungen, die den postfundamentalistischen Aushandlungen des Politischen unter der Bedingung der Aufgabe der Letztbegründungen die totalitäre Setzung und Schließung entgegenhalten, wobei die Setzung durch die politischen Narrative verschleiert wird.[2]

Die Texte in Teil III erzählen die Tat vor dem historischen Hintergrund zweier abgelöster totalitärer Systeme; die jeweiligen Strukturen des Politischen werden in den Texten reflektiert und prägen die Erzählungen der Tat. Die Tat ist jedoch nicht nur vor der Folie der politischen Erzählungen und Taten zur Zeit des Nationalsozialismus und der DDR zu lesen, vielmehr nehmen die Texte auch die (ästhetisch gefasste) Tat-Emphase um 1900 auf und verarbeiten diese reflektie-

---

[1] Badiou: Das Jahrhundert, S. 17.
[2] Hier ließe sich der Bogen zu der Erzählung der Moderne schlagen, die Uwe Hebekus und Ingo Stöckmann als „apokryph" bezeichnen: „Ihre Pointe ist – formelhaft gesagt – die, daß sie das enttotalisierte ‚Leben' zur Ermöglichungsbedingung einer Totalität des ästhetischen Artefakts erklärt." Uwe Hebekus und Ingo Stöckmann: Einleitung. In: dies. (Hrsg.): Die Souveränität der Literatur, S. 7–17, hier: S. 7. [Hervorhebung im Original]

rend und gestalten sie in divergenten Logiken aus. Die Tat erweist sich somit um 2000 als Vehikel der (literarischen) Verhandlung von Ordnungsgefügen, wobei das (historische) Wissen um deren Eskalation und Scheitern im 20 Jahrhundert präsent bleibt. Mit Eva Horns Feststellung, dass um 1900 der Tod „einen Fluchtpunkt des politischen Imaginären"[3] bildet und dass sich diese Struktur „auch nach dem Ende der totalitären Entwürfe noch nicht erledigt zu haben scheint",[4] lässt sich die erste Logik der Tat in dem heterogenen Paradigma der Tat fassen: Die Thanatopolitik, die in den Texten der RAF aufgerufen wird, schließt an die Setzung des Todes als politischen Fluchtpunkt an und übernimmt die von Carl Schmitt formulierte radikale Freund-Feind-Logik, die um 1900 breit entfaltet und in eine totalitäre (bio-)politische Struktur eingebettet wird. Auch wenn diese politische Logik für die RAF nach dem Ende des Nationalsozialismus offenkundig noch nicht fragwürdig geworden ist, so wird sie in der Folgezeit grundsätzlich problematisiert. Der emphatischen Exekution und Erzählung der Tat folgt eine Problematisierung der Tat, wie die zweite Logik der Tat zeigt. Im weiteren Verlauf wechselt der Fokus der Tat von der Erzählung der Tat und der Beleuchtung der die Tat ausführenden Subjekte zu der Erzählung der Unmöglichkeit der Tat, so die dritte Logik der Tat, die nun die sprachlosen Subjekte in den Blick nimmt, die weder über sprachliche noch über politische *Agency* verfügen. Die Möglichkeit, die Tat nochmals emphatisch zu erzählen, so scheint es, besteht in der Literatur um 2000 lediglich in einer ironischen Brechung und Rahmung der Tat – so die vierte Logik der Tat, die abschließend in Kapitel 3 exemplarisch an den Texten *Sieben Nächte* und *Römische Tage*, beide von Simon Strauß, beleuchtet wird.

---

3 Horn: ‚Sterbt, aber lernt', S. 314.
4 Ebd.

2 Logiken des Politischen

Die skizzierten Logiken des Politischen lassen sich auch aus Sicht der postfundamentalistischen Theorie perspektivieren: Folgt man etwa Leforts Überlegung, dass sich das Politische „in der doppelten Bewegung des Erscheinens und Verbergens der Art und Weise, wie sich Gesellschaft instituiert",[5] enthüllt, dann wird deutlich, dass die untersuchten Texte der Moderne nicht grundsätzlich ein Telos der reflexiven Tat – d.h. der Tat, die ihre Kontingenz reflektiert – darstellen. Vielmehr müssen die politischen Logiken innerhalb der Moderne differenziert werden: Um 1800 werden, so wurde in Teil I deutlich, mit der Anlage der Experimentalsituation Ordnungen evaluiert, ein- und ausgesetzt, wobei die jeweilige Kontingenz der Setzung reflektiert wird. Die Tat ist hierbei, wie oben entfaltet, elementarer Bestandteil der Anlage. Die *Strukturen* des Politischen, also die Setzungen, die mit der Reflexion und Ausstellung der Kontingenz einhergehen, könnten mit Lefort als *Strukturen* eines demokratischen Politischen gedacht werden, das seine Kontingenz transparent macht.[6]

Um 1900 wird die (moderne) politische Struktur hingegen auch von den totalitären Schließungsbestrebungen angegangen, die zwar auch eine Setzung vornehmen – diese macht ja laut Lefort die Gemeinsamkeit von Demokratie und Totalitarismus im Gegensatz etwa zur Monarchie aus[7] –, diese aber nicht als kontingent ausstellen, sondern im Unterschied zur Demokratie durch politische Narrative wie Gründungs- oder Ursprungsmythen verbergen.[8] Somit führt die Moderne um 1900 zwar zum Teil die um 1800 angelegte Ausdifferenzierung des Politischen weiter, etabliert aber zugleich in ihrer „apokryph[en]"[9] Form eine totalitäre Gegenbewegung, die ebenfalls als dezidiert modern zu verstehen ist, wie

---

5 Lefort: Die Frage der Demokratie, S. 284.
6 Die Lektüre der Texte und die Analyse der Logik der Tat bestätigen somit Leforts These, dass die moderne Logik des Politischen, die mit dem ‚leeren Ort der Macht' einhergeht, mit dem ausgehenden 18. Jahrhundert einsetzt.
7 Vgl.: Lefort: Die Frage der Demokratie. S. 7.
8 Aus Sicht der emphatischen Moderne werden diese Schließungen freilich oft als antimoderne oder reaktionäre Gegenbewegungen verstanden. Pointiert zu dieser Frage: Cornelia Blasberg: Ist die Klassische Moderne totalitär? Fragen an Rainer Maria Rilkes Texte um 1900. In: Hebekus und Stöckmann (Hrsg.): Die Souveränität der Literatur, S. 395–414.
9 Hebekus und Stöckmann: Einleitung, S. 7. – Die Bezeichnung macht bereits deutlich, dass dieser Strang der Erzählung nicht den Hauptstrang ausmacht. Die Forschung konzentriert sich bei der Analyse der um 1900 verfassten Texte hauptsächlich auf die Merkmale und Verfahren der emphatischen Moderne (Fragmentierung, Polysemie, Ironie etc.) und die entsprechenden Texte; im Kontext dieser Arbeit wurden jedoch auch und vor allem Texte berücksichtigt, die sich der zitierten apokryphen Form zuordnen lassen.

Hebekus und Stöckmann zeigen: Die Kontingenz soll durch das Totalitäre und Deterministische ausgeschaltet werden, der Ort der Macht, der in einer Demokratie zu einer „*Leerstelle*"[10] wird, soll nun besetzt werden – und wenn man etwa an die Körperlichkeit von Mussolini denkt, geschieht dieses Besetzung ganz plakativ und substantiell.[11]

Die im dritten Teil verhandelten Texte erweisen sich auch aus der postfundamentalistischen Perspektive als heterogen: So führen die Manifeste der RAF etwa die eben skizzierten Strukturen des Politischen weiter und adaptieren die um 1900 angelegte Logik des Politischen. Mit der Erzählung des Verlusts der *Agency* und der Reflexion der politischen Strukturen der totalitären Systeme und deren (Nach-)Wirkungen auf die Erzählung der Tat differenziert sich diese dann jedoch zum Ende des 20. Jahrhunderts aus. Die Erzählung der Tat changiert zwischen ironischer Brechung und affirmativer Aktualisierung, die konservative Positionen mit der Tat-Emphase verbindet und so auf die Literatur um 1900 verweist. Sie stellt demnach die Kontingenz aus, deutet jedoch aber auch die Schließbewegungen an, die das Totalitäre bedienen. Die Institutionalisierung der Kontingenz, die Leforts Definition der Demokratie entsprechen würde, lässt sich somit nur für einen Teil der Literatur um 2000 feststellen; das Spiel mit den totalitären Elementen, die Setzungen und Besetzungen des Politischen vornehmen wollen, deutet die Kaschierung der Kontingenz im Sinne eines totalitären politischen Systems (nach wie vor) an.

---

10 Lefort: Die Frage der Demokratie, S. 293. [Hervorhebung im Original]
11 Vgl. zu Mussolini: Antonio Scurati: M. Der Sohn des Jahrhunderts. Stuttgart: Klett-Cotta 2020. – Vgl. auch: Umberto Eco: Der ewige Faschismus. München: Carl Hanser ³2020.

3 Von der demokratischen zur totalitären Logik

Wie dieses Spiel mit dem Totalitären gestaltet werden kann, lässt sich an den Texten von Simon Strauß exemplarisch herausarbeiten: In *Sieben Nächte* und in *Römische Tage*[12] entfaltet Strauß eine Gegenwartsdiagnose, die sich aus konservativen Versatzstücken speist, die bereits um 1900 diskutiert wurden.[13] Der Erzähler blickt aus einer konservativen Position, die im Vergleich zu anderen Texten der Gegenwartsliteratur, die auch mit Elementen des Konservativen arbeiten, deutlich emphatischer und dezidierter besetzt wird, auf die kosmopolitische und pluralistische Gegenwart, die sich der liberalen Gleichberechtigung verschrieben hat und beobachtet etwa „radelnde[] Jungväter [...], die nur darauf warten, allen zu beweisen, wie gut und schnell sie wickeln können".[14] Die Veränderung hinsichtlich der Vorstellung von Männlichkeit wird als Aufgabe einer traditionellen heroisch-aktivistischen Männlichkeit verstanden: „Endlich kein Mann mehr sein müssen. Nur noch Papa."[15]

Die Klagen des Erzählers über seine Gegenwart, die die große Tat unmöglich macht, erinnern an Karl Moor: Karl diagnostiziert seinem „tintenklecksenden Säkulum" (NA 3, 20) eine nur noch im „Bücherriemen mühsam fortgeschleppt[e]" (NA 3, 21) und damit ästhetisch-literarisch archivierte heroische „Unsterblichkeit" (ebd.); seine Zeit bezeichnet er hingegen als „Kastraten-Jahrhundert" (ebd.), dem die ‚Impotenz zur Tat' inne ist.[16] Karl Moor und der Erzähler in *Sieben Nächte* rufen die Glorifizierung der Vergangenheit als heroischer Epoche der großen Taten und der großen Männer auf, denn sowohl *Die Räuber* als auch *Sieben Nächte* artikulieren eine spezifische Form der Männlichkeit, der die Potenz zur Tat zugeschrieben wird: „Als es noch Gegner gab, echte Feinde."[17] Nur die an Carl Schmitt gemahnende Freund-Feind-Struktur ermöglicht die Tat; die liberale Gegenwart hingegen verunmöglicht diese: „Wer am Anfang zu viel an Gleichheit denkt, der verliert den Mut zur Tat."[18] Und weiter: „Ich schleiche nach Hause.

---

12 Simon Strauß: Römische Tage. Stuttgart: Tropen 2019.
13 Die nur skizzierten Überlegungen habe ich hier weiter entfaltet: Immanuel Nover: „Wieder ein Tag ohne Tat". Zur politischen Logik der Tat in den Texten von Simon Strauß. In: Gegenwartsliteratur. Ein germanistisches Jahrbuch 20 (2021), S. 279–296.
14 Strauß: Sieben Nächte, S. 27.
15 Ebd.
16 Im Kapitel zu *Die Räuber* wurde ausführlich dargelegt, dass Karl natürlich keine positiv gezeichnete und heroische Identifikationsfigur ist – auch wenn er am Schluss des Textes genau dieses Selbstbild in der Szene der ‚Opferung' herausstellt.
17 Strauß: Sieben Nächte, S. 91.
18 Ebd., S. 93.

Wieder ein Tag ohne Tat. Und wieder nur Träume von Verschwörung, Geheimbund und Heldentum."[19] Dem „Mut zur Tat"[20] und der Ausführung der Tat müssen folglich das gesellschaftliche Bekenntnis zum „Ganzen"[21] und zum „Mythos"[22] vorausgehen; die Kontingenz der demokratischen Gegenwart – ihr Verzicht auf ein „Ganze[s]"[23] – macht hingegen die Identifikation und die daraus resultierende Exekution der Tat unmöglich. Die emphatische Tat stellt eine elitäre politische Gegenposition zur Gleichheit und Gleichberechtigung der Demokratie dar: „Es war immer eine Elite, eine kleine esoterische Gruppe, die den Fortschritt machte. Zur Revolution aufrief."[24]

Die Demokratie wird hingegen als Verlust der politischen Emphase, ja als Verlust des Politischen an sich erzählt. In *Römische Tage* heißt es:

> Vor dem Parlamentsgebäude zeigen sich die Abgeordneten gegenseitig ihre Prada-Einkäufe. [...] Drinnen wuseln sie umher wie in einem Ameisenhaufen. Alle telefonieren, tippen und trippeln wild durcheinander. [...] Die Debatte interessiert niemanden, nur wenn das Wort *votazione* fällt, also Abstimmung, wird es plötzlich ganz still, schauen alle von ihren Bildschirmen auf und lassen sich von ihrem Fraktionschef das gewünschte Wahlverhalten anzeigen – je nachdem, ob der seinen Daumen hoch- oder runterdreht, drücken die Abgeordneten ihre Abstimmungsknöpfe.[25]

Der Erzählung der vermeintlich leerlaufenden demokratischen Verfahren – mit der politischen Abstimmung wird immerhin eine zentrale demokratische Praktik in den Blick genommen – wird im nächsten Absatz die Erinnerung an die totalitäre Vergangenheit entgegengesetzt; der ‚Ort der Macht' wird nun wieder provokant personal besetzt:[26]

> Auf einer der Hauswände [...] ist seit einiger Zeit wieder eine Inschrift zu lesen, die *Mussolini Dux* für seinen unermüdlichen Einsatz dankt. Lange Zeit war der Name Mussolini unkenntlich gemacht, und nur das Dux stand jedem vor Augen. Aber vor ein paar Jahren hat man sich entschieden, den Namen des Diktators freizulegen. Wie ein Menetekel steht jetzt der Name des Faschistenführers wieder an der Wand. Vielleicht, um den Passanten ein Rätsel mit auf den Weg zu geben: Wie wird man unsere Erinnerung in zweihundert Jahren messen?

---

19 Ebd., S. 36.
20 Ebd., S. 93.
21 Ebd., S. 31.
22 Ebd., S. 50.
23 Ebd.
24 Ebd., S. 93.
25 Strauß: Römische Tage, S. 55 f. [Hervorhebung im Original]
26 Dass die vom Erzähler (!) als „Rätsel" ausgeflaggte politische Relativierung Mussolinis bzw. der faschistischen Herrscher äußerst fragwürdig ist, muss hier nicht eigens betont werden.

> Wird ein faschistischer Herrscher im Rückblick neben einem gewalttätigen Kriegsführer der Antike oder des Mittelalters vielleicht nur als einer unter vielen gelten?[27]

Die in *Römische Tage* skizzierten wie aufgelösten Differenzen zwischen Demokratie und Totalitarismus lassen sich mit den Überlegungen von Lefort perspektivieren. Lefort diskutiert in *Die Frage der Demokratie* nicht nur die skizzierten Gemeinsamkeiten von Demokratie und Totalitarismus, sondern zeigt auch das der Demokratie inhärente Problem auf: Der Ort der Macht wird als „*Leerstelle*"[28] gedacht; die Macht wird also nicht mehr wie etwa in der Monarchie „in der Person des Fürsten verkörpert".[29] Die „demokratische Gesellschaft begründet sich als gleichsam körperlose Gesellschaft (*societé sans corps*), d.h. als Gesellschaft, die die Vorstellung einer organischen Totalität außer Kraft setzt".[30] Genau dieses ‚Problem' der Demokratie nimmt Strauß in *Römische Tage* auf. Die in *Sieben Nächte* diskutierte (Wieder-)Einrichtung des „Ganzen"[31] verweist bereits auf den Fluchtpunkt des Totalitären, das der Demokratie entgegensetzt wird und das eine vermeintliche ‚Essenz' beinhaltet und so die Kontingenz der demokratischen Aushandlungen stillstellt. In der Demokratie stellen sich „weder der Staat noch das Volk, noch die Nation [...] als substantielle Realitäten dar".[32] Aus diesen Beobachtungen ergibt sich, so Lefort, die grundlegende Gefahr für die demokratische Ordnung: „In einer Gesellschaft, in der sich die Grundlagen der politischen wie gesellschaftlichen Ordnungen stets entziehen, [...] bleibt die Möglichkeit einer Außerkraftsetzung der demokratischen Logik stets offen."[33]

Strauß erkundet nun in seinen Texten den Punkt, an dem diese Außerkraftsetzung und damit der Umschlag von der demokratischen Logik in die totalitäre Logik ansetzen kann. Die Texte erzählen folglich nicht einfach eine affirmative totalitäre Programmatik – dafür sind sie, wie sich an *Sieben Nächte* einfach zeigen lässt, viel zu komplex gestaltet und unterlaufen eine unterkomplexe Lesart durch ironische Brechungen, intertextuelle Verweise und die offensichtliche Rahmenhandlung. Vielmehr evaluieren sie politische Logiken und erkunden das politische Imaginäre. Die Tat-Emphase und die Tat-Phantasien verweisen einmal mehr

---

27 Strauß: Römische Tage, S. 56. [Hervorhebung im Original]
28 Lefort: Die Frage der Demokratie, S. 293. [Hervorhebung im Original]
29 Ebd., S. 292.
30 Ebd., S. 295. [Hervorhebung im Original]
31 Strauß: Sieben Nächte, S. 31.
32 Lefort: Die Frage der Demokratie, S. 295.
33 Ebd., S. 296.

auf eine politische Logik, die totalitäre Schließbewegungen vollzieht, wie sie bereits um 1900 diskutiert wurden.[34]

Die Texte beobachten somit zwar den Kipppunkt und zeigen auf, wie die demokratische Logik in die totalitäre Logik kippen kann, vollziehen den Umschlag jedoch nicht. Den Protagonisten in den Texten „fehlt das Feuer. Der Mut".[35] Die große Tat, die politische Revolution wird nur aus der Distanz imaginiert und sprachlich realisiert: „Viele große Worte führe ich im Mund, spreche von Revolution, Freiheit, Leidenschaft und Streit. Aber immer halte ich Distanz und fasse die Begriffe nur mit spitzen Fingern an, so, dass ich sie fallen lassen kann, wenn sie zu heiß werden."[36]

Das „Ganze"[37] wird in den Texten von Strauß demnach rhetorisch angelegt, kann aber nicht in die Tat überführt respektive durch die Tat realisiert werden; statt der Tat erfolgen nur „[v]iele große Worte".[38] Wenn den Worten aber nun die Setzung eines fundamentalen Grundes entgegengesetzt wird, dann sind auch um 2000 radikale politische Taten denkbar, die die postfundamentalistische Kontingenz aufheben: Exemplarisch kann dies an dem Text *The Incendiaries* der US-amerikanischen Autorin R. O. Kwon angedeutet werden, der die fundamentale Setzung sehr viel radikaler erzählt als die Texte der deutschsprachigen Gegenwartsliteratur, denen offensichtlich – historisch bedingt – eine erwa an die Texte von Ernst Jünger anschließende Tat-Emphase fehlt.[39] Der Text erzählt von einer fundamentalistischen christlichen Sekte, die sich auf einem Uni-Campus um den charismatischen Missionar John Leal bildet. Bereits auf den ersten Seiten wird die Eskalation der Tat als Gewalttat als der Fluchtpunkt der evangelikalen Gruppe

---

34 Die politische Problematik des Textes, genauer: einiger Textstellen kann hier nur angedeutet werden. Ausführlicher habe ich diese an anderer Stelle in den Blick genommen. Vgl.: Immanuel Nover: „Wieder ein Tag ohne Tat". – Vgl. hierzu auch: Torsten Hoffmann: Ästhetischer Dünger. Strategien neurechter Literaturpolitik. In: Deutsche Vierteljahrsschrift für Literaturwissenschaft und Geistesgeschichte 95 (2021), Heft 2, S. 219–254.
35 Strauß: Sieben Nächte, S. 95.
36 Ebd., S. 49. – Die Formulierung erinnert an die semantische Entleerung der Tat um 1900, die sich etwa bei Ernst Jünger beobachten lässt. Die leeren Signifikanten blenden das Ziel der Tat vollkommen ab, stehen aber einem Aufruf zur Tat nicht entgegen, sondern können vielmehr gerade durch die Entleerung die Tat-Emphase als Tat-Emphase ausstellen und fokussieren. Bei Strauß hingegen scheint die semantische Leere eine Distanz zu bewirken, die der Tat entgegensteht.
37 Ebd., S. 31.
38 Ebd. – Der Text schließt hier an die bereits um 1800 thematisierte Dichotomie von Wort und Tat an.
39 Dass in der deutschsprachigen Gegenwartsliteratur oftmals wenig Tat-Emphase und vielmehr eine reflektierende Tat-Hemmung vorzufinden ist, lässt sich sicherlich auch mit der Tat-Skepsis nach 1945 und 1989 erklären.

deutlich: „They'd have gathered on a rooftop in Noxhurst to watch the explosion. [...] The Phipps building fell. Smoke plumped, the breath of God. [...] He sang the first bars of a Jejah psalm. [...] [T]hough before long, it would be time to act again, to do a little more".[40] Das Resultat der Tat – „Buildings fell. People died"[41] – bewirkt keine Abkehr von der Tat, sondern spornt die Gruppe vielmehr zu weiteren, radikaleren Taten an. Dem Anführer der Sekte gelingt die Schließung der Gruppe, da er als Grundlage der Führung zwei Prinzipien umsetzt, die er bezeichnenderweise – und hier ließe sich bereits eine Lesart anlegen, die eine Kritik an den Zielen und Überzeugungen der Gruppe in den Blick nimmt – während seiner Haft in einem totalitären Straflager in Nordkorea gelernt hat: „Some people needed leading. In or out the gulag, they craved faith."[42]

Die Anschläge auf die Abtreibungskliniken, die die Gruppe verübt, werden wie der Anführer von der Gruppe und von dem Erzähler messianisch aufgeladen und zugleich als gerechter wie gottgefälliger Krieg interpretiert, in dem sich das Wirken Gottes als Auswahl und Heilung der Reinen manifestieren wird: „The wars to come would be a divine healing, in which the pure would not be killed."[43] Mit der Auswahl durch Gott und seinen Repräsentanten John Leal – „He, John Leal, had called them as heroes. The Lord had laid His hand upon their heads"[44] – wird zugleich eine fundamentale Setzung der Gründungen getätigt. Das unmittelbare Wirken Gottes überführt die Kontingenz der Setzungen in maximale Sinnhaftigkeit, die sich auch auf die Akteur*innen überträgt, die als „pure"[45] tituliert werden und die Gratifikation erfahren, bei dem kommenden „divine healing"[46] nicht getötet zu werden – oder anders gedacht: die Kontingenz wird maximal camoufliert, die Struktur würde somit der von Lefort beobachteten Struktur des Totalitarismus entsprechen. Damit existiert hier nun wieder der feste Grund, von dem aus die radikale Tat auch um 2000 organisiert und begründet werden kann und notwendig wird.[47]

---

[40] R. O. Kwon: The Incendiaries. New York: Riverhead 2019, S. 1 f.
[41] Ebd., S. 2.
[42] Ebd., S. 4.
[43] Ebd., S. 173.
[44] Ebd., S. 128.
[45] Ebd., S. 173.
[46] Ebd.
[47] Mit der Kopplung von Religion und politischer Tat, genauer: mit der Fundierung der politischen (Gewalt-)Tat durch den religiösen Fundamentalismus etabliert der Text eine weitere Linie, die bislang in den Texten noch nicht angelegt wurde, aber für die Kultur der Gegenwart eine wichtige Rolle spielt.

Literaturverzeichnis

1 Quellen

Aischylos: Die Schutzflehenden. In: ders.: Tragödien. Griechisch – Deutsch. Hrsg. v. Bernhard Zimmermann. Übers. v. Oskar Werner. Düsseldorf und Zürich: Artemis & Winkler 2011.

Aischylos: Die Schutzflehenden. Übers. v. Johann Gustav Droysen. https://www.projekt-gutenberg.org/aischylo/schutzfl/schutzfl.html. (letzter Zugriff: 02.02.2019).

Benn, Gottfried: Bekenntnis zum Expressionismus (1933). In: ders.: Essays und Reden in der Fassung der Erstdrucke. Hrsg. v. Bruno Hillebrand. Frankfurt am Main: Fischer ³2006.

Benn, Gottfried: Der deutsche Mensch (1933). In: ders.: Essays und Reden in der Fassung der Erstdrucke. Hrsg. v. Bruno Hillebrand. Frankfurt am Main: Fischer ³2006.

Benn, Gottfried: Geist und Seele künftiger Geschlechter (1933). In: ders.: Essays und Reden in der Fassung der Erstdrucke. Hrsg. v. Bruno Hillebrand. Frankfurt am Main: Fischer ³2006.

Benn, Gottfried: Probleme der Lyrik (1951). In: ders.: Essays und Reden in der Fassung der Erstdrucke. Hrsg. v. Bruno Hillebrand. Frankfurt am Main: Fischer ³2006.

Benn, Gottfried: Rede auf Stefan George (1934). In: ders.: Essays und Reden in der Fassung der Erstdrucke. Hrsg. v. Bruno Hillebrand. Frankfurt am Main: Fischer ³2006.

Benn, Gottfried: Züchtung (1933) (Züchtung I). In: ders.: Essays und Reden in der Fassung der Erstdrucke. Hrsg. v. Bruno Hillebrand. Frankfurt am Main: Fischer ³2006.

Brecht, Bertolt: Das Badener Lehrstück vom Einverständnis. In: ders.: Die Stücke von Bertolt Brecht in einem Band. Frankfurt am Main: Suhrkamp 1978.

Brecht, Bertolt: Der Jasager. In: ders.: Die Stücke von Bertolt Brecht in einem Band. Frankfurt am Main: Suhrkamp 1978.

Brecht, Bertolt: Die Maßnahme. In: ders.: Die Stücke von Bertolt Brecht in einem Band. Frankfurt am Main: Suhrkamp 1978.

Brecht, Bertolt: Trommeln in der Nacht. In: ders.: Die Stücke von Bertolt Brecht in einem Band. Frankfurt am Main: Suhrkamp 1978.

Buber, Martin: Ich und Du. Stuttgart: Reclam 1983.

Fichte, Johann Gottlieb: Reden an die deutsche Nation. Nach dem Erstdruck von 1808. Meiner: Hamburg ⁵1978.

Frisch, Max: Antwort aus der Stille. Eine Erzählung aus den Bergen. Mit einem Nachwort von Peter von Matt. Frankfurt am Main: Suhrkamp 2015.

George, Stefan: Der Gehenkte. In: ders.: Gesamtausgabe der Werke. Bd. 9. Das neue Reich. Berlin: Georg Bondi 1928, S. 67–69.

George, Stefan: Jahrhundertspruch. Ein Dritter. In: ders.: Der siebente Ring. Berlin: Verlag der Blätter für die Kunst 1907, S. 208.

Goethe, Johann Wolfgang von: Faust. Der Tragödie erster Teil. In: ders.: Sämtliche Werke nach Epochen seines Schaffens. Münchener Ausgabe. Bd. 6.1. Weimarer Klassik. Hrsg. v. Victor Lange. München und Wien: Carl Hanser 1986.

Goethe, Johann Wolfgang von: Götz von Berlichingen mit der eisernen Hand. In: ders.: Goethes Werke. 8. Bd. Hrsg. im Auftrag der Großherzogin Sophie von Sachsen. Weimar: Böhlau 1889.

Hofmannsthal, Hugo von: Ad me ipsum. In: ders.: Sämtliche Werke. Kritische Ausgabe. Bd. XXXVII, Aphoristisches, Autobiographisches, frühe Romanpläne. Hrsg. v. Ellen Ritter. Frankfurt am Main: Fischer 2015.

Hofmannsthal, Hugo von: Aufzeichnungen aus dem Nachlass 1905. In: ders.: Gesammelte Werke. Reden und Aufsätze III. 1925–1929. Hrsg. v. Bernd Schoeller und Ingeborg Beyer-Ahlert. Frankfurt am Main: Fischer 1980.

Hofmannsthal, Hugo von: Buch der Freunde. In: ders.: Sämtliche Werke. Kritische Ausgabe. Bd. XXXII, Reden und Aufsätze 1. Hrsg. v. Hans-Georg Dewitz u. a. Frankfurt am Main: Fischer 2015.

Hofmannsthal, Hugo von: Das Leben ein Traum. In: ders.: Sämtliche Werke. Kritische Ausgabe. Bd. XV, Dramen 13. Hrsg. v. Christoph Michel. Frankfurt am Main: Fischer 1989.

Hofmannsthal, Hugo von: Das Salzburger Große Welttheater. In: ders.: Sämtliche Werke. Kritische Ausgabe. Bd. X, Dramen 8. Hrsg. v. Hans-Harro Lendner und Hans-Georg Dewitz. Frankfurt am Main: Fischer 1977.

Hofmannsthal, Hugo von: Der Kaiser und die Hexe. In: ders.: Sämtliche Werke. Kritische Ausgabe. Bd. III, Dramen 1. Hrsg. v. Götz Eberhard Hübner, Klaus-Gerhard Pott und Christoph Michel. Frankfurt am Main: Fischer 1982.

Hofmannsthal, Hugo von: Der neue Roman von d'Annunzio. In: ders.: Sämtliche Werke. Kritische Ausgabe. Bd. XXXII, Reden und Aufsätze 1. Hrsg. v. Hans-Georg Dewitz u. a. Frankfurt am Main: Fischer 2015.

Hofmannsthal, Hugo von: Der Prophet. In: ders.: Sämtliche Werke. Kritische Ausgabe. Bd. II, Gedichte 2. Hrsg. v. Andreas Thomasberger und Eugene Weber. Frankfurt am Main: Fischer 1988.

Hofmannsthal, Hugo von: Der Tor und der Tod. Sämtliche Werke. Kritische Ausgabe. Bd. III, Dramen 1. Hrsg. v. Götz Eberhard Hübner, Klaus-Gerhard Pott und Christoph Michel. Frankfurt am Main: Fischer 1982.

Hofmannsthal, Hugo von: Die beiden Götter. In: ders.: Gesammelte Werke. Dramen III 1893–1927. Hrsg. v. Bernd Schoeller in Beratung mit Rudolf Hirsch. Frankfurt am Main: Fischer 1979.

Hofmannsthal, Hugo von: Ein Brief. In: ders.: Sämtliche Werke. Kritische Ausgabe. Bd. XXXI, Erfundene Gespräche und Briefe. Hrsg. v. Ellen Ritter. Frankfurt am Main: Fischer 1991.

Hofmannsthal, Hugo von: Elektra. In: ders.: Sämtliche Werke. Kritische Ausgabe. Bd. VII, Dramen 5. Hrsg. v. Klaus E. Bohnenkamp und Mathias Mayer. Frankfurt am Main: Fischer 1997.

Hofmannsthal, Hugo von: Elektra. Libretto. In: ders.: Sämtliche Werke. Kritische Ausgabe. Bd. VII, Dramen 5. Hrsg. v. Klaus E. Bohnenkamp und Mathias Mayer. Frankfurt am Main: Fischer 1997.

Hofmannsthal, Hugo von: Gabriele d'Annunzio. In: ders.: Sämtliche Werke. Kritische Ausgabe. Bd. XXXII, Reden und Aufsätze 1. Hrsg. v. Hans-Georg Dewitz u. a. Frankfurt am Main: Fischer 2015.

Hofmannsthal, Hugo von: Gestern. In: ders.: Sämtliche Werke. Kritische Ausgabe. Bd. III, Dramen 1. Hrsg. v. Götz Eberhard Hübner, Klaus-Gerhard Pott und Christoph Michel. Frankfurt am Main: Fischer 1982.

Hofmannsthal, Hugo von: Poesie und Leben. In: ders.: Sämtliche Werke. Kritische Ausgabe. Bd. XXXII, Reden und Aufsätze 1. Hrsg. v. Hans-Georg Dewitz u. a. Frankfurt am Main: Fischer 2015.

Hofmannsthal, Hugo von: Szenische Vorschriften zu ‚Elektra'. In: ders.: Elektra. Tragödie in einem Aufzuge. Musik von Richard Strauss. Frankfurt am Main: Fischer ⁴2000, S. 59–63.

Hofmannsthal, Hugo von: Wiener Brief II. In: ders.: Gesammelte Werke. Reden und Aufsätze II. Frankfurt am Main: Fischer 1979.

Hölderlin, Friedrich: An die Deutschen. In: ders.: Sämtliche Werke. Große Stuttgarter Ausgabe. Bd. 2,1. Gedichte nach 1800. Text. Hrsg. v. Friedrich Beißner. Stuttgart: Kohlhammer 1951, S. 9–11.

Hölderlin, Friedrich: Der Frieden. In: ders.: Sämtliche Werke. Große Stuttgarter Ausgabe. Bd. 2,1. Gedichte nach 1800. Text. Hrsg. v. Friedrich Beißner. Stuttgart: Kohlhammer 1951, S. 6–8.

Hölderlin, Friedrich: Der Tod fürs Vaterland. In: ders.: Sämtliche Werke. Große Stuttgarter Ausgabe. Bd. 1,1. Gedichte bis 1800. Text. Hrsg. v. Friedrich Beißner. Stuttgart: Kohlhammer 1946, S. 299.

Hölderlin, Friedrich: Elegie. In: ders.: Sämtliche Werke. Große Stuttgarter Ausgabe. Bd. 2,1. Gedichte nach 1800. Text. Hrsg. v. Friedrich Beißner. Stuttgart: Kohlhammer 1951, S. 71–74.

Hölderlin, Friedrich: Wie wenn am Feiertage… In: ders.: Sämtliche Werke. Große Stuttgarter Ausgabe. Bd. 2, 1. Gedichte nach 1800. Text. Hrsg. v. Friedrich Beißner. Stuttgart: Kohlhammer 1951, S. 118–120.

Jelinek, Elfriede: Die Schutzbefohlenen. Samt APPENDIX, CODA, EUROPAS WEHR. JETZT STAUT ES SICH ABER SEHR! (EPILOG AUF DEM BODEN), ENDE (4.3.2016) sowie PHILEMON UND BAUCIS (05.04.2016). Manuskript. Rowohl Theater Verlag o. J.

Jelinek, Elfriede: „Die Sprache zerrt mich hinter sich her." In: Hans-Jürgen Heinrichs: Schreiben ist das bessere Leben. Gespräche mit Schriftstellern. München: Kunstmann 2006, S. 12–55.

Jelinek, Elfriede: Nobelvorlesung. Zitiert nach: https://www.nobelprize.org/prizes/literature/2004/jelinek/25215-elfriede-jelinek-nobelvorlesung/ (letzter Zugriff: 25.07.2019).

Jelinek, Elfriede: Sinn egal. Körper Zwecklos. In: dies.: Neue Theaterstücke. Stecken, Stab und Stangl – Raststätte oder Sie machens alle – Wolken.Heim. Reinbek bei Hamburg: Rowohlt ³2004.

Jelinek, Elfriede: Wolken.Heim. In: dies.: Neue Theaterstücke. Stecken, Stab und Stangl – Raststätte oder Sie machens alle – Wolken.Heim. Reinbek bei Hamburg: Rowohlt ³2004. S. 135–158.

Jünger, Ernst: Das Wäldchen 125. Eine Chronik aus den Grabenkämpfen 1918. Berlin: Mittler 1925.

Jünger, Ernst: Der Kampf als inneres Erlebnis. Berlin: E. S. Mittler und Sohn 1926.

Jünger, Ernst: Feuer und Blut. Ein kleiner Ausschnitt aus einer großen Schlacht. Magdeburg: Stahlhelm-Verlag 1925.

Jünger, Ernst: In Stahlgewittern, Fassung letzter Hand 1978. In: ders.: In Stahlgewittern. Historisch-kritische Ausgabe [2 Bde]. Hrsg. v. Helmut Kiesel. Stuttgart: Klett-Cotta 2013.

Jünger, Ernst: In Stahlgewittern. Erstausgabe 1920. In: ders.: In Stahlgewittern. Historisch-kritische Ausgabe [2 Bde]. Hrsg. v. Helmut Kiesel. Stuttgart: Klett-Cotta 2013.

Jünger, Ernst: Vorwort. In: ders.: In Stahlgewittern. Historisch-kritische Ausgabe [2 Bde]. Hrsg. v. Helmut Kiesel. Stuttgart: Klett-Cotta 2013.

Jünger, Ernst: Vorwort zur zweiten Auflage. In: ders.: In Stahlgewittern. Historisch-kritische Ausgabe [2 Bde]. Hrsg. v. Helmut Kiesel. Stuttgart: Klett-Cotta 2013.

Jünger, Ernst: Vorwort zur fünften Auflage. In: ders.: In Stahlgewittern. Historisch-kritische Ausgabe [2 Bde]. Hrsg. v. Helmut Kiesel. Stuttgart: Klett-Cotta 2013.
Kleist, Heinrich von: Brief an Wilhemine von Zenge vom 15.08.1801. In: ders.: Sämtliche Werke und Briefe. Bd. 2. Hrsg. v. Helmut Sembdner. München: dtv 1984, S. 680–685.
Kleist, Heinrich von: Fragmente. In: ders.: Sämtliche Werke. Brandenburger Ausgabe. Bd. II/7. Berliner Abendblätter I. Hrsg. v. Roland Reuß und Peter Staengle. Frankfurt am Main und Basel: Stroemfeld 1997.
Kleist, Heinrich von: Michael Kohlhaas. In: ders: Sämtliche Werke und Briefe. Bd. III. Erzählungen, Anekdoten, Gedichte, Schriften. Hrsg. v. Klaus Müller-Salget. Frankfurt am Main: Deutscher Klassiker Verlag 1990.
Kleist, Heinrich von: Penthesilea. In: ders.: Sämtliche Werke. Brandenburger Ausgabe. Bd. I/5. Hrsg. v. Roland Reuß und Peter Staengle. Basel und Frankfurt am Main 1992.
Kleist, Heinrich von: Von der Überlegung. Eine Paradoxe. In: ders.: Sämtliche Werke. Brandenburger Ausgabe. Bd. II/7. Berliner Abendblätter I. Hrsg. v. Roland Reuß und Peter Staengle. Frankfurt am Main und Basel: Stroemfeld 1997, S. 301f.
Kommune I: Wann brennen die Berliner Kaufhäuser? Flugblatt Nr. 8 der Kommune I vom 24. Mai 1967. In: Kommune I: Quellen zu Kommune-Forschung. Wiederabgedruckt in: Sprache im technischen Zeitalter Heft 28 (1968), S. 320.
Kommune I: ‚Warum brennst du, Konsument?'. Flugblatt Nr. 7 der Kommune I vom 24. Mai 1967, 2. Auflage, Original, Archiv APO und soziale Bewegungen im Universitätsarchiv der Freien Universität Berlin, Ordner K1, L4–5–67.
Kwon, R. O.: The Incendiaries. New York: Riverhead 2019.
Mann, Thomas: Bekenntnisse des Hochstaplers Felix Krull. In: ders.: Große kommentierte Frankfurter Ausgabe. Bd. 12. 1. Hrsg. v. Thomas Sprecher und Monica Bussmann in Zusammenarbeit mit Eckhard Heftrich. Frankfurt am Main: Fischer 2012.
Marinetti, Filippo Tommaso: Guerra, sola igiene del mondo. Mailand 1915. Zitiert nach: Baumgarth: Geschichte des Futurismus.
Marinetti, Filippo Tommaso: Manifest des Futurismus. Zitiert nach: Baumgarth: Geschichte des Futurismus.
Marinetti, Filippo Tommaso: Mafarka le futuriste. Übers. v. Christa Baumgarth; zitiert nach: Baumgarth: Geschichte des Futurismus.
Marinetti, Filippo Tommaso: Technisches Manifest der futuristischen Literatur. Zitiert nach: Baumgarth: Geschichte des Futurismus.
Maron, Monika: Die Überläuferin. Frankfurt am Main: Fischer 1986.
Maron, Monika: Ernst Toller. In: dies.: Nach Maßgabe meiner Begreifungskraft. Artikel und Essays. Frankfurt am Main: Fischer 1995.
Maron, Monika: Stille Zeile Sechs. Frankfurt am Main: Suhrkamp ^{15}2006.
Meins, Holger: ‚das einzige, was zählt, ist der kampf' / holger, 1.11. (an manfred grashof). In: Pieter H. Bakker Schut (Hrsg.): das info. Hamburg: Neuer Malik 1987, S. 183–186.
Meins, Holger: die waffe mensch / holger, 20.5. In: Pieter H. Bakker Schut (Hrsg.): das info. Hamburg: Neuer Malik 1987, S. 63–67.
Musil, Robert: Der Mann ohne Eigenschaften. Reinbek bei Hamburg: Rowohlt ^{25}2010.
Pistorius, Wilhelm Friedrich: Lebens-Beschreibung Herrn Goetzens von Berlichingen zugenannt mit der eisern Hand mit verschiedenen Anmerkungen erläutert. Nürnberg: Felßecker ^{2}1775.

Rosenberg, Alfred: Der Mythus des 20. Jahrhunderts. Eine Wertung der seelisch-geistigen Gestaltenkämpfe unserer Zeit. München: Hoheneichen [149-152]1939.
Rote Armee Fraktion: Das Konzept Stadtguerilla. April 1971. In: dies.: Texte und Materialien zur Geschichte der RAF. Berlin: ID 1997.
Rote Armee Fraktion: Die Rote Armee aufbauen. Erklärung zur Befreiung Andreas Baaders vom 5. Juni 1970. In: dies.: Texte und Materialien zur Geschichte der RAF. Berlin: ID 1997.
Rote Armee Fraktion: Texte und Materialien zur Geschichte der RAF. Berlin: ID 1997.
Schiller, Friedrich: Brief an Iffland vom 05.12.1803. In: ders.: Schillers Werke. Nationalausgabe. 32. Bd. Briefwechsel. Schillers Briefe. 01.01.1803 – 09.05.1805. Hrsg. v. Axel Gellhaus. Weimar: Böhlau 1984, S. 88 – 91.
Schiller, Friedrich,: Die Räuber. In: ders.: Schillers Werke. Nationalausgabe. 3. Bd. Die Räuber. Hrsg. v. Herbert Stubenrauch. Weimar: Böhlau 1953.
Schiller, Friedrich: Die Räuber. Ein Schauspiel, von Friedrich Schiller 1782. In: ders.: Schillers Werke. Nationalausgabe. 22. Bd. Vermischte Schriften. Hrsg. v. Herbert Meyer. Weimar: Böhlau 1958, S. 115 – 131.
Schiller, Friedrich: Die Räuber. Vorrede zur ersten Auflage. In: ders.: Schillers Werke. Nationalausgabe. 3. Bd. Die Räuber. Hrsg. v. Herbert Stubenrauch. Weimar: Böhlau 1953, S. 5 – 8.
Schiller, Friedrich: Die Räuber. Zur Mannheimer Uraufführung. Augenzeugenbericht. In: ders.: Friedrich Schiller. Werke und Briefe in zwölf Bänden. Bd. 2 Dramen I. Hrsg. v. Gerhrd Kluge. Frankfurt am Main: Deutscher Klassiker Verlag 1988, S. 965 – 966.
Schiller, Friedrich: Gespräch mit Böttiger. Weimar, etwa 20.03.1804. In: ders.: Schillers Werke. Nationalausgabe. 42. Bd. Schillers Gespräche. Hrsg. v. Dietrich Germann und Eberhard Haufe. Weimar: Böhlau 1967, S. 380.
Schiller, Friedrich: Über die ästhetische Erziehung des Menschen. Dritter Brief. In: ders.: Schillers Werke. Nationalausgabe. 20. Bd. Philosophische Schriften. Erster Teil. Hrsg. v. Benno von Wiese. Weimar: Böhlau 1962, S. 313 – 315.
Schiller, Friedrich: Wilhelm Tell. In: ders.: Schillers Werke. Nationalausgabe. 10. Bd. Die Braut von Messina, Wilhelm Tell und Die Huldigung der Künste. Hrsg. v. Siegfried Seidel. Weimar: Böhlau 1980.
Sophokles: Antigone. Aus dem Altgr. übers. v. Kurt Steinmann. Stuttgart: Reclam 2013.
Strauß, Simon: Römische Tage. Stuttgart: Tropen 2019.
Strauß, Simon: Sieben Nächte. Berlin: Aufbau 2018.
Streeruwitz, Marlene als Nelia Fehn: Die Reise einer jungen Anarchistin in Griechenland. Frankfurt am Main: Fischer 2015.
Toller, Ernst: Den Jungen gilt mein Wort. In: ders.: Gesammelte Werke. Bd. 1. Kritische Schriften, Reden und Reportagen. Hrsg. v. John M. Spalek und Wolfgang Frühwald. München: Carl Hanser 1978.
Toller, Ernst: Die Maschinenstürmer. In: ders.: Sämtliche Werke. Bd. 1. Stücke 1919 – 1923. Hrsg. v. Torsten Hoffmann, Peter Langemeyer und Thorsten Unger. Göttingen: Wallstein 2015.
Toller, Ernst: Masse Mensch. In: ders.: Sämtliche Werke. Bd. 1. Stücke 1919 – 1923. Hrsg. v. Torsten Hoffmann, Peter Langemeyer und Thorsten Unger. Göttingen: Wallstein 2015.
Toller, Ernst: Quer durch. In: ders.: Sämtliche Werke. Bd. 4.1. Publizistik und Reden. Hrsg. v. Martin Gerstenbräun u. a. Göttingen: Wallstein 2015.

Toller, Ernst: Unser Kampf um Deutschland. In: ders.: Sämtliche Werke. Bd. 4.1. Publizistik und Reden. Hrsg. v. Martin Gerstenbräun u. a. Göttingen: Wallstein 2015.

2 Forschung

Agamben, Giorgio: Ausnahmezustand. Frankfurt am Main: Suhrkamp 2004.
Agamben, Giorgio: Homo Sacer. Die Souveränität der Macht und das nackte Leben. Frankfurt am Main: Suhrkamp 2002.
Agamben, Giorgio: Bartleby oder die Kontingenz gefolgt von Die absolute Immanenz. Berlin: Merve 1998.
Albert, Claudia: Nationalsozialismus und Exilrezeption. In: Johann Kreuzer (Hrsg.): Hölderlin-Handbuch. Leben – Werk – Wirkung. Stuttgart und Weimar: Metzler 2011, S. 444–448.
Albrecht, Clemens u. a.: Was bedeutet Selbstermächtigung? www.autonomies.de, URL: http://www.autonomies.de/ (letzter Zugriff: 09.10.2015).
Alewyn, Richard: Hofmannsthals Anfang: ‚Gestern' [1949]. In: ders.: Über Hugo von Hofmannsthal. Göttingen: Vandenhoeck & Ruprecht 1967, S. 46–63.
Alt, Peter-André: Klassische Endspiele. Das Theater Goethes und Schillers. München: C.H. Beck 2008.
Alt, Peter-André: Schiller. Leben – Werk – Zeit. Erster Band. München: Beck 2000.
Althusser, Louis: Ideologie und ideologische Staatsapparate. Aufsätze zur marxistischen Theorie. Hamburg und Berlin: VSA 1977.
Anderson, Benedikt: Imagined Communities. Reflections on the Origin and Spread of Nationalism. London und New York: Verso 1983.
Annuß, Evelyn: Wolken.Heim. In: Pia Janke (Hrsg.): Jelinek Handbuch. Stuttgart und Weimar: Metzler 2013, S. 147–150.
Annuß, Evelyn: Zwangsleben und Schweigen in Elfriede Jelineks ‚Wolken.Heim.'. In: Sprache im technischen Zeitalter 153 (2000), S. 32–49.
Arendt, Hannah: Vita activa oder Vom tätigen Leben. München und Berlin: Piper 2002.
Arendt, Hannah: Was ist Politik? Fragmente aus dem Nachlaß. Hrsg. v. Ursula Ludz. München und Zürich: Piper: 1993.
Arendt, Hannah: Macht und Gewalt. München u. Zürich: Piper ²1971.
Asch, Ronald G. u. a.: Das Heroische in der neueren kulturhistorischen Forschung: Ein kritischer Bericht. In: H-Soz-Kult, 28.07.2015, www.hsozkult.de/literaturereview/id/forschungsberichte-2216 (letzter Zugriff: 01.08.2020).
Asch, Ronald G. u. a.: Helden – Heroisierungen – Heroismen. Transformationen und Konjunkturen von der Antike bis zur Moderne. Konzeptionelle Ausgangspunkte des Sonderforschungsbereichs 948. In: helden. heroes. héros. Nr. 1 (2013), S. 7–14.
Asholt, Wolfgang und Walter Fähnders (Hrsg.): Manifeste und Proklamationen der europäischen Avantgarde (1903–1983). Stuttgart und Weimar: Metzler 1995.
Aurnhammer, Achim: „Gestern. Dramatische Studie" (1891). In: Mathias Mayer und Julian Werlitz (Hrsg.): Hofmannsthal-Handbuch. Leben – Werk – Wirkung. Stuttgart: J.B. Metzler 2016, S. 172–174.
Aurnhammer, Achim, Werner Frick und Günter Saße (Hrsg.): Gottfried Benn – Bertolt Brecht. Das Janusgesicht der Moderne. Würzburg: Ergon 2009.

Austin, John Langshaw: How to Do Things with Words. The William James Lectures delivered at Harvard University in 1955. Hrsg. v. James O. Urmson und Marina Sbisa. Harvard University Press ²1975.
Bachtin, Michail: Die Ästhetik des Wortes. Frankfurt am Main: Suhrkamp 1979.
Bachtin, Michail: Literatur und Karneval. Zur Romantheorie und Lachkultur. München: Carl Hanser 1969.
Badiou, Alain: Das Jahrhundert. Berlin und Zürich: Diaphanes 2006.
Bahr, Hermann: Das Ich ist unrettbar. In: ders.: Dialog vom Tragischen. Berlin: Fischer 1904, S. 79–101.
Barthes, Roland: Der Tod des Autors. In: Fotis Jannidis u. a. (Hrsg.): Texte zur Theorie der Autorschaft. Stuttgart: Reclam 2000, S. 185–197.
Baßler, Moritz: Die kulturpoetische Funktion und das Archiv. Eine literaturwissenschaftliche Text-Kontext-Theorie. Tübingen: Francke 2005.
Baßler, Moritz: Die Entdeckung der Textur. Unverständlichkeit in der Kurzprosa der emphatischen Moderne 1910 – 1916. Tübingen: Niemeyer 1994.
Baumgarth, Christa: Geschichte des Futurismus. Reinbek bei Hamburg: Rowohlt 1966.
Beil, Ulrich Johannes: Über das Marionettentheater. In: Ingo Breuer (Hrsg.): Kleist Handbuch. Leben – Werk – Wirkung. Stuttgart und Weimar: Metzler 2009, S. 152–156.
Benjamin, Walter: Zur Kritik der Gewalt. In: ders.: Gesammelte Werke. Bd. II, 1. Aufsätze, Essays, Vorträge. Hrsg. v. Rolf Tiedemann u. Hermann Schweppenhäuser. Frankfurt am Main: Suhrkamp 1989.
Berger, Peter L.: Erlösendes Lachen. Das Komische in der menschlichen Erfahrung. Berlin und New York: De Gruyter 1996.
Blanqui, Alolph: Geschichte der politischen Oekonomie in Europa von dem Alterthuime bis auf unsere Tage nebst einer kritischen Bibliographie der Hauptwerke über die politische Oekonomie. 2. Bd. Karlsruhe: Ch. Th. Groos 1841.
Blasberg, Cornelia: Ist die Klassische Moderne totalitär? Fragen an Rainer Maria Rilkes Texte um 1900. In: Uwe Hebekus und Ingo Stöckmann (Hrsg): Die Souveränität der Literatur. Zum Totalitären der Klassischen Moderne 1900–1933. München: Fink 2008, S. 395–414.
Blasberg, Cornelia: ‚Auslegung muß sein'. Zeichen-Vollzug und Zeichen-Deutung in Stefan Georges Spätwerken. In: Wolfgang Braungart, Ute Oelmann und Bernhard Böschenstein (Hrsg.): Stefan George: Werk und Wirkung seit dem ‚Siebenten Ring'. Tübingen: Max Niemeyer 2001, S. 17–33.
Blawid, Martin: Von Kraftmenschen und Schwächlingen. Literarische Männlichkeitsentwürfe bei Lessing, Goethe, Schiller und Mozart. Berlin und New York: De Gruyter 2011.
Bloch, Ernst: Naturrecht und menschliche Würde. Werkausgabe Bd. 6. Frankfurt am Main: Suhrkamp 1961, S. 93–102.
Blome, Eva: ‚Schweigen und tanzen'. Hysterie und Sprachskepsis in Hofmannsthals Chandos-Brief und ‚Elektra'. In: Hofmannsthal-Jahrbuch zur europäischen Moderne 19 (2011), S. 255–290.
Bluhm, Lothar: Entwicklungen und Stationen im Streit um Jünger. In: Matthias Schöning und Ingo Stöckmann (Hrsg.): Ernst Jünger und die Bundesrepublik. Ästhetik – Politik – Zeitgeschichte. Berlin und Boston: De Gruyter 2012, S. 205–220.
Bluhm, Lothar: ‚Irgendwann, denken wir, muß ich das genau wissen'. Der Erinnerungsdiskurs bei Monika Maron. In: Volker Wehdeking (Hrsg.): Mentalitätswandel in der deutschen Literatur zur Einheit (1990–2000). Berlin: Erich Schmidt 2000, S. 141–151.

Bohrer, Karl Heinz: Die Wiederholung des Mythos als Ästhetik des Schreckens. Hugo von Hofmannsthals Nachdichtung von Sophokles' *Elektra*. in: ders.: Das absolute Präsens. Die Semantik ästhetischer Zeit. Frankfurt am Main: Suhrkamp 1994, S. 63–91.

Bohrer, Karl Heinz: Plötzlichkeit. Zum Augenblick des ästhetischen Scheins. Frankfurt am Main: Suhrkamp 1981.

Bohrer, Karl Heinz: Die gefährdete Phantasie, oder Surrealismus und Terror. München: Hanser [2]1970.

Bohrer, Karl Heinz: Surrealismus und Terror. In: Merkur 23 (1969), Heft 10, S. 921–940.

Bollenbeck, Georg: Eine Geschichte der Kulturkritik. Von Rousseau bis Günther Anders. München: C.H. Beck 2007.

Bollenbeck, Georg: Kulturkritik: ein unterschätzter Reflexionsmodus der Moderne. In: LiLi. Zeitschrift für Literaturwissenschaft und Linguistik, 137 (2005), S. 41–53.

Boockmann, Hartmut: Mittelalterliches Recht bei Kleist. Ein Beitrag zum Verständnis des *Michael Kohlhaas*. In: Kleist-Jahrbuch (1985), S. 84–108.

Borchmeyer, Dieter: Altes Recht und Revolution. – Schillers ‚Wilhelm Tell'. In: Wolfgang Wittkowski (Hrsg.): Friedrich Schiller. Kunst Humanität und Politik in der späten Aufklärung. Ein Symposium. Tübingen: Niemeyer 1982, S. 69–113.

Bormuth, Matthias: An den Grenzen des biografischen Verstehens. Ulrike Meinhofs Radikalisierung im Horizont von Karl Jaspers. In: Forensische Psychatrie, Psychologie, Kriminologie 12 (2018), S. 11–20.

Bourdieu, Pierre: Die Regeln der Kunst. Genese und Struktur des literarischen Feldes. Frankfurt am Main: Suhrkamp 2001.

Boyken, Thomas: ‚So will ich dir ein männlich Beispiel geben'. Männlichkeitsimaginationen im dramatischen Werk Friedrich Schillers. Würzburg: Königshausen & Neumann 2014 [Film – Medium – Diskurs 50].

Brandstetter, Gabriele: Tanz-Lektüren. Körperbilder und Raumfiguren der Avantgarde. Frankfurt am Main: Fischer 1995.

Bräunert, Svea: Gespenstergeschichten. Der linke Terrorismus der RAF und die Künste. Berlin: Kadmos 2015.

Braungart, Georg: Leibhafter Sinn. Der andere Diskurs der Moderne. Tübingen: Max Niemeyer 1995.

Braungart, Wolfgang (Hrsg.): Manier und Manierimus. Tübingen: Max Niemeyer 2000.

Breuer, Stefan: Ästhetischer Fundamentalismus. Stefan George und der deutsche Antimodernismus. Darmstadt: Wissenschaftliche Buchgesellschaft 1995.

Breuer, Stefan: Anatomie der Konservativen Revolution. Darmstadt: Wissenschaftliche Buchgesellschaft 1993.

Brittnacher, Hans Richard: Das ‚Rechtsgefühl einer Goldwaage' oder: Kohlhaas läuft Amok. In: ders. und Irmela von der Lühe (Hrsg.): Risiko. Experiment. Entwurf. Kleists radikale Poetik. Göttingen: Wallstein 2013, S. 131–148.

Brittnacher, Hans Richard: Erschöpfung und Gewalt. Opferphantasien in der Literatur des Fin de siècle. Köln, Weimar und Wien: Böhlau 2000.

Brittnacher, Hans Richard: Die Räuber. In: Helmut Koopmann (Hrsg.): Schiller-Handbuch. Stuttgart: Alfred Kröner 1998, S. 326–353.

Brokoff, Jürgen: Macht im Innenraum der Dichtung. Die frühen Gedichte Stefan Georges. In: Uwe Hebekus und Ingo Stöckmann (Hrsg.): Die Souveränität der Literatur. Zum Totalitären der Klassischen Moderne 1900–1933. München: Fink 2008, S. 415–432.

Buber, Martin: Ich und Du. Stuttgart: Reclam 1983.
Bulig, Jan: Von der Provokation zur ‚Propaganda der Tat'. Die ‚Antiautoritäre Bewegung' und die Rote Armee Fraktion (RAF). Bonn: Bouvier 2007.
Butler, Judith: Anmerkungen zu einer performativen Theorie der Versammlung. Frankfurt am Main: Suhrkamp 2016.
Butler, Judith: Haß spricht. Zur Politik des Performativen. Frankfurt am Main: Suhrkamp 2006.
Butler, Judith: Für ein sorgfältiges Lesen. In: Seyla Benhabib u. a. (Hrsg.): Der Streit um die Differenz. Feminismus und Postmoderne in der Gegenwart. Frankfurt am Main: Fischer 1993, S. 122–132.
Butler, Judith: Das Unbehagen der Geschlechter. Frankfurt am Main: Suhrkamp 1991.
Campe, Rüdiger: Verfahren. Kleists Allmähliche Verfertigung der Gedanken beim Reden. In: Sprache und Literatur 43 (2012), Heft 2, S. 2–21.
Cha, Kyung-Ho: Die literarische Darstellung der Flüchtlinge und die Kritik des medialen Menschenrechtsdiskurses in Elfriede Jelineks Die Schutzbefohlenen. In: ders. (Hrsg.): Menschenrechte erzählen. Menschenrecht und Menschenwürde in der Literatur. Göttingen: v & r unipress 2016 (Mitteilungen des Deutschen Germanistenverbandes 63. 4), S. 358–369.
Champlin, Jeffrey: Reading Terrorism in Kleist. The Violence and Mandates of *Michael Kohlhaas*. In: The German Quarterly. 85, 4. (Fall 2012), S. 439–454.
Christian, Heiko: Amok. Geschichte einer Ausbreitung. Bielefeld: Aisthesis 2008.
Clausewitz, Carl von: Vom Kriege. Zitiert nach der Onlineausgabe der Erstausgabe von 1832–1834. http://www.hs-augsburg.de/~harsch/germanica/Chronologie/19Jh/Clausewitz/cla_kri5.html#7 (letzter Zugriff: 28. 07. 2020).
Delabar, Walter: Jenseits der Kommunikation. Elfriede Jelineks antirhetorisches Werk. (Zu *Wolken.Heim.* und *Und dann nach Hause*). In: Rhetorik. Ein internationales Jahrbuch 27 (2008), S. 86–105.
Derrida, Jacques: Signatur Ereignis Kontext. In: ders.: Die différance. Hrsg. v. Peter Engelmann. Stuttgart: Reclam 2004.
Derrida, Jacques: Marx' Gespenster. Der verschuldete Staat, die Trauerarbeit und die neue Internationale. Frankfurt am Main 1995.
Deleuze, Gilles: Bartleby oder die Formel. Berlin: Merve 1994.
Der Duden in zwölf Bänden. Bd 7. Das Herkunftswörterbuch. Etymologie der deutschen Sprache. Hrsg. v. der Dudenredaktion. Berlin: Dudenverlag ⁵2014.
Detering, Heinrich: Was heißt hier ‚wir'? Zur Rhetorik der parlamentarischen Rechten. Stuttgart: Reclam ⁵2019.
Die Bibel nach der Übersetzung Martin Luthers. Stuttgart: Deutsche Bibelgesellschaft 2006.
Eco, Umberto: Der ewige Faschismus. München: Carl Hanser ³2020.
Eder, Antonia: „Elektra" (1904). In: Mathias Mayer und Julian Werlitz (Hrsg.): Hofmannsthal-Handbuch. Leben – Werk – Wirkung. Stuttgart: J.B. Metzler 2016, S. 200–203.
Egyptien, Jürgen: Entwicklung und Stand der George-Forschung 1955–2005. In: text + kritik 168 (2005): Sonderband: Stefan George, S. 105–122.
Ehrlicher, Hanno: Die Kunst der Zerstörung. Gewaltphantasien und Manifestationspraktiken europäischer Avantgarden. Berlin: Akademie 2001.
Elter, Andreas: Propaganda der Tat. Die RAF und die Medien. Frankfurt am Main: Suhrkamp 2008.

Ernst, Thomas: Ein Nobelpreis für die Subversion? Aporien der Subversion im Theater Elfriede Jelineks. In: Inge Arteel und Heidy Margrit Müller (Hrsg.): Elfriede Jelinek: Stücke für oder gegen das Theater? 9.–10. November 2006. Brüssel: Verlag der königlichen Akademie 2008, S. 193–202.

Fähnders, Walter: Avantgarde und politische Bewegungen. In: text + kritik (2001): Sonderband: Aufbruch ins 20. Jahrhundert. Über Avantgarden, S. 60–75.

Fähnders, Walter: Projekt Avantgarde und avantgardistischer Manifestantismus. In: Wolfgang Asholt und ders. (Hrsg.): Der Blick vom Wolkenkratzer. Avantgarde – Avantgardekritik – Avantgardeforschung. Amsterdam und Atlanta: Rodopi 2000, S. 69–96.

Felsch, Philipp: Der lange Sommer der Theorie. Geschichte einer Revolte 1960–1990. München: C.H. Beck 2015.

Fischer-Lichte, Erika: Ästhetik des Performativen. Frankfurt am Main: Suhrkamp 2004.

Fisher, Mark: Gespenster meines Lebens. Depression, Hauntology und die verlorene Zukunft. Berlin: Tiamat 2015.

Fohrmann, Jürgen: Schreiben nach Kleist. Kurze Vor-Schrift. In: Anne Fleig, Christian Moser und Helmut J. Schneider (Hrsg.): Schreiben nach Kleist. Literarische, mediale und theoretische Transkriptionen. Freiburg im Breisgau/Berlin: Rombach 2014, S. 31–34.

Foucault, Michel: Subjekt und Macht. In: ders.: Schriften in vier Bänden. Bd. IV. Hrsg. v. Daniel Defert und François Ewald. Frankfurt am Main: Suhrkamp 2005.

Foucault, Michel: In Verteidigung der Gesellschaft. Vorlesungen am Collège de France. 1975–1976. Frankfurt am Main: Suhrkamp 1999.

Foucault, Michel: Überwachen und Strafen. Die Geburt des Gefängnisses. Frankfurt am Main: Suhrkamp 1994.

Foucault, Michel: Der Wille zum Wissen. Sexualität und Wahrheit I. Frankfurt am Main: 1983.

Freud, Sigmund: Warum Krieg? In: ders.: Das Unbehagen in der Kultur und andere Kulturtheoretische Schriften. Frankfurt am Main: Fischer [7]2001, S. 163–177.

Freud, Sigmund: Zeitgemäßes über Krieg und Tod. In: ders.: Das Unbehagen in der Kultur und andere Kulturtheoretische Schriften. Frankfurt am Main: Fischer [7]2001, S. 133–161.

Freud, Sigmund: Der Sinn der Symptome. In: ders.: Vorlesungen zur Einführung in die Psychoanalyse. Frankfurt am Main: Fischer [10]2000.

Fröschle, Ulrich: Friedrich Georg Jünger und der ‚radikale Geist'. Eine Fallstudie zum literarischen Radikalismus der Zwischenkriegszeit. Dresden: Thelem 2008.

Fröschle, Ulrich: Oszillationen zwischen Literatur und Politik. Ernst Jünger und ‚das Wort vom politischen Dichter'. In: Lutz Hagestedt: Ernst Jünger. Politik – Mythos – Kunst. Berlin und New York: De Gruyter 2004, S. 101–143.

Garbe, Joachim: Deutsche Geschichte in den Geschichten der neunziger Jahre. Würzburg: Königshausen & Neumann 2002.

Geier, Andrea: ‚Schön bei sich sein und dort bleiben'. Jelineks Zitierverfahren zwischen Hermeneutik und Antihermeneutik in *Wolken.Heim.* und *Totenauberg*. In: Sabine Müller und Cathrine Theodorsen (Hrsg.): Elfriede Jelinek – Tradition, Politik und Zitat. Wien: Praesens 2008, S. 167–186.

Geier, Andrea: Lob mit Fußtritten. Über den Nobelpreis für Elfriede Jelinek. In: literaturkritik.de 11 (2004). https://literaturkritik.de/id/7608 (letzter Zugriff: 24.07.2019).

Geitner, Ursula: Stand der Dinge: Engagement-Semantik und Gegenwartsliteratur-Forschung. In: Jürgen Brokoff, Ursula Geitner und dies. (Hrsg.): Engagement. Konzepte von Gegenwart und Gegenwartsliteratur. Göttingen: V&R 2016, S. 19–58.

Geulen, Christian: Geschichte des Rassismus. München: Beck ³2017.
Giers, Bernhard: Che Guevara, Régis Debray und die Focustheorie. In: Wolfgang Kraushaar (Hrsg.): Die RAF und der linke Terrorismus. Bd. 1., Hamburg: Hamburger Edition, HIS Verlag 2006, S. 182–204.
Gisbertz, Anna-Katharina: Selbstdeutungen. In: Mathias Mayer und Julian Werlitz (Hrsg.): Hofmannsthal-Handbuch. Leben – Werk – Wirkung. Stuttgart: J.B. Metzler 2016, S. 89–94.
Gisler, Monika: Aristoteles Gleiche sind bei Arendt Andere. Überlegungen zur philosophischen Anthropologie Aristoteles' und Hannah Arendts. In: HannahArendt.net. Zeitschrift für politisches Denken. Bd. 1, Nr. 1, (2005), o.S. http://www.hannaharendt.net/index.php/han/article/ view/70/103 (letzter Zugriff: 01.08.2020).
Glawion, Sven: Aufbruch in die Vergangenheit. Bernward Vespers *Die Reise*. In: Inge Stephan und Alexandra Tacke (Hrsg.): NachBilder der RAF. Köln, Weimar und Wien: Böhlau 2008, S. 24–38.
Goebbels, Joseph: Die Tagebücher von Joseph Goebbels. Sämtliche Fragmente. Bd. 1. Hrsg. v. Elke Fröhlich. München u.a.: K. G. Saur 1987.
Grabbe, Katharina, Sigrid G. Köhler und Martina Wagner Egelhaaf: Das Imaginäre der Nation. Zur Persistenz einer politischen Kategorie in Literatur und Film. Bielefeld: Transcript 2012.
Groppe, Carola: Die Macht der Bildung. Das deutsche Bürgertum und der George-Kreis 1890–1933. Köln, Weimar und Wien: Böhlau 1997.
Gumbrecht, Hans Ulrich: Diesseits der Hermeneutik. Über die Produktion von Präsenz. Frankfurt am Main: Suhrkamp 2004.
Guthke, Karl S.: Wilhelm Tell. Der Fluch der guten Tat. In: ders.: Schillers Dramen: Idealismus und Skepsis. Tübingen und Basel: Francke 1994, S. 279–304.
Haas, Daniel: Nobelpreis für Elfriede Jelinek. Renitenz und Differenz. Online unter: https://www.spiegel.de/kultur/literatur/nobelpreis-fuer-elfriede-jelinek-renitenz-und-differenz-a-332159.html (letzter Zugriff: 24.07.2019).
Häffner, Patrick: Widerstandsrecht bei Schiller. Frankfurt am Main u.a.: Peter Lang 2005.
Hägglund, Martin: Radical Atheism. Derrida and the Time of Life. Stanford: University Press 2008.
Hamacher, Bernd: Michael Kohlhaas. In: Ingo Breuer (Hrsg.): Kleist Handbuch. Leben – Werk – Wirkung. Stuttgart und Weimar: Metzler 2009, S. 97–106.
Hamacher, Bernd: Schrift, Recht und Moral. Kontroversen um Kleists Erzählen anhand der neuen Forschung zu *Michael Kohlhaas*. In: Anton Philipp Knittel und Inka Kording (Hrsg.): Heinrich von Kleist. Neue Wege der Forschung. Darmstadt: WBG Wissenschaftliche Buchgesellschaft 2009, S. 254–278.
Hans, Henrike: ‚Schönheit gibt es nur noch im Kampf'. Zum Verhältnis von Gewalt und Ästhetik im italienischen Futurismus. Göttingen: Universitätsverlag Göttingen 2015.
Hebekus, Uwe: Ästhetische Ermächtigung. Zum politischen Ort der Literatur im Zeitraum der Klassischen Moderne. München: Fink 2009.
Hebekus, Uwe und Ingo Stöckmann: Einleitung. In: dies. (Hrsg.): Die Souveränität der Literatur. Zum Totalitären der Klassischen Moderne 1900–1933. München: Fink 2008, S. 7–17.
Hecken, Thomas: Avantgarde und Terrorismus. Rhetorik der Intensität und Programme der Revolte von den Futuristen bis zur RAF. Bielefeld: Transcript 2006.
Hegel, Georg Wilhelm Friedrich: Vorlesungen über die Philosophie der Religion II. In: ders.: Werke in zwanzig Bänden. Bd. 17. Frankfurt am Main: Suhrkamp 1986.

Hegel, Georg Wilhelm Friedrich: Phänomenologie des Geistes. In: ders.: Werke in zwanzig Bänden. Bd. 3. Redaktion Eva Moldenhauer und Karl Markus Michel. Frankfurt am Main: Suhrkamp 1970.

Heidegger, Martin: Grundbegriffe der Aristotelischen Philosophie. Gesamtausgabe Bd. 18. Frankfurt am Main: Vittorio Klostermann 2002.

Heidegger, Martin: Erläuterungen zu Hölderlins Dichtung. Frankfurt am Main: Klostermann ^{6}1996.

Helfferich, Cornelia: Einleitung: Von roten Heringen, Gräben und Brücken. Versuche einer Kartierung von Agency-Konzepten. In: dies. u. a. (Hrsg.): Agency. Die Analyse von Handlungsfähigkeit und Handlungsmacht in qualitativer Sozialforschung und Gesellschaftstheorie. Weinheim und Basel: Beltz Juventa 2012, S. 9–39.

Herb, Karlfriedrich, Mareike Gebhardt und Kathrin Morgenstern: Gegenwärtig sein – Hannah Arendt neu denken. In: dies.: (Hrsg.): Raum und Zeit. Denkformen des Politischen bei Hannah Arendt. Frankfurt am Main und New York: Campus 2014, S. 9–24.

Hesse, Eva: Die Achse Avantgarde–Faschismus. Reflexionen über Filippo Tommaso Marinetti und Ezra Pound. Zürich: Die Arche 1991.

Hinderer, Walter: Götz von Berlichingen. In: ders. (Hrsg.): Goethes Dramen. Stuttgart: Reclam 1992, S. 13–65.

Hinz, Manfred: Die Zukunft der Katastrophe. Mythische und rationalistische Geschichtstheorie im italienischen Futurismus. Berlin und New York: De Gruyter 1985.

Hitler, Adolf: Mein Kampf. Zentralverlag der NSDAP. München: Franz Eher Nachf. $^{641-645}$1941.

Hobbes, Thomas: Leviathan. Erster und zweiter Teil. Stuttgart: Reclam 2014.

Hoffmann, Torsten: Ästhetischer Dünger. Strategien neurechter Literaturpolitik. In: Deutsche Vierteljahrsschrift für Literaturwissenschaft und Geistesgeschichte 95 (2021), Heft 2, S. 219–254.

Horn, Christian: Remythisierung und Entmythisierung. Deutschsprachige Antikendramen der klassischen Moderne. Karlsruhe: Universitätsverlag 2008.

Horn, Eva: „Sterbt, aber lernt". Thanatopolitik in Brechts Lehrstücken. In: Uwe Hebekus und Ingo Stöckmann (Hrsg.): Die Souveränität der Literatur. Zum Totalitären der Klassischen Moderne 1900–1933. München: Fink 2008, S. 312–336.

Hübinger, Gangolf: Die ‚Tat' und der ‚Tat-Kreis'. Politische Entwürfe und intellektuelle Konstellationen. In: Michel Grunewald und Uwe Puschner (Hrsg.): Das konservative Intellektuellenmilieu in Deutschland, seine Presse und seine Netzwerke (1890–1960). Bern: Peter Lang 2003, S. 407–426.

Immer, Nikolas. Der inszenierte Held. Schillers dramenpoetische Anthropologie. Heidelberg: Winter 2008.

Jones, Katie: Apolitical Animals? The Politics of Disgust in Novels by Monika Maron and Marie Darrieussecq. In: German Life and Letters 64 (2011), Heft 1, S. 156–168.

Jürgensen, Christoph: Federkrieger – Autorschaft im Zeichen der Befreiungskriege. Stuttgart: Metzler 2018.

Kaiser, Gerhard: Idylle und Revolution. Schillers „Wilhelm Tell". In: ders. u. a.: Deutsche Literatur und Französische Revolution. Göttingen: Vandenhoeck & Ruprecht 1974, S. 87–128.

Kanz, Christine: Maternale Moderne. Männliche Gebärphantasien zwischen Kultur und Wissenschaft (1890–1933). Paderborn: Fink 2009.

Kaplan, Stefanie: Jelineks schöpferischer Verrat an Hölderlin in *Wolken.Heim*. In: Sprache im technischen Zeitalter 184 (2007), S. 531–540.
Kauffmann, Kai: Der Siebente Ring. In: Achim Aurnhammer u. a. (Hrsg.): Stefan George und sein Kreis. Ein Handbuch. Berlin und Boston: De Gruyter 2012, S. 175–191.
Kemper, Dirk: ineffabile. Goethe und die Individualitätsproblematik der Moderne. München: Fink 2004.
Kiesel, Helmuth: Gab es einen ‚rechten' Avantgardismus? Eine Bemerkung zu Klaus von Beymes *Zeitalter der Avantgarden*. In: Ariane Hellinger, Barbara Waldkirch, Elisabeth Buchner und Helge Batt (Hrsg.): Die Politik in der Kunst und die Kunst in der Politik. Wiesbaden: Springer 2013, S. 109–124.
Kiesel, Helmuth: Ernst Jünger. Die Biographie. München: Pantheon 2007.
Kiesel, Helmuth: Denken auf Leben und Tod. Literarische Reflexionen einer ethisch-politischen Problemkonstellation in der Zeit des Totalitarismus (Brecht, Jünger, Bergengruen). In: Lutz Hagestedt (Hrsg.): Ernst Jünger. Politik – Mythos – Kunst. Berlin und New York: De Gruyter 2004, S. 181–191.
Kittler, Wolf: Die Geburt des Partisanen aus dem Geist der Poesie. Heinrich von Kleist und die Strategie der Befreiungskriege. Freiburg im Breisgau: Rombach 1987.
Knobloch, Hans-Jörg: Wilhelm Tell. In: Helmut Koopmann (Hrsg.): Schiller-Handbuch. Stuttgart: Alfred Kröner 1998, S. 486–512.
Koch, Lars: Der Erste Weltkrieg als Medium der Gegenmoderne. Zu den Werken von Walter Flex und Ernst Jünger. Würzburg: Königshausen & Neumann 2006.
Kohlenbach, Margarete: Montage und Mimikry. Zu Elfriede Jelineks *Wolken.Heim*. In: Kurt Bartsch und Günther A. Höfler (Hrsg.): Elfriede Jelinek. Graz und Wien: Droschl 1991, S. 121–153.
Kohns, Oliver: Warum läuft Michael K. Amok? Kleist und die Kulturgeschichte des Amoklaufs. In: kultuRRevolution 55/56 (2009), Heft 2, S. 94–97.
Kolk, Rainer: Literarische Gruppenbildung. Am Beispiel des George-Kreises 1890–1945. Tübingen: De Gruyter 1998.
König, Christoph: Hofmannsthal als Interpret seiner Selbst. Das ‚Ad me ipsum'. In: Euphorion 93 (1999), S. 61–73.
Koschorke, Albrecht: Adolf Hitlers ‚Mein Kampf'. Zur Poetik des Nationalsozialismus. Berlin: Matthes & Seitz 2016.
Koschorke, Albrecht u. a.: Der fiktive Staat. Konstruktionen des politischen Körpers in der Geschichte Europas. Frankfurt am Main: Fischer 2007.
Koschorke, Albrecht: Brüderbund und Bann. Das Drama der politischen Inklusion in Schillers *Tell*. In: Uwe Hebekus, Ethel Matala de Mazza und ders. (Hrsg.): Das Politische. Figurenlehren des sozialen Körpers nach der Romantik. München: Fink 2003, S. 106–122.
Koselleck, Reinhart und Christoph Dipper: Begriffsgeschichte, Sozialgeschichte, begriffene Geschichte. Reinhart Koselleck im Gespräch mit Christoph Dipper. In: Neue Politische Literatur 43 (1998), Heft 2, S. 187–205.
Krabiel, Klaus-Dieter: Spieltypus Lehrstück. Zum aktuellen Stand der Diskussion. In: text + kritik (2006): Sonderband Bertolt Brecht I, S. 41–52.
Krabiel, Klaus-Dieter: Der Jasager / Der Neinsager. In: Jan Knopf (Hrsg.): Brecht Handbuch. Bd. 1 Stücke. Stuttgart und Weimar: Metzler 2001, S. 245–255.
Krabiel, Klaus-Dieter: Brechts Lehrstücke. Entstehung und Entwicklung eines Spieltyps. Stuttgart und Weimar: Metzler 1993.

Krimmer, Elisabeth: Between Terror and Transcendence. A Reading of Kleist's *Michael Kohlhaas*. In: German Life and Letters 64.3 (2011), S. 405–420.

Krockow, Christian Graf von: Die Entscheidung. Eine Untersuchung über Ernst Jünger, Carl Schmitt, Martin Heidegger. Stuttgart: Enke 1958.

Kuberg, Maria: ‚Noch sind wir ein Wort, doch wir reifen zur Tat'. Zur Performativität des Chors in Theatertexten von Müller, Dorst und Jelinek. In: Zeitschrift für deutsche Philologie 134 (2015), Heft 2, S. 251–272.

Laclau, Ernesto: ‚Was haben leere Signifikanten mit Politik zu tun?' In: ders.: Emanzipation und Differenz. Wien: Turia+Kant 2002, S. 65–78.

Laclau, Ernesto: Dekonstruktion, Pragmatismus, Hegemonie. In: Chantal Mouffe (Hrsg.): Dekonstruktion und Pragmatismus. Demokratie, Wahrheit und Vernunft. Wien: Passagen 1999, S. 111–153.

Laclau, Ernesto und Chantal Mouffe: Hegemonie und radikale Demokratie. Zur Dekonstruktion des Marxismus. Wien: Passagen 1991.

Ladenthin, Volker: ‚Das tendenzlose Ewige'. Zur revolutionären Ästhetik Ernst Tollers. In: ders.: Gerechtes Erzählen. Studien zu Thomas Manns Erzählung ‚Das Gesetz', zu Theodor Storm und Ernst Toller. Würzburg: Königshausen & Neumann 2010, S. 63–87.

Lefort, Claude: Fortdauer des Theologisch-Politischen? Wien: Passagen 1999.

Lefort, Claude: Die Frage der Demokratie. In: Ulrich Rödel (Hrsg.): Autonome Gesellschaft und libertäre Demokratie. Frankfurt am Main: Suhrkamp 1990, S. 281–297.

Lefort, Claude und Marcel Gauchet: Über die Demokratie. Das Politische und die Instituierung des Gesellschaftlichen. In: Ulrich Rödel (Hrsg.): Autonome Gesellschaft und libertäre Demokratie. Frankfurt am Main: Suhrkamp 1990, S. 89–122.

Lehmann, Hans-Thies: Den Tod sterben: Zu Brechts Dedramatisierung des Todes. In: ders.: Brecht lesen. Berlin: Theater der Zeit 2016.

Leonhard, Sigrun: Rosalind Polkowskis Sehnsucht nach der großen Tat: Monika Marons Roman *Stille Zeile Sechs*. In: German Studies Review 27 (2004), Heft 2, S. 289–305.

Lethen, Helmut: Verhaltenslehren der Kälte. Lebensversuche zwischen den Kriegen. Frankfurt am Main: Suhrkamp 1994.

Lévinas, Emmanuel: Etretiens avec le Monde. Paris: La Découverte 1984.

Lewis, Alison: ‚Die Sehnsucht nach einer Tat': Engagement und weibliche Identitätsstiftung in den Romanen Monika Marons. In: German Monitor 55 (2002), S. 75–91.

Lieb, Claudia: Crash. Der Unfall in der Moderne. Bielefeld: Aisthesis 2009.

Lindner, Burkhart: Das Messer und die Schrift. Für eine Revision der ‚Lehrstückperiode'. In: Das Brecht-Jahrbuch 18 (1993), S. 42–57.

Lotmann, Jurij M.: Die Struktur literarischer Texte. München: Fink 1993.

Löffler, Marion und Georg Spitaler: Demo ohne Demos? Politische Handlungsfähigkeit, Emotionen und ‚Unvernehmen' in Reise einer jungen Anarchistin in Griechenland von Marlene Streeruwitz als Nelia Fehn (2014). In: Stefan Neuhaus und Immanuel Nover (Hrsg.): Das Politische in der Literatur der Gegenwart. Berlin und Boston: De Gruyter 2019, S. 475–496.

Löwith, Karl: Der okkasionelle Dezisionismus Carl Schmitts. In: ders. (Hrsg.): Heidegger. Denker in dürftiger Zeit. Göttingen: Vandenhoeck & Ruprecht ²1960, S. 32–71.

Lücke, Bärbel: Jelineks Gespenster. Grenzgänge zwischen Politik, Philosophie und Poesie. Wien: Passagen 2007.

Mach, Ernst: Antimetaphysische Vorbemerkungen. In: ders.: Die Analyse der Empfindungen und das Verhältnis des Physischen zum Psychischen. Jena: Gustav Fischer ⁴1903, S. 1–30.
Machiavelli, Niccolò: Der Fürst. Stuttgart: Alfred Kröner 1978.
Mahr, Bernd: Das Mögliche im Modell und die Vermeidung der Fiktion. In: Thomas Macho und Annette Wunschel (Hrsg.): Science & Fiction. Über Gedankenexperimente in Wissenschaft, Philosophie und Literatur. Frankfurt am Main: Fischer 2004, S. 161–182.
Maier, Tobias: Zur Frage ‚Was ist Politik'? – Heideggers Erbe bei Arendt und Lefort. In: Karlfriedrich Herb, Mareike Gebhardt und Kathrin Morgenstern (Hrsg.): Raum und Zeit. Denkformen des Politischen bei Hannah Arendt. Frankfurt am Main und New York: Campus 2014, S. 38–66.
Marchart, Oliver: Die politische Differenz. Frankfurt am Main: Suhrkamp 2010.
Matt, Peter von: Verkommene Söhne, mißratene Töchter. Familiendesaster in der Literatur. München und Wien: Carl Hanser 1995.
Mauthner, Fritz: Das philosophische Werk. Bd. II, 1. Beiträge zu einer Kritik der Sprache. Erster Band: Zur Sprache und Psychologie. Hrsg. v. Ludger Lütkehaus. Köln, Weimar und Wien: Böhlau 1999.
Maximilian I.: Der sog. ewige Landfrieden – 1495, Aug. 7. In: Karl Zeumer (Hrsg.): Quellensammlung zur Geschichte der Deutschen Reichsverfassung in Mittelalter und Neuzeit. Tübingen: J.C.B. Mohr 1913, S. 281–284.
Mayer, Mathias: Hugo von Hofmannsthal. Stuttgart und Weimar: Metzler 1993.
Melville, Herman: Bartleby, the Scrivener. The Piazza Tales. Hrsg. v. Harrison Hayford u. a. Evanston: Northwestern University Press 1996.
Mergenthaler, Volker: ‚Versuch, ein Dekameron des Unterstandes zu schreiben'. Zum Problem narrativer Kriegsbegeisterung in den frühen Prosatexten Ernst Jüngers. Heidelberg: Winter 2001.
Michelsen, Peter: Goethes „Götz": Geschichte dramatisiert? In: Goethe-Jahrbuch 110 (1993), S. 41–60.
Michelsen, Peter: Der Bruch mit der Vater-Welt. Studien zu Schillers ‚Räubern'. Heidelberg: Winter 1979. (Beihefte zum Euphorion, Heft 16).
Mohler, Armin: Die Konservative Revolution in Deutschland. 1918–1932. Ein Handbuch. Darmstadt: Wissenschaftliche Buchgesellschaft ³1989.
Morat, Daniel: Von der Tat zur Gelassenheit. Konservatives Denken bei Martin Heidegger, Ernst Jünger und Friedrich Georg Jünger. 1920–1960. Göttingen: Wallstein ²2007.
Morgenroth, Claas: Paradoxien des Politischen. ‚Politik' und ‚Schreiben'. In: ders., Martin Stingelin und Matthias Thiele (Hrsg.): Die Schreibszene als politische Szene. München: Fink 2012, S. 63–96.
Moritz, Tilman G.: Autobiographik als ritterschaftliche Selbstverständigung. Ulrich von Hutten, Götz von Berlichingen, Sigmund von Herberstein. Göttingen: Vandenhoeck & Ruprecht 2019.
Morrien, Rita: ‚Und jetzt [...] werde ich mit dem Kopf durch die Wand gehen'. Variationen eines Themas: Opferstrategien und Täterphantasien im Werk Monika Marons. In: Zeitschrift für Germanistik NF 3 (2010), S. 599–617.
Möser, Justus: Patriotische Phantasien. Bd. 1. Berlin: Friedrich Nicolai 1775, S. 217–218. In: Deutsches Textarchiv http://www.deutschestextarchiv.de/moeser_phantasien01_1775/7 (letzter Zugriff: 01.08.2020).

Mouffe, Chantal: Das demokratische Paradox. Wien und Berlin: Turia + Kant 2013.
Mouffe, Chantal: Über das Politische. Wider die kosmopolitische Illusion. Frankfurt am Main: Suhrkamp 2007.
Mouffe, Chantal: Dekonstruktion, Pragmatismus und die Politik der Demokratie. In: dies. (Hrsg.): Dekonstruktion und Pragmatismus. Demokratie, Wahrheit und Vernunft. Wien: Passagen 1999, S. 11–35.
Müller-Seidel, Walter: Friedrich Schiller und die Politik. München: Beck 2009.
Müller-Schöll, Nikolaus: Der Eingriff ins Politische. Bert Brecht, Carl Schmitt und die Diktatur auf der Bühne. In: drive b: brecht 100. Theater der Zeit / Das Brecht-Jahrbuch 23 (1998), S. 113–117.
Müller, Heiner: Mauser. Berlin: Rotbuch 1978.
Müller, Karl: Das Salzburger Grosse Welttheater. Hugo von Hofmannsthal und die ‚Konservative Revolution'. In: Peter Csobádi u. a. (Hrsg.): Welttheater, Mysterienspiel, rituelles Theater. ‚Vom Himmel durch die Welt zur Hölle'. Anif und Salzburg: Verlag Ursula Müller-Speiser 1992, S. 461–480.
Münkler, Herfried: Heroische und postheroische Gesellschaften. In: Merkur 61, Nr. 7–8 (2007), S. 742–752.
Münkler, Herfried: Guerillakrieg und Terrorismus. In: Wolfgang Kraushaar (Hrsg.): Die RAF und der linke Terrorismus. Bd. 1., Hamburg: Hamburger Edition, HIS Verlag 2006, S. 78–102.
Münkler, Herfried: Guerillakrieg und Terrorismus. In: Neue politische Literatur XXV (1980), Heft 3, S. 299–326.
Münster, Arno: Von der Ich-Du-Philosophie Martin Bubers zum Denken des Anderen in der Philosophie von Emmanuel Lévinas. In: Angelica Bäumer und Michael Benedikt (Hrsg.): Dialogdenken, Gesellschaftsethik. Wider die allgegenwärtige Gewalt gesellschaftlicher Vereinnahmung. Wien: Passagen 1991, S. 123–138.
Nehring, Wolfgang: Die Tat bei Hofmannsthal. Eine Untersuchung zu Hofmannsthals großen Dramen. Stuttgart: J.B. Metzlersche Verlagsbuchhandlung 1966.
Neufert, Sven: Theater als Tempel. Völkische Ursprungssuche in Drama, Theater und Festkultur 1890–1930. Würzburg: Königshausen & Neumann 2018.
Neuhaus, Stefan und Immanuel Nover (Hrsg.): Das Politische in der Literatur der Gegenwart. Berlin und Boston: De Gruyter 2019.
Neuhaus, Stefan und Immanuel Nover: Einleitung. Aushandlungen des Politischen in der Literatur der Gegenwart. In: dies. (Hrsg.): Das Politische in der Literatur der Gegenwart. Berlin und Boston: De Gruyter 2019, S. 3–18.
Neuhaus, Stefan: Grundriss der Neueren deutschsprachigen Literaturgeschichte. Tübingen: Francke 2017.
Neuhaus, Stefan: Schillers klassische Dramen. In: Rolf Selbmann (Hrsg.): Deutsche Klassik. Epoche – Autoren – Werke. Darmstadt: Wissenschaftliche Buchgesellschaft 2005, S. 149–177.
Neuhaus, Stefan: Literatur und nationale Einheit in Deutschland. Tübingen und Basel: A. Francke 2002.
Neuhaus, Volker: Götz von Berlichingen. In: Theo Buck (Hrsg.): Goethe Handbuch. Bd. 2. Dramen. Stuttgart: Metzler 1996.
Nilges, Yvonne: Schiller und das Recht. Göttingen: Wallstein 2012.
Nietzsche, Friedrich: Nachgelassene Fragmente 1872–1873. http://www.nietzschesource.org/#eKGWB/NF-1872,19[125] (letzter Zugriff: 28.07.2020).

Nover, Immanuel: „[D]ie männliche Tat" und das außergewöhnliche Leben. Max Frischs *Antwort aus der Stille*. In: Wirkendes Wort. Deutsche Sprache und Literatur in Forschung und Lehre 71 (2021), Heft 2, S. 225–235.

Nover, Immanuel: „Wieder ein Tag ohne Tat". Zur politischen Logik der Tat in den Texten von Simon Strauß. In: GegenwartsLiteratur. Ein germanistisches Jahrbuch 20 (2021), S. 279–296.

Nover, Immanuel: ‚Ich kann jetzt noch nicht sagen, was ich thun will.' Zum Politischen des Handlungsaufschubs – mit einem Fokus auf Friedrich Schillers *Wallenstein*. In: Christine Lubkoll, Manuel Illi und Anna Hampel (Hrsg.): Politische Literatur. Begriffe – Debatten – Aktualität. Stuttgart: Metzler 2019, S. 131–147.

Nover, Immanuel: Wer darf sprechen? Stimme und Handlungsmacht in Aischylos' *Die Schutzflehenden* und Elfriede Jelineks *Die Schutzbefohlenen*. In: Stefan Neuhaus und ders. (Hrsg.): Das Politische in der Literatur der Gegenwart. Berlin und Boston: De Gruyter 2019, S. 323–339.

Nover, Immanuel: Lachen als politische Selbstermächtigung. Überlegungen zum Verhältnis von Komik und Politik. In: Hajo Diekmannshenke, Stefan Neuhaus und Uta Schaffers (Hrsg.): Das Komische in der Kultur. Marburg: Tectum 2015, S. 33–48.

Nover, Immanuel: Referenzbegehren. Sprache und Gewalt bei Bret Easton Ellis und Christian Kracht. Köln, Weimar und Wien: Böhlau 2012.

O.N.: Stasi-Deckname Mitsu. Der Spiegel 32 (1995), S. 146–149.

O.N.: Votivkirchen-Flüchtlinge: Eine Chronologie. http://wien.orf.at/news/stories/2572156/ (letzter Zugriff: 05.10.2019).

Ockenden, Ray: Interpretation von *Der Gehenkte, Der Mensch und der Drud, Gespräch des Herrn mit dem römischen Hauptmann* und *Der Brand des Tempels*. In: Jürgen Egyptien (Hrsg.): Stefan George – Werkkommentar. Berlin und Boston: De Gruyter 2017, S. 607–627.

Osterkamp, Ernst: Das Neue Reich. In: Achim Aurnhammer u.a. (Hrsg.): Stefan George und sein Kreis. Ein Handbuch. Berlin und Boston: De Gruyter 2012, S. 203–217.

Osterkamp, Ernst: Poesie der leeren Mitte. Stefan Georges Neues Reich. München: Carl Hanser 2010.

Osterkamp, Ernst: Die Sprache des Schweigens bei Hofmannsthal. In: Hofmannsthal-Jahrbuch zur europäischen Moderne 2 (1994), S. 111–137.

Petersdorff, Dirk von: Als der Kampf gegen die Moderne verloren war, sang Stefan George ein Lied. Zu seinem letzten Gedichtband ‚Das Neue Reich'. In: Jahrbuch der Deutschen Schillergesellschaft 43 (1999), S. 325–352.

Pieper, Irene: Modernes Welttheater. Untersuchungen zum Welttheatermotiv zwischen Katastrophenerfahrung und Welt-Anschauungssuche bei Walter Benjamin, Karl Kraus, Hugo von Hofmannsthal und Else Lasker-Schüler. Berlin: Duncker & Humblot 2000.

Piper, Ernst: Alfred Rosenberg. Hitlers Chefideologe. München: Allitera 2015.

Plumpe, Gerhard: Avantgarde. Notizen zum historischen Ort ihrer Programme. In: text + kritik (2001): Sonderband: Aufbruch ins 20. Jahrhundert. Über Avantgarden, S. 7–14.

Plumpe, Gerhard: Epochen moderner Literatur. Ein systemtheoretischer Entwurf. Opladen: Westdeutscher Verlag 1995.

Plumpe, Gerhard und Niels Werber: Umwelten der Literatur. In: dies. (Hrsg.): Beobachtungen der Literatur. Aspekte einer polykontexturalen Literaturwissenschaft. Opladen: Westdeutscher Verlag 1995, S. 9–33.

Pornschlegel, Clemens: *Der Jasager* und *Die Maßnahme*. Liturgische Liquidation. In: Dreigroschenheft 2 (2000), S. 25–33.

Pornschlegel, Clemens: Der literarische Souverän. Zur politischen Funktion der deutschen Dichtung bei Goethe, Heidegger, Kafka und im George-Kreis. Freiburg im Breisgau: Rombach 1994.

Putzke, Holm: Beschleunigtes Verfahren bei Heranwachsenden. Zur strafprozessualen Ausprägung des Erziehungsgedankens in der Adoleszenz. Holzkirchen: Felix 2004.

Rabelhofer, Bettina: Symptom. Sexualität. Trauma. Kohärenzlinien des Ästhetischen um 1900. Würzburg: Königshausen & Neumann 2006.

Ratmoko, David: Das Vorbild im Nachbild des Terrors. Eine Untersuchung des gespenstischen Nachlebens von ‚Michael Kohlhaas'. In: Kleist-Jahrbuch (2003), S. 218–231.

Reckwitz, Andreas: Das hybride Subjekt. Eine Theorie der Subjektkulturen von der bürgerlichen Moderne zur Postmoderne. Weilerswist: Velbrück 2006.

Reemtsma, Jan Philipp: Der Held, das Ich und wir. In: Mittelweg. Zeitschrift des Hamburger Instituts für Sozialforschung 36 (2009), Heft 4, S. 41–64.

Reemtsma, Jan Philipp: Vertrauen und Gewalt. Versuch über eine besondere Konstellation der Moderne. Hamburg: HIS 2008.

Riedl, Peter Philipp: Texturen des Terrors: Politische Gewalt im Werk Heinrich von Kleists. In: Publications of the English Goethe Society 78 (2009), Heft 1, S. 32–46.

Riedl, Peter Philipp: Über die allmählige Verfertigung der Gedanken beim Reden. In: Ingo Breuer (Hrsg.): Kleist Handbuch. Leben – Werk – Wirkung. Stuttgart und Weimar: Metzler 2009, S. 150–152.

Rieger, Stefan: Choreographie und Regelung. Bewegungsfiguren nach Kleists *Marionettentheater*. In: Kleist Jahrbuch (2007), Heft 1, S. 162–182.

Riesz, Jánosz: Der Untergang als ‚spectacle' und die Erprobung einer ‚écriture fasciste' in F. T. Marinettis ‚Marfaka le Futuriste' (1909). In: Ulrich Schulz-Buschhaus und Helmut Meter (Hrsg): Aspekte des Erzählens in der modernen italienischen Literatur. Tübingen: Narr 1983, S. 85–99.

Ring, Annie: After the Stasi. Colloboration and the Struggle for Sovereign Subjectivity in the Writing of German Unification. London: Bloomsbury 2015.

Ring, Annie: ‚Eine Bindung durch Hass': Double-Agency, Mimesis and the Role of Hands in Monika Maron's *Stille Zeile Sechs*. In: German Life ans Letters 63 (2010), Heft 3, S. 250–264.

Rocks, Carolin: Heldentaten, Heldenträume. Zur Analytik des Politischen im Drama um 1800 (Goethe – Schiller – Kleist). Berlin und Boston: De Gruyter 2020.

Rorty, Richard: Kontingenz, Ironie und Solidarität. Frankfurt am Main: Suhrkamp 1999.

Rosanvallon, Pierre: Pour une histoire conceptuelle du politique. Paris: Seuil 2003.

Rothstein, Sigurd: Der Traum von der Gemeinschaft. Kontinuität und Innovation in Ernst Tollers Dramen. Frankfurt am Main u.a.: Peter Lang 1987.

Rousseau, Jean-Jacques: Vom Gesellschaftsvertrag oder Grundsätze des Staatsrechts. Stuttgart: Reclam 2013.

Ruetz, Michael: ‚Ihr müßt diesen Typen nur ins Gesicht sehen'. APO Berlin 1966–1969. Frankfurt am Main: Zweitausendeins 1980.

Sautermeister, Gert: Die Räuber – Generationenkonflikt und Terrorismus. In: Regine Romberg (Hrsg.): Friedrich Schiller zum 250. Geburtstag. Philosophie, Literatur, Medizin und Politik. Würzburg: Königshausen & Neumann 2014, S. 27–41.

Schaffrick, Matthias: Wolken.Heim. genießen. Elfriede Jelineks Nationaltheater. In: Katharina Grabbe, Sigrid G. Köhler und Martina Wagner-Egelhaaf (Hrsg.): Das Imaginäre der Nation. Zur Persistenz einer politischen Kategorie in Literatur und Film. Bielefeld: Transcript 2012, S. 189–220.

Schamm, Christoph: ‚Und natürlich darf geschossen werden!'. Politische Lyrik und Linksterrorismus in Deutschland. In: Revista Contingentia Vol. 3 No. 2 (2008), S. 16–29, http://seer.ufrgs.br/contingentia/article/view/6527 (letzter Zugriff: 24.04.2019).

Schmeiser, Leonhard: Das Gedächtnis des Bodens. In: Tumult. Zeitschrift für Verkehrswissenschaft 10 (1987), S. 38–56.

Schmidt-Bergmann, Hansgeorg: Futurismus. Geschichte, Ästhetik, Dokumente. Reinbek bei Hamburg: Rowohlt 2009.

Schmitt, Carl: Theorie des Partisanen. Zwischenbemerkung zum Begriff des Politischen. Berlin: Duncker & Humblot ^{6}2006.

Schmitt, Carl: Politische Theologie. Vier Kapitel zur Lehre von der Souveränität. Berlin: Duncker & Humblot ^{7}1996.

Schmitt, Carl: Der Begriff des Politischen. Text von 1932 mit einem Vorwort und drei Corollarien. Berlin: Duncker & Humblot 1963.

Schneider, Helmut J.: Dekonstruktion des hermeneutischen Körpers. Kleists Aufsatz *Über das Marionettentheater* und der Diskurs der klassischen Ästhetik. In: Kleist-Jahrbuch (1998), S. 153–175.

Schneider, Sabine: Hofmannsthals ‚Turm'-Dramen. Politik, Wissenschaft und Kunst in der Zwischenkriegszeit. Eine Einführung. In: Hofmannsthal-Jahrbuch zur europäischen Moderne 24 (2016), S. 169–178.

Schreiber, Birgit: Politische Retheologisierung. Ernst Tollers frühe Dramatik als Suche nach einer ‚Politik der reinen Mittel'. Würzburg: Königshausen & Neumann 1997.

Schuh, Willi (Hrsg.): Richard Strauss – Hugo von Hofmannsthal. Briefwechsel. Gesamtausgabe. Zürich: Atlantis ^{3}1964.

Schulz, Georg-Michael: Wilhelm Tell. Schauspiel (1804). In: Matthias Luserke-Jaqui (Hrsg.): Schiller-Handbuch. Leben – Werk – Wirkung. Stuttgart und Weimar: J.B. Metzler 2005, S. 214–236.

Schumacher, Yves: Allegorische Autoreflexivität. Baudelaire, Mallarmé, , Holz. Würzburg: Königshausen & Neumann 2016.

Schuster, Jörg: „Einem, der vorübergeht". „Der Prophet" (entstanden 1891). In: Mathias Mayer und Julian Werlitz (Hrsg.): Hofmannsthal-Handbuch. Leben – Werk – Wirkung. Stuttgart: J.B. Metzler 2016, S. 135f.

Schütte, Uwe: Die Poetik des Extremen. Ausschreitungen einer Sprache des Radikalen. Göttingen: Vandenhoeck & Ruprecht 2006.

Scurati, Antonio: M. Der Sohn des Jahrhunderts. Stuttgart: Klett-Cotta 2020.

Sengle, Friedrich: Das deutsche Geschichtsdrama. Stuttgart: Metzler 1952.

Šklovskij, Viktor: Die Kunst als Verfahren. In: Jurij Striedter und Wolf-Dieter Stempel (Hrsg.): Texte der russischen Formalisten. Bd. 1. Texte zur allgemeinen Literaturtheorie und zur Theorie der Prosa. München: Fink 1969, S. 2–35.

Sommer, Antje und Werner Conze: Artikel ‚Rasse'. In: Otto Brunner, ders. und Reinhart Koselleck (Hrsg.): Geschichtliche Grundbegriffe. Historisches Lexikon zur politisch-sozialen Sprache in Deutschland. Bd. 5. Stuttgart 1984, S. 137–146.

Sonderforschungsbereich: https://www.uni-muenster.de/SFB1150/ (letzter Zugriff: 01.08.2020).
Stanitzek, Georg: Kuckuck. In: Dirk Baecker, Rembert Hüser und ders.: Gelegenheit, Diebe. 3 x deutsche Motive. Bielefeld: Haux 1991, S. 11–80.
Stephan, Inge und Alexandra Tacke: Einleitung. In: dies. (Hrsg.): NachBilder der RAF. Köln, Weimar und Wien: Böhlau 2008, S. 7–23.
Stephens, Anthony: ‚Eine Träne auf den Brief'. Zum Status der Ausdrucksformen in Kleists Erzählungen. In: Jahrbuch der Deutschen Schillergesellschaft 28 (1984), S. 315–348.
Stern, Klaus: Terrorist ohne Führerschein. In: Spiegel-Online 18.10.2007. http://www.spiegel.de/einestages/raf-a-948479.html (letzter Zugriff: 06.04.2019).
Stöckmann, Ingo: Zäsuren und Kontinuitäten des Gesamtwerks. In: Matthias Schöning (Hrsg.): Ernst Jünger-Handbuch. Leben – Werk – Wirkung. Stuttgart und Weimar: Metzler 2014, S. 30–39.
Stöckmann, Ingo: Moderne und Kultur. Über Genese und Funktionsweise literaturwissenschaftlicher Moderne-Begriffe. In: IASL 37.1 (2012), S. 105–118.
Stöckmann, Ingo: Der Wille zum Willen. Der Naturalismus und die Gründung der literarischen Moderne 1880–1900. Berlin und New York: De Gruyter 2009.
Stöckmann, Ingo: Sammlung der Gemeinschaft. Übertritt in die Form. Ernst Jüngers Politische Publizistik und *Das abenteuerliche Herz* (Erste Fassung). In: Uwe Hebekus und ders. (Hrsg.): Die Souveränität der Literatur. Zum Totalitären der Klassischen Moderne 1900–1933. München: Fink 2008, S. 189–220.
Stöckmann, Ingo: „... Prosa, die von uns gedeutet und beherrscht werden will." Über Ernst Jüngers politische Essayistik. In: The Germanic Review: Literature, Culture, Theory 75.1 (2000), S. 3–19.
Stöckmann, Ingo: Die Politik der Literatur. In: Gerhard Plumpe und Niels Werber (Hrsg.): Beobachtungen der Literatur. Aspekte einer polykontexturalen Literaturwissenschaft. Opladen: Westdeutscher Verlag 1995, S. 101–134.
Svenska Akademien: Pressemitteilung. Der Nobelpreis in Literatur des Jahres 2004. https://www.nobelprize.org/prizes/literature/2004/7959-press-release-german/ (letzter Zugriff: 24.07.2019).
Szondi, Peter: Aufforderung zur Brandstiftung? Ein Gutachten im Prozeß Langhans/Teufel. In: Sprache im technischen Zeitalter 28 (1968), S. 338–342.
Takeda, Arata: Ästhetik der Selbstzerstörung. Selbstmordattentäter in der abendländischen Literatur. Paderborn: Fink 2010.
Taubes, Jacob: Surrealistische Provokation. Ein Gutachten zur Anklageschrift im Prozess Langhans-Teufel über die Flugblätter der ‚Kommune I '. In: Merkur 21 (1967), Heft 7, S. 1069–1079.
Taureck, Bernhard: Lévinas zur Einführung. Hamburg: Junius ⁴2006.
Thomasberger, Andreas: Oden. In: Johann Kreuzer (Hrsg.): Hölderlin-Handbuch. Leben – Werk – Wirkung. Stuttgart und Weimar: Metzler 2011, S. 309–319.
Thomé, Horst: Das Ich und seine Tat. Überlegungen zum Verhältnis von Psychologie, Ästhetik und Gesellschaft im Drama der Jahrhundertwende. In: Karl Richter, Jörg Schönert und Michael Titzmann (Hrsg.): Die Literatur und die Wissenschaften 1770–1930. Stuttgart: M & P 1997, S. 323–353.
Thomé, Horst: Kernlosigkeit und Pose. Zur Rekonstruktion von Schnitzlers Psychologie. In: Text und Kontext. Sonderreihe 20 (1984), S. 62–87.

Timm, Uwe: Heißer Sommer. Gütersloh, München und Wien: Bertelsmann 1974.
Tresselt, Matthias: Friedrich Schiller und die Demokratie. Berlin: Duncker & Humblot 2009.
Tse-Tung, Mao: Worte des Vorsitzenden Mao Tsetung. Essen: Neuer Weg ²2002.
Tse-Tung, Mao: Strategische Fragen des revolutionären Krieges in China. Berlin: Dietz 1955.
Twellmann, Marcus: Das Drama der Souveränität. Hugo von Hofmannsthal und Carl Schmitt. München: Fink 2004.
Vallentin, Berthold: Gespräche mit Stefan George. 1902–1931. Amsterdam: Castrum Peregrini 1967.
van den Berg, Hubert und Ralf Grüttemeier: Interpretation, Funktionalität und Strategie. Versuch einer intentionalen Bestimmung des Manifests. In: dies. (Hrsg.): Manifeste: Intentionalität. Amsterdam und Atlanta: Rodopi 1998, S. 7–38.
Vogel, Juliane: Priesterin künstlicher Kulte. Ekstasen und Lektüren in Hofmannsthals Elektra. In: Elsbeth Dangl-Pelloquin (Hrsg.): Hugo von Hofmannsthal. Neue Wege der Forschung. Darmstadt: Wissenschaftliche Buchgesellschaft 2007.
Vogl, Joseph: Über das Zaudern. Zürich und Berlin: Diaphanes ²2008.
Wagner-Egelhaaf, Martina: Hermanns Schlachten. Zur Literaturgeschichte eines nationalen Mythos. Bielefeld: Aisthesis 2008.
Waldmann, Peter: Terrorismus. Provokation der Macht. München: Murmann 2005.
Weitin, Thomas: Der Kampf als inneres Erlebnis (1922). In: Matthias Schöning (Hrsg.): Ernst Jünger-Handbuch. Leben – Werk – Wirkung. Stuttgart und Weimar: Metzler 2014, S. 59–63.
Weitin, Thomas: Notwendige Gewalt. Die Moderne Ernst Jüngers und Heiner Müllers. Freiburg im Breisgau: Rombach 2003.
Wellbery, David E.: Bewegung und Handlung. Narratologische Beobachtungen zu einem Text von Kleist. In: Kleist Jahrbuch (2007), Heft 1, S. 94–101.
Wellbery, David E.: Die Opfer-Vorstellung als Quelle der Faszination. Anmerkungen zum Chandos-Brief und zur frühen Poetik Hofmannsthals. In: Hofmannsthal-Jahrbuch zur europäischen Moderne 11 (2003), S. 281–310.
Wiese, Benno von: Friedrich Schiller. Stuttgart: Metzlersche Verlagsbuchhandlung 1959.
Wilhelms, Kerstin: Literarische Modellierungen des Politischen in Szenarien des Entscheidens. In: Stefan Neuhaus und Immanuel Nover (Hrsg.): Das Politische in der Literatur der Gegenwart. Berlin und Boston: De Gruyter 2019, S. 109–125.
Willems, Marianne: Das Problem der Individualität als Herausforderung an die Semantik im Sturm und Drang. Tübingen: Niemeyer 1995.
Wissowa, Georg (Hrsg.): Paulys Realencyclopädie der classischen Altertumswissenschaft. Bd. II,1 Stuttgart: Metzler 1895.
Wittkowski, Wolfgang: Homo homini lupus, Homo homini Deus. *Götz von Berlichingen mit der eisernen Hand* als Tragödie und als Drama gesellschaftlicher Aufklärung und Emanzipation. In: Colloquia Germanica, Bd. 20, Nr. 4 (1987), S. 299–324.
Wolf, Norbert Christian: Eine Triumphpforte österreichischer Kunst. Hugo von Hofmannsthals Gründung der Salzburger Festspiele. Salzburg und Wien: Jung und Jung 2014.
Wunschik, Tobias: Baader-Meinhofs Kinder. Die zweite Generation der RAF. Wiesbaden: Springer 1997.
Zanetti, Sandro: Sagen, was sonst kein Mensch sagt. Elfriede Jelineks Theater der verweigerten Komplizenschaft. In: Inge Arteel und Heidy Margrit Müller (Hrsg.): Elfriede

Jelinek: Stücke für oder gegen das Theater? 9.–10. November 2006. Brüssel: Verlag der königlichen Akademie 2008, S. 183–192.

Zilcosky, John: Von der Überlegung: Of Wrestling and (Not) Thinking. Canadian Review of Comparative Literature 41 (2014), Heft 1, S. 17–27.

Zima, Peter V.: Das individuelle Subjekt zwischen Natur und Kultur: Modernismus und Avantgarde. In: Wolfgang Asholt und Walter Fähnders (Hrsg.): Der Blick vom Wolkenkratzer. Avantgarde – Avantgardekritik – Avantgardeforschung. Amsterdam und Atlanta: Rodopi 2000, S. 121–137.

Žižek, Slavoj: Liebe dein Symptom wie dich selbst! Jacques Lacans Psychoanalyse und die Medien. Berlin: Merve 1991.

Register

Agamben, Giorgio 110, 141f., 244, 259f., 263, 275, 307, 333, 354, 358
Aischylos 350–352, 354–356, 358
Alt, Peter-André 55f., 58, 60, 62f., 101, 107, 114f.
Althusser, Louis 318, 323
Arendt, Hannah 13–15, 56f., 76, 85, 96, 98, 125f., 153f., 166, 282, 350, 357
Austin, John Langshaw 11, 196, 200, 319

Baader, Andreas 291f., 295, 300f., 304
Bachtin, Michail 39, 352
Badiou, Alain 15, 150f., 193, 196, 218, 267, 295, 362
Bahr, Hermann 160
Barthes, Roland 155
Baßler, Moritz 11, 326
Benjamin, Walter 134, 228, 267
Benn, Gottfried 18, 188, 263–267
Berger, Peter L. 40f.
Blanqui, Adolph 244
Blasberg, Cornelia 182, 364
Bohrer, Karl-Heinz 71, 169, 174, 176, 182, 218, 282, 298f.
Bourdieu, Pierre 6, 189, 192
Brandstetter, Gabriele 177
Brecht, Bertolt 6f., 9, 12, 23, 149, 239, 262, 266–271, 274, 277–283, 287, 290–294, 304, 307f.
Brittnacher, Hans Richard 55, 59, 61, 63, 66, 73, 76, 79, 81, 127, 129, 133f., 140, 144f., 176, 275f., 279, 282
Brokoff, Jürgen 186, 312
Buber, Martin 248
Butler, Judith 15f., 159, 196, 318f., 321, 323, 329, 336

Campe. Rüdiger 124
Clausewitz, Carl von 189f., 215

Derrida, Jacques 196, 315f., 320, 323, 325

Ensslin, Gudrun 292, 295f.

Fähnders, Walter 193, 195f., 203, 214, 268
Fichte, Johann Gottlieb 320, 328–330
Fischer-Lichte, Erika 22, 193, 196, 200
Fisher, Mark 315f., 325
Fohrmann, Jürgen 122–124, 142
Foucault, Michel 2, 113, 151, 244, 260, 266, 275, 307, 343
Freud, Sigmund 167f., 209f., 213–215, 336
Frisch, Max 150

Gauchet, Marcel 11, 24
George, Stefan 5, 18, 156, 166, 180–182, 184–188, 258
Goebbels, Joseph 206f., 320
Goethe, Johann Wolfgang von 4f., 31, 34–38, 41f., 62, 66, 77, 82, 91, 112, 125, 131, 178, 180, 220, 256
Gumbrecht, Hans Ulrich 289

Hebekus, Uwe 5, 7, 18, 157, 165, 186, 205, 253, 255, 257, 260, 362, 364f.
Hegel, Georg Wilhelm Friedrich 1, 3f., 27, 167, 320, 337
Heidegger, Martin 12, 180, 207, 217, 315, 317, 320, 324f., 350f.
Herder, Johann Gottfried 36
Hitler, Adolf 9, 19, 252, 256–261, 263, 265, 320, 322
Hobbes, Thomas 57, 63, 67, 101, 139
Hofmannsthal, Hugo von 5, 149f., 152–159, 161, 163–168, 170, 172–179, 183, 186, 188, 225–228, 230–235, 237, 252, 266, 282
Hölderlin, Friedrich 317, 320f., 323–329
Horn, Eva 7, 166f., 174, 266–270, 274–277, 287, 363

Jelinek, Elfriede 8, 287f., 311–317, 320–331, 350–358
Jünger, Ernst 5, 7, 12, 23, 149, 166, 173, 182, 205–220, 222f., 225, 235, 237, 239, 246, 252, 255, 258, 263, 266, 282f., 288, 302, 331, 339, 369

Kant, Immanuel 13, 24, 101, 192, 258, 274
Kiesel, Helmut 205, 208f., 266, 269
Kleist, Heinrich von 31, 33, 118–128, 130f., 133f., 138, 142, 145, 178, 315f., 320, 327, 329
Koch, Lars 209f., 220
Kolk, Rainer 180f.
Kommune I 292, 296–300
Koschorke, Albrecht 5, 56, 68, 73, 86, 89, 96–99, 108, 110f., 113, 252, 257, 260
Koselleck, Reinhart 31f., 52, 257
Kwon, R. O. 369f.

Laclau, Ernesto 15, 24, 149, 258, 260
Lavater, Johann Caspar 61
Lefort, Claude 4, 7, 11, 13, 15, 18–20, 24f., 52, 78, 98, 277, 289, 303, 364f., 368, 370
Lehmann, Hans-Thies 271, 280f., 283, 315
Lethen, Helmut 219, 221, 266
Lévinas, Emmanuel 159, 248f.
Lotman, Jurij 23f., 71, 169, 196, 282

Mach, Ernst 16, 160, 228
Machiavelli, Niccolò 64
Mahr, Bernd 22
Mann, Thomas 1f., 94
Mao Tse-Tung 293–295, 304f.
Marchart, Oliver 3, 11, 15, 18f., 24, 194
Marinetti, Filippo Tommaso 6f., 149, 188, 190–193, 197, 199, 201–204
Maron, Monika 8, 287f., 332–334, 336f., 339, 341, 344
Matt, Peter von 59, 64, 150
Meinhof, Ulrike 291–293, 295, 299, 303, 310
Meins, Holger 292, 296, 306–310
Morat, Daniel 12, 207, 211, 223, 246
Möser, Justus 36f., 44, 50
Mouffe, Chantal 12, 15, 20f., 24, 262, 350
Münkler, Herfried 8, 26, 293, 299, 304, 306
Mussolini, Benito 204, 365, 367

Nancy, Jean-Luc 15
Nehring, Wolfgang 152, 156, 164f., 167, 172, 226f., 230
Nietzsche, Friedrich 17, 167, 169, 171, 203, 210, 215

Ohnesorg, Benno 292f., 295
Osterkamp, Ernst 157, 180f., 184–186

Petersdorff, Dirk von 183f.
Pistorius, Wilhelm Friedrich 34, 36, 41
Plumpe, Gerhard 6, 22, 190, 192, 194, 204, 263f., 298
Pornschlegel, Clemens 180, 269, 274, 276f., 281f.

RAF 7, 278, 281, 283, 287, 289–296, 299–306, 308f., 316, 320, 329, 331, 341, 363, 365
Rancière, Jacques 15, 350f.
Reckwitz, Andreas 2, 52, 221
Reemtsma, Jan Philipp 72, 82, 85f., 95, 115
Rorty, Richard 12
Rosanvallon, Pierre 3, 93, 194
Rosenberg, Alfred 9, 19, 149, 252–266, 282, 322, 331
Rousseau, Jean-Jacques 63, 67, 100f., 106, 108, 138f., 210

Saussure, Ferdinand de 319
Schiller, Friedrich 5, 17, 26, 31, 33, 37, 45, 47, 55–63, 69, 73, 77, 82, 84–90, 92f., 96f., 100–102, 106–108, 113–115, 118, 125, 131, 178f., 186, 255, 282
Schmeiser, Leonhard 320, 329
Schmitt, Carl 4, 12, 15, 21, 110, 126, 135–137, 140, 151, 153, 207, 210, 212, 217, 221, 262f., 267f., 293, 301f., 304f., 309f., 343, 363, 366
Sophokles 3, 174f.
Stanitzek, Georg 317–321, 323, 325f., 330
Stöckmann, Ingo 7, 26, 183, 186, 194, 203, 205, 208f., 221, 263, 362, 364f., 394
Strauß, Simon 288, 363, 366–369
Szondi, Peter 297f.

Taubes, Jacob 297f.
Timm, Uwe 306
Toller, Ernst 149f., 237–241, 243, 245, 251, 332, 334, 338, 340, 344, 347f.

Vogl, Joseph 17f., 20, 25, 91, 118

Weitin, Thomas 209, 212, 218, 222f.
Wellbery, David E. 119, 123f., 157
Willems, Marianne 35f., 38, 43, 46–48

Žižek, Slavoj 268, 274, 276, 330

Dank

Die ersten Überlegungen zu der Tat und zu dem Verhältnis der Tat zum Politischen kamen bereits in der Endphase meiner Promotion an der Universität Bonn auf. In den folgenden Jahren wurden diese auch durch die Unterstützung und die Ideen meiner Kolleg*innen und Student*innen an der Universität Bonn, der Universität Münster und der Universität Koblenz-Landau verfeinert und vertieft. Stellvertretend für eine Vielzahl von engagierten Gesprächspartner*innen möchte ich Prof. Dr. Helmut J. Schneider (Bonn), Prof. Dr. Ingo Stöckmann (Bonn), Prof. Dr. Sigrid Köhler (Tübingen) und Prof. Dr. Martina Wagner-Egelhaaf (Münster) herzlich danken.

Mein Dank gilt auch den Gutachter*innen im (sehr angenehmen und inspirierenden) Habilitationsverfahren: Prof. Dr. Christof Hamann (Köln), Prof. Dr. Christoph Jürgensen (Bamberg), Prof. Dr. Stefan Neuhaus (Koblenz-Landau) und Prof. Dr. Uta Schaffers (Koblenz-Landau). Den weiteren Mitgliedern der Kommission, namentlich Prof. Dr. Christian Geulen (Koblenz-Landau) und Prof. Dr. Michael Meyer (Koblenz-Landau), danke ich ebenfalls für ihren Input im Rahmen des Habilitationskolloquiums.

Wiederum stellvertretend danke ich einigen Kolleg*innen, mit denen ich in den letzten Jahren gemeinsam an Projekten gearbeitet habe: Dr. Till Huber (Hamburg), Dr. Kerstin Wilhelms (Münster) und Prof. Dr. Marcel Schmid (Virginia).

Dr. Marcus Böhm (De Gruyter) bin ich zu Dank für sein wertvolles Feedback und für die Aufnahme in die Reihe verpflichtet.

Zu guter Letzt möchte ich zwei Personen noch meinen ganz besonderen Dank aussprechen: Dr. Eva Stubenrauch (ZfL Berlin) danke ich für das perfekte Lektorat der Arbeit; sie verteilte nicht nur großzügig Schlusspunkte in dem Text und sorgte so dafür, dass einige Sätze der Arbeit endlich lesbar werden, sondern bereicherte zudem die Arbeit (und zahlreiche weitere Projekte) mit hervorragenden Ideen, Anregungen und Vertiefungen.

Die Arbeit an der Habilitationsschrift wurde durch die konstruktive und durch Freiheiten geprägte Arbeitsatmosphäre am Koblenzer Institut für Germanistik maßgeblich befördert. Hierfür danke ich nicht nur den Kolleg*innen, sondern vor allem Prof. Dr. Stefan Neuhaus: Herzlichen Dank für Deine konstruktive und warmherzige Betreuung des gesamten Habilitationsprojekts sowie für die wertvolle Unterstützung und Beratung in jeglicher Hinsicht! Ohne Deine Begeisterungsfähigkeit für neue Projekte und Ideen und Deine Hilfe auch in schwierigen Situationen wäre die Arbeit nie in dieser Form fertiggestellt worden.

www.ingramcontent.com/pod-product-compliance
Lightning Source LLC
Chambersburg PA
CBHW031750220426
43662CB00007B/344